COMENTÁRIOS AO CÓDIGO CIVIL BRASILEIRO
Do Direito das Sucessões

HENRIQUE FERRAZ CORRÊA DE MELLO
(Arts. 1.912 a 1990)

MARIA ISABEL DO PRADO
(Arts. 1.991 a 2.027)

PABLO STOLZE GAGLIANO
(Arts. 2.028 a 2.046)

COMENTÁRIOS AO CÓDIGO CIVIL BRASILEIRO

Do Direito das Sucessões

Volume XVII
(Arts. 1.912 a 2.046)

Coordenadores:
Arruda Alvim e Thereza Alvim

Rio de Janeiro
2008

1ª edição – 2008

© *Copyright*
Henrique Ferraz Corrêa de Mello, Maria Isabel do Prado,
Pablo Stolze Gagliano

CIP – Brasil. Catalogação-na-fonte.
Sindicato Nacional dos Editores de Livros, RJ.

M485c
    Melo, Henrique Ferraz Corrêa de
      Comentários ao Código Civil brasileiro, v. 17: do direito das sucessões
/ Henrique Ferraz Corrêa de Melo, Maria Isabel do Prado, Pablo Stolze
Gagliano; coordenadores Arruda Alvim e Thereza Alvim. – Rio de Janeiro:
Forense, 2008.

      Conteúdo: v. 17 – Arts. 1.912 a 2.046
      Inclui bibliografia
      ISBN 978-85-309-2130-9

1. Brasil. [Código Civil (2002)]. 2. Herança e sucessão – Brasil.
I. Prado, Maria Isabel do. II. Gagliano, Pablo Stolze. III. Título. IV. Título: Do
direito das sucessões.

06-2183   CDU 347.65 (81)

    O titular cuja obra seja fraudulentamente reproduzida, divulgada ou de qualquer forma utilizada poderá requerer a apreensão dos exemplares reproduzidos ou a suspensão da divulgação, sem prejuízo da indenização cabível (art. 102 da Lei nº 9.610, de 19.02.1998).

    Quem vender, expuser à venda, ocultar, adquirir, distribuir, tiver em depósito ou utilizar obra ou fonograma reproduzidos com fraude, com a finalidade de vender, obter ganho, vantagem, proveito, lucro direto ou indireto, para si ou para outrem, será solidariamente responsável com o contrafator, nos termos dos artigos precedentes, respondendo como contrafatores o importador e o distribuidor em caso de reprodução no exterior (art. 104 da Lei nº 9.610/98).

    A EDITORA FORENSE se responsabiliza pelos vícios do produto no que concerne à sua edição, aí compreendidas a impressão e a apresentação, a fim de possibilitar ao consumidor bem manuseá-lo e lê-lo. Os vícios relacionados à atualização da obra, aos conceitos doutrinários, às concepções ideológicas e referências indevidas são de responsabilidade do autor e/ou atualizador.

    As reclamações devem ser feitas até noventa dias a partir da compra e venda com nota fiscal (interpretação do art. 26 da Lei nº 8.078, de 11.09.1990).

Reservados os direitos de propriedade desta edição pela
COMPANHIA EDITORA FORENSE

Endereço na Internet: http://www.forense.com.br – *e-mail*: forense@forense.com.br
Av. Erasmo Braga, 299 – 20020-000 – Rio de Janeiro – RJ
Tels.: (0XX21) 3380-6650 – Fax: (0XX21) 3380-6667

Impresso no Brasil
Printed in Brazil

SUMÁRIO

Livro V – Do Direito das Sucessões 1

Título III – Da Sucessão Testamentária 3

Capítulo VII – Dos Legados 3

Seção I – Disposições Gerais 3

Seção II – Dos Efeitos do Legado e do seu Pagamento 65

Seção III – Da Caducidade dos Legados 124

Capítulo VIII – Do Direito de Acrescer entre Herdeiros e Legatários 144

Capítulo IX – Das Substituições 180

Seção I – Da Substituição Vulgar e da Recíproca 180

Seção II – Da Substituição Fideicomissária 201

Capítulo X – Da Deserdação 285

Capítulo XI – Da Redução das Disposições Testamentárias 321

Capítulo XII – Da Revogação do Testamento 339

Capítulo XIII – Do Rompimento do Testamento 361

Capítulo XIV – Do Testamenteiro 376

Título IV – Do Inventário e da Partilha 455

Capítulo I – Do Inventário 455

Capítulo II – Dos Sonegados 490

Capítulo III – Do Pagamento das Dívidas 507

Capítulo IV – Da Colação 518

Capítulo V – Da Partilha 541

Capítulo VI – Da Garantia dos Quinhões Hereditários 566

Capítulo VII – Da Anulação da Partilha 574

Livro Complementar – Das Disposições Finais e Transitórias 583

VI — Comentários ao Código Civil Brasileiro

Bibliografia 627

Índice Onomástico 635

Índice Alfabético-Remissivo 641

Índice Sistemático 657

NOTA DOS COORDENADORES

A organização e coordenação desta coleção, que conta com mais de 50 (cinqüenta) autores, cujos comentários estão distribuídos em 17 (dezessete) volumes, desde o princípio nos foram apresentadas como um desafio.

Procurar atribuir o correto (ou o melhor) entendimento à nova lei civil, a fim de servir como material auxiliar interpretativo aos operadores do Direito, não é tarefa das mais fáceis, sem descurar, ou desprezar, os mais de 80 anos de lições consolidadas em torno do Código Beviláqua. Nesse sentido, é indiscutível a contribuição prestada por grandes nomes do Direito nacional, não dispensando, no entanto, uma nova análise de fôlego da recente codificação, vista agora sob novos prismas e perspectivas, tais como impostos pela evolução não só do próprio Direito, mas também da sociedade.

Para a consecução dessa tarefa, servimo-nos de juristas de alto calibre, o que certamente facilitou, soberanamente, a tarefa de coordenação. Muitos deles são professores e pesquisadores da Faculdade Autônoma de Direito (FADISP), tendo obras consagradas na literatura jurídica. Outros, aparecem no cenário jurídico nacional, já demonstrando maturidade suficiente para elaboração de uma obra desse quilate.

A obra, como dissemos, está dividida em 17 (dezessete) volumes. Cada um dos Livros da Parte Especial, assim como a Parte Geral (que por sua vez engloba 3 livros) é antecedida de um texto introdutório, cuidadosamente elaborado por um estudioso, e no qual se procura fornecer uma visão geral dos institutos específicos daquela subdivisão, apontando as essenciais novidades bem como as evoluções e alterações sofridas. Assim, a Parte Geral é precedida de uma Introdução de autoria do Prof. Everaldo Augusto Cambler, que também elaborou a do livro *Direito das Obrigações* (vol. III). O texto introdutório do Direito de Empresa coube ao Prof. Newton de Lucca, estudioso da matéria, que com perícia descreveu os pontos nucleares dessa relativa unificação do direito privado. A introdução do Direito de Família, ponto que inspira especiais cuidados em face das crescentes e sensíveis alterações por ele sofridas, foi elaborada pelo Prof. Guilherme Calmon Nogueira da Gama. Por fim, coube ao Prof. Silvio de Salvo Venosa, nome que dispensa apresentação, ferir os assuntos gerais relativos ao Direito das Sucessões.

Para a apresentação desses *Comentários ao Código Civil Brasileiro* convidamos o professor Rodrigo Reis Mazzei, jurista que desponta no cenário nacional, tendo elaborado o seu trabalho em forma de *notas iniciais à leitura do Novo Código*, título que o próprio autor emprestou à apresentação e que deverá constituir-se em imprescindível material de apoio à compreensão do novo diploma.

Queremos agradecer o empenho e colaboração de todos os co-autores, que nos permitiram realizar essa *Coleção*. Deixamos registrado, finalmente, o nosso especial agradecimento à Editora Forense, que nos permitiu concretizar, em parceria com a FADISP, esse projeto.

Os Coordenadores

LIVRO V
DO DIREITO DAS SUCESSÕES

TÍTULO III
DA SUCESSÃO TESTAMENTÁRIA

CAPÍTULO VII
DOS LEGADOS

Seção I
Disposições Gerais

Art. 1.912. É ineficaz o legado de coisa certa que não pertença ao testado no momento da abertura da sucessão.

Direito anterior: Art. 1.678. É nulo o legado de coisa alheia. Mas, se a coisa legada, não pertencendo ao testador, quando testou, se houver depois tornado sua, por qualquer título, terá efeito a disposição, como se sua fosse a coisa, ao tempo em que ele fez o testamento.[1]

COMENTÁRIOS

1. Legados

Embora a definição de *legado* não encontre entre os juristas uma unanimidade, poder-se-ia, à guisa de tentativa de mera simplificação,

---

1   Legislação comparada: Código Civil francês: art. 1.021; argentino: art. 3.752; uruguaio: art. 908; italiano: art. 651; português: art. 2.251º; alemão: § 2.169; mexicano: art. 1.432; chileno: art. 1.107; espanhol: art. 861; venezuelano: arts. 902 e 908.

conceituá-lo como deixa testamenteira certa e particularizada, a título singular, a determinada pessoa, não atributiva do *universum jus defuncti*.[2] Diversamente do sistema francês, o legislador pátrio orientou-se no sentido de atribuir ao legatário a qualidade de quem contemplado foi com a deixa singular[3] (*res certa*), e não a de herdeiro universal (*universum jus*). O legatário universal no direito francês corresponde ao nosso herdeiro testamentário.

O legado no direito brasileiro é sempre particular, de coisa suscetível de comercialização.[4-5] Entram as coisas móveis e imóveis, corpóreas e incorpóreas, fungíveis e infungíveis, as existentes e futuras,[6] os direitos, as ações, cometidas aos legatários e as prestações de fazer, positivas ou negativas.[7] Por evidente, o objeto do legado deve ser lícito, possível e determinável (art. 166, II). Trata-se de modalidade de sucessão testamentária, com individualização pelo testador de

---

2   Concordamos com Ruggiero, quando assinala: *"O conceito de legado se parece simples à primeira vista, é na realidade complexo e difícil e tanto assim que há sempre discussão sobre sua natureza intrínseca e estrutura, especialmente no direito romano, discutida sendo também a definição que dele se deve dar. Isto deriva do fato de serem numerosas e diversas as espécies de disposições testamentárias, que se englobam sob a palavra legado, pois legado se chama qualquer disposição que não atribua a qualidade de herdeiro, isto é, qualquer disposição a título particular, seja qual for o seu conteúdo e constitua ela ou não uma diminuição da herança, uma deixa a cargo do herdeiro ou de um terceiro, uma liberalidade e um lucro para o beneficiado, ou um encargo"* (Instituições de direito civil, Saraiva, 1973, vol. III, p. 551).

3   Segundo Carlos Maximiliano, *"o legado envolve um conceito negativo a respeito do herdeiro; pois é manifestação de última vontade que não envolve instituição de herdeiro, e constitue liberalidade que diminue o quinhão daquele"* (Direito das Sucessões, Freitas Bastos, 1937, vol. II, p. 86).

4   Cf. Pacifici-Mazzoni, *Codice civile italiano commentato*, VII, p. 40.

5   Bens que estão no comércio, bastando tenham valor moral, artístico ou religioso (cf. Carvalho Santos, em *Código civil brasileiro interpretado*, 5ª ed., Freitas Bastos, 1956, vol. XXIII, p. 353).

6   Pacifici-Mazzoni, ob. cit., p. 41.

7   Cf. Orlando Gomes, *Sucessões*, 6ª ed., Forense, 1986, p. 189.

Da Sucessão Testamentária (Art. 1.912)

bens e direitos que irão ser transferidos a alguém, pessoa física ou jurídica, estranha ou não à vocação hereditária.[8]

Não há legado sem testamento. Ao passo que o herdeiro tem fração da generalidade ou o todo, o legatário adquire objeto determinado ou parte dele,[9] não sendo atingido pelos aumentos e diminuições que sofram o objeto da herança.[10] O legatário, em verdade, é um mero adquirente de bens *por via testamentária*,[11] posição semelhante à do donatário. Ao adquirir o legado, o legatário se livra da relação sucessória, tal como o terceiro adquirente, conforme assinala Stolfi,[12] ao passo que o herdeiro sucede o *de cujus* em direitos e obrigações, na condição de parte, incumbindo-lhe a responsabilidade primária pelas dívidas e encargos hereditários. Digno de nota é que o legatário não responde pelos encargos da coisa legada. O legatário responderá, porém, pelas dívidas da sucessão, depois do herdeiro. Salvo disposição expressa do testador, o legatário não responde pelo pagamento das dívidas do espólio – atribuição dos herdeiros.

O legado pressupõe a existência de três sujeitos: o testador, o legatário (honorado) e o onerado, a quem incumbe executar a deixa testamentária.[13] Diríamos que o legado pressupõe, em verdade, pelo menos, dois sujeitos, "o que dispõe e o que é contemplado na dispo-

---

8   Costuma-se chamar de prelegado a instituição feita ao herdeiro legítimo. Orlando Gomes enfatiza que "*a coincidência das duas qualidades, a de herdeiro e a de legatário, não acarreta nulidade parcial do prelegado, que o prelegatário recebe por inteiro a título de legado, nem aumenta sua parte na herança, porque recebe a título particular*" (*Sucessões*, 6ª ed., Forense, 1986, p. 188).

9   Cf. José Tavares, *Successoes e direito successorio*, Coimbra, Franco Amado, 1903, p. 14.

10 Cf. Orosimbo Nonato, *in Estudos sobre sucessão testamentária*, Forense, vol. III, p. 15.

11 Ney de Mello Almada, *Direito das sucessões*, 2ª ed., São Paulo, Brasiliense, 1991, 1º vol., p. 85.

12 *Ibidem*, mesma página.

13 Carvalho Santos, ob. cit., p. 351.

sição".[14] Para ser legatário, é necessário, em primeiro lugar, existir ao tempo da morte do *de cujus*. Mas, consoante esclarecem Enneccerus, Kipp e Wolff,[15] *"o legado pode ser outorgado também em favor de pessoas que só existirão depois da abertura da sucessão, sempre que se observem as limitações de tempo que resultem dos §§ 2.162, 2.163"*.

É a essência do ato que importará na classificação da sua natureza, pouco importando a sua denominação, se testamento ou não. Se a sucessão verifica a título particular, "é de legado que se trata".[16] Note-se bem. Nem toda universalidade de direito excluirá a hipótese de legado. O herdeiro adquire, de regra, uma universalidade de direito, mas o legatário também pode adquiri-la, tanto que determinado o seu objeto. Tome-se como exemplo a sucessão num estabelecimento comercial. Trata-se de legado de coisa determinada, embora "intrinsecamente contenha uma *universitas iuris*".[17] Exemplifica Pacifici-Mazzoni a biblioteca como legado de universalidade.[18] Deve haver vantagem patrimonial para o nomeado ou instituído,[19] sendo requisito essencial ao ato a liberalidade do testador.[20] Essa liberalidade, porém, não exclui a hipótese de encargo, como acentua Clóvis Beviláqua.[21] O legado feito ao herdeiro legítimo se denomina prelegado. O herdeiro recebe o legado, além dos bens que lhe caibam na herança.

---

14 Orlando Gomes, ob. cit., mesma página.
15 *Tratado de derecho civil, derecho de sucesiones*, p. 151.
16 Carlos Maximiliano, *Direito das Sucessões*, Freitas Bastos, 1937, vol. II, p. 86.
17 Sílvio Venosa, *Direito civil: direito das sucessões*, vol. 7, pp. 224-225.
18 Ob. cit., pp. 294-295.
19 Nem sempre, na concepção de Caio Mário da Silva Pereira, para quem: *"Não se deve, porém, considerar da sua essência o animus de outorgar um benefício, uma vez que se não desfigura, se for totalmente absorvido pelos encargos, ainda que venha a se converter em ônus para o legatário"* (*Instituições...*, 3ª ed., Forense, 1980, vol. VI, p. 183).
20 *Ibidem*, pp. 88-89.
21 *In Código Civil dos Estados Unidos do Brasil*, edição histórica, 6ª tiragem, Ed. Rio, vol. II, p. 875.

Da Sucessão Testamentária (Art. 1.912)

O legado pode ser: I) puro e simples; II) a termo; III) condicional; IV) modal (com encargo);[22] V) de coisa do herdeiro ou legatário (art. 1.913); VI) de coisa comum (art. 1.914); VII) de coisa incerta determinada pelo gênero (art. 1.915 c.c. art. 243);[23] VIII) de coisa singularizada (art. 1.916); IX) de coisa encontrada em determinado lugar (art. 1.917); X) de crédito ou de quitação de dívida (arts. 1.918 e 1.919); XI) de alimentos (art.1.920); XII) de usufruto (art. 1.921); XIII) de imóvel (art.1.922); XIV) em dinheiro e prestações periódicas (arts. 1.925, 1.926 e 1.927); e XV) alternativo (art. 1.932).[24] O legado pode ser ainda *por certo motivo* (art. 1.897).

Por ora, convém ressaltar que o legado puro e simples é aquele que independe de qualquer outra condição, produzindo seus efeitos desde a sucessão. No legado puro, o legatário pode, desde logo, alienar a coisa legada ou cedê-la a título oneroso ou gratuito.[25] Convém ressaltar que a propriedade da coisa legada é adquirida pelo legatário no dia da abertura da sucessão. Mas ele não possui a *saisine* de pleno

---

22 Cf. Colin et Capitant, *Cours élémentaire de droit civil français*, 10ª ed., Paris, Libraire Dalloz, 1950, t. 3, p. 934.

23 Inclui-se o legado de universalidade, quando, p. ex., o testador lega todas as coisas do gênero existentes no espólio: "todos os livros da biblioteca do falecido" (exemplo de Maria Helena Diniz, com citação de Caio Mário da Silva Pereira e Clóvis Beviláqua, *in Curso de direito civil brasileiro,* Direito das sucessões, 16ª ed., 6º vol., p. 241).

24 Acrescente-se ainda o legado por *certa causa,* que o atual texto, em seu art. 1.897, referiu como *motivo* (Pontes de Miranda, *in Tratado de direito privado*, 3ª ed., Ed. Revista dos Tribunais, 1984, p. 268), e também o legado legal (art. 965, III), consoante o autor, em *Tratado de direito privado*, Ed. Revista dos Tribunais, 1984, t. LVII, p.146. Também se sustenta na ordem de classificação dos legados: o legado de universalidade e o legado de coisa alheia (Roberto de Ruggiero, ob. cit., pp. 556-557). O legado de fato se acha submetido à ordem das ações e prestações. É lícito exigir-se do herdeiro o cumprimento da vontade do testador, que pode ser traduzida num fazer e não fazer.

25 Pacifici-Mazzoni, ob. cit., p. 132.

direito.[26] Não pode entrar na posse direta sobre a coisa legada, senão por meio de disciplina específica no testamento, entrega forçada[27] ou voluntária do herdeiro. Legado modal é aquele gravado com encargo ao legatário. Enneccerus, Kipp e Wolff[28] expõem que "*o modo é uma ordenação por causa de morte pela qual se impõe a alguém a obrigação de fazer ou de não fazer para uma finalidade determinada, sem que o outro tenha direito de exigir para si a prestação*". O encargo não suspende a aquisição, nem o exercício do direito, salvo quando imposto no testamento como condição suspensiva (art. 136).

Portanto, a regra é que nos legados com encargo, os efeitos se produzam desde logo, com a abertura da sucessão. No que diz respeito ao legado condicional, se se tratar de condição resolutiva, a propriedade dos bens é imediatamente adquirida pelo legatário, quando do falecimento do testador. Esse direito, porém, se extingue com o advento da condição, repercutindo na esfera patrimonial de terceiros que tiverem contratado com o legatário, conforme ponderam Colin et Capitant.[29] No caso do legado sob condição suspensiva, o direito do legatário fica pendente do advento da condição. O legatário deverá não apenas sobreviver ao testador, mas ainda existir à época da realização da condição.[30] Até que ela se realize, não adquire o legatário o direito de legado, não podendo, por óbvio, em caso de falecimento, transmitir direito algum sobre a coisa legada a seus herdeiros.[31] Mas nem por isso, fica, nesse caso, inibido o legatário de praticar atos conservatórios do seu direito, como, p. ex., inscrever a hipoteca, em garantia da

---

26 Troplong, *Des donations entre-vifs et des testaments*, vol. 2, p. 420.

27 Colin et Capitant, *Cours élémentaire de droit civil français*, p. 933.

28 *Tratado de derecho civil: derecho de sucesiones*, p. 200.

29 Ob. cit., p. 935.

30 Huc, *Commentaire théorique & pratique du code civil*, Paris, Libraire Cotillon F. Pichon, Successeur, Éditeur, 1894, t. ème, p. 427.

31 Colin et Capitant, ob. cit., p. 935.

execução do legado, interromper a prescrição e intervir nas instâncias judiciais para impedir algum resultado que lhe seria prejudicial, como é o caso de uma demanda anulatória do testamento. São vedadas as condições física ou juridicamente impossíveis, bem assim imorais ou contrárias aos bons costumes, de que são exemplo as captatórias ou de reciprocidade (art. 1.900, I). Admite-se o legado a termo, limitado no tempo, subordinado a *"evento futuro e certo, aperfeiçoando-se ou extinguindo-se com o advento do prazo fixado pelo testador"*,[32] como é o caso do legado de usufruto. É possível ainda o legado a termo incerto, como é o caso da morte. Nesse caso, conforme assinalam Colin et Capitant, *"em matéria de testamento, e por derrogação dos princípios, mas em conformidade com a tradição romana, o termo 'incerto' é assemelhado a uma condição"*;[33] em outras palavras: *dies incertus pro conditione habitur*. Nesse caso, se o legatário viesse a falecer antes do advento do *termo*, não haveria aquisição do direito.[34-35]

Diante da regra genérica estabelecida pelo atual Código, em seu art. 1.804, exige-se que o legado seja aceito pelo legatário.[36-37] Essa aceitação pode ser expressa ou tácita. O pedido de cumprimento da

---

32   Maria Helena Diniz, *apud* Francisco José Cahali e Giselda Maria Fernandes Novaes Hironaka, *in Curso avançado de direito civil*, Ed. Revista dos Tribunais, 2000, vol. 6, p. 419.

33   Ob. cit., p. 934.

34   Colin et Capitant, ob. cit., p. 934.

35   Pacifici-Mazzoni, *Codice civile italiano commentato*, Editrice Torinese, 1929, VII, p. 127.

36   Idêntica disposição não havia no Código revogado. Na vigência da legislação anterior, Orlando Gomes sustentava que *"a aquisição do legado independe de aceitação. Pedido o pagamento, presume-se que o legatário o aceitou, conquanto não fique impedido de renunciar, valendo a renúncia como cessão"* (ob. cit., p. 200).

37   De acordo com a Lei de Sucessões da República Popular da China, art. 25, 2ª al., o legatário deve formalmente no prazo de 2 (dois) meses do conhecimento do legado manifestar se aceita ou não a deixa testamentária, sob pena de se interpretar como recusa.

deixa testamentária formulado pelo legatário, p. ex., representa um ato de aceitação tácita do legado. A renúncia deve ser expressa (art. 1.806), mas admite-se a renúncia tácita (art. 1.913, 2ª parte).

2. É ineficaz o legado de coisa certa que não pertença ao testador

De acordo com o direito romano, o legado de coisa alheia era válido, quando o testador sabia que o que se legava não lhe pertencia.[38] Presumia-se que o testador ignorasse pertencer a coisa a outrem, pois, se soubesse, não faria ele o legado. Justificava-se com o princípio de que o legado de coisa de terceiro forma com o *de cujus uma eadumque persona*.[39] Quando o testador não ignorava pertencer a coisa a terceiro, a solução preconizada vinha em socorro da validade do testamento, impondo-se o cumprimento do legado mesmo pela via da sub-rogação. Em outras palavras, no direito romano, "válido se mostra o legado de coisa alheia se o testador sabia pertencer a coisa a outrem".[40] Essa concepção ganhou sustentação no direito brasileiro, como pondera Carlos Maximiliano, quando o testador sabia que o objeto do legado pertencia a outra pessoa, razão pela qual se presumia o intuito de adquiri-lo para dar ao instituído.[41] Lacerda de Almeida[42] era incisivo a respeito: *"Não é estranho nem injurídico que possa ser objecto do legado cousa pertencente ao herdeiro e até mesmo a terceiro ou ao próprio legatário."* No mesmo sentido: Pacifici-Mazzoni, pois se o testador sabia que a coisa pertencia a outrem, válido é o legado.[43]

---

38 Georges Ripert e Jean Boulanger, *Traité de Droit Civil*, Paris, Librairie Générale de Droit et de Jurisprudence, t. III, p. 678.
39 José Tavares, ob. cit., p. 381.
40 Orosimbo Nonato, ob. cit., p. 31.
41 Ob. cit., p. 104.
42 Ob. cit., p. 104.
43 Ob. cit., p. 47.

De fato, se a coisa legada pertencia a terceiro, impunha-se interpretar a intenção do testador; ou seja, se tinha ele ou não algum direito sobre o objeto legado, como, p. ex., uma condição de condômino ou senhor da nua-propriedade, e, nesse caso, deveria ser interpretada a designação como sendo restrita ao direito do testador. Mas se o testador sabia não lhe pertencer a coisa, deveria o herdeiro comprá-la do dono ou entregar a soma equivalente ao objeto legado ao legatário. Se estava em erro sobre a propriedade da coisa, nada é devido ao legatário, salvo se *"o terceiro a quem pertence a cousa é parente do testador em tal grau de proximidade ou amigo tão íntimo que a presumpção de affecto exclua e remova aquella outra presumpção"*.[44]

Prevaleceu, porém, no direito brasileiro, a posição contrária do direito francês,[45] inspirado no direito canônico (art. 1.021 do Código Civil).[46] É o que esclarece Washington de Barros Monteiro: *"O direito sucessório brasileiro cortou possíveis divergências, dispondo, pura e simplesmente, ser nulo o legado de coisa alheia. O Código Civil não distingue, portanto, se o testador tinha ou não ciência de que a coisa não lhe pertencia; em qualquer hipótese, comina-se pena de nulidade da disposição."*[47-48] Assim sintetiza Itabaiana de Oliveira:[49] *"O direito canônico, porém, baseado no décimo preceito do Decálogo, considera sempre nulo o legado de coisa alheia. Esta doutrina passou para o código civil francês, art. 1.021, e foi, afinal, a seguida pelo nosso código no art. 1.678.*

---

44 Lacerda de Almeida, ob. cit., p. 369.

45 Cf. Troplong, o legado de coisa alheia é nulo, saiba ou não o testador que a coisa lhe pertença (*Des donations entre-vifs et des testaments*, t.1, p. 467).

46 "Quando o testador tiver legado a coisa de outrem, será o legado nulo, quer o testador soubesse, quer não, que ela não lhe pertencia" (tradução de Souza Diniz).

47 *In Curso de Direito Civil*, 6º vol., p. 170.

48 No mesmo sentido, Clóvis Beviláqua, *Código civil...*, vol. II, p. 875.

49 *Tratado de direito das sucessões*, vol. 2, p. 534.

A proibição se justifica. Evitam-se, dêste modo, as complicadas questões e as dificuldades inerentes à prova do conhecimento, ou da ignorância do testador."

Em França, para que seja decretada a nulidade do legado, requer-se o preenchimento de três requisitos: *a*) que o testador não tenha nenhum direito sobre a coisa legada; *b*) que o legado tenha por objeto uma coisa determinada; e *c*) que o legado tenha por objeto a transferência da propriedade.

Atende o dispositivo ora sob comento o princípio segundo o qual ninguém pode dispor de algo que não possui: *"Nemo plus ius in alium transferre potest quam ipse habet."* É irrelevante, outrossim, que o testador saiba ou não que a coisa legada é alheia, como se passa com o direito português, a menos que o testador ordene que o herdeiro ou legatário entregue coisa de sua propriedade a outrem (art. 1.913). O erro substancial, ainda que justificável pelas circunstâncias, não convalida a transmissão da propriedade.

A princípio, o legado deve recair sobre coisa certa. É o que estabelece o *caput* do art. 1.912. Não obstante, se as coisas legadas forem em gênero, o legado será válido, ainda que não existam por ocasião da abertura da sucessão. Vale o aforisma: *"Les genres n'appartiennent à personne."* Trata-se, como se vê, de exceção à regra consubstanciada no dispositivo ora comentado.

Por outro lado, se a coisa legada não pertencia ao testador, no momento da deixa testamentária, e, posteriormente, veio ele adquiri-la, vale o legado, se na época do falecimento, a coisa ainda se encontrar em seu patrimônio.

De fato, o legado é uma alienação que deverá valer para depois da morte do testador.[50] Vale o comportamento do testador, que se não dispunha de determinado bem na época do testamento, e veio

---

50   Carvalho Santos, ob. cit., p. 355.

posteriormente adquirir a coisa legada, sem que alterasse a contemplação, é porque queria que fosse a coisa legada efetivamente entregue ao seu beneficiário. Por isso, exige a lei que o bem legado esteja na disposição do testador, na época da sucessão. A sanção pela inobservância do preceito é de nulidade da deixa testamentária e não simplesmente de *ineficácia*,[51] como aparentemente poder-se-ia depreender da leitura gramatical do texto. O legislador brasileiro seguiu a diretriz do Código de Napoleão: *"La règle que le legs de la chose d'autrui est nul"* (art. 1.021).

A segunda parte do art. 1.678 do Código Civil anterior previa que, se a coisa alheia, ao tempo do testamento, houvesse passado ao autor da herança, o legado valeria. Essa regra foi implicitamente acolhida pelo novo texto, pois com ela não conflita. Aliás, o art. 1.923 do atual Código, como se verá, dispôs que a coisa legada pertence ao legatário, desde a abertura da sucessão, salvo "se o legado estiver sob condição suspensiva". Portanto, se a coisa legada não pertencia ao testador, e, depois da feitura do testamento, se tiver tornado sua, vale a disposição relativamente a ela, como se ao tempo do testamento já pertencesse ao testador. Também em virtude do preceito contido no art. 1.923, como veremos, o legado puro e simples de coisa certa transfere a propriedade da coisa ao legatário, por ocasião da abertura da sucessão. Atende-se, em parte, ao princípio de *saisine*, embora a posse

---

51 Isto porque não se trata de proteger os efeitos em relação ao vero proprietário que a lei já protege. A venda, por duas ou três vezes, da mesma coisa ou da coisa alheia, como exemplificado por Pontes de Miranda (*Tratado de direito privado*, Ed. Revista dos Tribunais, 1983, t. V, p. 72) não tolhe a transmissão já operada em favor de quem efetivamente era o seu titular, porque só há um direito real. Se a coisa era alheia, diz o eminente jurista, "não podem ter a eficácia da transmissão". Justamente por isso, e não podendo ser o herdeiro ou testamenteiro obrigado a cumprir uma tal disposição, de ineficácia apenas não se trata.

direta sobre a coisa legada não se transfira de imediato, não podendo o legatário nela entrar "por autoridade própria".

Válido é, ainda, o legado de coisas sobre as quais o testador teria um direito incompleto ou imperfeito, uma vez que se pode supor que o disponente havia sobre a coisa legada um direito condicional ou mesmo simplesmente eventual. Assim, p. ex., como assinala Josserand se o testador, na condição de nu-proprietário, testa o usufruto, haverá então legado de coisa futura.[52] Da mesma forma cremos, se o testador testa a propriedade de uma coisa que ainda não lhe pertencia, mas as circunstâncias do caso revelam que era possível atribuir-se ao legatário a posse, cumpre-se a deixa testamentária da posse legada ao beneficiário.

Pouco importará que o bem legado esteja ou não na titularidade do testador, na época da lavratura do testamento. O que a lei se preocupou em estabelecer, como regra, é que a coisa legada e certa seja suscetível de disposição e transmissão pelo autor da herança, por ocasião da sucessão aberta, admitindo-se daí que a coisa venha a incorporar-se ao patrimônio do testador, até a abertura da sucessão, a qualquer título.

Não se trata, bem é dizer, propriamente de uma espécie de convalidação de ato nulo. O testador que teve ciência de que a coisa deixada não lhe pertencia não praticaria, em sã consciência, o ato, pese embora orientação diversa, adotada no direito romano, onde a coisa pertencente a terceiro, do conhecimento do testador no próprio testamento, é havida como obrigação do herdeiro no sentido de adquiri-la, para entrega ao legatário, ou de pagar a este o preço equivalente.[53] Mas se o testador espera adquirir a coisa futuramente, e, com base

---

52 *Cours de droit civil positif français*, Paris, Libraire du recueil sirey, 1940, III, p. 894.

53 Ruggiero, ob. cit., p. 559.

nessa premissa, efetua a deixa testamentária, a lei admite a transmissão da propriedade, com fulcro na situação de fato vigente à época da abertura da sucessão. Não há convalidação do nada, do que inexistia.

Ainda assim, a regra consubstanciada no dispositivo ora comentado comporta exceções ditadas nos arts. 1.913 (legado de coisa pertencente a herdeiro) e 1.915 (legado de coisa *incerta*,[54] determinada pelo gênero). O legado de coisa pertencente a herdeiro configura um encargo imposto pelo testador, não derivando daí nulidade da disposição testamentária.

É possível, também, a deixa de bem alheio *para ser adquirido* pelo herdeiro onerado, a quem se desincumbirá de entregá-lo ao legatário. Nesse caso, o legado não é propriamente de bem alheio e, sim, um encargo atribuído ao herdeiro no sentido de adquirir a coisa para entrega ao contemplado.

Ao contrário do Código Civil revogado, o atual Código não previu a hipótese de nulidade do legado consistente em coisa certa, *"que, na data do testamento, já era do legatário, ou depois lhe foi transmitida gratuitamente pelo testador"* (art. 1.684). Mas subentende-se que se a coisa legada já pertencia ao legatário na época do falecimento do autor da herança, é porque o testador teria mudado seu desiderato. Bem de ver que a hipótese possa subsumir-se à figura do inciso II do art. 1.939. Na vigência do Código antigo, se, após o testamento, a transmissão da coisa se dava pelo testador ao legatário a título oneroso, segundo o Código revogado, este recebia o preço respectivo.[55]

---

54 Expressão que deve ser entendida como *indeterminada*, mas determinável.

55 Cf. Carlos Maximiliano, ob. cit., p. 138. Argumenta Sílvio Venosa que *"se o testador vendeu a coisa ao legatário, demonstrou que já não tinha interesse em legar, em fazer-lhe liberalidade. Por tudo isso, o novo Código suprimiu este dispositivo. A questão passa a ser o exame da vontade do testador no caso concreto"* (ob. cit., p. 228).

Ao legado de coisa certa se antepõe o legado de coisa incerta, que se determine pelo gênero, devendo ser o legado cumprido "ainda que tal coisa não exista entre os bens deixados pelo testador" (art. 1.915). Uma vez singularizada a coisa, porém, pressupõe-se a sua existência, à data da abertura da sucessão (art. 1.916).

> **Art. 1.913. Se o testador ordenar que o herdeiro entregue coisa de sua propriedade a outrem, não o cumprindo ele, entender-se-á que renunciou à herança ou ao legado.**
> **Direito anterior: Art. 1.679.** Se o testador ordenar que o herdeiro entregue coisa de sua propriedade a outrem, não o cumprindo ele, entender-se-á que renunciou à herança ou ao legado (art. 1.704).[56]

COMENTÁRIOS

1. Se o testador ordenar

Trata a norma sob comento de exceção à regra proibitiva do legado de coisa alheia. Nesse caso, o testador visou a instituir em favor do contemplado um bem de propriedade de herdeiro, impondo a este mais precisamente um encargo, em benefício daquele. Enneccerus, Kipp e Wolff[57] assinalam ser ineficaz o legado de coisa não pertencente à herança. Mas se cumpre a vontade do testador, se se pretende que o legatário receba o objeto do legado, ficando o gravado obrigado a proporcionar o objeto designado.

---

56 Legislação comparada: Código Civil espanhol: art. 863; português: art. 2.251º, 4; mexicano: art. 1.439; alemão: § 2.170; venezuelano: art. 903.

57 *Tratado de derecho civil, derecho de sucesiones*, p. 174.

Verifica-se que a instituição é modal. A obrigação é dirigida especificamente ao herdeiro ou legatário titular da propriedade que deverá ser transmitida ao contemplado.

Exige-se que o testador saiba que o bem pertença ao herdeiro legítimo ou legatário, em face de quem se ordena o cumprimento do encargo.[58] A expressão "ordenar" requer conhecimento prévio por parte de quem ordena acerca da situação de fato preexistente. Como enfatiza Josserand, *"o testador sabe perfeitamente que ele não é proprietário do bem, que ele não tem direito algum sobre ele; mas, como ele deseja, entretanto, que tal pessoa se torne proprietária, ele encarrega seu herdeiro de fazer o necessário nesse sentido"*.[59-60] Acrescente-se que o testador deve determinar a coisa que lega. É nulo o legado de coisa deixada ao arbítrio de herdeiro ou de terceiro.[61]

A ordem de entrega deve ser expressa no testamento, embora não se exija em tom imperativo. As palavras podem ser rogativas, produzindo efeito idêntico, como salientado por Cunha Gonçalves.[62] Na dúvida, ao legatário incumbirá o ônus de demonstrar que o testador sabia que o bem pertencia ao herdeiro legítimo (art. 1.899). Se o testador não sabia que a coisa legada não pertencia ao herdeiro, ordem de entrega não houve e não deve haver. O legado é nulo.[63] O

---

58   Cf. Carvalho Santos, ob. cit., p. 361.

59   *Cours de droit civil*, vol. III, p. 896.

60   Note-se que o Código Civil francês não contém idêntica disposição, mas ainda assim a doutrina entende ser a hipótese uma exceção à regra da nulidade do legado de coisa alheia.

61   Pacifici-Mazzoni, ob. cit., p. 60.

62   *Tratado*, vol. X, t. I, p. 71.

63   Segundo Silvio Rodrigues, *"o direito anterior admitia o legado de coisa alheia quando o testador tivesse ciência de a mesma não lhe pertencer, pois, em tais casos, entendia-se tratar de encargo imposto ao herdeiro, que devia adquirir o objeto legado, para entregá-lo ao legatário, de modo que, verificando-se ser alheia a coisa legada, impunha-se apurar se o testador sabia ou não de tal circunstância. Em caso afirmativo, valia o legado; em caso negativo, não; cabia ao legatário o ônus de*

direito português se contenta com o fato de o testador saber que a coisa não lhe pertence, para que o legado seja considerado válido. *A própria disposição "de per si"* significa uma ordem, segundo José Tavares.[64] É aplicação da teoria das disposições modais. Não é bem assim o que se passa no direito pátrio. A ordem de entrega há de estar expressa no testamento.

Se ao tempo do testamento, a coisa pertencia ao herdeiro ou legatário, e, na ocasião da sucessão, a coisa passara a pertencer a outrem, por ato próprio do herdeiro, *quid inde?* Para Pontes de Miranda, aplicar-se-ia, por analogia, o antigo art. 1.708, II, do Código Civil (atual art. 1.939, II) e o legado caducaria.[65] Pensamos, porém, que a vontade do testador não restaria atendida, se não fosse o legatário contemplado ao menos com o pagamento do equivalente da coisa determinada (art. 236), mormente se o testador nada soubesse a respeito da transmissão. Pois se soubesse, poderia ter alterado a deixa testamentária até a abertura da sucessão. Ainda que a coisa tenha sido alienada pelo herdeiro, válido é o legado,[66] em cumprimento da vontade do testador.

É o caso do herdeiro que emprega toda a sua diligência no sentido de fazer cumprir o encargo e ainda assim se esbarra em obstáculo intransponível ou na hipótese de o herdeiro não pretender se desfazer da coisa legada. Em ambas as hipóteses, entregará em dinheiro ao legatário o equivalente à liberalidade.[67] Mas se a coisa perecer ou for evicta, vivo ou morto o testador, sem culpa do legatário ou legatá-

---

provar a ciência do testador de que a coisa não era sua" (*Direito civil*, 15ª ed., Saraiva, 1988, vol. 7, p. 151).

---

64   *Successoes e direito sucessorio*, Coimbra, Franco Amado, 1903, vol. I, p. 382.

65   *Tratado...*, t. LVII, p. 160.

66   José Tavares, ob. cit., p. 383.

67   O que Carlos Maximiliano denomina "justo preço do objeto da liberalidade" (ob. cit., p. 116).

rio incumbido do seu cumprimento, não haverá responsabilidade, e o legado caducará (art. 1939, III).

O modo também pode ser impossível. Pode ser que haja uma inversão desproporcional, como ponderam Enneccerus, Kipp e Wolff:[68] " *O gravame que entra no modo há de poder traduzir-se em seu cumprimento num ato* de quantia determinável." Só respondem o herdeiro ou legatário gravados até onde alcance o valor obtido com a herança ou legado.[69]

Ao herdeiro ou legatário a quem a ordem é dirigida pelo testador, a lei oferece a alternativa de: I) cumprir a deixa testamentária; ou II) renunciar à herança ou legado. Não o fazendo nem uma nem outra coisa, de modo expresso, presume a lei *juris et de jure* a renúncia.[70] Na precisa dicção de Clóvis, "*a aceitação do benefício há de ser nas condições estabelecidas no testamento. Não está no poder do herdeiro, ou legatário, transformar em proveito seu, uma instituição onerada em outra livre de gravame*".[71]

Já vimos em outro tópico que a renúncia da herança deve constar, de modo expresso, de instrumento público ou termo judicial (art. 1.806). Mas a lei, neste caso específico, considera a recusa ou omissão do herdeiro uma forma de renúncia tácita, dispensando a lavratura de termos ou instrumentos. Nada há que impeça, porém, sejam tais instrumentos lavrados em função do interesse do onerado.

Note-se, como acentua Carlos Maximiliano, que "*o herdeiro necessário não é despojado de fração alguma da* legítima; *por isso, quando se não submete às injunções do hereditando, só perde o que porventura lhe caiba na metade* disponível *do espólio*".[72] De fato, se de um lado,

---

68 Ob. cit., p. 209.
69 *Ibidem*, p. 211.
70 Caio Mário da Silva Pereira, ob. cit., p. 185.
71 Ob. cit., p. 876.
72 Ob. cit., p. 114.

na conformidade do art. 1.849, o herdeiro necessário, beneficiário de deixa testamentária da parte disponível ou de legado, não perde o direito à legítima, de outro, a legítima dos herdeiros necessários não pode ser incluída no testamento (art. 1.857, § 1º).

À legítima só podem ser impostas as cláusulas de inalienabilidade, impenhorabilidade e de incomunicabilidade, como se verifica do teor do art. 1.848, e, mesmo assim, "se houver justa causa".[73] Se a coisa pertencer a determinado herdeiro ou legatário, só a ele incumbirá cumpri-lo, admitindo-se o regresso contra os co-herdeiros, pela quota de cada um, salvo se o contrário expressamente dispôs o testador (art. 1.935).

Pode a coisa pertencer em parte a terceiro e em parte ao herdeiro legítimo ou legatário. Nesse caso, a parte pertencente ao terceiro não deve ser havida como válida, a menos que o testamento seja claro em contemplar um encargo ao herdeiro justamente naquela porção pertencente a terceiro. Incide a regra do art. 1.914.

Mas se a coisa pertencer a um legatário e este se recusar a cumprir a deixa em benefício de outrem, perderá a sua herança, presumindo a lei a renúncia tácita ao legado.

Diversa é a solução se a coisa legada for de propriedade do próprio legatário beneficiário, por ocasião da abertura da sucessão. Sustenta Orosimbo Nonato a nulidade da deixa, com apoio em Lacerda de Almeida: "Quod meum est, meum cumplis fieri potest, *ainda que a coisa pertencesse ao disponente na época da elaboração do testamento, vindo, posteriormente, o legatário adquiri-la, do testador, do herdeiro ou de terceiro.*"[74]

---

73   O art. 1.848 trata da clausulação da legítima. O testamento que houver sido elaborado anteriormente à entrada em vigor do novo Código deve ser aditado, no prazo de um ano, para que o testador declare a justa causa que fundamenta a clausulação da legítima, sob pena de não ser havida como escrita (art. 2.042).

74   Ob. cit., pp. 44-45.

Como vimos, porém, em comentário ao art. 1.912, o atual Código não previu a hipótese de nulidade do legado consistente em coisa certa, "que, na data do testamento, já era do legatário, ou depois lhe foi transmitida gratuitamente pelo testador" (art. 1.684 do Código revogado). Se, após o testamento, a transmissão da coisa se deu pelo testador ao legatário a título oneroso, segundo o Código revogado este receba à preço respectivo:[75] *Quia videtur res ei abesse cui pretium abest.* Essa era inclusive a solução preconizada por Clóvis,[76] embora sob reserva de que "mais racional considerar desfeito o legado, conforme dispunha a redação do Projeto Primitivo". Em se tratando de transmissão gratuita, porém, efetivada pelo testador, após o testamento, desapareceria a intenção de gratificar, e, portanto, a deixa testamentária era havida como caduca, porque não poderiam concorrer duas causas lucrativas para a aquisição, como obtempera Lacerda de Almeida,[77] com apoio em Troplong e Lauterbach.

Art. 1.914. Se tão-somente em parte a coisa legada pertencer ao testador, ou, no caso do artigo antecedente, ao herdeiro ou legatário, só quanto a esta parte valerá o legado.

Direito anterior: Art. 1.680. Se tão-somente em parte a coisa legada pertencer ao testador, ou, no caso do artigo antecedente, ao herdeiro ou legatário, só quanto a esta parte valerá o legado.[78]

---

75 Cf. Carlos Maximiliano, ob. cit., p. 138.

76 Ob. cit., p. 879.

77 *Successões,* p. 370.

78 Legislação comparada: Código Civil italiano: art. 652; português: art. 2.252º; espanhol: art. 864; chileno: art. 1.110; venezuelano: art. 904; mexicano: art. 1.431.

COMENTÁRIOS

1. Se tão-somente em parte a coisa legada pertencer ao testador

A parte pertencente ao testador é legado de coisa própria. Aplica-se o art. 1.912. Com relação à parte que não pertencer ao testador, cumprir-se-á verificar a intenção deste último; isto é, se o testador tinha em mira ou não fazer com que o herdeiro ou legatário a adquirisse, a fim de que se completasse a disposição testamentária.[79] Se o testador sabia não lhe pertencer a totalidade da coisa e a lega por inteiro, o legado é da coisa inteira. Nesse caso, se se deseja legar a coisa por inteiro, a vontade deve ser expressa.[80]

Bem de ver que os legados de coisa indivisível[81] não constituem propriamente legados de coisa alheia, uma vez que cada um dos condôminos ou co-proprietários possui direito sobre o todo (art. 1.314). Conforme Pacifici-Mazzoni,[82] no legado de coisa indivisa, vale a porção que o testador possuía. Aliás, o legado é sempre válido em relação à coisa pertencente ao testador.[83] À míngua de declaração expressamente feita pelo testador em sentido contrário, presume-se que o legado não deva ir além da quota parte cabente ao disponente. Não cabe ao legatário o recebimento do valor correspondente ao quinhão não pertencente ao testador, a menos que o testador diga o contrário. Nesse caso, o legatário receberá a mesma quota pertencente ao testa-

---

79 Clóvis Beviláqua, ob. cit., p. 877.
80 Pacifici-Mazzoni, ob. cit., p. 51.
81 Ou de coisa possuída em universalidade, conforme acentuado por Agostinho Alvim em *Do legado de coisa certa, em face do regime da comunhão de bens,* Ed. Revista dos Tribunais, nº 201, p. 11.
82 Ob. cit., p. 43.
83 Pacifici-Mazzoni, ob. cit., mesma página.

dor, incluindo as ações cabentes ao comunheiro, como é o caso da *communi dividundo*.[84]

Esse entendimento se mostra consentâneo com julgado do Superior Tribunal de Justiça, por meio do qual metade ideal de imóvel pertencente a nubentes casados pelo regime de comunhão universal de bens foi havida como válida em legado de um dos comunheiros, a despeito de sub-rogação de cláusula de inalienabilidade, impenhorabilidade e incomunicabilidade sobre o mesmo bem. Concluiu-se que referida cláusula não importa em privar o marido do domínio sobre sua metade ideal no mesmo imóvel cláusula de incomunicabilidade (REsp. nº 8.786/SP, 4ª Turma, rel. Min. Athos Carneiro, j. em 08.06.1993).

A exegese se afeiçoa em certo ponto com a lição de Agostinho Alvim,[85] ao sustentar que, se o cônjuge meeiro pode pedir para si a coisa que o outro cônjuge legou a terceiro, a coisa legada será "*ou não alheia, em relação ao testador, conforme ela caia ou não na meação do outro cônjuge, e isto em virtude do efeito declaratório, o que vale dizer retroativo da sentença que põe têrmo à indivisão*" . Por isso que, em havendo partilha, se o cônjuge meeiro deixar de pedir a coisa para si, referido bem não cairá na meação e o legado terá sido válido.

Se o testador houver legado parte pertencente ao herdeiro ou legatário, será preciso haver ordenado ou solicitado a entrega dessa parte ao contemplado, incidindo aí a regra prevista no art. 1.913. Não socorre a ignorância do testador sobre o estado de comunhão *pro indiviso* do bem legado. Se o testador legou uma casa a A, acreditando que o bem fosse de sua exclusiva propriedade, o legado só valerá na parte ideal que lhe caberia, a menos que, em relação a outra parte, ordene seja feita a entrega a A.

---

84   Orosimbo Nonato, ob. cit., p. 47.

85   Ob. cit., p. 9.

Ousamos discordar de Carvalho Santos, quando refere nulidade do legado na íntegra.[86] Ainda que a vontade do testador fosse aquela de não pretender atribuir ao legatário uma parte apenas, mas a totalidade do bem, ainda assim, a termo do art. 1.899, será possível o aproveitamento do ato, na parte que caberia ao testador.[87] Orlando Gomes acentua que a hipótese aqui examinada se trata de subespécie de legado de coisa alheia. Portanto, será válido o legado naquela outra parte (não titulada do testador), no pressuposto de que a coisa pertencente ao herdeiro possa ser entregue ao legatário.[88]

Se o testador ostenta posse própria e acredita ser proprietário da deixa, valerá a transmissão da posse, ou composse, uma vez que tanto o fato quanto o direito podem ser objeto de legado. Incide o art. 1.899 do Código Civil.

Interessante julgado do Tribunal de Justiça de São Paulo considerou legado nulo a disposição consistente em alugueres de imóvel pertencente a pessoa jurídica, sendo o testador detentor quase absoluto do capital social. Entendeu-se serem os patrimônios da pessoa jurídica e do testador inconfundíveis, aplicando-se o art. 1.678 do Código Civil revogado.

O aresto acentuou que alugueres de imóvel de empresa transferida da pessoa física do *de cujus* para pessoa jurídica, da qual

---

86 Ob. cit., p. 364.
87 A nosso favor: Maria Helena Diniz, *apud* Francisco José Cahali e Giselda Maria Fernandes Novaes Hironaka, ob. cit., pp. 420-421: "*Disposição testamentária em que a coisa legada pertence ao testador apenas em parte, ou ao herdeiro, ou ao legatário. E só quanto ao legado valerá o legado, de modo que, em relação à parte que não for do disponente, nulo será o legado, por versar sobre bem alheio, exceto se havia encargo alusivo à aquisição. O mesmo ocorrerá se o testador for condômino da coisa legada, restringindo-se a validade da deixa testamentária somente à parte que realmente pertença ao testador.*" Igualmente assim se posiciona Washington de Barros Monteiro, ob. cit., p. 169.
88 Ob. cit., p. 191.

era detentor de 98% das ações, não poderiam ter sido objeto de legado. Concluiu-se que o legado seria de coisa alheia. Segundo a ementa do acórdão, "*a titularidade do* de cujus *não desloca, fisicamente, para si o poder de dispor de coisa alheia como própria, acarretando a nulidade do legado*". Partiu-se do pressuposto de que não seria viável "estabelecer dilucidações a respeito de eventual interpretação da vontade do testador, pois não seria possível oferecer exegese *contra legem*, atribuindo-se coisa alheia testada por quem não era seu proprietário (Apelação Cível nº 165.146 1 – SP, 6ª Câmara, rel. Des. Munhoz Soares, j. em 14.05.92).

Como visto, o art. 1.678 (atual art. 1.912) não conflita com a disposição do antigo art. 1.680, atual art. 1.914. Pelo que se verifica do julgado acima referido, reputou-se como legado de coisa alheia alugueres de imóvel pertencente a pessoa jurídica, cujo capital se acha quase que totalmente em mãos do testador. Em tal hipótese, melhor teria sido permitir fosse a parte cabente ao testador, proporcional ao rendimento proporcionado pelos alugueres, vertida em benefício do legatário. Quase análoga se entremostra a solução preconizada por Cunha Gonçalves, citado por Carvalho Santos, ao concluir que o erro cometido pelo testador, ao mencionar "ações" de uma sociedade da qual era titular de "cotas" não poderia invalidar o testamento.[89]

A orientação a que nos filiamos parece ter sido encampada em outro acórdão do Tribunal de Justiça de São Paulo, no Agravo de Instrumento nº 180.052-4/6. O acórdão assinalou que a entrega às legatárias de alugueres pertencentes à sociedade de que era gerente financeiro e sócio majoritário o testador é válida e legítima. De acordo com a ementa do julgado, a intenção do testador tem o sentido de obrigação de fazer imposta aos herdeiros. Aplicou-se o princípio *non solum res possunt legari, sed etiam facta*. Reputou-se válida a cláusula tes-

---

89 Ob. cit., p. 370.

26 Comentários ao Código Civil Brasileiro

tamentária pela qual, sob expressão de legado de alugueres pertencentes à sociedade de que era gerente financeiro e sócio majoritário, a
intenção do testador foi a de impor aos sucessores na sociedade a
obrigação de, com as verbas, garantirem a subsistência das legatárias
(Agravo de Instrumento nº 180.052-4/6 – Taubaté, 2ª Câmara de
Direito Privado, rel. Des. Cezar Peluso, j. em 14.08.01, v. u.).

> **Art. 1.915.** Se o legado for de coisa que se determine pelo
> gênero, será o mesmo cumprido, ainda que tal coisa não exista
> entre os bens deixados pelo testador.
> **Direito anterior: Art. 1.681.** Se o legador for de coisa móvel,
> que se determine pelo gênero, ou pela espécie, será cumprido, ainda que tal
> coisa não exista entre os bens deixados pelo testador.[90]

COMENTÁRIOS

1. Legado genérico

Cuida-se, bem de ver, de legado de coisa própria do testador, e,
ao mesmo tempo, alheia,[91] ou melhor, de ninguém: *"Les genres
n'appartiennent à personne et il n'y a pas là legs de la chose d'autrui."*
O legado subsiste, já que os gêneros não pertencem a ninguém e a lei
presume seja a coisa localizável no patrimônio do testador. Quando
não for encontrada, deve ser suscetível de aquisição pelo herdeiro a

---

90 Legislação comparada: Código Civil português: art. 2.253º; italiano: art. 653;
   francês: art. 1.022; argentino: art. 3.756; chileno: art. 1.115; uruguaio: art. 925;
   alemão: § 2.155; venezuelano: art. 905.
91 Agostinho Alvim, ob. cit., p. 10.

quem endereçada a ordem do testador. A disposição é válida ainda que não se encontre no patrimônio da sucessão do testador, ao tempo do testamento ou por ocasião da morte,[92] tal é a quantidade de vinho, materiais de construção, um cavalo, como pondera Josserand.[93] Lembra José Tavares[94] que se a coisa legada nunca chegou a fazer parte do patrimônio do testador nem por isso haverá de ser tratada como legado de coisa alheia e tampouco inexeqüível.

O legado é de coisa genérica e determinável. Se indeterminável, não vale (art. 1.900, IV).[95] Obviamente, tem pertinência o princípio de que ninguém pode dispor de algo que não possui. Na maior parte das vezes, o testador procura atender aos interesses do beneficiado, sua posição social, como, aliás, preconizado pelo direito alemão.[96] Por isso que, se a coisa não for encontrada e o patrimônio do testador for insuficiente para a deixa, impossível será o cumprimento do legado, por falta de correlação entre o que se obrigou e o que se vai cumprir, evidenciando-se daí uma condição manifestamente inexeqüível, ou fisicamente impossível. É o que se denomina inversão desproporcional. Se se lega uma mansão de mais de 5 milhões de reais, quando o patrimônio do *de cujus* não chega a cinqüenta mil reais, por óbvio que o *modo* é inexeqüível. Não há como exigir do onerado sacrifício maior do que a herança comporta. Depende da análise do caso concreto,

---

92 Cf. Pacifici-Mazzoni, ob. cit., p. 61.

93 *Cours de droit civil positif français*, Paris, Libraire du recueil sirey, 1940, III, p. 894.

94 Ob. cit., p. 406.

95 "Para que a escolha possa ter lugar é essencial que a coisa seja determinada quanto ao gênero ou à espécie, porque é nulo o legado de coisa indeterminada no gênero ou na espécie ... *a*) quando a escolha é deixada ao próprio legatário, o legado se denomina – *legatum optionis; b*) quando, porém, a escolha é deixada ao herdeiro, ou a arbítrio de terceiro, o legado, então, se denomina – *legatum electionis*" (Itabaiana de Oliveira, *Tratado de direito das sucessões*, vol. II, p. 571).

96 Pontes de Miranda, *Tratado de direito privado*, t. LVII, p. 279.

escoimar-se o excesso ou anular-se o legado, como, *v. g.*, hipótese de erro ou mesmo de delírio do testador.

Vale a lição de Clóvis, para quem: *"Na obrigação de gênero, a coisa está indicada, apenas pela classe mais ou menos restrita, a que pertence, não está individualizada. Ao prestá-la, porém, terá o devedor de especializá-la."*[97]

O dispositivo se entrosa com o art. 1.929, incumbindo ao herdeiro, devedor, se o contrário não resultar do título da obrigação (testamento), como é o caso do legatário (art. 1.931) ou do terceiro (art. 1.930), exemplificando, escolher a coisa determinada pelo gênero, "guardando o meio-termo entre as congêneres da melhor e pior qualidade".[98] Não pode o herdeiro escolher nem a pior, nem a melhor. Vige a regra do art. 246: "Antes da escolha, não poderá o devedor alegar perda ou deterioração da coisa, ainda que por força maior ou caso fortuito." E não poderia ser de outra forma, já que, uma vez efetivada a escolha, a coisa se torna certa (art. 245 do Código Civil). Se o bem não for encontrado no patrimônio do testador, o herdeiro onerado deverá diligenciar para que seja ele adquirido, com recursos do espólio. O contemplado não pode ser obrigado a receber outra coisa, ainda que mais valiosa (art. 313).

O artigo sob comento não menciona, como fazia o dispositivo anterior, a expressão "móvel" para exprimir a natureza do bem legado, parecendo propósito do legislador atual permitir que também os imóveis possam ser objeto de não especificação na deixa testamentária. Aliás, como ressaltado por Pacifici-Mazzoni, a coisa de gênero pode ser imóvel também, quando o patrimônio do defunto *"conte-*

---

97   Ob. cit., p. 18.

98   Segundo Clóvis, *"não havendo determinação de quantidade, entende-se que o testador liberalisa uma quantia proporcionada à que dariam em dote os paes da pessoa dotada, si dispuzessem de fortuna mediana"* (*Direito das sucessões*, Ed. Livraria Magalhães, 1899, p. 324).

nha gênero de coisa imóvel".[99] Em sentido contrário, Caio Mário da Silva Pereira já sentenciava, porém, sob a égide do diploma revogado: "Descabe, todavia, o legado de imóvel designado genericamente, pois que se equipara a um *corpus ignotum*, que o torna inexeqüível."[100]

Washington de Barros Monteiro era de outra opinião: "... *se o testador se manifesta pela forma seguinte: lego a Paulo uma casa até Cr$ 10.000.000,00, tal legado deve ser cumprido, ainda que o de cujus não tenha deixado prédio algum. Cuidará ainda o testamenteiro de adquirir imóveis nas condições mencionadas no ato de última vontade, para entregá-lo ao legatário.*"[101]

Pontes de Miranda, por sua vez, enfatizou: "*O art. 1.681 não cogitou do legado genérico de imóvel. Deve interpretar-se que é ineficaz, ou, até, nulo, pela indeterminação do objeto? A questão tem de deslocar-se. Se o testador disse 'lego a B uma casa em que more', ou deixo a B uma casa até x cruzeiros', ou ' tenho cinco casas, e seis filhos, porém quero que cada um tenha uma casa', admitido que ao tempo da morte, não haja a casa que quis legar – porque em verdade foi genérico o legado, o testador legou uma casa e não a casa. Seria absurdo deixar de cumprir-se:*

a) Ou a verba mais se presta a construir-se como legado in faciendo *e o onerado terá de procurar o imóvel que satisfaça o que lhe impôs a* voluntas testatoris, *porque então se legou o fato.*

b) Ou a vontade do testador foi a de se liquidar a herança e aplicar-se o dinheiro na execução dos legados e encargos. Se qualquer dúvida *houvesse, devido a argumento a contrário senso, tirado da pala-*vra *móvel aposta a* coisa, *no artigo 1.681 (argumento frágil, como o é também o velho fundamento, de que o art. 1.681 é lamentável reminiscência) – fôra de aplicar-se o art. 1.666, que manda preferir*

---

99 Ob. cit., p. 61.
100 Ob. cit., p. 186.
101 Ob. cit., p. 171.

a interpretação salvadora da verba. Quem deixar um imóvel que não tem, e dá qualquer elemento de determinação do quanto, quis que se comprasse e se desse ao legatário.

Somente se é absoluta a indeterminação, caso dificílimo, porque quem lega uma casa, ou um terreno, lega, na ordinariedade dos casos, para residência, ou construção de residência (e também aqui, na dúvida intervém o art. 1.666), dar-se-á invalidade do legado."[102]

Da mesma sorte se posiciona Carlos Maximiliano: "*Portanto, é jurídico transmitir imóvel indeterminado, uma vez que semelhante liberalidade possa ser satisfeita mediante bens que pertenciam ao disponente. (...) A regra vem de longe: nasceu com o direito romano, que só julgava irrisório, e conseqüentemente nulo, o legado de imóvel que não existisse no acervo. De facto, versa a liberalidade sôbre* corpus ignotum, *coisa* não determinável *razoavelmente; (...) Não é, entretanto, necessário especificar a circunstância de fazer parte do espólio o imóvel transmitido; presume-se êste intuito do estipulante. Quando declara legar dois prédios urbanos, entende-se aludir a dois dos* seus *prédios; se um só existe no acervo, um se entrega; se nenhum, nada recebe o instituído... se foi legada a alguém uma casa, pura e simplesmente, e se não esclareceu qual seja; os herdeiros, acham-se obrigados a fazer entrega do que se deve ter querido dar; uma das casas que o testador possuía; visto que, se nenhum edifício êle tiver deixado, o legado é mais irrisório do que útil.*"[103]

Havendo, portanto, um mínimo razoável de especificidade,[104] será possível cumprir-se o legado de imóvel genérico, de tal modo evidentemente que respeitadas sejam as legítimas. Observa-se que, excetuando-se as benfeitorias necessárias, úteis ou voluptuárias, no-

---

102 *Tratado de direito privado*, t. LVII, pp. 171-172.

103 Ob. cit., pp. 124-125.

104 Carvalho Santos é ainda mais enfático, acentuando não apenas possível o legado de coisa imóvel genérica, mas um "verdadeiro legado *in faciendo*" (ob. cit., p. 365).

Da Sucessão Testamentária (Art. 1.915)   31

vas aquisições, ainda que contíguas, não se compreenderão no legado (art. 1.922). Por isso, a inespecificidade não vai a tal ponto de bem compreender aquilo que o testador deveria compreender e não o fez, em virtude do preceito contido no art. 1.922.

O Projeto Beviláqua estabelecia que o legado de coisa móvel seria válido, se designada *por sua espécie* (art. 1.851). A Comissão Revisora optou por admitir o legado de coisa móvel indeterminada, *em certo gênero*. Ruy Barbosa manifestou contrariedade àquela redação, parecendo-lhe ter havido equívoco, em face de transposição do Código português, cujo art. 1.805º referia-se ao "gênero" e à "espécie".[105] O texto atual não menciona "espécie", como fazia o anterior, nem utiliza a alternativa "ou" entre as duas expressões (gênero e espécie).[106]

Acreditamos, porém, que a coisa incerta pode e deve ser determinada pelo gênero, espécie e quantidade, sempre quando possível. Espécie, como a expressão que dizer, especifica o que há no gênero. Se lego um automóvel e tenho três automóveis, a espécie seria a marca, por exemplo. Se todos os automóveis possuem a mesma marca, haveria que distinguir o tipo, e assim por diante.

Era preferível ter sido deixada a expressão "espécie", como havia no Código anterior. Cumpre-se a finalidade da lei com a especificação da coisa legada. Se tenho apenas um automóvel, nenhuma dúvida emerge. Só pode ser esse o bem legado, ainda que nenhuma especificação houvesse sido feita no testamento. Mas se lego um animal e não específico qual, o herdeiro seria tentado a dar um inseto, ·enquanto o legatário optaria por um *vencedor do Derby, cavalo do valor de vinte mil libras.*[107]

---

105 Cf. Carlos Maximiliano, ob. cit., p. 117.
106 Conforme veremos no art. 1.929, a alteração de texto deve ter sido feita, em grande parte, diante da crítica de Clóvis Beviláqua, segundo a qual a palavra "espécie" teria sido introduzida como sinônimo de "gênero" (*Código Civil...*, vol. II, p. 891).
107 Carlos Maximiliano, ob. cit., p. 119.

No que se refere à quantificação, o próprio Código atual fornece a solução, exigindo, em seu art. 243, que o testador indique ao menos a coisa, pelo gênero e pela quantidade. Se não se especifica a quantidade, mas se pode inferir a que coisa o legado cuida, importa admitir a deixa da totalidade dos bens referidos no testamento, ex.: lego os bois... O legado é da totalidade dos bois.

Na falta de disposição em contrário, tal como se passa nos direitos português[108] e italiano,[109] o cumprimento do legado incumbe aos herdeiros. Nada impede que o testador, porém, imponha o cumprimento do legado a algum ou alguns dos herdeiros, ou a algum ou alguns dos legatários, ou ao testamenteiro. De regra, os herdeiros ou legatários onerados ficam obrigados em proporção dos respectivos quinhões hereditários ou dos respectivos legados, se o testador não houver estabelecido proporção diversa.

Art. 1.916. Se o testador legar coisa sua, singularizando-a, só terá eficácia o legado se, ao tempo do seu falecimento, ela se achava entre os bens da herança; se a coisa legada existir entre os bens do testador, mas em quantidade inferior à do legado, este será eficaz apenas quanto à existente.

Direito anterior: Art. 1.682. Se o testado legar coisa sua, singularizando-a, só valerá o legado, se ao tempo do seu falecimento, ela se achava entre os bens da herança. Se, porém, a coisa legada existir entre os bens do testado, mas em quantidade inferior à do legado, este só valerá quanto à existente.[110]

---

108 Art. 2.265º do Código Civil de Portugal.
109 Art. 662 do Código Civil italiano.
110 Legislação comparada: Código Civil português: art. 2.254º; italiano: art. 654; alemão: § 2.169; mexicano: arts. 1.427 e 1.428; venezuelano: art. 906.

COMENTÁRIOS

1. Coisa singularizada

Importa que seja certa, individuada pelo testador e distinguida entre as demais, "ainda quando muitas existam do mesmo gênero".[111] A lei prevê a hipótese de o testador haver disposto da coisa que havia sido legada, em época posterior ao testamento.[112] Não há o recurso de escolha, como previsto no art. 1.915. Vale a regra do art. 313 do Código Civil vigente: O credor não pode ser obrigado a receber outra coisa, ainda que mais valiosa. Tampouco pode exigir complemento ao herdeiro da parte que resta. Individualizada a coisa, pressupõe-se a sua existência material, de forma que se não for encontrada, o testador terá alterado a sua vontade.[113]

Por via de conseqüência, a coisa singularizada deve estar presente entre os bens da herança, sob pena de caducidade da disposição testamentária (art. 1.939, II e III). O que remanescer será entregue ao legatário, cumprindo-se o testamento, tal como se contemplasse a totalidade, pois presume a lei a intenção do testador no sentido de não dispor senão do remanescente, por ocasião da sucessão (ex.: adenção). Se a coisa legada deixar de existir ou sofrer transformação substancial por conta do testador, caducará o legado. Em legado de quantidade, vale o que for encontrado no patrimônio do testador.[114]

Perdendo-se a coisa sem culpa do devedor, antes da tradição, ou pendente condição suspensiva, fica resolvida a obrigação (art. 234)?

O art. 1.936 é expresso ao estabelecer que "as despesas e os riscos da entrega do legado correm à conta do legatário, senão dispuser

---

111 Clóvis Beviláqua, ob. cit., p. 878.
112 Carvalho Santos, ob. cit., p. 369.
113 Pacifici-Mazzoni, ob. cit., p. 67.
114 *Ibidem*, mesma página.

diversamente o testador". Assim, de acordo com a letra da lei, a menos que o testador de outro modo o estabeleça, os riscos da entrega do legado correm por conta do legatário.

É fato que a posse da coisa legada não se transmite ao legatário, como se sucede na *saisine*, senão através do herdeiro ou testamenteiro (art. 1.923, § 1º), ou por meio de disciplina específica no testamento. O legatário deve demandar ao herdeiro a posse da coisa legada.[115] A propriedade, sim, se transmite ao legatário: "Desde a abertura da sucessão, pertence ao legatário a coisa certa..." Pontes de Miranda, porém, sustenta que a regra é dispositiva, podendo o testador conferir ao legatário "a investidura da própria autoridade".[116] Nada mais sensato, por conseguinte, que imputar ao possuidor imediato os riscos da tradição até a entrega ao legatário da coisa legada, salvo se o legatário investir-se "da própria autoridade" da coisa, conforme estabelecer o testamento.

Segundo Pontes de Miranda: "*Enquanto não entrega o legado, o herdeiro ou legatário onerado tem o* dever de conservar e de administrar *o legado. Em caso de deterioração ou de perecimento, o onerado responde, conforme os princípios da gestão de negócios alheios. Há a indenização das despesas necessárias ou úteis que haja feito, com os juros legais desde o desembôlso.*"[117]

---

115 Demolombe, *Traité des successions*, Paris, Imprimerie générale, A. Lahure, Éditeur, 1879, t. 1, p. 180; Colin et Capitant, ob. cit., p. 933.

116 Ob. cit., p. 233.

117 Ob. cit., p. 222. Cf. Caio Mário da Silva Pereira: "*Se ela se evenceu ou pereceu após a abertura da sucessão, já se transferira a propriedade ao legatário, que lhe sofre as conseqüências, pois* res perit domino" (Clóvis Beviláqua, ob. cit., p. 194). No mesmo sentido: Silvio Rodrigues, ob. cit., p. 175, a menos que a coisa "*perecer por caso fortuito ou força maior, quando estiver o herdeiro em mora de entregá-la*", competindo ao herdeiro provar que "*o perecimento sobreviria, ainda quando a entrega fosse tempestiva*" (Cód. Civ., art. 957). Ou ainda: "*O legado não tem efeito se a coisa perecer sem ser por fato ou culpa do herdeiro, o mesmo se dando se a coisa perecer depois da constituição em mora do herdeiro, uma vez que se prove que a coisa teria igualmente perecido nas mãos do legatário*" (Ruggiero, ob. cit., p. 555).

De ordinário, pagas as dívidas da herança e calculada a parte indispensável às legítimas, cumprem-se os legados. Até que isto ocorra, responde o herdeiro ou legatário onerado pelos riscos com a conservação e administração da coisa até a tradição. Só não responderá o herdeiro ou legatário onerado por esses mesmos riscos, se a coisa já houver sido entregue ao legatário por ocasião da abertura da sucessão.[118] A propriedade da coisa é transferida já no ato da abertura da sucessão ao legatário. Mas ao herdeiro onerado e possuidor da coisa incumbe a sua guarda e conservação, pois, do contrário, por uma simples *vindita*, seria possível ao herdeiro onerado deixar que a coisa perecesse, sem maiores cuidados, subtraindo do legatário a possibilidade de disposição e de uso.

Incluem-se no legado os respectivos frutos, rendimentos e acréscimos naturais.[119]

Art. 1.917. O legado de coisa que deva encontrar-se em determinado lugar só terá eficácia se nele for achada, salvo se removida a título transitório.

Direito anterior: Art. 1.683. O legado de coisa, ou quantidade, que deva tirar-se de certo lugar, só valerá se nele for achada, e até à quantidade, que ali se achar.[120]

COMENTÁRIOS

1. O legado de coisa que deva encontrar-se em determinado lugar

Cuida-se de legado de coisas que habitual e permanentemente[121] devam estar no lugar declinado pelo testador.[122] Coisas que só

---

118 Washington de Barros Monteiro considera que os riscos correm por conta do legatário, salvo no caso de mora, ou culpa da pessoa onerada (ob. cit., p. 184).
119 Carlos Maximiliano, ob. cit., p. 127.
120 Legislação comparada: Código Civil italiano: art. 655; português: art. 2.255º; argentino: art. 3.760; mexicano: art. 1.462; chileno: art. 1.112; uruguaio: art. 923; venezuelano: art. 907.
121 José Tavares, ob. cit., pp. 408-409.
122 Clóvis Beviláqua, ob. cit., pp. 878-879.

temporariamente se encontram em determinado lugar não se consideram legadas, salvo prova em contrário. A lei exige que a coisa seja encontrada no lugar de costume que o testador utilizava. Caso não seja, nem por isso invalidar-se-á o testamento, pois pode ser que tenha sido removida "a título transitório"; isto é, temporariamente, para outro lugar.

A coisa encontrada em determinado lugar, decerto, é especificada conforme a sua destinação e uso pelo testador.[123] A ressalva assinalada na parte final do dispositivo sob comento já era admitida em doutrina, antes mesmo da entrada em vigor do novo Código.[124]

Embora o Código atual não reproduza o anterior, subentende-se aqui o legado de quantidade que deva ser encontrada em determinado lugar. Quantidade é medida da coisa (número, peso, comprimento, altura e largura). Assim, a supressão da expressão "quantidade" no novo texto, de forma alguma, invalida o conceito; isto é, o sentido e alcance da norma, que se propõe a dar ao legado a própria eficácia que se irradia do cumprimento da disposição testamentária.

Em outras palavras, não encontrada a coisa no lugar que deveria estar, em substância ou quantidade, e não sendo localizada em qualquer outro, presume a lei que o testador dela teria disposto, em época posterior ao testamento, tornando sem efeito aquela disposição. Mas se apenas parte da coisa foi encontrada no lugar de costume (quanti-

---

123 Na acepção de Pontes de Miranda, "as indicações topológicas são meios de individuar "(*Tratado de direito privado*, t. LVII, p. 173).

124 Testador lega determinado bem, no caso, um quadro "que se acha na sua casa de campo", mas, que, "no momento da morte, tenha sido removido para substituição da moldura" (Caio Mário da Silva Pereira, ob. cit., p. 187). No mesmo sentido, Orlando Gomes: "É regra de interpretação, amparada em princípio assentado, que a disposição testamentária se refere às coisas destinadas a ficar permanentemente em certo lugar, não às que temporariamente se acharem em lugar diverso" (ob. cit., p. 191).

dade), não se invalida o legado, aproveitando-se a deixa do que restou (art. 1.916).[125]

2. Só terá eficácia se nele for achada, salvo se removida a título transitório

Segundo Carlos Maximiliano, *"quando o lugar é dado como* continente, *só se entende abrangido o que é próprio do mesmo; se legam, por exemplo, 'o que se acha na minha casa' não se arrolam créditos e respectivos títulos; se aludem – 'ao que tenho no celeiro, paiol ou tulha', não se compreendem arreios, ou ferramentas que também costume guardar. A interpretação precisa intervir, para esclarecer se o lugar é indicado como elemento para determinar o objeto e o* quantum, *isto é,* taxationis causa, *ou somente com o escopo de explicar, esclarecer, indicar genéricamente –* demonstrationis causa: *na primeira hipótese entra só o que está habitualmente no ponto mencionado; a segunda abrange tudo o que a deixa enumera, e, em se tratando de móveis, até se inclue a obrigação de adquirir algures o que faltar"*.[126]

Quando a designação do lugar é feita de modo taxativo, vale o legado se a coisa for encontrada no lugar de costume (*habeat vim taxationis*). O objeto do legado é determinado pelo lugar que o testador declinou. Se a designação é feita tão apenas, a título demonstrativo e genérico, o legado não se determina pelo lugar e não se restringe a ele.[127]

Incumbe ao legatário o ônus de prova no sentido de que a coisa não encontrada no lugar de costume (*taxationis causa*) existe, tendo sido transitoriamente removida para outro local. Em outras palavras, compete

---

125 Cf. Corrêa Telles: "Mas se mandou dar certa quantidade de trigo ou vinho, que por sua morte se achasse no celeiro; não se deve dar toda a quantia, se se não achar no celeiro" (*apud* Silvio Rodrigues, ob. cit., pp. 155-156).

126 Carlos Maximiliano, ob. cit., p. 129.

127 Pontes de Miranda, *Tratado*, t. LVII, p. 174.

ao legatário a prova da acidentalidade, como, p. ex., de coisas que não pertencem ao legado que estão no lugar e, conforme o caso, de coisas que pertencem ao legado e não estão no lugar de costume.

Se o bem deveria ser encontrado em determinado lugar e foi removido em caráter definitivo e permanente, a deixa se torna ineficaz.[128]

Vale o legado de coisa subtraída por outrem, de forma dolosa, do lugar de costume.[129] Mas não se compreendem objetos que não se acham predispostos no lugar de costume.

Se o legado é de bem determinado e certo, o lugar é requisito secundário. Portanto, o simples fato de não ser encontrada a coisa certa no lugar de costume não torna, por si só, inválido o legado. Nesse caso, é preciso que a coisa, de fato, não seja localizada em lugar algum, para que a disposição seja nula. Se a coisa é indeterminada, pode o lugar determiná-la pelos costumes do testador. Em tal hipótese, o lugar assume importância. Se a coisa indeterminada não for encontrada no lugar que deveria estar, obviamente o testamento não poderá ser cumprido.

> **Art. 1.918. O legado de crédito, ou de quitação de dívida, terá ficácia somente até a importância desta, ou daquele, ao tempo da morte do testador.**
>
> **§ 1º Cumpre-se o legado, entregando o herdeiro ao legatário o título respectivo.**
>
> **§ 2º Este legado não compreende as dívidas posteriores à data do testamento.**
>
> **Direito anterior: Art. 1.685.** O legado de crédito, ou de quitação de dívida, valerá tão-somente até a importância desta, ou daquele, ao tempo da morte do testado.[130]

---

128 Cf. Silvio Rodrigues, citando Ruggiero e Maroi (ob. cit., p. 156).

129 Cf. Washington de Barros Monteiro, ob. cit., p. 172. No mesmo sentido, Carlos Maximiliano, ob. cit., p. 128.

130 Legislação comparada: Código Civil italiano: art. 658; português: art. 2.261º; alemão: § 2.173; espanhol: arts. 870, 871 e 872; mexicano: art. 1.444; chileno: arts. 1.129 e 1.130; venezuelano: art. 909.

Da Sucessão Testamentária (Art. 1.918)   39

§ 1º Cumpre-se este legado, entregando o herdeiro ao legatário o título respectivo.

§ 2º Este legado não compreende as dívidas posteriores à data do testamento.

COMENTÁRIOS

1. O legado de crédito

O legado de crédito (*legatum nominis*) tem efeito similar ao de uma cessão de crédito do testador, em favor do legatário. Assim, p. ex., se Tício (testador) é credor de Melvio de uma importância no valor de R$ 100.000,00 (cem mil reais), representada em nota promissória emitida pelo devedor, o título será entregue pelo herdeiro ao legatário, em cumprimento do legado, para que o contemplado possa haver de Melvio a paga correspondente ao crédito transferido.

Por isso que o legado será válido até a importância do crédito. Mas se a dívida for superior ao valor especificado no testamento, receberá o legatário a sua integralidade, pois o credor não pode ser prejudicado por uma inadvertência do disponente.[131]

O legado de crédito inclui os juros como acessórios do principal, salvo se houver disposição em contrário do testador, e, quanto aos juros vincendos, pertencerão ao próprio legatário, por direito próprio, ou, como acentua Orosimbo Nonato: "Pertencem ao legatário, como titular de crédito, por ato liberal do *reus credendi*."[132] Entram as garantias, como, p. ex., hipoteca, penhor, direito de retenção e preferência.

A dívida vencida e paga em vida ao testador torna sem objeto o legado, assim como o fato de demandá-la o testador contra o devedor, depois do testamento, salvo se houver sido feita pelo testador

---

131 Carlos Maximiliano, ob. cit., p. 161.
132 Ob. cit., p. 61.

reserva do numerário pago em cofre ou banco, p. ex., em benefício do legatário (*pro deposito habuerit*) (Clóvis Beviláqua).[133] Nesse caso, a dívida não foi extinta. O crédito foi substituído por outro. Se houver pagamento parcial da dívida, entrará a parte remanescente no legado.

Se na data do falecimento do testador a dívida existia, e o legatário a resgatou depois, por ignorar a liberalidade, pode exigir a restituição do que pagou.[134] Em havendo solidariedade, o legado beneficia os coobrigados, salvo se o legado for restritivo nesse ponto, aproveitando tão apenas o legatário.[135]

Por outro lado, o espólio não se torna garante da dívida, nem responde pela insolvência do devedor ou pela liquidez do débito (*bonitas nominis*), salvo disposição em contrário do testador. Se a dívida for nula ou anulável, assume o legatário os riscos daí decorrentes. Lembra Maria Helena Diniz: *"Importa, portanto, numa cessão mortis causa ou transferência da dívida ativa do testador, por ato de última vontade, ao legatário, que passará a ser o novo credor, aplicando-se-lhe a mesma regra que rege a transferência inter vivos, segundo a qual o cedente não se responsabiliza pela liquidez do crédito, não respondendo o espólio nem mesmo pela insolvência do devedor nem pela existência do crédito."[136]*

No que se refere à existência da dívida, a regra é que o espólio não se responsabilize por ela, a menos que o testador haja procedido de má-fé (exceção excepcionalíssima, já que se trata de uma forma de cessão gratuita e característica do legado é a liberalidade), *ex vi* do art. 295.

Cumpre verificar, de qualquer forma, a intenção do testador. Se houve pagamento de dívida pelo devedor nem por isso necessariamente

---

133 Ob. cit., p. 880.
134 Carlos Maximiliano, ob. cit., p. 148.
135 J. O. Machado, *apud* Carlos Maximiliano, ob. cit., p. 149.
136 *Curso de direito civil brasileiro*, Direito das sucessões, 16ª ed., atual. de acordo com

se extinguirá o legado, pois pode suceder que credor e devedor hajam novado a obrigação.[137]

Se o herdeiro houver contribuído para o perecimento do crédito, deixando, p. ex., prescrever a dívida, responderá pelo débito, a título de culpa.

Admite-se o legado de crédito contra terceiro e objeto de caução. Mas o legatário ficará condicionado ao ônus que o testador impôs ao legado.

As dívidas posteriores ao testamento não se acham compreendidas na deixa testamentária (§ 2º): apenas as dívidas existentes à época do testamento. Nada impede, porém, que o testador expressamente mencione sejam também as dívidas posteriores objeto de liberação ou transmissão. A vontade do testador é soberana, assumindo a lei caráter supletivo. Assim, pode haver liberalidade global "de todos os créditos", supervenientes à data do testamento, contraídos pelo testador ou por terceiros.[138]

2. Legado de quitação de dívida

O devedor pode ser um terceiro ou até mesmo o herdeiro onerado.[139] Se for o legatário o devedor, diz-se que o legado é de quitação da dívida (*legatum liberationis*). Considerar-se-á, então, como remissão da dívida a deixa da quitação em benefício do legatário e devedor. Recebendo o devedor o título de crédito relativo ao legado ou instrumento de quitação, a dívida é havida como quitada (*ex vi* do art. 324).

---

o novo Código Civil (Lei nº 10.406, de 10.01.2002), São Paulo, Saraiva, 2002, 6º vol., p. 242.

---

137 *Ibidem*, mesma página.
138 Carlos Maximiliano, ob. cit., p. 141.
139 Carvalho Santos, ob. cit., p. 385.

O legado de quitação de dívida[140] é espécie de legado de crédito. Haverá nulidade do legado, se não houver dívida ou se ela nunca existiu. Observa-se, todavia, que se o testador confessar uma dívida inexistente ou fictícia, ainda assim ficam os herdeiros obrigados ao cumprimento da deixa testamentária, salvo se provada for a inexistência da dívida e não houver na herança condições para satisfação do pagamento.[141]

Não se presume a compensação. Ainda que o contemplado seja devedor e ao mesmo tempo credor do testador, se omissa for a deixa, no que se refere à compensação, receberá o beneficiário a liberação da dívida legada e o valor do crédito não satisfeito pelo *de cujus*.

A quitação é dada ao tempo da abertura da sucessão. A entrega do título da obrigação em vida do testador não constitui legado. Pode ser uma transação ou até perdão de dívida, mas não é legado tácito, nem mesmo implícito. O legado de dívida pode ser parcial, restrito a condições, tais como os juros, multa, prorrogação do prazo, levantamento da garantia etc., sem que com isso importe em liberação total do débito. Na dicção de Pontes de Miranda: *"Se a garantia fôra a crédito de outrem e o testador legara o bem, o herdeiro ou legatário onerado tem de liberar o bem legado, quer seja com pagamento ao credor, quer mediante a dação de outra garantia, ou outro meio que o credo aceite."*[142]

3. Legado de débito

É possível ao testador impor encargo ao herdeiro no sentido de solver a dívida assumida por alguém frente ao legatário. É o assim

---

140 Dívida, aí, em sentido amplo, incluindo a comercial, civil, contratual ou extracontratual, as obrigações de fazer, de dar e não fazer etc.

141 Cf. Sílvio Venosa, ob. cit., vol. 7, p. 233.

142 *Tratado de direito privado*, t. LVII, p. 190.

denominado *legado de débito*. Em matéria de encargo, cumpre-se o legado, ainda que o débito não exista.[143] É a vontade do testador que deverá ser atendida, traduzida no ânimo de liberalidade, em favor do contemplado. Expõe Carvalho Santos: *"Verifica-se o legado de débito quando o testador impõe como encargo testamentário o pagamento de um débito que êle, o gravado, ou um terceiro tem para com a pessoa nomeada legatária."*[144]

O legado de débito não se confunde com os legados de liberação ou de crédito. No legado de débito, "o legatário é credor de alguém. Por isso mesmo não poderia ser legado de obrigação, – é legado do objeto devido, para que se solva a dívida, ou que se estabeleça em proveito do legatário, algo que o próprio crédito não lhe concede (rigorosamente, ainda nesse caso, não há *debitum legatum*)".[145]

Se o devedor não é o testador, e, sim, um terceiro, o legado pode ser considerado como de liberação de terceiro, e, ao mesmo tempo, legado de dívida, em relação ao credor legatário.

O legado de dívida não deixa de ser, ao que nos parece, um reconhecimento de dívida,[146] como veremos.

> **Art. 1.919. Não o declarando expressamente o testador, não se reputará compensação da sua dívida o legado que ele faça ao credor.**
>
> **Parágrafo único. Subsistirá integralmente o legado, se a dívida lhe foi posterior, e o testador a solveu antes de morrer.**
>
> **Direito anterior: Art. 1.686.** Não o declarando expressamente o testador, não se reputará compensação da sua dívida o legado que ele faça ao credor.

---

143 "Se o crédito do legatário não tem provas suficientes da sua existência, o que se há de entender é que houve *legatum debiti*" (Pontes de Miranda, ob. cit., p. 193).

144 Ob. cit., p. 402.

145 Pontes de Miranda , ob. cit., p. 194.

146 Pontes de Miranda traça interessante paralelo entre reconhecimento dispositivo e informativo para, ao final, arrematar que: "Se puramente informativo o reconhe-

Subsistirá do mesmo modo integralmente esse legado, se a dívida lhe foi posterior, e o testador a solveu antes de morrer.[147]

COMENTÁRIOS

1. Não o declarando expressamente o testador

Se o testador for devedor do legatário, pode haver legado sob a forma de compensação da dívida. Mas a declaração tem de ser expressa, sob pena de se interpretar como simples legado de coisa ou quantidade. Na dúvida, ministra Pontes de Miranda: "É legado de coisa, ou quantidade, e não *debiti*."[148] Legar é dar, compensar é pagar. Como já referido anteriormente, a compensação não se presume. As disposições testamentárias são, de regra, interpretadas como liberalidade em favor do legatário ou beneficiário, e não como vantagem do espólio.

O encontro de contas deduzido na vontade do testador constitui *legatum debiti* – legado de dívida ao próprio credor.[149] Clara se afigura a confissão, o reconhecimento de dívida, em benefício do credor legatário.[150] Ainda que o testamento se revogue, é válido o reconhecimento feito pelo testador como princípio de prova. Se o valor da dí-

---

cimento, nenhuma vantagem dá ao legatário: *bis in idem*." Se dispositivo é legado, "independe de prova de débito", fica "imune à anulabilidade por erro (arts. 85-87), segundo os princípios gerais de direito", regendo-se pelo direito testamentário, mais flexível e de "escusabilidade maior" (ob. cit., p. 196).

---

147 Legislação comparada: Código Civil italiano: art. 659; português: art. 2.260º; francês: art. 1.023; espanhol: art. 873; argentino: art. 3.787; mexicano: art. 1.446; uruguaio: art. 916; venezuelano: art. 910.

148 *Tratado...,* t. LVII, p. 200.

149 Carlos Maximiliano, ob. cit., p. 157.

150 José Tavares, citado por Orosimbo Nonato, entende que o reconhecimento feito pelo testador "oferece ao legatário uma ação decisiva para exigir o pagamento de sua dívida, constituindo um título seguro que torna a dívida pura, líquida e exigível,

vida não vem expresso na deixa testamentária, nem por isso se invalida o legado, cumprindo ao legatário o ônus de prova nesse sentido. Prova-se o crédito pela forma extratestamentária; isto é, pelos meios de prova que a lei prevê.

O reconhecimento de dívida, como os atos jurídicos em geral, está sujeito à invalidação, competindo aos eventuais lesados, como, p. ex., credores e herdeiros necessários, se caso, demonstrar a simulação, a inexistência de dívida e assim por diante. É evidente que o legado de dívida, como qualquer legado, não poderá invadir as legítimas dos herdeiros, nem a meação do cônjuge sobrevivo, cumprindo sejam escoimados eventuais excessos.

Para que seja caracterizada a compensação, o testador precisa ser devedor do legatário, e declarar que a liberalidade representa uma compensação da dívida. Se o testador nada declarar, o herdeiro terá de pagar ao legatário o crédito que este tem contra o espólio. A presunção, pois, é que o ânimo de testar é de não compensar.

O valor que exceder a dívida que o testador mantinha com o legatário constitui legado propriamente, se não houver erro, e, sim intenção do testador beneficiar o legatário com algo mais. Nesse caso, vantagem haverá para o legatário, beneficiado com a liberalidade do testador. Não há liberalidade na compensação simples até a concorrência da quantia devida, "mas tão-somente pagamento daquilo que o legatário tinha o direito de exigir".[151]

Se o testador manda pagar uma dívida que não existe, entende Clóvis[152] que o fez por engano. O legado não teria validade. Compe-

---

ainda que ela fôsse a têrmo ou dependente de *audição* (*rectius:* condição), ou destituída de qualquer meio de prova. Em segundo lugar, tem o efeito de interromper a prescrição e de validar uma obrigação viciada, como, por exemplo, se se tratasse de falta de autorização marital, ou de consentimento do tutor, curador ou administrador, nos casos em que a lei o exige", ob. cit., p. 65.

---

151 Carvalho Santos, ob. cit., p. 408.
152 Ob. cit., p. 882.

tiria, porém, ao legatário demonstrar que a dívida existe. Para Orlando Gomes,[153] porém, é válida a disposição testamentária de dívida fictícia, porque o testador é soberano. Inválido será, todavia, o legado de dívida fictícia em favor do incapaz de receber testamento. Admite-se o legado de dívida fictícia: por parecer ao testador, à guisa de retribuir favores, consentâneo com seu foro íntimo.[154]

Entendemos deva ser melhor aferida a vontade do testador. Se se supõe a existência de uma dívida que, de fato, inexiste, houve erro de representação sobre o fato antecedente que justificaria o ato de legar-se algo. A deixa testamentária poderá ser anulada por erro, mesmo parcialmente, como é o caso de erro no cômputo do valor da dívida: o testador supôs dever x, mas devia menos que x. Anula-se o excesso, não o legado todo. Mas se o testador supõe a existência de dívida e declara que, a despeito dela, teria feito o legado de qualquer maneira ao contemplado, porque merecedor etc., não vemos como não se possa aproveitar o ato.

Se a dívida é inferior ao valor do legado, a obrigação se solveu. O excesso poderá ou não reverter em favor do legatário, dependendo da vontade do testador. Se a intenção do testador era a de simplesmente pagar a dívida, cumpre-se o legado com o seu pagamento, devolvendo-se o excesso ao espólio. Se a dívida foi paga em vida pelo testador, legado não há, por falta de objeto (art. 1.939, III).

A simples entrega da coisa empenhada ao credor não resolve a obrigação principal. Como preconizado por Pontes de Miranda, "o credor continua credor, mas de possuidor de coisa alheia passa a possuidor de coisa própria. Legou-se a *propriedade*".[155]

---

153 Ob. cit., p. 195.
154 Itabaiana de Oliveira, *Tratado de direito das sucessões*, vol. II, p. 549.
155 *Tratado...*, t. LVII, p. 200.

Da Sucessão Testamentária (Arts. 1.919 e 1.920)

2. Subsistirá integralmente o legado, se a dívida lhe foi posterior, e o testador a solveu antes de morrer

O parágrafo único expressa uma norma supérflua.[156] Se o legado era de coisa ou de quantidade e o testador contraiu uma dívida posterior, efetuando o seu pagamento, claro está que uma coisa nada tem a ver com a outra. Subsiste o legado de coisa ou quantidade, independentemente da dívida posterior ou do seu pagamento pelo testador. Se a dívida é posterior, entende-se que não houve legado de pagamento ou de débito. Ainda assim, se a dívida posterior constitui objeto do legado e foi paga pelo testador, não subsiste a deixa, por falta de objeto, a menos que outra tenha sido a vontade do testador.

Art. 1.920. O legado de alimentos abrange o sustento, a cura, o vestuário e a casa, enquanto o legatário viver, além da educação, se ele for menor.

Direito anterior: Art. 1.687. O legado de alimentos abrange o sustento, a cura, o vestuário e a casa, enquanto o legatário viver, além da educação se ele for menor.[157]

COMENTÁRIOS

1. Legado de alimentos

Os alimentos são prestações que visam atender às necessidades vitais, atuais ou futuras de quem não pode provê-las.[158] Mas a expres-

---

156 Pontes de Miranda, ob. cit., p. 201.

157 Legislação comparada: Código Civil italiano; art. 660; português: art. 2.273º, 2; espanhol: art. 879; argentino: art. 3.790; mexicano: art. 1.463; chileno: art. 1.134; venezuelano: art. 911.

158 Maria Helena Diniz, *Código Civil Anotado*, 7ª ed., 2001, Saraiva, p. 357.

são compreende não apenas a alimentação, a cura, o vestuário e a habitação, mas também outras necessidades, compreendidas as intelectuais e morais.[159-160]

Os alimentos são naturais, compreendendo o estritamente necessário para a subsistência de uma pessoa, e também civis, que abrangeriam outras necessidades, não tão prementes, como aquelas de ordem moral e intelectual.[161] Não se destinam à manutenção do ócio, e muito menos a assegurar uma posição social ou *status* do alimentando.[162]

Os alimentos decorrem tradicionalmente da relação de parentesco, do casamento, da união estável,[163] e em última instância, de determinado vínculo de família.[164] Também podem decorrer das obrigações, como é o caso da responsabilidade civil, p. ex. São legais ou necessários, quando em virtude de relação de parentesco. Extralegais ou voluntários, quando em virtude de contrato ou de disposição testamentária.[165]

No artigo sob comento, os alimentos não decorrem do vínculo de família, pelo menos não necessariamente. O legado de alimentos, sem maiores indicativos expostos pelo testador, não pode ir além do que a letra da lei prevê, em *numerus clausus*; isto é, sustento, cura, vestuário e casa, bem como a educação,[166] se for menor o legatário (alimentos naturais e civis). A regra é de natureza supletiva. Quem determina o modo e a extensão dos alimentos é o testador. Na falta

---

159 Orlando Gomes, *Direito de família,* 7ª ed., Forense, 1988, p. 404.

160 No mesmo sentido se mostra Caio Mário da Silva Pereira, citando Clóvis Beviláqua, Pontes de Miranda, Trabucchi e João Claudino De Oliveira e Cruz, como é o sustento, habitação, vestuário e tratamento (*Instituições de direito civil, Direito de Família,* Forense, 1987, vol. 5, p. 276).

161 Yussef Said Cahali, *Dos Alimentos,* 3ª ed., RT, 1998, p. 19.

162 Cf. De Page, citado por Caio Mário da Silva Pereira, ob. cit., p. 278.

163 Lei nº 8.971/94 e Lei nº 9.278/96.

164 Cf. Orlando Gomes, em *Direito de família,* 7ª ed., Forense, 1987, p. 406.

165 Itabaiana de Oliveira, *Tratado de direito das sucessões,* vol. II, p. 554.

166 "O direito romano excluía a educação do legado de alimentos, quando o testador a ella se não referia expressamente" (Clóvis Beviláqua, *Cód. Civil...,* p. 882).

de fixação ou de critério claro e objetivo estabelecido na disposição testamentária, competirá ao juiz arbitrar a prestação devida pelo onerado ao legatário, bem como a forma do seu cumprimento, atendendo-se, conforme o caso, os preceitos insculpidos nos arts.1.694, § 1º, e 1.701.[167]

Constitui critério aferidor para a fixação dos alimentos aquilo que o testador eventualmente pagava em vida ao legatário. Ressalte-se, porém, que o legado de alimentos independe das condições de necessidade do legatário alimentando, a menos que o testador tenha condicionado o cumprimento do legado à prova de necessidade do contemplado.[168] Presume-se que o legado de alimentos seja vitalício, perdurando por toda a vida do legatário, se o testador nada dispuser em sentido contrário: *enquanto o legatário viver*. Mas se o legado de alimentos consistir em desfrute de renda de um prédio ou título de crédito que passe a pertencer ao legatário, evidente que já não subsistirá se houver transferência do domínio da própria fonte de rendimentos ao legatário.

Se for a vontade do testador assegurar a subsistência do legatário, haverá de ser cumprida. É preciso observar, porém, se as despesas que derivarem do cumprimento do legado manter-se-ão nos limites da herança. Se não se mantiverem, lícito não será impor-se aos herdeiros necessários maiores sacrifícios, sob pena de comprometimento das legítimas. Afinal, a medida dos alimentos é balizada de acordo com o art. 1.694, § 1º.

A vontade do testador é soberana e deve prevalecer, desde que não prejudique a legítima dos herdeiros necessários. Donde se conclui que se o legado for insuficiente para a subsistência do alimentando, ainda assim prevalecerá a deixa, se for a vontade do testador a de prestar um

---

167 Sobretudo o "costume do estipulante neste particular, às forças da herança, ao estado, condição e necessidades do legatário, bem como à sua situação para com o testador" (Carlos Maximiliano, ob. cit., p. 162).

168 Carvalho Santos, *Código Civil Interpretado*, vol. XXIII, p. 416.

auxílio suplementar ao seu beneficiário e não propriamente de *sustentá-lo*. Se os alimentos decorrerem do *iure sanguinis*, discute-se se o legatário poderá discutir o *quantum* fixado no testamento.[169] Se a medida de alimentos estabelecida na deixa testamentária puder comprometer as legítimas, será reduzida a tanto que possa ser suportada durante o período estipulado pelo testador.

O legado de alimentos constitui modalidade de legado de prestações periódicas. E no legado de prestações periódicas, a disposição não contém um único legado, mas tantos legados quantos forem os períodos.[170] Assume o caráter de legado a termo, até sob a condição *si legatarium vivat*.[171] Nada impede seja o legado restrito à hospedagem do legatário (*in natura*), "ou que se lhe entreguem gêneros necessários à sua subsistência".[172] Os alimentos podem ser ministrados em casa do alimentante ou consignando este quantia destinada aos mesmos, a qual pode consistir nos rendimentos de certo imóvel.[173] A concessão de alimentos sob a forma de hospedagem apresenta inúmeros convenientes, e vem sendo evitada na prática.

O legado é de natureza personalíssima, restrito à pessoa do legatário, não sujeito à sucessão singular ou universal, a não ser com relação aos alimentos vencidos até a data do óbito do legatário. Com o falecimento do legatário, caduca-se o legado. Em razão de sua finalidade, o legado de alimentos é impenhorável e inalienável.[174] Mas se quem falece é o onerado, são seus herdeiros obrigados a fornecer os alimentos ao legatário, em contraposição aos alimentos *ex lege*, decorrentes dos laços de parentesco.

---

169 Pela afirmativa: Orosimbo Nonato (ob. cit., p. 69), com o que concordamos.
170 Pacifici-Mazzoni, ob. cit., p. 276; José Tavares, ob. cit., p. 401.
171 José Tavares, ob. cit., p. 401.
172 Washington de Barros Monteiro, *Curso...*, 6º vol., p. 174.
173 Lacerda de Almeida, ob. cit., p. 416.
174 Sílvio Venosa qualifica, porém, o legado de renda, indevidamente qualificado de "alimentos" como perfeitamente penhorável, e a nosso ver, com razão, porque o termo "alimentos" deve ser interpretado de forma restritiva (ob. cit., vol. 7, p. 231).

Se nos afigura possível a revisão dos alimentos objeto de legado, comportando aqui a cláusula *rebus sic stantibus*: alteração nas forças da herança, como, p. ex., exclusão de herdeiro, renúncia de meação, sobrepartilha etc. e mesmo o enriquecimento do legatário, em favor de quem não se justificaria a permanência de um benefício dessa natureza, já que atendida plenamente a vontade do testador, embora de outra forma, e em detrimento dos herdeiros necessários, eventualmente não tão bem abastados. De outra forma, aos herdeiros onerados cumpriria manter investida a renda[175] destinada em favor do beneficiário, a fim de que uma consciente administração ruinosa dos recursos da herança não servisse de escusa para o descumprimento do encargo, diante de um empobrecimento nada imprevisto ou imprevisível.

2. Legado de educação e instrução

Se o legatário for menor, inclui a lei a educação como uma das modalidades de alimentos a serem ministrados ao legatário. Na abalizada lição de Clóvis, "o direito romano excluía a educação do legado de alimentos, quando o testador a ella se não referia expressamente". Já se disse que a regra é de caráter supletivo. Portanto, a menos que o testador haja disposto de outro modo, prevalece a regra genérica do artigo ora comentado. Atendidas as condições socioeconômicas do alimentando, a medida desses alimentos não poderá ir além das forças da herança. Perdurar-se-á o dever do legado de educação, enquanto não alcançada a maioridade civil do alimentando.

Discute-se se o maior de 18 (dezoito) anos, enquanto não completado o curso superior, teria ou não direito ao legado de educação. Note-se, que a prestação educacional *pode* terminar com a maioridade do le-

---

175 Tanto por meio de aplicação em renda de imóvel ou "juro de capital ou título de crédito" (Carlos Maximiliano, ob. cit., p. 162), ou qualquer outro investimento de maior liquidez.

gatário, mormente se conseguir habilitação regular no ofício ou profissão que tive escolhido (cf. *Código Civil Português,* art. 1.831º, § 1º).[176] Em se tratando de descendente do testador, é possível que a legítima baste para a sua manutenção, daí por que não haveria necessidade de suplementação da verba, após a maioridade civil. Se o contemplado pelo legado de educação, não for herdeiro necessário, será preciso interpretar a vontade do testador. A princípio, se a verba for expressa nesse sentido; isto é, de sustento da educação do legatário, *enquanto menor*, já não subsistirá o legado com a maioridade civil do legatário. Mas se o testador não houver condicionado o legado de educação à maioridade civil, como, p. ex., ou se o legatário no momento do testamento já houver alcançado a maioridade, ou se o legatário ingressar em curso superior, deve-se a ele a verba. Se as condições do legatário demonstrarem que o testador não tinha em mira senão dar ao legatário uma instrução básica, por exemplo, enquanto menor, cessa a obrigação de sustento, com a maioridade civil do legatário.

A nós quer parecer que a regra da incapacidade passiva testamentária é também aplicável ao legado de alimentos.[177] Ressalte-se que o art. 1.801, III, conferiu, *a contrario sensu,* à companheira do testador casado e inocente, separado de fato do seu cônjuge, há mais de 5 (cinco) anos, capacidade de adquirir por legado. De acordo com o STJ, *a concubina se distingue da companheira, pois esta última tem com o homem união estável, em caráter duradouro, convivendo com o mesmo como se casados fossem. A proibição inserta no art. 1.719, III do Código Civil não se estende à companheira de homem casado, mas separado de fato* (REsp. nº 192.976/RJ, rel. Min. Cesar Asfor Rocha, j. em 26.09.2000, Quarta Turma, STJ). *A vedação do artigo 1.719, III, do Código Civil não abrange a 'companheira' de homem casado, mas sepa-*

---

176 Carvalho Santos, ob. cit., p. 418.
177 Contra: Washington de Barros Monteiro, *Curso de direito civil*, São Paulo, Saraiva, 1985, vol. 6, p. 174.

Da Sucessão Testamentária (Arts. 1.920 e 1.921)

rado de fato, e como tal se considera a mulher que com ele mantém união estável, convivendo como se casados fossem (REsp. nº 73.234/RJ, rel. Min. Eduardo Ribeiro, j. em 15.12.1995, Terceira Turma, STJ). *Refletindo as transformações vividas pela sociedade dos nossos dias, impõe-se construção jurisprudencial a distinguir a 'companheira' da simples concubina, ampliando, inclusive com suporte na nova ordem constitucional, a proteção a primeira, afastando a sua incapacidade para receber 'legado' em disposição de ultima vontade, em exegese restritiva do art. 1.719, III, do Código Civil, impende dar a lei, especialmente em alguns campos do direito, interpretação construtiva, teleológica e atualizada* (REsp. nº 196/RS, rel. Min. Sálvio de Figueiredo Teixeira, j. em 08.08.1989, Quarta Turma, STJ).

Art. 1.921. O legado de usufruto, sem fixação de tempo, entende-se deixado ao legatário por toda a sua vida.

Direito anterior: Art. 1.688. O legado de usufruto, sem fixação de tempo, entende-se deixado ao legatário por toda a sua vida.[178]

COMENTÁRIOS

1. Legado de usufruto

Usufruto é direito real limitado, conferido a uma pessoa física ou jurídica, com atribuição do uso e fruição da propriedade alheia. Pode o usufruto recair em bens móveis ou imóveis, sobre patrimônio inteiro, ou parte deste, abrangendo-lhe, no todo ou em parte, os frutos e utilidades (art. 1.390). Embora possa incidir sobre uma universalidade de bens, a deixa de usufruto é havida como legado.

O legado pode contemplar não apenas o usufruto, mas todos os direitos reais, como, p. ex., o uso, a habitação, a hipoteca, a servidão,

---

178 Legislação comparada: Código Civil português: art. 2.258º; mexicano: art. 1.469.

a superfície, o penhor etc. O art. 713 do antigo Código Civil estabelecia que o usufruto, *enquanto temporariamente destacado da propriedade*, consistia no direito real de fruir as utilidades e frutos de uma coisa. Idêntica disposição não foi inserida no atual texto. Por seu turno, o art. 1.688 do Código revogado, a que corresponde o dispositivo aqui comentado, admitiu que nos legados de usufruto fosse feita a instituição vitalícia, bastando, para tanto, a omissão do testador, no que diz respeito ao prazo de duração do gravame.

Ora, o usufruto é por sua natureza temporário. Tanto é assim que permanece a vedação prevista no Código revogado, no sentido da inalienabilidade do usufruto (art. 1.393). Expõe Orosimbo Nonato que *"o velho magistério de Genty, citando fórmulas romanas, constitui* ius receptum: 'Si l'usufruit était perpetuel, la nue-propriété serait à jamais inutile, puisque l'usufruitier, et après lui ses succesives, absorberait toute l'utilité de la chose. Le droit de juir perpetuellemente ne serait plus un usufruit, ce serait quelque chose comme la propriété. Ou a donc soumis l'usufruit à des causes speciales d'extinction qui ont pour but et faire retournées a la propriété."[179] Portanto, não havendo prazo previamente fixado na disposição testamentária, entende-se que a deixa de usufruto valerá por toda a vida do legatário.

Os direitos reais podem ser legados sobre a coisa do testador, do herdeiro ou de terceiro. A nua-propriedade pode ser transmitida ao herdeiro como pode ao legatário, ficando aquele com o usufruto. Se o testador não reservou para si o usufruto, nem por isso se anula o legado. Os herdeiros passam à condição de usufrutuários. Não são exigidas no testamento fórmulas sacramentais para separar-se a nua-propriedade do usufruto.[180] Não é necessário que o testador indique o nome do nu-proprietário. Tanto que aberta a sucessão, herdarão os

---

179 Ob. cit., pp. 73-74.
180 Cf. Pontes de Miranda, *Tratado...*, ob. cit., LVII, p. 209.

Da Sucessão Testamentária (Art. 1.921)   55

herdeiros a nua-propriedade, e, havendo condição suspensiva, até que se ultime esta, a propriedade será plena.

Se o que se deixa é o uso e gozo de um bem a alguém, lega-se o usufruto. Se o testador deixa toda a propriedade e refere ao uso e gozo desta, a tendência é admitir-se o legado da propriedade. Há que verificar a intenção do testador.

Caso o legatário venha a falecer antes da abertura da sucessão, já não subsistirá o testamento, por caducidade (art. 1.939, V). O usufruto não se transmite aos herdeiros do legatário. Mas admite-se que o testador preveja a instituição de usufruto a outra pessoa, em caso de pré-morte do beneficiário. E não haveria aí usufruto sucessivo[181] (*ex vi* do art. 1.411). O que não é possível é o testador deixar o usufruto para uma pessoa com o encargo de entregá-lo a outra, após a morte do beneficiário. Admite-se, porém, o legado de usufruto simultâneo, ainda que o seu exercício seja progressivo[182] (art. 1.716).

O usufruto pode recair sobre todo o acervo, a universalidade de bens, como realçado, mas, havendo herdeiros necessários, resguarda-se a legítima, cumprindo-se a disposição sobre o líquido, depois de pagas as dívidas. Se o usufruto recair sobre bens particulares, o usufrutuário não se desonera dos débitos que porventura incidam sobre elas. O usufrutuário não pode deteriorar ou deixar arruinar os bens, nem deixar de lhes acudir com os reparos de conservação, sob pena de perda do benefício. Se se tratar de usufruto de títulos de crédito, compete ao usufrutuário dar às importâncias recebidas aplicação em títulos da mesma natureza, ou em títulos da dívida pública federal, com cláusula de atualização monetária (art. 1.395, parágrafo único, e art. 1.410, VII).

O usufruto poderá extinguir-se pelo não-uso, ou não-fruição, da coisa em que o usufruto recai (art. 1.410, VIII). Em se tratando de usufruto sobre imóvel, impõe-se o registro do gravame na circunscri-

---

181 *Ibidem*, mesma página.
182 Caio Mário da Silva Pereira, *Curso...*, vol. VI, p. 189.

ção predial competente (art. 167, I, 7, da Lei nº 6.015/73 e art. 1.391 do atual Código). De fato, o registro confere ao usufruto o duplo efeito atributivo do direito real e anunciativo da sua existência.[183] Logicamente, não se dispensa o cancelamento do gravame na própria serventia imobiliária em que se ache inscrito, competindo aos interessados requerê-lo (art. 1.410, *caput*). Nas palavras de Carlos Maximiliano, "*é diuturna a bôa praxe de pedir ao juiz do inventário que julgue extinto o usufruto, ao ocorrer alguma das causas de cessação do mesmo. Assim, se facilita a baixa, no Registro de Imóveis, do gravâme que pesara sobre a herança ou legado*".[184]

Nada impede, porém, dependendo das circunstâncias do caso, seja feito requerimento de baixa do registro, perante o próprio Oficial Registrador, havendo concordância das partes que tenham participado do ato do registro, se capazes, com as firmas reconhecidas por tabelião ou com o documento hábil demonstrativo da extinção da causa do gravame (art. 250, II e III, da Lei nº 6.015/73).

No que se refere à propriedade dos frutos naturais, estabelece o art. 1.396: "*Salvo direito adquirido por outrem, o usufrutuário faz seus os frutos naturais, 'pendentes ao começar o usufruto...'*" (destaques nossos); isto é, na data do óbito. Aqueles que se encontrem pendentes ao tempo da cessação do usufruto, pertencem ao proprietário (parágrafo único). Em relação aos frutos civis, percebidos dia a dia, pertencem ao proprietário, se "vencidos na data inicial do usufruto"; ou seja, quando da abertura da sucessão; se vencidos na data da cessação do usufruto, pertencem ao usufrutuário (art. 1.398).

O usufruto legado a pessoa jurídica tem duração máxima de 30 (trinta) anos, conforme se infere da regra expressa no art. 1.410, III, se antes não for extinta a pessoa jurídica destinatária da verba. O

---

183 Cf. Afrânio de Carvalho, *Registro de Imóveis,* 4ª ed., Forense, 1997, p. 88.
184 Ob. cit., p. 170.

Da Sucessão Testamentária (Arts. 1.921 e 1.922)

Código aboliu a duração máxima dos 100 anos que antes albergava o Código anterior, de acordo com a tradição romana.

> **Art. 1.922. Se aquele que legar um imóvel lhe ajuntar depois novas aquisições, estas, ainda que contíguas, não se compreendem no legado, salvo expressa declaração em contrário do testador.**
>
> **Parágrafo único. Não se aplica o disposto neste artigo às benfeitorias necessárias, úteis ou voluptuárias feitas no prédio legado.**
>
> **Direito anterior: Art. 1.689.** Se aquele que legar alguma propriedade, lhe adjuntar depois novas aquisições, estas ainda que contíguas, não se compreendem no imóvel legado, salvo expressa declaração em contrário do testador.[185]
>
> Parágrafo único. Não se aplica o disposto neste artigo às benfeitorias necessárias, úteis ou voluptuárias feitas no prédio legado.

COMENTÁRIOS

1. Se aquele que legar um imóvel lhe ajuntar depois novas aquisições

O dispositivo traça interessante exceção ao princípio da acessoriedade. Partimos do pressuposto de ajuntamento de uma coisa (de continente) à outra (de conteúdo). Novas aquisições, ainda que contíguas ao imóvel, não são consideradas como acessórias da coisa legada, porque a lei não presume que devam ser incluídas no legado, salvo se o testador houver disposto de outro modo. Por obra de exclusão, o dispositivo deve ser cotejado com o art. 1.937. Compreendem-se na coisa legada os seus acessórios, *no lugar e estado em que se acha-*

---

185 Legislação comparada: Código Civil italiano: art. 667; português: art. 2.269°; francês: art. 1.019; mexicano: art. 1.404; chileno: art. 1.119; argentino: art. 3.762; uruguaio: art. 929; venezuelano: art. 912.

va ao falecer o testador, passando ao legatário com todos os encargos que a onerarem. Os acessórios da coisa legada se existentes no momento da abertura da sucessão se entendem legados conjuntamente. São direitos implícitos na propriedade do direito legado as servidões prediais, mas não a hipoteca ou dívida territorial ou de renda, que pertence ao disponente.[186] Nesse contexto da regra da acessoriedade, se incluem as pertenças:[187] *bens que, não constituindo partes integrantes, se destinam, de modo duradouro, ao uso, ao serviço ou ao aformoseamento de outro* (art. 93), salvo se outra for a vontade do testador (art. 94). Em nosso entender, as pertenças se aplicam também aos imóveis, uma vez que a lei civil não as distinguiu em relação aos bens móveis.

Vale a disposição também para o legado de usufruto e sobretudo a regra da acessoriedade, como não poderia deixar de ser, para os bens móveis, como é o caso, p. ex., de legado de unidade coletiva (rebanho, gado etc.), admitindo-se aí o legado de universalidade, independentemente do acréscimo ou não ao número individualmente considerado de cada um dos bens que compõem aquela unidade. Do mesmo modo, se tem aí os imóveis que compõem uma universalidade. Impossível seria distinguir nessa universalidade qual ou quais dos bens comporiam ou não o legado, pois é o conjunto desses bens que forma a deixa testamentária.

Todavia, se o testador não especifica os imóveis que estão sendo legados, apenas se referindo a eles como situados em determinada localidade, como, p. ex.: Botucatu ou Araraquara, a disposição não poderá abranger outros mais que forem adquiridos após o testamen-

---

186 Enneccerus, Kipp e Wolff, ob. cit., p. 166.

187 Segundo Pontes de Miranda, *"o que é pertença, segue o bem. Se houve incorporação, que fêz o aqüesto se inserir na figura jurídico-econômica da coisa, como se o testador derruba o muro e aumenta o quintal, rege o art. 1.689. O simples fato da contigüidade não exclui a aplicação da regra geral: mas excluída fica se o objeto, pela vontade do testador (o muro bem o caracteriza), atraiu definitivamente, a si, o nôvo terreno, ou a edificação"* (*Tratado...*, t. LVII, p. 215).

to.[188] As aquisições novas devem ser consideradas parte integrante do legado, se o testador tiver alienado, ou disposto de qualquer forma dos imóveis que possuía no lugar determinado no testamento.[189]

O que não for acessório ou pertença, nem constitua ou integre o próprio imóvel legado, exige a lei declaração expressa do testador. Se o próprio testador dispõe que eventuais acréscimos, acessões, plantações, pastos etc. comporão o legado, nenhuma dúvida emerge.

Em relação a imóvel não suficientemente extremado em suas divisas, algumas dúvidas podem surgir. Assim como na compra e venda, o legado de imóvel pode ser *ad corpus*. Nesse caso, compreende-se o terreno identificado na matrícula ou transcrição, ainda que as metragens anotadas no registro não confiram com a realidade física. Assim, p. ex., se na matrícula do imóvel legado constar que o terreno possui uma área de 300 m² e houver erro de registro, apontando para mais ou para menos a área de perímetro, ou houver ainda sobra de área de loteamento etc., o legado deve ser cumprido *ad corpus*. É o imóvel que se lega, não as suas metragens. Essa a dedução que se extrai do art. 500, §§ 1º e 3º, do atual Código:

Art. 500. *"Se, na venda de um imóvel, se estipular o preço por medida de extensão, ou se determinar a respectiva área, e esta não corresponder, em qualquer dos casos, às dimensões dadas, o comprador terá o direito de exigir o complemento da área, e, não sendo isso possível, o de reclamar a resolução do contrato ou abatimento proporcional ao preço.*

§ 1º Presume-se que a referência às dimensões foi simplesmente enunciativa, quando a diferença encontrada não exceder de 1/20 (um vigésimo) da área total enunciada, ressalvado ao comprador o direito de provar que, em tais circunstâncias, não teria realizado o negócio.

---

188 Carlos Maximiliano, ob. cit., p. 174.
189 Carvalho Santos, *Código civil...*, p. 428.

§ 3° Não haverá complemento de área, nem devolução de excessos e o imóvel for vendido como coisa certa e discriminada, tendo sido apenas enunciativa a referência às suas dimensões, ainda que não conste, de modo expresso, ter sido a venda ad corpus."

Em sendo a coisa certa e discriminada, como, p. ex., "Fazenda Boa Vista", casa da Rua José Maria Lisboa, número X, não haverá responsabilidade por diferença de perímetro.[190] Também ocorrerá a mesma hipótese, se a construção comportar todo o terreno em que edificada, sendo meramente acidental a diferença de área. Caberá ao herdeiro ou legatário, conforme o caso, requerer a retificação do registro. Presume-se que a referência seja enunciativa quando a diferença encontrada não exceder de 1/20 (um vigésimo) da área total enunciada, como diz o texto.

E se o legado da coisa imóvel for *ad mensuram?* Cremos ser aplicável o *caput* do art. 500 acima referido, cabendo ao legatário o direito de exigir do espólio o complemento de área, e, não sendo isso possível, o de reclamar reposição pelo valor correspondente ao desfalque causado (arts. 233 e 236). A situação se inverte se o legatário recebeu mais do que o testador contemplou, evidentemente, e a deixa for *ad mensuram*.

Importa ressaltar o entendimento de Pacifici-Mazzoni,[191] segundo o qual legada uma área, não será ela devida, se o testador lá edificou, porque a área não existe mais na sua forma, perdeu a sua denominação. Há uma casa, um edifício, não uma área. A nós parece, porém, que aí se aplica a regra da acessoriedade. Se o legado contemplou o terreno e fez-se erguer edificação posterior, o legado abrange o todo, por obra do princípio *superfícies solo cedit,* a menos que, p. ex., o testador tenha onerado a superfície do terreno a terceiro após a lavratura

---

190 Serpa Lopes, *Tratado dos Registros Públicos,* vol. III, p. 348.
191 Ob. cit., p. 230.

do testamento, pois aí será possível deduzir, pese embora o princípio da acessoriedade, e se as circunstâncias do caso o permitirem (art. 1.939, I e II), que a vontade do testador era especificamente a de aquinhoar o beneficiário com a terra e não com a edificação (arts. 1.369 e 1.372). Questão interessante a resolver-se nos tribunais será aquela que diz respeito ao término da concessão do direito de superfície, pois o *proprietário* passará a ter a propriedade plena sobre o terreno, construção ou plantação (art. 1.375). Nesse caso, se a deixa se limitou ao terreno e não à construção, *quid inde?* Entendemos que ao espólio caberá a propriedade plena da construção, a menos que de outras circunstâncias se possa inferir da deixa testamentária o contrário, mesmo porque, de regra, consoante o que estabelecido no art. 1.937: "*A coisa legada entregar-se-á, com seus acessórios, no lugar e estado em que se achava ao falecer o testador, 'passando ao legatário com todos os encargos que a onerarem'.*" Se a concessão for onerosa, enquanto persistir, a renda deverá reverter em benefício do espólio. Ao legatário, caberá a propriedade plena sobre o terreno.

Se o imóvel legado não possuía divisas bem extremadas, e, após a aquisição pelo testador do imóvel contíguo, o testador levantou cercas e muros ao redor de toda a área, unificando-a em campo, entendemos que a nova aquisição somente acederá ao imóvel legado se houver dependência para com este. Se além da unificação de fato, o testador logrou unificar os imóveis no registro, adotando no cadastro do Município o mesmo número do logradouro do imóvel objeto do legado, dessume-se que sua intenção foi realmente a de legar o todo unificado e não parte dele. Em todo e qualquer caso, será preciso verificar a intenção do testador e a sua conduta.

O dispositivo em exame contempla a hipótese de aquisição de terreno contíguo ao imóvel objeto da deixa testamentária que não havia sido expresso no legado pelo testador, na época do testamento, salvo, como acentuado por Carlos Maximiliano, "*o novo imóvel obtido ape-*

nas para arredondar a área do outro, ou enquadrado nas mesmas cercas ou divisas, quer por serem estas avançadas, quer por haverem sido abatidas de modo que formem um todo ou dois trechos de terra".[192]

Se as novas aquisições ocorrem *intra muros,* quer, nas divisas registrárias, quer, nas divisas de campo, nenhuma dúvida: se inserem no legado. Ainda no que se refere a terreno aberto, e não sendo possível delimitar as divisas, tome-se o seguinte exemplo: se o testador legou um terreno aberto de 500 m² a alguém, contendo apenas uma edícula, e, depois, adquiriu uma fazenda contígua, com sede, pastos etc., em mais de 20 hectares, o legado não deverá ir além do terreno da edícula. A fazenda não pode ser considerada *pertença* em relação à edícula (art. 93).

Por outro lado, segundo bem explicitado por Orosimbo Nonato, *"o critério da principalidade ou da acessoriedade não está, no Código Civil, art. 58, no valor da coisa".*[193] Não é por ser a fazenda mais valiosa que se vai depreender da acessoriedade da edícula, não necessariamente. Mas é intuitivo que a edícula não está para a fazenda em relação de continência, a não ser em relação de conteúdo. A mesma regra da acessoriedade pode e deve ser aplicada nesse caso (art. 92), por obra da hermenêutica, a menos que o testador de outro modo e claramente tenha incluído no legado a fazenda, incidindo aí a regra do artigo ora comentado. Logicamente, não será possível aplicar-se o desarrazoado.

Não basta, assim, que o testador tenha dado o mesmo destino do imóvel supostamente aderido ao imóvel aderente, ou principal. A exploração pelo fim econômico, como se viu, no exemplo acima citado, não resolve a questão. Edícula e fazenda irão compor um mesmo patrimônio voltado para uma exploração econômica. Mas o testador pode ter querido simplesmente legar a edícula a um empregado, para

---

192 Ob. cit., p. 172.
193 Ob. cit., p. 78.

Da Sucessão Testamentária (Art. 1.922) 63

a sua moradia, sem pretender legar a fazenda, o que é mais provável, diante do interesse do testador na proteção de sua prole. Mais rígido se nos afigura o direito francês, de acordo com a concepção de Laurent,[194] uma vez que o aumento de um imóvel por aquisições aos fundos, fossem elas contíguas, não seriam consideradas como parte integrante do legado. Segundo ele, se a intenção do testador é a de compreender as novas aquisições ao legado, deve fazer uma nova disposição testamentária. Bem a propósito o entendimento da Corte da Cassação francesa em aresto citado por Josserand,[195] que *"por acessório necessário da coisa legada, é necessário entender os objetos, sem os quais esta coisa não poderia servir a seu uso habitual e aqueles que lá se encontrem vinculados por uma disposição da lei ou pela vontade do testador"*. Assim, entendemos que também os imóveis por destinação seguem a sorte do imóvel que, por natureza, representam coisa acessória deste último.

O legatário não é responsável pelas dívidas do espólio ou da herança. Ainda que o falecido não tenha pago pelas novas construções, o legatário não responderá por elas, salvo disposição em contrário do testador.

2. Benfeitorias

Incluem-se no legado todas as benfeitorias, ou acréscimos internos. É o que dispõe o parágrafo único do artigo ora analisado. Trata-se de regra que segue a mesma linha do princípio da acessoriedade (art. 92). As benfeitorias podem ser de embelezamento (voluptuárias), melhoramento (úteis) e conservação (necessárias), *ex vi* do art. 96.

---

194 *Cours élémentaire de droit civil* , Paris, Libraire A . Marescq, Ainé, 1881, tome deuxième, p. 271.

195 *Cours de droit civil positif français,* vol. 3, p. 897.

Não obstante, será sempre possível ao testador estabelecer que tipo de benfeitorias se incorporarão ou não no legado, por se tratar de regra dispositiva, se as circunstâncias o permitirem. Por exemplo: obras de conservação feitas em determinado imóvel não podem ser retiradas pelo herdeiro, sob pena de deterioração, e assim por diante. No silêncio do testador, incorporam-se as benfeitorias novas ao imóvel legado.

O art. 97 disciplina que os melhoramentos ou acréscimos sobrevindos ao bem, sem a intervenção do proprietário, não devem ser havidos como benfeitorias. Ainda assim, não vemos como não possam ser tais melhoramentos transferidos ao legatário, diante do mesmo princípio da acessoriedade (art. 92). Se tais melhoramentos forem internos, não temos dúvida em reconhecer serem eles um apêndice do principal, e, portanto, dele inseparável.

Se referidos melhoramentos ou acréscimos forem externos, é preciso distinguir. Se se tratar de acessão, não vemos como não admitir a parte de área incorporada ao terreno objeto do legado (art. 1.248). A própria expressão *acessão* quer significar dependência para com algo (acessoriedade). Se o caso é de usucapião e a área for contígua ao imóvel legado, impende verificar a finalidade, autonomia e acessoriedade da ocupação. Se o testador adquiriu de quem não era dono área contígua, havendo como sua área que registrariamente não era, pode ter legado a posse, e, se completado o lapso prescricional, nada impede que o legatário venha adquirir o domínio por via da usucapião, por *successio possessionis* (art. 1.243). Se a área, embora contígua, é independente daquela que foi legada, não foi contemplada na deixa testamentária, não sendo possível admitir o legado de coisa alheia. Mas se a área recém adquirida circunvizinha é um feixe de terreno que serve de ligação do imóvel legado a outra parte da divisa em outra região, com possibilidade de novo acesso, não vemos como não admitir, já não pela regra do parágrafo único, mas pela do *caput* do artigo sob comento, a incorporação desse feixe de área ao imóvel legado, pelo critério da utilidade e da acessoriedade.

se vier a falecer, nada receberão seus herdeiros.[214] Ao legatário é dado praticar os atos conservatórios dos seu direito, como, p. ex., medidas cautelares, e mais aquelas tendentes ao registro de seu direito. Se o legatário possuir a posse imediata sobre o bem legado lhe assistirá ainda o uso dos interditos.

Em se tratando de bem imóvel, muito embora o registro não se apresente aí com aquela carga de constitutividade inerente aos atos de transmissão e de oneração imobiliária, é curial que o legatário se acautele, diante dos herdeiros e eventuais credores, providenciando o registro do título de transferência.

Note-se que a entrega espontânea e consciente do legado pelo herdeiro ao legatário implica não apenas no cumprimento do testamento, mas também em renúncia tácita pelo herdeiro onerado quanto a eventual argüição de nulidade ou caducidade da disposição testamentária.

2. Posse do legado

Diversamente da propriedade, a posse direta[215] não se transmite ao legatário, com a abertura da sucessão. Transmite-se, sim, ao herdeiro, como todas as coisas compreendidas na herança. Ao herdeiro compete o uso dos interditos para a defesa da posse, enquanto a coisa não é entregue ao legatário. Exige a lei a provocação do interessado perante o juízo competente, invariavelmente o do inventário, se não houver obviamente acordo com os herdeiros. Ainda assim, a redação assinalada no § 1º do artigo ora comentado não autoriza o juízo do

---

214 No mesmo sentido, Silvio Rodrigues, ob. cit., vol. 7, p. 163.

215 Porque a indireta já o tem o legatário, por sua condição de proprietário. Ao herdeiro caberá o exercício da posse direta, enquanto não entregue a coisa legada ao legatário. Posse civil, de acordo com o texto da Consolidação das Leis Civis – Teixeira de Freitas, ob. cit., pp. 492-493.

inventário a *deferir de imediato* a posse sobre a coisa legada, máxime porque, também, *por autoridade própria*, lícito não é ao legatário investir-se na posse sobre o bem (art. 345 – CP). Nada impede, porém, estando os herdeiros concordes, maiores e capazes, seja a posse, desde logo, transmitida ao legatário. Nesse caso, o juízo do inventário cumprirá, antes de decidir, ouvir os herdeiros, o testamenteiro e eventuais interessados, como a Fazenda Pública, por exemplo. Se os herdeiros forem maiores, capazes e estiverem de acordo com o pedido do legatário, pode este ainda tomar ingresso na posse do bem, independentemente de autorização judicial. Ressalte-se que a posse de que aqui se cogita é aquela de ordem material, uma vez que no legado de liberação, por exemplo, se incondicional, incorpora-se desde logo ao patrimônio do beneficiado, independentemente da entrega do título.

Nenhuma dúvida de que o legislador, nesse campo, extravasou a sua intenção no sentido de evitar que a posse prematura pelo legatário sobre o bem objeto da deixa pudesse ocasionar algum tipo de embaraço ou prejuízo a credores e aos próprios herdeiros, estes últimos privados da administração da coisa, desde logo, e sem possibilidade de cumprimento de eventuais obrigações derivadas da herança. Washington de Barros Monteiro leciona que: "Referentemente à *posse*, apenas com a partilha nela se investe o legatário, exceto se anteriormente obteve a entrega dos bens legados."[216] Silvio Rodrigues ainda esclarece que: "*Compete ao herdeiro, antes de pagar o legado, verificar se a herança é solvável ou não* (cf. Ferreira Alves, ob. cit., nº 111) *pois, caso o passivo do monte absorva toda a herança, podem os legatários ser obrigados a concorrer, parcial ou totalmente, para o resgate dos débitos. Portanto, seria inconveniente a entrada do legatário, por sua própria iniciativa, na posse da coisa legada.*"[217] No mesmo sentido, assim se pronuncia Orlando Gomes: "*Em se tratando de* legado puro e simples,

---

216 *Curso...*, 6º vol., p. 176.
217 *Direito das sucessões*, 7º vol., p. 163.

Da Sucessão Testamentária (Arts. 1.923 e 1.924)   75

"o legado deve ser entregue no estado em que se achar no momento da morte do testador, com os acréscimos sobrevindos. Pelas deteriorações como pela perda responde a pessôa encarregada de prestar o legado, se incorreu em culpa. Se a coisa legada soffre deterioração ou perece por caso fortuito, supportará o legatário o prejuízo" (Clóvis).[225] Mas a entrega do legado só se torna exigível após a conclusão do inventário.

Salvo disposição em contrário do testador, as despesas derivativas da entrega do legado, como, p. ex., o imposto de transmissão, correm por conta do legatário, que receberá a coisa com todos os encargos que a onerarem. Evidente que se o legatário, por exemplo, for judicialmente compelido a honrar uma dívida hipotecária, operar-se-á a seu favor a sub-rogação dos direitos do credor contra o herdeiro ou contra quem em garantia do qual houver sido instituída a hipoteca.[226]

> **Art. 1.924.** O direito de pedir o legado não se exercerá, enquanto se litigue sobre a validade do testamento, e, nos legados condicionais, ou a prazo, enquanto esteja pendente a condição ou o prazo não se vença.
>
> **Direito anterior: Art. 1.691.** O direito de pedir o legado não se exercerá, enquanto se litigue sobre a validade do testamento, e, nos legados condicionais, ou a prazo, enquanto esteja penda a condição, ou o prazo não se vença.[227]

COMENTÁRIOS

1. O direito de pedir o legado não se exercerá

Já se disse anteriormente que, para pedir o legado, o legatário dispõe da ação reivindicatória e da ação pessoal *ex-testamento*. Refere

---

225 *Código Civil...*, p. 888.
226 Cf. Clóvis Beviláqua, *Direito das sucessões*, p. 327.
227 Legislação comparada: Código Civil alemão: § 2.177; italiano: art. 649; francês: art. 1.014.

Orlando Gomes: "*O direito de pedir o legado tem natureza controvertida. Costuma-se encará-lo na perspectiva da correlata obrigação. Consideram-na alguns escritores 'obligatio ex testamentu'– Ferrini –, outros 'obligatio ex lege' – Pacifici-Mazzoni –, a que corresponderia um 'direito de crédito' do legatário. Em verdade, porém, a 'pretensão' contra o onerado insere-se no direito de propriedade do legatário, dirigindo-se à obtenção da coisa legada, por sua efetiva entrega, atenta a circunstância que o legatário está proibido, por lei, de entrar, por autoridade própria, na sua posse. Contudo varia a natureza desse direito conforme o objeto do legado.*"[228]

O legado deve ser postulado ao: a) testamenteiro, se na posse e administração dos bens da herança; b) a certos herdeiros designados pelo testador para dar cumprimento ao legado; c) ao herdeiro, ou legatário, a quem pertencer a coisa legada, tendo este ou aquele direito regressivo contra os co-herdeiros, conforme a quota hereditária de cada um, se não houver disposição em sentido diverso no testamento; e d) a todos os herdeiros instituídos, à míngua de designação expressa do testador. Nesse caso, a responsabilidade recairá sobre a proporção herdada de cada um dos herdeiros.[229-230]

Evidentemente, que, para fazê-lo, exige a lei que já se encontre o direito incorporado ao patrimônio do legatário. Havendo condição suspensiva ou sendo o legado a prazo, enquanto não implementada a condição, não terá o legatário adquirido o direito visado, e, no segundo caso, não poderá exercer o direito, senão após o vencimento do prazo.

Já vimos que nos legados puros e simples, o legatário adquire a coisa legada, desde a morte do testador. Seus efeitos se produzem desde logo. Nos legados condicionais, a aquisição fica pendente do

---

228 *Sucessões,* p. 200.
229 Itabaiana de Oliveira, *Tratado de direito das sucessões,* Max Limonad, 1952, vol. III, pp. 562-563.
230 É também possível a ação para a entrega de coisa certa, bem como a ação cominatória (Antônio Ferreira Inocêncio, *Inventários e partilhas – ações de herança,* 2ª ed., Ed. Jalovi, 1980, pp. 466-467).

implemento da condição suspensiva. Enquanto esta não se verifica, não terá o legatário adquirido o direito a que visa o negócio jurídico. Aberta a sucessão, os herdeiros adquirem o domínio e a posse da herança. Já, os legatários, apenas o domínio da coisa legada, se não houver condição suspensiva.

A primeira parte do artigo sob comento inibe a ação do legatário toda a vez em que houver uma demanda discutindo a validade do testamento, o que levou a Clóvis considerá-la como ociosa,[231] recebendo críticas de Pontes de Miranda.[232] Realmente, *ociosa* não é verdadeiramente. Impôs a lei uma nova condição, desta feita, específica, embora moldada no preceito genérico do art. 125, que tanto abrange as condições predispostas nos negócios jurídicos, quanto as condições que a própria lei possa reservar.

Para pedir o legado, supõe-se aí, incondicional ou não a termo, ou caso condicional, implementada a condição e se a termo, vencido o prazo, exige-se que o testamento não esteja sendo alvo de discussão judicial em torno de sua validade, no pressuposto de que, se eventualmente anulado for, restituir-se-á ao monte o legado que prematuramente teria sido desde logo entregue ao legatário.

A ação de nulidade do testamento é, assim, inteiramente prejudicial à reivindicatória ou à ação pessoal *ex testamento*. Trata-se de um obstáculo judicial para a entrega do legado, que, na acepção de Itabaiana de Oliveira, *"depende da validade contestada do testamento que o julgar válido, para que, uma vez transitada em julgado, se possa valer, com segurança, a entrega do legado. Nesse caso a sentença retrotrai os seus efeitos à data: a) da morte do testador – se o legado é puro e simples, b) do implemento da condição – se o legado é condicional, c) do vencimento do prazo – se o legado é a têrmo"*[233]

---

231 *Código Civil...*, II, p. 866.
232 *Tratado*, LVII, p. 236.
233 Ob. cit., p. 564.

Em se tratando de obstáculo judicial, não corre prescrição contra o legatário, enquanto não transitada em julgado a sentença eventualmente favorável à validade do testamento (art. 199, I). Se a ação reivindicatória ou *ex testamento* já houver sido proposta, haverá de ser suspensa, nos termos do art. 265, IV, "a", do CPC.

Se depois de haver o legatário recebido o legado, o testamento vem a ser anulado, deverá o legatário restituir aos herdeiros os bens que houver recebido e, se tais bens já tiverem sido alienados a terceiro, há que distinguir. O art. 1.817 admite como válida a alienação ao terceiro de boa-fé, mas não impede seja o legatário demandado pelas perdas e danos. O art. 1.827 vai além, admitindo que o herdeiro possa demandar os bens da herança, mesmo em poder de terceiros. Mas o dispositivo em questão ressalva em seu parágrafo único serem "eficazes as alienações feitas, a título oneroso, pelo herdeiro aparente a terceiro de boa-fé". Portanto, em se tratando de alienação a título oneroso a terceiro, a lei põe a salvo da reivindicação o adquirente de boa-fé.

Aqui, visa a lei proteger a boa-fé do terceiro, inspirada no princípio da fé pública registral do sistema germânico, o que levou Serpa Lopes a dizer: "*A existência da regra inerente ao herdeiro aparente é a síntese de um movimento oriundo da noção de boa-fé, intimamente ligado ao problema do registro imobiliário, à eficácia da publicidade, em geral. A teoria do herdeiro aparente apóia-se não só numa boa-fé subjetiva, como também em elementos objetivos, v.g., a situação de um herdeiro fundada num testamento que só posteriormente vem a ser reconhecido falso ou revogado por outro testamento.*"[234]

Pode ser exigida pelo legatário condicional caução do herdeiro, enquanto não recebida a coisa legada, "*para garantia de que os bens a êle deixados lhe sejam entregues ao cumprir-se a condição 'suspensiva': presta o sucessor universal, dativo ou legítimo, aquele que tem a posse e gozo*

---

234 *Tratado dos registros públicos*, Brasília Jurídica, 1995, vol. I, p. 85.

do benefício enquanto se não verifica o exigido pelo testador. Por sua vez, no caso de condição 'de não fazer' e das 'resolutivas' em geral, o sucessor condicional pode ser obrigado a dar caução, de modo que ao herdeiro universal fique assegurada a restituição do patrimônio, se for feito o que o testador pretendeu impedir".[235]

De qualquer forma, enquanto não julgada a partilha, compreende-se não se deva providenciar a entrega dos bens legados, porque só depois de ultimada aquela é que se verifica a realização do passivo devido aos credores do *de cujus*, considerando-se aí as forças da herança.

Muito embora o direito de pedir o legado se subordine ao implemento de condição ou do advento do termo, conforme o caso, ou ainda da inexistência de demanda, visando à invalidade do testamento, nada impede possa o legatário utilizar-se das medidas judiciais conservatórias de seu direito, desde logo. Nesse caso, inclui-se, segundo nos parece, o pedido de caução aos herdeiros e mesmo oferecimento de caução pelo legatário, em garantia de eventual restituição do legado, sujeito à condição, lembrando-se o que se convencionou chamar de *caução muciana*, se e quando conveniente for para o monte, a fim de evitar o perecimento da coisa ou lesão de difícil ou impossível reparação, por exemplo. Cuida-se de hipótese excepcional que deverá ser apreciada, de acordo com as circunstâncias do caso, ao prudente critério do magistrado.

> **Art. 1.925. O legado em dinheiro só vence juros desde o dia em que se constituir em mora a pessoa obrigada a prestá-lo.**
> **Direito anterior: Art. 1.693.** O legado em dinheiro só vence juros desde o dia em que se constituir em mora a pessoa obrigada a prestá-lo.[236]

---

235 Carlos Maximiliano, ob. cit., pp. 80-81.
236 Legislação comparada: Código Civil italiano: art. 670; francês: art. 1.015; espanhol: art. 884.

COMENTÁRIOS

1. Legado em dinheiro

O legado em dinheiro não gera direito real. Não se incluem no legado em dinheiro os títulos de crédito, apólices, ações etc. Dada a sua natureza – bem fungível –, o legatário é credor do espólio ou dos herdeiros onerados. Conforme enfatiza Itabaiana de Oliveira, *"o legatário ainda não tem o domínio sôbre o legado, não passando de um credor e tendo, apenas, o direito de reclamar judicialmente o seu pagamento, caso o herdeiro ou testamenteiro, seja remisso na entrega do legado. A mora resulta, pois, da interpelação judicial[237] da pessoa obrigada a cumprir o legado e, portanto, os juros sòmente são devidos da contestação da lide e não da morte do testador"*.[238]

Ressalva-se que o dispositivo em questão não é aplicável ao legado de alimentos ou ao legado de dívida de terceiro.[239] O legado pode ter sido indicado apenas em quantidade (ex.: cem mil dólares) e qualidade/matéria (ex.: 20 libras em ouro), ou lugar (ex.: os dólares que se encontram no Banco...).[240] Aplicam-se as regras estatuídas nos arts. 1.915 e 1.917. Nos primeiro e segundo caso, cumpre-se o legado, *ainda que tal coisa não exista entre os bens deixados pelo testador*. No último caso, cumpre-se, apenas se for achada a coisa no lugar indicado. No primeiro caso, o pagamento deve ser feito em moeda nacional, ao câmbio do dia da entrega.[241] No segundo, tendo a libra-papel cotação igual à da libra-ouro, "cumpre adquirir esta, para dar ao lega-

---

237 Ou extrajudicial, *ex vi* do art. 397, parágrafo único.
238 Ob. cit., p. 566.
239 Carvalho Santos, ob. cit., p. 449.
240 Classificação de Pontes de Miranda, *Tratado*, LVII, p. 252.
241 Se o dinheiro existe e se encontra num banco estrangeiro, p. ex., é válida a convenção, porque o que se está legando não é uma obrigação conversível com cláusula ouro, e, sim, o próprio numerário existente em determinado lugar (art. 318).

Da Sucessão Testamentária (Art. 1.925) 81

tário; quando os valores divergem, a intenção evidente é fixar o *quantum*, pagável em papel nacional correspondente".[242]

Se o dinheiro estiver depositado em conta bancária e não for especificada a quantidade deixada, haverá de ser cumprido o legado, com base no saldo do dia do óbito do *de cujus*. Nesse caso, se a conta for remunerada, por exemplo, os respectivos acréscimos e/ou rendimentos existentes na data do óbito subentendem-se incluídos na deixa testamentária, devendo ser pagos ao legatário (art. 1.923, § 2º). Não, porém, os "frutos colhidos antes do óbito do *de cujus*" (*RF*, 105:322; *RT* 152:341).[243]

2. Juros de capital e juros de mora

Se o dinheiro foi recebido pelo inventariante, testamenteiro ou pelo herdeiro, cumpre ao legatário reclamá-lo, mas é óbvio que se data do recebimento até a data da reclamação pelo legatário teriam os primeiros auferido rendimentos derivativos da soma recebida, ao legatário tocará receber, por igual, tudo aquilo que se viu privado, sob pena de enriquecimento ilícito dos detentores das quantias legadas. Esses rendimentos ou juros sobre o capital, obviamente, não dependem de interpelação judicial, nem se contam apenas a partir desta última.

É que o dinheiro objeto da disposição testamentária não pertence, de fato, nem ao inventariante, nem ao testamenteiro ou herdeiro. Se para a administração do espólio, porém, tiverem inventariante e testamenteiro lançado mão de quantias que deveriam ser destinadas ao pagamento de legados, prestarão contas do quanto recebido e do quanto gasto. Sobre a diferença eventualmente credora a favor do le-

---

242 Carlos Maximiliano, ob. cit., p. 187.
243 Maria Helena Diniz, *Curso...*, Direito das sucessões, p. 249.

Comentários ao Código Civil Brasileiro

gatário, incidirão os juros de mora, estes, sim, a partir da interpelação promovida por este.

> **Art. 1.926. Se o legado consistir em renda vitalícia ou pensão periódica, esta ou aquela correrá da morte do testador.**
> **Direito anterior: Art. 1.694.** Se o legado consistir em renda vitalícia ou pensão periódica, esta ou aquela correrá da morte do testador.[244]

COMENTÁRIOS

1. Legado de renda

Diversamente do legado de dinheiro que se paga de uma vez, o legado de renda é periódico,[245] correndo desde a morte do testador, se não houver disposição em contrário no testamento. Inclui-se o legado de alimentos, pois "de alimentos se precisa sempre".[246] Denomina-se censuísta o beneficiário da renda e censuário ou rendeiro o obrigado a prestá-la.

Se o legado de renda não possui termo final de cessação, presume-se vitalício. Se o legatário for pessoa jurídica, e não houver termo fixado, dá-se a cessação, com a sua dissolução ou liquidação, ou com o advento do prazo de 30 (trinta) anos, por analogia ao art. 1.410, III.[247] Se o pagamento corresponde a período já encetado, conside-

---

244 Legislação comparada: Código Civil italiano: art. 670; português: art. 2.273º; espanhol: art. 880; venezuelano: art. 930.

245 O legado de renda periódica pode ser determinado por ano, quinzena, semestre ou mês.

246 Pontes de Miranda, *Tratado...*, t. LVII, p. 253.

247 Costuma a doutrina estrangeira admitir que o legado de pessoa jurídica perdure por cem anos (Pacifici-Mazzoni, Vitali, De Filippis e Segovia, *apud* Carlos Maximiliano, ob. cit., p. 190).

ra-se legado puro e simples, de forma que, falecendo o legatário naquele período, herdam seus sucessores aquilo que faltaria para o pagamento da integralidade da prestação. Todavia, só no termo de cada período se tornam exigíveis as prestações, exceção feita ao legado de alimentos, em que as respectivas prestações são exigidas no começo de cada período, "sempre que outra coisa não tenha disposto o testador" (art. 1.928, parágrafo único).

Segundo assinalado por Clóvis, *"nisto difere a renda constituída por acto de ultima vontade da estabelecida convencionalmente. Esta última vence-se dia a dia, se não houver de ser paga adeantadamente (art. 1.428);*[248] *aquella há de ser paga no fim do período, se outra coisa não determinar o testador, mas considera-se adquirida na quantidade correspondente ao periodo iniciado"*.[249]

Se o pagamento é de período sucessivo, ainda não encetado, considera-se legado condicional, de forma que, falecendo o legatário-censuista antes de se encetar um período, extinguem-se todas as demais prestações sucessivas correspondentes aos períodos não realizados.[250]

Realmente, não há confundir legado de prestações periódicas com legado global de soma prefixada, mas parcelado no tempo. "O primeiro é *múltiplo*; o segundo é *único*."[251] No legado múltiplo, o legatário adquire o direito a cada período, como se se tratasse de vários legados. Assim, se o legatário vem a falecer, antes de iniciado determinado período, seus herdeiros não recebem aquilo que o legatário não receberia, antes de encetado o mesmo período. O mesmo não ocorre com o legado global, já que as parcelas integram o valor

---

248 Atual art. 811.
249 *Código civil...*, vol. II, p. 889.
250 Itabaiana de Oliveira, ob. cit., p. 570.
251 Ob. cit., p. 189.

do legado, e, falecido o legatário no interregno de uma delas, nem por isso deixam de receber as remanescentes seus herdeiros.

Se o testador houver constituído renda sobre imóvel, aplicar-se-ão as regras concernentes ao correspondente direito real.[252] Forte corrente doutrinária sustenta haver sido eliminado da categoria de direito real. Mas o legado de renda sobre imóvel não foi abolido e constitui dívida da herança até o dia da adjudicação e inscrição da renda. Se o imóvel sobre o qual irá recair o legado vem a perecer, perece o legado. Havendo uma pluralidade de imóveis, e até a individuação com a inscrição da renda, a herança será a devedora do legado "sobre quaisquer imóveis que restem".[253]

Pese embora a ausência de previsão do tipo específico do direito real de que aqui se cogita, no atual Código (art. 1.225), certo é que a Lei nº 6.015/73, em seu art. 167, I,. nº 8, continua a prever a mesma figura, o que mais reforça nosso ponto de vista manifestado em estudo publicado na *Revista de Direito Imobiliário*, sobre a não-taxatividade absoluta dos direitos reais.[254]

E não poderia ser de outra forma, já que as próprias disposições transitórias do atual Código não contemplaram idêntico tratamento dispensado à enfiteuse, esta, sim, expressamente abolida e vedada nos termos do art. 2.038. Por essa razão, entendemos não haver sido revogado pelo atual Código o art. 167, I, nº 8, da Lei nº 6.015/73, diploma este de natureza especial. Em se tratando de legado de renda sobre imóvel, nenhuma dúvida, haverá direito real, tanto que inscrita a renda no registro imobiliário, nos moldes previstos no art. 167, I, nº 8, da Lei nº 6.017/73.

O legado de renda pode ser também constituído sobre o capital. Pode o testador instituir a inalienabilidade e a impenhorabilidade da

---

252 Orlando Gomes, *Sucessões,* p. 196.
253 Pontes de Miranda, *Tratado*, t. LVII, p. 261.
254 "A Tipicidade dos direitos reais", *RDI* nº 52, pp. 75 e ss.

Da Sucessão Testamentária (Arts. 1.926 e 1.927)

renda sobre todas as execuções pendentes ou futuras eventualmente instauradas contra o beneficiário, *ex vi* do art. 1.911. A instituição feita por meio de legado, sabe-se de regra, é gratuita, não onerosa. A isenção prevalece de pleno direito em favor dos montepios e pensões alimentícias (art. 813 e parágrafo único).

Não há confundir legado de renda com legado de usufruto. No legado de renda, o que se recebe é a renda fixada. No legado de usufruto, lega-se o uso e a fruição da coisa, que poderá ou não gerar uma renda. No legado de usufruto, os sucessores do legatário não herdam os frutos naturais (*stricto sensu*) dos dias ou meses transcorridos, nem os frutos civis do período todo. No legado de renda, os sucessores do legatário herdam os frutos civis ou naturais relativos ao período encetado.[255]

> **Art. 1.927.** Se o legado for de quantidades certas, em presta-ções periódicas, datará da morte do testador o primeiro período, e o legatário terá direito a cada prestação, uma vez encetado cada um dos períodos sucessivos, ainda que venha a falecer antes do termo dele.
>
> **Direito anterior: Art. 1.695.** Se o legado for de quantidades certas, em prestações periódicas, datará da morte do testador o primeiro período, e o legatário terá direito a cada prestação, uma vez encetado cada um dos períodos sucessivos, ainda que venha a falecer antes do termo dele.[256]

COMENTÁRIOS

1. Legado de prestações periódicas

O dispositivo sob comento complementa o anterior (art. 1.926). Aqui o texto explicita o legado em *quantidades certas*, sob prestações

---

255 Pontes de Miranda, ob. cit., p. 260.
256 Legislação comparada: Código Civil italiano: art. 670; português: art. 2.273º; espanhol: art. 880; argentino: art. 3.793; mexicano: art. 1.468; venezuelano: art. 931, primeira parte.

periódicas. Tem origem no art. 867 do Código Civil italiano de 1865. Legado de renda vitalícia ou de pensão constitui espécie de legado de quantidade certa. Tal como se passa no dispositivo antecessor, o legado corre da morte do testador, mas nada impede que de outro modo se estabeleça na deixa testamentária.

A regra é que o legado periódico se vença a cada período iniciado. Não há proporcionalidade de pagamentos nesse caso específico de legado de quantidade certa. Se o legatário vem a falecer no dia seguinte àquele que teria tido início o respectivo período, seus sucessores não receberão a deixa em proporção a um dia por período iniciado, por exemplo. Haverão de receber a totalidade da prestação a se vencer ao final do período já iniciado. O direito do legatário não se transmite, a não ser a pensão ou anuidade correspondente à data do falecimento do legatário.[257]

Antes de vencido o período, é inexigível o legado correspondente àquele. Como salientado por Washington de Barros Monteiro, "*a regra é a exigibilidade das prestações no fim de cada período; no caso de alimentos, porém, dado o seu objetivo, abre-se exceção à regra geral; consideram-se eles exigíveis desde o começo de cada período, salvo se o contrário dispôs o testador, cuja vontade deve ser atendida, por constituir o elemento gerador do direito questionado*".[258]

Não obstante, se o legado for de quantidades incertas e não for de natureza alimentar, não se vence, na acepção de Pontes de Miranda, ao se encetar o período. Leva-se em conta a proporcionalidade do tempo decorrido.[259] Ainda exemplifica o ilustre mestre, e já no que se refere ao legado de quantidades certas: "*Para que numa dívida de lega-*

---

257 Lacerda de Almeida, *Successões,* p. 439.

258 *Curso...*, 6º vol., p. 181. No mesmo sentido, João Luiz Alves, *Código civil...*, 3º vol., p. 104.

259 *Tratado,* t. LVII, p. 264. O exemplo dado é o da metade dos alugueres de um prédio. Mas nesse caso, havemos de considerar não como quantidade incerta a deixa testamentária, segundo pensamos, já que a disposição exemplificada é determinada

*do, vencida uma prestação, incida o art. 1.695, é preciso que a periodi-
cidade seja 'estrutura do legado' – tantos legados quantas as prestações, ou
legado, com vencimento periódico, sujeito a condição se vivo fôr o legatário.*

*Assim, se o período começa em janeiro e o legatário 'morre' a 20, os
herdeiros dêle 'têm direito' ao período encetado, porém 'não podem exigir'.
A exigibilidade aqui é no têrmo de cada período (art. 1.696); salvo – e esta
é matéria específica do parágrafo único – se fôr legado de alimentos ou a
título de alimentos, porque, então, como espécie do gênero, o 'direito à prestação' começa do início de cada período e, excepcionalmente, 'especialmente
(art. 1.696, parágrafo único) também a exigibilidade'.*"[260]

Lembrando acepção de Orosimbo Nonato, "*tantos legados há
quantas prestações se devem, tôdas de fora parte a primeira, sob a
condição 'an legatarius vivat'. Deve-se, porém, advertir que uma coisa é o
'vencimento' e al·a 'exigibilidade': 'altra cosa è lácquisto di ogni annualità
e altra cosa è l'esigibilità chi essa'.*"[261]

Já se disse nos comentários ao art. 1.926 que o legado de prestações periódicas, em verdade, é legado sucessivo. Cada legado sucessivo possui um período que se inicia com a morte do testador e
se finda no termo de cada período. É legado sob condição de vida do
legatário (*si legatarius vivat*), porque, com a morte deste, extingue-
se a deixa testamentária, recebendo os herdeiros do beneficiário
aquilo que o legatário receberia se vivo estivesse até que completado o período já encetado.

Não se trata de legado único, parcelado em prestações periódicas. No legado periódico, existem vários legados. No legado único, há
apenas um legado, dividido em parcelas no tempo. Neste caso, se o

---

em valor certo representativo da metade dos alugueres do prédio. Em se tratando
de coisa determinada pelo gênero, e até que sobrevenha a escolha de que cuida o
art. 1.929, não será possível fixar-se, desde logo, o termo inicial e o termo final.

260 Ob. cit., p. 263.
261 Ob. cit., p. 96.

legatário vem a falecer antes de pagas todas as parcelas devidas, seus herdeiros receberão aquelas que não foram pagas e a se vencer. No legado sucessivo, não há parcelas *vincendas*, e, sim, apenas vencidas, pois antes do advento do termo, não se tornam exigíveis, mesmo depois de iniciado o período a que correspondam.

Se o legatário-censuísta falecer ante de encetado um período, extinguem-se tôdas as demais prestações sucessivas, porque se não realizou a condição – *si vivat* –, e, neste caso, o legatário nada transmite aos seus sucessores.[262]

> **Art. 1.928. Sendo periódicas as prestações, só no termo de cada período se poderão exigir.**
>
> **Parágrafo único. Se as prestações forem deixadas a título de alimentos, pagar-se-ão no começo de cada período, sempre que outra coisa não tenha disposto o testador.**
>
> **Direito anterior: Art. 1.696.** Sendo periódicas as prestações, só no termo de cada período se poderão exigir.[263]
>
> **Parágrafo único.** Se, porém, forem deixadas a título de alimentos, pagar-se-ão no começo de cada período, sempre que outra coisa não disponha o testador.

COMENTÁRIOS

1. Exigibilidade das prestações

Conforme acentuado nos comentários aos arts. 1.926 e 1.927, em se tratando de legado de prestações periódicas, a exigibilidade

---

262 Itabaiana de Oliveira, ob. cit., p. 570.
263 Legislação comparada: Código Civil português: art. 2.273°; italiano: art. 670; espanhol: art. 880; mexicano: art. 1.468; venezuelano: art. 931, segunda parte.

somente se verifica no termo de cada período. Isto é, as prestações só se tornarão exigíveis, após o vencimento do período a que se referirem. Melhor seria que o legislador tivesse reunido os três artigos, 1.926, 1.927 e o presente, num único dispositivo, separando-os em parágrafos.

Pontes de Miranda, a propósito, já comentava que o art. 1.926 (art. 1.694) é em parte supérfluo, porque se subsume no art. 1.927 (art. 1.695): *"Há, no assunto, problema de técnica 'legislativa', que seria meter no art. 1.694 o que se refere ao começo das prestações, comum aos dois artigos, ou incluir o art. 1.694 no art. 1.695, 1ª parte."*[264]

Nada impede, porém, que o testador faça consignar no testamento outras hipóteses de exigibilidade. A regra acima aqui tratada é de conteúdo dispositivo. Aplica-se, quando não houver disposição em sentido contrário, estabelecida na deixa testamentária. Se, p. ex., o testador lega a José mil e quinhentos reais por mês, o pagamento é exigível no último dia de cada mês, salvo se outra for a vontade do testador.

O legado de prestações periódicas é, ao mesmo tempo, condicional e a termo. Condicional, porque pendente da condição *"si legatarius vivat"*. A termo porque, antes de ultimado o período a que se referir a prestação, o direito de obter a deixa não poderá ser exercido, e, conseqüentemente, a percepção dos frutos. Quem tem a posse da herança deve prestar a renda.[265]

2. Legado de alimentos

A regra geral atinente à exigibilidade das prestações ao fim de cada período se inverte no legado de alimentos, conforme se deflui a leitura do parágrafo único do artigo sob comento. À míngua de dis-

---

264 *Tratado*, t. LVII, p. 264.
265 Pontes de Miranda, *Tratado de direito privado*, t. LVII, p. 267.

posição testamentária em sentido contrário, as prestações deixadas a título de alimentos vencem-se no começo de cada período. Por se tratar de prestação especialíssima, a exigibilidade desta se verifica no início de cada período. A lei presume que a vontade do testador seja a de atender a necessidades básicas e inadiáveis do alimentando, por isso que se antecipam os vencimentos das prestações.

3. Prescrição

A teor da norma consubstanciada no art. 206, § 2º, do atual Código, a prescrição se opera em 2 (dois) anos, a partir do vencimento das prestações alimentícias. Tal como no sistema anterior, pese embora redação distinta empregada no atual texto,[266] a prescrição de que se cuida é a relativa às parcelas vencidas no biênio que antecede a propositura da ação. Na dicção de Pontes de Miranda, *"cumpre separar o direito ao legado, cuja ação se subordina aos princípios gerais, e a ação para haver as prestações. Como se trata de periodicidade do legado e a prestação esgota cada um, tem-se de aplicar ao caso o art. 1.696 a regra especial do art. 178, § 10, I, II (...). O direito às prestações anteriores de menos de cinco anos e às vincendas não é atingido. Trata-se de multiplicidade de legados. O art. 178, § 10, I e II, também se aplica às rendas temporárias ou vitalícias, e às pensões alimentícias, constituídas sôbre capital ou de cargo sòmente real".*[267]

> Art. 1.929. Se o legado consiste em coisa determinada pelo gênero, ao herdeiro tocará escolhê-la, guardando o meio-termo entre as congêneres da melhor e pior qualidade.

---

266 Tecnicamente mais apropriada ao nosso ver: "... a pretensão para haver prestações alimentares...".

267 Ob. cit., p. 267. Prescreve em três anos a pretensão para receber prestações vencidas de rendas temporárias ou vitalícias (art. 206, § 3º, II, do atual Código).

Da Sucessão Testamentária (Art. 1.929) 91

Direito anterior: Art. 1.697. Se o legado consiste em coisa determinada pelo gênero, ou feita espécie ao herdeiro tocará escolhê-la, guardando o meio-termo entre as congêneres da melhor e pior qualidade (art. 1.699).[268]

COMENTÁRIOS

1. Se o legado consiste em coisa determinada pelo gênero

Como já vimos em comentários ao art. 1.915, a hipótese é de legado de coisa móvel ou imóvel indeterminada, mas determinável pelo gênero, em que se subentende a espécie e a quantidade (art. 243) – elementos daquele. Quando a escolha sobre a determinação do objeto legado recai para o onerado, caracteriza-se o *legatum electionis*. Acentua, porém, Pacifici-Mazzoni[269] que o herdeiro não tem um poder ilimitado de escolha.

De regra, e salvo disposição contrária no testamento, competirá ao herdeiro onerado eleger a coisa legada, por via de estimação média entre congêneres,[270] relativa às qualidades da coisa. Assim também se passa em França, como leciona Baudry-Lacantinerie: *"É, portanto, uma coisa de qualidade média que deve ser entregue. A lei concilia assim de maneira mais eqüitativa, conformando-se, aliás, à intenção provável do testador, os interesses contrários existentes."*[271]

Nada impede, porém, que o testador confira ao legatário o direito de escolha, ou ainda altere o critério de escolha média, dele-

---

268 Legislação comparada: Código Civil alemão: § 2.155; português: art. 2.266°; francês: art. 1.022; italiano: art. 664; argentino: art. 3.756; espanhol: arts. 875 e 876; mexicano: art. 1.456; venezuelano: art. 934.

269 Ob. cit., p. 251.

270 Diversamente do direito romano, que atribuía a escolha ao legatário (Troplong, ob. cit., vol. 2, p. 475).

271 Ob. cit., t. III, p. 634.

gando ao herdeiro ou legatário onerado, por exemplo, o critério de opção (art. 1.931).[272] A matéria comporta juízo discricionário do testador. Como preconizado por Pontes de Miranda, *"pode êle tocar os critérios dos arts. 1.697 e 1.699, 1ª parte, isto é, dar ao onerado a escolha livre, e ao beneficiário, a do meio-têrmo. Mais: estabelecer outros critérios de escolha, ou de opção. Um dêles é o 'justo'. Atender-se-á, então, ao fim do legado."*[273]

O onerado não está, tão apenas pela letra do artigo sob comento, se nada dispuser o testador em sentido contrário, obrigado a dar a coisa de melhor, nem de pior qualidade. Não é por isso que poderá dar a coisa imediatamente inferior à de melhor ou a imediatamente superior à de pior qualidade. A lei mantém uma eqüidistância entre os dois extremos.

Deve o beneficiário solicitar do herdeiro onerado (*reus debendi*) o exercício da escolha, por via de interpelação judicial ou extrajudicial, se nenhum prazo houver sido estipulado pelo testador. Claro está que os legados ordinariamente se cumprem apenas após o pagamento das dívidas da herança e calculada a parte indispensável às legítimas. Mas é intuitivo que, até que isto ocorra, deve o herdeiro onerado ser compelido a verificar entre os bens da herança aquele que se enquadre no gênero da coisa legada, separando-o, desde logo, no esboço de partilha. Uma coisa é a entrega do legado, pendente, na maioria das vezes, da ultimação do inventário.[274] Outra, diversa, é o exercício da escolha da deixa pelo herdeiro onerado, que antecede a partilha e não pode ser protraída, ao livre-arbítrio daquele, sob pena de, com seu ato, se frustrar a vontade do testador.

Se a coisa existir no patrimônio do testador, o legatário adquire a sua propriedade, *ex vi* da primeira parte do art. 1.923, muito embo-

---

272 Cf. também Pacifici-Mazzoni, ob. cit., p. 265.
273 *Tratado de direito privado,* t. LVII, p. 276.
274 "A entrega do legado só é exigível depois de concluído o inventário" (Carlos Maximiliano, ob. cit., p. 200).

ra a posse não lhe seja, desde logo, transmitida, nem por autoridade própria (art. 1.923, § 1º). É posição que modestamente defendemos, a despeito de fortíssimos argumentos em sentido contrário. Pacifici-Mazzoni chega mesmo a declarar que a propriedade da coisa legada com indicação do gênero ou da espécie não é adquirida pelo legatário à data do óbito do autor da herança, a não ser com a determinação individualizada dela própria.[275] Evidentemente, se a coisa legada pelo gênero não existir no patrimônio do *de cujus*, já não poderá o legatário obter a transmissão *recta via* da coisa legada. Mas nem por isso, ficará isento o herdeiro ou legatário onerado de dar cumprimento ao legado, nem que, para tanto, tenha de adquirir a coisa de terceiro, adotando o mesmo critério de estimação média. Nesse caso, sim, se a coisa não for encontrada no patrimônio do testador, não terá o legatário nada adquirido, a não ser após a escolha do herdeiro.

Conforme já exposto anteriormente, o legado genérico é válido, ainda que não se encontre a coisa legada no patrimônio do testador. Assim, por exemplo, se o testador legou tal quantidade de chá, de vinho ou de materiais de construção, um cavalo etc. e esses bens não são encontrados, é válido o legado.[276]

A escolha feita pelo herdeiro ou legatário onerado pode ser impugnada pelo beneficiário, demonstrando que a coisa era de pior qualidade, imprestável, foi escolhida por erro, dolo etc. O legatário não é obrigado a receber outra coisa, ainda que mais valiosa (art. 313). Se não houver acordo no juízo de inventário, caberá ao interessado provocar a tutela jurisdicional das obrigações de fazer (escolha) e de dar (coisa incerta).

Uma vez ultimada a escolha,[277] cumpre-se o legado, se não se opuser o beneficiário. Tanto que complementado o testamento com a

---

275 Ob. cit., p. 250.
276 Josserand, ob. cit., vol. 3, p. 894.
277 Irretratável, segundo pensamos, pese embora a novel redação dada pelo art. 1.933 (antigo art. 1.701, parágrafo único), pois a escolha feita pelo herdeiro quanto à

especificação da coisa legada pelo gênero, a deixa passa a ser de coisa certa, aplicando-se as regras pertinentes às obrigações de dar (art. 233 e seguintes). Conforme já tivemos oportunidade de manifestar, por ocasião dos comentários ao art. 1.916, entendemos que o legatário ou herdeiro onerado têm o dever de conservar e de administrar o legado até a entrega da coisa ao seu beneficiário. Em caso de deterioração ou de perecimento, o onerado responde, conforme os princípios da gestão de negócios alheios. Há a indenização das despesas necessárias ou úteis que haja feito, com os juros legais desde o desembolso.

Havendo evicção, o herdeiro onerado não pode cumprir o legado. Mas como o gênero nunca perece,[278] deve o onerado, então, providenciar para que outra coisa seja entregue ao legatário, em substituição à que reclamada vitoriosamente por terceiro.[279] Se a coisa pertence ao onerado, porém, responde pelos vícios e pela evicção, *"salvo se a escolha tem de recair, absolutamente, entre coisas da herança, porque, então, nem pelos vícios jurídicos nem pelos defeitos físicos responde o onerado"*.[280] Por outro lado, Baudry-Lacantinerie acentua que não se trata de direito de garantia da coisa legada, mas porque o pagamento feito pelo herdeiro não é válido.[281] Bem a propósito, o Código Civil mexicano estabelece que o onerado responderá pela entrega do legado, em caso de evicção, se a coisa for indeterminada e indicada somente pelo gênero ou espécie (art. 1.459).

Já ressaltamos por ocasião dos comentários ao art. 1.915, mas vale repisar que a coisa não pode ser absolutamente indeterminável, sob pena de nulidade do legado. Se adotados todos os critérios, in-

---

coisa a determinar-se em favor do legatário serve como renúncia tácita ao que normalmente herdaria do *de cujus* (art. 1.812).

---

278 Cf. Sílvio Venosa, *Direito civil*, 3ª ed., vol. 7, p. 247.
279 Carlos Maximiliano, ob. cit., p. 196.
280 Pontes de Miranda, *Tratado de direito privado*, LVII, pp. 298-299.
281 Ob. cit., t. III, p. 634.

clusive, de estimação média, não for possível determinar-se a coisa legada, legado propriamente não haverá, pois: *"Ad impossibilia nemo tenetur."*

Antes da escolha, não compete ao herdeiro ou legatário onerado esquivar-se de sua obrigação, invocando a perda da coisa, uma vez que: *"Genera sunt immortalia"*, *"genus nunquam perit"*,[282] ainda que por força maior ou caso fortuito (art. 246).

Se a coisa legada é determinada pela quantidade, incide a regra da segunda parte do art. 1.916. Se existir entre os bens do testador, em quantidade inferior à do legado, cumpre-se o legado, de acordo com a porção acaso existente. Cumpre-se o legado genérico na quantidade encontrada no local designado. Por outro lado, se o testador lega bens por quantidade e não diz onde se encontram, nem que sejam seus, o herdeiro onerado deverá preencher as faltas.[283]

Se o herdeiro onerado vem a falecer, sucedem-no os respectivos herdeiros, já que o direito de opção é transmissível *causa mortis*, por ser patrimonial e não personalíssimo, *ex vi* do art. 1.933.

> **Art. 1.930.** O estabelecido no artigo antecedente será observado, quando a escolha for deixada a arbítrio de terceiro; e, se este não a quiser ou não a puder exercer, ao juiz competirá fazê-la, guardando o disposto na última parte do artigo antecedente.
>
> **Direito anterior: Art. 1.698.** A mesma regra observar-se-á, quando a escolha for deixada a arbítrio de terceiro; e, se este a não quiser, ou não puder exercer; ao juiz competirá fazê-la, guardado o disposto no artigo anterior, última parte.[284]

---

282 Orosimbo Nonato, ob. cit., p. 99.

283 Carlos Maximiliano, ob. cit., p. 192.

284 Legislação comparada: Código Civil italiano: arts. 631 e 664; venezuelano: art. 934; mexicano: art. 1.425; argentino: art. 3.759.

COMENTÁRIOS

1. Escolha por terceiro

Se a escolha recair em pessoa alheia à sucessão e ao legado, servirá ela como árbitro para a fixação do meio-termo entre as coisas equiparáveis àquela determinada pelo gênero na disposição testamentária. Pode, assim, o testador nomear quem quer que seja para o exercício da escolha da coisa legada. Como se trata de ato de confiança do testador, nada impede que este nomeie como árbitro uma pessoa incapaz.[285]

A nomeação há de ser feita de modo expresso. No silêncio, aplica-se a regra do art. 1.929, recaindo na pessoa dos herdeiros (art. 1.934). O terceiro nomeado pelo testador não tem o livre arbítrio de escolher entre as coisas congêneres a que melhor se assemelhe com aquela determinada pelo gênero, espécie ou quantidade. Está subordinado ao critério da média estimação, devendo permanecer em ponto de eqüidistância entre as de pior e as de melhor qualidade.

Logicamente, a escolha pode ser impugnada, tanto pelo herdeiro, quanto pelo legatário, beneficiário, no pressuposto de que não satisfeito o requisito da média estimação. Também não está o terceiro obrigado a fazer a escolha. Pode eximir-se do encargo, alegando simplesmente "não querer" ou impossibilidade sua de dar cobro a tal mister.

Nesse caso, cumprirá ao juiz dirimir a questão, no próprio inventário, se não houver questão de alta indagação, valendo-se mesmo de um perito, se necessário for, tudo sempre de forma a tornar mais célere e efetiva a prestação jurisdicional.

---

285 Cf. Carvalho Santos, *Código civil...*, t. XXIII, p. 462. Se a pessoa nomeada for incapaz, será representada ou assistida pelo pai, tutor ou curador, conforme o caso.

Da Sucessão Testamentária (Arts. 1.930 e 1.931)   97

Na hipótese de falecimento do terceiro então nomeado, já não será possível o cumprimento do encargo por seus herdeiros, diante da válvula de exclusão aberta pelo texto: "Ou não puder exercer", razão pela qual ao juiz caberá determinar a escolha.

O juiz, embora não adstrito a laudos, estará vinculado ao critério da média estimação, devendo coligir elementos sérios e idôneos, capazes de estabelecer o necessário paradigma entre a coisa determinada pelo gênero e a coisa judicialmente eleita.

> **Art. 1.931.** Se a opção foi deixada ao legatário, este poderá escolher, do gênero determinado, a melhor coisa que houver na herança; e, se nesta não existir coisa de tal gênero, dar-lhe-á de outra congênere o herdeiro, observada a disposição na última parte do art. 1.929.
>
> **Direito anterior: Art. 1.699.** Se a opção foi deixada ao legatário, este poderá escolher, do gênero, ou espécie, determinado, a melhor coisa que houver na herança; e, se nesta não existir coisa de tal espécie, dar-lhe-á de outra congênere o herdeiro, observada a disposição do art. 1.697, última parte.[286]

COMENTÁRIOS

1. Se a opção foi deixada ao legatário

O artigo sob comento vem a tratar do *legatum optionis*, verdadeira exceção ao princípio da média estimação. Nesse caso, o testador atribui ao próprio legatário a faculdade de nomeação entre as coisas existentes no espólio aquela que melhor lhe aprouver.

Naturalmente, se a coisa legada e determinada pelo gênero, espécie ou quantidade não for encontrada no acervo hereditário, já não pode-

---

286 Legislação comparada: Código Civil italiano: art. 664; venezuelano: art. 936; português: art. 2.268º; espanhol: art. 877; argentino: art. 3.757; mexicano: art. 1.457.

rá o legatário, por seu livre-arbítrio, escolher aquilo que melhor lhe apeteça, a menos que a coisa tenha sido removida por ato de terceiro para local ignorado, ou que tenha sido propositadamente destruída.

Não fosse assim, seriam os herdeiros obrigados a custear aquisições que o testador não teria previsto, nem sequer imaginado deixar para o legatário, onerando em demasia a herança. O exemplo de Carvalho Santos bem ilustra essa concepção: "*Se o testador legou a Pedro um cavalo, à sua escolha, bem é de ver que não poderá êle escolher um cavalo que não pertença ao testador, optando por um dos melhores cavalos de corrida, a outrem pertencente.*"[287]

Se na herança só existir uma coisa de espécie legada e existir entre os bens do acervo, somente esta será devida, não cabendo ao legatário receber outra, salvo disposição diversa do testador.[288] Se o testador houver determinado o número de coisas a escolher, nenhuma dúvida surge. Ao legatário cumprirá o direito de escolha, de acordo com a quantidade estabelecida pelo testador. Mas se o número for indeterminado, será possível a escolha de duas coisas.[289]

O dispositivo sob comento se inspira em manter fidelidade à vontade do testador. Seria a disposição testamentária um modo de o testador mostrar ao legatário seu mais profundo afeto, outorgando a este o direito de escolher entre os bens de seu patrimônio o que mais se lhe aprouvesse. Ainda que a coisa escolhida se encontre em poder de outrem, como, p. ex., por depósito, comodato etc., o legado será exeqüível.

2. E, se nesta não existir coisa de tal gênero, dar-lhe-á de outra congênere o herdeiro, observada a disposição na última parte do art. 1.929

Se, porém, a coisa não existir na herança, o herdeiro dará ao legatário outra congênere. Nesse caso, o herdeiro deverá adquirir a coisa

---

287 Ob. cit., p. 465.
288 Itabaiana de Oliveira, ob. cit., p. 573.
289 Orosimbo Nonato, ob. cit., p. 104.

Da Sucessão Testamentária (Arts. 1.931 e 1.932) 99

escolhida pelo legatário, com base na média estimativa, entregando-a ao beneficiário. Devolve-se, com isso, a escolha ao herdeiro, aplicando-se a regra da média estimativa. A regra guarda pertinência lógica com o art. 1.915, que trata de uma exceção de eficácia ao legado de coisa alheia (art. 1.912).

Evidente que, nessa hipótese, não terá o legatário adquirido a coisa senão após a sua entrega feita pelo herdeiro. Até que isso ocorra, haverá uma expectativa de direito por parte do legatário, que poderá, inclusive, enjeitar a coisa adquirida pelo herdeiro, se não corresponder à estimativa média que a lei estabelece entre os bens da melhor e da pior qualidade que compõem o patrimônio do testador.

> **Art. 1.932. No legado alternativo, presume-se deixada ao herdeiro a opção.**
>
> **Direito anterior: Art. 1.700.** No legado alternativo, presume-se deixada ao herdeiro a opção.[290]

COMENTÁRIOS

1. Legado alternativo

Cumpre-se o legado alternativo, como se cumprem as obrigações alternativas, incumbindo ao devedor, no caso, o herdeiro, o direito de opção, se outra coisa o testador não estipulou. Cuida-se de espécie de legado indeterminado.

O artigo ora comentado encerra uma regra dispositiva. A coisa legada é determinada pela obrigação sob a forma disjuntiva. A opção pode ser deixada ao legatário, ao herdeiro ou ao terceiro. No silêncio,

---

290 Legislação comparada: Código Civil português: art. 2.267º; alemão: § 2.154; italiano: art. 665; argentino: art. 3.758; uruguaio: art. 922; mexicano: art. 1.423; espanhol: art. 874; venezuelano: art. 937.

prevalece a presunção prevista no artigo ora comentado, cabendo ao herdeiro o direito de escolha.

Incidem as regras estatuídas nos arts. 252 a 256, daí a razão de Clóvis entender que o artigo compreenderia uma disposição ociosa,[291] pouco importando se enraizada em contrato ou em testamento. E realmente, será alternativa a obrigação, quando houver mais de uma prestação a ser cumprida. A obrigação é não cumulativa.

A obrigação alternativa é única e relativamente indeterminada. O devedor se exonera, satisfazendo o cumprimento de uma das prestações alternadas. Após a escolha, especializa-se a obrigação (*concentração*), não cumprindo ao credor enjeitá-la, pelo fato de ter sido escolhida a obrigação que não lhe interessaria, por exemplo.

Decerto que o devedor não pode obrigar o credor a receber parte em uma prestação e parte em outra (art. 252, § 1º). Se a obrigação for de prestações periódicas, a faculdade de opção poderá ser exercida em cada período (art. 252, § 2º). Se o testamento deferir a opção a terceiro, e este não a quiser, ou não puder exercê-la, caberá ao juiz a escolha, se não houver acordo entre as partes (art. 252, § 3º).

A lei não estabelece a forma pela qual deve a escolha da obrigação ser exercida. A entrega da coisa legada ao beneficiário importa caracterizar a escolha pelo onerado e a aceitação daquele no que se refere ao próprio objeto da obrigação. Já se disse que a entrega dos legados é *exigível depois de concluído o inventário.*[292] Até que isso ocorra, não estará o devedor, se a escolha lhe competir, obrigado a especificar a obrigação, se prazo algum houver sido previamente fixado no testamento, a menos que as circunstâncias do caso façam presumir ao credor que a falta de especificação da obrigação, em determinado momento, poderá gerar a impossibilidade de seu cumprimento, como, p. ex., o perecimento ou a perda da coisa. Nesse caso, competirá ao

---

291 *Código civil...*, vol. II, p. 892.
292 Carlos Maximiliano, ob. cit., p. 200.

Da Sucessão Testamentária (Art. 1.932)

credor promover a interpelação judicial ou extrajudicial do devedor, solicitando que a obrigação alternativa seja especificada, desde logo.

Não temos dúvida que se o credor legatário não exercer o direito de escolha que lhe competir, no prazo estabelecido no testamento, uma vez caracterizada a mora, a faculdade de escolher se transmite ao devedor herdeiro.[293] Se ao legatário competir o direito de escolha, poderá exercê-lo, logo após a abertura da sucessão, embora a entrega do legado não se verifique imediatamente após a morte do testador (art. 1.923, § 1º).

Havendo vários titulares do direito de escolha, é a vontade da maioria que deverá prevalecer, "por analogia à situação do condomínio".[294]

Após a escolha, o legado alternativo se concentra na coisa restante. A partir desse momento, consoante doutrina de Vitali, a coisa passa a risco do legatário, e se perecer ou se deteriorar, é em prejuízo deste: *Res perit domino.*[295] Mas não é bem assim. "*Se a prestação[296] oferecida, se tornar impossível ou inexeqüível, depois da mora do credor, tendo o devedor feito, da sua parte, quanto lhe cumpria, nada mais deve.*"[297] Se, por culpa do devedor, não puder ser cumprida nenhu-

---

293 Orlando Gomes, *Obrigações,* p. 89.

294 Everaldo Augusto Cambler, *Curso avançado de direito civil,* Direito das obrigações, arts. 863 a 1.078 e 1.518 a 1.571, 2001, vol. 2, p. 69.

295 Cf. Orosimbo Nonato, ob. cit., p. 107. Discordamos desse entendimento, conforme já expusemos em comentários ao art. 1.916, com apoio na doutrina de Pontes de Miranda, *Tratado,* t. LVII, p. 222, *ex vi* dos arts. 862 e 868.

296 O termo "prestação" é bem abrangente, pois, no legado alternativo tudo pode se resumir em simples escolha entre duas ou mais coisas do acervo hereditário, como pondera Maria Helena Diniz: "O legado alternativo é aquele que tem por objeto um bem ou outro, entre os quais apenas um será entregue ao legatário. P. ex.: se o testador deixar a 'A' o cavalo 'X' ou a jóia 'Y', o herdeiro escolherá uma dessas coisas; se somente uma delas existir ao tempo da abertura da sucessão, deverá ser entregue ao legatário a que subsistir (CC, art. 1.940)" (*Curso de direito civil brasileiro,* 6º vol., p. 251).

297 Clóvis Beviláqua, *Código Civil,* vol. II, p. 26.

ma das prestações, não competindo ao credor a escolha, ficará aquele obrigado a pagar o valor da que por último se impossibilitou, mais as perdas e danos que o caso determinar (art. 254). Nesse caso, o devedor tornou impossível, por culpa sua, o cumprimento de ambas as prestações. Logicamente, deverá pagar o valor de uma delas, tendo a lei eleito a que por último se impossibilitou, em virtude da concentração da obrigação.

Se competia ao devedor a escolha, e ela se impossibilitou, diante da impossibilidade do cumprimento de ambas as prestações, a lei prevê ainda o pagamento de perdas e danos. Se uma das prestações subsistir, competindo ao devedor a escolha, cumpre-se a remanescente. Se o legado for de duas ou mais coisas alternativamente, e algumas delas perecerem, subsistirá quanto às restantes. Se o perecimento for de parte de uma coisa, subsistirá ainda assim o remanescente (art. 1.940). Do mesmo modo, se apenas uma das coisas objeto de alternativa for encontrada no acervo, sobre essa incidirá a deixa testamentária. Nesse caso, conforme assinala Ruggiero: "Desaparece a escolha, mas o legado é válido e torna-se simples quando só haja uma coisa (art. 894 do CC)."[298]

Se a escolha couber ao credor, e uma das prestações tornar-se impossível por culpa do devedor, o credor terá o direito de exigir a prestação subsistente ou o valor da outra, com perdas e danos (art. 255). A culpa do devedor não o exime da obrigação. A culpa do credor, sim, como, p. ex., deixar perecer a coisa relativa à prestação restante. Se todas as prestações se tornam impossíveis sem culpa do devedor, extingue-se a obrigação. Nesse caso, o devedor não poderá estar em mora, "porque a mora é uma das modalidades da culpa".[299]

---

298 Ob. cit., p. 556.
299 Clóvis, *Cód. Civil*, vol. II, p. 28.

Da Sucessão Testamentária (Art. 1.933)   103

Art. 1.933. Se o herdeiro ou legatário a quem couber a opção falecer antes de exercê-la, passará este poder aos seus herdeiros.

Direito anterior: Art. 1.701. Se o herdeiro ou legatário a quem couber a opção falecer antes de exercê-la, passará este direito aos seus herdeiros.[300]

Parágrafo único. Uma vez, feita, porém a opção é irrevogável.

COMENTÁRIOS

1. Se o herdeiro ou legatário a quem couber a opção falecer

O exercício de escolha no legado alternativo é, por excelência, um direito, não propriamente um "poder", senão quando encarado sob a concepção de "poder de agir segundo as normas do direito objetivo, que pertence à pessoa em virtude dos ordenamentos jurídicos"; ...ou um "poder da vontade, uma faculdade de agir dentro dos limites fixados pelo direito objetivo, poder que é por êste tutelado e protegido".[301]

Por vezes, pode esse direito de opção significar até mesmo um "dever", de acordo com a vontade do testador, conforme expusemos anteriormente em comentários ao art. 1.932.[302] Por outro lado, na acepção de Miguel Reale, *"o poder, sob o prisma jurídico, é como adverte Santo Romano, mais um 'poder-dever' pois, se há sujeição à autoridade paterna ou administrativa, ela se dá para que a autoridade possa cumprir o seu dever, nos quadros normativos vigentes. O 'direito subjetivo' é, em suma, pertinente ao sujeito, ligando-se a este como uma pretensão sua; o 'poder' resulta da função normativa atribuída a seu titular, sem lhe ser conferida qualquer pretensão para ser exercida em seu benefício. Daí re-*

---

300   Legislação comparada: Código Civil português: art. 2.268º; italiano: art. 666; espanhol: art. 877; mexicano: art. 1.424; venezuelano: art. 938.

301   Cf. Ruggiero, *Instituições...*, vol. I, pp. 180-181.

302   Ver Orlando Gomes, *Obrigações*, p. 89.

sulta, ainda, que o titular de um direito subjetivo pode usar ou não de seu direito, enquanto que o titular do poder não pode deixar de praticar as funções de sua competência, pois elas não são disponíveis".[303]

O exercício de escolha, se atributivo de propriedade de legado em favor de quem postula, é direito subjetivo do beneficiário dele, e não "poder-dever". Se ao herdeiro é que compete a escolha, em favor do beneficiário, o que não houver de ser escolhido reverterá em benefício daquele, ligando-se "como uma pretensão sua". Apenas se a escolha partir de terceiro ou do juiz, é que poderemos chamar de regra atributiva de "poder-dever", diante de uma simples sujeição de ato à determinação de autoridade. Ainda assim, falecendo o terceiro a que competiria proceder à escolha, não herdam seus sucessores o "poder-dever" de eleger a coisa alternativa, em face do preceito contido no art. 1.930, segunda parte, a menos que o testador disponha de outro modo.

Pode a escolha recair na pessoa de testamenteiro, que não for herdeiro nem legatário. Nesse caso, se a escolha não for inerente ao cargo de testamenteiro, a função será personalíssima, insuscetível de transferência a testamenteiros simultâneos ou aos herdeiros do testamenteiro a que competiria a escolha no legado alternativo.[304]

De regra, como todo direito patrimonial não personalíssimo, o direito de opção está sujeito à transmissão *mortis causa*. Se antes do exercício do direito de opção, o herdeiro ou legatário vem a falecer, este direito passará aos herdeiros destes. Nada obsta, porém, que o testador estabeleça que a opção seja intransferível e pessoal.[305] Nesse caso, não será possível aplicar-se a regra estatuída no presente dispositivo, que possui natureza supletiva da vontade do testador.

---

303 *Lições preliminares de direito*, Saraiva, 1977, p. 260.
304 Pontes de Miranda, *Tratado...*, t. LVII, pp. 282-283.
305 Nesse sentido: Pontes de Miranda, *Tratado...*, t. LVII, p. 282.

2. Irrevogabilidade

A despeito da omissão do texto, a opção continua a ser irrevogável, uma vez exercida, porque implica modo de aceitação de herança, por parte de quem, sendo herdeiro, escolhe o legado de bem do acervo que deverá ser destinado ao contemplado: *"O direito de opção interessa diretamente aos sucessores universais do herdeiro ou legado, desde que para uns a coisa tem de sair do patrimônio que lhes pertence e os outros são os donos da coisa legada."*[306] Nesse caso, inteira aplicação tem aqui o disposto no art. 1.812: *"São irrevogáveis os atos de aceitação ou de renúncia de herança."*

E não poderia ser de outra forma. Na precisa dicção de Carvalho Santos, *"a irrevogabilidade da opção ou escolha tem por fundamento o direito que o legatário adquire sôbre a coisa legada, que ficou determinada pela escolha, assim como, da parte do herdeiro, uma vez feita a escolha ou opção pelo legatário, ou pelo juiz, adquire êle o direito de liberar-se da obrigação, que passou a ser de coisa determinada, fazendo a entrega desta"*.[307]

> **Art. 1.934.** No silêncio do testamento, o cumprimento dos legados incumbe aos herdeiros e, não os havendo, aos legatários, na proporção do que herdaram.
>
> **Parágrafo único.** O encargo estabelecido neste artigo, não havendo disposição testamentária em contrário, caberá ao herdeiro ou legatário incumbido pelo testador da execução do legado; quando indicados mais de um, os onerados dividirão entre si o ônus, na proporção do que recebam da herança.
>
> **Direito anterior: Art. 1.702.** Instituindo-se o testado mais de um herdeiro, sem designar os que hão de executar os legados, por estes responderão, proporcionalmente ao que herdarem, todos os herdeiros instituídos.[308]

---

306 Carvalho Santos, *Cód. Civil*, t. XXIII, p. 468.
307 *Ibidem*, p. 469.
308 Legislação comparada: Código Civil alemão: §§ 2.147 e 2.148; italiano: art. 662; francês: art. 1.017; argentino: art. 3.776; venezuelano: art. 932; português: art. 2.265º.

Art. 1.703. Se o testado cometer designadamente a certos herdeiros a execução dos legados, por estes só aqueles responderão.

COMENTÁRIOS

1. No silêncio do testamento

A regra é de natureza dispositiva. Incide apenas quando o testador não houver disposto de maneira diversa. A solidariedade não se presume (art. 265). Pode o testador contemplá-la na deixa testamentária, especificando a quem cumprirá responder pelo pagamento do legado. Prevalece a autonomia do testador. Mas se o objeto do legado for indivisível, consoante acepção de Pontes de Miranda, "respondem os herdeiros ou, se sublegado,[309] os legatários, como devedores solidários"[310] (arts. 283 e 284). O rol dos *onerados* com o legado ou sublegado não é taxativo. Inclui-se o testamenteiro, que pode ou não ser herdeiro e também o Fisco, se algo recebe, na condição de herdeiro *eventual*.

No silêncio do testamento, o legado será cumprido por todos os herdeiros, e, não os havendo, pelos legatários, em proporção do que receberem da herança. A regra é que os herdeiros se responsabilizam pelo cumprimento dos legados, na proporção de seus quinhões, seguindo o mesmo princípio de proporcionalidade estabelecido no art. 1.997.[311]

O Código anterior referia-se à pessoa do *herdeiro instituído*: "*Instituindo o testador mais de um herdeiro...*", o que levou Carvalho Santos a concluir que "*a regra do artigo que comentamos só se aplica à hipó-*

---

309 "*Todo legatário pode ser gravado com um legado; não só o testamenteiro senão também o contratual (é o chamado sublegado ou pós-legado)*" (Enneccerus, Kipp e Wolff, ob. cit., p. 147).

310 *Tratado...*, t. LVII, p. 287.

311 Essa a mesma concepção de Laurent, *Cours élémentaire de droit civil*, p. 269.

tese de prelegados".[312] A redação dada pelo atual dispositivo é mais clara e permite inferir que não apenas os herdeiros *instituídos* estariam sujeitos à oneração. Também o legatário, no sublegado, se acha contemplado pelo dispositivo.[313]

Aliás, se não houvessem "herdeiros instituídos", para todos os efeitos seriam os herdeiros legítimos que responderiam pelo encargo (arts. 1.788 e 1.966). O testador pode designar quais dos herdeiros deverão executar os legados, independentemente de serem eles *instituídos* ou não. Se houver apenas um herdeiro, nenhuma dúvida de que apenas a ele competirá dar cumprimento ao testamento, no silêncio da deixa testamentária.

2. O encargo estabelecido neste artigo, não havendo disposição testamentária em contrário, caberá ao herdeiro ou legatário, incumbido pelo testador da execução do legado

A multiplicidade de oneração, como tal prevista no *caput* do artigo sob comento, comporta exceções, a começar pelo respectivo parágrafo único, uma vez que, havendo herdeiro designado pelo testador, tão-somente sobre ele recairá a responsabilidade pelo cumprimento do legado, sem direito a compensação alguma. Se mais de um forem os onerados, dividirão entre si os ônus correspondentes, na proporção do que herdarem.

Igualmente, se a coisa legada se achar na posse e administração da herança, ao testamenteiro cumprirá entregá-la (art. 1.978). No caso do usufruto, é o usufrutuário que suporta sozinho a renda vitalícia legada pelo testador. Como acentuado por Carlos Maximiliano, "*se o*

---

312 Ob. cit., p. 471.
313 Cf. Orosimbo Nonato, ob. cit., p. 112.

objeto da liberalidade é coisa certa e indivisível, como a servidão, o uso, o usufruto sôbre determinado imóvel; só o possuidor do imóvel ou herdeiro dêste entrega o legado, sem direito a haver dos outro sucessores ressarcimento algum. Assim acontece com o aluguel de um prédio; o direito de passagem; a faculdade de se aproveitar de fonte, manancial, aqueduto; e outros ônus. Apenas se desconta, ao completar o quinhão do sucessor universal, o desvalor correspondente ao gravame sôbre o bem que lhe coube, se o testador não ordenou o contrário".[314]

No mesmo sentido, assinala Pontes de Miranda: *"Se o testador disse a quem havia de caber o bem legado ou exigiu o gravame sôbre o bem alheio, só o proprietário ou possuidor sofre a imposição."*[315] Se o bem legado for de propriedade de terceiro, cumprirão aos herdeiros onerados adquiri-lo, para transmiti-lo ao beneficiário. Ainda assim, se o terceiro, proprietário da coisa legada, não consentir com a venda, aos onerados competirá transferir ao legatário a soma correspondente. Nesse caso, assistirão aos herdeiros onerados o direito regressivo para haver em rateio dos demais sucessores o que fora pago, salvo disposição em contrário do testador.

Se a coisa legada pertencer ao herdeiro, só a ele incumbirá cumpri-lo, ressalvando-se o direito de regresso contra os co-herdeiros, pela quota de cada um, salvo disposição em contrário do testador (art. 1.935).

Ainda que o legado se repute nulo, ou sobrevenha renúncia à sucessão universal, haverá herdeiro que dará posse ao beneficiado, entregando-lhe o objeto da liberalidade, como é o caso do Fisco, por exemplo. Se o onerado vem a falecer antes do testador, é julgado incapaz ou indigno, o encargo de pagar o legado passa ao seu substituto. Não havendo substituto, o encargo se transfere aos outros herdeiros. Mesmo na hipótese de recusa de legado, não-substituição ou

---

314 *Direito das sucessões*, vol. II, p. 233.
315 *Tratado...*, t. LVII, p. 285.

Da Sucessão Testamentária (Arts. 1.934 e 1.935)   109

acrescimento, ao herdeiro, que se aproveita do legado, caberá o cumprimento do sublegado. O Código Civil, ao contrário do Código Civil austríaco, não permite o abandono do legado ao sublegatário. O legado é cumprido pelo herdeiro.[316]

> **Art. 1.935. Se algum legado consistir em coisa pertencente a herdeiro ou legatário (art. 1.913), só a ele incumbirá cumpri-lo, com regresso contra os co-herdeiros, pela quota de cada um, salvo se o contrário dispôs o testador.**
>
> **Direito anterior: Art. 1.704.** Se algum legado consistir em coisa pertencente a herdeiro ou legatário (art. 1.679), só a ele incumbirá cumpri-lo, com regresso contra os co-herdeiros, pela quota de cada um, salvo se o contrário expressamente dispôs o testador.[317]

COMENTÁRIOS

1. Se algum legado consistir em coisa pertencente a herdeiro ou legatário

O dispositivo se complementa com o art. 1.913, sobre o qual já tivemos a oportunidade de examinar. Se a coisa legada pertence ao herdeiro ou legatário, só a ele incumbirá cumpri-lo, cabendo ação regressiva contra os co-herdeiros. Se o herdeiro for também legatário e não cumprir a deixa testamentária, reputar-se-á como renúncia ao legado ou prelegado. Se, porém, o herdeiro for legítimo, nem por isso haver-se-á de prejudicar a herança legítima, porque a renúncia pelo não-cumprimento do legado não atinge o direito à sucessão universal. Nesse caso, dois são os títulos de herança, uma intestada, outra testada.

---

316 Cf. Pontes de Miranda, *Tratado...*, t. LVII, p. 286.
317 Legislação comparada: Código Civil português: art. 2.251º, 4; italiano: art. 663; venezuelano: art. 933.

Os co-herdeiros não respondem pelo legado, a não ser de acordo com a quota de cada um, em virtude do princípio da proporcionalidade. A regra é de natureza dispositiva: "Salvo se o contrário dispôs o testador." Avalia-se o bem para que se saiba o valor que caberá a cada um contribuir, em favor do herdeiro onerado.

A solidariedade não se presume, por isso que, havendo o testador expressamente a contemplado, valerá. Também valerá a deixa, se o testador houver isentado os demais co-herdeiros de qualquer contribuição.[318] Se a coisa pertencer ao herdeiro e o testador houver disposto que outrem cumpra o legado, adquirindo-a, nenhum óbice haverá tampouco.

Segundo Pontes de Miranda, *"o testador tanto pode construir o legado como* in faciendo *a cargo do testamenteiro, ou de outro herdeiro ou legatário que não o dono da coisa, como dispor diversamente a respeito das quotas de cada um na responsabilidade econômica pelo legado".*[319]

Os encargos inerentes à herança não incidem sobre a coisa legada e vice-versa. Na acepção de Carlos Maximiliano, *"o facto de ser condicional, ou 'modal', a herança não redunda na imposição de igual ônus sobre o legado; nem o inverso se verifica; o mesmo indivíduo pode ser legatário 'condicional' e herdeiro 'puro e simples', isto é, livre de condição e encargo".*[320]

Do mesmo modo, a renúncia da herança não implica a renúncia do legado e vice-versa, salvo se o testador houver subordinado o efeito do prelegado à condição do prelegatário tornar-se herdeiro.[321] O prelegatário é legatário.[322] A deixa testamentária não entra na quota necessária. Outrossim, não se estende o fideicomisso da herança ao

---

318 Orosimbo Nonato, ob. cit., p. 112.
319 *Tratado,* LVII, p. 294.
320 Ob. cit., p. 209.
321 Carvalho Santos, *Código civil...,* vol. XXIII, p. 478.
322 "Quando a obrigação da entrega é imposta a outro legatário, chama-se a dádiva *sublegado*" (Carlos Maximiliano, ob. cit., p. 231).

Da Sucessão Testamentária (Arts. 1.935 e 1.936)   111

prelegado. A interpretação é de natureza restritiva, a ponto de não se confundir o direito ao legado com direito à herança.

Há que distinguir o caráter obrigacional e não real da disposição do testador sobre a partilha. Realmente, se o testador houver apenas distribuído entre os herdeiros os bens que herdariam e sua intenção foi somente incluir algum bem ou alguns bens nas cotas de cada um dos herdeiros, há apenas "obrigacionalidade". Conforme expõe Pontes de Miranda,[323] *"se o testador disse que seriam herdeiros A, B e C, sendo incluída no quinhão hereditário de C a fazenda f, há apenas 'obrigacionalidade', pois o que foi a C, à data da morte, foi a quota,'indivisamente'; mas, se estabeleceu que a fazenda f seria de C, 'realmente', na data da abertura da sucessão, o que houve foi 'prelegado'"*.

Art. 1.936. As despesas e os riscos da entrega do legado correm à conta do legatário, se não dispuser diversamente o testador.

Direito anterior: Art. 1.705. Praticamente inalterado. O projeto de Código Civil de Felício dos Santos dispunha inversamente, no art. 1.759: *"Não dispondo o testador o contrário, as despesas da entrega do legado são por conta da herança; tôdas as demais, compreendidos os direitos de transmissão, são a cargo do legatário."*[324] O projeto Beviláqua também nessa linha de entendimento estabelecia: *"Art. 1.869. As despesas necessárias à satisfação dos legados presumem-se a cargo dos herdeiros, respeitada sempre, na sua integralidade, a legítima dos necessários. Nessas despesas presumem-se incluídos os impostos de transmissão."* Essa mesma linha de entendimento foi adotada nos Códigos de França, Itália, Espanha, Portugal, Argentina e Venezuela.[325]

Art. 1.705. As despesas e os riscos da entrega do legado correm à conta do legatário, se não dispuser diversamente o testador.[326]

---

323 *Tratado*, LVII, pp. 297-298.
324 Cf. Orosimbo Nonato, ob. cit., p. 115.
325 Carlos Maximiliano, ob. cit., p. 237.
326 Legislação comparada: Código Civil mexicano: art. 1.396 (semelhante), a cargo da sucessão; francês: art. 1.016; espanhol: art. 886, 3ª al.; argentino: art. 3.767; italiano: art. 672; venezuelano: art. 940.

COMENTÁRIOS

1. Despesas

O dispositivo excepciona a regra do art. 325: *"Presumem-se a cargo do devedor as despesas com o pagamento e a quitação; se ocorrer aumento por fato do credor, suportará este a despesa acrescida."* Não havendo, assim, disposição em contrário por parte do testador, como, *v. g.*, *"deixo determinado bem a Mévio, livre de impostos"*, prevalecerá a atribuição ao legatário dos ônus derivativos da aquisição testamentária.

Na forma do que preceituado no artigo aqui comentado, o legatário responde pelas despesas com o imposto de transmissão *causa mortis*, pois as legítimas não devem ser sacrificadas, em razão da deixa testamentária.[327-328] Também se incluem as despesas de manutenção, conservação,[329] guarda, depósito e transporte. O legatário, porém, não responde pelos custos do inventário, nem pelos honorários do advogado do inventariante.[330]

Observa-se que, na entrega judicial, suporta o legatário as custas, salvo se vitorioso na demanda, porque o vencido é condenado a ressarcir os juros de mora, os lucros cessantes e as despesas judiciais.[331] O artigo ora comentado não se aplica aos encargos, uma vez que ao onerado cabem as despesas relativas ao cumprimento do legado.[332-333]

---

327 Cf. Orlando Gomes, *Sucessões*, p. 203.

328 Washington de Barros Monteiro cita ainda acórdão da *Revista dos Tribunais* 135/606, para referir que *"a venda da coisa legada, por falta de pagamento dos direitos fiscais, constitui medida prevista em lei e assim perfeitamente admissível"* (ob. cit., vol. 6, p. 184).

329 Pontes de Miranda, *Tratado*, LVII, p. 299.

330 Cf. acórdão do Supremo Tribunal Federal citado por Silvio Rodrigues, *Direito das sucessões*, p. 168.

331 Orosimbo Nonato, ob. cit., p.118.

332 Pontes de Miranda, ob. cit., p. 301.

333 Incluindo-se os riscos, obviamente, como se verá.

É preciso, porém, verificar a natureza do legado. Como acentuado por Pontes de Miranda, "*a lei brasileira só se refere a despesas e riscos, sem falar na espécie de legado. Certo, a aplicação do art. 1.705, sem se distinguirem os casos, teria graves inconvenientes: quem recebeu o legado de um cavalo, que há de escolher dentre muitos, deve pagar as despesas, mas quem recebeu legado de cem apólices para que déem os juros suficientes a alimentos, recebeu-os livres de despesas de compra e de registro*".[334]

2. Riscos

Costuma-se invocar o princípio da *res perit domino*, para atribuir ao legatário os riscos inerentes ao domínio da coisa, após a abertura da sucessão, mais precisamente os de caso fortuito ou de força maior,[335] exceção feita no caso de mora, ou culpa da pessoa obrigada à entrega.[336] Entende-se, não sem justo motivo, que com a transferência da propriedade, é o legatário que deve sofrer as conseqüências, pois: *ubi commoda, ibi et incommoda*. Mas se a coisa perecer por caso fortuito ou força maior, quando estiver o herdeiro em mora para entregá-la,[337] já não responderá o legatário, a menos que o herdeiro prove que "o perecimento sobreviria, ainda quando a entrega fosse tempestiva (Cód. Civ., art. 957)".[338] Se a coisa se perecer por culpa de um dos sucessores ou de terceiro, a estes competirá a indenização pelos prejuízos causados ao legatário.

---

334 *Tratado*, t. LVII, p. 300.
335 Itabaiana de Oliveira, ob. cit., p. 575.
336 Washington de Barros Monteiro, *Curso*, 6º vol., p. 184.
337 Como, p. ex., no retardamento do inventário, além dos prazos legais, ou não administra, nem defende o obrigado com o necessário zelo a deixa testamentária (Carlos Maximiliano, ob. cit., p. 239).
338 Silvio Rodrigues, *Direito das sucessões*, cit., p. 175.

Como já tivemos a oportunidade de salientar, por ocasião dos comentários ao art. 1.916, a posse direta da coisa legada não se transmite ao legatário, senão através do herdeiro ou testamenteiro (art. 1.923, § 1º). Por outro lado, o herdeiro ou legatário onerado tem o *dever de conservar e de administrar* o legado, enquanto estiver na posse direta do legado. Aplicam-se os princípios da gestão de negócios alheios (*ex vi* dos arts. 862 e 868).

A matéria depende da natureza do legado, como adverte Pontes de Miranda, pois, no que se refere à responsabilidade do onerado: "*a)* se a coisa pertence à herança, não responde o onerado, nem pela evicção (arts. 1.107 ss.), nem pelos vícios redibitórios (arts. 1.101 ss.); *b)* se a coisa lhe pertence, responde pela evicção e pelos vícios, quando a verba testamentária permitia que se adquirisse outra coisa equivalente ao que o testador legava, porque então é como se fôsse genérico, ou, melhor, alternativo, o legado, cabendo a opção ao legatário, porque o testador ignorava os vícios e a alternativa, aí, favorece o legatário (o art. 1.700 não *é imperativo*); *c)* se é legado *in faciendo*,[339] responde pelos vícios e pela evicção porque, em geral, a sua responsabilidade é a de um vendedor; *d)* se genérico, responde pelos vícios e pela evicção. Salvo se a escolha tem de recair, absolutamente, entre coisas da herança, porque, então, nem pelos vícios jurídicos, nem pelos defeitos físicos responde o onerado...; *e)* no legado alternativo (art. 1.700), não responde: a determinação foi do testador, e o onerado apenas decide dentre os objetos por êle determinados."[340]

Desde a abertura da sucessão, pertence ao legatário a coisa certa, se não houver condição suspensiva. Daí por que ao possuidor imediato incumbe os riscos da tradição até a entrega ao legatário da coisa legada, salvo se o legatário investir-se "da própria autori-

---

339 *E. g.*, de coisa alheia ou de coisa do herdeiro.
340 *Tratado*, t. LVII, p. 298.

dade" da coisa, exceção que deverá ser contemplada expressamente no testamento.

3. Legado de gênero e alternativo

A propriedade do legado de coisa certa e existente no acervo se transmite desde logo ao legatário, por força do art. 1.923.[341] *A contrario sensu*, a regra não valeria para os legados de gênero ou de coisa incerta ou indeterminada, porque a coisa legada *"pode não existir" entre os bens deixados pelo testador* (art. 1.915).

Mas, se a coisa indeterminada *existir* entre os bens do acervo, não vemos motivos para se afastar a incidência da regra genérica do art. 1.923, por interpretação extensiva, como já tivemos a ocasião de enfatizar. É óbvio que, se a coisa indeterminada não existir no acervo da herança, não a terá o legatário adquirido, antes de o herdeiro onerado adquiri-la (arts. 244 e 1.929). Ainda assim, pelo fato da entrega do bem não se operar no mesmo ato da aquisição da propriedade não se retira do herdeiro o dever de guarda e de administração da coisa legada. A coisa indeterminada já existe e se encontra no acervo hereditário. Nesse ponto, o legatário ostenta direitos reais sobre ela, tal como o herdeiro, em relação à universalidade de bens. Não é a individualização da coisa que constitui direito real.

Após a escolha, opera-se a concentração do legado na coisa restante, já o dissemos nos comentários ao art. 1.932, a que nos reportamos.

---

341 Contra: Clóvis Beviláqua: *"Tambem, si o legado fôr de cousa incerta ou de quantidade, os fructos ou rendimentos serão adquiridos pelo legatario, somente depois da móra, porque o legatário ainda não é proprietário, mas, sim, um credor"* (*Direito das sucessões*, 1899, p. 326).

116 Comentários ao Código Civil Brasileiro

Art. 1.937. A coisa legada entregar-se-á com seus acessórios, no lugar e estado em que se achava ao falecer o testador, passando ao legatário com todos os encargos que a onerarem.

Direito anterior: Art. 1.706. A coisa legada entregar-se-á com seus acessórios, no lugar e estado em que se achava ao falecer o testador, passando ao legatário com todos os encargos que a onerarem. [342]

COMENTÁRIOS

1. Acessórios

Na precisa dicção de Clóvis Beviláqua, *"o herdeiro, ou agravado, deve entregar o legado, no estado em que se achar no momento da morte do testador, com os seus fructos e accrescimos sobrevindos, respondendo pelos prejuizos, si o objecto se deteriorar ou perecer por culpa sua. Si o legado fôr feito sob condição suspensiva ou ex die, os fructos pertencerão ao herdeiro, até o implemento da condição"*. [343]

Como já vimos em comentários ao art. 1.922, o legislador deixou expressa a regra da acessoriedade no artigo sob comento. Compreende-se na coisa legada os seus acessórios, *no lugar e estado em que se achava ao falecer o testador, passando ao legatário com todos os encargos que a onerarem.*

As coisas podem ser *acessórias naturalmente* e *industrialmente*, compreendendo-se, no primeiro caso, os jardins, as árvores e as plantações, e, no segundo caso, os utensílios de fábrica, aparelhos agrícolas e os animais necessários à exploração da propriedade agrícola.

---

342 Legislação comparada: Código Civil português: arts. 2.269º, I, e 2.270º; alemão: §§ 2.164 e 2.184; francês: art. 1.018; espanhol: art. 883; italiano: art. 667; venezuelano: art. 939; mexicano: art. 1.395.

343 *Direito das sucessões*, p. 326.

Adverte, porém, Carlos Maximiliano que: *"Habitualmente, quando se transmite a outrem uma fazenda ou chácara, só se entende como abrangido pela determinação benéfica o que está fixo no solo e os imóveis por destino, não os móveis e semoventes que devem ir para o mercado."*[344]

Nesse contexto da regra da acessoriedade, se incluem as pertenças: *bens que, não constituindo partes integrantes, se destinam, de modo duradouro, ao uso, ao serviço ou ao aformoseamento de outro* (art. 93), salvo se outra for a vontade do testador (art. 94).

O atual Código não reproduziu o art. 59 do Código anterior: "Salvo disposição especial em contrário, a coisa acessória segue a principal." No tema aqui enfrentado, porém, observa-se o mesmo princípio, sempre que não houver disciplina legal específica de modo contrário, ou não tenha o testador expressamente estabelecido de outra forma, como se sucede, aliás, com o art. 1.922 (adjunções feitas a imóvel, após o testamento).

Nos legados de gênero, não se presumem os acessórios.[345]

2. Lugar de entrega

Cumpre-se o legado de coisa certa no local em que se encontrar por ocasião da morte do autor da herança. Mas a regra, segundo assinalado por Pontes de Miranda, "é que o legado se deve prestar no lugar que o testador, expressa ou tàcitamente, designou".[346] Pode a coisa se achar em lugar remoto e de difícil acesso, como, p. ex., numa floresta, o que tornaria inútil o legado, acaso fosse empreendida uma busca.

Geralmente se cumpre o legado, quando concluído o inventário. Mas nem sempre útil ou possível será o cumprimento onde se encon-

---

344 Ob. cit., p. 218.
345 *Ibidem*, p. 220.
346 *Tratado*, LVII, p. 303.

trarem, sob pena de os custos e a demora que daí adviriam para a execução acabarem prejudicando ou frustrando a própria finalidade do legado.

Se o legado é de gênero, ou quantidade, procede-se a entrega da coisa no lugar em que geralmente se pede ao herdeiro.[347]

3. Estado

A coisa deve ser entregue ao legatário no estado em que se encontrava por ocasião do óbito do autor da herança. O legatário, já dizia Clóvis, *"lucra os melhoramentos e supporta as deteriorações anteriores ao fallecimento do testador. Depois, como a coisa legada já lhe pertence, egualmente lhe aproveitam os accrescimos e o prejudicam os estragos soffridos, se por culpa de outrem não aconteceram"*.[348] As modificações impostas à coisa pelo testador ou por causas naturais (como, p. ex., aluvião) até o momento da sucessão se incorporam na coisa legada, a menos que expressamente excluídas no testamento ou por via de alteração posterior do testamento. O legatário pode exigir indenização do herdeiro responsável pela deterioração ou pela evicção da coisa legada, assim como do terceiro causador do dano, tanto que se trate de legado não sujeito à condição suspensiva e já aberta a sucessão.

Certo que, de acordo com a linha do princípio da *res perit domino*, o legatário assumiria os riscos do caso fortuito e da força maior, após a abertura da sucessão. Mas não menos certo é que, havendo mora ou culpa da pessoa obrigada à entrega, a ela competirá ressarcir o legatário pelos prejuízos causados, a menos que prove que o dano sobreviria ainda que a entrega fosse tempestiva (art. 399).

---

347 Pontes de Miranda, ob. cit., p. 304.
348 *Código Civil...*, II, p. 896.

4. Encargos

Os encargos são os direitos reais.[349] Ao contrário do direito romano, que obrigava o herdeiro a entregar a coisa livre de ônus, o direito moderno agasalhou a solução adotada pelo Código. Seria inconcebível que, legado imóvel a alguém, não fosse o beneficiário contemplado com uma servidão de passagem por exemplo, sob pena de não poder aproveitar-se da utilidade de seu terreno, o qual ficaria encravado.

Há, porém, que distinguir na casuística o que invariavelmente entraria para o legado e o que estaria fora da deixa testamentária. Se o testador pretendeu legar a coisa com encargo que a onera, o legatário deverá suportá-lo. Os exemplos são bem explicitados por Carvalho Santos: *"Assim, se o testador lega um prédio possuído a título de enfiteuse, o legatário deverá pagar o fôro. Se lega um imóvel adquirido com a constituição de renda, o legatário deve pagar esta. Se lega o imóvel gravado de usufruto, uso ou habitação, éstes encargos devem ser suportados pelo legatário, que não gozará da plena propriedade. Se o legado fôr um direito desmembrado da propriedade, como v. g., o usufruto, deverá o legatário suportar os encargos que lhe são inerentes, como pagamento dos impostos etc."*[350] Não se tratando de garantia de obrigação, o ônus consistente em gozo total ou parcial do objeto da liberalidade, não é levantado obrigatoriamente pelo herdeiro: *"Res transit cum suo onere."* O ônus acompanha a liberalidade, em benefício do instituído, muito embora com a correlata diminuição do valor da coisa legada.[351]

Não obstante, se houver penhora, arresto ou seqüestro, a coisa deverá ser entregue pelo herdeiro ao legatário, livre do gravame, pois não teria sentido o testador contemplar alguém com restrições que poderiam redundar em inutilidade ou caducidade da própria deixa

---

349 Itabaiana de Oliveira, ob. cit., p. 576.
350 Ob. cit., p. 487.
351 Carlos Maximiliano, ob. cit., p. 228.

testamentária (art. 1.939, II e III). O legatário suporta o ônus, enquanto o herdeiro a obrigação pessoal,[352] a menos que o testador diga o contrário. As dívidas que incidirem sobre o imóvel legado são imputáveis à herança, incluindo as prestações atrasadas, porque se tratam de obrigações pessoais do testador.[353] No caso da hipoteca, o que se transfere não é o gravame, e, sim, o imóvel, porque não se legou com a dívida. Incumbe ao herdeiro levantar a hipoteca.[354] Se o legatário paga a dívida, se sub-roga nos direitos pessoais do credor, podendo exercer ação regressiva contra os herdeiros ou contra o espólio, pois já não poderia executar o seu próprio patrimônio.

---

352 Essa, inclusive, a dicção do art. 1.871 do Projeto Beviláqua: *"Se a coisa legada está sujeita a algum onus real, ficará a êste a cargo do legatário; se, porém, estiver sujeita a 'obrigação pessoal', esta presume-se ter ficado a cargo do herdeiro"* (Carlos Maximiliano, ob. cit., p. 223).

353 Ver a propósito: art. 1.020 do CC francês; art. 668 do CC italiano; art. 941 do CC venezuelano; arts. 1.443 e 1.471 do CC mexicano; arts. 867 e 868 do CC espanhol; art. 2.272º do CC português; a cargo do legatário: art. 3.755 do CC argentino em termos, dependendo das circunstâncias, o legatário §§ 2.164 e 2.165 do CC alemão. Nesse sentido: REsp. nº 26.871/RJ, Quarta Turma, j. em 17.11.1992 , rel. Min. Sálvio de Figueiredo Teixeira: *"Civil. Obrigações e sucessões. Dividas da herança e encargos do legado. Fideicomisso. Caução em locação. Arts. 928 e 1.737, CC. Recurso Provido. A caução em dinheiro, dada pelo locatário a locador posteriormente falecido, com a extinção da locação passa a ser dívida da herança, incumbindo a esta o ônus de sua devolução, e não ao legatário, que adquiriu a propriedade do imóvel locado sem o encargo expresso da restituição."*

354 De acordo com Baudry-Lacantinerie, se o imóvel foi legado com hipoteca, o herdeiro não é obrigado a pagar a dívida hipotecária. Mas uma vez executada a hipoteca, se o legatário vier a efetuar o pagamento da dívida, ficará sub-rogado dos direitos do credor, podendo exigir o pagamento do débito do herdeiro, se o testador houver assumido a obrigação de devedor principal, ou do terceiro, em benefício do qual houver sido outorgada a hipoteca (ob. cit., t. III, p. 633). Ver ainda: Josserand, para quem, se no intervalo da confecção do testamento e a morte do testador, for o imóvel objeto da deixa testamentária hipotecado, não competirá ao legatário exigir a liberação da hipoteca, devendo submeter-se ao encargo estabelecido (ob. cit., vol. 3, p. 898). Laurent adverte que *"se a coisa legada foi hipotecada pelo defunto, seja antes, seja depois do testamento, o legatário deve ainda*

Da Sucessão Testamentária (Art. 1.938) 121

Art. 1.938. Nos legados com encargo, aplica-se ao legatário o disposto neste Código quanto às doações de igual natureza.

Direito anterior: Art. 1.707. Praticamente inalterado. O Código atual tornou ainda mais explícita a equiparação do legado a uma doação testamentária. O Código anterior remetia o dispositivo tão apenas ao art. 1.180, atual art. 553.

Art. 1.707. Ao legatário, nos legados com encargo, se aplica o disposto no art. 1.180.[355]

COMENTÁRIOS

1. Legados com encargo

Tal como a doação, a liberalidade no legado é fator essencial. A doação modal ou com encargo é aquela que impõe ao beneficiário o cumprimento de uma obrigação. A doação nesse caso é onerosa, embora não se lhe retire o caráter de liberalidade. De ordinário, não há vantagens para o doador, e, na expressão de Clóvis, "quando excepcionalmente as produza, sê-lo-á em proporção muito inferior às que receber o donatário".[356] A obrigação que deriva do cumprimento do encargo pode ser exigida pelo doador, pelo terceiro beneficiário ou pelo Ministério Público, se no interesse geral. O não-cumprimento por parte do donatário do encargo imposto pelo doador rende ensejo à *revogação* do negócio jurídico.[357]

---

recebê-la no estado em que se encontra, sem que ele possa exigir que o devedor do legado a libere (art. 1.020); o testador não o legou uma coisa livre, mas um imóvel gravado com hipoteca. Não significa dizer que o legatário seja obrigado a suportar a dívida; pois ele é legatário a título particular" (ob. cit., p. 272).

---

355 Legislação comparada: Código Civil alemão: § 2.194; português: art. 2.276º; italiano: art. 671; espanhol: art. 858; argentino: art. 3.774; mexicano: arts. 1.394 e 1.420; Lei de Sucessões da República Popular da China: art. 21.

356 *Código civil*, vol. II, p. 281.

357 No Código Civil italiano (1942), art. 673, evita-se falar de "revogação" e de "resolução" (Pontes de Miranda, *Tratado*, LVII, p. 308). E "revogação" precisamente

Transportando o instituto da doação com encargo para o legado, cuja essência é a mesma; ou seja, uma doação testamentária, verifica-se que, tal como o donatário, o legatário recebe o ônus de cumprir o encargo, sob pena de *revogação* do negócio jurídico, por parte do espólio ou do herdeiro. Para tanto, é necessário que fique caracterizada a mora do legatário, tendo o Código expressamente exigido a *notificação*/interpelação judicial ou extrajudicial (art. 562), se não houver prazo previamente estabelecido no testamento para o cumprimento do encargo, ou se o próprio legatário já não houver expresso a sua recusa em relação ao cumprimento do encargo.

A mora, porém, não gera a responsabilização do legatário nas perdas e danos, pois, na acepção de Clóvis, "o encargo não é um correspectivo da liberalidade; é apenas, um acessório, que a modifica".[358-359]

---

não se cuida, porque o testador é morto. Somente a sua vontade criaria a ineficácia da inexecução, a nós, parece-nos com razão Pontes de Miranda, quando sustenta se tratar de "ineficácia". Fosse caso de "revogação", não haveria herdabilidade do direito de pedi-la (art. 560). A expressão "revogação" é utilizada em França, conforme Orosimbo Nonato, ob. cit., p. 125. Caio Mário da Silva Pereira assinala que a revogação constitui uma sanção, credenciando o doador com a *"faculdade personalíssima de promover, por ação própria, a revogação da liberalidade, com fundamento no inadimplemento do beneficiário. Para tanto é mister que seja o donatário constituído em mora, mediante interpelação. Sua situação equivale à de um contratante em inadimplemento culposo, que gera uma condição resolutiva tácita, equiparável ao que acontece com os demais contratos"* (*Instituições* ..., vol. III, p. 232). Tem-se admitido a revogação da doação, quando o donatário não cumpre o encargo independentemente de sua vontade. O Código Civil atual, todavia, elencou como causa de nulidade do negócio jurídico a ilicitude do "motivo determinante" (art. 166, III), não se mostrando indiferente ao critério da causa determinante na inexecução das obrigações, como pareceu a Carvalho Santos, sob a vigência da normatização anterior, ao preconizar que a condição resolutiva opera os seus efeitos, seja qual for a causa determinante (cf. Carlos Maximiliano, ob. cit., p. 129).

---

358 *Código Civil*, vol. II, p. 284.

359 Contra: Carvalho de Mendonça: *"... o doador fica investido de revogar a doação, e, como donatário é, em tal caso, possuidor de má-fé, restitui coisas e frutos, salvo caso for-*

Da Sucessão Testamentária (Art. 1.938)

Tanto a inexecução do *modus* completa quanto a incompleta, justificam, porém, a *revogação* do legado.

Em caso de falecimento do legatário antes do cumprimento do encargo, nada obsta que seus herdeiros o cumpram. Se o encargo é do interesse geral, pode o Ministério Público exigir o seu cumprimento. Fora desse espectro (interesse geral), pode o Ministério Público exigir o cumprimento, por meio da curadoria do testamento.[360] Também são legitimados a exigir o cumprimento do *modus* o testamenteiro e o beneficiado. Aos herdeiros do beneficiado falecido compete exigir o cumprimento do encargo, se não for de natureza personalíssima.

A *revogação*[361] não se opera *pleno iure*. O encargo não é uma condição resolutiva.[362] A ineficácia tem de ser decretada pelo juiz. Nesse ponto, convém realçar, conforme Pontes de Miranda, que *"a ineficácia que pode resultar de se não adimplir o 'modus' deriva da culpa porque o onerado é um obrigado, e não responde pelo que não lhe é imputável"*

---

tuito, *fôrça maior ou se os encargos foram instituídos em favor do próprio donatário"* (*Contratos*, vol. I, p. 91, *apud* Orosimbo Nonato, ob. cit., p. 127).

---

360 Orosimbo Nonato, ob. cit., p. 125.

361 "Que entendemos tratar-se de ineficácia", como alude Pontes de Miranda, fazendo remissão ao Código italiano (ob. cit., pp. 307-308).

362 Orosimbo Nonato, ob. cit., p. 126: *"A revogação não opera, em tal caso, pleno iure; depende de decisão judicial, salvo se as partes estipularem o contrário, o que dará ao caso a configuração de condição resolutiva expressa"* (ob. cit., p. 126). Sobre condição e *modus*, na acepção de Washington de Barros Monteiro, *"distinguem-se, porém, porque a condição suspende sempre a existência ou a extinção do direito criado pelo ato, ao passo que o modo ou encargo não paralisa a aquisição nem o exercício do direito, como expressamente prescreve o art. 128. Além disso, o modo ou encargo é sempre coercitivo, o devedor não pode furtar-se ao seu cumprimento, quer seja em benefício do credor, de terceiro, ou do interesse geral; o mesmo não sucede com a condição, relegada à incerteza do futuro. As expressões 'para que', 'a fim de que', 'contanto que', identificam o modo ou encargo, enquanto a conjunção 'se' expressa condição"* (*Curso*, 21ª ed., Saraiva, 1987, 4º vol., pp. 236-237).

Assim, é descabida a imputação ao onerado de todas as inexecuções do *modus*, quando não forem atribuídas somente ao disponente.[363]

Os efeitos da *revogação* retroagem à data da inexecução do encargo, sujeitando terceiros à nulidade das alienações, uma vez que poderiam ter previsto o que aconteceria no futuro, mediante verificação do título causal. Ainda assim, podem os terceiros eventualmente prejudicados executar o encargo, livrando-se dos resultados da revogação da doação (cf. Baudry-Colin).[364]

Se, porém, o erro do terceiro for escusável, como, *i. e.*, registro falho, com omissão do *modus*, aplica-se o art.1.827, parágrafo único, do atual Código: "São eficazes as alienações feitas, a título oneroso, pelo herdeiro aparente a terceiro de boa-fé", porque nem sempre será possível exigir daquele que adquire imóvel uma implacável e rigorosa fiscalização do teor dos títulos matrizes da cadeia de alienações registrárias.

Muito embora a ineficácia do legado por descumprimento do encargo possa – diversamente da revogação da doação por ingratidão – contaminar de nulidade os negócios jurídicos com terceiros, não estará o legatário obrigado a restituir os frutos recebidos antes da citação válida, sujeitando-se, porém, a pagar os posteriores (art. 563). Tanto que tornada ineficaz a deixa testamentária, por descumprimento do encargo, reverte-se o objeto legado para a massa do espólio, pois essa é a solução que se apraz com aquela consubstanciada no art. 182 c.c. art. 562.

Seção III
Da Caducidade dos Legados

Art. 1.939. Caducará o legado:

I – se, depois do testamento, o testador modificar a coisa legada, ao ponto de já não ter a forma nem lhe caber a denominação que possuía;

---

363 *Tratado*, LVII, p. 208.
364 Orosimbo Nonato, ob. cit., p. 127.

Da Sucessão Testamentária (Art. 1.939) 125

II – se o testador, por qualquer título, alienar no todo ou em parte a coisa legada; nesse caso, caducará até onde ela deixou de pertencer ao testador;

III – se a coisa perecer ou for evicta, vivo ou morto o testador, sem culpa do herdeiro ou legatário incumbido do seu cumprimento;

IV – se o legatário for excluído da sucessão, nos termos do art. 1.815;

V – se o legatário falecer antes do testador.

Direito anterior: Art. 1.708. Praticamente inalterado, com algumas mudanças de natureza gramatical. Ao inciso III foi acrescentada a hipótese de perecimento ou evicção da coisa, sem culpa do legatário incumbido do cumprimento do legado.

Art. 1.708. Caducará o legado:[365]

I – se, depois do testamento, o testador modificar a coisa legada, ao ponto de já não ter a forma nem lhe caber a denominação que tinha;

II – se o testador, alienar, por qualquer título, no todo, ou em parte, a coisa legada. Em tal caso, caducará o legado, até onde ela deixou de pertencer ao testador;

III – se a coisa perecer ou for evicta, vivo ou morto o testador, sem culpa do herdeiro;

IV – se o legatário for excluído da sucessão, nos termos do art. 1.595;

V – se o legatário falecer antes do testador.

---

365 Legislação comparada:
I – Código Civil português: art. 2.316º, 2; italiano: art. 686, 2ª parte; espanhol: art. 869; mexicano: art. 1.393; chileno: art. 1.135, 3ª parte; venezuelano: art. 955, 3ª parte.
II – Código Civil português: art. 2.316º, 1; italiano: art. 686, 1ª parte; francês: art. 1.038; espanhol: art. 869, 2; chileno: art. 1.135, 2ª parte; mexicano: art. 1.413; venezuelano: art. 955, 2ª parte; argentino: art. 3.838.
III – Código Civil italiano: art. 673; francês: art. 1.042; espanhol: art. 869; chileno: art. 1.135; mexicano: arts. 1.412 e 1.459; venezuelano: art. 957; argentino: arts. 3.779 e 3.780.
IV – Código civil francês: art. 1.043; espanhol: art. 888.
V – Código civil venezuelano: art. 953; português: art. 2.317º; francês: art. 1.039; italiano: art. 683; alemão: § 2.160.

COMENTÁRIOS

1. Caducará o legado

Caducidade é a perda da eficácia do legado, derivativa de causa superveniente impeditiva e prejudicial do cumprimento deste.[366] Caduca o legado, quando não pode mais produzir seus efeitos, malgrado a vontade do testador, "porque a disposição testamentária não supre as condições legais".[367] Caducidade é impossibilidade de execução. O legatário não pode receber a coisa que desapareceu. O resultado prático é similar à nulidade. Não se confunde com nulidade do legado ou com a revogação, por excelência, expressa por ato posterior praticado pelo testador. "A nulidade supõe a violação de uma regra na confecção do testamento",[368] ao passo que a caducidade importa numa quebra da disposição testamentária que era validamente imprimida. Os autores pátrios costumam denominar a caducidade de "ineficácia" do legado, gerada por causa superveniente à instituição. Assim: Itabaiana de Oliveira, José Tavares,[369] Carlos Maximiliano[370] e Washington de Barros Monteiro.[371] Mas a enumeração prevista no artigo sob comento não é taxativa. Pontes de Miranda professa que: "Também caduca o legado: *a)* Se não há substituição, nem cabe direito de acrescer, e o legatário *renuncia*:[372] então se dá a retenção pelo herdeiro gravado,

---

366 Silvio Rodrigues refere como "a perda, por circunstância superveniente, da razão de existir de um ato determinado, que foi feito de maneira válida" (ob. cit., p. 171).

367 Ripert et Boulanger, ob. cit., p. 680.

368 Ripert et Boulanger, ob. cit., p. 681.

369 Este citado pelo primeiro, *Tratado*, ob. cit., vol. II, p. 577.

370 Ob. cit., p. 240.

371 *Curso...*, 6º vol., p. 186.

372 O legado, embora válido em princípio, pode em seguida caducar por premoriência ou renúncia do legatário (Pacifici-Mazzoni, ob. cit., p. 236).

ou pela herança (art. 1.715). *b)* Se não há substituição, nem cabe direito de acrescer, e a *condição não se realiza*, isto é, há o não-acontecimento ou não-preenchimento da condição (L.5§2, D., *quando dies legatorum vel fideicommissorum cedat*, 36, 2; arts. 1.712 e 1.715). Dá-se a *retenção*. No caso de *legatum debiti, paga a dívida* em vida do testador, o legado caduca.[373] Em sentido parelho, assinala Carvalho Santos: Embora não arrolados aqui, outro motivos existem que tornam caduco o legado. São êles: *a)* quando o legatário não aceita o legado;[374] *b)* quando a condição não se verifica; *c)* quando o legatário no momento da abertura da sucessão, fôr *incapaz de receber o legado*"[375] (art. 1.801). Orlando Gomes ainda acrescenta a seguinte: "Aquisição, a título *gratuito*, pelo legatário."[376] Podemos ainda assinalar o desaparecimento da causa determinante que inspirou o legado como hipótese de caducidade.[377]

Cumpre acentuar que a ineficácia do legado pode também resultar de revogação expressa, de nulidade, e da ineficácia do testamento de que faça parte.[378] Em tema de revogação, já agora no plano tácito, outras hipóteses há de ineficácia superveniente da deixa testamentária que podem ser elencadas: a) omissão do nome do legatário em

---

373 *Tratado*, LVII, p. 342.

374 "Quando este não deve passar a outro legatário...." Outra hipótese de caducidade é a "renúncia do legatário" (Lacerda de Almeida, ob. cit., p. 451).

375 Ob. cit., p. 505.

376 *Sucessões*, p. 205. O art. 1.684 do Código revogado previa a hipótese de "nulidade" do legado, se a coisa legada já pertencia ao legatário na data do testamento, ou, depois, lhe foi transferida gratuitamente pelo testador. O atual Código não reproduziu o dispositivo em questão, o que mais evidencia se tratar de caducidade, e não de nulidade do legado. Entendemos que, em face da supressão do disposto no art. 1.684, a hipótese de alienação, gratuita ou não, da coisa legada ao legatário, passa a subsumir-se naquela do inciso II do artigo sob comento, conforme será exposto adiante.

377 Ripert et Boulanger, ob. cit., p. 682. Ver ainda art. 166, III, do NCC.

378 Clóvis Beviláqua, *Código Civil*, vol. II, p. 899.

128   Comentários ao Código Civil Brasileiro

testamento posterior (adenção); b) mudança da pessoa do legatário (translação); c) substituição do legado por outra coisa; d) restrição do objeto da liberalidade, mediante aposição de ônus que antes não existia (parcial); e) revogação de legado que incorporava outro menos abrangente e específico; f) surgimento de legado riscado a mão pelo testador ou por quem o faça as vezes; g) desaparecimento da causa determinante, e assim por diante. Finalmente, a caducidade do legado resulta no aproveitamento da deixa para a massa hereditária, em benefício dos herdeiros universais.

2. Se, depois do testamento, o testador modificar a coisa legada, ao ponto de já não ter a forma nem lhe caber a denominação que possuía

A modificação deve ser feita pelo testador de tal monta que a coisa legada já não terá a forma, nem a denominação que possuía. Trata-se de uma espécie de adenção. A outra vem a seguir comentada no inciso II do dispositivo objeto deste estudo. E assim é porque a modificação feita pelo testador sobre a coisa legada importa admitir alteração da sua vontade inicial, operando-se uma revogação tácita do legado. Também por isso, alterada a coisa em sua substância, o legado já não recairá sobre o seu objeto, passando a incidir sobre outra coisa, que teria sido, foi ou será atribuída a outra pessoa, ou herdeiro, e, conforme acepção contida no art. 1.912, não se admite o legado de coisa alheia.

Não é, assim, qualquer *modificação* à coisa que se permite deduzir da caducidade do legado. A modificação há de ser substancial, de nova espécie, e, não, meramente acidental ou acessória. Substância diz com conteúdo. Alteração de substância importa transformação da coisa em suas qualidades essenciais, de modo que não seja possível distingui-la sem que nova alteração seja efetuada.

A modificação nas partes acessórias da coisa não acarreta alteração de conteúdo da coisa, de modo que a forma anterior permanece tal como era antes. Consoante o que preconizado por Carlos Maximiliano, *"não basta alterar a forma, se o objeto conserva o mesmo nome; nem a denominação, se é mantida a forma; cumpre que não mais se verifique uma nem outra. Forma são os acidentes exteriores e apreciáveis – aspecto, figura, côr, densidade, consistência; denominação é o vocábulo pelo qual todos conhecem o objeto, segundo a natureza e classe do mesmo – ouro em barra, mármore, anel, terra, laguna, cedro, barco"*.[379] Assim, p. ex., um brilhante que, depois, vem a ornar um colar, não torna o legado ineficaz.[380] O brilhante continua sendo brilhante em sua substância. Apenas ajuntou-se ele a outra coisa, não importando em transformação. A coisa legada permanece íntegra, embora mais adornada.[381] Mas se o brilhante vem a ser fundido em outro, não prevalece a deixa. Se em determinado imóvel vem a ser levantada uma construção, nem por isso haverá caducidade do legado, porque *superfície solo cedit*. Mas se o legado for de usufruto de uma casa e a construção vem a ruir, é possível admitir a caducidade do legado, pois, dependendo das circunstâncias, sem a casa, o usufruto pode perder a sua razão de ser (art. 1.410, V).

A modificação da coisa legada só acarretará caducidade, se oriunda de ato de vontade do testador. Se a coisa foi alterada por terceiro, à revelia do testador, e não ratificada por este, ou por caso fortuito ou força maior, prevalecerá o legado.[382] Há que distinguir, porém. Se a

---

379 Ob. cit., p. 243.

380 No sentido do texto, Carlos Maximiliano, ob. cit., p. 248. Contra: Pontes de Miranda, ob. cit., p. 329. Dele discordamos, porque a coisa não se desfigurou, e, sim, foi aproveitada em outra coisa, que, sendo separável desta, poderia ser objeto da deixa testamentária.

381 Pacifici-Mazzoni, ob. cit., pp. 230-231.

382 Cf. Washington de Barros Monteiro, ob. cit., vol. 6, p. 187.

coisa foi alterada pela combustão de incêndio, não houve propriamente caducidade (ex.: barras de ouro que se derretem), a não ser, se *consumida* pelas chamas (ex.: quadros), o testador não reservou em algum outro lugar numerário bastante para o pagamento do legado, com a especial destinação ao seu beneficiário (inciso III).

Os semoventes, dependendo da espécie, podem ser alvo de transformações. Se o gado na exploração agropecuária, que é objeto do legado, vai ao abate, não aproveita o legado a carne posta ao consumo. As coisas fungíveis são passíveis de alteração, mas nem por isso, uma vez alteradas, importam em caducidade do legado. Por serem fungíveis, outras delas de igual espécie, qualidade e quantidade poderão ser objeto de legado.

Se não forem encontradas, nem por isso haver-se-á de deduzir pela ineficácia do legado, necessariamente não, pois constitui pressuposto da caducidade prevista neste inciso primeiro o fato de ser a coisa determinada (*ex vi* do art. 1.915). Porém, caduca o legado de coisa consumível, cujo uso importou destruição imediata da própria substância (art. 86). Se o bem é divisível e vem a fracionar-se, sem alteração da sua substância, aproveita-se o legado das partes fracionadas (art. 87). É que a alteração parcial da coisa legada não induz caducidade. Do mesmo modo, se a coisa legada passa a ser indivisível (como, p. ex., um condomínio), o legado passa a incidir sobre a copropriedade.

No legado de coisa determinada pelo gênero, a modificação de algum item que comporia a espécie ou quantidade não acarreta a caducidade ao legado. Será cumprido, ainda que a coisa não exista entre os bens do testador (art. 1.915). Se a coisa legada existir entre os bens do testador, mas em quantidade inferior à do legado, será cumprido até a porção existente (art. 1.916). Se a coisa objeto do legado era para ser encontrada em determinado lugar e não foi, e o testador não determinou a sua mudança, *a título permanente*, nem por isso se deixa de cumprir o legado.

Após a transformação, tem-se entendido ser irrevogável a caducidade,[383] com o que não concordamos, porque o testador pode fazer voltar a coisa ao seu estado primitivo. Se, de um lado, presume-se ter o testador, no momento da modificação, pretendido desfazer o legado, no segundo momento; isto é, da restauração, igual presunção, embora em sentido contrário; ou seja, de restaurar o legado, deve ser aplicada, pois o arrependimento também é previsível, além de plenamente justificável.

Simples melhorias ou acréscimos à coisa legada não importam alteração substancial, de modo que não acarretam a caducidade do legado.

3. Se o testador, por qualquer título, alienar no todo ou em parte a coisa legada; nesse caso, caducará até onde ela deixou de pertencer ao testador

Se o testador não conservou a coisa em seu patrimônio, presume a lei que outra terá sido a sua intenção, revogando tacitamente o legado, também por conta dessa circunstância. Alienação, conforme se depreende do texto, vem a ser qualquer ato de disposição, como, p. ex., doação, troca, dação em pagamento, cessão de direitos, transação, promessa de venda, e mesmo as alienações judiciais que não resultem de circunstâncias alheias à vontade do testador. Na propriedade mobiliária, é suficiente a tradição. Contenta-se a lei com o título causal de transmissão da propriedade imobiliária e mesmo a promessa de compra e venda, porque é a vontade do testador em se desfazer ou não do patrimônio legado que está em pauta.

Desde logo, impõe-se asseverar que a alienação feita pelo testador, a título oneroso, para o legatário da coisa legada, não acarre-

---

383 Carvalho Santos, *Cód. Civil interpretado*, XXIII, p. 494.

tava a caducidade do legado no direito anterior, por esse motivo. O art. 1.684 do Código revogado estabelecia que: "Nulo será o legado consistente em coisa certa, que, na data do testamento, já era do legatário, ou depois lhe foi transferida gratuitamente pelo testador." O atual Código não reproduziu semelhante disposição, como já vimos, por isso que já não subsiste o *discrimen* de outrora, entre ser onerosa ou gratuita a alienação feita em vida pelo testador da coisa legada. Atualmente, de acordo com a letra do texto, se o legatário adquiriu a coisa legada, essa aquisição importou na perda do objeto do legado, tornando-o totalmente ineficaz. Assim, se o testador aliena, a título oneroso, ao legatário o mesmo bem que havia sido antes objeto da deixa testamentária, não ressalvou a intenção de atribuir ao beneficiário algo diverso daquilo que havia sido adquirido pelo último.

Se a venda (ou doação) é havida como não existente ou nula, não há caducidade, segundo entendimento sufragado pelo Supremo Tribunal Federal, em acórdão relatado pelos juristas.[384] O Código não reproduz a cláusula prevista na legislação francesa: "*Ainda que a alienação posterior seja nula*".[385] Discute-se se o vício que contaminaria de nulidade o negócio da alienação, a ponto de também tornar ineficaz a deixa testamentária, deveria ser de consentimento. Nos casos dos vícios de consentimento (violência, erro ou dolo),[386] entende-se que a vontade do testador manifestada no legado deveria sobrepor-se ao ato de alienação. A doutrina cita ainda os casos de embriaguez profunda e demência senil do testador.[387] Se o vício for de forma, pura e simplesmente, entendemos que a vontade do testador restou evidente no sentido de não manter a deixa testamentária.

A alienação *parcial* não induz à caducidade *plena* do legado, a não ser na parte alienada, presumindo-se, nesse caso, que a vontade do

---

384 1ª Turma do STF, 27.09.48, cf. Pontes de Miranda, *Tratado*, LVII, p. 331.
385 Código Civil francês, art. 1.038.
386 Como, *i. e.*; a captação e a sugestão (Carvalho Santos, *Código Civil...*, t. XXIII, p. 507).
387 Carlos Maximiliano, ob. cit., p. 251.

testador tenha sido a de deixar o remanescente no testamento. Se a coisa pertencia a herdeiro, a outro legatário ou terceiro, o legatário será contemplado com o preço equivalente à coisa ou por estimação. Se a coisa era determinada pelo gênero, não se presume a revogação tácita, cumprindo ao sucessor universal adquirir outra coisa da mesma espécie ou quantidade.[388] Mas se a coisa deveria ser encontrada em determinado lugar e não foi, por ter sido alienada, já não poderá subsistir o legado (art. 1.917). Se a coisa foi singularizada e não mais se achar entre os bens da herança, justamente porque alienada, caducou o legado (art. 1.916). Se a coisa é vendida com pacto de retrovenda e o testador deixou expressa a sua intenção de manter o legado, prevalece a deixa, produzindo seus efeitos, a partir do momento em que o testador venha a recuperar a coisa alienada.[389] Havendo cláusula de arrependimento, ou pré-contrato simultâneo para reaquisição do bem legado, não há caducidade.[390] Entendemos ainda que se a coisa é vendida, e, posteriormente, readquirida, ainda que não sob a forma de retrovenda, restaura-se a deixa testamentária.[391] Se a coisa vem a ser onerada, com superfície, servidão, usufruto etc., nem por isso caduca o legado, que apenas ficará limitado à parte não onerada.

As alienações judiciais também constituem modalidade de alienação, como não poderia deixar de ser, *i. e.*, arrematação, adjudicação etc. Se o testador deixou que o bem legado fosse à hasta pública, por inadimplemento de dívida, p. ex., não há como olvidar que *voluntariamente*, embora *não espontaneamente*, abriu mão de patrimônio que serviria a alguém. É sinal que não poderia dispor do bem legado, em homenagem ao princípio de que ninguém pode dispor de algo que não possui, pressuposto lógico antecedente, porém, mais

---

388 *Ibidem*, p. 249.
389 Carvalho Santos, ob. cit., p. 495.
390 Pontes de Miranda, *Tratado*, LVII, p. 331.
391 Nesse sentido, Itabaiana de Oliveira, ob. cit., p. 578. No CC francês, a faculdade de resgate ou troca pelo testador da coisa legada não torna ineficaz o testamento.

abrangente, daquele outro insculpido no art. 1.912 (legado de coisa alheia). Ressalva se faz se o testador guardou o preço, ou parte dele em separado, num banco ou em caderneta especial, pois aí entende-se que o legado não caducou, conforme leciona Carlos Maximiliano.[392]

Tem-se entendido que se o bem deixado pelo testador foi alvo de ação de expropriação pelo Poder Público, o legado também caduca. Mas há um julgado referido por Pontes de Miranda, em sentido contrário, com o que não concordamos.[393] É que não obstante forçada a alienação, despida de ato voluntário por parte do testador, a caducidade resulta do perecimento do objeto, como soa cristalino na figura do inciso III, conforme veremos. A expropriação pelo poder público pode ainda efetivar-se por meio de encampação ou resgate, resultado que equivaleria a um não querer do testador, por se tratar de ato de conveniência ou interesse administrativo.[394]

A execução contra devedor solvente que induz à expropriação do patrimônio do devedor para a satisfação do crédito não se equipara à expropriação de bem pela Administração Pública, por necessidade ou utilidade pública. Neste caso, a alienação é inevitavelmente compulsória. No primeiro, a alienação é *forçada*, mas evitável, de modo que *involuntária* de todo não é.

Mantinha-se a liberalidade no direito romano, na hipótese de venda forçada pela necessidade.[395] O estado de perigo foi expressamente catalogado no Código atual como causa de nulidade relativa do negócio jurídico (art. 171, II). Assim, pela atual sistemática, se demonstrado for o estado de perigo, achando-se ínsita a idéia de necessidade latente do testador, em negócio excessivamente oneroso, será

---

392 Ob. cit., p. 253. No mesmo sentido, Pontes de Miranda, *ibidem*, p. 332.
393 *Tratado*, LVII, p. 331.
394 Hely Lopes Meirelles, *Licitação e contrato administrativo*, 7ª ed., 1987, RT, p. 280.
395 Cf. Carlos Maximiliano, ob. cit., p. 255.

Da Sucessão Testamentária (Art. 1.939)

possível o desfazimento da venda. Se isso ocorrer, não vemos motivos para que não se cumpra o legado, porque a tanto equivaleria a uma espécie de arrependimento.

A alienação subordinada a uma condição suspensiva não leva à caducidade do legado, enquanto não realizada a condição. Mas a alienação condicionada à resolução é havida como perfeita. Resolvido o contrato, subsiste a deixa testamentária, se o testador deixou transparecer a sua intenção no sentido de manter o legado.

4. Se a coisa perecer ou for evicta, vivo ou morto o testador, sem culpa do herdeiro ou legatário incumbido do seu cumprimento

Opera-se a caducidade se a coisa *perecer*. Essa sistemática vem sendo implantada desde o Código revogado, que contava inclusive com a regra genérica inserta no art. 77. A coisa pode perecer por destruição, inutilização ou perda, por caso fortuito, e culpa de terceiro ou do herdeiro. Mas as hipóteses não terminam aí. Pontes de Miranda chega a mencionar que *"não devemos entender a destruição material da coisa, e sim o perecer de qualquer valor e o extinguir-se gnosiológico, lógico, moral, jurídico, ou físico, de qualquer objeto de direito"*.[396] Por excelência, evicção pressupõe a perda da coisa, em favor de alguém, em decorrência de sentença judicial. Mas, se por exemplo, for a coisa apreendida de modo definitivo em razão do poder de polícia da administração, também incidirá a hipótese contemplada neste inciso.

A disposição se torna ineficaz pelo desaparecimento do objeto, quer do ponto de vista material, quer do ponto de vista jurídico ou gnosiológico. Assim, se o objeto legado é posto fora do comércio, "tal fato é equivalente a perecimento, para as conseqüências do art. 1.708,

---

396 *Tratado*, LVII, p. 337.

III (nosso *Tratado dos Testamentos*, III, 508)".[397] Por isso, não vemos como não possa aqui se enquadrar a hipótese de desapropriação e encampação, se evidentemente o preço recebido pelo testador expropriado não for guardado em separado, para fins de cumprimento da deixa testamentária.[398] A fuga do animal que fora legado, a prescrição de um crédito, e a reivindicação do bem legado também podem levar à caducidade do legado.[399]

O perecimento deve ser total. Se parcial, o legado será eficaz na parte remanescente. Uma casa parcialmente destruída pelo incêndio, por exemplo, não torna o legado ineficaz. Ainda que a residência se apresente em péssimo estado de conservação, será possível o cumprimento do legado, mesmo se interditada por algum ato de autoridade. Como lembra Carvalho Santos, *"outra, porém, será a solução se se trata de um legado de usufruto, precisamente porque o direito de usufruto pressupõe o direito de habitar a casa e êste direito de habitação não pode ser exercido sem a casa, depois dela destruída, não sendo o terreno sòmente suscetível de habitação".*[400] A demolição para a reconstrução do prédio demolido não acarreta a caducidade do legado.[401]

O legatário não se sub-roga no direito ao seguro do bem destruído, nem lhe assiste o direito a ressarcimento de perdas e danos. O legatário não herda os direitos pessoais do falecido. São os herdeiros que deverão obter o ressarcimento dos prejuízos pelo infortúnio. Mesmo assim, o testador poderá estabelecer que o legado abrangerá eventuais direitos sobre tal ou qual objeto.[402] Nesse caso, sim, haverá o

---

397 Pontes de Miranda, ob. cit., p. 339.

398 Como a propósito entendeu julgado referido por Pontes de Miranda, em sentido contrário, embora ao pálio da regra do inciso II *supra* (alienação), *Tratado de direito privado,* LVII, p. 331.

399 Carlos Maximiliano, ob. cit., pp. 257 e 262.

400 Ob. cit., p. 501.

401 Pacifici-Mazzoni, ob. cit., p. 231.

402 *Ibidem*, p. 257.

legatário adquirido o direito de obter a reparação que o testador não teria alcançado em vida.

Mas se o perecimento se dá *após a morte* do testador, tecnicamente não se trata de *caducidade*,[403] porque a titularidade do bem foi atribuída ao legatário, desde a abertura da sucessão. Como acentua Baudry-Lacantinerie, "*o legado produziu todo seu efeito em proveito do legatário que se tornou proprietário da coisa legada (art. 1.014). A caducidade impede o legado de produzir seu efeito: um legado que já produziu todo seu efeito não se tornaria caduco*".[404] Aplica-se a regra *res perit domino*. O legado perdeu seu objeto e produziu todos os seus efeitos. Não houve caducidade. O legatário sofre o prejuízo, na condição de dono. Por via de conseqüência, lhe assistirá também o direito de vir a receber o valor do seguro, recolher os frutos e rendimentos posteriores à morte do testador, e reclamar as perdas e danos. Se o perecimento deriva de fortuito, cumpre distinguir se o herdeiro foi anteriormente notificado da mora, e, caso positivo, não demonstrou que o perecimento sobreviria, ainda quando a entrega fosse tempestiva (art. 399). Nesse caso, responde o herdeiro, como responderá se o dano for causado por sua própria culpa.

Ressalte-se que as coisas indeterminadas não estão sujeitas à regra do inciso sob comento, porque *genus non perit*. O legado genérico subsiste, a menos que as coisas tenham sido designadas como de certo lugar. Em tais hipóteses, a disposição testamentária só irá prevalecer, se os objetos se acharem na herança ou no local indicado no testamento.[405] Se, depois de feita a opção e entrega, no legado alternativo, a coisa vem a perecer, o legatário suportará os prejuízos.

---

403 Conforme Clóvis Beviláqua, *Código Civil...*, vol. II, p. 899.

404 Ob. cit., t. III, p. 658.

405 Carlos Maximiliano menciona que também as coisas designadas como "do acervo" estão sujeitas a perecimento (ob. cit., p. 259). Quanto a isso, nenhuma dúvida. O que cumpre indagar é se sobrevindo tal perecimento, sobrevive o legado. Já o dissemos que, por obra de coerência lógica, as coisas legadas pelo gênero devem,

No caso de evicção, a ineficácia do legado sobressalta evidente, porque se demonstrou que a coisa não pertencia ao testador. Decretada a perda do bem em favor do evictor, não haverá ação regressiva do legatário em face dos herdeiros, já que o legado, a exemplo da doação, não sujeita o testador às conseqüências da evicção (art. 552). Trata-se de hipótese de caducidade do legado, quando não de nulidade, já que o testador teria legado coisa alheia.

Todavia, cabe distinguir. Se a evicção foi causada por culpa do herdeiro, como, p. ex., retardando a entrega do bem, a este compete ressarcir o dano ao legatário. *Os direitos do legatário subsistem*, como leciona Josserand.[406] O próprio inciso III reflete bem essa idéia: "*Sem culpa do herdeiro ou legatário incumbido do seu cumprimento.*" O herdeiro é mero detentor da coisa legada que deverá ser restituída ao dono, no caso, o legatário.[407] Tem o legatário o direito de propriedade da coisa certa existente no acervo hereditário, desde a morte do testador, podendo reivindicá-la de terceiros eventuais detentores. A reivindicação será cabível, ainda que o legatário não detenha a posse da coisa,[408] claro. Tal como no perecimento, o Código afasta a caducidade do legado, se a perda ou a evicção for causada por culpa do herdeiro ou legatário incumbido do seu cumprimento.

Se a culpa é de terceiro, costuma-se posicionar a doutrina no sentido de que o legatário não poderia acioná-lo para obtenção do correspondente ao valor do legado.[409] Não vemos, todavia, como fator

---

de alguma forma, corresponder à capacidade patrimonial do testador, sob pena se testar o "impossível". Se elas deveriam estar no acervo e não estão, nem por isso o legado seria ineficaz, a menos que o testador estivesse propenso a aquinhoar alguém com algo que nunca poderia tê-lo feito em vida.

406 Ob. cit., vol. 3, p. 940.
407 Cf. Eduardo A . Zannoni, *Derecho de las sucesiones*, 4ª ed., Editorial Astrea de Alfredo y Ricardo Depalma, 1997, tomo 2, p. 531.
408 *Ibidem*, p. 533.
409 Assim: Washington de Barros Monteiro, *Curso*, 6º vol., p. 190, e Maria Helena Diniz, ob. cit., p. 254.

Da Sucessão Testamentária (Art. 1.939) 139

impeditivo de demandar a circunstância de que terceiro houvesse dado causa ao dano. O disposto no art. 186 não autoriza crer que o prejudicado, para obter a justa reparação do dano sofrido, tenha de aguardar positiva manifestação litigiosa a cargo de outrem, como é o herdeiro, cujos interesses nem sempre e quase nunca coincidem com os do legatário. Aliás, nem mesmo de legitimação extraordinária tratar-se-ia nesse caso, haja vista a ausência de previsão legal específica (art. 6º do CPC).

Se se trata de herdeiro onerado e a evicção ocorre, responde aquele por eventuais prejuízos perante o legatário, porque teria adquirido bem de quem não era dono, agindo com presumível inobservância do cuidado mínimo objetivo necessário (negligência, imprudência ou imperícia). Se o onerado estiver em mora, responderá pela impossibilidade da prestação, ainda que se trate de caso fortuito ou força maior, se o fato ocorreu durante o atraso, a não ser que prove isenção de culpa na mora, ou que o dano sobreviria ainda quando a prestação fosse antecipadamente feita.

No caso do legado alternativo, se a escolha recaiu sobre bem que não poderia ter sido adquirido, subsiste a obrigação, já que não se verificou a dação *in solutum*. Se o legatário cumpre o encargo a que se obrigou em sublegado, e, depois, vem a perder o bem que adquirira, tem direito de receber da sucessão o que pagou. *Mutatis mutandis*, as mesmas regras se aplicam às hipóteses de vício oculto, redibitório ou de algum ônus desconhecido do legatário. Mas se a coisa defeituosa era a única que havia no acervo, cumpre-se o legado dessa forma, porque a coisa é determinada.

As regras relativas à evicção são de natureza subsidiária. Prevalecem, quando não houver disposição em contrário do testador. Assim, p. ex., o testador pode contemplar hipóteses de substituição da coisa evicta, pagamentos etc.

5. Se o legatário for excluído da sucessão, nos termos do art. 1.815[410]

Aberta a sucessão, tem o interessado o prazo de quatro anos para demandar a exclusão do legatário indigno, em face das hipóteses expressamente arroladas no art. 1.814: a) que houver sido autor, co-autor, ou partícipe de homicídio doloso, ou tentativa deste, contra o testador, seu cônjuge, companheiro, ascendente ou descendente; b) que houver acusado caluniosamente em juízo o testador ou incorrer em crime contra a sua honra, ou de seu cônjuge ou companheiro; c) que, por violência ou meios fraudulentos, inibir ou obstar o testador de dispor livremente de seus bens por ato de última vontade. A enumeração das causas de indignidade é taxativa, pois se trata de pena civil.

A sentença que acolher o pedido declarará a exclusão do legatário, e, por via de conseqüência, caducará o legado, considerando incompatível com a vontade do testador beneficiar aquele que o ofendeu, atentou contra a sua vida ou que, de qualquer forma fraudulenta ou violenta, inibiu ou obstou a livre disposição dos bens do testador por ato de última vontade. Cumpre ressaltar que a exclusão por indignidade é pena, e não poderá passar da pessoa do legatário indigno, na sucessão aberta, herdando os descendentes do excluído, por representação, como se o indigno morto fosse.[411] Tal já não se passa na sucessão testamentária, como o legado, uma vez que a indignidade do sucessor singular não transfere a seus herdeiros o direito ao recebimento da deixa testamentária, como veremos.[412] Na lição de Clóvis Beviláqua, a ação *"deve ser proposta em vida do indigno. Iniciada, po-*

---

410 *Rectius:* art. 1.814.
411 Silvio Rodrigues, *Curso...,* 7º vol., p. 56.
412 Nesse sentido, Orlando Gomes, *Sucessões,* p. 35, e Orosimbo Nonato, *Estudos,* vol. II, p. 124: *"Éle se aplica sòmente ao herdeiro legal; se se trata de herdeiro testamentário ou legatário, os seus filhos nada percebem, como acontece, lembra Carlos Maximiliano, citando Curti-Ferrer, quando um sucessor falece mais cedo que o autor do testamento."*

Da Sucessão Testamentária (Art. 1.939)   141

rém, contra o indigno poderá proseguir depois da morte deste, por se tratar de uma acção pecuniaria".[413] Todavia, se o fato que deu causa à pena de indignidade for anterior ao testamento, presume-se tenha o testador perdoado o indigno.[414]

6. Se o legatário falecer antes do testador

A "premoriência" do beneficiário não gera direito sucessório por representação, conforme acentuado anteriormente, porque a liberalidade é personalíssima, como são todas as liberalidades testamentárias. Não se recolhe legado por representação de herdeiro, ocupando o lugar do legatário premorto.[415] Opera-se aí caducidade do legado, ou mais precisamente inadmissibilidade à sucessão, porque a liberalidades são *intuitu personae*.[416] A premorte do legatário torna o legado sem sujeito. Mas se o testador fez elaborar uma cláusula de acrescimento, substituição, como, *v. g.*, ao referir ao beneficiário *ou seus parentes*[417] etc., não caduca o legado, havendo outros herdeiros testamentários, substitutos ou herdeiros do legatário contemplados com a mesma disposição testamentária (arts. 1.941 e 1.947).

No legado condicional, a premorte do legatário antes do advento da condição também faz caducar o legado, ainda que depois do falecimento do testador.[418] Se a condição for resolutiva, o direito *é então adquirido pelo legatário desde o dia da morte,*[419] *para ser em seguida retroativamente extinto se a condição vem a se realizar.*[420]

---

413 *Código Civil...*, vol. II, p. 784.
414 Caio Mário da Silva Pereira, *Instituições...*, vol. VI, p. 194.
415 Cf. julgado citado por Josserand, ob. cit., vol. 3, p. 937.
416 Ripert et Boulanger, ob. cit., p. 681.
417 Cf. Pontes de Miranda: trata-se de substituição e não de representação. "O testador nomeara substitutos" (ob. cit., LVII, p. 372).
418 Josserand, ob. cit., p. 938.
419 Do testador.
420 *Ibidem*, mesma página.

Comentários ao Código Civil Brasileiro

Art. 1.940. Se o legado for de duas ou mais coisas alternativamente, e algumas delas perecerem, subsistirá quanto às restantes; perecendo parte de uma, valerá quanto ao seu remanescente o legado.

Direito anterior: Art. 1.709. Praticamente inalterado, com pequena mudança feita apenas em pontuação.

Art. 1.709. Se o legado for de duas ou mais coisas alternativamente, e algumas delas perecerem, subsistirá quanto às restantes; perecendo parte de uma, valerá quanto ao seu remanescente o legado.[421]

COMENTÁRIOS

1. Legado alternativo

No legado alternativo, o perecimento de uma ou algumas coisas ofertadas não torna caduca a deixa testamentária, pois a obrigação é uma só, concentrando-se-a na coisa remanescente. Evidentemente que se o perecimento for total, sem culpa do onerado, não subsistirá o legado, diante da impossibilidade de cumprimento da obrigação (art. 256). Aplica-se a regra *res perit domino*. O legatário suporta o prejuízo.

Mas, se a escolha couber ao legatário e uma das prestações se impossibilitar por culpa do herdeiro onerado, o legatário poderá exigir a prestação subsistente ou o valor da outra, com perdas e danos. Se o perecimento for total nesse caso, poderá o legatário reclamar o valor de qualquer das duas coisas, além da indenização por perdas e danos (art. 255). Regem os princípios das obrigações alternativas, como, aliás, preconiza o direito argentino, seguindo a lição de Zannoni.[422] Se a escolha couber ao onerado e o perecimento for total,

---

421 Legislação comparada: Código Civil argentino: arts. 639 e 3.758; mexicano: art. 1.423; alemão: § 2.154.

422 Ob. cit., p. 566.

ficará obrigado a pagar o valor da que por último se impossibilitou, mais as perdas e danos (art. 254). Se a escolha cabia ao onerado e apenas uma das prestações se impossibilitou, deve prestar a remanescente. Cumpre ressaltar que, nas obrigações alternativas, existem duas ou mais prestações ligadas por uma disjuntiva *ou*, o que as diferenciam das obrigações cumulativas, ligadas pela conjuntiva *e*.[423]

Até que a opção e a entrega se ultimem, os riscos em relação à guarda e conservação da coisa legada, caso existente no acervo hereditário (art. 1.931), correm por conta do herdeiro onerado. Em caso de deterioração ou de perecimento da coisa legada, já o dissemos, o onerado responde, conforme os princípios da gestão de negócios alheios (*ex vi* do art. 868).

---

423 Baudry-Lacantinerie, ob. cit., t. II, p. 118.

CAPÍTULO VIII
DO DIREITO DE ACRESCER ENTRE HERDEIROS E LEGATÁRIOS

Art. 1.941. Quando vários herdeiros, pela mesma disposição testamentária, forem conjuntamente chamados à herança em quinhões não determinados, e qualquer deles não puder ou não quiser aceitá-la, a sua parte acrescerá à dos co-herdeiros, salvo o direito do substituto.

Direito anterior: Art. 1.710. Verifica-se o direito de acrescer entre co-herdeiros, quando estes, pela mesma disposição de um testamento, são conjuntamente chamados à herança em quinhões não determinados (art. 1.712).[1]

COMENTÁRIOS

1. Direito de acrescer

Dá-se o direito de acrescer, quando a quota de um dos herdeiros testamentários,[2] que não quer ou não pode receber, aumenta a dos

---

1   Legislação comparada: Código Civil português: art. 2.301º; alemão: §§ 1.935, 2.094, 2.095 e 2.158; italiano: art. 674; argentino: arts. 3.811 e 3.812; chileno: arts. 1.147 a 1.149; uruguaio: arts. 1.045 e 1.046; francês: art. 1.044; venezuelano: arts. 942 a 944; espanhol: arts. 982 a 986; boliviano: art. 1.079; peruano: art. 774.

2   Ou legatários. Conforme escreve Baudry-Lacantinerie, *"para que tenha lugar o direito de acrescimento entre co-legatários, é necessário que a mesma coisa tenha sido legada inteiramente a cada co-legatário, que cada um seja chamado, eventual-*

Do Direito de Acrescer entre Herdeiros e Legatários (Art. 1.941)   145

demais herdeiros testamentários nomeados em conjunto.[3] Vários legatários têm o direito de recolher a totalidade da coisa.[4] O direito de acrescer não é exclusivo dos testamentos. É suficiente ver a disposição contida no art. 1.810: *"Na sucessão legítima, a parte do renunciante acresce à dos outros herdeiros da mesma classe e, sendo ele o único desta, devolve-se aos da subseqüente."* Também há direito de acrescer no usufruto, conforme se infere do art. 1.411: *"Constituído o usufruto em favor de 2 (duas) ou mais pessoas, extinguir-se-á a parte em relação a cada uma das que falecerem, salvo, se, por estipulação expressa, o quinhão destes couber ao sobrevivente."* Assim, se por estipulação expressa do instituidor, couber o quinhão do usufrutuário falecido ao sobreviven-

---

mente, ao menos, por seu título, a recolher a totalidade; é necessária uma solidariedade de vocação entre todos os co-legatários. Se todos os co-legatários respondem ao chamamento, é necessário operar entre eles a divisão da coisa: é impossível atribuir a coisa inteira a cada um, se bem que cada um dela seja legatário pelo todo; o concurso dos diversos adquirentes conduz a uma partilha da coisa; concurs partes fiunt" (ob. cit., t. III, pp. 659-660).

---

3   Conforme pontifica Orosimbo Nonato: *"O fundamento do direito de acrescer tem suscitado numerosas teorias – a do concurso; a da regra* nemo pro parte testatus pro parte intestatus decedere potest; *da comunhão; da dispositividade, da substituição tácita etc. Tôdas elas, a não ser a ligada a romanismos ultrapassados, contêm parte da verdade. E já no direito anterior não se podia, entre nós, procurar o fundamento de que se trata na regra* nemo pro parte..." (ob. cit., p. 221). Segundo Silvio Rodrigues, *"Parece certo haver o direito de acrescer se originado em Roma, como conseqüência do princípio de ninguém poder morrer parte testado, parte intestado –* Nemo pro parte testatus pro parte intestatus, decedere potest" (*Direito das sucessões*, p. 182). Segundo o autor, não se trata propriamente de direito de acrescer, mas, sim, de *jure non decrescendi*, na medida em que cada herdeiro isoladamente possui o direito ao todo da herança testamentária. Falecendo seus concorrentes, p. ex., o herdeiro remanescente não terá "acrescido" nada do que já possuía. A lição vem de Mourlon, citado pelo autor: *"Le droit qu'a um légataire de retenir la totalité d'une chose dont il n'aurait eu qu'une partie si ses colégataires eussent accepté comme lui"* (*Direito das sucessões*, p. 181).
4   Ripert et Boulanger, ob. cit., p. 684.

te, haverá acrescimento, por ocasião da morte de um deles. Verifica-se o direito de acrescer nas obrigações, conforme se deduz do art. 812: *"Quando a renda for constituída em benefício de duas ou mais pessoas, sem determinação da parte de cada uma, entende-se que os seus direitos são iguais; e, salvo estipulação diversa, não adquirirão os sobrevivos direito à parte dos que morrerem."* A jurisprudência do STJ já se posicionou inclusive favoravelmente ao direito de acrescer no caso de pensionamento de beneficiários de indenização por ato ilícito: *"Ao cessar, para um dos beneficiários, o direito a receber pensão relativa à indenização dos danos materiais por morte, sua cota-parte acresce, proporcionalmente, aos demais"* (REsp. nº 408.802/RS, rel.ª Min.ª Nancy Andrighi, j. em 27.06.2002, Terceira Turma. *"O acréscimo que se faz da parcela da pensão de cada beneficiário que deixa, por qualquer motivo, de percebê-la, aos demais, constitui parte integrante do próprio pedido de pensionamento, inexistindo violação ao art. 128 do CPC ao ser assim disciplinado pelo acórdão estadual"* (AGA nº 430.115/SP, rel. Min. Aldir Passarinho Junior, j. em 06.08.2002, Quarta Turma, *"O beneficiário da pensão decorrente do ilícito civil tem 'direito de acrescer' à sua quota o montante devido a esse título às filhas do de cujus, em virtude do advento da maioridade* (REsp. nº 17.738/SP, 4ª Turma, *DJU* de 22.05.95; REsp. nº 148.955/PR, 4ª Turma, *DJU* de 17.05.99 e Súmula nº 57 do extinto TFR)" (REsp. nº 404.653/SC, rel. Min. Aldir Passarinho Junior, j. em 27.06.2002, Quarta Turma, STJ). *"Não viola a lei o acórdão que, argumentando com circunstâncias de fato, defere à viúva o 'direito de acrescer' até atingir a metade do salário do falecido marido"* (REsp. nº 257.149/RJ, rel. Min. Ruy Rosado de Aguiar, j. em 17.08.2000, Quarta Turma, STJ). *"Nos termos do enunciado nº 57 da súmula do extinto Tribunal Federal de Recursos, 'é cabível a reversão da pensão previdenciária e daquela decorrente de ato ilícito aos demais beneficiários, em caso de morte do respectivo titular ou a sua perda por força de impedimento legal'. Em outras palavras, o beneficiário remanescente tem 'direito de acrescer' à sua pensão o que era a esse título devido a outrem, em relação ao qual se extinguiu o vínculo*" (REsp. nº 148.955/PR, rel. Min. Sálvio de Figueiredo Teixeira, j. em 15.04.1999, Quarta Turma, STJ). "*De acordo com o Relator, é cabível a reversão da pensão aos demais beneficiários* (Súmula nº 57/TFR e REsp. nº 17.738, *DJ* de 22.5.95). *Ponto, no entanto, em que a Turma, por maioria de votos, entendeu não configurado o dissídio*" (REsp. nº 83.889/RS, rel. Min. Nilson Naves, j. em 15.12.1998, Terceira Turma, STJ). "*O beneficiário remanescente tem o 'direito de acrescer' a sua pensão o que era a esse título devida a outrem, em relação ao qual se extinguiu o vínculo*" (REsp. nº 17.738/SP, rel. Min. Ruy Rosado de Aguiar, j. em 04.04.1995, Quarta Turma, STJ). O STF também já se pronunciou favoravelmente a respeito do tema em matéria de responsabilidade civil, conforme se verifica em aresto inserto na *RTJ* 79:142.

Portanto, a regra geral no direito comum é a de que o direito de acrescimento seja expresso por estipulação feita pelo instituidor do benefício, exceção feita ao caso de responsabilidade civil, por obra de interpretação pretoriana.[5] Tal já não ocorre nos testamentos, presumindo a lei que, no silêncio da instituição, ocorra o acrescimento toda a vez em que, concorrendo herdeiros a partilhar coisas ou direitos, um deles não puder ou não aceitar a mesma contemplação testamentária, e não houver herdeiro substituto designado pelo testador, o que, em outras palavras, nada mais representa que uma forma de redistribuição da quota parte ideal do co-herdeiro faltante em benefício do co-herdeiro presente ou co-herdeiros presentes. Tais herdeiros recebem a parte vaga por direito de preferência, diante de uma presumível vontade do testador.[6] Pressupõe-se a solidariedade entre

---

5   Segundo acentuado no voto da rel.ª Ministra Nancy Andrighi, no REsp. nº 408.802/ RS, no mencionado precedente do Pretório Excelso, o em. Min. Djaci Falcão considerou aplicável, analogicamente, o art. 40 da Lei nº 3.807/60, e entendeu que "*extinta a quota de pensão da previdência social, proceder-se-á a rateio de seu valor, em partes iguais, entre os beneficiários remanescentes*".

6   Carlos Maximiliano, ob. cit., p. 285.

co-herdeiros e co-legatários (art. 1.942). É o que escreve Zannoni:[7] *"Es decir que este derecho se explica em razón de existir uma solidariedad em la vocación o llamamiento. Esa solidaridad puede resultar de la voluntad expresa del causante en su testamento, como lo veremos em seguida, o resultar dispuesto objetivamente por la ley en razón de um llamamiento conjunto."*

A regra legal é dispositiva, ao contrário do que se sucedia no direito romano. Se o testador diz que não há acrescimento, a parte vacante é transferida aos herdeiros legítimos. O testador pode dispor a quem e de que forma caberá o direito de acrescer. Também pode fixar o máximo do que caberá ao herdeiro remanescente acrescer. Na dúvida sobre quem ficaria privado da regalia, prevalece o acrescimento. Também na dúvida sobre quantos seriam aqueles que teriam sido privados do acrescimento, interpreta-se a cláusula como sendo a de menor número.[8] A exclusão do acrescimento pode ser tácita, desde que possível aferir a intenção do testador na disposição testamentária. Assim, p. ex., se o testador declara que a cada um dos contemplados caberá apenas a respectiva quota. Como veremos, quando o testador dispõe quinhões determinados em percentual, não se opera o acrescimento, porque o que se testou era determinado e a regra do artigo sob comento é a de não-determinação dos quinhões. De qualquer forma, o acrescimento não pode invadir as legítimas, como não poderia a quota vacante, sob pena de nulidade do testamento, em relação ao excesso.

A falta de disposição expressa acerca do acrescimento é acidental e não desejada pelo autor da herança. Preferiu-se, nesse caso, a sucessão testamentária à legítima. Cumpre-se o direito de acrescer, ou *ius non decrescendi*,[9] no pressuposto de que a falta de redistribuição da

---

7   Ob. cit., t. 2, p. 474.
8   *Ibidem*, p. 286.
9   O direito de acrescer, em verdade, representa o direito de não decrescer, porque os herdeiros não recebem nada além daquilo que o testador estipulou. Na falta de

Do Direito de Acrescer entre Herdeiros e Legatários (Art. 1.941)   149

quota disponível para o herdeiro presente importaria diminuição da nomeação de herdeiro testamentário ou legatário. Na dúvida, aplica-se a regra do acrescimento.

A substituição vulgar exclui o direito de acrescer,[10] quando não puderem ambas (substituição e acrescimento) coexistir numa mesma verba. Assim, se houver, p. ex., sido prevista a substituição do herdeiro x por z, não cabe direito de acrescer aos co-herdeiros de x. Mas se outro co-herdeiro testamentário vem a falecer, e não há substituto, a verba será destinada aos demais. Por outro lado, se foi nomeado fideicomissário, a parte transferida a este não está sujeita a acrescimento entre herdeiros ou legatários não fiduciários.[11] Mas se os fideicomissários foram nomeados conjuntamente sem designação dos bens, haverá direito de acrescer entre os fideicomissários nomeados. O mesmo se passa com os fideicomitentes nomeados conjuntamente.[12] A substituição não representa uma forma de acrescimento. Ao contrário do direito de acrescer, a substituição deve ser declarada pelo testador.

O Código emprega expressão ambígua logo no início do texto do artigo, como se fosse intenção do legislador exigir a multiplicidade de herdeiros. Não é preciso que haja uma pluralidade de beneficiários. A expressão "vários herdeiros" não requer a presença mínima senão de 2 (dois) ou mais contemplados, como soa lógico na redação dos arts. 812 e 1.411.

Não se confunda, porém, a herança forçada com a legítima. Herdeiros legítimos sucedem por direito próprio na herança. Podem her-

---

um ou mais herdeiros testamentários, herdam os remanescentes aquilo que já lhes caberia, sob pena de decrescimento da herança.

---

10   Cf. Enneccerus, Kipp e Wolff, "o acrescimento só tem lugar quando não existe substituição vulgar do legatário" (ob. cit., p. 154). Pressupõe-se a falta de um dos legatários antes ou depois da abertura da sucessão, como, p. ex., a premoriência, a renúncia e a indignidade.
11   Carvalho Santos, *Código civil interpretado*, Freitas Bastos, 1956, t. XXIV, p. 7.
12   Pontes de Miranda, *Tratado*, LVII, p. 371.

dar como testamentários, recebendo a herança por acréscimo, na vacância de algum, de acordo com a cota disponível, como cumulativamente, ou não podem herdar na sucessão universal a legítima e ainda receber o acréscimo do herdeiro renunciante (art. 1.810).

Respeitando, embora prestigiosas, opiniões em contrário, entendemos que é possível o direito de acrescer pelo terceiro adquirente da herança testamentária, ou do legado, ainda que não haja cláusula expressa no negócio jurídico, antevendo a possibilidade de inclusão.[13]

Finalmente, consoante o que asseverado por Clóvis,[14] "*o legado (ou porção de herança) que acresce, acarreta consigo os encargos que o gravavam, os quaes devem ser cumpridos pelos que aproveitaram com a caducidade, salvo si os encargos fôrem de natureza muito pessoal, visando particular e unicamente o legatario nomeado*". Se não se dá o acrescimento, nem a substituição, a quota vacante passa ao monte-mor para ser dividida entre os herdeiros legítimos, "*ou para se incorporar ao patrimônio do herdeiro testamentário, que se exime do dever de pagar aquela parte do legado*".[15]

---

13 Contra: Pontes de Miranda, *Tratado*, LVII, p. 383, e Carlos Maximiliano, a menos que o testador tenha contemplado os beneficiários de qualquer "outra vantagem que da sucessão" lhe advenha (ob. cit., p. 300). No silêncio da disposição, entende Orosimbo Nonato que a presunção é a de "não se haver vendido com a quota o acréscimo" (*Estudos...*, vol. III, p. 237). A nosso favor se pronuncia Washington de Barros Monteiro: "*Ademais, o comprador toma o lugar do vendedor, investindo-se em todos os seus direitos, máxime se este, sem qualquer ressalva, transfere os direitos inerentes à sucessão, presentes e futuros, certos e eventuais. Essa segunda posição torna-se, sem dúvida, merecedora do nosso sufrágio*" (*Curso*, 6º vol., p. 200). Para que o terceiro adquirente, então, não seja contemplado com direito de acrescimento, deve o testador deixar expressa a vedação. De qualquer forma, deverá ser analisado o instrumento de venda e também o testamento, para se verificar a intenção das partes e a do testador.

14 *Direito das sucessões*, p. 279.

15 Silvio Rodrigues, ob. cit., p. 180.

2. Pela mesma disposição testamentária

Trata-se de requisito basilar para que se faça incidir a regra de acrescimento estatuída no dispositivo ora comentado que haja disposição conjunta. Por ela, se compreende a disposição de verba unitária em benefício de duas ou mais pessoas. O direito romano conheceu três espécies de direito de acrescer: *a*) *Re tantum*, quando a mesma coisa era deixada a mais de uma pessoa, por meio de frases ou cláusulas distintas (conjunção real). O testador designava os instituídos em diversas disposições do testamento, ex.: deixo meus bens a Tício, e, em seguida, também deixo os meus bens a Mévio; *indivisim,* mas *diversis propositionibus. b*) *Verbis tantum*, quando, por uma mesma disposição, eram contempladas diversas pessoas, mas sobre partes certas ou quotas hereditárias diferentes: *in eadem proposicione* e *divisim* (conjunção verbal), ex.: deixo metade da herança a Tício e a outra metade a Mévio. *c*) *Re et verbis*, quando, por uma disposição, eram contempladas duas ou mais pessoas sobre a mesma coisa ou quinhão; *in eadem propositione et indivisim* (conjunção mista). A conjunção verbal (*verbis tantum*) não gerava conseqüências. A conjunção *re et verbis* e a conjunção *re tantum,* sim. Impunham elas a distribuição do mesmo objeto a duas ou mais pessoas, variando apenas na forma, se através de uma frase: a primeira; se através de frases distintas: a segunda.[16]

O artigo sob comento adotou o princípio da conjunção mista, ou *re et verbis*. Não se exige que a herança seja sempre indivisível, e sim a unidade da disposição testamentária, em torno de um mesmo objeto.

Não é preciso que a disposição conjunta seja feita *num mesmo testamento*. Pode acontecer, por exemplo, que o testador haja disposto em benefício de alguém uma porção ideal de um terreno, e, em

---

16 Ripert et Boulanger, ob. cit., p. 684.

testamento seguinte, haja estipulado outra parte ideal sobre o mesmo terreno em benefício de outra pessoa, ressalvando a disposição feita no testamento anterior. A comunhão, que é pressuposto da instituição conjuntiva, não se dissolve com o desmembramento material, pura e simples, do instrumento da deixa testamentária, em duas ou três ocasiões.[17] A disposição testamentária é una, a verba instituída é a mesma. Houve desmembramento do testamento, sem quebra da unidade da verba testamentária, que permaneceu sendo a mesma. A coexistência entre ambos os testamentos foi tornada explícita na ressalva feita no testamento posterior.

Por outro lado, num mesmo testamento, pode haver diversas verbas, razão por que diversas serão as disposições testamentárias. Mas nem por isso, necessariamente, haverá direito de acrescer. Se para cada verba, houver, p. ex., um contemplado, evidente que não incidirá a regra do artigo sob comento. A disposição é conjunta, mas não há unidade do objeto. É a natureza da vocação que irá definir a regra do acrescimento, não as conjunções *re et verbis* ou *re tantum*. É o que conclui Zannoni:[18] "... *el acrecentamiento opera en virtud de la 'naturaleza de la vocación' y no en razón de una conjunción en el llamamiento sobre 'el contenido de la adquisición'.*"

3. Em quinhões não determinados

Se a quota parte for determinada, certa, *atribuída a cada herdeiro*, não incidirá a regra de acrescimento estatuída no dispositivo ora

---

17   A propósito, Pontes de Miranda bem exemplifica a hipótese: "*Quanto à herança, o direito de acrescer supõe nomeação, diz-se, num só testamento para receber todo o espólio ou porção dêle. Ora, o testador poderia ter nomeado B e C, advindo outro testamento em que apenas se insira D na mesma verba. Houve inclusão de D, mas a disposição – em parte alterada – é a mesma para B, C e D; de modo que há a conjunção: pluralidade de beneficiários e unidade de deixa*" (ob. cit., LVII, pp. 359-360).

18   Ob. cit., t. 2, pp. 475-476.

comentado, pois, como já vimos, o direito de acrescer tem por pressuposto a solidariedade dos herdeiros. Individualizada a parte de cada beneficiário, não vinga o acrescimento, uma vez que a conjunção passaria a ser *verbis tantum* (*in eadem propositione,* mas *divisim*).

Cabe transcrever a lição de Carlos Maximiliano: "*Desde que se indique a parte, ou objecto, que deve tocar a cada um, não há direito de acrescer. Perdura a regra até mesmo quando a designação seja indireta: por exemplo – 'cabendo a F, G e H, tal fração da herança, dividida em partes iguais'; ou – 'partilhada de acôrdo com a lei'.*"[19] Haverá tantas instituições distintas quantas forem as quotas determinadas. Pontes de Miranda exemplifica do seguinte modo: "Se distribuiu *determinadamente*, não se dá o acrescimento: a A, ½, a B, ¼, a C, ¼."[20] Diversamente do Código venezuelano (art. 944, segunda parte), o Código Civil brasileiro exclui o direito de acrescimento, quando o testador houver atribuído aos herdeiros "partes iguais" ou utilizado semelhantes expressões, porque, seguindo a dicção do direito francês, *partes iguais* são partes discriminadas e não o todo. O exemplo vem de Laurent:[21] "Pierre é legatário de uma metade e Paul é legatário de uma outra metade". Nenhum dos dois herdou a metade cabível ao outro. Na falta de um, não recolhe o outro a herança que coube àquele. O art. 1.711 do Código revogado considerava distribuição de partes, ou quinhões determinados pelo testador, quando este designava a cada um dos nomeados a sua quota, ou o objeto, *que lhe deixa*, o que João Luiz Alves[22] reputava como sendo *conjunção verbis tantum*, com exclusão do direito de acrescer e o projeto o admitia: "*O Pr. Cl. declarava que as expressões 'por partes eguaes' ou 'em eguaes quinhões' não importavam a distribuição destes, dando, portanto, logar ao direito de accrescer.*"

---

19   Ob. cit., p. 287.
20   *Tratado,* LVII, p. 366.
21   *Cours...,* t. 2ème, p. 282.
22   *Código civil...,* 3º vol., p. 117.

4. E qualquer deles não puder ou não quiser aceitá-la

A redação do atual Código foi mais clara do que a do anterior, admitindo o direito de acrescimento, na simples vacância do herdeiro a que tocaria a parte transferida aos demais, independentemente das causas enumeradas no art. 1.943:[23] *a*) premorte; *b*) renúncia; *c*) exclusão; e *d*) condição não realizada. Como já assinalado anteriormente, o Código exigiu a aceitação da herança (art. 1.804). Se a herança não for aceita por um dos contemplados, emerge o acrescimento, se não houver substituição. A aceitação da herança não pode ser condicional, em parte ou a termo (art. 1.808). Todavia, o sucessor legítimo pode não aceitar a herança universal e aceitar a testamentária, ou vice-versa (§ 2º do art. 1.808). Se o herdeiro contemplado falecer após a abertura da sucessão, sem que houvesse ainda aceitado a herança, caberão aos sucessores deste aceitá-la ou recusá-la. Na hipótese de recusa por parte dos sucessores do herdeiro falecido, recebem os demais herdeiros testamentários o acrescimento. Mas quem aceitou a herança conjunta, não pode renunciar ao acrescimento, a não ser que a quota transferida venha gravada de encargos especiais que apenas ao herdeiro excluído competiria dar cobro (art. 1.945). Define Zannoni[24] que: "*El acrecimiento impone a quienes*

---

23 No mesmo sentido, Carlos Maximiliano: "*O art. 1.712 não encerra disposição estrita, rigorosa, taxativa; em qualquer caso de caducidade vinga o direito de acrescer, uma vez satisfeitos os demais requisitos*" (ob. cit., p. 296). Contra: Francisco José Cahali e Giselda Maria Fernandes Novaes Hironaka, ob. cit., p. 439. Discute-se se a incapacidade passiva estaria ou não elencada nas hipóteses em testilha. Pontes de Miranda e Clóvis Beviláqua sustentam que a incapacidade não constitui causa de acrescimento, por inexistir incapacidade superveniente. O caso será de *nulidade*, com o deferimento da quota respectiva ao herdeiro legítimo. Carlos Maximiliano, entretanto, pende a concluir pela afirmativa, contando com a adesão de Carvalho Santos (Orosimbo Nonato, ob. cit., pp. 232-233). Washington de Barros Monteiro segue a mesma opinião daquela de Carlos Maximiliano (*Curso*, 6º vol., p. 199).

24 *Derecho de las sucesiones*, t. 2, p. 483.

aprovecham la parte vacante todas las obligaciones o cargas (y por eso se alude al acrecimiento cum onere) *que el testador había dispuesto a cargo del colegatario que renuncia al legado o que por otra causa no lo adquiere. Esa regla se aplica, salvo que el cargo se hubiere impuesto* intuitu personae, *situación prevista em el art. 3822 al disponer que 'si las cargas fuesen por su naturaleza meramente personales al legatário, cuya parte em el legado há caducado, no pasan a los otros colegatarios.'"* Nesse caso, o acréscimo reverterá em proveito daquele em benefício do qual havia sido o encargo instituído (art. 1.945), a menos que não queira ou não possa aceitá-lo. Se ainda assim, não houver aceitação por parte do beneficiário do encargo, o acréscimo reverterá em benefício do monte. O mesmo ocorrerá se o beneficiário não for identificado.[25] Cumpre ressaltar que se nulo for o testamento, as verbas são transferidas à herança universal.

> **Art. 1.942.** O direito de acrescer competirá aos co-legatários, quando nomeados conjuntamente a respeito de uma só coisa, determinada e certa, ou quando o objeto do legado não puder ser dividido, sem risco de desvalorização.
>
> **Direito anterior:** Art. 1.710 (...)
>
> **Parágrafo único.** Aos co-legatários competirá também este direito, quando nomeados conjuntamente a respeito de uma só coisa, determinada e certa, ou quando não se possa dividir o objeto legado, sem risco de se deteriorar.[26]

COMENTÁRIOS

1. Direito de acrescer nos legados

O direito de acrescer vale também para os legados. A regra é de natureza supletiva. A vontade do testador é soberana. Da mesma for-

---

25   Sílvio Venosa, *Direito das sucessões*, p. 254.

26   Legislação comparada: Código Civil argentino: art. 3.816; francês: art. 1.044; português: art. 2.302°; alemão: § 2.158; italiano: art. 675; chileno: arts. 1.147 a 1.149; peruano: art. 775; venezuelano: art. 947; espanhol: art. 987; boliviano: art. 1.080.

ma que se passa na herança testamentária, haverá acrescimento nos legados, desde que preenchidos os seus requisitos, conforme veremos, e não haja substituição. Tal como se sucede no acrescimento entre os herdeiros testamentários, o Código exclui a conjunção meramente *verbal (verbis tantum)*. Mas diversamente do disposto no artigo precedente (art. 1.941), a lei não exige que a nomeação seja feita *numa mesma disposição testamentária*. Tampouco exige sejam os quinhões *indeterminados*, característica da herança testamentária e não do legado. Recorde-se que o dispositivo ora sob análise era no direito anterior parágrafo único do atual art. 1.941 (art. 1.710). Agora, ostenta ele autonomia de artigo.

No direito romano, segundo leciona Carlos Maximiliano, *"em se tratando de um legado* per damnationem, *ou sinendi modu, e no caso de fideicomisso, não poderia surgir o direito de acrescer, admissível em relação ao legado* per vindicationem, *ou* per praeceptionem. *Na hipótese de um legado* per damnationem, *quando a muitas pessoas a mesma coisa era atribuída por uma só disposição, resultava um direito de crédito para diversos; dividia-se* ipso jure *em porções viris (*verbis tantum*); porém não resultava nunca o direito de acrescer"*.[27] Recorde-se que, nos legados *per vindicationem*, a propriedade era transferida diretamente ao patrimônio do legatário, que passava a deter direito real sobre a coisa, podendo, inclusive, reivindicá-la de terceiros. A título exemplificativo, o legado seria expresso do seguinte modo: *"Dou/ lego a Y tal coisa..."* Também por esse legado, como leciona Zannoni,[28] o disponente podia constituir sobre a propriedade um direito de servidão, de usufruto ou de uso a favor do beneficiário. Nesse caso, a solidariedade entre os legatários era havida como presumida, sendo somente excluída quando *pro aequis partibus*. Por isso, o direito de acrescer entre os legatários. Nos legados *per damnationem* (da expressão

---

27   Ob. cit., p. 280.
28   Ob. cit., t. 2, p. 494.

condenação), só havia direito de crédito por parte do legatário, em face do herdeiro. A propriedade era transferida ao herdeiro, que, por sua vez, se comprometia, já no terreno das obrigações, a transferi-la ao legatário. A título exemplificativo, o legado seria expresso da seguinte forma: "Dê Y *tal coisa* a X." Nesse caso, a solidariedade dos legatários deveria ser expressa pelo disponente. Daí a falta do direito de acrescer entre os legatários, que só dispunham de ação de direito pessoal para exigir do herdeiro o cumprimento da prestação. A propriedade só era transferida ao legatário, por meio do herdeiro. Por via desse legado, era possível ao disponente legar uma coisa pertencente a terceiro, porque era o herdeiro que deveria cumprir a prestação de entrega, ou, então, dar o valor estimado dela.[29] Os legados *per praeceptionem* e *sinendi modo* são subtipos dos legados *per vindicationem* e *per damnationem*, respectivamente. Nos primeiros, *per praeceptionem,* o legatário poderia receber o legado antes da partilha. Nos últimos, *sinendi modo*, o herdeiro havia de tolerar a aquisição da coisa pelo legatário. O exemplo vem de Gayo, citado por Zannoni:[30] "*Que mi heredero tenga que tolerar que Lucius Titius tome y adquiera para sí a mi esclavo Stichius.*" A reforma de Justiniano unificou os quatro tipos de legado, mas seus efeitos, pessoais e reais, ainda se acham presentes atualmente, considerando haver legados com efeitos reais os "*que tienem por objeto uma cosa propia del testador, y que son legados com efectos obligacionales aquellos em los que el heredero asume la obligación de uma prestación, trátese de adquirir uma cosa ajena, o de cumplir um hecho o uma abstención*".[31]

---

29   Zannoni, ob. cit., pp. 494-495.

30   *Ibidem*, p. 495.

31   Zannoni, ob. cit., p. 496. No mesmo sentido, Francisco José Cahali e Giselda Maria Fernandes Novaes Hironaka, *in Curso avançado de direito civil*, Ed. Revista dos Tribunais, 2000, vol. 6, p. 416.

2. Quando nomeados conjuntamente a respeito de uma só coisa, determinada e certa

O direito de acrescer pressupõe pluralidade de beneficiários, unidade de objeto legado, vacância de uma das quotas e não-existência de substituto nomeado. Aqui o Código estabelece a conjunção mista (*re et verbis*). Não há distribuição de partes entre os co-legatários. Foram eles nomeados sob a forma conjuntiva e sem distinção de partes certas.

Nos legados, exige-se a identidade da coisa legada, pois deve ela ser determinada e certa, em fração dela ou em vários objetos.[32] A regra não se aplica ao legado de gênero ou quantidade, porque a coisa é indeterminada. Também não se aplica ao legado alternativo, até que ultimada a escolha. Como visto, embora se exija a nomeação conjunta dos legatários, a lei não requer uma mesma disposição testamentária para tal finalidade, como ocorre nas heranças testamentárias. A disposição pode ser múltipla. Assim, exemplifica Pontes de Miranda: "Deixo a B a fábrica da rua *x*, num testamento; noutro, 'também C terá parte na fábrica que leguei a B'."[33]

Resta claro afirmar que haverá tantos legados quantas forem as verbas, as coisas determinadas. O artigo sob comento se utiliza da expressão "coisa" no singular, mas não impede, por óbvio, a pluralidade de objetos, desde que certos e determinados. Para cada objeto deverá incidir a regra se houver pluralidade de legatários.

No legado de dinheiro, não cabe acrescimento, porque se trata de legado genérico,[34] de coisa fungível. Pontes de Miranda, porém, acentua que as somas de dinheiro, ou quantidades de coisas fungíveis, podem figurar como *unidades*.[35] Igualmente, no legado de alimentos,

---

32   Carlos Maximiliano, ob. cit., p. 283.
33   *Tratado*, LV.II, p. 368.
34   Carlos Maximiliano, ob. cit., p. 293.
35   *Tratado*, LVII, p. 367.

Do Direito de Acrescer entre Herdeiros e Legatários (Art. 1.942)   159

também não é possível o acrescimento, a não ser que o testador assim o disponha. Os alimentos são, por excelência, *intuitu personae*. Nesse caso, o herdeiro onerado se exime do dever de pagamento da parte do legado de alimentos. A propósito, em matéria de alimentos propriamente ditos, decidiu o STJ: "*Salvo casos especiais, a pensão alimentícia extinta pela maioridade, casamento ou falecimento do beneficiário não acresce àquela paga aos demais*" (REsp. nº 89.656/PR, rel. Min. Ari Pargendler, j. em 06.12.1999, Terceira Turma, STJ).

3. Quando o objeto do legado não puder ser dividido,[36] sem risco de desvalorização

Os legatários recebem a mesma coisa legada, que não pode, sem risco de desvalorização, conceito mais amplo que o albergado no direito anterior (deterioração), sofrer divisão cômoda. Nessa hipótese, cada legatário é co-proprietário do todo, suas quotas são indeterminadas e o objeto não se pode dividir, sob pena de desvalorização. Se as quotas fossem determinadas, não haveria acrescimento, porque a conjunção seria *verbis tantum* e cada legatário receberia a sua parte.

Pouco importa que o testador disponha num e noutro testamento acerca de um mesmo bem, se a hipótese não for evidentemente de revogação do testamento predecessor, de acordo com as circunstâncias do caso. O exemplo é de Itabaiana de Oliveira: '*Deixo a Pedro minha casa A*', e, depois, em outra verba: '*Deixo a Paulo minha casa A*'. Trata-se de uma conjunção real (*re tantum*), porque os co-legatários foram nomeados em disposições diversas, sem que o testador fizesse, entre êles, distribuição de partes, tratando-se de objeto indivisível, ou que se não possa dividir sem dano. Conseqüentemente, se o objeto legado fôr divisível, desaparece o direito de acrescer, embora o testador

---

36   O legislador repetiu uma vez mais a regra do art. 1.045 do Código Civil francês tão veementemente criticado por Demolombe, *apud* Silvio Rodrigues, ob. cit., p. 184.

não fizesse, entre os co-legatários, distribuição de partes. Exemplo: *'Deixo a Pedro o meu terreno A'*, e, depois, em verba distinta: *'Deixo a Paulo meu terreno A'*. Nesse ponto, o nosso Código Civil se afastou da doutrina romana, que admitia, sempre, o direito de acrescer na conjunção real (*re tantum*), sem distinguir se o objeto era, ou não, divisível; bastava que o testador não assinalasse a parte de cada um dos nomeados. O Código Civil, pois, só admite o direito de acrescer na conjunção real (*re tantum*)".[37]

O legislador atual optou pela utilização da palavra "desvalorização", que é bem mais ampla do que aquela que havia no texto anterior: deterioração. Daí o equívoco, a que nos pareceu, dando a idéia de uma aparente indivisão relativa. Por exemplo, uma casa, em princípio, não pode ser dividida, sem prejuízo de sua utilização. Todavia, se os custos de manutenção dessa casa são demasiadamente onerosos, é o caso de se pensar numa extinção do condomínio *pro indiviso*, em benefício dos próprios condôminos. Então, nem sempre a cessação do estado de indivisão importaria em "desvalorização".

Por sua vez, o Código não reproduziu a regra estatuída no art. 53, I, do Código revogado, *in verbis: "São indivisíveis: I – os bens que se não podem partir sem alteração na sua substância."* Preferiu-se, ao revés, partir da regra da divisibilidade, nos termos do artigo 87: *"Bens divisíveis são os que se podem fracionar sem alteração na sua substância, diminuição considerável de valor ou prejuízo do uso a que se destinam."* Logo, por interpretação, *a contrario sensu*, do art. 87, indivisíveis são *"os que 'não' podem fracionar-se sem alteração na sua substância, diminuição considerável de valor, ou prejuízo do uso a que se destinam."*

Conjugando os textos acima com o dispositivo ora comentado, verifica-se que a desvalorização que o Código reclama (embora não muito clara a redação) é aquela que importaria *diminuição conside-*

---

37   Ob. cit., p. 511.

rável de valor ou *prejuízo do uso a que a coisa se destina*. Em essência, uma coisa será indivisível materialmente, quando não comportar divisão ou alteração em substância (indivisibilidade material).

É o quanto basta para haver acrescimento no legado. Se a alteração da coisa importar desvalorização considerável ou prejuízo do uso dela, deve ser havida como indivisível.

Acha-se implícita na desvalorização a idéia de perecimento da coisa, como, *i. e.*, se não possa dividir a coisa legada, sob pena de ficar defeituosa, estragada, prejudicada ou inutilizada, como ilustrado por Carlos Maximiliano,[38] para quem "trata-se, em suma, da indivisibilidade quasi absoluta".

Cumpre acentuar finalmente que, se não houver direito de acrescer, a quota faltante é transferida ao herdeiro, incumbido de satisfazer o legado, ou a todos os herdeiros, em proporção dos seus quinhões, se o legado se deduziu da herança (art. 1.944, parágrafo único).

Em síntese, como assinala João Luiz Alves,[39] "*para que haja direito de accrescer é necessário que a instituição de herdeiros ou legatários seja conjuncta e consista: a) em quinhões indeterminados;[40] b) em uma só coisa certa e determinada;[41] c) em coisa que se não possa dividir sem risco de deteriorar-se.[42] Fora desses três casos não há direito de accrescer*". Isto é, fora de todos esses casos e não de qualquer deles, não há direito de acrescer.

> **Art. 1.943.** Se um dos co-herdeiros ou co-legatários, nas condições do artigo antecedente, morrer antes do testador; se renunciar a herança ou legado, ou destes for excluído, e, se a condição sob a qual foi instituído não se verificar, acrescerá o seu quinhão, salvo o direito do substituto, à parte dos co-herdeiros ou co-legatários conjuntos.

---

38   Ob. cit., p. 294.

39   *Código civil da República dos Estados Unidos do Brasil*, 3º vol., p. 116.

40   Como se passa na herança testamentária.

41   Como é o caso do legado.

42   *Ibidem*.

Parágrafo único. Os co-herdeiros ou co-legatários, aos quais acresceu o quinhão daquele que não quis ou não pôde suceder, ficam sujeitos às obrigações ou encargos que o oneravam.

Direito anterior: Art. 1.712. Se um dos herdeiros nomeados morrer antes do testado, renunciar à herança, ou dela for excluído, e bem assim se a condição, sob a qual foi instituída, não se verificar, acrescerá o seu quinhão, salvo o direito do substituto à parte dos co-herdeiros conjuntos (art. 1.710).[43]

COMENTÁRIOS

1. Se um dos co-herdeiros ou co-legatários, nas condições do artigo antecedente

O direito de acrescer deriva de uma presunção de vontade do testador, no sentido de aquinhoar co-herdeiros ou co-legatários sobre determinada coisa ou determinado direito, o que, em última análise, implica uma espécie de preferência à vocação hereditária legítima. Para tanto, é necessário que o testamento seja válido, porque se não o for, a verba testamentária vaga será transferida ao herdeiro legítimo.

Para que se opere o direito de acrescer, o testador deverá nomear os co-herdeiros ou co-legatários, de forma conjunta, a fim de que recebam o mesmo objeto, em caso de vacância, e não deverá nomear substituto a esses mesmos co-herdeiros ou co-legatários. As condições que o Código estabelece para que o herdeiro testamentário usufrua do direito de acrescer não são exatamente as mesmas que aquelas erigidas nos legados, em relação aos co-legatários. Estes últimos deverão cumprir os requisitos predispostos no artigo *antecedente*, não

---

43 Legislação comparada: – *caput* – Código Civil alemão: §§ 2.094 e 2.158; italiano: art. 674; venezuelano: art. 942; boliviano: art. 1.078; espanhol: art. 982, nº 2; argentino: art. 3.811; chileno: art. 1.147; uruguaio: art. 1.045, 1ª parte,

os primeiros. Daí o equívoco de redação do dispositivo, que acabou remetendo o leitor às condições previstas em relação aos co-legatários (artigo *antecedente*), quando o artigo ora em exame contempla também os herdeiros testamentários do artigo anterior àquele.

É que o Código desmembrou em dois artigos o que antes se achava condensado em um (antigo art. 1.710), conforme se tratasse de direito de acrescer de herdeiro ou legatário (*caput* ou parágrafo único). Se as disposições contidas no antigo art. 1.710 fossem reproduzidas para um mesmo artigo de lei no novo Código, então seria válida a remissão feita pelo artigo posterior aqui examinado ao artigo *antecedente*.

Na herança testamentária, não há conjunção *re tantum*. Adota-se o princípio da conjunção mista, ou *re et verbis*, não exigindo que a coisa legada seja certa, nem indivisível, e, sim, a unidade da disposição testamentária, em torno de um mesmo objeto. Também por ela, a quota-parte deve ser indefinida, exigindo-se a nomeação conjunta dos herdeiros numa mesma disposição testamentária.[44] No legado, admite-se a conjunção *re et verbis* (mista) e *re tantum* (real), com especificação da coisa legada, que, todavia, não poderá ser dividida, se houver desvalorização considerável ou prejuízo na sua utilização. Ao contrário da herança testamentária, não se exige no legado conjunção *numa mesma disposição testamentária*.[45]

---

parágrafo único; Código Civil português: art. 2.307°; alemão: § 2.159; argentino: arts. 3.821 e 3.822; boliviano: art. 1.082, II e III; venezuelano: arts. 945, 946, 2ª parte, e 949; uruguaio: art. 1.045, 2ª parte; chileno: art. 1.152; espanhol: art. 984.

---

44   O que nem sempre acontece, como já vimos anteriormente.

45   Apesar de sermos favoráveis à interpretação no sentido de que, uma "mesma disposição testamentária" não equivale a um "mesmo testamento", conforme comentários anteriores.

2. Morrer antes do testador; se renunciar a herança ou legado, ou destes for excluído, e, se a condição sob a qual foi instituído não se verificar

As causas de acrescimento não são taxativas, conforme já tivemos a oportunidade observar em comentários anteriores.[46] A incapacidade passiva[47] é lembrada por Carlos Maximiliano como uma das causas não expressamente contempladas no dispositivo sob comento, mas que deve ser nele compreendida: *"O artigo 1.712 não encerra disposição 'estrita', rigorosa, 'taxativa'; em qualquer caso de 'caducidade' vinga o direito de acrescer, uma vez satisfeitos os demais requisitos..."* *"O mesmo subsídio de Hermenêutica induz a admitir a incapacidade como justo motivo de acrescimento. O legislador apenas achou melhor não 'especificar'. Se fôra pretender interpretar o seu proceder como afastando a 'incapacidade', logicamente também a 'indignidade' ficaria fora da regra legal; nêsse caso, a quem se aplicaria a expressão – 'ou dela fôr excluído'?"* [48]

Ora, o art. 1.942 já comentado contém uma cláusula aberta, nos seguintes termos: *"E qualquer deles não puder ou não quiser aceitá-la."*[49] O Código Civil italiano (1942), art. 674, contém a mesma

---

46 No sentido do texto, Carvalho Santos, *Código civil interpretado*, t. XXIV, p. 12.

47 Hoje, o texto contempla a expressão "legitimidade para suceder" (arts. 1.798 e 1.802), que melhor reflete a questão, evitando-se a terminologia utilizada pelo Código para exprimir o grau de capacidade de discernimento (arts. 3° a 5°). Atualmente, o Código prevê: *"Legitimam-se a suceder as pessoas nascidas ou já concebidas no momento da abertura da sucessão"* (art. 1.798). Na acepção de Orlando Gomes: *"Não são propriamente incapazes de suceder as pessoas em relação às quais impede a lei que o testador beneficie. Como visto, falta-lhes 'legitimação', pois não podem ser nomeadas herdeiros ou legatários, pelo testador impedido"* (*Sucessões*, pp. 98-99).

48 Ob. cit., pp. 296-297. Contra: Pontes de Miranda: *"A incapacidade, como se há de ver, não constitui causa de 'deficiência', e sim de 'nulidade'"* (*Tratado*, LVII, p. 384).

49 Segundo Orlando Gomes, "não querer" decorre exclusivamente da renúncia, enquanto "não poder o herdeiro ou legatário aceitar a herança ou legado" decorre da premorte, exclusão ou inadimplemento da condição sob a qual foi instituído

Do Direito de Acrescer entre Herdeiros e Legatários (Art. 1.943)   165

redação: *"Qualora uno di essi non possa o non voglia accettare."* Por seu turno, o parágrafo único do dispositivo sob comento repete a redação: *"Que não quis ou não pôde suceder."* As causas de indignidade, sim, são taxativas, conforme já expusemos anteriormente, porque se trata de pena civil (art. 1.815).

Exceção feita ao art. 1.913 sobre o qual já comentamos, a renúncia à herança deve constar, de modo expresso, de instrumento público ou termo judicial (art. 1.806). A renúncia que estamos tratando aqui é da herança testamentária ou do legado. Não há direito de acrescer para quem já repudiou a sua quota primitiva. O acessório segue o principal. Se a herança foi aceita, não há que repudiar o acréscimo da quota vaga, porque a tanto equivaleria o fracionamento da liberalidade. O herdeiro pode renunciar à herança legítima e não fazê-lo em relação à herança testamentária e vice-versa. Para que surta o acrescimento os seus efeitos, é preciso que a renúncia afete a quota herdada com base no testamento ou no legado.

Haverá acrescimento ainda no caso de premorte do herdeiro. O natimorto equipara-se ao premorto (art. 1.799, I), ou mesmo a longa *ausência*,[50] ou ainda a comoriência. Também se equipara ao premorto a fundação ou sociedade beneficiária da liberalidade, que não pôde ser constituída ou se foi extinta,[51] pois a tanto equivaleria a caducidade do legado ou herança, a menos que a fundação

---

o herdeiro" (*Sucessões*, pp. 212-213). A interpretação dada, conforme se vê, é taxativa, com a qual não comungamos, pese embora a admiração por nós devotada a esse grande Jurista. "Não querer" pode derivar de não aceitação e não exclusivamente de renúncia, por exemplo. "Não poder aceitar" é toda e qualquer causa impeditiva alheia à vontade do herdeiro ou legatário beneficiado.

---

50   A ausência, pura e simples, não acarreta a condição de equivalência em testilha, pois, conforme apregoa Carvalho Santos, "a ausência, em rigor, não importa a certeza de morte, como já ficou explanado em comentário aos arts. 463 e seguintes" (*Código Civil interpretado*, vol. XXIV, p. 15).

51   Carlos Maximiliano, ob. cit., p. 298.

tenha sido extinta, por falta de meios para se manter, por exemplo. Aí, então, "revive-se a fundação, porque isso mais atende aos intuitos do testador".[52]

Com relação à verificação da condição, cabe distinguir. Enquanto não realizada a condição suspensiva, não se adquire o direito (art. 125). Portanto, se se não ultimar a condição estabelecida pelo testador, o herdeiro ou legatário contemplado não terá alcançado o direito e a sua quota ou deverá ser revertida ao monte-mor, ou aos demais co-herdeiros ou co-legatários. O que mais evidencia tratar-se de rol exemplificativo e não taxativo aquele que encabeça o dispositivo sob comento, no que atinente às causas de acrescimento. Em se tratando de direito de acrescer, e não havendo substituição, essa quota deverá ser redistribuída aos co-herdeiros ou co-legatários. Não havendo direito de acrescer, como veremos no artigo seguinte (art. 1.944, parágrafo único), a quota do que faltar acresce ao herdeiro ou ao legatário incumbido de satisfazer esse legado (como, p. ex., no caso de sublegado), ou a todos os herdeiros, na proporção dos seus quinhões, se o legado se deduziu da herança.

Se a condição for resolutiva, "enquanto esta não se realizar, vigorará o negócio jurídico" (art. 127). Portanto, realizada a condição resolutiva, decai o beneficiário da sua quota. É o que ensina Pontes de Miranda: *"No caso de condição resolutiva ou têrmo final (permitido no direito civil brasileiro quanto aos legados), passam os bens ao segundo beneficiado quando se realiza a condição ou se atinge o termo."*[53]

3. Acrescerá o seu quinhão, salvo o direito do substituto, à parte dos co-herdeiros ou co-legatários conjuntos

Se houve substituição, não há acrescimento, porque o testador já declarou a sua intenção em outro sentido; isto é, que a quota vaga

---

52 Pontes de Miranda, *Tratado*, LVII, p. 387.
53 *Tratado*, LVII, p. 388.

reverta em favor do substituto, e não do co-herdeiro ou co-legatário. Essa substituição abrange tanto a vulgar quanto a fideicomissária. O acrescimento efetua-se *"proporcionalmente aos quinhões primitivos: se um herda por cabeça e outro por estirpe, sob a mesma base é partilhada a quota que ficou vaga. Exemplo: 'Deixo a minha fazenda de criação a Primus, Secundus, Tertius e aos filhos de Quartus'. (Premorto Secundus, um terço do seu quinhão aumenta o de Primus; outro terço cabe a Tertius; o terço restante é subdividido entre a prole de Quartus"*.[54]

Acentue-se que o legado de alimentos não é suscetível de acrescimento, dada a sua própria natureza, a menos que o testador estabeleça expressamente tal hipótese. A questão não é pacífica, pois, como assinala Silvio Venosa,[55] há de ser examinado o caso em concreto. O *caput* do artigo ora examinado representa uma norma dispositiva, como sói ocorrer neste capítulo, a ponto de Silvio Rodrigues haver conceituado de *"insignificante interesse geral"*.[56] Bastará que o testador diga o contrário, para emergir a obrigação de custeio do alimentário, muito embora Mantica, referindo-se a Balde, bem assinale que "ninguém pode ter dois estômagos".[57]

Em se tratando de norma de cunho dispositivo, pode mesmo o testador até dispor que nenhum encargo passará aos co-legatários ou co-herdeiros, em virtude de vacância de quota, ou até afastar o direito de acrescimento. Pode também, ainda que não estipule disposição conjunta em favor de herdeiros ou legatários, estabelecer o direito de acrescimento entre eles.[58]

---

54   Carlos Maximiliano, ob. cit., p. 299.
55   Direito civil: *Direito das sucessões*, p. 256.
56   Ob. cit., p. 187.
57   Posição com a qual concordamos, conforme Carlos Maximiliano, vol. II, p. 301.
58   Cf. explicita, aliás, o art. 3.819 do Código Civil argentino.

4. Os co-herdeiros ou co-legatários, aos quais acresceu o quinhão daquele que não quis ou não pôde suceder, ficam sujeitos às obrigações ou encargos que o oneravam

Os co-herdeiros e os co-legatários, conforme o caso se trate de herança testamentária ou legado, recebem a quota vaga daquele que *não quis ou não pôde suceder*, mais as *obrigações ou encargos que o oneravam*. O parágrafo único sob comento constitui expressão inequívoca da necessidade da aceitação do legado por parte do legatário, pelo menos sob a ótica da sistemática legal vigente. O legatário deve *querer* aceitar o legado, sob pena de vacância de sua quota, *ex vi* do art. 1.804. Essa aceitação pode ser expressa ou tácita (art. 1.805). O pedido de cumprimento do legado equivale a uma aceitação tácita, por exemplo. Ao aceitar a herança, não poderá o beneficiário do acréscimo repudiá-lo separadamente (art. 1.945), porque a renúncia não está sujeita a condições, nem se pode fracionar a liberalidade. O direito de acrescer é acessório da própria deixa testamentária. Cada herdeiro ou legatário recebe a herança ou legado como um todo.

De qualquer modo, verificado o acrescimento, aos co-herdeiros e co-legatários favorecidos competirá o cumprimento das obrigações ou encargos que oneravam a quota vacante, na proporção do que tiverem recebido. *Quem obtém a vantagem* ou *cômodo, suporta a desvantagem* ou *incômodo*. Ainda assim, nem todas as obrigações ou encargos que oneravam o herdeiro ou legatário excluído tocarão aos demais beneficiários. Pode acontecer que tais obrigações ou encargos sejam de natureza pessoal, como, p. ex., a de pintar uma obra de arte para alguém etc., pouco importando se o proveito caberia ao herdeiro *legítimo*, ou ao dativo. Nesse caso, recebem os co-herdeiros ou co-legatários a quota vaga, sem o encargo.

Ressalte-se que o legado também se inclui entre os encargos previstos, e, nesse caso, a caducidade da deixa principal não torna caduco o sublegado. Como enfatizado por Carlos Maximiliano, *"o que apro-*

veita com a extinção do primeiro, fica 'obrigado' a cumprir o último. Exemplo: 'Eu lego a Paulo e Mário a minha granja, e a Sílvio dez contos de réis, que receberá de Paulo'(Quer seja Mário, quer um herdeiro legítimo que aufira o quinhão de Paulo, pagará forçosamente, os dez contos deixados a Sílvio, isto é, o 'sublegado')."[59] Baudry-Lacantinerie[60] sustenta o mesmo entendimento: *"Assim se o testador disse: 'Eu lego minha casa de Bordeaux a Pierre e a Paul, com encargo de Paul pagar uma renda de 500 fr. a minha empregada'. Se o legado feito a Paul se torna caduco, Pierre, em proveito do qual teve lugar o acrescimento, deve pagar a renda? O acrescimento ocorrido é* cum onere *ou* sine onere? É cum onere. *Esta solução, a mais conforme a intenção do testador, era ensinada por Pothier, que tratava de refinar a distinção que certos autores haviam tentado introduzir nesse tema, de acordo com as leis romanas, entre o caso em que os co-legatários são conjuntos* re et verbis *e aquele em que eles são conjuntos* re tantum."

Se o testador estipulou que os contemplados seriam obrigados a cumprir com reciprocidade os mesmos encargos impostos a cada um, importa dizer não serem tais encargos pessoais.

Mas, se o encargo, ainda que não personalíssimo, for fisicamente impossível de ser cumprido, a solução mais consentânea será a de considerá-lo como inexistente ou nulo (art. 166, II).

Por outro lado, se o encargo só puder ser executado pelo herdeiro excluído ou premorto, não será fisicamente impossível, e sim personalíssimo, cabendo aos beneficiários pelo acrescimento o direito de repudiá-lo em separado da herança, sem que a tanto importe renúncia desta ou do legado (art. 1.945).

> **Art. 1.944.** Quando não se efetua o direito de acrescer, transmite-se aos herdeiros legítimos a quota vaga do nomeado.
>
> **Parágrafo único.** Não existindo o direito de acrescer entre co-legatários, a quota do que faltar acresce ao herdeiro ou ao legatário incumbido de satisfazer esse legado, ou a todos os herdeiros, na proporção dos seus quinhões, se o legado se deduziu da herança.

---

59 Ob. cit., p. 304.
60 Ob. cit., t. III, p. 662.

Direito anterior: Art. 1.713. Quando não se efetua o direito de acrescer, nos termos do artigo antecedente, transmite-se aos herdeiros legítimos a quota vaga do nomeado.

Art. 1.715. Não existindo o direito de acrescer entre co-legatários, a quota do que faltar acresce ao herdeiro ou ao legatário incumbido de satisfazer esse legado, ou a todos os herdeiros, em proporção dos seus quinhões, se o legado se deduziu da herança.[61]

COMENTÁRIOS

1. Quando não se efetua o direito de acrescer

A regra se complementa com a do artigo anterior já examinado. Não havendo substituição, nem acrescimento entre os beneficiários, a quota vaga *permanece*[62] no monte-mor para distribuição entre os herdeiros legítimos. Nesse caso, não restou nenhum herdeiro instituído conjuntamente e não houve tampouco encargo ou obrigação de qualquer natureza, menos ainda pessoal ou especial que tivesse sido repudiado pelo herdeiro testamentário (art. 1.945). Registre-se que o testador pode dispor que "não caiba ao herdeiro instituído certo e determinado objeto, dentre os da herança, e, nesse caso, tocará ele aos 'herdeiros legítimos'"(art. 1.908).

2. Não existindo o direito de acrescer entre co-legatários, a quota do que faltar acresce ao herdeiro ou ao legatário incumbido de satisfazer esse legado

Caso haja encargo ou obrigação, gravando a quota vacante, e não havendo substituição ou acrescimento entre os seus beneficiários, a

---

61 Legislação comparada: Código Civil italiano: art. 677; português: art. 2.303°; boliviano: arts. 1.080, II, e 1.082, III; espanhol: art. 986; venezuelano: arts. 946 e 949.

62 Não há "acrescimento", e, sim "fica!", como assinalado por Pontes de Miranda, com citação do art. 886 do Código italiano (*Tratado*, LVII, p. 391).

Do Direito de Acrescer entre Herdeiros e Legatários (Arts. 1.944 e 1.945)   171

parte do que faltar *permanece* no patrimônio do herdeiro, legatário ou responsável pelo seu cumprimento,[63] porque este se desobrigara. É que o legado saiu do patrimônio do responsável pelo cumprimento do encargo. Por isso que nada mais justo receba o onerado aquilo que se desobrigara, se outra coisa não houver estipulado o disponente, nem houver acrescimento ou substituição do beneficiário.[64]

Assim, a quota vaga reverterá em benefício dos obrigados, se, por exemplo, se tratar de: *a*) legatário *obrigado*, na hipótese de sub-legado; e *b*) nulidade de legado com obrigação de pagamento imposta ao herdeiro testamentário. Não havendo destinatário imediato da verba vaga, caberá esta primeiramente ao legatário obrigado; depois, ao herdeiro testamentário, e, por último, ao herdeiro legítimo do testador.[65]

3. Ou a todos os herdeiros, na proporção dos seus quinhões, se o legado se deduziu da herança

Se as obrigações ou encargos impostos pelo testador no legado devem ser cumpridos pelas forças da herança e não por tal ou qual herdeiro ou legatário, então, a quota vacante *permanecerá* na herança, aproveitando a todos os herdeiros, os quais ficarão também obrigados ao cumprimento desses mesmos encargos, na proporção de seus quinhões.

> **Art. 1.945.** Não pode o beneficiário do acréscimo repudiá-lo separadamente da herança ou legado que lhe caiba, salvo se o acréscimo comportar encargos especiais impostos pelo testador; nesse caso, uma vez repudiado, reverte o acréscimo para a pessoa a favor de quem os encargos foram instituídos.
>
> **Direito anterior:** Sem correspondente no CC/1916.[66]

---

63   Carvalho Santos, ob. cit., vol. XXIV, p. 19.
64   Cf. João Luiz Alves, ob. cit., p. 119.
65   Carlos Maximiliano, ob. cit., p. 301.
66   Legislação comparada: Código Civil português: art. 2.306º; uruguaio: art. 1.045, última parte; chileno: arts. 1.151 e 1.152; argentino: art. 3.822; ita-

COMENTÁRIOS

1. Não pode o beneficiário do acréscimo repudiá-lo separadamente da herança ou legado que lhe caiba

Uma vez aceita a herança testamentária, não se admite renúncia do acrescimento, consectário lógico daquela, sob pena de fracionamento da liberalidade. O artigo ora comentado se acha ligado ao art. 1.808, o qual, por sua vez, veda que a aceitação ou renúncia da herança seja feita, *em parte*, sob *condição ou a termo*. É o que assinala Cunha Gonçalves:[67] "*A cousa legada deve ser aceita por inteiro. Não é permitido ao legatário aceitar uma parte e repudiar outra. O legatário deve, também, aceitar todos os legados, ainda que algum esteja onerado. Não pode repudiar o onerado e aceitar só os que não o estejam.*" Distingue-se, porém. Se o herdeiro recebe a herança, a título universal e singular, pode aceitar um dos títulos e repudiar o outro.[68] No caso do acrescimento, todavia, a regra é a de que o herdeiro que aceitou a herança, deve suportar os respectivos encargos: quem recebe o cômodo, suporta o incômodo.

2. Salvo se o acréscimo comportar encargos especiais impostos pelo testador

O Código abre exceção ao princípio da indivisibilidade da aceitação e da renúncia no dispositivo ora comentado, permitindo que o beneficiário do acréscimo, no caso o co-herdeiro ou co-legatário, possa repudiá-lo separadamente da herança ou legado que lhe caiba, se o

---

liano: art. 677, 2ª parte; como legado e quinhão independente, alemão: §§ 2.095 e 2.159.

---

67   Ob. cit., vol. X, t. 1, p. 61.
68   Clóvis Beviláqua, *Código Civil...*, vol. II, p. 765.

acréscimo comportar encargos especiais impostos pelo testador que somente poderiam ser cumpridos pelo primitivo herdeiro ou legatário destinatário deles. Nesse caso, se o acrescimento for repudiado, nem por isso haver-se-á por não aceita ou renunciada a herança, porque a lei admite seja feita a recusa em separado, se os encargos impostos pelo testador forem de natureza *especial*.

3. Nesse caso, uma vez repudiado, reverte o acréscimo para a pessoa a favor de quem os encargos foram instituídos

Tais encargos, como já se viu, são de *ordem pessoal*. Portanto, poderão ser repudiados pelos demais herdeiros testamentários ou legatários, se ninguém, a não ser o próprio herdeiro ou legatário primitivamente onerado, puder cumpri-lo, como, p. ex., o de casar com alguém. Nessa hipótese, salvo disposição em contrário do testador, o acréscimo reverterá para a pessoa a favor de quem os encargos foram instituídos, e não do herdeiro ou legatário onerado, como se sucede no parágrafo único do art. 1.944. Assim, por exemplo, se se legou a Pedro e José determinada verba, com *modus*, a fim de que se realize uma obra musical a Paulo, e Pedro, exímio pianista, vem a falecer antes do testador, José pode repudiar o acrescimento da quota, alegando não haver condições de cumprimento do encargo. Nessa hipótese, o acréscimo reverterá em benefício de Paulo, que poderá ou não ser pessoa estranha à vocação sucessória. Claro está que ainda aqui o acréscimo somente reverterá em benefício do favorecido pelo *modus*, se não houver sido contemplado substituto ao herdeiro beneficiário ou legatário.

As normas relativas ao direito de acrescer são de natureza dispositiva e supletiva, já o vimos. Portanto, pode o testador admitir o repúdio em separado do legado ou da herança testamentária, ainda que não se trate de encargo de natureza pessoal, como também pode prever uma outra destinação a ser dada à verba recusada, evitando que o objeto do legado seja atribuído ao beneficiário do encargo, ou do herdeiro ou legatário onerado com o encargo.

De regra, pois, os encargos de natureza pessoal não passam aos demais co-legatários ou co-herdeiros, pois revertem em benefício de quem foram criados. Mas o testador é soberano e pode dispor que a quota vaga seja revertida aos co-legatários e co-herdeiros, ou a quem ele quiser, e não ao beneficiário do encargo. Dir-se-á, nesse caso, que a disposição feita pelo testador estaria em contradição com o preceito contido no art. 1.808, admitindo-se o fracionamento da liberalidade, na medida em que, ao contrário do direito alemão,[69] o direito brasileiro não equipara o acréscimo a uma herança ou legado distinto, sendo certo que o título sucessório é uno e indivisível. Mas não é isso o que se passa aqui. O dispositivo em análise constitui uma exceção ao princípio da indivisibilidade da aceitação da herança, como já mencionado, e a vontade do testador deve ser respeitada.

Poderá o testador, por exemplo, admitir que os encargos que imponha possam ser repudiados pelos herdeiros ou legatários onerados, sempre que o seu cumprimento possa acarretar a inutilidade da deixa testamentária. Também poderá o testador dispor que o acréscimo poderá ser revertido em benefício de quem recusar o encargo, incluindo os sucessores do herdeiro onerado.

Se o testador expressamente admite a hipótese de recusa do encargo pelo herdeiro ou legatário, é sinal que esse encargo, no modo de ver do testador, não era de todo essencial. Nem haverá acrescimento se o próprio herdeiro ou legatário puder recusar o encargo, pois receberia a herança ou legado livre de ônus. Não se distribui a quota que foi recebida sem o ônus que o testador dispensou, na hipótese de recusa do cumprimento do encargo pelo herdeiro ou legatário.

---

69 §§ 2.095 e 2.159 do Código alemão.

Do Direito de Acrescer entre Herdeiros e Legatários (Arts. 1.945 e 1.946) 175

E se o testador não admitir a recusa de aceitação por parte do co-herdeiro ou co-legatário da quota vaga gravada com encargo de natureza pessoal, silenciando-se sobre o acrescimento? Como ninguém é obrigado a fazer o impossível, incidirá a regra sob comento, revertendo a quota vaga em benefício de quem o encargo havia sido criado.

> **Art. 1.946. Legado um só usufruto conjuntamente a duas ou mais pessoas, a parte da que faltar acresce aos co-legatários.**
>
> **Parágrafo único. Se não houver conjunção entre os co-legatários, ou, se, apesar de conjuntos, só lhes foi legada certa parte do usufruto, consolidar-se-ão na propriedade as quotas dos que faltarem, à medida que eles forem faltando.**
>
> **Direito anterior: Art. 1.716.** Legado um só usufruto conjuntamente e duas ou mais pessoas, a parte da que faltar acresce aos co-legatários. Se, porém, não houve conjunção entre estes, ou se, apesar de conjuntos, só lhes foi legada certa parte do usufruto, as quotas dos que faltarem consolidar-se-ão na propriedade, à medida que eles forem faltando.[70]

COMENTÁRIOS

1. Legado um só usufruto conjuntamente

O *caput* do dispositivo sob comento não inova a matéria tratada até aqui. Cuida-se de legado conjuntivo de usufruto único. A conjunção é mista (*re et verbis*); isto é, na coisa e por palavras, na mesma disposição, mas pode ocorrer também na conjunção real (*re tantum*), isto é, somente na coisa, em mais de uma disposição. Não ocorre, porém, acrescimento, quando a conjunção é *verbis tantum*, porque

---

70 Legislação comparada: Código Civil português: art. 2.306º; uruguaio: art. 1.045, última parte; chileno: arts. 1.151 e 1.152; argentino: art. 3.822; italiano: art. 677, 2ª parte; como legado e quinhão independente, alemão: §§ 2.095 e 2.159.

aí foi legada parte certa de usufruto. Registre-se a lição de Pontes de Miranda,[71] para quem *"Disposição testamentária conjunta' é a disposição testamentária em que dois ou mais beneficiados são chamados, para os bens do testador, ou para parte deles, quer designe, na mesma cláusula, os beneficiários sem qualquer distribuição entre eles, quer o faça em duas ou mais cláusulas, quer na mesma cláusula, distribuindo entre eles as partes."*

O usufruto é apenas um. Mas persiste a pluralidade de legatários, dois ou mais, nomeados numa mesma verba testamentária e sem distinção de quotas entre eles.[72] Dá-se o direito de acrescer no legado do usufruto, se feito conjuntivamente a dois ou mais legatários, a quota vaga é revertida aos demais co-legatários, por não haver substituição. Se não houver acrescimento, a propriedade irá consolidando-se na pessoa do nu-proprietário.

O direito de acrescer, conforme já enfatizamos, não é privativo dos testamentos. Dispõe o art. 1.411: *"Constituído o usufruto em favor de 2 (duas) ou mais pessoas, extinguir-se-á a parte em relação a cada uma das que falecerem, salvo, se, por estipulação expressa, o quinhão destes couber ao sobrevivente."* Quando o usufruto é instituído entre vivos, presume-se o não-acrescimento. No caso do legado, porém, a presunção se inverte, à míngua de disposição contrária do testador. Ainda que o usufruto tenha sido constituído como adiantamento da legítima, a solução será aquela preconizada no art. 1.411.

A regra é de natureza dispositiva. O testador pode excluir ou alterar o acrescimento.[73] A conjuntividade da disposição testamentária requer a individualização do bem ou a sua indivisibilidade (art. 1.942). São pressupostos do acrescimento a premorte do co-herdeiro ou do co-legatário, a renúncia, o não-implemento da condição ou a exclusão,

---

71   *Tratado*, LVII, p. 393.
72   Itabaiana de Oliveira, ob. cit., pp. 513-514.
73   Pontes de Miranda, *Tratado*, LVII, pp. 392-393.

entre outras,[74] conforme se infere da regra do art. 1.943. A morte do legatário usufrutuário após a abertura da sucessão não gera direito de acrescimento, porque o usufruto é direito temporário e intransmissível.[75] Prevaleceu no direito brasileiro a conveniência do não-desmembramento da propriedade, tal como se passa no direito argentino, por inspiração a Aubry et Rau, em contraposição a Troplong.[76] Como assinala Clóvis,[77] *"tomaria o legado de usufructo feição particular, a respeito do direito de accrescer, se a lei dispuzesse, como alvitravam os Projectos, seguindo o Código Civil italiano, que se daria accrescimento, ainda depois da partilha"*. Não há conflito com a regra do art. 1.921, porque o usufruto vitalício é, em essência, temporário. Dura enquanto viver o usufrutuário. Não há direito de acrescer se os herdeiros recolherem a herança. Onde houver caducidade, sim, haverá acrescimento.

Muito embora possa a desapropriação caracterizar a caducidade do legado, pelo perecimento do objeto, em matéria de usufruto, importa mais modificação qualitativa do usufruto do que propriamente causa de extinção. A indenização paga fica sub-rogada no ônus do usufruto. Donde se vê que o direito de usufruto permanece, em virtude de sub-rogação legal. O que se extingue é o usufruto da coisa desapropriada.[78] O direito brasileiro não admite o usufruto sucessivo.[79] Nada impede, porém, que o testador disponha que um legatário receba o usufruto na falta do outro. O que sobrevive à morte do testador recebe a herança.

---

74 Porque o rol não é taxativo, como visto.
75 Carlos Maximiliano, citando J. Luiz Alves, Clóvis Beviláqua, Huc, Mourlon e Demangeat, ob. cit., pp. 305-306. O inverso ocorre na Itália, segundo o autor, pois basta a morte o beneficiário. No Brasil, exige-se a premorte do beneficiário.
76 Zannoni, ob. cit., t. 2, p. 482.
77 *Código civil...*, vol. II, p. 908.
78 Orlando Gomes, *Direitos reais*, p. 290.
79 Contra: Pontes de Miranda, *Tratado*, LVIII, pp. 173-174.

Inexiste acrescimento no legado alternativo. Há disjunção. Enquanto Mévio desfruta da propriedade por determinado período, Tício vem a desfrutá-la, em seguida, e assim por diante, sempre de acordo com lapso temporal alternado e sucessivo entre eles. Essa fórmula pode ser aproveitada no sistema de propriedade compartida (*time sharing*), sobre a qual já tivemos a oportunidade de comentar em estudo anterior.[80]

Também não há conjunção entre proprietário e usufrutuário, cada qual titular de um direito real inconfundível, com objetos distintos. Daí por que descabido o acrescimento entre legatário usufrutuário e legatário nu-proprietário, por exemplo.

2. Se não houver conjunção entre os co-legatários ou se, apesar de conjuntos, só lhes foi legada certa parte do usufruto

Se não houver conjunção entre co-legatários, não haver-se-á cumprido o requisito básico do direito de acrescimento. Se apesar da conjunção, o legado é de parte certa de usufruto, também não haverá direito de acrescer, porque cada usufrutuário receberá uma parte do todo, especificamente determinada, e não o todo. Faltando um, a quota vacante não é redistribuída ao outro, que não tinha sobre ela qualquer direito. É a hipótese da conjunção verbal (*verbis tantum*), não acolhida em nosso sistema.

---

80 "A Tipicidade dos Direitos Reais", *Revista de Direito Imobiliário*, nº 52. Itabaiana de Oliveira também credita opinião favorável ao usufruto alternativo (ob. cit., pp. 557-558): "*Instituído um usufruto a dois indivíduos para que tenham o gôzo da coisa, alternadamente, em certos períodos, a morte de um dos usufrutuários, assim instituídos, não produz o direito de acrescer em favor do outro. Nesse caso, a parte do usufrutuário morto passa ao herdeiro ou ao proprietário e, então, o legatário do usufruto restante e o proprietário continuam a gozar alternis annis, isto é, um durante um ano, e outro, durante outro ano, até que, por morte do usufrutuário sobrevivente, a propriedade vá consolidar-se, por inteiro, na pessoa do nu-proprietário.*"

3. Consolidar-se-ão na propriedade as quotas dos que faltarem, à medida que eles forem faltando

A conseqüência do não-acrescimento do legado de usufruto, nas hipóteses contempladas no dispositivo ora examinado, é que as quotas vagas vão se consolidando, gradativamente, na propriedade do nu-proprietário, à *medida que forem faltando,* até a consolidação plena. A tanto se inspira a conveniência de restituir a plenitude da propriedade do domínio, pondo fim ao seu desmembramento, como pondera Zannoni.[81]

Se a quota vaga pertencia a usufrutuário vitalício e vem depois a ser acrescida a usufrutuário a termo, entende Rici que o acrescimento não vai além do termo fixado na quota original do legatário beneficiado, porque, *"se falta o que recebeu o usufruto vitalício, sua porção acede à do legatário a termo, mas com o limite do termo. Porque, exausto éste, perde éle o direito mesmo a que se acrescentou a outra porção"*.[82]

Não vemos como não se possa aplicar o dispositivo ora comentado ao uso ou à habitação. É certo que o legado de usufruto estende-se a todos os frutos naturais e civis. O usufruto, tal como o uso e a habitação, possui uma índole essencialmente pessoal. Como pondera Carlos Maximiliano, o uso e a habitação restringem-se às necessidades do beneficiado e da sua família.[83] Ora, se vários forem os beneficiários do uso e da habitação, haverá disposição conjuntiva. Com a premorte ou renúncia de um dos instituídos, a quota vaga poderá ser acrescida à dos demais, se esta for a vontade do testador, pois em matéria de direito de acrescimento, as disposições legais do Código são de natureza supletiva.

---

81 Ob. cit., t. 2, p. 482.
82 Orosimbo Nonato, ob. cit., p. 244.
83 Ob. cit., p. 308.

CAPÍTULO IX
DAS SUBSTITUIÇÕES

Seção I
Da Substituição Vulgar e da Recíproca

Art. 1.947. O testador pode substituir outra pessoa ao herdeiro ou ao legatário nomeado, para o caso de um ou outro não querer ou não poder aceitar a herança ou o legado, presumindo-se que a substituição foi determinada para as duas alternativas, ainda que o testador só a uma se refira.

Direito anterior: Art. 1.729. O testador pode substituir outra pessoa ao herdeiro ou ao legatário nomeado, para o caso de um ou outro não querer ou não poder aceitar a herança ou o legado. Presume-se que a substituição foi determinada para as duas alternativas, ainda que o testador só a uma se refira.[1]

COMENTÁRIOS

1. O testador pode substituir outra pessoa ao herdeiro ou ao legatário nomeado

Dá-se a substituição quando o testador chama alguém para recolher a herança no lugar do herdeiro ou legatário então nomeado, que

---

1. Legislação comparada: Código Civil português: art. 2.281º; italiano: art. 688; espanhol: art. 774; argentino: art. 3.724; chileno: art. 1.157; uruguaio: art. 858; francês: art. 898; alemão: §§ 2.096 e 2.097; suíço: art. 487; argentino: arts. 3.724 e 3.725; venezuelano: art. 959; paraguaio: art. 2.692; mexicano: art. 1.472.

não quis ou não pôde aceitar a deixa testamentária. "A substituição prefere ao direito de acrescer; estabelecida aquela, desaparece este."[2] Na dúvida, é a substituição que prevalece. No silêncio do testador, não. A substituição há que derivar de designação expressa pelo testador. Não se presume, a título de "substituição tácita".[3] Substituição, em síntese, é a instituição de herdeiro feita pelo testador em segundo grau.

Diversamente do Código anterior, o atual texto disciplinou em separado a substituição vulgar e o fideicomisso, em seções separadas. Na substituição vulgar, realmente há substituição, "porque se vai logo do instituído ao seu substituto".[4] No fideicomisso, tecnicamente, não ocorre a substituição, na letra de Pontes de Miranda, para quem "não a *substitui*, vem-lhe *depois*".[5] A revolução francesa praticamente aboliu a substituição *fideicomissária*,[6] uma vez que constituía um dos resquícios do antigo regime. O instituto foi largamente utilizado pelos nobres como forma de manter a concentração da riqueza, durante várias gerações, o que contrariava os princípios liberais da reforma.[7-8] O mesmo não se passa na substituição vulgar, ou direta, que ainda se acha hoje prevista no Código Civil francês, sem as restrições impostas àquela primeira (art. 898).

---

2   Carlos Maximiliano, ob. cit., p. 412.

3   Caio Mário da Silva Pereira, *Curso...*, vol. VI, p. 199.

4   Itabaiana de Oliveira, ob. cit., p. 583.

5   *Tratado de Direito Privado*, LVIII, 3ª ed., Ed. Revista dos Tribunais, 1984, p. 95.

6   O Código Civil francês prevê o fideicomisso em casos especiais que menciona (arts. 1.048 e ss.), em favor dos netos do testador ou dos filhos de seus irmãos ou irmãs.

7   Cf. Baudry-Lacantinerie, ob. cit., t. III, pp. 668-669. No mesmo sentido, Laurent, para quem "*os autores do código civil mantiveram a abolição das substituições por motivos econômicos e morais. É um axioma da economia política que a circulação dos bens deve ser livre, a fim de dar aos possuidores do solo o crédito que sua fortuna lhes assegura, e de transmitir os bens àqueles que possuem mais aptidão para explorá-los*" (ob. cit., p. 288).

8   ... se bem que Napoleão houvesse instituído um regime de substituições perpétuas, em proveito dos Generais e dos altos funcionários do Primeiro Império... (Josserand, ob. cit., vol. 3, p. 1.086).

Quem recolhe a herança, herda, é herdeiro. O substituto é como tal assim considerado, se o substituído não *poder ou não querer aceitar* a deixa testamentária. Em relação ao fideicomisso, sucede o fideicomissário, se sobreviver ao fiduciário e não houver nascido ao tempo da morte do testador (art. 1.952, parágrafo único). A substituição aí é indireta, pois há um *intermediário*.[9]

O artigo sob comento trata da substituição vulgar ou direta, consistente em designação pura e simples pelo testador de uma pessoa no lugar de outra; ou seja, do herdeiro testamentário ou legatário, sem intermediários, para o caso de não querer ou não poder o herdeiro testamentário ou legatário aceitar a deixa testamentária. Com tal providência, evita o testador que a parte disponível seja revertida ao monte, para distribuição entre os herdeiros legítimos, ou até mesmo que seja declarada jacente a herança, (se não houver herdeiros legítimos do testador), quando poderia ser aproveitada pelos herdeiros do contemplado, como se sucedeu no seguinte aresto do STJ:

DIREITO CIVIL. TESTAMENTO PÚBLICO. FALECIMENTO DA HERDEIRA TESTAMENTÁRIA ANTES DA TESTADORA. NOMEAÇÃO POSTERIOR DAS FILHAS DA HERDEIRA POR PROCURAÇÃO PARTICULAR. IMPOSSIBILIDADE. RIGOR FORMAL. SOLENIDADE ESSENCIAL. ARTS. 1.592, II, 1.717 E 1.746, CC. CONVERSÃO DE INVENTÁRIO EM HE-

---

9   Na substituição vulgar ou direta, não tem o substituto mais direitos que o substituído. Por isso que não pode renunciar, sem que antes renuncie o substituído à herança, considerando, ademais, que ninguém pode dispor de algo que não tem. Enquanto o substituído não renuncia à herança, não há substituição por esse mesmo motivo, exemplificando. Conforme prevê o art. 1.807, pode o substituto promover notificação ao herdeiro instituído para que este manifeste declaração positiva ou negativa em termos de aceitação da herança, tal como dispõe o art. 23 da Lei de Sucessões da República Popular da China; o qual, por sua vez, admite seja promovida referida notificação por um órgão da localidade de residência do *de cujus*: "'residents' committee" ou "'villagers'committee".

Das Substituiçoes (Art. 1.947)

RANÇA JACENTE. POSSIBILIDADE. ECONOMIA PROCESSUAL. ART. 1.142, CPC. RECURSO DESACOLHIDO (...)
II – "A revogação parcial do testamento, para substituir a herdeira anteriormente nomeada e já falecida, deve dar-se pelo mesmo modo e forma do anterior (art. 1.746 do Código Civil), não tendo a procuração ad judicia *por instrumento particular esse condão revogador. III – A capacidade para adquirir por testamento pressupõe a existência do herdeiro, ou legatário, à época da morte do testador. Tendo falecido antes o herdeiro, perde validade a cédula testamentária..."* (REsp. nº 147.959/SP, rel. Min. Sálvio de Figueiredo Teixeira, j. em 14.12.2000, Quarta Turma).

Se houver nomeação conjuntiva de herdeiros testamentários ou legatários sobre a mesma coisa, e sem especificação de partes desta, pode o testador estipular de forma expressa o direito de acrescimento entre os remanescentes, como pode silenciar-se sobre isso, deixando de nomear substituto ou substitutos ao herdeiro testamentário ou legatário excluído, premorto etc. Nesse caso, de substituição não se cogitará, e, sim, de acrescimento da quota vaga ao herdeiro testamentário ou legatário remanescente, por aplicação dos arts. 1.941 e 1.942, conforme a hipótese.

O substituto é um herdeiro eventual, condicionado, de regra, ao não-implemento da condição antecedente,[10] que é a da aceitação da herança testamentária ou do legado pelo herdeiro ou legatário substituído. Exemplo: "Nomeio Mévio meu herdeiro, e, se não o for, Tício herdará." Por isso, ao substituto se aplicam também as regras dispos-

---

10 A despeito da crítica de Pontes de Miranda, em torno da inexistência de "condição" (ob. cit., LVIII, p. 100), concordamos com Carlos Maximiliano (ob. cit., p. 399), para quem: *"Trata-se de instituição 'subsidiária' de um segundo e ulterior herdeiro, ou legatário, subordinada a outra, que é principal; 'condicional', muitos a consideram, por depender de um sucesso futuro e mais ou menos incerto."* No mesmo sentido, Ruggiero: *"É, pois, a substituição direta uma substituição condicional, na qual a condição é representada pela eventualidade do substituído não vir a ser herdeiro ou legatário"* (ob. cit., p. 544).

tas nos arts. 1.801 e 1.802. A substituição pode também ficar subordinada a uma outra condição ou termo. Ex.: "Mévio herdará os bens X e Y, se, ao completar 23 anos, colar grau em Curso Superior, e caso tal não ocorra, herdará Tício os mesmos bens."

O Código atual aboliu a expressão *incapacidade* outrora adotada no Código anterior (art. 1.717). De fato, estabelecia o art. 1.717 do Código revogado: "Podem adquirir por testamento as pessoas existentes ao tempo da morte do testador, que não forem por êste Código *declaradas incapazes.*" A *incapacidade* que o texto pretendia contemplar no dispositivo em questão era aquela da prole inexistente ou não concebida até a morte do testador, salvo se a disposição testamentária se referisse à prole eventual de pessoas por ele designadas (antigo art. 1.718). A doutrina qualificava essa incapacidade como sendo absoluta. Em dispositivo diverso, o Código estabelecia outra espécie de incapacidade, a relativa (antigo art. 1.719), enumerando em seus incisos:[11] A pessoa que a rogo escreveu o testamento, seu cônjuge ou seus ascendentes, descendentes e irmãos; as testemunhas do testamento; a concubina do testador casado; o oficial público, civil ou militar, o comandante, o escrivão, perante quem se fizer ou aprovar o testamento.

A incapacidade relativa deixa de pé o direito de haver benefício de outro ato *causa mortis.*[12] Em outras palavras, e seguindo a acepção de Orosimbo Nonato, *"nêles desprevalece a nomeação de herdeiro ou de legatário; mas o testamento, quanto o mais, vigora, se válido e formalizado".*[13]

O art. 1.798 do atual Código adotou expressão mais adequada se nos parece, disciplinando o instituto da legitimação, nos seguintes termos: "Legitimam-se a suceder as pessoas nascidas ou já concebidas no momento da abertura da sucessão."[14] Por seu turno, o art. 1.799

---

11   Atual art. 1.801.

12   Carlos Maximiliano, ob. cit., p. 332.

13   *Estudos...*, vol. II, p. 48.

14   Contra: Maria Helena Diniz: *"O substituto deve ter capacidade para ser instituído em primeiro grau; a existência da capacidade do substituto é a do tempo da abertura da sucessão"* (ob. cit., p. 264).

Das Substituiçoes (Art. 1.947)

estabelece outros casos de legitimação na sucessão testamentária, assinalando que podem ainda ser chamados a suceder os filhos, ainda não concebidos, de pessoas indicadas pelo testador, desde que vivas estas ao abrir-se a sucessão; as pessoas jurídicas e as pessoas jurídicas, cuja organização for determinada pelo testador sob a forma de fundação (incisos I, II e III). Portanto, a incapacidade, *rectius*: falta de legitimação, dos não concebidos admite uma exceção a favor da prole futura de pessoas determinadas. Segundo Clóvis Beviláqua, *"o testador poderá deixar seus bens a essa prole futura por meio de fideicommisso. Sem recorrer á substituição, haverá uma dificuldade logica e doutrinaria. Enquanto não apparece a prole instituida, a quem pertencem os bens deixados? O sujeito do direito ainda não existe. Para solver essas difficuldade, recorrer-se á substituiçao fideicommissaria"*.[15]

A substituição vulgar é considerada condicional, na medida em que o herdeiro nomeado em primeiro lugar "não tenha querido ou podido aceitar a herança". Como esclarece Lacerda de Almeida,[16] *"em quanto pende a condição, isto é, enquanto não chegue para o instituído a possibilidade de aceitar a herança, ou porque lhe é deferida puramente ou porque aconteceu a condição de que dependia pronunciar-se, não se abre para o substituto a successão"*. Conquanto condicionada à caducidade da herança ou legado pelo beneficiário em primeiro lugar, a substituição pode ficar subordinada também a uma outra condição predisposta pelo testador ou a um termo. Note-se que o substituto fica sujeito a encargo impessoal ou condição impostos ao substituído, quando não for diversa a intenção manifestada pelo testador (art. 1.949).

Constituem modalidades de substituição a pupilar, quando o pai nomeia herdeiro a seu filho para o caso deste falecer impúbere e a quase pupilar ou exemplar, que consiste naquela que o ascendente faz

---

15   *Código civil...*, vol. II, p. 610.
16   *Successões*, pp. 313-314.

ao descendente impedido de testar por insanidade mental ou outro impedimento natural. O Código Civil atual manteve-se à sistemática do Código anterior, não albergando nenhuma dessas duas modalidades. Nem ao pai, nem ao descendente é lícito dispor da herança do seu descendente incapaz. O art. 1.045 da Consolidação de Teixeira de Freitas dispunha: *"Há substituição pupillar, quando o pai testador, instituindo herdeiro ao filho que tem sob seu poder, noméa-lhe substituto para o caso de fallecer dentro da pupillar idade."*[17] Não se confunde a substituição pupilar com a nomeação pelo pai de tutor por meio de testamento, "se o outro dos pais não lhe sobreviver, ou o sobrevivo não puder exercer o poder familiar" (art. 1.634, IV). Por seu turno, o art. 1.051 da Consolidação estabelecia: *"Há substituição exemplar, quando os ascendentes impossibilitados de fazer testamento por loucura ou outro impedimento natural, os instituem com a declaração de serem substituidos por certo herdeiro, sendo que falleção durante o impedimento."*[18]

Há que considerar, ainda, a substituição compendiosa, segundo a qual o testador designa o herdeiro que deve substituir o herdeiro instituído, se este vier a falecer. Na acepção de Teixeira de Freitas, *"esta substituição chama-se 'compendiosa', porque comprehende a 'substituição vulgar' e a 'substituição fideicommisaria', de modo que não há substituição compendiosa sem que seja fideicommisaria; mas a substituição póde ser fideicommisaria sem que seja compendiosa. Assim acontece quando o testador dá substituto ao herdeiro instituido quando este fallecer depois de ter aceitado a herança, e não para o caso de não querer ou não poder o herdeiro instituido aceitar a herança".*[19] Compendiosa, porque *"debaixo de um compêndio e palavras, contém em si várias substituições, de diferente natureza".*[20]

---

17   *Consolidação das leis civis*, p. 498.
18   *Ibidem*, p. 499.
19   *Ibidem*, mesma página.
20   Carlos Maximiliano, ob. cit., p. 398.

Considere-se finalmente a substituição recíproca (*eosque invicem substituo*), espécie de substituição vulgar, que será tratada no comentário ao artigo seguinte (art. 1.948). A substituição pode ser ainda simples, se houver apenas um substituto, ou coletiva, se mais de um. Pode o testador designar um substituto para um ou para a pluralidade de herdeiros ou legatários nomeados, ou vários substitutos para um ou mais herdeiros: *singuli singulis*, ou *unius in locum plurium*, ou *plures in locum unius*.

A substituição pode ser simultânea ou sucessiva, plena ou parcial. Neste caso, o testador pode dispor que o substituto só tenha direito a uma parte do patrimônio herdado pelo primeiro instituído.[21] O exemplo vem de Contardo Ferrini: "'A substituirá a B, se a condição não se tiver dado, mas só na *metade*': A, neste caso, *concorrerá* com o instituído."[22] Pode a substituição ser prevista em outro testamento ou no mesmo em que designado o herdeiro ou legatário beneficiados. Não há fórmulas sacramentais para a previsão da substituição. O substituto sucede o substituído também nos encargos ou condições impostos a este, a menos que outra tenha sido a vontade do testador.

Na linha de entendimento de Orlando Gomes,[23] "*caduca a substituição vulgar se o herdeiro – instituído, ou o legatário – aceitar a herança, ou o legado, se o substituto designado falecer antes do testador ou do herdeiro instituído[24] e não tiver substituto, e se o substituto for incapaz de herdar por testamento. Nesta última hipótese, os bens serão devolvidos aos*

---

21 Carvalho Santos, *Código civil interpretado*, vol. XXIV, p. 138.

22 Cf. Pontes de Miranda, *Tratado*, LVIII, p. 100.

23 *Sucessões*, p. 211.

24 Ou juntamente com eles. Se, porém, falecer antes do herdeiro instituído, mas depois do testador, entendemos que não caduca a substituição,conforme Orosimbo Nonato, reportando-se a Carlos Maximiliano, Coelho da Rocha, Ricci e Carlos de Carvalho, ob. cit., vol. III, p. 145: *"O substituto nomeado, se falece depois do testador, porém antes do herdeiro ou legatário primário renunciar ou ser declarado indigno, transmite aos seus sucessores o direito de substituir."*

herdeiros legítimos".[25] Opera-se igualmente a caducidade da substituição, quando o substituto *"repudia a herança, ou por outra qualquer causa a respectiva disposição testamentária é ineficaz"*,[26] ou ainda *"se condicional a substituição e falhar a condição respectiva"*,[27] e de se efetuar a resolutiva. Assim por exemplo: *"Se a verba testamentária só estabelecia a substituição recíproca entre os sucessores, e o substituto, a quem caberia a vantagem, não se torna herdeiro, ou legatário."*[28] Isto é, o substituto não realizou a condição que lhe competia. Em face da regra expressa no art. 1.812 do NCC, não será possível ao herdeiro renunciante retratar-se da renúncia ou da aceitação, pelo que, renunciada a deixa testamentária, o substituto herda no lugar do substituído. Diversamente, uma vez aceita a herança pelo instituído, deixa de subsistir a substituição. Mas se a aceitação ou a renúncia forem anuladas, será revigorada a substituição.

Conforme já salientamos, a incapacidade passiva pertine à legitimidade para adquirir a deixa testamentária. O incapaz de discernimento sempre pôde herdar na sucessão testamentária. Permanece a presunção de outrora insculpida na dissimulação de herança a interposta pessoa para beneficiar aquele que não ostentar essa condição de legitimidade, como se extrai do art. 1.802.[29]

Se o instituído aceitar a herança ou legado, como referido acima, restou prejudicada a substituição. Se, porém, o substituto falecer depois do testador, mas antes do herdeiro instituído, ou legatário, renunciar[30] ou ser declarado indigno, transmite-se aos seus sucessores

---

25   Orlando Gomes, ob. cit., p. 211.
26   Carvalho Santos, ob. cit., vol. XXIV, p. 144.
27   Carlos Maximiliano, ob. cit., p. 413.
28   *Ibidem*, mesma página (nº 1.240).
29   Carvalho Santos, ob. cit., p. 139.
30   Pode o herdeiro primário renunciar a herança em favor de outrem, o que implicaria cessão de herança. Nesse caso, haverá também caducidade da substituição, a menos que o testador tenha previsto a hipótese, nomeando substituto para o eventual adquirente.

o direito de substituir.[31] Se o primitivo instituído morre após o testador, e não chega a aceitar a herança, sua quota vai a seus herdeiros, que poderão recusá-la ou não,[32] a menos que outra tenha sido a vontade do testador, disciplinando, nesse caso, por exemplo, a preferência pela substituição. Caso os sucessores do instituído não exerçam a opção, ou renunciem, pura e simplesmente, à herança, será cabível a substituição, se houver sido prevista. Se ocorre a "morte do beneficiado depois da abertura da sucessão e antes de se realizar a condição", haverá caso típico de fundamento de substituição.[33]

Se o testador contemplou a hipótese de substituição, *após* a abertura da sucessão e vier a falecer o herdeiro instituído, sucederá o substituto no lugar daquele, não os herdeiros legítimos do herdeiro ou legatário instituído.

A nulidade da instituição nem sempre implicará caducidade ou nulidade da substituição.[34] Aliás, o testador poderá antever eventual de nulidade da nomeação, e por isso mesmo designar um substituto à altura, a fim de que possa suprir a falta. Instituição e substituição são havidos como títulos diferentes. Como pondera Cunha Gonçalves,[35] "o antecedente lógico da substituição não é, necessariamente, a validade da instituição; pelo contrário, já vimos atrás que a substituição tem lugar sempre que o instituído *não pode aceitar* a herança; e a nulidade da instituição é uma das causas de não poder aceitá-la. Demais, a intenção do testador é impedir a sucessão legítima; e esta intenção ficaria prejudicada se a substituição dependesse, sempre, da validade da instituição". A invalidade ou validade de um não influi na invalidade ou validade do outro: *"Utile per inutile non vitiatur."*

---

31   Carlos Maximiliano, ob. cit., pp. 406-407. No mesmo sentido, Clóvis Beviláqua, *Direito das sucessões*, p. 332.

32   Itabaiana de Oliveira, ob. cit., pp. 585-586.

33   Pontes de Miranda, *Tratado*, LVIII, p. 99.

34   Contra: Carlos Maximiliano, ob. cit., nº 1.229.

35   *Tratado...*, vol. X, t. 1, p. 161.

2. Para o caso de um ou outro não querer ou não poder aceitar a herança ou o legado

Como lembra Cunha Gonçalves, servem todos os casos de caducidade da instituição, inclusive os do direito de acrescer; e "*bem assim os de ausência do instituído e de sua incapacidade de receber (...), quer a incapacidade seja total, quer parcial; enfim, o de não se realizar a condição suspensiva de que dependia a instituição*".[36]

Em outras palavras, as causas de substituição são as mesmas que servem ao direito de acrescimento, e como tais enumeradas no art. 1.943,[37] embora não de forma taxativa, como já havíamos dito em comentário àquele dispositivo: a morte do herdeiro ou legatário antes do testador, a indignidade e a *incapacidade* de adquirir por ilegitimidade do beneficiário instituído, a não-realização de condição suspensiva e a verificação da resolutiva. Entre as hipóteses de renúncia, inclui-se a recusa de o herdeiro ou legatário entregar coisa de sua propriedade a outrem, conforme determinado pelo testador (art. 1.913). Mas o testador pode limitar as hipóteses de substituição, como, p. ex., prevendo que esta ocorra tão apenas se houver renúncia do herdeiro primário e não no caso de indignidade ou de ilegitimidade daquele. Certo que a menção de uma das hipóteses genéricas de substituição (*não poder* o herdeiro primário) subentende a da outra (*não querer*). Aliás, é o que estabelece o dispositivo em análise. Mas nada impede que o testador disponha de outro modo, especificando as hipóteses de substituição. Se não houver especificação dessas hipóteses, limitando-se o testador a aludir à cláusula genérica de

---

36 Ob. cit., p. 158.
37 É o que informa Lacerda de Almeida, ob. cit., p. 314: "*Eis que porem está verificado que o herdeiro instituido não pode ou não quer aceitar; v. g., ou porque premorre ao testador ou porque repudia a herança não a aceitando ou retractando a aceitação pelo benefício de restituição, nasce para o substituto o direito hereditário, direito que é transmissível aos seus successores.*"

não querer, p. ex., haver-se-á como implícita a menção a *não poder*, compreendendo não apenas os casos de renúncia ou não-aceitação, mas também os de indignidade e de ilegitimidade do herdeiro primário.

A substituição vulgar não se acha limitada até o segundo grau, como poderia parecer, por extensão da regra do fideicomisso (art. 1.959).[38] Assim, se pronuncia Ruggiero: *"A substituição, na verdade, pode fazer-se não só num segundo grau, mas também em graus ulteriores e haver assim um primeiro chamado (instituído), um segundo (substituto do instituído), um terceiro (substituto do substituído) etc.; isto é, pode ir até o infinito, de modo que, mediante uma série mais ou menos numerosa, se possa eliminar o perigo de ninguém aceitar. Mas seja qual for o número das substituições, a chamada dos instituídos e dos substituídos é sempre única, porque sendo uma condicionada à outra não há aqui vários herdeiros ou vários legatários sucessivamente chamados; fica herdeiro ou legatário apenas aquele da série que tenha efetivamente aceito; todos os outros não são nem nunca o foram sequer um instante."*[39-40] Embora múltiplas, as substituições devem ser simultâneas.[41]

Ao contrário do direito de acrescer, o substituto pode rejeitar a quota herdada e aceitar a substituição, ou vice-versa, uma vez que a herança num e noutro caso é havida a título diverso.

---

38 Contra: Clóvis Beviláqua, ob. cit., p. 937. Ademar Fioranelli bem expõe o tema, citando João Luiz Alves: *"Observa João Luiz Alves que o Projeto do Código Civil, de Clóvis Beviláqua, trazia redação equívoca, ao mencionar que seriam 'nulas as substituições além do segundo grau'. Bem por esse motivo, modificou-se a redação projetada, para a atual, em que se esclarece serem 'nulos os fideicomissos além do segundo grau'. Tal objetivou tornar claro que não se estabeleceu nenhuma vedação à substituição vulgar, em que se dá, apenas, a troca de um herdeiro por outro, dada a falta do primeiro"* (*Código Civil Brasileiro*, vol. 3/150) (*Fideicomisso*, Contribuição aos Estudos do XVII Encontro Nacional dos Oficiais de Registro de Imóveis do Brasil, Caxambu-MG, 1990).

39 Ob. cit., p. 544.

40 No mesmo sentido, Itabaiana de Oliveira, ob. cit., p. 584.

41 Carlos Maximiliano, ob. cit., p. 408 (nº 1.235). No mesmo sentido, Orosimbo Nonato, ob. cit., vol. III, p. 146.

3. Presumindo-se que a substituição foi determinada para as duas alternativas, ainda que o testador só a uma se refira

Essa já era a solução alvitrada na Consolidação, em seu art. 1.038: *"As duas contingencias de não querer ou de não poder o herdeiro instituído aceitar a herança sempre se subentendem em favor do substituto, ainda que o testador só tenha feito menção de uma dellas."*[42] Em se tratando de alternativa,[43] é indiferente à lei a causa exata da não-aceitação, se derivada da vontade do instituído ou por circunstância alheia a ela. Basta objetivamente a não-realização da aceitação. Como preconizado por Ruggiero, *"na prática, sucede as mais das vezes que quem pensa no caso do primeiro chamado não querer, pensa também no de não poder, ou vice-versa, a lei, interpretando largamente a intenção do testador, dita a regra segundo a qual, quando não conste uma vontade contrária, a substituição na qual se tenha referido um dos dois casos – do instituído não poder ou não querer aceitar – entende-se feita para o caso não expresso (art. 896 do cc e art. 688 do CC)"*.[44]

> **Art. 1.948.** Também é lícito ao testador substituir muitas pessoas por uma só, ou vice-versa, e ainda substituir com reciprocidade ou sem ela.
> **Direito anterior: Art. 1.730.** Também lhe é lícito substituir muitas pessoas a uma só, ou vice-versa, e ainda substituir com reciprocidade ou sem ela.[45]

---

42   Teixeira de Freitas (ob. cit., p. 496).

43   São duas contingências e uma alternativa, não "duas alternativas", apesar da "linguagem ladina e enucleada" (Orosimbo Nonato, ob. cit., vol. III, p. 143).

44   Ob. cit., p. 545. No mesmo sentido, Orosimbo Nonato, ob. cit. vol. III, p. 144.

45   Legislação comparada: Código Civil português: art. 2.282º; alemão: § 2.098; italiano: art. 689; espanhol: arts. 778 e 779; argentino: arts. 3.726 e 3.727; chileno: arts. 1.159 e 1.160; uruguaio: arts. 860 e 862; venezuelano: arts. 959 e 962; boliviano: art. 1.477; paraguaio: art. 2.692.

COMENTÁRIOS

1. Também é lícito ao testador substituir muitas pessoas por uma só

A substituição vulgar permite não apenas a substituição singular, mas também que vários substitutos sejam nomeados para um sucessor, um ou dois para todos, ou, como adverte Carlos Maximiliano, "vários indicados, para se chamar um na falta do outro, ou cada um em determinada fração, ou sucederem todos numa parte, da herança ou legado".[46] Será singular, quando a substituição recair num só substituto e coletiva, quando houver mais de um substituto. Mas não é essencial que o substituto *tenha situação idêntica à do substituído*.[47] Será recíproca, quando herdeiros ou legatários substituírem uns aos outros.

A primeira parte do artigo sob comento trata da substituição coletiva, gênero da substituição recíproca, logo a seguir referida. O testado nomeou apenas um substituto para muitas pessoas. A cada vacância, assumirá o substituto nomeado a quota vaga, herdando a totalidade da herança, se não houver aceitação pelos instituídos beneficiários.

2. E vice-versa

Pode o testador nomear mais de um substituto para o lugar de um herdeiro ou legatário. Nesse caso, cada substituto herdará em partes iguais o que não for aceito pelo instituído. Se para cada instituído houver sido nomeado dois ou mais substitutos, à medida que forem vagando as respectivas cotas, irão sendo elas adquiridas pelos respec-

---

46 Ob. cit., p. 407.
47 Cf. Cunha Gonçalves, ob. cit., vol. X, t. 1, p. 158.

tivos substitutos em partes iguais, salvo disposição em contrário do testador.

3. E ainda substituir com reciprocidade ou sem ela

Se cada herdeiro ou legatário for ao mesmo tempo substituto entre si, haverá reciprocidade na substituição. Conforme acentuado por Clóvis Beviláqua, *"na substituição recíproca, havendo mais de dois herdeiros, a reciprocidade assume a fórma de accrescimento. Na falta de um dos herdeiros, por morte anterior á abertura da successão, renuncia ou exclusão, a sua parte acresce aos outros"*.[48] Assim, por exemplo, faltando um dos instituídos, pode o testador dispor que os demais substituirão aquele, ou declinar entre os instituídos quem substituiria, na falta de um ou de dois e assim por diante. Diz-se geral a reciprocidade, como preconizado por Carvalho Santos, quando *"todos substituem ao herdeiro ou legatário que faltar; particular, quando uns herdeiros ou legatários determinados substituem outros determinados e reciprocamente"*.[49] Mas na substituição recíproca entre co-herdeiros em quinhões desiguais, herdam os substitutos as quotas vagas na proporção fixada na quota primitiva adquirida por cada um (art. 1.950).

4. Substituição recíproca e acrescimento

A substituição recíproca pode redundar numa espécie de acrescimento, pois a parte que falta poderá acrescer à dos outros. Mas há diferenças entre ambos institutos que cumpre assinalar. O direito de acrescer, de regra, é estabelecido por via de conjunção

---

48   Ob. cit., p. 937.
49   *Código civil interpretado*, vol. XXIV, p. 146.

mista, *na coisa e por palavras* (*re et verbis*), ou pela conjunção real (*re tantum*), *somente na coisa*. A substituição recíproca não tem por fundamento a disposição conjuntiva, e, sim, a disjuntiva. No direito de acrescer, a herança é recolhida no plano horizontal entre os beneficiários dela, diante da falta de um ou de mais herdeiros, por obra do princípio da solidariedade. Na substituição recíproca, a herança é recolhida no plano vertical pelos herdeiros instituídos ou legatários remanescentes, por obra do princípio da subsidiariedade. O direito de acrescer pressupõe a falta de especificação das quotas dos herdeiros instituídos, que herdam o todo, e não "partes" da coisa, ou "partes iguais" da coisa. Na substituição, porém, a divisão da coisa em quinhões certos e determinados entre os substitutos e os remanescentes instituídos, se caso, é perfeitamente válida e justificável. O direito de acrescer está, de regra, condicionado, a uma mesma disposição testamentária. A substituição, todavia, pode ser prevista em testamento posterior ao da instituição. Enquanto o acrescimento não se verifica no legado de coisa determinada pelo gênero,[50] a substituição pode ocorrer em qualquer tipo de legado. Os legatários não podem acrescer a seus quinhões o quinhão de outro legatário que tenha por objeto coisa diversa daquela que lhes foi instituída, pois herdam *todos na mesma ou nas mesmas coisas*.[51] Na substituição, porém, o substituto herda o quinhão dos substituídos, ainda que a cada um destes tenha sido legada coisa diversa.

> **Art. 1.949. O substituto fica sujeito à condição ou encargo imposto ao substituído, quando não for diversa a intenção, manifestada pelo testador, ou não resultar outra coisa da natureza da condição ou do encargo.**

---

50   Como vimos em comentários ao art. 1.942.
51   Carlos Maximiliano, ob. cit., p. 411.

196 Comentários ao Código Civil Brasileiro

Direito anterior: Art. 1.731. O substituto fica sujeito ao encargo impostos ao substituído, quando não for diversa a intenção, manifestada pelo testador, ou não resultar outra coisa da natureza da condição ou do encargo.[52]

COMENTÁRIOS

1. O substituto fica sujeito à condição ou encargo imposto ao substituído

No direito anterior ao Código Civil revogado, com fundamento no direito romano, a condição ou encargo *não passava ao substituto sem expressa declaração do testador.*[53] Vingou, porém, solução oposta, de acordo com a maioria dos códigos estrangeiros. Assinala Mazzoni presumir que ao testador *fossem mais queridos os primeiros do que os segundos nomeados.* Pois, então, *cair-se-ia no absurdo, se se considerasse que não quis impor a estes os encargos, que impoz áquelles.*[54]

Quem herda as vantagens e o cômodo, herda com as desvantagens e o incômodo. É a regra geral aplicável também às substituições. O substituto fica sujeito à condição ou encargo impostos ao substituído. Conforme preconizado por Calogero Gangi, *"semplice consequenza del fatto che il sostituito subentra al posto dell'istuito".*[55] Não presume a lei que a vontade do testador seja a de aquinhoar o substituto de forma diversa ou mais privilegiada do que a do substituído, sem o encargo originariamente imposto. Como acentua Zannoni,[56] *"el herdero*

---

52 Legislação comparada: Código Civil português: art. 2.284°; italiano: art. 690; espanhol: art. 780; argentino: art. 3.729; chileno: art. 1.161; mexicano: art. 1.476; venezuelano: art. 961; paraguaio: art. 2.693; boliviano: art. 1.172.
53 Cf. João Luiz Alves, ob. cit., 3° vol., p. 142.
54 *Apud* João Luiz Alves, ob. cit., mesma página.
55 Cf. Orosimbo Nonato, ob. cit., p. 151.
56 Ob. cit., t. 2, pp. 430-431.

sustituto queda sujeto a las mismas cargas y condiciones impuestas al instituído, salvo que em el testamento se dispusiese em contrario ou que aparezca claramente que el testador quiso limitarlas a la persona del instituído em primer lugar (confr. art. 3.729). Es decir que, como norma general de interpretación, según lo revela claramente el codificador: 'no debe presumirse que el testador quiso favorece más al sustituto que al herdero, y debe por lo tanto, entenderse repetidas em aquél las cargas y condiciones impuestas a éste' (nota al art. 3.729)". No silêncio do testamento, o substituto supõe-se *"chamado ao patrimônio ou à quota do patrimônio do testador nas precisas condições em que o fôra instituído, com as mesmas vantagens e os mesmos encargos, com excepção do que for puramente pessoal"*.[57]

2. Quando não for diversa a intenção manifestada pelo testador

Evidentemente que também aqui há de ser observada a vontade do testador. Os encargos presumem-se transferidos ao substituto, enquanto não houver manifestação em sentido contrário pelo autor da herança, que pode muito bem estabelecer *modus* à substituição, não fazê-lo na instituição, discriminar a quem caberá o cumprimento do encargo, se a determinado substituto ou se a determinado herdeiro instituído, e assim por diante. Conforme pontifica Pontes de Miranda, *"na substituição ao* modus, *o testador pode fazê-lo principal quanto ao instituído e acessório quanto ao substituto; ou vice-versa. A sorte da disposição modal fica ligada à da verba. Querendo o testador que certo* modus *exista na instituição e não exista na substituição, ou vice-versa, será observado o que êle quis"*.[58] Observa-se ainda que, consoante ensinamento de Carvalho Santos, *"a intenção do testador pode resultar de declaração*

---

57   Cunha Gonçalves, ob. cit., vol. X, t. 1, p. 159.
58   *Tratado*, LVIII, p. 125.

expressa, ou do contexto do testamento".[59] Tudo dependerá, assim, da análise do caso em concreto.

3. Ou não resultar outra coisa da natureza da condição ou do encargo

Tal como sobressalta da regra estatuída no parágrafo único do art. 1.943, sobre o qual já comentamos, os encargos especiais, personalíssimos, dirigidos à pessoa do herdeiro instituído não se presumem transferidos ao substituto. Segundo o magistério de Clóvis Beviláqua: *"As condições e os encargos, que se referem, especialmente à pessoa do instituído (herdeiro ou legatário) não se presumem extensivas ao substituto, se assim não o declara o testador. É a lição do Codigo Civil italiano, que o nosso acceitou nas palavras – 'ou não resultar outra coisa da natureza da condição ou do encargo'. As outras condições e encargos fazem corpo com a herança, modificam-na, são della inseparáveis. Com esses caracteres o substituto recebe a herança, como a receberia o herdeiro, ou legatário, do primeiro grau.* A posição de ambos é a mesma, quando a intenção manifestada pelo testador não determina coisa diferente."[60]

Ainda assim, malgrado se trate de encargo especial ou personalíssimo, pode o testador impor ao herdeiro instituído ou substituto o seu cumprimento. Se o substituto não puder cumprir o encargo pessoalmente, poderá fazê-lo por intermédio de outrem,[61] sempre que se tratar de prestação fungível.[62] Exemplo: Mévio era músico e o testador o contemplou com herança, encarregando-o e a seu subs-

---

59   Ob. cit., p. 148.
60   *Cód. Civil...*, vol. II, pp. 937-938.
61   Carvalho Santos, ob. cit., p. 147, Pontes de Miranda, ob. cit., LVIII, p. 114, e Cunha Gonçalves, ob. cit., vol. X, t. 1, p. 160.
62   Orosimbo Nonato, ob. cit., p. 152.

Das Substituições (Arts. 1.949 e 1.950)

tituto da elaboração e execução de uma letra para Pedro. Substituindo a Mévio, Tício que não era músico, nem tinha vocações artísticas, assume o mesmo encargo e contrata Antonio, com quem Mévio mantinha estreitas afinidades artísticas, para a execução da música, em favor de Pedro.

> **Art. 1.950.** Se, entre muitos co-herdeiros ou legatários de partes desiguais, for estabelecida substituição recíproca, a proporção dos quinhões fixada na primeira disposição entender-se-á mantida na segunda; se, com as outras anteriormente nomeadas, for incluída mais alguma pessoa na substituição, o quinhão vago pertencerá em partes iguais aos substitutos.
>
> **Direito anterior: Art. 1.732.** Se, entre muitos co-herdeiros ou legatários de partes desiguais, for estabelecida substituição recíproca, a proporção dos quinhões fixada na primeira disposição entender-se-á mantida na segunda. Se, porém, com as outras anteriormente nomeadas, for incluída mais alguma pessoa na substituição, o quinhão vago pertencerá em partes iguais aos substitutos.[63]

COMENTÁRIOS

1. Se, entre muitos co-herdeiros ou legatários de partes desiguais, for estabelecida substituição recíproca, a proporção dos quinhões fixada na primeira disposição entender-se-á mantida na segunda

A posição assumida pelo substituto é a mesma que aquela do substituído: *"Quemadmodum testador dilexit heredes in instituendo, ita eosdem dilexisse videtur in substituendo."* Herda o substituto o mesmo

---

63 Legislação comparada: Código Civil português: art. 2.283º; alemão: § 2.098; italiano: art. 689, 2ª al.; espanhol: art. 779; argentino: art. 3.727; mexicano: art. 1.477; chileno: art. 1.160; paraguaio: art. 2.692; venezuelano: art. 962.

200 Comentários ao Código Civil Brasileiro

quer herdaria o substituído. Presume a lei que a proporção dos quinhões fixada na primeira disposição deva ser repetida na segunda disposição, sempre que o testador não haja estabelecido outra forma de distribuição. Herda o substituto conforme a proporção estabelecida na instituição feita ao substituído pelo testador. A regra é, pois, de natureza supletiva. O exemplo é de Itabaiana de Oliveira: *"Instituo meus herdeiros a Pedro, por um sexto da herança; a Paulo, por dois sextos, e a Sancho por três sextos, e substituo todos entre si. No caso que faleça Pedro, ou não queira aceitar a herança, o seu quinhão será dividido da seguinte maneira: Paulo terá duas partes e Sancho três partes; porque a mesma proporção fixada na primeira disposição se guardará na segunda."*[64]

2. Se, com as outras anteriormente nomeadas, for incluída mais alguma pessoa na substituição, o quinhão vago pertencerá em partes iguais aos substitutos

Se, na substituição recíproca, houver entre os substituídos instituídos, herdeiros ou legatários, uma outra pessoa estranha, sem correspondência de quota, nomeada tão apenas para suprir a vacância de algum herdeiro, a lei estabelece que o quinhão vago fica pertencendo em partes iguais a todos os substitutos. Quer dizer: *"Além dos instituídos em primeiro lugar, há estranho que só o é para a deficiência."*[65] É que o estranho não possui quota correlata que possa servir de base para a fixação da proporção que lhe caberia. A substituição é recíproca, e por isso todos os herdeiros se revezam na substituição, não restando, em tese, quota vaga disponível ao estranho. Assim, preceitua Pontes de Miranda: Se *"há estranho sem quota que pudesse servir de base"*,[66] afasta-se a regra da proporcionalidade, pretendendo a lei que se estabele-

---

64 Ob. cit., p. 587.
65 Pontes de Miranda, *Tratado*, LVIII, p. 115.
66 *Ibidem*, mesma página.

ça a igualdade de quinhões entre os substitutos. O exemplo é de Itabaiana de Oliveira: *"Instituo meus herdeiros a Pedro, por um sexto da herança; a Paulo por dois sextos e a Sancho por três sextos; 'e se, um destes três herdeiros não puder, ou não quiser aceitar a herança, instituo também meu herdeiro a Martinho, juntamente com os outros'. Nesta hipótese, se Pedro falecer, ou não quiser aceitar a herança, o seu quinhão será dividido em partes iguais por todos os outros herdeiros, inclusive Martinho, que é um substituto vulgar e concorre com os substitutos recíprocos"*[67] (n.n.).

Em síntese, se todos são herdeiros em partes iguais, "a parte vaga divide-se pelos restantes". Se desiguais, mantém-se o mesmo sistema proporcional na substituição. Mas se houver ido incluída pessoa estranha na substituição o quinhão vago é distribuído em partes iguais.

Observa-se, outrossim, que, se o testador nomear certos herdeiros individualmente e outros coletivamente, a herança será dividida em tantas quotas quantos forem os indivíduos e os grupos designados (art. 1.905). Leciona Pontes de Miranda, com base em solução ministrada pelo Código Civil alemão, que *"sendo os herdeiros substituídos reciprocamente, os herdeiros chamados a uma parte hereditária comum vão, em caso de dúvida, sôbre esta parte, como substitutos, antes dos outros"*.[68]

Seção II
Da Substituição Fideicomissária

Art. 1.951. Pode o testador instituir herdeiros ou legatários, estabelecendo que, por ocasião de sua morte, a herança ou o legado se transmita ao fiduciário, resolvendo-se o direito deste, por sua morte, a certo tempo ou sob certa condição, em favor de outrem, que se qualifica de fideicomissário.

---

67 Ob. cit., p. 588.
68 Ob. cit., p. 116.

Direito anterior: Art. 1.733. Pode também o testador instituir herdeiros ou legatários, por meio de fideicomisso, impondo a um deles, o gravado ou fiduciário, a obrigação de, por sua morte, a certo tempo ou sob certa condição, transmitir ao outro, que se qualifica de fideicomissário, a herança, ou o legado.[69]

COMENTÁRIOS

1. Pode o testador instituir herdeiros ou legatários, estabelecendo que, por ocasião de sua morte, a herança ou o legado se transmita ao fiduciário

Fideicomisso é instituição testamentária sucessiva, segundo a qual o testador ou fideicomitente contempla alguém como proprietário da coisa herdada ou legada, em primeiro grau (fiduciário), para, depois de certo tempo, ou sob certa condição, vir a ser a mesma transferida a outro proprietário, em segundo grau (fideicomissário). A expressão *fideicomisso* provém de fidúcia (confiança) *fidei tuae committo*, cometer, entregar à tua fé alguma coisa, com encargo de conservação *como bom pai de família*, para transmiti-la a determinada pessoa. O instituto teve origem em Roma. Recorria-se ao expediente para que fosse obviada a incapacidade de algumas pessoas no recebimento da herança, como, p. ex., os estrangeiros e os celibatários, justificando-se como instituto para iludir o rigor da lei. O disponente confiava seus bens a

---

69 Legislação comparada: semelhante, Código Civil alemão: § 2.100; português: arts. 2.286º e 2.296º; suíço: art. 488; espanhol: art. 781; chileno: art. 1.164; permitido em determinados casos, Código Civil francês: arts. 896, 897, 1.048 e 1.049; italiano: art. 692 (descendentes e filhos dos irmãos do testador); venezuelano: art. 963 (a favor de diversas pessoas sucessivamente, desde que vivas por ocasião da morte do testador); contrário ao instituto, mexicano: art. 1.473; boliviano: art. 1.170; argentino: art. 3.732; uruguaio: art. 865; paraguaio: art. 2.694.

pessoas capazes (testamenteiros), às quais rogava; isto é, pedia e/ou apelava, para que, posteriormente, fossem entregues os bens a quem realmente se desejava gratificar.[70] Esse ato de pedir ou rogar, logo revelou-se contraproducente, por se apresentar destituído de sanção eficaz, além daquela da moral, respaldado em simples confiança, tendo o Imperador Augusto ordenado que os Cônsules imprimissem autoridade, constrangendo os fiduciários ao seu cumprimento. Em França, o instituto foi utilizado demasiadamente na idade média, servindo ao fortalecimento da nobreza. As transmissões eram praticamente perpétuas. Ao depois, a Revolução Francesa conseguiu praticamente abolir o fideicomisso, deixando apenas algumas poucas de suas reminiscências. Objetava-se que o fideicomisso induz à concentração dos bens nas mãos das famílias mais opulentas; o fiduciário induz terceiros a erro, quando com eles contrata; por ser o fiduciário titular de uma propriedade restrita e resolúvel no tempo, geralmente não se interessa em promover melhoramentos na coisa ou contribuir para o aumento do seu valor; finalmente, grande massa de bens é posta fora do comércio, conforme ilustra Clóvis Beviláqua, *Direito das Successões,* pp. 345-346.

No Brasil, o instituto sobreviveu à reforma do Código antigo, conforme se extrai das normas dos arts. 1.951 a 1.960. É no art. 1.952, porém, conforme veremos, que o legislador tratou de dar ao fideicomisso a feição mais próxima que os críticos sempre contemplaram, transformando o instituto em usufruto, se o fideicomissário, ao tempo da morte do testador, já houver nascido. Assim, literalmente, na acepção mais pura do termo, o fideicomisso apenas vigora hoje, em contemplação da prole eventual. Se vivo for o fideicomissário, ao tempo da morte do testador, a lei o converte em usufruto, atribuindo ao fiduciário a condição de usufrutuário e ao fideicomissário a de nu-proprietário.

---

70 Cf. Vitali, *Delle successioni legitime e testamentare,* vol. 3°, p. 223.

O bem não se transmite pelo fiduciário ao fideicomissário, e, sim, do testador para ambos, fiduciário e fideicomissário. Enquanto os legados são feitos diretamente à pessoa do legatário, nos fideicomissos, a herança é deixada por meio de interposta pessoa nomeada em primeiro lugar pelo testador, com encargo de restituí-la ao substituto fideicomissário.[71] Na realidade, o bem é transmitido pelo testador a ambos contemplados, com a abertura da sucessão.[72] O momento da entrega da herança para o fideicomissário, porém, ocorre apenas com a abertura da sucessão fideicomissária.[73] Cuida-se de dupla vocação testamentária. Tanto o proprietário de primeiro grau, fiduciário, quando o de segundo grau, fideicomissário, são herdeiros do testador. A propriedade da coisa, porém, é repartida no tempo, em ordem sucessiva, segundo a vontade do testador. Conforme pontifica Itabaiana de Oliveira, *"'fideicomisso' é a instituição de herdeiros ou legatários, feita pelo testador, impondo a um dêles, o gravado ou fiduciário, a obrigação de, por sua morte, a certo tempo, ou sob certa condição, transmitir a outro, que se qualifica de fideicomissário, a herança ou o legado"*.[74]

Mas a razão a nosso ver parece estar com Pontes de Miranda, para quem: *"O fiduciário nada transmite... 'Fiduciário', que recebe e guarda a herança, e 'fideicomissário', que a terá depois, são herdeiros da mesma herança. São duas sucessões, que se processam, sucessivamente, no tempo: materialmente, ligam-se as duas ao mesmo instante, que é a abertura da sucessão, a morte do testador; cronologicamente, uma se sobrepõe*

---

71 Pothier, *Oeuvres complètes...*, vol. 13, p. 86.

72 Adverte Washington de Barros Monteiro, assim, que a base de cálculo dos tributos é o valor antigo do bem fideicometido, não o valor da época em que o fideicomissário recebe a mesma coisa (*Curso...*, 6º vol., p. 231). Orlando Gomes enfatiza ainda que o fiduciário: *"Responde pelas despesas com o inventário e partilha dos bens que lhe tocaram, cumprindo-lhe pagar o imposto de transmissão* causa mortis" (*Sucessões*, p. 222).

73 Enneccerus, Kipp e Wolff, ob. cit., p. 75.

74 Ob. cit., pp. 588-589.

à outra, começa onde a outra acaba, fim de uma é comêço de outra."[75] Diversamente da substituição vulgar, o segundo proprietário não substitui o seu antecessor. Apenas sucede o primeiro. Na substituição vulgar, existe apenas uma liberalidade.

De acordo com Orosimbo Nonato, *"as liberalidades no fideicomisso são sucessivas e, assim, a propriedade se mantém, na íntegra, no gravado ou fiduciário, embora restrita e resolúvel quando depende de condição ou têrmo a transmissão ao fideicomissário".*[76] Não deixa de ser o fiduciário um titular temporário e tem obrigação de conservar e entregar os bens fideicometidos ao fideicomissário. A entrega, não propriamente a *restituição*[77] dos bens, é feita pelo fiduciário. Não se trata de *gravame* imposto ao fiduciário, e, sim de restrição, como veremos em comentário ao art. 1.953.

Constituem elementos do fideicomisso a dupla liberalidade, o encargo imposto ao fiduciário de conservar e entregar[78] os bens por sua morte ao fideicomissário e a ordem sucessiva.[79]

O fideicomisso pode ser universal ou particular. Se abranger a universalidade do patrimônio do *de cujus* será herança. Se restringir a uma coisa certa, será legado. São aplicáveis as regras relativas aos direitos e obrigações do herdeiro e do legatário. O fideicomisso pode ser restrito a uma parte certa da deixa, fração ideal, contemplar um fiduciário e uma pluralidade de fideicomissários ou vice-versa. Podem

---

75   *Tratado*, LVIII, p. 150.

76   Ob. cit., pp. 158-159.

77   A expressão vem utilizada por Orlando Gomes, em alusão à teoria da *relação modal* (*Sucessões*, pp. 219-221). Cf. o autor, o fiduciário é proprietário sob condição resolutiva e o fideicomissário proprietário sob condição suspensiva (*ibidem*, p. 221).

78   Como já realçado, o fiduciário, na realidade, não transmite a coisa ao fideicomissário. Ambos, fiduciário e fideicomissário, são herdeiros do testador, de quem adquirem o bem fideicometido. O fiduciário entrega a coisa ao fideicomissário com ao advento da condição ou do termo. A transmissão se dá pelo testador, por meio do fiduciário. A *transferência* feita pelo fiduciário é meramente material.

79   Cunha Gonçalves, *Tratado de direito civil*, vol. X, t. 1, p. 181.

ser objeto de fideicomisso os bens móveis e imóveis, as coisas corpóreas e as incorpóreas.

Classificam-se os fideicomissos em puros e simples, a termo certo, incerto e condicionais.[80] Nos fideicomissos puros, o testador limita-se a deixar determinada coisa para o fiduciário com o encargo de transmiti-la ao fideicomissário. Nos fideicomissos a termo certo, a restituição é diferida por um prazo determinado, como, p. ex., a maioridade civil do fideicomissário. Não diferencia este do fideicomisso a termo incerto, a não ser quanto à incerteza do *dies ad quem*. O fideicomisso a termo de morte é exemplo típico de fideicomisso a termo incerto. Já, o fideicomisso condicional é aquele suspenso "por um acontecimento futuro do qual o testador faz depender a disposição".[81]

Atente-se sempre para a vontade do testador, consoante o disposto no art. 1.899, não havendo daí falar em *fórmulas sacramentais* para o fideicomisso. Assim, por exemplo, se o testador subtrai do fiduciário toda a disposição sobre a coisa, só lhe deixando o uso e o gozo, sem que tal seja conseqüência de uma cláusula de inalienabilidade, terá instituído usufruto,[82] ainda que diga se tratar de "fideicomisso", porque "*nas declarações de vontade se atenderá mais à intenção nelas consubstanciada do que ao sentido literal da linguagem*" (art. 112). Diversamente, se o testador deixou legado de usufruto, dispondo que, por morte do usufrutuário, o usufruto passará para outra pessoa, que não seja o proprietário, constituiu fideicomisso.[83] Exemplo clássico de fideicomisso é aquele em que se institui herdeiro Y, e por morte a Z. De acordo, porém, com a nova redação dada ao instituto pelo art. 1.952, como veremos, o caso seria de instituir herdeiro Y, e por morte, os filhos que Y[84]

---

80 Toullier et Duvergier, *Le droit civil français,* vol. 3, p. 18.
81 Troplong, ob. cit., pp. 124-126.
82 Pontes de Miranda, *Tratado*, LVIII, p. 225.
83 *Ibidem*, p. 173. O usufruto podia ser objeto de fideicomisso como ilustra Troplong (ob. cit., p. 161).
84 Ou qualquer outra pessoa, porque a lei não distinguiu como fez a lei francesa, no sentido de restringir fideicomissário a prole do fiduciário ou de irmãos ou irmãs do testador (arts. 1.048 e 1.049).

vier a ter. Embora raras as hipóteses de fideicomisso sob condição, pode ocorrer que o fideicomitente, ou testador, institua herdeiro a *Y*, até que os filhos que *Y* vier a ter se casem, ou até que estes completem a faculdade, passando, p. ex., daí a propriedade fideicometida para estes. O fideicomissário deve viver no momento do cumprimento da condição.[85] No caso de fideicomisso a termo, seria o caso de imaginarmos uma instituição feita a *Y*, até determinada idade, p. ex., passando daí em diante a propriedade fideicometida para os filhos de *Y*.

O testador tem liberdade de dispor como lhe aprouver acerca do fideicomisso. Pode impor restrições de uso, disposição e fruição ao fiduciário, bem como instituir um administrador sobre a coisa, nomear substituto ao fiduciário ou fideicomissário,[86] e assim por diante. Pode, por exemplo, onerar com encargos o fideicomisso. Ex: instituo Fábio meu herdeiro, com a obrigação de custear os estudos de Tício, e, quando falecer, entregar meu patrimônio a Antônio. Nesse caso, o encargo é dirigido a Fábio. Pode impor ao fideicomissário o encargo, como, por exemplo, instituo Fábio herdeiro universal, e, por morte, a Tício, obrigando este a dar em moradia a Antônio a habitação do imóvel situado na Rua *x*. Se, por exemplo, se instituir herdeiro apenas para que administre a coisa, enquanto o beneficiário não complete idade certa ou venha se casar, não haverá fideicomisso.[87]

Não haverá fideicomisso no desmembramento do domínio[88] em usufruto e nua-propriedade, pura e simplesmente.[89] Simples

---

85   Enneccerus, Kipp e Wolff, ob. cit., p. 77.

86   Caracterizando a substituição compendiosa.

87   Cf. Carvalho Santos, *Código civil interpretado*, vol. XXIV, p. 159.

88   Expressão aí em sentido *lato*, embora não tão adequada como a propriedade para abranger as coisas corpóreas e as incorpóreas.

89   Conforme ensina Itabaiana de Oliveira, *"deve-se entender que a instituição é um 'fideicomisso': a) quando o testador ordenar a 'passagem' dos bens a outrem 'por morte' do primeiro nomeado, embora em relação a êste empregue o vocábulo 'usufrutuário'; b) quando a intenção do testador foi que os bens viessem a ser propriedade de pessoas 'futu-*

aconselhamento não importa fideicomisso. Ex.: instituo Pedro como herdeiro, e, se ele entender, passarão os bens a Caio, por sua morte.[90] Se a instituição é de caráter eletivo, vale; isto é, se, por exemplo, instituo herdeiro ou legatário determinada pessoa, ordenando-lhe que, em vida ou por morte, passe os bens aos filhos que o fiduciário escolher.

Controverte-se em doutrina sobre a existência ou não do fideicomisso de resíduo.[91] Havendo resíduo, isto é, remanescente da verba deixada pelo fiduciário, cumpre-se a vontade do testador, haverá fideicomisso. Nenhuma dúvida, a deixa é condicional, porque o objeto poderá desaparecer, em sua substância, se o fiduciário alienar a coisa ou dela se desfizer, e assim por diante. Nesse caso, sim, não haverá fideicomisso, em virtude do perecimento do objeto, sem sub-rogação. Havendo sub-rogação, não desaparecerá o fideicomisso, sub-rogando-se no preço do seguro o valor da coisa fideicometida, ou no valor de indenização depositado em ação expropriatória, por exemplo. Mas se o testador houver disposto que Caio é fideicomissário do que restar ao tempo da morte de Tício, podendo este alienar *para as suas necessidades*, o que se gastou com a própria doença ou da família, foi necessário, e se se consumiu a deixa testamentária tão apenas por isso, não haverá reparação ao fideicomissário. Casos há em que a fraude e o dolo se presumem, como, p. ex., na alienação gratuita de bens (art. 158). Será possível a anulação do negócio jurídico assim perpetrado pelo fiduciário.

---

ras', visando não criar desigualdades entre estas, em razão do nascimento posterior à morte do testador" (ob. cit., pp. 608-609).

---

90 Pontes de Miranda, *Tratado*, LVIII, p. 231.

91 A favor: Pontes de Miranda, ob. cit., p. 201, e Armando Dias de Azevedo, *O Fideicomisso no direito pátrio: doutrina, legislação, jurisprudência*. São Paulo, Saraiva, 1973, p. 78. Contra: Carlos Maximiliano, ob. cit., p. 436, e Carvalho Santos, ob. cit., p.163.

Simples legado condicional ou a termo não se equipara a fideicomisso.[92] Assim, p. ex., se deixo a Caio a fazenda Boa Esperança, desde que se case aos 30 anos e tenha filhos. Se Caio vier a falecer sem que se case e tenha filhos, a deixa reverterá em benefício dos herdeiros legítimos. Não haverá fideicomisso.[93] Pode o testador, enfim, estabelecer inúmeras variantes no fideicomisso, considerando que as regras previstas nos arts. 1.953 a 1.958 não são de natureza cogente. Ex.: dispor que o fiduciário *restitua* o valor da coisa, ao invés da coisa em si, que a *restituição* se verifique em prestações etc.

Nem toda instituição gravada de inalienabilidade resulta em fideicomisso. Assim o diz Carlos Maximiliano: *"A 'inalienabilidade' imposta sem nomeação do substituto, isto é, declarada pura e simplesmente, não induz fideicomisso. Por conseguinte, este fica estabelecido toda vez que o fiduciário é designado embora em tom genérico. Exemplos: (primeira hipótese) – 'eu lego a casa em que moro, a Públio, que não a poderá alienar em vida'; (segunda) – 'o prédio onde resido, caberá em caráter inalienavel, a Públio e, em plena propriedade, aos seus legítimos herdeiros.'"*[94] Admite-se a imposição de cláusula de inalienabilidade, impenhorabilidade e de incomunicabilidade sobre os bens da legítima, se justo for o motivo declarado pelo testador (art. 1.848), o que não induz à ilação de fideicomisso. Discute-se se o testador poderia ou não estabelecer a inalienabilidade dos bens transferidos por morte do filho ou neto, aos

---

92 Pontes de Miranda, ob. cit., LVIII, p. 224. Consoante Carlos Maximiliano, *"a proibição de fixar 'prazo' para receber o benefício, restringe-se à herança; não se estende ao legado, nem ao fideicomisso. Para evitar nulidades, cumpre fixar bem a diferença entre herança a 'termo' e fideicomisso: naquela, só haveria protraimento da entrega, não o dever de 'conservar', e 'restituir' mais tarde; na primeira hipótese, o incumbido da entrega não seria o proprietário; na segunda, seria"* (ob. cit., p. 429).

93 O que pareceu a Troplong se tratar de condição resolutória empregada para dissimular uma substituição, sob a forma de legado condicional (ob. cit., p. 188). No sentido de se tratar de fideicomisso sob condição, Enneccerus, Kipp e Wolff, ob. cit., pp. 73 e 79.

94 Ob. cit., vol. II, p. 434.

respectivos herdeiros legítimos. Haveria aí uma forma de se privar o direito de testar do sucessor legítimo.[95]

Nada impede que o testador grave o fideicomisso com cláusula de inalienabilidade, visando, com isso, tolher a livre disposição do bem fideicometido pelo fiduciário. Referida cláusula, porém, não alcançará o fideicomissário, ficando este livre dela, quando realizada a condição ou o termo. Realmente, a cláusula de inalienabilidade não se confunde com o fideicomisso. Na prática, porém, o fideicomisso acaba tolhendo a livre circulação do bem fideicometido, na medida em que dificilmente alguém se arrisca adquirir algo ou alguma coisa, sabendo que no futuro poderá vir a perdê-la, em prol de outra pessoa sequer concebida na época do falecimento do autor da herança. Extinto o fideicomisso, nem por isso extinta restará a cláusula de inalienabilidade, caso inserta na instituição. Certo que poder-se-ia interpretar como sendo acessória ao fideicomisso a cláusula de inalienabilidade, justamente no afã de pretender o testador salvaguardar a entrega do bem ao fideicomissário. Segundo assinalado por Ademar Fioranelli: *"Indubitavelmente, caso questão semelhante seja colocada diretamente ao registrador, com requerimento no sentido de praticar atos de extinção do fideicomisso e cancelamento de cláusulas restritivas, em virtude de premorte do fideicomissário, com a consolidação da propriedade em nome do fiduciário, quer nos parecer que tal pedido só poderá ser atendido em parte. Entendemos que a caducidade do fideicomissário pode ser objeto de apreciação, desde que provado o óbito do fideicomissário mediante certidão de assentamento civil, revelando-se inadequada a via administrativa extrajudicial para decidir sobre levantamento de cláusulas. Quanto a esta parte, obviamente, fica à disposição dos interessados a via judicial para a declaração de seus eventuais direitos."*[96] O Código

---

95 Carlos Maximiliano, ob. cit., vol. II, p. 446.
96 Ob. cit., p. 23.

português previu a possibilidade de alienação do bem fideicometido, mas exigiu autorização prévia do tribunal e demonstração de necessidade ou utilidade para o fiduciário, além da inexistência de prejuízo para o fideicomissário (art. 2.291º, al. 2). Semelhante disposição não se acha inserta em nosso Código Civil.

Em relação à doação, o Código a reconhece, com a cláusula de reversão ao doador, se esse sobrevive ao donatário (art. 547).[97] Mas falta o elemento fiducial, a *fides*.[98]Assim como na doação com reversão, há semelhança do instituto com a propriedade resolúvel. Itabaiana de Oliveira é incisivo a respeito: "O fideicomisso, que sòmente pode ser constituído por testamento e não por ato *intervivos*...".[99] Armando Dias de Azevedo[100] critica a posição ortodoxa, contrária à instituição

---

97   Antonio Joaquim Gouvêa Pinto assinalava: "§ 235. Também por Actos *entrevivos* (§ 175, nº 1º) podem ser constituidos os *Fideicommissos* (387), sendo-lhes applicaveis em táes casos as regras das *Doações Condiccionáes*" (*Tratado dos testamentos, e sucessões*, B. L. Garnier, 1881, pp. 329-330).

98   Pontes de Miranda, *Tratado*, LVIII, p. 145.

99   Ob. cit., p. 589. No mesmo sentido, Carvalho Santos, *Código Civil interpretado*, vol. XXIX, p. 171, concluindo, ao final (p. 189), com base em parecer de Plínio Barreto, que *"em resumo: mesmo quando se considera a cláusula de reversão em favor de terceiro como fideicomisso, embora convencionada em doação inter vivos, os efeitos dessa cláusula não podem ser regulados pelos princípios do Direito Sucessório, mas sim pelos do Direito das Obrigações. Ora, estes, em contraposição àqueles, admitem que, morto o donatário antes de verificada a condição pela qual a coisa doada passaria para o seu patrimônio, os seus herdeiros fiquem com o direito de reclamar a entrega da coisa, quando a condição se realizar"* (*Revista dos Tribunais*, vol. 102, p. 471). Itabaiana de Oliveira cita Jorge Americano: *"O fideicomisso é substituição, e substituição só existe no direito sucessório. Não cabe, pois, em matéria especial, a analogia. Admito, porém, que uma combinação contratual qualquer chegue a revestir a forma de fideicomisso. Seria uma doação com pacto de reversão a favor de terceiro (estipulação a favor de terceiro). Mas não havendo meio de quadrá-la na 'substituição', instituto exclusivamente sucessório, não constituiria propriedade limitada (Cód. Civil, art. 523), porém, só cláusula obrigacional, resultante da estipulação. Não cumprida, importaria em perdas e danos, não em resolução de propriedade (Cód. Civil, art. 647). Entretanto, só poderia existir a prazo, e não sob condição de morte"* (ob. cit., vol. II, p. 589).

100 *O Fideicomisso no direito pátrio: doutrina, legislação, jurisprudência*. São Paulo, Saraiva, 1973, p. 57.

por ato *inter vivos*, citando inúmeros doutrinadores de escol em abono de sua tese, concluindo, depois, que "existindo no fideicomisso convencional os mesmos elementos que no por testamento, é perfeitamente lógico e jurídico admiti-lo também naquele campo do direito civil, naturalmente com as diferenças que a natureza dos atos exigir". Em nosso modesto entendimento, fideicomisso é instituto afim à sucessão testamentária, a despeito de algumas semelhanças com a propriedade resolúvel (art. 1.359), com a venda a contento (art. 509) etc., *ex vi* do art. 426.

Tome-se, por exemplo, o art. 547 do atual Código, que já não mais admite a cláusula de reversão em favor de terceiro. Note-se que o art. 1.112 do atual CPC não contemplou a hipótese de doação *fideicomissária*, nem repetiu a redação do art. 552 do Código anterior: *"A requerimento do interessado, e ouvidos o órgão do Ministério Público e o representante da Fazenda Pública, será a extinção de usufruto e de fideicomisso processada e julgada pelo juízo do inventário do testador, ou pelo juiz do domicílio do doador, 'quando a liberalidade provier de ato inter vivos'"* (n. n.).[101] Portanto, de acordo com a atual sistemática normativa, não é possível estabelecer-se por meio de doação a passagem da propriedade do donatário a terceiro, após a morte daquele. Carlos Maximiliano[102] era ainda mais enfático, mesmo na vigência do diploma anterior: *"A doação com a reversão assemelha-se à retrovenda, do art. 1.140 do Código Brasileiro; uma e outra se subordinam à cláusula Retro, ou a condição resolutiva; não envolvem fideicomisso. O mesmo ocorre nos casos dos artigos 647 e 648, concernentes a Propriedade Resolúvel. A prova de que doação com cláusula retro não implica admitir fideicomisso por ato entre vivos, está em que nos países como a*

---

101 Redação do artigo transcrita da obra de Armando Dias de Azevedo, *O Fideicomisso no direito pátrio...*, p. 71.

102 *Direito das sucessões*, 5ª ed., Freitas Bastos, vol. III, nº 1.242.

França e a Itália, onde ao todo ou em parte o fideicomisso é vedado, admitem com amplitude tais doações."

Demais disso, nosso Código não prevê os fideicomissos singulares constituídos por ato entre vivos, como o direito argentino. Segundo Zannoni,[103] *"la doctrina mayoritaria considero, entre nosotros, que la prohibición de la sustitución fideicomisaria emerge del art. 3.723 del Cód. Civil, no abarca los fideicomisos singulares previstos em el art. 2.662 como causa e constitución del domínio fiduciário"*. Diversamente do Código argentino, o Código Civil brasileiro não contemplou as hipóteses de doação com substituição fideicomissária (arts. 2.131 e 2.146).[104]

Se o testador entender, poderá nomear testamenteiro que vele pela restituição dos bens ao fideicomissário, que poderá recair na pessoa do representante legal do incapaz, por exemplo. As pessoas jurídicas e as fundações instituídas por determinação do testador (art. 1.799, II e III) podem ser nomeadas fiduciárias. É razoável, porém, entender que o prazo máximo de permanência de uma pessoa jurídica fiduciária seja aquele preconizado no art. 1.410, III (30 anos),[105] em face das semelhanças entre o fideicomisso e o usufruto, a ponto de o art. 1.952, parágrafo único, haver convertido o fideicomisso em usufruto, se ao tempo da morte do testador, já houver nascido o fideicomissário. Além disso, o fideicomisso em nosso direito positivo não pode ir além do segundo grau (art. 1.959).

Por outro lado, de acordo com a redação contida no art. 1.952, *"a substituição fideicomissária 'somente' se permite em favor dos 'não concebidos' ao tempo da morte do testador"* (n. n.). Expõem Enneccerus, Kipp e Wolff:[106] *"A instituição de uma pessoa 'todavia não concebida' no*

---

103 Ob. cit., p. 411.

104 *Ibidem*, mesma página.

105 O direito alemão estabelece que a restituição do fideicomisso tem lugar em geral em 30 anos, contados da sucessão (Enneccerus, Kipp e Wolff, ob. cit., p. 81).

106 Ob. cit., p. 74.

momento da abertura da herança só pode ser válida como instituição fideicomissária." Defere-se a herança ao fideicomissário no momento de seu nascimento, se não houver outra condição. O mesmo ocorre com a instituição de pessoa jurídica para ser constituída após a abertura da sucessão: *"La delación tiene lugar al quedar constituída la persona jurídica" (§ 2.101, ap. 2, y § 2.106, ap. 1).*[107] Certo que uma pessoa jurídica não é verdadeiramente *concebida*. Começa a sua existência legal com a inscrição do ato constitutivo no respectivo registro (art. 45). Não menos certo, também, que a expressão *concepção*, é ampla,[108] ponderando Carlos Maximiliano que *"a liberalidade pode ser feita diretamente à fundação; se esta não existe, o herdeiro, ou executor testamentário, realiza o objecto colimado pelo disponente. Em geral, o auxílio é deixado a determinado indivíduo, para êste criar o instituto e revestí-lo dos requisitos legais. Em um e outro caso, prevalece a verba sucessória, também válida quando o testador incumbe a sociedade constituída em ordem, ou fundação já regularizada a tarefa de organizar o novo ente moral, de utilidade pública. Nas duas últimas hipóteses figuradas, há, de facto, um legado 'com encargo', a pessoa física ou jurídica. A deixa à fundação futura retrotrai: prevalece desde a data do óbito do testador, embora só muito mais tarde seja o instituto organizado. O magistrado assina ao que recebeu o 'encargo'; na sua falta, ao executor testamentário, um prazo congruo, para crear e legalizar a pessoa moral prevista no ato de última vontade".*[109]

Se a fundação já existir na época da morte do testador, herdará na condição de nua-proprietária, conforme estabelece o parágrafo único do art. 1.952. Na vigência do Código anterior, Clóvis Beviláqua abraçava o entendimento segundo o qual *"apesar da falta de perso-*

---

107 *Ibidem*, p. 75.
108 Consulte-se o *Dicionário Aurélio*: "Formar o embrião, pela fecundação do óvulo; gerar..., conceber um poema..." etc.
109 Ob. cit., p. 328.

nalidade do beneficiado, é valida a disposição para crear uma fundação (art. 24). Os bens pertencerão á pessoa juridica futura, como no caso do nascituro, e as pessôas incumbidas de applicar o patrimonio (art. 27) administral-o-ão, provisoriamente, até se organizarem os estatutos, que providenciarão a respeito. Se os bens deixados não forem sufficientes (art. 25), a disposição valerá como um encargo deixado ao herdeiro. Leia-se a respeito, Mazzoni, Successioni, II, nº 73, e confira-se com o art. 3.735 do Código Civil argentino".[110]

De acordo com a nova sistemática normativa, com maior razão seria possível ao testador nomear uma fundação como fideicomissária, por determinação própria contida no testamento (art. 1.799, III). Daí por que a regra inserta no art. 1.952 deve ser interpretada em conjunto com aquela estabelecida no art. 1.799, III. Bem expõe Orosimbo Nonato, com base em Sá Freire, que: *"Dúvidas surgiram a princípio, e ainda hoje, trabalham certos espíritos, com respeito à validade de tal disposição, que se refere, como observam, a pessoa não existente, pois o instituidor é quem a faz 'nascer', juntamente com o patrimônio destinado a garantir-lhe a existência e perpetuidade'... O ente fundado não seria o sujeito da liberalidade, senão o meio, o expediente usado pelo testador para proteger as pessoas em cujo prol se suscitou a fundação"* (n.n.).[111]

Conclui o ilustre jurista, com apoio em Emílio Bianchi, que: *"Por isso, às disposições 'impessoais' ou 'extraordinárias' não podem aplicar-se às normas da lei que exigem a existência do herdeiro ou legatário no momento em que se abre a sucessão. E, por isso, é inútil e ocioso perguntar se existe, e é capaz de receber a herança ou o legado uma qualquer pessoa, quando o testador entendeu destinar o seu patrimônio a um fim qualquer, sem dispor de modo algum a favor de um ente provido de personalidade. Se para a eficácia das disposições ordinárias ou pessoais, é lògicamente necessária a existência das pessoas a favor de quem são feitas, é ilógico e até absurdo*

---

110 *Código civil...*, vol. II, p. 910.
111 Ob. cit., p. 44.

exigi-la para as extraordinárias ou impessoais, que não são próprias... de uma que de outra pessoa mas comuns a um país inteiro ou a uma categoria de indigentes (liv. cit., vol. I, págs. 240-241). Há também quem sustente ser o destinatário da deixa o executor da vontade do hereditando. Tratar-se-ia de legatário sub modo, de legado recebido com destinação especial. E ainda os que surpreendem no caso as marcas de uma substituição fideicomissária: o executor seria fiduciário."[112]

O fiduciário é proprietário sob condição resolutiva, encarregado de conservar e restituir a coisa fideicometida.[113] Portanto, assiste-lhe a obrigação de inventariar os bens gravados, conservá-los e de prestar caução de "restituí-los", se o exigir o fideicomissário, respondendo pelas deteriorações relativas ao uso normal ou oriundas de sua culpa ou dolo. Responde ainda pelas despesas com os frutos e rendimentos sobre a coisa. Em geral, a caução é exigível em relação aos bens móveis. A conservação implica, segundo acreditamos, não dilapidar o patrimônio, nem levá-lo à praça, de forma a reduzir o seu valor.

O fiduciário possui o uso, gozo e o domínio sobre a coisa. Na realidade, é herdeiro limitado, um gestor de negócios. Fideicomisso é substituição indireta e sucessiva,[114] não simultânea, já o vimos. Portanto, o fiduciário pode alienar, ceder, trocar, gravar e hipotecar a coisa. Para hipotecar, não necessita do consentimento do fideicomissário. Se houver praceamento do bem, o arrematante adquirirá a coisa pelo tempo que sobejar. Durante o tempo em que permaneceu com a propriedade fideicometida, o fiduciário usou e fruiu da coisa, incorporando ao seu patrimônio os juros, os dividendos de ações, os alugueres e as rendas derivativas da utilização do bem. Não cabe ao fideicomissário reclamar do fiduciário tudo aquilo que usufruiria da coisa, ao tempo em que esta permaneceu em poder daquele.

---

112 Ob. cit., p. 45.
113 Vitali, ob. cit., p. 235.
114 Vitali, ob. cit., p. 234.

Das Substituições (Art. 1.951) 217

O fiduciário adquirirá a propriedade plena, se houver renúncia do fideicomissário, ou se este for declarado indigno,[115] se falecer antes do testador,[116] ou antes de se realizar a condição ou o termo. Tocam-lhe as benfeitorias úteis e necessárias, podendo exercer o direito de retenção (arts. 1.219 e 964, III).

Incumbem-lhe as despesas ordinárias com vistas à conservação e uso da coisa,[117] podendo ainda sub-rogar o fideicomisso para outros bens, desde que não haja estipulação em contrário por parte do autor da herança.[118] Mas a sub-rogação não se opera automaticamente, por livre e espontânea vontade do fiduciário. Tem-se de requerer ao juiz a sub-rogação, para que se transfira o ônus que grava o bem fideicometido para outro, dando-se baixa no registro competente, conforme o caso (art. 1.112, II e VI, do CPC). Ainda nessa hipótese, poderá o fideicomissário intervir no feito, e mesmo se opor ao pedido de sub-rogação, sendo de boa prudência a sua oitiva prévia à decisão judicial.[119]

---

115 Cf. Pontes de Miranda, *Tratado*, LVIII, p. 209. Na vigência do Código revogado, sim. Pela atual sistemática, no fideicomisso próprio, dificilmente haverá indignidade do fideicomissário, uma vez que nem nascido ao tempo da abertura da sucessão (art. 1.952).

116 Tendo em vista que o fideicomisso, hoje, ficou restrito às pessoas não nascidas ao tempo da morte do testador, é intuitivo que não será possível aquilatar a hipótese de premorte do fideicomissário como causa de caducidade, como tal concebida na primeira parte do art. 1.958.

117 Os gastos extraordinários de conservação podem ser retirados da deixa ou têm de ser ressarcidos pelo fideicomissário. As benfeitorias voluptuárias não são ressarcíveis pelo fideicomissário. Podem ser levantadas pelo fiduciário, se disso não resultar dano ao bem fideicometido, como, p. ex., se instalou armários, ar-condicionado ou calefação (Pontes de Miranda, *Tratado*, LVIII, p. 182).

118 Mas em se tratando de justificada necessidade e urgência demonstradas pelo instituído, convém avaliar-se o benefício e a utilidade que daí resultariam ao próprio fideicomissário, caso mantido o gravame sobre um bem, em vias de deterioração, por exemplo, diante da regra inserta no art. 1.939, III.

119 Jorge Americano é ainda categórico no tema, entendendo que o fideicomissário deve comparecer ao ato de sub-rogação, *in Fideicomisso*. "Consultas e Pareceres", *Revista dos Tribunais*, nº 124, pp. 37-38, março de 1940.

Aquele que adquire um bem gravado de fideicomisso, assume o risco de, resolvida a condição ou realizado o termo, ser a propriedade reivindicada pelo fideicomissário, por seus herdeiros ou por terceiros. O comprador só adquire a propriedade restrita e resolúvel. Para que surta o fideicomisso efeitos em relação a terceiros, cumpre ao fideicomissário acautelar-se, providenciando o registro do formal de partilha (art. 167, I, 24, da LRP), com a *averbação*[120] do gravame no registro imobiliário, se se tratar de imóvel (art. 167, II, 11, da LRP); no Registro Público de Empresas Mercantis, em se tratando de legado de cotas (art.979), e subsidiariamente, onde não houver nenhum outro registro para atribuição de publicidade do ato de transmissão, no Registro de Títulos e Documentos (art. 127, parágrafo único, da LRP).

Resolvida a condição ou realizado o termo, o fideicomissário adquire a propriedade plena sobre a coisa fideicometida, resolvendo-se os negócios jurídicos entabulados entre o fiduciário e terceiros. Se o fideicomisso for a condição de prole eventual (beneficiário de segundo grau, como restou ao instituto, a teor da regra inserta no art. 1.952), não será possível constar do registro o nome do fideicomissário, desde logo, ao tempo da abertura da sucessão. Nesse caso, para que a propriedade imobiliária se consolide em mãos do fideicomissário, será preciso que se averbe no registro o óbito do fiduciário e o nascimento do fideicomissário, p. ex.

A propósito, ensina Afrânio de Carvalho: *"Diversamente do usufruto, o fideicomisso, em virtude do qual a propriedade toca inicialmente a*

---

120 O fideicomisso é direito de aquisição, e, portanto, objeto de inscrição (Afrânio de Carvalho, *Registro de imóveis*, Forense, p. 102). No mesmo sentido, Enneccerus, Kipp e Wolff, ob. cit., p. 85. Valmir Pontes acentua: *"Registrado o formal de partilha, o título de entrega do legado ou doação, o oficial fará ao mesmo tempo a averbação relativa ao fideicomisso existente, conforme o que constar do título. Extinto o fideicomisso (CPC, art. 1.112, VI), a extinção poderá ser igualmente averbada, a requerimento do interessado"* (*Registro de imóveis: comentários aos arts. 167 a 288 da Lei nº 6.015, de 31 de dezembro de 1973*, São Paulo, Saraiva, 1982, p. 51).

Das Substituições (Art. 1.951)

um pré-herdeiro, chamado fiduciário, por cuja morte passa ao herdeiro definitivo, chamado fideicomissário, pede uma só inscrição, a da propriedade transmitida, apenas alongada com a referência à condição fideicomissária, que a torna resolúvel. O cumprimento da condição, liberando a propriedade, dispensa que desta se faça nova inscrição, pois basta a que fora feita originalmente, desde que à sua margem se lance averbação do cancelamento do fideicomisso que antes sobre ela pesava (...) Via de regra interpõe-se um longo período entre a aquisição da propriedade pelo fiduciário e a aquisição seguinte pelo fideicomissário, o que torna às vezes demorada a busca em livros findos.

Ora, é precisamente essa dificuldade de busca pelo passado que leva o Código Civil a exigir a renovação da hipoteca após trinta anos da sua aquisição. Por outro lado, se o fiduciário transmitir o imóvel, à inscrição original em seu nome seguir-se-ão uma ou mais inscrições em nome dos adquirentes interpostos antes da resolução do domínio em favor do fideicomissário. Essas inscrições intermédias aparecerão encadeadas no livro até que, de repente, surja, atrás delas, outra recuada no passado, porque presa à inscrição original do fideicomisso. Por fim, essa inscrição original do fideicomisso se lança de maneira que nela somente figura o nome do fiduciário, vindo o nome do fideicomissário em averbação, conforme o mandamento da lei. Daí resulta que, sobrevindo o cancelamento do fideicomisso, fica o imóvel sem titular declarado no livro. A fim de obviar a esses inconvenientes práticos, parece acertado admitir, em correspondência com a sucessividade das transmissões, uma segunda inscrição em nome do fideicomissário, quando este adquirir o imóvel. Essa segunda inscrição far-se-á, após o cancelamento do fideicomisso, com apoio em título judicial extraído do processo de sua extinção, apenso ao inventário do testador, processo esse ocasionado tanto pela necessidade certa de pagamento de tributo, notadamente de transmissão, como pela de eventual partilha, se houver mais de um fideicomissário (Cód. de Proc. Civ., art. 1.112, VI)." No caso do fideicomisso próprio, a que chamaremos aquele consubstanciado na regra do *caput* do art. 1.952, o testador não conhece o fideicomissário, que ainda não nasceu,[121] nem foi concebido na época da abertura da sucessão. O registro do formal de partilha não poderia ser diferente. Especificará o nome do herdeiro fiduciário e a instituição de futuro fideicomissário, sujeita ao nascimento deste. Nada mais razoável do que, averbado o óbito do fiduciário e o nascimento do fideicomissário, seja aberto novo registro com o nome do atual titular do domínio, sob pena de maltrato ao princípio da continuidade do registro. Aliás, a CGJ do Estado de São Paulo assim se pronunciou, respondendo à consulta formulada pela Ordem dos Advogados do Brasil, no Processo nº 72.016/84:[122] *"Pode o registro ser omisso quanto aos elementos referentes ao fideicomissário. Basta recordar exemplo em que, no momento do registro, ainda não existam os fideicomissários por ter sido contemplada prole futura do fiduciário. Esta omissão deverá ser suprida judicialmente, ainda que por procedimento retificatório."* Isto porque o oficial registrador não dispõe de elementos suficientes para verificar, com segurança e necessária prudência, a quem, de fato, caberá o fideicomisso em decorrência da prole eventual.

A extinção do fideicomisso no registro de imóveis nem sempre será dependente de decisão judicial, necessariamente, não, pese embora a redação contida no art. 1.112, VI, do CPC. É que, consoante se verifica da leitura do art. 250, II e III, da Lei nº 6.015/73 (LRP), o cancelamento poderá decorrer de *requerimento unânime das partes que tenham participado do ato registrado, se capazes, com as firmas reconhecidas por tabelião*; ou *a requerimento do interessado, instruído com documento hábil.* Ademar Fioranelli bem exemplifica alguns dos casos mais comuns de cancelamento do fideicomisso pelo próprio oficial registrador, sem a intervenção judicial: *"I) pela morte do fiduciário ou do fideicomissário, provada pelo assentamento civil do óbito; II) pela*

---

121 Nem instituído, como é o caso da fundação.
122 *In Decisões Administrativas da CGJ do Estado de São Paulo*, Ed. Revista dos Tribunais, 1984/1985.

expiração do termo do fideicomisso: a) acontecimento certo; quando está fixada certa data: ao completar 21 anos de idade, sendo prova bastante o assento de nascimento; b) acontecimento incerto: quando o fato tem data incerta (por exemplo, a conclusão de um curso universitário; quando concluída a construção pré-determinada etc.), facilmente comprovado com documento hábil; c) pelo implemento da condição resolutória do estabelecido (por exemplo, o casamento de alguém), comprovada pela certidão do assentamento civil; d) renúncia, mediante instrumento público ou judicial."[123]

No caso de locação de imóveis urbanos, aplica-se o art. 8° da Lei n° 8.245/91, devendo ser providenciada pelo fideicomissário a denúncia do contrato, concedendo ao inquilino o prazo de noventa dias para a desocupação. Ao fideicomissário será inoponível a cláusula de vigência em caso de alienação, caso prevista, porque seu direito é de natureza real, e preexistente à locação.

O fiduciário não é um usufrutuário, embora existam semelhanças entre o fideicomisso e o usufruto, como leciona Itabaiana de Oliveira: *"O fiduciário e o usufrutuário são obrigados a prestar caução, a inventariar os bens, conservá-los e restituí-los na época determinada pelo testador; o fideicomissário e o nu proprietário têm o direito de tomar posse dos bens no têrmo fixado, respectivamente, para a abertura da substituição e para a cessação do usufruto.*"[124]

Ao contrário do fideicomisso, o usufrutuário não pode alienar a terceiro a coisa sobre que pende o usufruto, porque estaria alienando coisa alheia. Se o fiduciário falece antes do advento do termo ou de realizada a condição, seus sucessores aproveitam a deixa testamentária, ao contrário do usufruto.[125]

---

123 Ob. cit., p. 52.
124 Ob. cit., p. 608.
125 Carlos Maximiliano, ob. cit., vol. II, p. 431.

O fideicomissário possui direito diferido,[126] não propriamente expectativa de direito.[127] Até o nascimento do fideicomissário, porém, não há que falar de direito, e, sim, mera expectativa de direito. Não pode o fideicomissário reivindicar o bem fideicometido vendido pelo fiduciário, a não ser após o advento do termo ou da condição imposta pelo testador ao fiduciário. A nós parece possível, porém, que o fideicomissário possa exercer os interditos possessórios, em defesa da posse da coisa, em virtude do princípio da *saisine*. Mas se a coisa houver sido alienada de boa-fé pelo fiduciário, ao fideicomissário não caberia oposição, a menos que o fideicomisso não houvesse sido averbado no registro de imóveis, por exemplo, sob pena de o fideicomissário futuramente ser privado dela em definitivo (*v. g.*, art. 1.238, parágrafo único). Pode o fideicomissário, porém, renunciar, e "até ceder,[128] praticando ato de disposição incompatível com a mera *expectativa*".[129] Pode, portanto, o direito do fideicomissário garantir dívidas e servir como objeto de direito real de garantia, inclusive de hipoteca.[130] Re-

---

126 Contra: Caio Mário da Silva Pereira, entendendo que se trata de proprietário eventual, sob condição suspensiva, ob. cit., pp. 207-208. No mesmo sentido, Washington de Barros Monteiro: "*O fiduciário vem a ser proprietário sob condição resolutiva, enquanto o fideicomissário o é sob condição suspensiva*" (*Curso...*, 6º vol., p. 231). Igualmente Clóvis Beviláqua: "*O fideicommisario é um herdeiro sob condição suspensiva*" (*Direito das successões*, p. 355).

127 Contra: admitindo que seja expectativa de direito, se pronuncia Pontes de Miranda (*Tratado*, LVIII, p. 146), mas, posteriormente, na mesma obra, vem a dizer: "*Não é simples expectativa: com a abertura da sucessão, não será possível revogá-lo, ou torná-lo ineficaz, ou infirmá-lo*" (*ibidem*, p. 157). Comungamos com Orlando Gomes: "*Costuma-se dizer que até a aquisição tem simples 'expectativa de direito', mas, em verdade, é titular de um 'direito diferido', ao qual pode renunciar e até ceder, praticando ato de disposição incompatível com a mera expectativa*" (*Sucessões*, p. 223).

128 Desde que não se trate de direito personalíssimo ou não haja disposição em sentido contrário do testador. Consoante esclarece Pontes de Miranda, ob. cit., LVIII, p. 165: "*Nos fideicomissos não personalíssimos, o fideicomissário pode alienar o seu direito.*"

129 Cf. Francisco José Cahali e Giselda Maria Fernandes Novaes Hironaka, *in Curso avançado de direito civil*, vol. 6, Ed. Revsita dos Tribunais, 2000, p. 453.

130 Pontes de Miranda, ob. cit., p. 166.

gistre-se que o fideicomissário é proprietário sob condição de sobrevida à do fiduciário e do testador.

Fato é, porém, que o fideicomissário só responde pelas dívidas do testador e pelas despesas extraordinárias incorridas pelo fiduciário e não pelo patrimônio da herança fideicometida, que eram, segundo as circunstâncias, indispensáveis. Pode o fideicomissário renunciar à herança, ainda que o testador haja inserido cláusula de inalienabilidade. Se o fideicomisso for a termo de morte, o fideicomissário não poderá renunciar à herança antes do falecimento do fiduciário. O fideicomissário tem, todavia, direito de petição de herança, pretensão a atos conservatórios, como, p. ex., o registro do fideicomisso, podendo interromper os prazos prescricionais, além de poder exigir que o fiduciário faça inventário e preste caução ou reforço de caução para a entrega dos bens fideicometidos. Lícito é ao fideicomissário ainda exercer "atos concernentes à testamentaria e à inventariança, somente se o fiduciário estiver ausente".[131]

Realizada a condição ou o termo, a propriedade da coisa se transfere ao fideicomissário, por direito real. Se o fiduciário prémorre ao testador, herda o fideicomissário, sem qualquer gravame. O fideicomissário não herda do fiduciário, pois, do contrário, suceder-lhe-ia nas dívidas. Do contrário, exemplificando, no caso de indignidade do fiduciário, o fideicomissário também não herdaria. Se o fideicomissário falece depois da morte do testador, mas antes do fiduciário, ou do advento do termo ou condição, caduca o fideicomisso (art. 1.958).[132] Nesse caso, herda o fiduciário ou herdam os herdeiros deste, sem qualquer gravame. Como realçado anteriormente, diante da nova redação dada pelo *caput* do art. 1.952, já não mais subsiste a possibilidade de o fideicomissário morrer antes do testador. É que o fideicomissário só poderá ser a prole eventual ainda não concebida ou

---

131 Maria Helena Diniz, ob. cit., p. 275.
132 Não o usufruto (art. 1.952, parágrafo único).

nascida, ao tempo da abertura da sucessão. O fideicomissário não nascido sequer ao tempo da abertura da sucessão não poderia *falecer* antes do autor da herança. Se o fideicomissário existir ao tempo da abertura da sucessão, haverá usufruto. Assim, se o eventual nu-proprietário morreu antes do testador, nada adquiriu, caducando o usufruto (art. 1.939, V). Se morreu depois do testador e antes do usufrutuário, adquiriu a nua propriedade, passando esta aos seus herdeiros. Não há caducidade aqui do usufruto. Aplicam-se as regras do usufruto e não do fideicomisso (art. 1.958).

Se o fideicomissário recusar o fideicomisso, ou for julgado indigno, extingue-se o fideicomisso, em favor do fiduciário, se não houver substituto. Se é o fiduciário que recusa a instituição ou é julgado indigno, dá-se o inverso. É o fideicomissário que recebe a propriedade, adquirindo-a imediatamente sem o encargo resolutório. Se o fiduciário vem a falecer antes do advento do termo ou condição, passa o seu direito a seus herdeiros, a menos que o testamento estabeleça alguma outra forma de disposição, pois, como adverte Pontes de Miranda,[133] *"ou os bens ficarão com os herdeiros do fiduciário, ou com o testamenteiro; só o testamento poderá decidir, presumindo-se que o testador tenha querido que fique com os herdeiros do fiduciário"*. Se a morte do fideicomissário for simultânea à do testador, o fiduciário recebe a propriedade plena, porque este já era proprietário dos bens quando faleceu.[134] Se o bem fideicometido vem a perecer sem culpa do fiduciário, caduca o fideicomisso.

O fideicomissário não é co-herdeiro do fiduciário. Não há direito de acrescer entre ambos. Não se confunda com o direito eventual[135]

---

133 Ob. cit., LVIII, p. 177.
134 Pontes de Miranda, ob. cit., p. 209.
135 Nem com o direito eventual de o fideicomissário adquirir a propriedade fideicometida, segundo forte corrente doutrinária, a que não nos filiamos (Josserand, *Cours*, III, p. 1.105).

de o fideicomissário obter o acréscimo de verba instituída em favor do fiduciário, nos termos do art. 1.956. Pertence à unidade econômico-jurídica do fideicomisso *"tudo que derivou do direito pertencente à herança, como a bonificação de ações aos acionistas depois de capitalizados ou postos em fundo de reserva os lucros das sociedades, todo o tesouro achado no prédio fideicometido pelo fiduciário"*[136] etc. Mas pode o fideicomissário exercer o direito de acrescimento, se nomeado conjuntivamente com outro fideicomissário, este não puder ou não quiser receber a quota transmitida, não havendo substituto, ou disposição em contrário por parte do testador, e preenchidos os requisitos legais. Do mesmo modo, havendo dois ou mais fiduciários nomeados conjuntivamente e se qualquer deles não puder ou não quiser aceitar a herança ou legado, sem especificação dos seus quinhões, a parte vaga poderá acrescer à do fiduciário remanescente, se não houver substituição (art. 1.941).

Por não ser herdeiro do fiduciário, expõe Enneccerus[137] que *"la circunstancia de que muchas (aunque no todas) de las disposiciones del fiduciario sean también válidas al heredero fideicomisario, no permite de modo alguno concluir la existencia de una relación sucesoria entre ambos (opina de outro modo Hellwig p. 219 ss.). Asimismo la sentencia firme obtenida por el fiduciario con relación a un objeto sobre el cual no podia disponer sin asentimiento del fideicomisario (LPC, § 326) alcanza fuerza de cosa juzgada para el heredero fideicomisario si era favorable, pero no si era desfavorable"*.

Ambos, fiduciário e fideicomissário, podem aceitar ou renunciar à herança ou ao legado (arts. 1.805, 1.806 e 1.955). Se o fideicomissário falecer antes do fiduciário ou antes de realizar-se a condição resolutiva, a propriedade consolida-se no fiduciário (art. 1.958), como já frisamos.

---

136 Pontes de Miranda, ob. cit., pp. 192-193.
137 *Derecho civil*, ob. cit., vol. 2, p. 30.

Se o fiduciário falece antes do testador, herda o fideicomissário ficando prejudicada a condição ou o termo. Opera-se a caducidade da disposição fideicomissária, se o fiduciário ou o fideicomissário forem julgados indignos. Sendo eles herdeiros necessários, e havendo deserdação reconhecida em sentença, também não herdam e caduca o fideicomisso (art. 1.965, parágrafo único).[138] Se o fiduciário renunciar à herança ou ao legado, defere-se ao fideicomissário o poder de aceitar, salvo disposição em contrário do testador (art. 1.954), o que obviamente implica deduzir que também na renúncia por parte do fiduciário, devolve-se a herança ou legado ao fideicomissário e não aos herdeiros daquele, a menos que o testador tenha estabelecido uma outra substituição. O fideicomisso caduca ainda se o objeto da deixa perecer,[139] sem culpa do fiduciário, se houver transação, nulidade da cláusula instituidora ou do testamento e se prescrever a verba testamentária.[140] Segundo entendemos, caduca também o fideicomisso, se o fideicomissário não for concebido no prazo de 2 (dois) anos após a substituição, por aplicação analógica do art. 1.800, § 4º, salvo se outro for o prazo estabelecido pelo testador. Voltaremos a nos pronunciar a respeito da matéria, por ocasião dos comentários ao art. 1.958.

Ressalte-se, consoante acepção de Pontes de Miranda, que os credores da herança *"são credores do fiduciário até o montante dos bens herdados e do fideicomissário até o mesmo importe. No momento em que o fideicomissário recebe, responde na qualidade de herdeiro, que é. Se o fiduciário não pagou as dívidas da herança, paga-as ele. Os credores do fiduciário não são credores da herança (...) As dívidas do fiduciário ga-*

---

138 Observa-se que na atual sistemática do Código, impossível ao testador deserdar o fideicomissário, por fato ocorrido antes da lavratura do testamento, já que nem nascido será na época da morte do autor da herança.

139 O perecimento da coisa deve ser total. Se for parcial, subsiste quanto ao remanescente o direito do fideicomissário.

140 Cf. Carlos Maximiliano, ob. cit., vol. II, p. 452.

rantidas pelos bens (hipoteca, penhor, anticrese, caução) não são dos bens. Com a mudança dos 'sujeitos' da propriedade, tôdas se extinguem 'quanto ao bem'; os credores têm ação contra o fiduciário, e não as ações contra os bens hipotecados, empenhados ou anticréticos. A penhora do direito do fiduciário 'dos bens', por dívida do fiduciário, extingue-se ipso iure. *São bens alheios*".[141] É que, morto o fiduciário, resolve-se o domínio do adquirente em favor do fideicomissário. Eventuais credores que tenham admitido garantias sobre bens gravados de fideicomisso sujeitam-se à contingência de no futuro ver afinal resolvido seu direito.[142]

2. Resolvendo-se o direito deste, por sua morte, a certo tempo ou sob certa condição

Já se disse que o fideicomisso importa disposição testamentária condicional. O direito do fideicomissário começa onde o do fiduciário termina. Quem recebe a herança ou legado em primeiro lugar é o fiduciário. De regra, seu direito cessa, quando termina a sua vida. Mas a morte do fiduciário, como vimos, deve ser superveniente ou concomitante à abertura da sucessão (comoriência). Precisamente essa a condição resolutiva mais comum que a própria lei não se olvidou de estabelecer.[143] Se o fideicomissário vier a falecer depois do testador, mas antes do fiduciário, já não haverá resolução de fidúcia em favor do herdeiro fideicomissário, por não haver mais herdeiro fideicomissário. Caducou o fideicomisso e, conseqüentemente, a condição resolutiva nele perfilhada. Herda o fiduciário.

---

141 Ob. cit., p. 198.
142 Washington de Barros Monteiro, *Curso...*, 6º vol., p. 236.
143 A disposição excepciona a regra disposta no inciso I do art. 1.799, a qual exigiu que as pessoas indicadas pelo testador, cuja prole eventual será favorecida, estejam "vivas ... ao abrir-se a sucessão".

É lícito ao testador subordinar a investidura do fideicomissário a condição ou termo, que não o da morte do fiduciário. Nesse caso, tudo se resolverá em usufruto, se o fideicomissário vivo for, por ocasião da abertura da sucessão (art. 1.952). Por exemplo: deixo a Tício a Fazenda Boa Esperança, que passará a Mévio, quando casar-se. Realizada a condição prevista pelo testador, com o casamento de Mévio, extinto estará o usufruto de Tício, consolidando-se a propriedade em mãos de Mévio, o nu-proprietário. Se Tício falecer antes de realizada a condição e não houver substituição ou acrescimento, extingue-se o usufruto de qualquer forma, porque o usufruto não é hereditário, sendo limitado à vida do usufrutuário.

Cunha Gonçalves cita o seguinte exemplo de disposição não fideicomissária: *"A disposição pela qual o testador deixa os bens a Tício para os fruir até atingir a idade de 50 anos, findos os quais ou se falecer antes, passarão a Caio; porque se trata dum legado a têrmo final para um e a têrmo inicial para outro; e o primeiro dêstes legado é, necessariamente, de usufruto, porque não há propriedade a prazo."*[144] Como vimos, de acordo com a nova sistemática adotada pelo Código, a interpretação do ilustre jurisconsulto se mostra adequada hoje, diante da regra inserta no art. 1.952, parágrafo único. Haverá fideicomisso se houver contemplação de prole futura, resolvendo-se a propriedade do fiduciário, em favor do fideicomissário.

Importante destacar que, se a nomeação do fiduciário for anulada,[145] não haverá mais fideicomisso. Herda o fideicomissário a coisa livre de gravame. Se o que se anulou é a substituição do fiduciário pelo fideicomissário, prevalece a instituição ao fiduciário, sem o encargo resolutório, *ex vi* do art. 1.960.

---

144 Ob. cit., p. 188.
145 Certo, como pontifica Planiol que *"a nulidade que rompe as substituições não é uma simples nulidade relativa; é uma nulidade 'absoluta', fundada em motivos de ordem*

3. Em favor de outrem que se qualifica de fideicomissário

Resolvida a condição ou realizado o termo, a propriedade fideicometida se transfere ao fideicomissário. Nesse caso, o fideicomissário já adquiriu a nua-propriedade do bem *fideicometido*, ao tempo da morte do autor da herança. É usufruto, diante da regra inserta no parágrafo único do art. 1.952, porque *fideicomisso* verdadeiramente não é. A lei *converteu* a instituição fideicomissária, ainda que querida e totalmente desejada pelo testador, em usufruto.

O que recebe o nu-proprietário é a propriedade plena deixada pelo testador. Não há hereditariedade entre nu-proprietário e usufrutuário, assim como não o há entre fideicomissário e fiduciário. O fideicomissário não herda as dívidas do fiduciário. O fideicomissário responderá pelos encargos remanescentes da herança fideicometida (art. 1.957) e pelas dívidas da herança, dentro das forças desta.[146]

Não se confunda o fideicomisso com a substituição vulgar. A disposição feita a uma pessoa e, na sua falta a outra, representa uma substituição vulgar. Na dúvida entre substituição vulgar e fideicomisso, a primeira prefere o segundo.[147] Nada impede, porém, que o testador institua fideicomisso, e simultaneamente, a substituição vulgar (substituição compendiosa), como, por exemplo: instituo Caio herdeiro, e, por morte, os filhos de Tício. Na falta destes, sucederá Mévio. Discute-se se a substituição vulgar, nesse caso, não tornaria inócua a exigência estabelecida no *caput* do art. 1.952, na medida em que o testa-

---

pública" (*Traité élémentaire de droit civil,* 2ª ed., Paris, Librairie Cotillon, 1903, t. 3ème, p. 953). Mas o Código Civil francês, segundo esclarece Baudry-Lacantinerie, mostrou-se mais severo que a Lei de 14 de novembro de 1792, anulando, ao mesmo tempo, a instituição e a substituição (ob. cit., t. III, p. 669), diversamente do que se passa no direito brasileiro, onde não há esse caráter de indivisibilidade entre fiduciário e fideicomissário.

146 João Luiz Alves, ob. cit., p. 148.
147 Enneccerus, Kipp e Wolff, ob. cit., p. 157.

dor, para burlar a regra de instituição em favor da prole eventual, trataria sempre de nomear substituto vivo em lugar do não concebido.[148] Ora, o testador também pode subordinar condição ou termo para a investidura do fideicomissário.[149] Pode fixar um prazo para que a prole contemplada sobrevenha. Assim, não concebida a prole eventual, na época da substituição do fiduciário ou no prazo estabelecido pelo testador, nem sobrevindo nascimento do contemplado ou dos contemplados pelo fideicomisso, lícito será ao substituto herdar a quota que pertenceu ao fiduciário.

Se o fiduciário prazo algum tivesse para constituir prole eventual, a substituição vulgar, caso prevista pelo testador, seria totalmente ineficaz. O substituto nunca herdaria, em face de acontecimento futuro e incerto, como é o nascimento do fideicomissário. De outro modo, passados vários anos depois de aberta a sucessão, se o fiduciário resolvesse alienar o bem fideicometido, o adquirente ficaria sempre à mercê do fiduciário, que, a todo e qualquer momento, poderia alterar a sua vontade, constituindo família e prole inclusive por meio de adoção,[150] por exemplo. Nesse particular, bem assevera Laurent[151] que se

---

148 Caio Mário da Silva Pereira, depois de citar Ferreira Alves e Martinho Garcez, assinala: *"Não é, porém, vedado conciliar o fideicomisso com a substituição vulgar, designando um substituto para o caso do fideicomissário não poder ou não querer aceitar"* (*Instituições...*, vol. VI, p. 204).

149 Carlos Maximiliano, ob. cit., p. 429.

150 Orosimbo Nonato assevera que "Carlos Maximiliano exclui os *adotivos*, formando, pois, na *communis opinio* de que se alongou Degni, na citação de Calogero Gangi e êste, em parte" (ob. cit., p. 26). Mas diante da redação imprimida pelo art. 227, § 6º, da Constituição atual e do art. 1.596 do atual Código, não temos dúvida em afirmar que também os adotivos podem ser nomeados fideicomissários. O atual Código legitima a prole concebida por inseminação artificial homóloga e heteróloga (art. 1.597, III a V). Também esta poderá ser contemplada por fideicomisso. Assim, em não havendo prazo para a constituição da prole beneficiária, passados vários anos da alienação do bem fideicometido, se o fiduciário decidisse instituir prole por meio de inseminação artificial, também aqui ficaria o adquirente à mercê deste último.

151 *Cours élémentaire...*, p. 303.

Das Substituições (Art. 1.951)

o fideicomissário for sucessor do fiduciário e renunciar à herança do fiduciário, poderá reclamar o bem fideicometido, junto ao terceiro adquirente de boa-fé. É que o fideicomissário, sucedendo o fiduciário, em direitos e obrigações, deve, por óbvio, respeitar o contrato, por onde se vê que intrincada questão poderá advir no caso de renúncia da herança deixada pelo fiduciário.

A questão se agrava ainda mais, quando se verifica que o texto do art. 1.952 não restringe o benefício do fideicomisso à prole eventual do fiduciário. Assim, pode perfeitamente o testador nomear a X fiduciário e fideicomissário a prole eventual de Y. Se isto ocorrer – hipótese afastada do direito francês –, o herdeiro de Y, não-sucessor de X, não estará obrigado a respeitar a alienação feita por X, sujeitando o terceiro adquirente ao risco da evicção que o fideicomissário não garantiu.

Daí por que, à falta de disposição expressa do testador, o fideicomissário deverá estar concebido no prazo de 2 (dois) anos a contar da abertura da sucessão[152] (§ 4º do art. 1.800), sob pena de caducidade,[153] pois, consoante o disposto no art. 122, são ilícitas as condições que *privarem de todo efeito o negócio jurídico, ou o sujeitarem ao puro arbítrio de uma das partes.* Não fosse assim, o fiduciário ou

---

152 Do testador ou do fiduciário (se se tratar de fideicomisso a termo de morte).

153 Mas se o fiduciário for menor absolutamente incapaz e o testador falecer logo após a instituição, decerto que o prazo de 2 (dois) anos não poderá ser contado senão a partir do atingimento da maioridade civil do fiduciário ou da sucessão do fiduciário, porque *"ad impossibilia nemo tenetur"*. Contra: Francisco José Cahali e Giselda Maria Fernandes Novaes Hironaka, ob. cit., p. 160: *"A solução tem nosso aplauso geral. Porém, dá origem a outro problema: jamais será nomeado herdeiro, ou legatário, a prole eventual de pessoa que não possa gerar ou conceber antes de dois anos, contados da data em que morreu o testador. Se este, por exemplo, deixou bens para a prole eventual de A, que tem, apenas, oito anos, e morre o testador logo depois de fazer a disposição de última vontade, a verba está irremediavelmente prejudicada, pois a pessoa designada de tenra idade, não tem condições para gerar ou conceber um filho, no biênio que o Projeto estipula."* Ao invés da caducidade nesse caso, optamos pela manutenção da instituição, diante do princípio do aproveitamento do ato testamentário,

genitor estéril do fideicomissário poderia de um momento para outro promover a adoção, ou mesmo conceber alguém por meio de uma inseminação artificial.[154]

Mas se o fideicomissário não for concebido no prazo de 2 (dois) anos da data da abertura da sucessão, e houver sido nomeado substituto vivo ao fideicomissário, que não nasceu, haver-se-á de entender que a instituição deixou de ser fideicomisso para ser usufruto? Imaginemos que o testador tenha contemplado o fiduciário e a prole eventual deste como fideicomissário, tanto que concebida no biênio seguinte à abertura da sucessão, nomeando, desde logo, como substituto do fideicomissário alguém que já existia na ocasião do testamento. Se o fideicomissário não vem ao mundo, o substituto que já era vivo na época do testamento herda a nua-propriedade ou o fideicomisso? A nós parece que o substituto não poderia herdar a propriedade plena, e, sim, a nua-propriedade, porque o benefício do *caput* do art. 1.952 não se estende a quem já existia por ocasião do testamento ou da morte do testador. A se concluir de modo contrário, sempre seria possível ao testador burlar a regra do art. 1.952, nomeando substituto vivo a quem jamais ou dificilmente iria ser concebido, no pressuposto de que a herança passaria ao substituto. O substituto não tem mais direitos que o substituído. Se o substituído não herda como fideicomissário, porque não existiu, nem concebido foi, o substituto que já vivia na época da morte do testador, herda, mas na condição de nu-proprietário, *ex vi* do parágrafo único do art. 1.952.

---

considerando a presumível vontade do testador, em nomear como fiduciário pessoa absolutamente incapaz, justamente para que, uma vez alcançada a sua maioridade civil, pudesse vir a prole respectiva a ser contemplada.

---

154 No caso de impossibilidade de prole, segundo Orlando Gomes, haveria caducidade do fideicomisso (*Sucessões*, p. 226). Mas, diante da regra estabelecida no art. 1.597, III a V, do atual Código, se nos afigura que a esterilidade não impediria mais o fideicomisso.

Das Substituições (Arts. 1.951 e 1.952)   233

A lei não distingue que tipo de prole eventual seria contemplado pelo testador. Certo que a tendência é não admitir-se a contemplação de netos e bisnetos, como bem assevera Carlos Maximiliano.[155] Existe campo de discricionariedade por parte do fideicomitente, mas inúmeras situações poderão surgir, exigindo do juiz redobrada atenção, em torno dos propósitos do testador e daqueles do fiduciário (art. 122).

Art. 1.952. A substituição fideicomissária somente se permite em favor dos não concebidos ao tempo da morte do testador.

Parágrafo único. Se, ao tempo da morte do testador, já houver nascido o fideicomissário, adquirirá este a propriedade dos bens fideicometidos, convertendo-se em usufruto o direito do fiduciário.

Direito anterior: O Projeto do Código Civil de 1975 instituiu a regra em seu art. 2.002, agora encampada pelo atual Código.[156] Histórico. O art. 894 do Anteprojeto de Orlando Gomes dispunha que: *"A substituição fideicomissária só se permite em favor dos descendentes do testador não concebidos ao tempo de sua morte."* O § 2º do art. 894 do Anteprojeto ainda estabeleceu que a nua-propriedade seria estendida aos filhos do usufrutuário, na hipótese prevista no § 1º (usufruto). Mencionado § 1º foi, todavia, suprimido pela Comissão Revisora formada por Orosimbo Nonato, Orlando Gomes e Caio Mário da Silva Pereira, no Anteprojeto de 1964. Caio Mário da Silva Pereira afirma: *"Ao ser elaborado o Projeto de Código Civil de 1965 (Orosimbo Nonato, Orlando Gomes e Caio Mário da Silva Pereira), o fideicomisso foi mantido, com restrição aos descendentes do testador ainda não nascidos ao tempo da sua morte, e conversão em usufruto se nesse momento os fideicomissários já forem nascidos (Projeto de 1965, art. 805 e seu parágrafo)."*[157] O art. 2.162 do Anteprojeto de 1972 somente permitiu a substituição fideicomissária em favor dos não concebidos ao tempo da morte do testa-

---

155 Ob. cit., 318.
156 *Vide* transcrição do referido dispositivo em nota de rodapé, cf. Silvio Rodrigues, *Direito civil,* Saraiva, 1988, vol. 7, p. 231.
157 *Instituições,* vol. VI, p. 203.

dor.[158] Manteve-se a sua redação no art. 2.143 pela Comissão Revisora do Anteprojeto de 1972. O dispositivo acabou recebendo o número 2.002 no Projeto de Lei nº 634/75. A forma final do artigo não retornou aos parâmetros do anteprojeto Orlando Gomes, deixando de restringir o fideicomisso aos descendentes do testador, mas manteve a fórmula de conversão do fideicomisso em usufruto, se, no momento da abertura da sucessão, os fideicomissários já forem nascidos. A revisão do instituto do fideicomisso já havia sido ressaltada como ponto de reforma, pelo Prof. Miguel Reale (Mensagem nº 160, de 10.06.75), prevendo-se "o caso de sua conversão em *usufruto*". E de fato, segundo se colhe da exposição de motivos complementar, de 15.03.73, do Novo Código, elaborada pelo Prof. Torquato Castro, em relação à sucessão testamentária, "*foi mantida a forma imprimida aos demais testamentos em nosso esboço, que se inspirou, nesse particular, no Projeto Orlando Gomes*".

Sem correspondente no CC/1916.[159]

COMENTÁRIOS

1. A substituição fideicomissária somente se permite em favor dos não concebidos ao tempo da morte do testador

O legislador rendeu-se às críticas ao instituto do *fideicomisso*, pretendendo aqui estabelecer o usufruto como regra e o fideicomisso como exceção. Restringiu, daí, a substituição fideicomissária à prole eventual.[160] Curiosamente, ao invés de o *caput* do artigo sob comento

---

158 Caio Mário da Silva Pereira, ob. cit., mesma página.

159 Legislação comparada: Código Civil alemão: §§ 2.101 e 2.106, 2ª al.; italiano: arts. 692 e 698; permitido em determinados casos, Código Civil francês: arts. 1.048 e 1.049, e ainda reputando como válida a disposição testamentária do usufruto (art. 899). No mesmo sentido, o Código mexicano: art. 1.479; diversamente, venezuelano: art. 963 (a favor de diversas pessoas sucessivamente, desde que vivas por ocasião da morte do testador).

160 Estende-se ao nascituro, como se verá.

prever o usufruto, que passou a ser a regra ao tema da substituição *fideicomissária*, acabou disciplinando o fideicomisso. Por seu turno, o parágrafo único, que deveria reger o fideicomisso, acabou estatuindo o usufruto.

No usufruto, como cediço, é necessário que, ao tempo de sua constituição como *jus in re aliena*, sejam conhecidos os sujeitos de direito das partes destacadas da propriedade. No fideicomisso, será possível a contemplação de apenas pessoas incertas, indefinidas e ainda sem existência.[161]

O *caput* do dispositivo ora comentado revela que o fideicomisso ficou restrito apenas às hipóteses de contemplação de pessoas incertas; isto é, a prole eventual. Certo, como afirmado por Carlos Maximiliano,[162] *"para suceder é mister existir, pelo menos no ventre materno. Esta 'regra' comporta uma exceção: em favor da 'prole' eventual de pessoas designadas pelo testador e existentes na data do falecimento dele (Cód. Civil, art. 1.718) (...). No caso excepcional de se contemplar a prole de pessoa determinada, pode aquela nem concebida estar no dia da morte do testador: com o nascer com vida, adquire direito à sua cota, e a transmite, quando falece, aos seus sucessores"*. Nesse sentido, REsp. nº 203.137/PR, STJ, Quarta Turma, rel. Min. Sálvio de Figueiredo Teixeira, *DJ* de 12.08.2002, p. 214. Portanto, inclui-se o embrião (art. 2º).

O advérbio *somente* marca o caráter imperativo, e, ao mesmo tempo, excepcional de admissibilidade do fideicomisso. Mas a expressão *"não 'concebidos' ao tempo da morte do testador"* não é bem adequada, pois deixaria à deriva o embrião, que também é capaz de adquirir herança, *ex vi* do art. 1.798. Não fosse assim, ficaria o embrião a salvo do fideicomisso próprio (*caput* do artigo sob comento), porque "não concebido ao tempo da morte do testador" e também não herdaria a nua-propriedade (fideicomisso impróprio), por não haver *nascido* ainda

---

161 Washington de Barros Monteiro, ob. cit., p. 234.
162 Ob. cit., vol. II, pp. 316 e 319.

na época da abertura da sucessão (parágrafo único do dispositivo ora comentado). A redação continha no projeto um equívoco ainda maior, como salientado por Sergio Jacomino: ... *"registra o projeto, defeituosamente, que '...se permite em favor dos não concedidos'. Aqui há evidente equívoco na expressão 'concedidos', quando o correto seria 'concebidos.'"*[163] Ora, o intuito preliminar do Anteprojeto Orlando Gomes era o de restringir o fideicomisso à contemplação dos descendentes do testador não concebidos ao tempo da sua morte. Ao depois, alterou-se a redação do anteprojeto para permitir a contemplação da prole eventual de pessoa determinada pelo testador, qualquer que seja ela. O testador, não podendo contemplar como herdeiros ou legatários as pessoas havidas pelo Código como *incapazes* para suceder (art. 1.801), nem por isso poderá testar em favor de descendentes dessas mesmas pessoas, sob pena de nulidade (art. 1.802). Se o testador pode contemplar a prole eventual de quem sequer aparece na sua linha de parentesco, com muito maior razão, pode testar em favor de quem já concebido ao tempo da abertura da sucessão. Na época do testamento, a prole contemplada ainda não existe, e pode nem haver embrião.

Note-se que a Lei sueca de 25 de abril de 1930 somente permite a instituição hereditária de pessoas que já estejam concebidas no momento da morte do testador.[164] José Tavares[165] explicita que: *"O fideicomisso só pode ser constituído em favor de pessoas certas, 'nascidas' ou 'por nascer' (art. 1.867º, n°s 1º e 2º); o usufruto pode constituir-se em favor de uma ou mais pessoas, simultânea e sucessivamente, contanto que existam ao tempo em que se tornar effectivo o direito do primeiro usufructuario."*

Importante ressaltar que a redação final timbrou por beneficiar, como preconizado por Sergio Jacomino, não apenas os descendentes do testador ou do fiduciário: *"Pode ser contemplada por fideicomisso*

---

163 *O Fideicomisso no Projeto do Código Civil*, 22.02.80 (http://www.quinto.com.br/paginas/artigos9.htm).

164 Enneccerus, Kipp e Wolff, ob. cit., p. 81.

165 Ob. cit., pp. 466-467.

qualquer pessoa não concebida ao tempo da morte do testador e não, necessariamente, sua prole eventual. A contemplação de 'não concebidos' é disposição menos clara e concisa que aquela aventada pela doutrina – 'não nascidos.'"[166] Como o usufruto não permite a instituição de pessoa incerta,[167] resta concluir que o embrião é sujeito de aquisição de direito de fideicomisso, e não da nua-propriedade.

A sanção que se estabelece pelo descumprimento do preceito em tela[168] não chega a alcançar a máxima de nulidade. Esse o grande mérito da reforma, sem dúvida alguma, no particular. Avançou-se na práxis, com a convalidação do ato, tal como assim o preceitua o art. 244: *"Quando a lei prescrever determinada forma, sem cominação de nulidade, o juiz considerará válido o ato se, realizado de outro modo, lhe alcançar a finalidade."* Se o testador instituir fideicomisso de pessoas vivas, será o instituto havido como usufruto. Não se anula o fideicomisso. O juiz não declara a nulidade da instituição. Apenas a reconhece como usufruto, simplesmente. As dúvidas que sobressaltavam em torno da compreensão da vontade do testador, à guisa de aplicação do instituto que melhor atenderia ao desiderato do autor da herança, se, p. ex., usufruto ou fideicomisso, caem por terra com a redação dada ao dispositivo sob comento.[169] O parágrafo único responde com uma con-

---

166 Ob. cit., mesma página na Internet.

167 Armando Dias de Azevedo conclui de forma diversa, ao império do Código revogado, acentuando que *"no fideicomisso, fazendo-a fideicomissária, pode-se beneficiar a prole eventual duma pessoa, ao passo que, no usufruto, o segundo beneficiado, o nu-proprietário, tem de ser sempre pessoa certa, já existente 'ou concebida à época da morte do testador ou à época da lavratura da escritura de doação'"* (*O fideicomisso...*, p. 39) (n.n.). A redação do parágrafo único do art. 1.952 não deixa dúvidas de que o concebido, não nascido, não herda a nua-propriedade, e, sim, o fideicomisso.

168 Visto não haver norma sem sanção (Kelsen, *Teoria pura do direito*, 5ª ed., Coimbra, Armênio Amado, 1979, pp. 60 e ss.), e a despeito da crítica de Hart, em relação ao tema *nulidade*, com a qual não concordamos (*Conceito de direito*, 3ª ed., Lisboa, Fundação Calouste Gumbenkian, pp. 41-42).

169 Verifique-se, a propósito, o seguinte julgado do Tribunal de Justiça: "FIDEICOMISSO – Extinção – Discussão sobre a cláusula testamentária (existência do

versão forçada, transformando o fideicomisso em usufruto, ainda que o testador, com todas as letras, houvesse sido claro em direcionar a verba testamentária para outrem, a título sucessivo e não simultâneo. Sem dúvida, a solução preconizada pelo legislador pátrio deve ser prestigiada, situando-se além daquela alvitrada em França, via da qual a nulidade do fideicomisso é a regra, a despeito da validade do usufruto testado à semelhança do fideicomisso, ou como aponta Planiol:[170] *"... on s'était demandé si la disposition par laquelle l'usufruit est légué à l'un et la nue propriété à l' autre constituait une substitution, parce que les droits du grevé pendant sa vie se réduisent à peu près à ceux d' un usufruitier quand s'ouvre le droit des appelés. Néanmoins, il est certain que ce n'est pas une substitution, parce que le droit des deux légataires est alors différent, le premier ne transmet rien au second et s'il est incapable d'aliéner, c'est qu'il n'est pas propriétaire. Il n'y a la que l'emploi d'une combinaison très simple, la division de la propriété pleine en deux droits distincts. 'Aussi les aucteurs du Code en autorisent-ils expressèment l'emploi, afin de trancher le doute qui s'était produit (art. 899)"* (n. n.). Na verdade, como pondera José Tavares,[171] *"a disposição testamentária do usufructo vitalício para um e a propriedade para outro equivale exactamente a uma substituição fideicomissária; é o mesmo que deixar os bens a um para os possuir e conservar durante sua vida, e para os transmitir por morte a terceiro"*.

---

fideicomisso) – Procedimento de jurisdição voluntária que não se presta ao fim colimado – Hipótese, ademais, que a disposição testamentária restou inserida no esboço de partilha, homologado por sentença transitada em julgado – Carência decretada (Apelação Cível nº 27.670-4 – São Paulo, 1ª Câmara de Direito Privado, Relator: Guimarães e Souza, 06.03.98, vol. U.)". Em face do artigo em testilha, o juiz não precisará remeter as partes às vias ordinárias, se a discussão se limitar a mera aplicação do fideicomisso ou do usufruto.

---

170 Ob. cit., t. 3ème, p. 955.
171 Ob. cit., p. 464.

O art. 1.718 do Código anterior estabelecia a seguinte regra: "*São absolutamente incapazes de adquirir por testamento os indivíduos 'não concebidos até a morte do testador', salvo se a disposição deste se referir à 'prole eventual' de pessoas por ele designadas e existentes ao abrir-se a sucessão.*" O que a doutrina já previa na vigência do Código Civil revogado, o atual Código erigiu como norma expressa no fideicomisso. Os não concebidos, mesmo após a morte do testador, podem ser sujeitos de direito de herança, por força de disposição expressa, como é aquela do artigo sob comento. Quanto aos já concebidos, na ocasião da morte do testador, o art. 1.798 foi mais explícito, como não poderia deixar de ser,[172] permitindo que pessoas nascidas *ou já concebidas* no momento da abertura da sucessão possam ser titulares de herança.

O art. 1.799, I, trata da herdabilidade dos filhos ainda não concebidos de pessoas indicadas pelo testador, "*desde que 'vivas' estas ao abrir-se a sucessão*". O texto anterior se contentava com a *existência* dos pais daqueles que serão contemplados, ao tempo da abertura da sucessão (art. 1.718). Adverte Orlando Gomes que "*na 'sucessão testamentária', os 'nascituros' não concebidos têm capacidade sucessória, se filhos forem de pessoa determinada, 'viva' ao tempo da abertura da sucessão, ou se instituídos forem por 'substituição fideicomissária'*", hipótese em que não se exige o laço de parentesco"(n. n.).[173]

Quer nos parecer que o que se inibe é a nomeação pelo testador de alguém não concebido ou nascido de pessoa indeterminada, por ocasião da abertura da sucessão. Precisa a lição de Carvalho Santos, com apoio em Mazzoni: "*Os filhos não nascidos ou não concebidos ainda ao tempo da morte do testador, que, entretanto, podem receber dêste por ato de última vontade, devem provir de **pessoa determinada, existente***

---

172 Pois quem pode o mais, pode o menos: admitir-se que mesmo quem nem esteja nascido ou concebido na época da abertura da sucessão possa vir a suceder implica admitir-se, por óbvio, que também os já concebidos sejam sujeitos de direito.

173 *Sucessões*, p. 30.

ao tempo da abertura da sucessão...' Existente quer dizer, a pessoa já deve ser nascida, ter vida própria e independente. Se, pois, naquele tempo se achar ainda nas vísceras maternas, a disposição não terá efeito. Nem se pode, de outra parte, considerar como já nascido, para manter válida a disposição, o apenas concebido; pois não se trata de vantagem sua, mas de benefício à sua futura prole e não é lícito fazer extensão da disposição, que, como se disse, é excepcional. Mas, se a pessoa cuja prole tenha sido nomeada herdeira ou legatária premorrer ao de cujus, deixando, entretanto, prole concebida, sem dúvida que a disposição terá pleno efeito, não já em virtude da exceção, mas de acôrdo com a regra de que os concebidos são capazes de receber por meio de testamento'" (n. n.).[174]

Magistral entendimento de lavra de Carlos Maximiliano bem a propósito resume a questão: *"Prevalece a deixa em favor dos filhos de quem morreu antes do testador e depois de feito o testamento, e de quem nasceu depois da 'feitura' do ato de última vontade e antes do falecimento do disponente. A descendência, mencionada no primeiro caso, já é nascida, ou concebida; recebe pela regra geral; não a enumeram entre a prole 'futura'. Considera-se indispensável que o progenitor 'já' tenha nascido quando se abre a sucessão, e só isto; o filho do premorto é pessoa 'existente', forçosamente; não precisa valer-se do preceito excepcional para recolher o que foi deixado"* (n. n.).[175]

No caso de contemplação de prole eventual, é preciso distinguir se essa prole já existia na época da abertura da sucessão, ou se apenas concebida,[176] ou se ainda não o foi. Se o fideicomissário nasceu e vive, por ocasião da morte do testador, herda a nua-propriedade, porque

---

174 Ob. cit., vol. XXIV, p. 45
175 Ob. cit., vol. II, p. 323.
176 Sílvio Venosa expõe que se o beneficiado já houver sido concebido ao tempo da morte do testador, "adquirirá este a propriedade dos bens fideicometidos, convertendo-se em usufruto o direito do fiduciário" (ob. cit., p. 281). Em nossa concepção, o já concebido e não nascido por ocasião da abertura da sucessão do testador, herda o fideicomisso, não a nua-propriedade.

se converte o fideicomisso em usufruto. Se o fideicomissário não havia sido concebido e ainda não foi, ou veio a sê-lo, na época da sucessão do testador, poderá vir a adquirir a propriedade fideicometida, se vier a nascer, na condição de fideicomissário.

Para que o fideicomissário ainda não nascido ou concebido por ocasião da morte do testador possa herdar, é preciso que tenha sido, no mínimo concebido, após a morte do testador, e no prazo de 2 (dois) anos da data da abertura da sucessão[177] (art. 1.800, § 4º), a menos que o testador tenha disposto de outro modo. Importa verificar se o termo inicial que a lei prevê para a concepção do fideicomissário deva coincidir com a data do óbito do testador ou do fiduciário, porque a lei fala em "sucessão". Caio Mário da Silva Pereira acentua que *"não é indispensável que o fideicomissário já viva no momento da abertura da sucessão, nem ao menos que esteja concebido, pois que é lícita a substituição diferida para o futuro remoto da morte do fiduciário; mas é essencial que, ao se abrir a sucessão fideicomissária (seja esta subordinada à morte do fiduciário ou a qualquer outra ocorrência), o fideicomissário já exista, isto é, seja nascido ou ao menos concebido"*.[178]

O Código atual não especificou, como já dissemos, a prole eventual do testador, nem se referiu àquele *por nascer*, como o Código francês. Não se dispôs acerca de prazo para a concepção do herdeiro, não de forma explícita, a não ser nos termos do art. 1.800, § 4º. Baudry-Lacantinerie[179] expõe que a "doação ou o legado da nua-propriedade não poderia beneficiar senão às crianças ou aos recém nascidos *ou ao menos concebidos* no momento da doação ou da morte do disponente (arg. art. 906)" (n. n.). Nosso Código não exigiu que a prole eventual destinatária da verba fideicometida estivesse ao menos concebida na

---

177 Ou da substituição, que também decorre de sucessão, desta feita, do primeiro herdeiro (fiduciário).

178 *Instituições...*, vol. VI, p. 205.

179 Ob. cit., t. III, p. 679.

época da morte do testador, circunstância esta que representa um mínimo de condição de herdabilidade do fideicomisso, segundo a lei francesa, *ex vi* do art. 906, 2ª al.: *"Para ser capaz de receber por testamento, basta estar concebido na época da morte do testador."* Se assim é, não se exige que o herdeiro esteja concebido na época do falecimento do testador, de tal modo que essa concepção poderá ocorrer muito tempo depois, como, p. ex., na época do falecimento do fiduciário, muito embora não se negue os inconvenientes de uma tal circunstância.

Portanto, conjugando ambos os dispositivos (art.1.800, § 4º, e o artigo ora sob comento), verifica-se que o fideicomissário pode não ter sido concebido, por ocasião da morte do testador, mas deverá estar concebido, *ao menos*, no prazo máximo de 2 (dois) anos a contar da substituição fideicomissária, se não houver nenhuma disposição testamentária em sentido diverso. A não ser assim, se prazo algum houvesse, o adquirente ficaria sempre à mercê do fiduciário, que, a todo e qualquer momento, poderia alterar a sua vontade, constituindo prole. Como já o dissemos anteriormente, se o fideicomissário for sucessor do fiduciário, menor o risco para o adquirente, pois, falecido o fiduciário, no caso de fideicomisso a termo de morte, herda o fideicomissário os deveres do fiduciário, mormente no que se refere ao contrato entabulado com o adquirente. Mesmo assim, o adquirente não estará totalmente a salvo da reivindicação, se o fideicomissário renunciar à herança do fiduciário. Se o fideicomisso estiver subordinado a uma outra condição resolutiva, como, p. ex., o casamento do fideicomissário filho do fiduciário, e não houver prazo para a concepção da prole, maior será a insegurança na circulação do bem. Intrincada questão poderá advir, quando se verifica que o dispositivo sob comento não restringe o benefício do fideicomisso à prole eventual do fiduciário ou a parentes do testador. Assim, o fideicomissário filho de terceiro não estaria nunca obrigado a respeitar um contrato de alienação feito pelo fiduciário com outra pessoa, uma vez verificada a condição comum (óbito do fiduciário).

Das Substituições (Art. 1.952)   243

Note-se que o *caput* do artigo sob comento também acabou excepcionando a regra estatuída no art. 1.798 *supra*, na medida em que conferiu legitimidade sucessória a pessoa incerta, não nascida, nem concebida no momento da abertura da sucessão do testador ou do fiduciário. Aí a legitimação sucessória, por ocasião da morte do testador, se rege em favor do fiduciário, que é pessoa certa e herdeiro de primeiro grau. O fideicomissário ainda não foi concebido, e se o foi, não nasceu ainda.

A condição de herdabilidade do fideicomissário é o nascimento com vida. Se tal ocorrer um dia após a morte do testador, haverá fideicomisso e não usufruto. A capacidade sucessória do fideicomissário se rege ao tempo da morte do fiduciário, do advento do termo ou da condição imposta pelo testador.

Não exige a lei o laço de parentesco entre o fideicomitente e o fideicomissário. Há possibilidade de se instituir alguém herdeiro, estatuindo o testador que, por morte deste, sem prole, passem os bens a terceiro.[180] Como já assinalamos anteriormente, a transferência de bens do fiduciário para o fideicomissário ocorre, ou por morte do primeiro (vitalício), ou sob certa condição ou a certo tempo. É comum instituir-se o fideicomisso a termo de morte do fiduciário.

Mas se ao tempo da morte do fiduciário, não houver sido concebida ainda a prole eventual beneficiária da deixa testamentária, é preciso distinguir. Conforme magistério de Itabaiana de Oliveira, *"o fideicomisso a certo tempo (a têrmo) é uma derrogação do princípio pelo qual a designação do tempo em que deva começar ou cessar o direito do herdeiro, ter-se-á por não escrita, consoante o disposto no art. 1.665 do Código Civil. Daí decorre uma importante conseqüência: ser o têrmo* ex die *considerado uma 'condição suspensiva', com os efeitos que lhe são pró-*

---

180 Washington de Barros Monteiro, ob. cit., p. 235. Cf. Ruggiero: "Obrigação essa concebida sob a aparência de uma condição *si sine liberis decesserit*" (ob. cit., p. 549).

prios (no fideicomisso, bem entendido), porque se presume que o testador faz depender a liberalidade da seguinte condição: 'se o fideicomissário fôr vivo' na época do evento resolutório do direito do 'fiduciário'''.[181]

Não há nada na lei que impeça a sucessão fideicomissária condicionada a termo ou a outra condição, ainda que posterior ao óbito do fiduciário. Se, por exemplo, o fiduciário falecer muito tempo antes da condição resolutória estabelecida pelo testador, até que esta se realize, não terá o fideicomissário recebido a quota que lhe cabe. O grande jurista acima ainda salienta que: "Se o encargo foi instituído pro tempore, *isto é, se os bens tiverem de passar ao fideicomissário ao fim de certo prazo, e o fiduciário falecer antes de escoado este, transmitem-se aos seus herdeiros, porém gravados da mesma cláusula resolutiva e da mesma obrigação restitutória.*"[182]

Se ao tempo da substituição, já houver sido concebido o fideicomissário, o fideicomisso não caduca.[183] As hipóteses de ilegitimação consideradas no art. 1.801 também devem ser estendidas ao fideicomissário, se de prole das pessoas havidas como suspeitas ou moralmente repudiadas. É que a lei procura evitar o direcionamento das disposições testamentárias em favor de quem não poderia ser contemplado, sobretudo em razão de interesse óbvio no seu próprio favorecimento, ainda que por interposta pessoa (art. 1.802, parágrafo único). Portanto, verificada a ilegitimidade do fideicomissário, desde logo, com a abertura da sucessão do testador, herda o fiduciário sem a condição resolutiva. Mas se a condição imposta pelo testador for o óbito do fiduciário e este se verificar, sem que antes houvesse sobrevindo a prole beneficiária, caducará o fideicomisso.

---

181 Ob. cit., p. 590.
182 *Ibidem*, p. 207.
183 Orlando Gomes, *Sucessões*, p. 224.

Das Substituições (Art. 1.952)   245

2. Se, ao tempo da morte do testador, já houver nascido o fideicomissário

A regra estatuída acerca do fideicomisso é a de que, *ao tempo da morte* do fideicomitente, não tenha ainda *nascido* o fideicomissário. A redação do parágrafo único não prevê que ao tempo da morte do testador, o fideicomissário já tenha sido *concebido*. Se o fideicomissário não nasceu, e foi concebido, haverá fideicomisso, e não usufruto. Não herda quem não chega a nascer e o que "nasce sem vida".[184] Se o fideicomissário não nasceu e não foi concebido, aguarda-se o biênio da sucessão ou da substituição, se o testador não houver disposto de modo diverso. Ultrapassado o biênio, sem nascimento ou concepção do fideicomissário, adquire o fiduciário a propriedade plena.

O nascituro tem expectativa de direito de fideicomisso, não de usufruto. Não herda como nu-proprietário, porque, no usufruto, se exige a indicação de pessoas certas, titulares dos direitos de fragmentação da propriedade. O *concebido* herda como fideicomissário, conforme se infere da regra inserta no art. 1.798, não como nu-proprietário, pois ainda não nasceu.

Se o fideicomissário tiver nascido à época da sucessão do testador, a lei converterá o fideicomisso em usufruto forçado, passando o fiduciário à condição de usufrutuário e o fideicomissário à de nu-proprietário. A lei prefere o usufruto ao fideicomisso, concentrando neste uma forma de exceção (*caput*).[185] Onde não houver fideicomisso,

---

184   Carlos Maximiliano, ob. cit., vol. II, p. 321.

185   Prova é que na dúvida entre usufruto e fideicomisso, interpreta-se como usufruto a disposição testamentária (Carvalho Santos, ob. cit., p. 164; Caio Mário da Silva Pereira, ob. cit., p. 211, Washington de Barros Monteiro, ob. cit., p. 235). Carvalho de Mendonça e Tito Prates são citados por Itabaiana de Oliveira como opositores ao fideicomisso, em caso de dúvida (ob. cit., p. 608). Contra: Carlos Maximiliano, *apud* Orosimbo Nonato, ob. cit., p. 186: "Onde o fideicomisso é facultado prevalece o oposto – na dúvida por êle se conclui." Diante do preceito

haverá usufruto, que é residual e mais comum. Assim, por exemplo, se se institui Mévio herdeiro e, por morte, Cassio, ambos vivos, na época do testamento e da sucessão, já não haverá fideicomisso, e, sim, usufruto vitalício, passando Mévio à condição de usufrutuário e Cassio à de nu-proprietário, até a morte daquele. Se Cassio premorrer ao testador, caducará o fideicomisso e também o usufruto.[186] Se se institui Mévio herdeiro até o casamento de Tício, quando passa este à condição de herdeiro, estabelece-se usufruto até o advento da condição. O casamento de Tício faz consolidar a propriedade plena a seu favor. Se Tício vem a falecer antes de Mévio, e, portanto, antes da realização da condição (personalíssima) estabelecida pelo testador (casamento), não haverá caducidade da verba testamentária, e, sim, caducidade da condição (casamento). O usufruto passa a ser vitalício. Extinguir-se-á com a morte do usufrutuário Mévio. Falecido o nu-proprietário, herdam seus herdeiros.

De fato, no caso de falecimento do nu-proprietário, antes do usufrutuário e após o testador, herdam os sucessores do nu-proprietário. Aplicam-se as regras do usufruto, porque a nua-propriedade não fica dependendo da realização de uma condição futura. Presume-se que a vontade do testador tenha sido a de contemplar o segundo herdeiro, *fideicomissário* – nu-proprietário e os sucessores deste. Do contrário, não haveria instituição de segundo grau, nem ao menos *aparente*, já que a lei manda converter o fideicomisso em usufruto, e neste, não há

---

contido no artigo sob comento, mesmo a deixa de usufruto acrescida da faculdade de alienação pelo usufrutuário, não importará em fideicomisso, se não for em contemplação de prole eventual, na época da abertura da sucessão, ainda que circunstâncias permitam aferir que o testador não quis que o fiduciário simplesmente transferisse a posse do bem fideicometido ao fideicomissário.

---

186 A lei não tolera o usufruto que importe substituição além do segundo grau. Não se pode instituir usufruto *para alguém e seus herdeiros* (Orosimbo Nonato, ob. cit., p. 192).

instituição sucessiva, ou de segundo grau, mas simultânea. O testador simplesmente doaria em vida o bem ao fiduciário, reservando para si o usufruto. Assim, p. ex., se se institui Mévio herdeiro, e, por morte deste, Cassio, ambos vivos, na ocasião do óbito do testador, e Cassio vem a falecer antes de Mévio, após a abertura da sucessão, a nua-propriedade passa aos herdeiros de Cassio, se não houver substitutos ou direito de acrescimento.

Se para o fideicomisso, é necessária a realização de condição futura para que a propriedade se transfira do testador para o fideicomissário, no usufruto, a nua-propriedade é transferida, desde logo, quando da abertura da sucessão, ao nu-proprietário, reservando-se ao usufrutuário o direito de fruição da coisa. E se o testador houver estipulado que Mévio herdaria a propriedade da coisa, e por morte, passaria esta a Tício, existindo ambos por ocasião da abertura da sucessão, *quid inde*? Como a lei converte o fideicomisso em usufruto, o nu-proprietário não fica na dependência de nenhuma outra condição que não seja a realização do usufruto, estado transitório, diga-se de passagem, para a consolidação da propriedade plena. Isto é, o apontado *fideicomissário* adquire a nua-propriedade, desde logo, com a morte do testador e não com a morte do usufrutuário.

É a plena propriedade que fica na dependência da realização da condição. Do contrário, não haveria usufruto e, sim, fideicomisso. Se, p. ex., o testador estipular que, ao casar-se, Tício, apontado *fideicomissário*, passaria a titular da propriedade plena, Tício recebe, com a morte do testador, a deixa testamentária como nu-proprietário, ficando reservado o usufruto a quem o testador houvesse contemplado como *fiduciário*, ou primeiro herdeiro. Realizada a condição, consolida-se a propriedade em mãos do nu-proprietário, apontado *fideicomissário*. Não tem cabimento suspender-se a aquisição da nua-propriedade para a realização da condição de consolidação da propriedade plena. A condição que o testador tenha imposto no fideicomisso impróprio ou usufruto forçado, é para que a propriedade se consolide em mãos do fideicomissário, não para que este adquira a nua-propriedade.

A regra de caducidade disposta no art. 1.958 é aplicável apenas ao fideicomisso próprio; ou seja, ao fideicomisso em contemplação de prole eventual de alguém (*caput* do dispositivo ora comentado), não ao fideicomisso impróprio ou usufruto forçado.

Assim, a premorte do nu-proprietário à do usufrutuário ou antes de realizada a condição resolutória do direito deste último não torna caduco o usufruto forçado,[187] cujo pressuposto não é a realização da condição resolutória imposta pelo testador, como, *v. g.*, a premorte do fiduciário à do fideicomissário. A única condição que a lei exige para a caracterização do usufruto forçado é que, ao tempo da morte do testador, além do fiduciário, o fideicomissário já tenha nascido. Se o fideicomissário – nu-proprietário vier a falecer antes de realizada a condição imposta pelo testador ou do advento do termo, herdam os sucessores daquele o direito à nua-propriedade, posto que adquirido pelo fideicomissário já ao tempo da morte do testador, *in verbis*: "...adquirirá este a propriedade..."

É preciso enfatizar que a nua-propriedade não fica diferida para depois da realização da condição imposta pelo testador, pois se assim fosse, haveria fideicomisso. Enquanto no usufruto as duas liberalidades são certas, "imediatas e definidas para o usufrutuário e para o nu-proprietário", no fideicomisso, "as duas liberalidades são *diversas*, porque só uma é *imediata* e *certa* para o fiduciário, e a outra *é futura e incerta* para o fideicomissário".[188]

O fiduciário-usufrutuário não adquire a propriedade plena, em face da premorte do fideicomissário – nu-proprietário, pois haverá sucessão pelos herdeiros do fideicomissário – nu-proprietário. O usu-

---

187 Segundo Maria Helena Diniz, "*o fideicomisso, falecendo o fideicomissário antes do fiduciário, ou antes do implemento da condição resolutiva, extinguir-se-á. O usufruto, por sua vez, não cessará com a morte do nu-proprietário, uma vez que a nua-propriedade passará a seus herdeiros, e o usufrutuário continuará a gozar os seus direitos*" (*Revista de Direito*, 5: 37) (ob. cit., p. 279).

188 Itabaiana de Oliveira, ob. cit., p. 606.

fruto é direito real sobre coisa alheia, por sua própria natureza, temporário, destacado da propriedade. Extingue-se o usufruto, com a morte do usufrutuário, não com a morte do nu-proprietário.

Diversamente, porém, se o nu-proprietário repudiar a herança, for incapaz ou for julgado indigno, a nua-propriedade não será transmitida aos seus herdeiros. Como enfatiza Cunha Gonçalves,[189] *"neste ponto é que existe, como atrás dissemos, radical diferença entre o fideicomisso e a disposição de usufruto para um e da propriedade para outro. Com efeito, a nulidade ou caducidade do direito do herdeiro ou legatário da propriedade não faz reverter esta ao legatário do usufruto, salvo por vontade expressa do testador, que formule tal condição resolutiva; essa propriedade reverte aos herdeiros legítimos do testador, quando não tenha lugar, nos termos dos arts. 1.852 e 1.853, o direito de acrescer".*

No caso de renúncia do fideicomissário, a propriedade se consolida no fiduciário (art. 1.955). Assim também ocorre se o fideicomissário falecer antes do fiduciário (art. 1.958). Outras considerações a respeito serão apresentadas em momento próprio. Por ora, o que cumpre acentuar é que a premorte do nu-proprietário à do usufrutuário não acarreta a consolidação da propriedade em mãos do usufrutuário, como se passa com o fiduciário no fideicomisso. Se o nu-proprietário renunciar à herança, terá renunciado à nua-propriedade, passando ela aos herdeiros legítimos do testador, salvo se de outro modo houver estabelecido o testador.

3. Adquirirá este a propriedade dos bens fideicometidos, convertendo-se em usufruto o direito do fiduciário

Se fiduciário e fideicomissário existirem ao tempo da morte do testador, haverá usufruto, ainda que o testador tenha pretendido esta-

---

189 Ob. cit., vol. X, t. 1, p. 209.

belecer o fideicomisso. Nesse caso, o fiduciário nomeado adquire o usufruto, enquanto o fideicomissário nomeado a nua-propriedade. Quem adquire a nua-propriedade é o fideicomissário nascido, por ocasião da morte do testador e que responderá pelos encargos da herança que ainda restarem (art. 1.957). Se a contemplação for em prole eventual de pessoa determinada, não haverá usufruto, e, sim, fideicomisso, porque não se pode instituir usufruto em pessoa indeterminada.

Importa distinguir o usufruto do fideicomisso. No usufruto, as liberalidades são simultâneas. Coexistem o usufrutuário e o nu-proprietário, cada qual titular de um direito sobre a mesma coisa. No fideicomisso, as liberalidades são sucessivas. A primeira liberalidade fideicomissária se dá em proveito do fiduciário, a segunda, em proveito do fideicomissário, que substitui aquele. O usufruto importa destacar da propriedade o direito real de fruir as utilidades e frutos de uma coisa. Trata-se de direito real sobre coisa alheia. O usufrutuário não tem o poder de dispor sobre a coisa, não pode gravar de hipoteca ou instituir servidão, ao passo que o fiduciário sim, embora a propriedade seja restrita e resolúvel. O usufruto é pessoal e intransferível. O usufrutuário só pode transferir por alienação o usufruto ao proprietário da coisa,[190] consolidando-se a plena propriedade em mãos do nu-proprietário. O fiduciário, ao contrário, pode dispor da propriedade fideicometida, alienando-a ou gravando-a, em favor de terceiro.

Segundo Itabaiana de Oliveira, *"no fideicomisso, a prescrição corre contra o fiduciário,*[191] *não só a aquisitiva (usucapião) do 3º possuidor, como a extintiva dos direitos e ações da herança fideicomissária; ao passo que no*

---

190 Não podendo senão ceder o seu exercício por título oneroso ou gratuito.

191 *"A extinção do fideicomisso pode também operar-se pela prescrição de 20 anos (art. 177 do Código Civil, com a nova redação dada pela Lei nº 2.437, de 7 de março de 1955, para entrar em vigor a 1º de janeiro de 1956), consolidando-se a propriedade nos sucessores do fiduciário. Tal ocorrerá, por exemplo, quando o testador ou doador tiver ordenado a*

Das Substituições (Art. 1.952) 251

*usufruto, não corre contra o usufrutuário, mas sim contra o nu-proprietá-
rio... No fideicomisso, o fiduciário faz seus os frutos a título de 'acessão'; ao
passo que, no usufruto, o usufrutuário só os adquire pela separação e apreensão, isto é, pela 'percepção', pertencendo ao proprietário os que estiverem
pendentes... No fideicomisso, o fiduciário tem direito à bonificação pelo aumento de valor que dê à coisa e, por isso, pode reclamar do fideicomissário,
quando se abrir a substituição, as despesas feitas; ao passo que, no usufruto,
o usufrutuário nada pode reclamar, nesse sentido, quando o proprietário
toma a nua-propriedade".*[192]

Antes do vencimento do prazo ou da realização da condição, a
morte do fiduciário transfere a propriedade restrita e resolúvel a seus
herdeiros. Já, o falecimento do usufrutuário extingue o usufruto, consolidando a plena propriedade no nu-proprietário. Se o fideicomissário
falecer antes do fiduciário ou antes de realizar-se a condição resolutória,
o fideicomisso se extingue, consolidando-se a plena propriedade no
fiduciário. Já, o falecimento do nu-proprietário transmite a nua-propriedade a seus herdeiros,[193] não extinguindo o usufruto.

---

*entrega do objeto da liberalidade à prole eventual de determinada pessoa e esta não a
possuir até 20 anos depois da morte do testador ou doador"* (Armando Dias de Azevedo, ob. cit., p. 108). O prazo da prescrição extraordinária, hoje, é de 10 anos (art.
205). Mas é absolutamente escorreito o ponto de vista no sentido de que contra
quem não existe não corre prescrição (Pontes de Miranda, *Tratado*, LVIII, p. 172).
Ora, o direito do fideicomissário efetivamente começa, quando o direito do
fiduciário termina. Se a condição imposta pelo testador for a termo da morte do
fiduciário, para quem sustenta que se trata de condição suspensiva, até que ela
ocorra, não será possível computar o prazo prescricional, de acordo com o art.
199, I e II. A abertura da sucessão com a morte do testador não marca o *dies a quo*
para contagem do lapso prescricional, em razão da natureza do fideicomisso. Se o
fideicomissário deve estar concebido no prazo de 2 (dois) anos a contar da sucessão ou da substituição do fiduciário, e tal não ocorrer, nem vier a existir o
fideicomissário, o fideicomisso será havido por extinto, não havendo daí prescrição superveniente, porque não se extingue o que já caducou.

---

192 Ob. cit., pp. 605-606.
193 Cf. Orosimbo Nonato, ob. cit., p. 181.

252 Comentários ao Código Civil Brasileiro

Artigo 1.953. O fiduciário tem a propriedade da herança ou legado, mas restrita e resolúvel.

Parágrafo único. O fiduciário é obrigado a proceder ao inventário dos bens gravados, e a prestar caução de restituí-los se o exigir o fideicomissário.

Direito anterior: Art. 1.734. O fiduciário tem a propriedade da herança ou legado, mas restrita e resolúvel.

Parágrafo único. É obrigado, porém, a proceder ao inventário dos bens gravados, e a prestar caução de restituí-los se o exigir o fideicomissário.[194]

COMENTÁRIOS

1. O fiduciário tem a propriedade da herança ou legado, mas restrita e resolúvel

O fiduciário adquire a propriedade restrita e resolúvel, quando da abertura da sucessão. Pode alienar, gravar, enfim, dispor da propriedade fideicometida, como lhe aprouver, a menos que o testador tenha imposto uma cláusula de inalienabilidade. A alienação feita pelo fiduciário do imóvel ou do direito não é proibida, mas ineficaz, quando da restituição da herança ao fideicomissário.[195] Com efeito, a propriedade é restrita, não porque seja vedado ao fiduciário alienar o bem fideicometido, mas porque está sujeita à condição resolutiva. Ainda assim, conforme adverte Orosimbo Nonato, com apoio em Tito Prates da Fonseca, nega-se ao fiduciário o *ius abutendi*.[196] Todas as alienações que forem feitas pelo fiduciário se sujeitam a essa cláusula resolutória. Mesmo se o imóvel fideicometido for hipotecado, por

---

194 Legislação comparada: Código Civil alemão: §§ 2.112, 2.121, 2.128 e 2.191; suíço: art. 491; italiano: art. 693; chileno: arts. 751 e 755. Diferente, português: art. 2.290º, als. 1 e 2.
195 Enneccerus, Kipp e Wolff, ob. cit., p. 92.
196 Ob. cit., p. 194.

exemplo, com o advento da condição ou termo, extingue-se a hipoteca, em face da abertura da substituição: *Resoluto jure dantis, resolvitur jus accipientis*,[197] *ex vi* do art. 1.359.

Em se tratando de imóvel, como curial, constitui medida de prudência levar-se o formal de partilha ao registro imobiliário, para que se dê conhecimento a terceiros do gravame, o qual, por sua vez, será averbado na própria matrícula. Embora o registro, nesse caso, não se invista propriamente de conteúdo constitutivo (art. 1.784), acautelam-se as alienações feitas a terceiros, pondo a salvo o fideicomissário de eventuais exceções de adquirentes, calcadas na boa-fé.

Em relação à coisa móvel, muito embora não haja o registro para consignação da limitação do domínio, convém que também sejam levados a registro os atos de alienação, a saber: no Registro Público de Empresas Mercantis, em se tratando de legado de cotas (art. 979), e subsidiariamente, onde não houver nenhum outro registro para atribuição de eficácia de publicidade ao ato de transmissão, no Registro de Títulos e Documentos (art. 127, parágrafo único, da LRP).

Na prática, como já vimos, o fideicomisso equivale a uma quase *inalienabilidade*,[198] pois dificilmente alguém se disporia a adquirir um bem gravado com cláusula resolutiva, pendente de acontecimento futuro e incerto (prole eventual), sem maiores garantias do fiduciário, o que fatalmente oneraria a venda, inviabilizando o negócio ao terceiro de boa-fé.

A venda será definitiva, e não resolúvel, para o pagamento das custas e responsabilidades da sucessão, quando não haja outros bens, ou se os havendo, forem insuficientes para a reserva obrigatória.[199]

---

197 Clóvis Beviláqua, *Cód.Civil*, vol. II, p. 944.

198 O Código português chega a conceituar como fideicomisso irregular a disposição pela qual o testador proíba o herdeiro de dispor dos bens hereditários (art. 2.295°, 1, al. "a").

199 Carlos Maximiliano, ob. cit., vol. II, p. 428.

254 Comentários ao Código Civil Brasileiro

Também será definitiva a venda, se, por exemplo, o fideicomissário renunciar à herança.

2. O fiduciário é obrigado a proceder ao inventário dos bens gravados, e a prestar caução de restituí-los se o exigir o fideicomissário

Com razão o magistério de Clóvis Beviláqua, nos parece, ao externar a sua preocupação com a garantia dos direitos do fideicomissário, concluindo que *"melhor que a lei estabelecesse a inalienabilidade como regra, deixando ao testador o direito de facultar a alienação sob condição resolutória"*. Para tanto, refere que o Projeto Primitivo do Código revogado, em seu art. 1.900, pretendeu dar forma a esse pensamento, estatuindo que *"os direitos e obrigações do fiduciário, em relação aos bens da herança, são os do usufructuário"*. Como a redação do projeto não vingou, manteve-se ao fiduciário o direito de alinear, sob condição resolutiva, que adere ao seu direito, impondo-lhe a obrigação de proceder ao inventário dos bens gravados, e a de prestar caução, se esta lhe for exigida pelo fideicomissário.[200]

Essa obrigação de o fiduciário proceder ao inventário dos bens gravados e de prestar caução, quando *exigida pelo fideicomissário* tem em mira prevenir os nefastos efeitos que a alienação sucessiva da propriedade normalmente produziria, passando de um para outro o bem deixado em fideicomisso, após determinado tempo. Não se ignora a deterioração da coisa pelo seu uso normal ou por culpa do fiduciário. Pela deterioração da coisa decorrente do uso normal, do exercício regular do direito, caso fortuito ou força maior, não responde o fiduciário. Por culpa sua, sim.

Preconiza Orosimbo Nonato que *"o cuidado aqui exigido se traduz, para empregar palavras de Pacifici-Mazzoni, na 'diligenza di un*

---

200 Ob. cit., p. 945.

buon padre di famiglia'. Não o cuidado extremo e maior da marca absorvedor de tôdas as atenções do indivíduo, mas o desvêlo que, na guarda e conservação de suas próprias coisas, emprega a pessoa prudente e sensata, o 'homem de negócios leal e honesto', ou, na designação tradicional, embora asseteada dos remoques de Menger, o 'bom pai de famílias'".[201]

Conforme leciona Carvalho Santos, *"da obrigação de conservar a coisa resultam para o gravado outras obrigações derivadas, quais sejam: a de fazer os reparos comuns, a de pagar impostos e juros das hipotecas, enfim as despesas de custeio a que está obrigado todo indivíduo beneficiado com os frutos e rendimentos de móveis ou imóveis".*[202] Equipara-se ao usufrutuário. Aliás, se ambos, fiduciário e fideicomissário, estiverem vivos na ocasião da abertura da sucessão do testador, haverá usufruto, impondo-se daí a observância da regra estatuída no *caput* do art. 1.400. Importa é que ao fiduciário incumbem as despesas ordinárias de conservação dos bens no estado em que os recebeu, bem como as prestações e os tributos devidos pela posse ou rendimento da coisa. O fiduciário é obrigado ainda a dar ciência ao fideicomissário de qualquer lesão perpetrada contra a posse da coisa, cabendo-lhe o pagamento das contribuições do seguro, se o bem estiver segurado (arts. 1.406 e 1.407). Em suma, o fiduciário é proprietário, mas tem o dever de conservar o bem fideicometido, a fim de que no futuro seja ele entregue ao fideicomissário.

Ilustra Carlos Maximiliano: *"Gastos fora do comum, embora de obras de conservação, ele tira da herança, deduz do que deve restituir, ou repete do fideicomissário no momento da entrega do objeto incluído em fideicomisso. Este direito a ressarcimento é transmissível aos sucessores. Só abrange melhoramentos de utilidade real e provável, para o substituto, ou por êle consentidos; assim como despesas com a defesa dos bens. Resta, entretanto, ao fiduciário o direito de retirar as benfeitorias*

---

201 Ob. cit., p. 196.
202 Ob. cit., p. 197.

voluptuárias não indenizadas, quando não resulte dêsse ato qualquer dano à coisa entregue."[203]

Donde se conclui que as benfeitorias úteis e necessárias são passíveis de retenção pelo fiduciário e de indenização pelo fideicomissário.

O fiduciário é obrigado a proceder ao inventário,[204] requerendo a sua abertura no prazo de 30 dias (art. 983 – CPC), mas a sanção pelo descumprimento da norma, quando muito, importaria simples penalidade pecuniária administrativa.[205] O inventário assegura ao fideicomissário não apenas a atribuição que lhe caberá, por ocasião da partilha, mas também o exercício de seus direitos de bem fiscalizar a gestão da coisa fideicometida, requerendo ao juízo do inventário as medidas conservatórias apropriadas, incluindo a expedição do próprio formal de partilha para ingresso no registro de imóveis, se o fiduciário não o fizer. Cabe ao fideicomissário a petição de herança ou ação de fideicomisso, se no inventário não constou a discriminação dos bens fideicometidos, e *"não procurar renovar o inventário. Deve pedir-se antes de atingir-se o têrmo ou realizar-se a condição, e não depois* (Otto Warneyer, *Kommentar,* II, 1.152). *Depois, pedem-se os bens".*[206]

Imaginemos, agora, que o fiduciário ignore a existência de testamento. Se ele, fiduciário, for herdeiro legítimo, recebe a herança por ocasião da abertura da sucessão, por direito de *saisine* (art. 1.784). Concluído o inventário, com a adjudicação do bem ao herdeiro, este vem a aliená-lo a alguém. A alienação feita a esse terceiro se entremostra totalmente válida, a teor do disposto no art. 1.817.[207] Posteriormente, o

---

203 Ob. cit., vol. II, pp. 439-440.

204 Ainda que dispensado pelo testador ou que se trate de fideicomisso de resíduo, como alentava Clóvis Beviláqua, no regime anterior ao Código revogado (*Sucessões*, p. 350).

205 De acordo com a súmula 542 do STF : *"Não é inconstitucional a multa instituída pelo Estado-membro, como sanção pelo retardamento do início ou da ultimação do inventário."*

206 Pontes de Miranda, *Tratado*, LVIII, p. 199.

207 Esclarece Torquato Castro: *"4º) O nosso esboço valeu-se do recurso técnico da legitimação aparente, para ressalvar a posição do terceiro de boa-fé que adquire a título*

representante legal do fideicomissário nascido ao tempo do óbito do fiduciário, descobre a existência do testamento, contemplando o incapaz, e por conta disso, vendo-se este preterido em seu direito, vem a requerer a anulação da partilha, com o subseqüente cancelamento do registro do formal.

Não entendemos viável a anulação do registro do formal de partilha, em face da boa-fé do terceiro, que a lei põe a salvo, pese embora a redação contida no art. 1.247, parágrafo único: *"Cancelado o registro, poderá o proprietário reivindicar o imóvel, independentemente da boa-fé ou do título do terceiro adquirente"*, pois o disposto no art. 1.817 constitui exceção ao princípio da presunção relativa do registro (*caput* do art. 1.247): *"São válidas as alienações onerosas de bens hereditários a terceiros de boa-fé, e os atos de administração legalmente praticados pelo herdeiro, antes da sentença da exclusão."*[208]

Ao fideicomissário restará o levantamento da caução oferecida pelo fiduciário, e, se insuficiente, demandar os prejuízos causados que superarem a garantia (art. 1.817).

Quanto à caução, é preciso enfatizar que, de acordo com a nova sistemática normativa, só se admite fideicomisso em favor da prole eventual de determinada pessoa, ainda não nascida na época da abertura da sucessão. Ora, se o fideicomissário nem nascido ou concebido é, por ocasião do óbito do testador, não se vislumbra como possa ele vir a *exigir* do fiduciário alguma caução. Cumprirá ao Ministério Públi-

---

oneroso o bem da herança ao herdeiro aparente (parágrafo único do art. 2.035, atual 2.014). Ainda ressalvou a posição do próprio herdeiro aparente que, de boa-fé, paga legado a que não estaria obrigado o herdeiro verdadeiro (art. 2.036, atual 2.015). O titular verdadeiro da herança, no primeiro caso, tem direito de haver do herdeiro aparente a reposição patrimonial; mas lhe falece ação contra o terceiro adquirente de boa-fé, porque a lei lhe tolhe a eficácia reivindicatória da ação. No segundo caso, a ação do herdeiro verdadeiro se dirige contra o legatário aparente e não contra o herdeiro aparente, de boa-fé." (Exposição de motivos, p. 91).

---

208 Confira-se ainda o art. 1.827, parágrafo único.

co o requerer (art. 82, II, do CPC)[209] e ao juiz do inventário, então, determinar ao fiduciário a prestação de caução bastante e suficiente para garantir à prole beneficiária o recebimento da deixa testamentária (art. 799, CPC). Bem a propósito, tal como o atual Código o concebe (art. 1.800, § 2º), define Laurent[210] que a substituição fideicomissária a favor de incapazes requer a nomeação de um tutor que *vele pela execução da disposição*, diante do fundado receio de dissipação dos bens. O inventário representa uma garantia de restituição de bens. Outra forma é a caução. Se a herança for constituída de bens móveis, muito provavelmente se depreciarão com o tempo. Não havendo nenhuma garantia bastante que possa afiançar a restituição ao fideicomissário, haverá o curador de requerer a venda de bens em leilão, para que com o preço desta possa o herdeiro de segundo grau receber o que lhe competir. A publicidade desses atos é de suma importância, como enfoca Laurent,[211] pois também constitui uma garantia de cumprimento das disposições testamentárias, a começar pelo registro do próprio fideicomisso.

O fiduciário não está obrigado a dar caução, se não o exigir o fideicomissário, subentendidos aí o curador, o testamenteiro e o Ministério Público. Se o testador dispensou o fiduciário da caução, dele não se exige. É possível exigir-se caução em relação ao fiduciário, ainda que se trate de bem imóvel para garantia da entrega dos bens em bom estado de conservação.[212] A cláusula resolutiva estabelecida no testamento não assegura ao fideicomissário o recebimento da coisa fideicometida no estado em que o fiduciário a recebera, por ocasião da abertura a sucessão do testador.

---

209 Como, *v. g.*, o curador do ventre para o concebido e curador da prole não concebida (art. 1.800).
210 Ob. cit., p. 296.
211 Ob. cit., p. 299.
212 Cf. Carvalho Santos, ob. cit., p. 200.

Caso o imóvel sofra desapropriação ou seja objeto de algum sinistro que acarrete a sua total deterioração ou ruína, o preço pago a título de indenização, quer em virtude da expropriação, quer em virtude do seguro, se sub-roga no valor da própria coisa fideicometida, devendo ser transmitido ao fideicomissário, quando verificada a substituição.[213]

Ao fideicomissário incumbem as reparações extraordinárias e as que não forem a custo módico; isto é, não se consideram módicas as superiores a 2/3 (dois terços) do líquido rendimento em 1 (um) ano (art. 1.404). Mas ao fiduciário compete o dever de prestação de contas dos gastos efetuados, a requerimento do fideicomissário.[214]

Como já havíamos salientado anteriormente, o fideicomissário possui direito diferido, não propriamente expectativa de direito.[215] Certo, não pode reivindicar o bem fideicometido vendido pelo fiduciário, senão após o advento do termo ou da condição. Não lhe cabe exigir a propriedade, enquanto não se extingue o direito do fiduciário. Pode, porém, renunciar,[216] e "até ceder",[217] praticando ato de disposição por efeito de direito diferido. Pode, portanto, o direito do fideicomissário garantir dívidas e servir como objeto de direito real de garantia, inclusive de hipoteca.[218]

---

213 Carlos Maximiliano, ob. cit., p. 442.

214 Enneccerus, Kipp e Wolff, ob. cit., p. 111.

215 Pese embora forte opinião oposta, como a de Enneccerus, Kipp e Wolff, ob. cit., pp. 89, 90-92, compartilhamos do entendimento de Pontes de Miranda.

216 Contra: Orosimbo Nonato, lembrando que uma tal renúncia importaria transmissão de direito vedada, em sucessão futura (ob. cit., p. 203). Segundo Enneccerus, Kipp e Wolff, permite-se a renúncia do fideicomissário a partir da abertura da sucessão (ob. cit., p. 86).

217 Desde que não se trate de direito personalíssimo ou não haja disposição em sentido contrário do testador. Consoante esclarece Pontes de Miranda, ob. cit., LVIII, p. 165: *"Nos fideicomissos não personalíssimos, o fideicomissário pode alienar o seu direito."*

218 Pontes de Miranda, ob. cit., LVIII, p. 166. Contra: Carlos Maximiliano, ob. cit., vol. II, p. 443.

260 Comentários ao Código Civil Brasileiro

Art. 1.954. Salvo disposição em contrário do testador, se o fiduciário renunciar a herança ou o legado, defere-se ao fideicomissário o poder de aceitar.

Direito anterior: Sem correspondente no CC/1916.[219]

COMENTÁRIOS

1. Salvo disposição em contrário do testador, se o fiduciário renunciar a herança ou o legado

A propriedade passa ao fideicomissário pela renúncia do fiduciário, se o testador não tiver disposto de outro modo, como é a hipótese de haver sido nomeado substituto ao fiduciário, para o caso deste não quiser ou não aceitar a herança. Também por isso, não se antecipa o fideicomissário ao fiduciário, porque tem apenas direito diferido em relação à propriedade transmitida ao primeiro. Enquanto não se abre a substituição, com o advento da condição ou termo, ou não morre o fiduciário, o fideicomissário não adquire a propriedade. Mas se o fiduciário renuncia, precipita-se: o domínio "passa desde logo, ao fideicomissário".[220]

Aberta a sucessão do testador, a propriedade dos bens fideicometidos não se transfere, desde logo, ao fideicomissário, nem poderia, porque no fideicomisso próprio, o testador contempla a prole eventual de pessoa determinada não nascida nem concebida naquela época. Se ambos, fiduciário e fideicomissário, forem vivos, por ocasião da morte do testador, o fideicomisso se converte em usufruto ou fideicomisso impróprio (art. 1.952). Nesse caso, se o fiduciário-usu-

---

219 Legislação comparada: Código Civil português: art. 2.294º. Diferente: Código Civil espanhol: art. 784.
220 Carlos Maximiliano, ob. cit., vol. II, p. 448.

Das Substituições (Art. 1.954) 261

frutuário renuncia ao usufruto, a propriedade se consolida no fideicomissário nu-proprietário, salvo se houver acrescimento ou se o testador houver nomeado substituto ao fiduciário-usufrutuário e este aceitar a herança.

Na lição de Carlos Maximiliano, *"tanto o 'gravado' como o 'substituto' são herdeiros, ou legatários; assiste-lhes, portanto, o direito de 'renunciar'. Como é vedado apenas o repudio de sucessão 'não aberta'; desde que falece o testador, podem abrir mão da liberalidade, validamente, não só o fiduciário, mas também o fideicomissário; êste não precisa esperar pela data da substituição, nem pelo momento de se cumprir a condição suspensiva"*.[221]

Orosimbo Nonato, porém, se posiciona em sentido contrário,[222] assinalando, com base em Josserand, que *"Qualquer forma direta ou indireta de transmissão, no caso, peleja contra a vedação de pactos sôbre sucessão futura e a jurisprudência, que a admite, na observação de Planiol-Ripert* (liv. cit., vol. V, p. 868), *'forme un singulier contraste avec celle qui mantient la prohibition des pactes sur succession future'"*.[223] Arremata ainda o ilustre jurista que *"no fideicomisso quum morietur sòmente depois de falecido o fiduciário pode aquêle renunciar"*.[224]

A despeito da inovação feita pelo legislador de 2002, entendemos que o fideicomissário realmente não tem de aguardar a realização da condição ou o advento do termo para manifestar renúncia ou aceitação à herança. O fato de o dispositivo sob comento permitir que, após a renúncia do fiduciário, o fideicomissário aceite ou não a herança ou legado, não implica condicionar a renúncia ou aceitação do segundo, à renúncia do primeiro (art. 1.808, *caput*), nem vai ao ponto

---

221 Ob. cit., vol. II, p. 447.
222 Inspirado, ao que parece, em outra obra de Carlos Maximiliano, diversa daquela que reportamos, pois, em face desse posicionamento encampado pelo grande jurisconsulto Orosimbo Nonato, também Pontes de Miranda manifestou contrariedade (*Tratado*, LVIII, p. 204).
223 Ob. cit., p. 203.
224 *Ibidem*, p. 204.

de restabelecer um novo *direito* ou *oportunidade* nova para confirmação ou retratação da renúncia (art. 1.812). Fosse assim, e de nenhuma utilidade haveria o dispositivo do art. 1.955, pois lá se trata de caducidade de fideicomisso em decorrência de renúncia do fideicomissário, quando o direito do fiduciário ainda não se extinguiu.

Como acentua Pontes de Miranda, *"o fideicomissário já herdou; o que lhe falta é a propriedade (...) É preciso que ainda haja a propriedade fiduciária, para que, com a renúncia do fideicomissário, tal propriedade fiduciária se faça 'pura'"*.[225] Também por isso, e na esteira do que preconizado pelo art. 1.956, a aceitação da herança pelo fideicomissário implica atribuir-lhe a parte que ao fiduciário, *em qualquer tempo*, acrescer. Isto é, não haveria acrescimento ao fiduciário, se o seu direito já houvesse sido extinto. O fideicomissário não precisa esperar a renúncia do fiduciário para manifestar aceitação à herança ao legado.

2. Defere-se ao fideicomissário o poder de aceitar

A cláusula *"defere-se"* lembra os trabalhos parlamentares da Câmara de Deputados, ao ensejo de discussões antigas e pretéritas, quando "se riscaram os dizeres 'desde que (a herança) seja *devolvida'"*,[226] como se a supressão dessas expressões do texto do projeto implicasse admitir que o fideicomissário deveria, tal como agora expresso no novo texto, aguardar a renúncia do fiduciário à herança ou legado, para, então, se pronunciar sobre a sua aceitação ou não da herança ou legado.

O direito de o fideicomissário aceitar ou renunciar à herança nasce quando se abre a sucessão do testador, não se "devolve", como alenta o Código português, nem se "defere", após a renúncia do fiduciário, como

---

225 *Tratado*, LVIII, pp. 203-204.
226 Pontes de Miranda, ob. cit., p. 203.

parece sugerir a redação do atual texto. Na prática, porém, como é fácil observar, diante das restrições opostas no atual texto, dificilmente ocorrerá a hipótese de renúncia pelo fideicomissário, antes da aceitação da herança pelo fiduciário, já que o segundo herdeiro nem teria nascido ainda por ocasião do óbito do autor da herança. Como quer que seja, o fideicomissário não é herdeiro do fiduciário, mas do testador. A herança existe desde o óbito do testador. A propriedade da coisa, sim, não a adquire o fideicomissário senão após o advento do termo ou condição.

Admita-se, como exemplo, o fato de o fiduciário não promover a abertura de inventário, como se lhe impõe o parágrafo único do art. 1.953. O fideicomissário não precisa aguardar a *boa vontade* do fiduciário. Pode, desde logo, requerer a abertura do inventário, evitando o pagamento de multa (arts. 983 e 988, II e III, do CPC). Assim agindo, estará praticando ato de aceitação tácita à herança, como deflui da regra do art. 1.805. Uma vez aceita a herança, torna-se irretratável (art. 1.812). Portanto, se o fideicomissário já aceitou a herança ou legado, peticionando ao juízo do inventário, no sentido de promover a abertura do inventário, por exemplo, não se concebe deva, depois de manifestada renúncia por parte do fiduciário, novamente dizer se *aceita* ou não a mesma herança já aceita.

Se o testador houver nomeado substituto ao fiduciário para o caso deste não aceitar a herança ou legado, a propriedade não será transferida, desde logo, ao fideicomissário, se o substituto aceitar a herança. Se o fideicomissário não houver ainda manifestado qualquer ato de aceitação ou renúncia à herança ou ao legado, óbvio que, após a renúncia feita a cargo do fiduciário, poderá fazê-lo, se o testador não houver nomeado substituto a este último, e, se nomeado, o substituto não quiser ou não puder aceitar a herança. Se houver mais de um fiduciário e havendo direito de acrescer, a quota vaga não passa ao fideicomissário, e, sim aos herdeiros a quem deve acrescer.[227]

---

227 Pontes de Miranda, ob. cit., p. 206.

264 Comentários ao Código Civil Brasileiro

Sublinhe-se que, muito embora ao contrário da renúncia, a aceitação independa de forma, não pode haver aceitação sob condição ou termo, nem a favor de uma ou outra pessoa (art. 1.808). Convém esclarecer que se o fideicomissário falecer antes de declarar se aceita a herança, o poder de aceitar passa-lhe aos herdeiros, salvo se o falecimento se der antes da condição ou do advento do termo, pois, nesse caso, o fideicomisso terá caducado (art. 1.958). O art. 1.955 representa uma exceção ao art. 1.958. Lá, é possível ao fideicomissário renunciar à herança ou ao legado, antes de verificada a condição. Aqui, no art. 1.958, pendendo condição, enquanto esta se não realiza, se o fideicomissário falece, não herdam seus herdeiros o direito ao fideicomisso, *ex vi* do art. 1.809, *caput*, parte final.

Se se tratar de usufruto forçado ou fideicomisso impróprio, o falecimento do fideicomissário e nu-proprietário antes do advento do termo ou da condição imposta pelo testador não acarreta a caducidade da instituição, porque o beneficiário já adquirira o direito à nua-propriedade, com a morte do testador.

> **Art. 1.955. O fideicomissário pode renunciar a herança ou o legado, e, neste caso, o fideicomisso caduca, deixando de ser resolúvel a propriedade do fiduciário, se não houver disposição contrária do testador.**
>
> **Direito anterior: Art. 1.735.** O fideicomissário pode renunciar a herança ou o legado, e, neste caso, o fideicomisso caduca, ficando os bens propriedade pura do fiduciário, se não houver disposição contrária do testador. [228]

COMENTÁRIOS

1. O fideicomissário pode renunciar a herança ou o legado, e, neste caso, o fideicomisso caduca

O fideicomissário é herdeiro de segundo grau na sucessão testamentária. Ora, fideicomisso é a deixa *por interposta pessoa*.[229] O

---

228 Legislação comparada: Código Civil alemão: § 2.142; português: art. 2.293º, 2ª al.
229 Itabaiana de Oliveira, ob. cit., p. 357.

fideicomissário herda, como herda o fiduciário, no momento da abertura da sucessão do testador.[230] A propriedade, sim, é que passa ao fideicomissário, com a realização da condição ou com o advento do termo, ou ainda com a morte do fiduciário. Portanto, tal como o fiduciário, pode o fideicomissário renunciar à herança ou ao legado, antes ou depois de o fiduciário manifestar aceitação ou não com a herança, ou do advento do termo ou condição. Se o fideicomissário renunciar à herança, o direito do fiduciário não se extingue. O que se extingue é a condição resolutiva, porque o fideicomisso deixa de subsistir sem a figura do fideicomissário. Antes da morte do testador, é descabida a renúncia, porque, nesse caso, estar-se-ia dispondo de herança de pessoa viva. A renúncia pelo fideicomissário não devolve aos herdeiros deste a condição de herdabilidade. Se o caso é de fideicomisso impróprio ou usufruto forçado (art. 1.952), a renúncia feita pelo fideicomissário e nu-proprietário transfere a herança aos herdeiros legítimos do testador, não ao usufrutuário que não era *dono*, mas titular de direito real de gozo e fruição sobre coisa alheia (do dono). É o que se verifica também com a indignidade do legatário da nua-propriedade (arts. 1.939, IV, e 1.971).

Se o herdeiro renuncia, em prejuízo de credores, podem estes aceitar a herança em nome do renunciante, habilitando-se no prazo de 30 dias seguintes ao conhecimento do fato, nos autos do inventário (art. 1.813, § 1º).

Exceção feita ao art. 1.913, a renúncia não se presume. O que se presume é a aceitação. O beneficiado pode ser intimado pelo juiz a se pronunciar, sob pena de se considerar como aceita a herança (art. 1.807). Deve a renúncia constar expressamente de instrumento público ou termo judicial (art. 1.806). Não se admite renúncia condi-

---

230 Salienta João Luiz Alves que "herdeiro sob condição suspensiva ou a termo, póde o fideicomissario renunciar á herança, depois que a successão se abre" (ob. cit., 3º vol., p. 147).

cional ou a termo (art. 1.808), mas pode o legatário repudiar a herança e aceitar o legado, ou vice-versa (§ 1º do art. 1.808). Se a herança é com encargo, não pode o herdeiro condicionar a aceitação da deixa, sob condição de eximir-se da obrigação, por exemplo. Havendo títulos sucessórios diversos, pode o herdeiro livremente deliberar quanto aos quinhões que aceita e aos que renuncia (§ 2º do art. 1.808).

2. Deixando de ser resolúvel a propriedade do fiduciário

Em face da renúncia do fideicomissário, desaparece a condição resolutiva, operando-se a ineficácia da instituição, com a transformação da deixa condicional em pura e simples, salvo se o testador houver instituído substituto ou pluralidade de herdeiros com direito de acrescimento. O fiduciário passa a ser proprietário pleno. Se quem renuncia é o fiduciário, antecipa-se da mesma forma a transmissão da propriedade plena ao fideicomissário.

3. Se não houver disposição contrária do testador

Se o testador houver disposto que a herança deve deferir-se em favor de um substituto ou de outro fideicomissário, se o herdeiro não puder ou não quiser aceitá-la, como no caso do acrescimento,[231] não se opera a resolução da propriedade em favor do fiduciário. Ainda, segundo leciona Carvalho Santos, *"isso só não acontece quando o testador tenha disposto de forma diversa, já expressamente dispondo o contrário, já quando deixa clara a sua intenção de no caso de renúncia do fideicomissário operar-se o direito de acrescimento ou substituição do fideicomissário, ou, ainda, quando estabelece ficar o fiduciário subordinado à resolução pelo repúdio do fideicomissário"*.[232]

---

231 Basta a sobrevivência de apenas um dos fideicomissários para impedir a caducidade (Itabaiana de Oliveira, ob. cit., p. 600).
232 *Código Civil...*, vol. XXIV, p. 201.

O simples fato de haver sido instituída a inalienabilidade do bem fideicometido não impede possa o fideicomissário ou o fiduciário manifestar renúncia à herança. Não há irrenunciabilidade na deixa testamentária.[233]

O Código não contemplou na seção pertinente ao fideicomisso, de forma explícita, nem a renunciabilidade pelo fiduciário, nem a indignidade do fideicomissário como causa de caducidade do fideicomisso.[234] Como ninguém é obrigado a aceitar herança ou legado, evidente que se o fiduciário renunciar, a entrega da coisa operar-se-á imediatamente ao fideicomissário. Se o fideicomissário for julgado indigno, consolida-se a propriedade no fiduciário,[235] a menos que o testador haja estabelecido uma substituição, ou havendo mais de um fiduciário ou fideicomissário, se verifique a hipótese de acrescimento.

Se se tratar, porém, de fideicomisso impróprio ou usufruto forçado (art. 1.952, parágrafo único), a morte do nu-proprietário não torna ineficaz a instituição de segundo grau, como já tivemos a oportunidade de expor. A morte do nu-proprietário não prejudica o direito de herança dos sucessores deste, porque a única condição que a lei estabelece para a aquisição da propriedade pelo nu-proprietário é que ele exista na época da abertura da sucessão. Se o nu-proprietário renuncia, a herança vai aos herdeiros legítimos do testador, a menos que o testamento estipule o contrário, p. ex., se se estabelecer hipótese de acrescimento, substituição, ou mesmo consolidação da propriedade em mãos do usufrutuário, à guisa de condição resolutiva.[236]

Institui-se o usufruto, desde logo, com a abertura da sucessão do testador. Morto o nu-proprietário, após o óbito do testador, transfe-

---

233 Cf. Pontes de Miranda, *Tratado*, LVIII, p. 205.
234 Muito embora os arts. 1.939, IV, e 1.971 contemplem tais hipóteses.
235 Cf. Carlos Maximiliano, ob. cit., p. 450, e Pontes de Miranda, ob. cit., LVIII, p. 206.
236 Cf. Cunha Gonçalves, ob. cit., p. 209.

re-se a nua-propriedade aos seus herdeiros, porque o direito à nua-propriedade é decorrência lógica e imediata da abertura da sucessão, como se extrai da regra disposta no parágrafo único do art. 1.952. A intenção do legislador foi a de pretender restringir o fideicomisso à contemplação da prole eventual de pessoa determinada. No usufruto, o nu-proprietário não frui as utilidades da coisa, enquanto não se verifica a condição ou o termo estabelecidos pelo testador. Respeita-se a vontade do testador, contemplando-se o nu-proprietário tão apenas com a nua-propriedade, e até que se realize a condição futura.

No usufruto, não há prole eventual a ser contemplada. O nu-proprietário deve estar nascido ao tempo da abertura da sucessão, uma vez que não há usufruto de pessoa indeterminada. Coexistem as figuras do usufrutuário e do nu-proprietário, sendo inconcebível que este adquira algum direito que não teria adquirido, já ao tempo da instituição, base sobre a qual o próprio usufruto há de recair. A nua-propriedade, pois, é transferida, desde logo, ao nu-proprietário vivo, com a abertura da sucessão do testador. A propriedade se consolidará no nu-proprietário com o advento da condição ou do termo, como, p. ex., a morte do fiduciário-usufrutuário.

Se ambos, fideicomissário e fiduciário, renunciam, a herança vai aos herdeiros a quem deve acrescer, ou na sua falta, aos legítimos. O mesmo se dá com a indignidade. Segundo doutrina Pontes de Miranda, *"a lei brasileira e a sua fonte (Projeto alemão, § 1.832; Código Civil alemão, § 2.142) só se referiram a renúncia; mas no caso de indignidade, dá-se o mesmo"* (F. Herzfelder, Erbecht, *J. v. Staudingers Kommentar,* V, 573).[237]

Importa destacar que a caducidade do fideicomisso em virtude de renúncia não anula a verba testamentária. O que caduca é o fideicomisso, enquanto instituição sucessiva, essencialmente condicional ou a termo. A renúncia do fiduciário não prejudica o direito de

---

237 *Tratado,* LVIII, p. 206.

Das Substituições (Arts. 1.955 e 1.956)

herança do fideicomissário e vice-versa. A propriedade se consolida em mãos daquele que não renunciou. Extingue-se o fideicomisso, mas não a herança.

> **Art. 1.956. Se o fideicomissário aceitar a herança ou o legado, terá direito à parte que, ao fiduciário, em qualquer tempo acrescer.**
> **Direito anterior: Art. 1.736.** Se o fideicomissário aceitar a herança ou legado, terá direito à parte que, ao fiduciário, em qualquer tempo acrescer.[238]

COMENTÁRIOS

1. Se o fideicomissário aceitar a herança ou o legado

O fideicomissário não é obrigado a aceitar a herança ou o legado. Como visto, não precisa aguardar a manifestação do fiduciário para dizer se irá ou não aceitar a herança. A aceitação pode ser tácita ou expressa, não exigindo a lei forma especial (art. 1.805). Se houve acrescimento ao legado ou herança, em decorrência de vacância de algum herdeiro ou legatário fiduciário, herda o fideicomissário aquilo que tocar ao último fiduciário. Ainda que não se trate de acrescimento, e, sim, substituição, também herda o fideicomissário aquilo que coube ao substituto. Aí se incluem os aumentos naturais advindos ao acervo transmissível, bem como os melhoramentos introduzidos na coisa pelo fiduciário, quando não decorrentes da gestão ordinária, já que as despesas com as benfeitorias necessárias ou úteis devem ser deduzidas da herança, computando-se, por igual, a indenização do seguro ou da desapropriação, ou ainda aquela derivada de

---

238 Legislação comparada: Código Civil alemão: §§ 2.110 e 2.111.

270 Comentários ao Código Civil Brasileiro

condenação do responsável pelo dano, conforme a expressão de Clóvis Beviláqua.[239]

A regra consubstanciada no artigo ora comentado nada mais faz do que seguir a trilha do princípio genérico segundo o qual o acessório acompanha o principal.[240]

Segundo leciona Pontes de Miranda, *"a herança ou parte da herança fideicometida trata-se como 'patrimônio' (universalidade de direito) ou bens destinados a certo fim. Não só quanto ao 'valor' como quanto à 'substância'. Para o fiduciário vale o preceito:* Uti frui salva substancia rerum. *Os bens do fideicomisso, como unidade, devem ir ao fideicomissário, sem alterações substanciais: consideram-se e zelam-se como organismo vivo (...). Tudo que aumenta a propriedade, como o proveniente de comistão ou de adjunção, é propriedade do fiduciário e, depois, do fideicomissário (...). Passa ao fideicomissário, com a morte do fiduciário: a) tudo que éle 'comprou' com o produto dos bens vendidos; b) o preço dêles, se existe em espécie; c) os bens que vendeu, se os resgatou ou recomprou. Ainda mais: d) o preço das coisas que vendeu* habita fide de pretio".[241]

2. Terá direito à parte que, ao fiduciário, em qualquer tempo acrescer

Esse acrescimento, como se viu, normalmente se origina da quota vaga que coube ao último herdeiro fiduciário, na nomeação conjuntiva ou por reflexo de substituição vulgar, ou ainda em virtude de aumentos naturais ou resultantes de benfeitorias necessárias e úteis realizadas pelo fiduciário. Entram na classe dos acréscimos as sub-rogações. A norma do dispositivo ora comentado evidencia que a aceitação da herança pelo fideicomissário independe da prévia aceitação ou renúncia por parte do

---

239 *Código Civil*, vol. II, p. 947.
240 *Vide* arts. 92 a 94, NCC.
241 *Tratado*, LVIII, p. 191.

Das Substituições (Arts. 1.956 e 1.957)

fiduciário, como a redação do art. 1.954 sugeriria. De fato, se o direito do fideicomissário dependesse da prévia aceitação da herança por parte do fiduciário, ficaria sem objeto o acrescimento toda a vez que o fiduciário renunciasse à herança, pois, nesse caso, nada haveria para ser acrescido, nem à coisa, nem ao fideicomissário, com isso não se confundindo a simples entrega da própria coisa, já que o fideicomissário herda do testador, não do fiduciário.

Aplica-se a regra prevista no artigo ora comentado ao usufruto forçado (art. 1.952, parágrafo único), incumbindo ao usufrutuário as despesas ordinárias de conservação, as prestações e os tributos devidos pela posse ou rendimento da coisa (art. 1.403), sub-rogando-se no ônus do usufruto, em lugar do prédio, a indenização paga, em decorrência de expropriação ou a título de reparação do dano (art. 1.409), ou ainda a indenização derivada do seguro (art. 1.407, § 1º).

> **Art. 1.957. Ao sobrevir a sucessão, o fideicomissário responde pelos encargos da herança que ainda restarem.**
>
> **Direito anterior: Art. 1.737.** O fideicomissário responde pelos encargos da herança que ainda restarem, quando vier à sucessão.[242]

COMENTÁRIOS

1. Ao sobrevir a sucessão

Ordinariamente, a sucessão se abre com a morte do autor da herança; ou seja, o testador. Na substituição fideicomissária própria – aquela em contemplação da prole eventual –, como já tivemos a

---

242 Legislação comparada: Código Civil alemão: § 2.145.

oportunidade de demonstrar, o fideicomissário ainda não nasceu quando do falecimento do testador, pois, se nascido fosse, herdaria como nu-proprietário, desde logo, uma vez que o usufruto exige a presença simultânea do usufrutuário com a pessoa do nu-proprietário. Assim, o fideicomissário não nascido só irá responder pelos encargos impostos pelo testador, quando da substituição ao fiduciário; isto é, quando da verificação da condição ou do termo, ou da morte deste. Essa precisamente a razão da aplicação do preceito contido no art. 1.800, § 4º: "*Se decorridos 2 (dois) anos após a abertura da sucessão, não for concebido o herdeiro esperado, os bens reservados, salvo disposição em contrário do testador, caberão aos herdeiros legítimos.*" Exige-se, pois, que na época da substituição, o fideicomissário esteja, ao menos em vias de ser concebido, estipulando a lei um prazo de 2 (dois) anos para que tal se verifique, sob pena de se caducar o fideicomisso, se não houver disposição em contrário do testador. Bem verdade que a lei não estipula se esse prazo se conta da data da abertura da sucessão ou da substituição, sendo de todo inconveniente, como ilustrado por Sílvio Venosa,[243] que "*se mantenha propriedade resolúvel nas mãos do fiduciário por longo tempo, aguardando-se a concepção ou o nascimento do beneficiário indicado como fideicomissário*". Fato é, porém, que a sucessão do fideicomissário não concebido ao tempo da morte do testador se opera na época da substituição do fiduciário. Se o fideicomissário estiver concebido na ocasião da morte do testador, a sucessão para ele se abre, desde logo, com a morte do autor da herança, diferindo-se o seu direito de consolidar a propriedade plena a seu favor para o advento do termo ou da verificação da condição. Também por isso, só responderá pelos encargos remanescentes com a substituição do fiduciário. Se o fideicomissário não houver sido concebido na época da morte do testador, e, sim, na época do falecimento do fiduciário, nem por isso deixará de herdar a propriedade fideicometida.

---

243 Ob. cit., vol. VII, p. 282.

2. O fideicomissário responde pelos encargos da herança que ainda restarem

Apenas os encargos impostos pelo testador que ainda estiverem pendentes por ocasião da substituição do fiduciário é que deverão ser exigidos do fideicomissário. Como salientado por Carvalho Santos, *"os encargos da herança devem ser, em regra, satisfeitos integralmente pelo instituído em primeiro grau, ou seja o fiduciário"*.[244] Quem arca com o cômodo, suporta o incômodo. Pode acontecer, porém, que algum encargo não tenha sido satisfeito ou exigido durante o fideicomisso, razão pela qual passa ele com a herança ao fideicomissário, herdeiro de segundo grau.[245] Pode acontecer ainda, por exemplo, que o testador tenha imposto ao fideicomissário algum encargo, não competindo ao fiduciário cumpri-lo.

Tal como no usufruto, o fiduciário cumpre os encargos relativos às despesas ordinárias de conservação dos bens no estado em que os recebeu, bem como às prestações e os tributos devidos pela posse ou rendimento da coisa (art. 1.403).[246] Se houver conversão de fideicomisso em usufruto, aplicam-se as regras pertinentes ao usufruto, cumprindo ao nu-proprietário as reparações extraordinárias e as que não forem de custo módico (art. 1.404). Pode o fiduciário ter de incorrer em gastos incomuns de obras de conservação. Afinal, lhe compete a conservação da coisa, devendo, portanto, providenciar todas as reparações necessárias, como alvitra Laurent.[247] Nesse caso, preservada a metade disponível, pode o fiduciário tirar da herança o necessário, deduzir os gastos do que deve restituir ao fideicomissário ou repetir as despesas incorridas, por ocasião da entrega do bem ao fideicomissário.

---

244 *Código Civil...*, vol. XXIV, p. 210.

245 João Luiz Alves, ob. cit., vol. 3, p. 148.

246 "Havendo usufruto ou *fideicomisso*, caberá ao usufrutuário, ou ao fiduciário, pagar a quota-parte relativa às despesas ordinárias de conservação e administração da unidade autônoma" (Ap. s/ Rev. nº 635.087-00/5, 11ª Câm., rel. Juiz Mendes Gomes, j. em 29.01.2002).

247 Ob. cit., p. 301.

De ordinário, o fideicomissário cumpre os encargos remanescentes, que ainda não foram integralmente satisfeitos pelo fiduciário e de acordo com as forças da liberalidade restante. Não cabe ao fideicomissário respeitar os encargos impostos pelo fiduciário, sem o seu assentimento,[248] porque este só tem o domínio temporário, não podendo instituir "onus *permanentes* sôbre a coisa recebida".[249]

Conforme ilustra Carlos Maximiliano, "*todavia, do exposto anteriormente já se conclue passarem para o fideicomissário as obrigações resultantes de administração ordenada, criteriosa, profícua do fiduciário; aquêle beneficiado responde pelos encargos necessários, nascidos depois da abertura da sucessão. Quanto aos anteriores, o dever de os respeitar e satisfazer é indiscutível. Exemplo: hipoteca, ou dívida quirografária, negociada pelo fiduciário para garantir o pagamento da reconstrução de prédio que ameaçava ruína, ou fôra condenado pela Higiene e pela Engenharia Municipal, obriga ao fiduciário, é por êle resgatada*".[250]

> **Artigo 1.958.** Caduca o fideicomisso se o fideicomissário morrer antes do fiduciário, ou antes de realizar-se a condição resolutória do direito deste último; nesse caso, a propriedade consolida-se no fiduciário, nos termos do art. 1.955.
>
> **Direito anterior: Art. 1.738.** Caduca o fideicomisso se o fideicomissário morrer antes do fiduciário, ou antes de realizar-se a condição resolutória do direito deste último. Neste caso, a propriedade consolida-se no fiduciário, nos termos do art. 1.735.[251]

---

248 Clóvis Beviláqua, *Código Civil*, vol. II, p. 948. Por outro lado: "*Extingüindo-se a locação pela extinção do 'fideicomisso' com a morte do fiduciário, é cabível a retomada do imóvel pelo fideicomissário, desde que não tenha anuído a tal contratação*" (Ap. c/ rev. nº 258.379, 8ª Câm., rel. Juiz Martins Costa, j. em 28.03.89, *in JTA, RT* 116/382).

249 Carlos Maximiliano, ob. cit., p. 442.

250 *Ibidem*, mesma página.

251 Legislação comparada: Código Civil suíço: art. 492; português: art. 2.293º (antigo art. 1.868º); francês: arts. 1.039 a 1.040; chileno: arts. 738 e 762. Diferente: alemão: § 2.108. Contra: espanhol: art. 784.

COMENTÁRIOS

1. Caduca o fideicomisso, não o usufruto (parágrafo único do art. 1.952)

A caducidade do fideicomisso importa a perda da eficácia do ato por motivo superveniente à sua instituição. A enumeração feita no dispositivo ora comentado não é exaustiva. Assim, p. ex., constituem causas de caducidade do fideicomisso, além daquelas previstas no texto, as seguintes: se o fiduciário renunciar ao seu direito de herança ou legado;[252] se o fiduciário morrer antes do testador;[253-254] se ele ou o fideicomissário forem julgados indignos, ou forem deserdados; se ambos, fiduciário e fideicomissário, alienarem a terceiro o bem fideicometido;[255] se o fiduciário ou o fideicomissário não tiverem legitimidade para herdar (arts. 1.801 e 1.802); se a coisa perecer sem culpa do fiduciário,[256] ou for evicta, vivo ou morto o testador, sem culpa do herdeiro ou legatário incumbido do seu cumprimento (art. 1.939, III); se a entrega do bem fideicometido se tornar irrealizável;[257] se

---

252 O fideicomissário também pode renunciar à herança, recebendo, então, o fiduciário a liberalidade livre, se não houver substituto ou direito de acrescimento entre herdeiros ou legatários. Não precisa aguardar a realização da condição, termo ou a substituição, como já vimos.

253 Como já vimos, impossível no fideicomisso próprio que o fideicomissário venha a premorrer ao testador, já que a lei exige que não esteja nascido na época da sucessão. No fideicomisso impróprio ou usufruto forçado, a premorte do nu-proprietário ao testador acarreta a caducidade do usufruto (art. 1.939, V).

254 No mesmo sentido, Baudry-Lacantinerie, embora não tratasse distintamente do fideicomisso, e sim da caducidade das substituições, de um modo geral (ob. cit., t. III, p. 687).

255 Porque, na acepção de Armando Dias de Azevedo, com apoio em Pierre Bouzat, podem vender seus direitos condicionais e renunciar ao benefício (ob. cit., p. 102).

256 Se com culpa, o fiduciário indeniza o substituto (Carlos Maximiliano, ob. cit., vol. II, p. 450).

257 Isto é, quando não se cumpre a condição para o substituto herdar. *"A mais comum é a de lhe caber a deixa, se o primeiro nomeado falecer sem prole: desde que nasce vivo um*

houver nulidade ou ruptura do testamento (arts. 1.973 e 1.974); se fiduciário e fideicomissário falecerem, ao mesmo tempo, depois do *de cujus*; se o fideicomissário não tiver sido concebido até 2 (dois) anos da data da substituição (art. 1.800, § 4º); se depois do testamento, o testador modificar substancialmente a coisa, ao ponto de já não ter a forma nem lhe caber a denominação que possuía; se o testador, por qualquer título, alienar no todo ou em parte a coisa legada, operando-se a caducidade até onde ela deixou de pertencer ao testador (art. 1.939, I e II).[258]

2. Se o fideicomissário morrer antes do fiduciário

No fideicomisso próprio, instituído em favor de prole eventual de pessoa determinada, se a condição estabelecida for aquela mais comum; isto é, a morte do fiduciário, ou bem o fideicomissário nasceu e herda, ou não nasceu e o fideicomisso caducou. Impossível conceber, assim, a hipótese de premorte do fideicomissário como causa de caducidade. Ao que nos parece, a hipótese passou a ser muito remota, diante da regra estabelecida no art. 1.952. Outra pode ser a

---

filho do 'gravado', fica impossível a ida dos bens ás mãos do fideicomissário" (Carlos Maximiliano, ob. cit., vol. II, p. 450). No mesmo sentido, Armando Dias de Azevedo, *O fideicomisso no direito pátrio: doutrina, legislação, jurisprudência*. São Paulo, Saraiva, 1973, pp. 94-95. Presume-se que a inexistência de prole do fiduciário tenha sido o motivo da deixa ao fideicomissário. Como, atualmente, não se concebe fideicomisso próprio, sem contemplação de prole eventual, nada impede que o fideicomitente condicione a deixa testamentária à prole eventual de determinada pessoa, se o fiduciário falecer sem prole.

---

258 Ainda sobre outros casos: transação e prescrição (Cf. Carlos Maximiliano, ob. cit., p. 452). No que se refere à prescrição, *vide* ainda nota de rodapé nº 152. O testador pode ainda estabelecer outras formas de caducidade e mesmo alterar as hipóteses assinaladas no dispositivo ora comentado, como, p. ex., "impondo a herdabilidade do direito do fideicomissário. C) Fazendo-o a têrmo de morte, com a herdabilidade do direito do fideicomissário. D) Nomeando *substituto* ao fideicomissário..." (Pontes de Miranda, *Tratado*, LVIII, p. 214).

condição[259] estabelecida pelo testador, como, p. ex., instituo Caio herdeiro até que os filhos de Tício, ainda não concebidos, se casem, quando passam estes a herdeiros. Assim, pode acontecer que a prole de Tício, por alguma circunstância, venha a falecer antes de Caio e do advento da condição resolutória. Aí, então, caducará o fideicomisso. Também por isso, nessa hipótese, se a prole eventual de Tício for julgada indigna, o fideicomisso caducará, por falta de fideicomissário.

Segundo Itabaiana de Oliveira, "fica o fiduciário sem ter a quem transmitir os bens fideicometidos, por falta de sucessor do segundo grau",[260] recolhendo imediatamente a liberalidade. Se o fideicomisso próprio pressupõe a contemplação de prole eventual ainda não nascida na época da sucessão do testador (art. 1.952), é óbvio que a hipótese de premorte do fideicomissário ao testador deve ser descartada, ao contrário do que, antes, na vigência do Código revogado, se admitia, porque o fideicomisso não era restrito à contemplação da prole eventual.

O artigo sob comento não guarda pertinência com o usufruto forçado. Neste, pressupõe-se a existência do fideicomissário – nu-proprietário, ao tempo da morte do testador. Falecendo o nu-proprietário antes do usufrutuário, e após a morte do testador, o usufruto não caduca, porque o falecimento do nu-proprietário não extingue o usufruto. Herdam os sucessores do nu-proprietário, ainda que tal se verifique antes do advento do termo ou da condição. Já vimos que, no usufruto, a condição estabelecida pelo testador apenas difere para outro momento a consolidação da plena propriedade em mãos do fideicomissário – nu-proprietário. A nua-propriedade é adquirida pelo fideicomissário, já no momento da abertura da sucessão do testador. O que não se adquire, desde logo, é a propriedade plena, porque fragmentada em direito real de fruição sobre coisa alheia (usufruto) e direito de substância (nua-propriedade).

---

259 Segundo Clóvis, a morte do fiduciário é condição (ob. cit., vol. II, p. 949). Mas a questão não é pacífica, havendo quem sustente se tratar de termo, como Pontes de Miranda, ob. cit., LVIII, p. 213.

260 Itabaiana de Oliveira, ob. cit., p. 599.

Mas se o fideicomissário – nu-proprietário falecer antes do testador, decerto que caducará o usufruto, porque condição para o usufruto é que, ao tempo da morte do testador, o fideicomissário esteja vivo (parágrafo único do artigo 1.952). Se o nomeado fideicomissário faleceu antes do testador, frustrou-se o fideicomisso, e por via de conseqüência, o usufruto forçado – subordinado àquele. Tais bens retornam ao acervo hereditário, ressalvada como sempre, a vontade soberana do testador, que bem poderá prever a hipótese, apresentando outra solução, como, p. ex., a consolidação da propriedade plena em mãos do usufrutuário. O mesmo se passa-se o usufrutuário falecer antes do testador, porque o disponente não legaria a propriedade, se não fosse gravada com usufruto. Do contrário, bastaria legar a propriedade plena ao nu-proprietário.

3. Ou antes de realizar-se a condição resolutória do direito deste último

Para os partidários da corrente doutrinária segundo a qual o fideicomissário não adquire direito, enquanto não realizada a condição a que ele visa, a morte do fideicomissário antes do advento da condição[261] torna ineficaz a instituição de segundo grau.[262] Portanto, nada se transmite aos sucessores do fideicomissário, consolidando-se a propriedade plena em mãos do fiduciário. Convém distinguir, como preconizam Enneccerus, Kipp e Wolff[263] que, se se trata de fideicomisso a termo, o direito se transmite em caso de dúvida aos herdei-

---

261 Observa Josserand que a propriedade do fiduciário é meramente temporária. Não haveria condição resolutiva do fiduciário, nem a suspensiva do fideicomissário (ob. cit., III, pp. 1.103-1.104).
262 Maria Helena Diniz, ob. cit., p. 277; Carvalho Santos, ob. cit., p. 213, vol. XXIV; Carlos Maximiliano, ob. cit., p. 315.
263 Ob. cit., p. 84.

ros do fideicomissário. Em contrapartida, se a hipótese é de fideicomisso condicional, na dúvida, o direito não se transmite aos herdeiros do fideicomissário.

Segundo Pontes de Miranda, tecnicamente, a solução mais correta seria a da herdabilidade do direito do fideicomissário, no caso de fideicomisso não personalíssimo a termo de morte. *"Aí, há têrmo, e não condição."* Conclui que Clóvis Beviláqua *"viu no têrmo de morte a condição suspensiva de sobreviver. A fortiori, se há condição suspensiva do direito do fideicomissário (sem ser a situação de suspensão, derivada da resolutiva ao fiduciário), os herdeiros do fideicomissário não herdam, salvo vontade testamentária que o ordene"*.[264]

De qualquer forma, a regra tratada no dispositivo é suficientemente clara, no sentido de não permitir a continuidade do fideicomisso, se o fideicomissário morrer antes de realizar-se a condição *resolutória*. Fosse a sobrevida do fideicomissário uma condição suspensiva, e não poderia o fideicomissário transigir sobre seu direito, após o falecimento do disponente. Falecido o testador, não poderia renunciar ou abandonar, em proveito do fiduciário, o fideicomisso. E tanto pode o fideicomissário fazê-lo, como elucida Carlos Maximiliano, que *"cede o 'seu direito', que se equipara, nêste particular, ao do legatário a termo; isenta o fiduciário de um gravame 'já existente' em prol dêle, substituto"*.[265]

4. Nesse caso, a propriedade consolida-se no fiduciário, nos termos do art. 1.955

A conseqüência lógica e derivativa da perda da eficácia da disposição feita em favor do fideicomissário é a de a propriedade consolidar-se no fiduciário. Isto porque, com a premorte do fideicomissário, fica o fiduciário sem ter a quem entregar os bens fideicometidos, dei-

---

264 *Tratado*, LVIII, p. 213.
265 Ob. cit., p. 451.

xando de ser resolúvel a propriedade do fiduciário. Evidentemente, se quem vem a falecer antes do advento do termo ou da condição, é o fiduciário, recebe íntegra a liberalidade o fideicomissário. Desaparece a condição, convertendo-se a substituição fideicomissária em direta.

Note-se que, na conversão do fideicomisso em usufruto, a premorte do nu-proprietário – fideicomissário não acarreta a caducidade da deixa testamentária, razão pela qual a remissão feita ao art. 1.955 não se mostra aplicável ao usufruto. Conforme assinala Armando Dias de Azevedo: *"No usufruto, morrendo antes o nu-proprietário, os herdeiros deste herdam a nua-propriedade, continuando o usufrutuário com seus direitos reais limitados, enquanto viverem os herdeiros."*[266]

Todavia, se o nu-proprietário – fideicomissário for julgado indigno ou repudiar a herança, já observamos anteriormente[267] que a verba testamentária é aproveitada pelos herdeiros legítimos do testador, à míngua de deliberação contrária no testamento. Ideal seria que o Código tivesse deixado explícito o mesmo princípio que rege a conversão do fideicomisso em aquisição direta pelo herdeiro beneficiário não atingido pela exclusão. Pois se o usufrutuário é julgado indigno ou renuncia, é como se não tivesse existido, consolidando-se a propriedade plena em mãos do nu-proprietário, uma vez que o domínio o atrai: *Usufructus ad proprietatem, unde exivit, tendit et currit* (Cujácio).[268]

O inverso também deveria ocorrer, consolidando-se a propriedade plena no usufrutuário. Ressalva-se, porém, que se a intenção do testador era, de fato, aquinhoar o fiduciário – que a lei converteu em usufrutuário – com a propriedade da coisa; isto é, como verdadeiro fiduciário, respeita-se a vontade do testador, consolidando-se a propriedade plena no usufrutuário, por meio de interpretação extensiva

---

266 Ob. cit., p. 46.
267 Ver comentários ao art. 1.952.
268 *Apud* Carlos Maximiliano, ob. cit., vol. II, p. 356.

do próprio dispositivo sob comento. É que a conversão de fideicomisso em usufruto se justificaria como meio de evitar-se os nefastos efeitos que uma substituição fideicomissária causaria na circulação dos bens, de forma que a consolidação da propriedade seria, em nosso modo de ver, muito mais recomendável que a perpetuação do estado de bipartição de direitos entre herdeiros legítimos usufrutuários, de um lado, e nu-proprietários testamentários, de outro, nem sempre ligados por laços de parentesco afins ou por interesses comuns, circunstâncias, aliás, que não passariam desapercebido pelo testador por ocasião do testamento.

> **Artigo 1.959. São nulos os fideicomissos além do segundo grau.**
> **Direito anterior: Art. 1.739.** São nulos os fideicomissos além do segundo grau.[269]

COMENTÁRIOS

1. Nulos

Realmente como pontificado por Carvalho Santos, e não *somente anuláveis*,[270] podendo ser a nulidade alegada por qualquer interessado, ou pelo Ministério Público, quando lhe couber intervir, e ainda pronunciada de ofício pelo juiz, a fim de escoimar o excesso; isto é, o que for além do segundo grau (arts. 166, VII, e 168).

2. Os fideicomissos além do segundo grau

Segundo grau de instituição, não de substituição. O fiduciário é herdeiro de primeiro grau. O fideicomissário é de segundo grau. Pareceu a Ferreira Alves[271] ser possível a instituição de dois substitutos,

---

269 Legislação comparada: Código Civil português: art. 2.288º ; chileno: art. 745, mas diversamente: arts. 1.158 c.c. 1.165; espanhol: art. 781; suíço: art. 488; venezuelano: art. 963, 2ª al.

270 Ob. cit., vol. XXIV, p. 217.

271 Martinho Garcez (Cf. Itabaiana de Oliveira, ob. cit., p. 603).

mas ficou isolado,[272] como ressaltado por Carvalho Santos[273] e Clóvis Beviláqua.[274] Realmente, o fideicomisso pressupõe a existência de dois herdeiros, primeiramente o fiduciário; depois, o fideicomissário. O direito do primeiro vai até onde efetivamente se inicia o segundo. Não há simultaneidade, pelo menos no fideicomisso próprio. Já, no que diz respeito ao fideicomisso impróprio (art. 1.952, parágrafo único), pese embora a simultaneidade de usufrutuário e nu-proprietário, não há usufruto de segundo grau tampouco, ou sucessivo.

Essa regra não guarda pertinência, nem aplicação com a substituição vulgar.[275] Supôs-se que no Projeto Primitivo do antigo Código que a fórmula antiga[276] impediria que na substituição vulgar pudessem ser chamadas duas ou mais pessoas para receber a herança, como adverte Clóvis Beviláqua, preferindo-se a fórmula encampada no texto revogado e revitalizado no dispositivo ora comentado.[277]

A disposição segue a proibição emanada pela Lei de 6 de outubro de 1835,[278] evitando-se a instituição de vínculo, mas a nulidade não atinge os graus validamente considerados. Onde não houver dupla instituição de realização sucessiva, não há substituição fideicomissária, como ilustra Josserand, com apoio em aresto que menciona.[279] Aproveita-se a deixa testamentária até o segundo grau de instituição, recebendo o fideicomissário a herança, ou o legado livremente. Só não recebem o segundo e terceiro fideicomissários, e assim por diante. Note-se, ademais, que o art. 1.951 não cuidou de trazer à sucessão fideicomissária mais de um substituto.

---

272 Juntamente com Martinho Garcez.
273 Ob. cit., p. 218.
274 *Código civil*, vol. II, p. 950.
275 João Luiz Alves, ob. cit., p.150; Lacerda de Almeida, ob. cit., p. 316.
276 "São nullas as substituições além do segundo grau" (Clóvis Beviláqua, *Cód. Civil*, vol. II, p. 951).
277 *Ibidem*, mesma página.
278 Cf. Itabaiana de Oliveira, ob. cit., p. 602.
279 Ob. cit., III, p. 1.088.

Das Substituições (Art. 1.960) 283

Art. 1.960. A nulidade da substituição ilegal não prejudica a instituição, que valerá sem o encargo resolutório.

Direito anterior: Art. 1.740. A nulidade da substituição ilegal não prejudica a instituição, que valerá sem o encargo resolutório.[280]

COMENTÁRIOS

1. A nulidade da substituição ilegal não prejudica a instituição

Não obstante a redundância do adjetivo *ilegal,* como adverte Clóvis Beviláqua,[281] o dispositivo parece ocioso, diante do preceito contido no artigo precedente (1.959). Mas não é. A nulidade da cláusula fideicomissária pode não acarretar a nulidade da nomeação do fiduciário. Por outro lado, a nulidade da substituição fideicomissária além do segundo grau não prejudica a instituição, nem o testamento. O mesmo se diga em relação à substituição vulgar, uma vez que o princípio se subentende,[282] muito embora o Código tenha se referido especialmente ao fideicomisso. Consoante professa Cunha Gonçalves, *"a nulidade da proibição não prejudica à instituição do herdeiro ou legatário; 'apenas se tem como não escrita a dita proibição', que poderá encobrir uma possível substituição".*[283]

De qualquer forma, se por algum outro vício for anulada a disposição fideicomissária, como um todo, permanecerá de pé o testamento. É o que também se verifica na lição de Baudry-Lacantinerie:[284] *"Or ce que la loi annule, c'est seulement la disposition entachée de*

---

280 Legislação comparada: Código Civil português: art. 2.289°; espanhol: art. 786; argentino: art. 3.730; uruguaio: art. 867; mexicano: art. 1.478; alemão: § 2.195.
281 *Código Civil*, vol. II, p. 951.
282 *Ibidem*, p. 952.
283 *Tratado de direito civil*, vol. X, t. 1, p. 206.
284 Ob. cit., t. III, p. 676.

substitution. Si donc, dans un même acte, dans um testament par exemple, il y a des dispositions atteintes de ce vice et d'autres qui en sont exemptes, la nullité des premières n'entraine pas la nullité des secondes qui en sont indépendantes."

2. Que valerá sem o encargo resolutório

Anulado o excesso, deixa de haver o encargo resolutório indevidamente acrescido no testamento. O primeiro fideicomissário fica sem ter a quem entregar a deixa testamentária, porque a lei reputa como nulo o fideicomisso de segundo grau. Carvalho Santos pondera, todavia, que, se o primeiro fideicomisso caducar, pela renúncia do fiduciário, ou pela premorte deste em relação ao testador, o primeiro fideicomissário passa à condição de fiduciário, e, assim, nada obsta a que o segundo fideicomissário receba a liberalidade, como se fosse o primeiro, ficando de pé a instituição até o segundo grau: "Essa solução é perfeitamente justa e a única que se torna fiel à execução exata da vontade do testador."[285]

---

285 *Cód. Civil*, XXIV, p. 220.

CAPÍTULO X
DA DESERDAÇÃO

Art. 1.961. Os herdeiros necessários podem ser privados de sua legítima, ou deserdados, em todos os casos em que podem ser excluídos da sucessão.

Direito anterior: Art. 1.741. Os herdeiros necessários podem ser privados de sua legítima, ou deserdados, em todos os casos em que podem ser excluídos da sucessão.[1]

COMENTÁRIOS

1. Os herdeiros necessários podem ser privados de sua legítima, ou deserdados

O instituto guarda afinidade com a sucessão legítima, não com a testamentária, embora o deserdado perca não apenas a legítima, mas também a sua quota disponível do espólio.[2] Há semelhanças com a

---

1 Legislação comparada: Código Civil português: art. 2.166º; alemão: §§ 2.333 e 2.335; espanhol: art. 852; suíço: art. 477; argentino: art. 3.744; uruguaio: art. 899; chileno: art. 1.207; argentino: art. 3.744; boliviano: arts. 1.173 a 1.179; paraguaio: art. 2.499; em sentido parelho, francês: arts. 955 e 1.046.

2 Cf. assinala Carlos Maximiliano: *"Embora em rigor tecnológico a 'desherdação' consista na privação da 'legítima', se é feita em termos amplos, sem restrições evidentes, abrange tambem a quota sucessória compreendida na parte 'disponível' da herança. Exemplo: 'Excluo do número dos meus herdeiros o meu neto Alcides,*

exclusão do herdeiro por indignidade (art. 1.814), mas com ela não se confunde, embora produzam efeitos idênticos e se possam determinar pelas mesmas causas.[3] Basta ver que, enquanto na exclusão por indignidade qualquer herdeiro, legítimo ou não, testamentário ou legatário, pode ser afastado da sucessão, na deserdação apenas os herdeiros necessários podem ser atingidos, desta feita, por meio de ato do testador.

A deserdação remonta ao código babilônico de *Hammurabi*, que data de 2000 anos antes de Cristo.[4] No primitivo direito romano, anterior à Lei das XII Tábuas, o pai podia privar seus herdeiros (*heredes sui*) apenas em relação aos bens constitutivos da *pecunia* e não da *hereditas*. A transmissão hereditária era eminentemente política. Posteriormente, a sucessão passou a ser tratada com enfoque patrimonial. A não instituição de herdeiro no testamento era concebida como deserdação (*ex heredatio*). Instituída a legítima, devida *ex officio pietatis* – como fundamento assistencial (*pars bonorum*) –, ao deserdado se assegurou o direito de perante o Tribunal dos Centunviros mover a *querella inoficiosi testamenti*, cumprindo-lhe demonstrar a falta de justa causa da deserdação. O Tribunal passou, então, a firmar jurisprudência em torno das causas havidas como válidas para a deserdação. Mas foi a Novela 115 do direito justinianeu que marcou o ponto decisivo a partir do qual o instituto ganharia contornos mais próximos com aqueles que o direito moderno agasalhou. Nos capítulos III e IV da Novela 115, foram enumeradas as causas de deserdação dos descendentes pelos ascendentes e vice-versa, respectivamente.[5] No

---

porque me ofendeu gravemente no Club Comercial''' (ob. cit., vol. II, pp. 470-471). Carvalho Santos acentua que *"só podem ser deserdados os herdeiros necessários – descendentes por ascendentes e vice-versa"* (*Cód. Civil...*, XXIV, p. 222).

---

3   João Luiz Alves, ob. cit., p. 151.
4   Itabaiana de Oliveira, ob. cit., vol. 2, p. 420.
5   Cf. Zannoni, ob. cit., t. 1, pp. 246-247.

direito consuetudinário, a deserdação se achava em desacordo com os princípios do direito sucessório: o testamento não poderia conferir o título herdeiro. Em contrapartida, não poderia destruí-lo.[6] Em França, a deserdação foi banida, como ilustra Planiol,[7] com apoio em Labruyère, *"parce qu'elle donnait lieu à des procès fréquents et scandaleux ... Le testateur ne peut plus exhéréder à proprement parler: il peut seulement donner ses biens à d'autres, quand il n'y a pas de résérve établie au profit de l 'héritier: contre celui qui n'est pas réservataire, l'exhérédation est inutile; contre le réservataire, elle est impossible"*. Demais disso, as disposições relativas à reserva hereditária são de ordem pública e as partes não poderiam alterá-las.[8]

Apesar da antipatia quase geral angariada,[9] diante das situações constrangedoras que provoca, perdura a deserdação em nosso direito positivo e em alguns outros países, como é o caso de Portugal, sendo Cunha Gonçalves[10] quem efetivamente, não sem percuciência, assinala que o legislador, em reservando a legítima aos ascendentes e descendentes, *"de nenhum modo reconheceu a êstes um direito absoluto, antes os sujeitou à obrigação moral de serem gratos para com o autor da herança, que para êles acumulou ditos bens. É uma obrigação idêntica à que o art. 1.488 impõe aos donatários, sob pena de poder o doador revogar a doação, com a diferença de ser esta um acto espontâneo, ao passo que a legítima é criada e imposta pela lei. Os descendentes e ascendentes não têm, portanto, direito absoluto à legítima: não são heredes sui."*

---

6   Ripert et Boulanger, ob. cit., p. 687.
7   Ob. cit., t. 3, p. 528.
8   Ripert et Boulanger, ob. cit., p. 687.
9   A ponto de Clóvis Beviláqua haver proferido severas críticas contra a ela: *"Odioso porque imprime à última vontade do indivíduo a forma hostil do castigo, a expressão da cólera; e inútil porque os efeitos legais da indignidade são suficientes para privar da herança os que, realmente, não a merecem"* (ob. cit., vol. II, p. 953).
10   Ob. cit., vol. X, t. 1, p. 224.

Deserdar é excluir alguém da herança ou da sucessão, privando-a de bens, em virtude de ingratidão do beneficiário perante o disponente. O texto se reporta aos herdeiros necessários, que, na dicção do art. 1.845, são os descendentes, ascendentes e o cônjuge.[11] A eles cabe a metade dos bens da herança (art. 1.846). Portanto, estamos tratando do afastamento da legítima pertencente aos herdeiros necessários. Quanto aos demais herdeiros legítimos, não há necessidade de expressa menção. É suficiente que o testador *"disponha de seu patrimônio, sem os contemplar, independentemente de qualquer causa de justificação"*,[12] *ex vi* do art. 1.850.

Expõe Cunha Gonçalves que: *"A palavra 'deserdação' tem duas acepções. Num sentido amplo e vulgar, deserdação é o simples facto da exclusão de qualquer pessoa da sucessão legítima, total ou parcial, e até de uma parte dos direitos incluídos no conceito da propriedade. Assim, os escritores franceses chamam 'deserdação', quer à disposição da quota livre, que, sem o testamento, pertenceria aos herdeiros legitimários, quer à livre disposição dos bens a favor dos estranhos, quando o de cujus não tem* ·

---

11 Sustentamos que o companheiro foi alçado à condição de herdeiro necessário nas situações que o Código estabelece, primeiro em virtude de sua equiparação ao cônjuge, em variados dispositivos do Código, *ex vi* dos arts. 1.595, 1.618, parágrafo único, 1.626, parágrafo único, 1.636, 1.694, 1.724, 1.726, 1.775, bem como em legislação extravagante. Segundo, porque, de acordo com a regra do art. 1.790: *"A companheira ou o companheiro participará da sucessão do outro, quanto aos bens adquiridos onerosamente na vigência da união estável, nas condições seguintes I – se concorrer com filhos comuns, terá direito a uma quota equivalente à que por lei for atribuída ao filho; II – se concorrer com descendentes só do autor da herança, tocar-lhe-á a metade do que couber a cada um daqueles; III – se concorrer com outros parentes sucessíveis, terá direito a um terço da herança; IV – não havendo parentes sucessíveis, terá direito à totalidade da herança."* Em outras palavras, pese embora a redação contida no art. 1.845: *"São herdeiros necessários os descendentes, os ascendentes e o cônjuge"*, o companheiro ou companheira *participará da sucessão do outro*, leia-se, *necessariamente*, nas hipóteses contempladas pelo art. 1.790, só podendo ser excluído da herança por meio de ação de indignidade ou deserdação, conforme veremos.

12 Cf. Washington de Barros Monteiro, *Curso*, vol. VI, pp. 246-247.

herdeiros necessários, e os herdeiros meramente legítimos ficaram logrados na sua expectativa, quer o simples legado de usufruto a um e o da respectiva propriedade a outro, pois dizem que o usufrutuário é 'deserdado' da propriedade e que o proprietário é 'deserdado' do usufruto. Num sentido restrito e próprio, porém, que é o do art. 1.875 dêste Código, deserdação é o acto pelo qual o autor da herança priva um herdeiro legitimário da sua quota legitimária, punindo-o assim da sua ingratidão."[13]

A deserdação deve ser motivada, não se operando de imediato, tão apenas, p. ex., com o registro do testamento em que decretada. É preciso que o testador indique a pessoa afastada da sucessão, ainda que não seja essencial declinar o nome desta, bastando declarar: "o meu filho" (se for o único, p. ex.) etc. Aceita-se que o testador não especifique em minúcias em que o mau trato teria consistido, se o fato é suficiente para individualizar a conduta e o testador impôs castigo como decorrência lógica do ato praticado pelo deserdado. Com efeito, deve o testador, no próprio ato de disposição, apontar a causa da exclusão (art. 1.964).

Quanto mais especificada a causa, melhor a prova e sua identificação pelo juiz e pelo interessado. Não são exigidas fórmulas sacramentais, mas é claro que a simples menção genérica, p. ex., a uma *injúria* indefinida no tempo e no espaço, banhando a inépcia, não ganha muita consistência, podendo ser facilmente ilidida pelos meios ordinários de prova.

Incumbe ao beneficiário pela deserdação imposta ao herdeiro desrespeitoso demonstrar a causa apontada pelo testador que o teria motivado a decretar o afastamento deste do pleito sucessório. É dele o ônus de prova. Evidentemente que, se essa causa apontada no testamento não se achar suficientemente descrita, poderá o interessado[14]

---

13   *Tratado*, vol. X, t. 1, pp. 223-224.

14   O economicamente interessado, não o interesse simplesmente moral. Não basta ao testamenteiro, a quem não aproveite a deserdação, propor ação de exclusão (deserdação).

ajuizar ação de exclusão por indignidade, declinando uma outra causa de pedir, se o caso, consoante a moldura típica traçada no art. 1.814. O prazo para a propositura da ação é de 4 (quatro) anos, a contar da abertura do testamento[15] (art. 1.965 e parágrafo único).

Se o testador limitou-se a privar o deserdado da legítima e não nomeou herdeiro para recebê-la, nesse caso, a quota caberá aos herdeiros legítimos,[16] caso efetivamente reconhecida em juízo e mediante contraditório regular a causa de deserdação. Não havendo contraditório nem sentença, o herdeiro desrespeitoso fica a salvo da deserdação.

O herdeiro deserdado pelo testador pode antecipar-se à iniciativa do beneficiário, ajuizando ação contra os sucessores do testador, para demonstração da sua inocência.[17] Evidente que a justificação ju-

---

15 Na vigência do Código revogado, o prazo era contado da abertura da sucessão (art. 178, § 9º, IV). Em nosso entendimento, como será melhor explicitado adiante, o prazo deve ser contado da ciência inequívoca do despacho judicial que determina o cumprimento do testamento.

16 Antigamente, como pontifica Lacerda de Almeida, ao fisco é que se devolviam, em regra, os bens deixados a pessoas indignas (Ord. L.2, tit. 26, § 19). Depois, segundo o eminente jurista, reconheceu-se que o receptor é *sempre um herdeiro substituto, testamentário ou legítimo* (ob. cit., pp. 83-84). Seguindo a ordem de vocação hereditária, não sobrevivendo cônjuge, ou companheiro, nem parente algum sucessível, ou tendo eles renunciado a herança, esta se devolve ao Município ou ao Distrito Federal, se localizada nas respectivas circunscrições, ou à União, quando situada em território federal (art. 1.844). Assim, compete também à Fazenda Pública a propositura de ação de deserdação, se não houver herdeiros sucessíveis e o testador não houver declinado a pessoa em favor da qual caberia a quota vaga.

17 O que pareceu a Washington de Barros Monteiro que seria ação cominatória, para que "o interessado prove a deserdação" (ob. cit., p. 246). No mesmo sentido, Orlando Gomes, ob. cit., p. 234. A nós parece que a ação cabível em tese seria a de invalidade do testamento ou da cláusula deserdativa, se caso (erro), cumprindo aos sucessores beneficiados pela deserdação o ônus de prova da sua existência. Isto porque, segundo nos parece, ninguém pode ser compelido a ir a juízo, compreendendo-se aí o ônus de prova, que não é dever, nem obrigação. A ação é mesmo de nulidade, conforme demonstra Pontes de Miranda: "Não importa se o herdeiro propôs a ação de nulidade da deserdação" (*Tratado*, LVIII, p. 255).

dicial pode ser aceita como meio de prova.[18] Apenas o valor que deva merecer a prova colhida em procedimento de justificação é que será aferido pelo juiz que tocar a distribuição da causa principal, que, de modo algum, é dispensada.[19]

Mas se o herdeiro desamoroso tentou contra a vida do testador e veio a ser condenado criminalmente por isso, fica evidente que a prova no crime tornaria desnecessária nova demonstração em juízo cível (art. 63 – CPP). Essa causa motivadora é declinada, de modo expresso, pela lei, especificando em seus arts. 1.815, 1.962 e 1.963, quais seriam as justificativas que amparariam a exclusão. As hipóteses previstas pelo legislador são taxativas, erigidas em *numerus clausus*. São descabidos os recursos à analogia ou à interpretação extensiva.

Note-se que a prescrição no crime não afasta a pena civil da deserdação. O mesmo se diga em relação à reabilitação criminal, instituto diverso do perdão do testador. Mas se se deixa de exercer a ação de exclusão no prazo prescricional do art. 1.965, parágrafo único, o herdeiro deserdado herda a legítima, como já explanado anteriormente.

Como facilmente se percebe, a vontade do testador, embora soberana, não é discricionária,[20] não pelo menos em matéria de exclusão de herdeiro. Vincula-se a vontade do testador à motivação do ato, ressalvando-se aos interessados os meios de prova admitidos em direito, além do amplo contraditório. A deserdação, em realidade, é pena

---

18   Porque haverá casos em que a demora na coleta do material probatório poderá tornar inútil a ação principal.

19   Contra: Carlos Maximiliano, ob. cit., vol. II, p. 461.

20   Concebe a lei uma espécie de deserdação denominada *bona mente*. Nesse caso, o testador clausularia a legítima com inalienabilidade, impenhorabilidade e incomunicabilidade, a termo do art. 1.848 (Itabaiana de Oliveira, ob. cit., p. 421). A hipótese mais comum é da prodigalidade do herdeiro. Ao invés de deserdação propriamente dita, o testador gravaria a legítima de inalienabilidade, para evitar a dissipação de bens, bem como o assédio de pessoas interessadas em desvio de patrimônio do herdeiro.

e pena exige prévia cominação legal, imputação de fato típico e antijurídico. À falta de causa motivadora que justifique a apenação decretada pelo testador, invalida-se a deserdação (art. 1.964).[21]

Consoante dilucida Carlos Maximiliano, *"para se tornar efetiva a penalidade, é, portanto, indispensável o concurso de quatro requisitos: 1º ocorrer, pelo menos, uma das causas previstas em lei; 2º consistir motivo da privação da legítima um facto já ocorrido quando foi lavrado o testamento; 3º acharem-se declaradas em ato de última vontade a desherdação e a causa da mesma; 4º ser provada a existência da causa por aquele a quem aproveita a desherdação, ou pelo indivíduo que pretende tornar efetivo este castigo ao desamoroso".[22]* Acrescente-se ainda um quinto requisito: que o testamento não seja declarado inválido.[23]

Constitui, assim, a deserdação uma exceção ao princípio da intangibilidade da legítima do herdeiro necessário. O testador pode dispor da metade da herança, quando houver herdeiros necessários. Nesse campo, sua ação é discricionária. Pode legar e testar a quem quiser, mesmo ao herdeiro necessário (já assegurado com a legítima) e com quem mantém maior afeição, p. ex., e assim por diante, sem que com isso signifique deserdação ou exclusão de qualquer outro herdeiro, desde, como óbvio, respeitadas as legítimas.

Não havendo herdeiros necessários, pode o testador dispor da totalidade da herança (arts. 1.846, 1.857, § 1º). Não se cuida de deserdação o ato de se dispor da metade da herança em favor de um ou mais herdeiros necessários, sem contemplação dos demais, e, sim, *exclusão de partilha*.[24] O testador pode dispor da metade da herança

---

21 *"A desherdação sem causa expressa se tem como não existente, mantidos os direitos do herdeiro necessario á legítima"* (João Luiz Alves, ob. cit., p. 152).

22 Ob. cit., p. 461.

23 *Ibidem*, p. 459.

24 Pontes de Miranda, *Tratado*, LVIII, p. 265. Aduz ainda o ilustre jurista: *"O herdeiro legítimo não-necessário pode ser mencionado para que de modo nenhum seja chamado à herança. Não é preciso que se aluda a motivo, provado ou não. Se apontou 'motivo'*

para qualquer pessoa, incluindo aí herdeiro legítimo, e não precisa declinar os motivos de tal contemplação,[25] quase sempre inspirada em razões estritamente pessoais, como, p. ex., não-afeição e assédio demonstrados por outros herdeiros com interesse pura e exclusivamente em seu patrimônio etc.

Não há deserdação implícita ou virtual. Deve ser expressa no testamento. Daí a sua inserção no Título III (*Da Sucessão Testamentária*). A deserdação pode derivar de uma ou mais cláusulas testamentárias. Não há deserdação tácita. Ainda que o pai amaldiçoe o filho em testamento, referindo-se a faltas graves por este cometidas, se não concluiu determinando o afastamento do desamoroso da sucessão, "o mau recolhe a sua quota sucessória".[26]

Nada impede que o testador se arrependa e manifeste perdão ao herdeiro deserdado. Mas esse perdão, ou reabilitação do ofensor, não se infere tácito, com a simples reconciliação ou o reatamento da amizade em público entre testador e deserdado. Deve ser expresso em ato autêntico, tal como novo testamento, escritura pública ou termo judicial, por exemplo (art. 1.818).[27]

Admite o novo Código seja ele tácito tão-somente se o indigno vier a ser contemplado em testamento do ofendido, quando este, ao testar, já conhecia a causa da indignidade (parágrafo único do art. 1.818).[28]

(não se fale aí, em 'causa legal' ou 'causa') e êsse é falso, isso não importa, porque se afastou o sucessível; mas a cláusula foi manifestação de vontade fundada em 'êrro' e cabe a anulação. Idem, se houve coação" (*Ibidem*, mesma página).

---

25 AC nº 38.708-4, São José do Rio Preto, 7ª Câmara de Direito Privado, rel. Des. Soares Lima, j. em 24.06.98, vol. U.

26 Carlos Maximiliano, ob. cit, II, fls. 457.

27 Cf. Carlos Maximiliano, *"os textos dispensadores de rigor formal aplicam-se a casos 'análogos', por serem 'benéficos'"* (ob. cit., vol. II, p. 473). Contra: Ferreira Alves, citado por Orosimbo Nonato, ob. cit., vol. II, p. 147.

28 Consoante Caio Mário da Silva Pereira, *"a deserdação comporta perdão, que pode ser expresso, se em ato autêntico; ou 'tácito', se em testamento posterior e revogatório do outro, é omitida cláusula de deserdação"* (ob. cit., p. 235).

Ao deserdado incumbe o ônus de prova do perdão. Nada impede, porém, que o testador se arrependa do perdão e o revogue posteriormente. Como a revogação do perdão implica a reativação da deserdação, que é pena, exige-se novo testamento, para que possa valer. Não se admite o chamado *perdão antecipado*; isto é, a renúncia feita pelo testador em vida quanto à eventual deserdação de algum parente.

O perdão é sem dúvida alguma socialmente bem aceitável, inspirado em sentimentos nobres do homem, ao contrário da deserdação, que faz lembrar o castigo e a impiedade, dependendo evidentemente das circunstâncias de cada caso em concreto. Daí a razão do abrandamento da lei, no que toca aos requisitos de forma em matéria de perdão.

Se o deserdado premorre ao testador, a pena não se estende aos herdeiros daquele, diante do seu caráter personalíssimo. Em se tratando de pena, como também ponderado por Carlos Maximiliano, "atinge só a pessoa do culpado", aplicando-se o direito de representação, como se o deserdado morto fosse.[29] Se o deserdado for ascendente, recolhe a herança o outro, tendo em vista que nessa linha de parentesco não há direito de representação.[30] Todavia, a lei não autoriza o usufruto pelo deserdado ou a administração dos bens havidos pela sua prole como seu representante, sob pena de ineficácia da privação da legítima (art. 1.816, parágrafo único).

Como a deserdação é uma pena, até que declarada esta judicialmente, o deserdado não perde o seu direito hereditário. Sucede que seu título de herdeiro não produz efeitos durante o tempo que medeia da abertura do testamento até o trânsito em julgado da sentença de exclusão ou não da herança, porque, ao contrário do indignidade, a

---

29   Ob. cit., p. 471. No mesmo sentido, Orosimbo Nonato, ob. cit. (vol. II), p. 163; Itabaiana de Oliveira, ob. cit. (vol. II), p. 403; Pontes de Miranda, *Tratado*, LVIII, p. 257; Orlando Gomes, ob. cit., p. 237. Contra: Washington de Barros Monteiro, *Curso*, 6º vol., p. 247.

30   Orlando Gomes, ob. cit., p. 238.

deserdação priva a vocação do herdeiro, desde a abertura do testamento. O deserdado já tem contra si uma presunção de culpa,[31] carecendo, pois, de chamamento *ab initio* (Zannoni, ob. cit., p. 248).[32] Claro que o indigno pode, por vezes, até ostentar indícios de culpa que seriam muito mais contundentes que a simples presunção que milita contra o deserdado, como, p. ex., declarações prestadas por testemunhas e pelo testador em inquérito criminal etc. Tudo dependerá da análise do caso em concreto.[33]

Caso vencido em juízo, o deserdado deverá, se caso, proceder à devolução dos frutos e rendimentos eventualmente havidos antes da sentença, uma vez que não lhe cabe o usufruto ou a administração dos bens que a seus sucessores couberem na herança (art. 1.816, parágrafo único), e, além disso, é considerado possuidor de má-fé. Se o deserdado sair-se vitorioso em juízo, recebe a legítima que havia sido privado, mas não a quota disponível que lhe deveria caber no acervo. Como acentuado por Carlos Maximiliano, *"a defesa em triunfo salva*

---

31 Contra: Carlos Maximiliano, ob. cit., vol. III, nº 1.309. Pela presunção: Sílvio Venosa, para quem: *"O indigno tem a posse da herança, não se presume culpado e pode até mesmo não ser acionado, consolidando-se definitivamente sua situação de herdeiro. O deserdado já tem uma causa expressa no testamento que o impede, de bom senso, que assuma a posse da herança"* (ob. cit., p. 297). Mas se houverem indícios suficientemente graves, a ponto de inquinar a sua condição moral de herdeiro, pode e deve o indigno, segundo pensamos, ser, de igual forma, afastado da posse da herança, por medida de bom-senso, utilizando-se o juiz do poder geral de cautela.

32 O que não o impede de praticar atos de conservação de seu direito (*vide* nota a seguir).

33 Cf. Pontes de Miranda, *Tratado*, LVIII, pp. 261-262, o deserdado é pessoa que se acha em situação de suspensão e a que *"se devam conferir podêres para os atos destinados a conservar os bens e direitos, a propósito dos quais aguarda decisão.(...) Em conclusão: 'pendente' a ação, o deserdado não pode ser 'inventariante' nem intervir no processo, salvo para as medidas de 'protesto e ressalva', como pedir que conste dos alvarás ainda não estar provada a sua deserdação"*. Segundo Orlando Gomes, enquanto não comprovada a veracidade da causa de deserdação, a posse da herança *"deve ficar com o inventariante"* (ob. cit., p. 234).

apenas a 'legítima'", a menos que a privação da legítima seja produto de erro.[34]

Admite-se a deserdação parcial,[35] mas não a condicional ou temporária, na pendência de fato futuro e incerto. Mas pode haver deserdação sujeita à condição preexistente; isto é, de aferição de veracidade do fato anterior, o que, em verdade, tecnicamente, não importa uma condição, como apregoado por Eduardo Espínola.[36] Acentue-se, consoante Ripert et Boulanger,[37] que nula é a cláusula penal de deserdação de herdeiro que se insurge contra o testamento.

2. Em todos os casos em que podem ser excluídos da sucessão

Em todos os casos, diz a lei, que o herdeiro possa ser afastado da sucessão por indignidade, conforme estabelece o art. 1.814. De logo desponta a idéia no sentido de que o cônjuge, hoje, elevado à categoria de herdeiro necessário, possa deserdar o outro, com base nas causas expressamente delineadas no art. 1.814. Certo que a lei não estende ao cônjuge a possibilidade de deserdação, com fundamento nas causas estabelecidas nos arts. 1.962 e 1.963. Mas nada impede que um cônjuge possa vir a deserdar o outro, se verificada alguma das hipóteses de indignidade (art. 1.814), entre as quais, todavia, por evidente falha, não se inclui o adultério, a conduta desonrosa, que pertinem à injúria grave, ou ainda a ofensa física (arts. 1.962, I e II; 1.963, I; e II, c.c. art. 1.573, I, III e VI).[38] A exemplo do que estabelece o Có-

---

34 Ob. cit., vol II, pp. 477-478.
35 Contra: Sílvio Venosa (ob. cit., p. 295).
36 Cf. Orosimbo Nonato, ob. cit., vol. II, p. 162.
37 Ob. cit., p. 691.
38 Segundo já assinalava Carlos Maximiliano, durante a vigência do Código revogado: *"O cônjuge, à semelhança dos demais sucessores, pode ser deserdado e julgado 'indig-*

digo Civil alemão (§ 2.335), poderia o legislador, *de lege ferenda*, explicitar a privação da legítima do cônjuge ofensor, mencionando as causas de deserdação cabíveis e adequadas, além daquelas que servem a exclusão do herdeiro por indignidade. Conforme advertem Ennecerus, Kipp e Wolff, o disponente pode privar o cônjuge da legítima pelas *causas legais*, remetendo-se à culpa que justifica o divórcio.[39] Advirta-se que o direito sucessório ao cônjuge sobrevivente é reconhecido, se ao tempo da morte do outro, não estavam separados judicialmente, nem separados de fato há mais de 2 (dois) anos, salvo prova, neste caso, de que essa convivência se tornara impossível sem culpa do sobrevivente (art. 1.830).

O Código não incluiu o companheiro no rol dos herdeiros necessários, pelo menos, não de forma expressa, como se deflui do art. 1.845. Mas o companheiro, consoante se verifica no art. 1.790, é havido como herdeiro concorrente da legítima dos filhos comuns e dos descendentes do autor da herança, em relação aos bens adquiridos onerosamente na constância da união estável.[40] Se concorre com legítima, é legítima a herança que se defere ao companheiro ou à companheira. Ninguém concorre de igual com título diferente. Nesse caso, o companheiro herda, na qualidade de herdeiro necessário, sendo intangível a sua quota concorrente à dos filhos comuns ou dos descendentes do morto. Também herda o companheiro, se concorrer com outros parentes sucessíveis, cabendo-lhe 1/3 da herança, e, se não houver parentes sucessíveis, terá direito à totalidade da herança. O Código procurou de alguma forma não desamparar o companheiro, estabelecendo regra próxima daquela atinente ao cônjuge sucessível, como

---

no'; *guarda, neste caso, a meação, apenas; entrega o resto do patrimônio conjugal aos colaterais; quando não exista nenhum dêstes até o quarto grau, aproveitará o Fisco*" (ob. cit., 5ª ed., vol. 1, p. 172).

---

39 Ob. cit., p. 352.

40 Ou concubinato puro (Maria Helena Diniz, ob. cit., p. 109).

se infere do art. 1.832, pois na concorrência com os descendentes, caberá ao cônjuge igual quinhão ao dos que sucederem por cabeça (art. 1.832). Assim, nesse caso, lícito não será ao morto testar a totalidade dos bens adquiridos onerosamente na constância da união estável, devendo ser respeitada a porção cabente à companheira sobrevivente, justamente porque elevada à condição de herdeira necessária, conforme se depreende do art. 1.790, nas condições que o dispositivo alberga.

Não havendo parentes sucessíveis, herdará a companheira sobrevivente a totalidade da herança, se evidentemente o morto não houver contemplado outro herdeiro em testamento, pois, do contrário, a companheira viva teria mais direitos que a cônjuge e haveria, sem dúvida alguma, ab rogação do princípio da liberdade de testar. Respeitada a porção cabente a companheira, que a lei procurou equiparar à legítima no art. 1.790, bem como a meação (art. 1.725), ainda que não hajam parentes sucessíveis, poderá o companheiro morto testar a disponível; isto é, o que sobejar. Também por isso, não se concebe como não possa ser o companheiro deserdado pelo outro, nas hipóteses de indignidade (art. 1.814).

A união estável vem sendo aos poucos cada vez mais prestigiada pelo legislador, que já chegou a tratá-la na própria Constituição Federal (art. 226, § 3º). A tendência, decerto, é conferir-se à união estável os mesmos efeitos do casamento. Se o cônjuge passou à categoria de herdeiro necessário, não se compreende fique o companheiro, hoje, à deriva do direito das sucessões, simplesmente por haver o art. 1.845 silenciado a palavra "companheiro" e não haver expressamente colocado a mesma expressão a rol na ordem de vocação hereditária (art. 1.829). Diversamente da Lei nº 8.971/94, quando o companheiro sobrevivo era convocado à herança, na falta de descendentes ou ascendentes sucessíveis, assumindo a posição de herdeiro eventual, o atual Código foi mais além, a despeito das críticas irrogadas à Emenda nº 300, na tentativa de suprir a falha do projeto original, reproduzindo o princípio anotado no Anteprojeto de Orlando Gomes.[41] A questão não é pacífica e certamente será objeto de acirrados debates pelos doutos, em pretório inclusive.

Comentando o projeto de lei regulamentador da união estável pela comissão formada pelos Ministros Waldemar Zveiter, Carlos Alberto Direito; pelos Drs. Arnoldo Wald, Hermann Assis Baeta, Ottomar Zilles; e pelas Dr[as]. Floriza Verucci, Rosiska Darcy de Oliveira, Anna Maria Pimentel e Judith Hofmeister Martins-Costa, os juristas Francisco José Cahali e Giselda Maria Fernandes Novaes Hironaka assinalam que: *"O interessante, e em nosso entender adequado, no princípio sucessório previsto neste projeto, é o prestígio da participação do companheiro como herdeiro necessário no usufruto exclusivamente sobre o patrimônio adquirido durante a união, e não sobre aqueles bens particulares já pertencentes ao falecido quando do início da convivência."*[42]

Ora, a redação contida no art. 7º do projeto acima[43] é, *mutatis mutandis*, bem semelhante àquela perfilhada no art. 1.790. Ao contrário do projeto em questão, o Código deixou de lado o usufruto vidual,[44] elevando o companheiro à condição de herdeiro necessário

---

41 Cf. Francisco José Cahali e Giselda Maria Fernandes Novaes Hironaka, *in Curso avançado de direito civil*, 6º vol., p. 249.

42 *Ibidem*, p. 247.

43 Que vem reproduzido na obra de Francisco José Cahali e Giselda Maria Fernandes Novaes Hironaka, da seguinte forma: *"Art. 7º Desde que vigente a união estável, no momento do falecimento, e ressalvados os eventuais direitos do cônjuge do de cujus, no caso de separação, o companheiro sobrevivente terá direito inafastável pela vontade das partes, enquanto não constituir nova união: I – ao usufruto da quarta parte do patrimônio líquido do falecido, adquirido durante a vigência da união estável, se concorrer com os seus descendentes; II – ao usufruto da metade do patrimônio líquido do falecido, adquirido durante a vigência da união estável, se concorrer com os seus ascendentes; III – ao usufruto da totalidade dos bens adquiridos a qualquer título, durante a união estável, se o de cujus não tiver parentes em linha reta vivos; ..."* (ob. cit., p. 246).

44 Em assunto parelho, Sílvio Venosa qualificou o cônjuge supérstite usufrutuário da quarta parte dos bens do cônjuge falecido como "herdeiro necessário em usufruto", já sob a égide do Estatuto da Mulher Casada (*Direito das sucessões*, p. 259).

300 Comentários ao Código Civil Brasileiro

por equiparação ao cônjuge, em relação ao patrimônio adquirido onerosamente na vigência da união estável. Note-se que o Código também silenciou, em relação ao companheiro, o direito real de habitação, mas nem por isso, poderia deixar de subsistir, em face do preceito contido no art. 7º da Lei nº 9.278/96, o que já não acontece com o usufruto vidual, uma vez que a razão de ser do usufruto era a de justamente compensar o companheiro ou companheira pela não contemplação da herança. Decerto, também, ser essa a razão de o usufruto vidual haver sido abolido na sucessão pelo cônjuge sobrevivente, que já herda como herdeiro necessário do cônjuge falecido, se não separado de fato nem judicialmente há mais de 2 (dois) anos, assegurandose-lhe ainda a legítima na proporção da quarta parte da herança, se for ascendente dos herdeiros com que concorrer[45] (art. 1.832). Assim, tanto o cônjuge quanto o companheiro deixarão de obter um auxílio econômico provisório, para serem havidos legalmente como herdeiros, a título definitivo.

Contra nosso entendimento se posiciona ainda o magistério de Sílvio Venosa,[46] para quem, após dissertar que *"como o cônjuge, no siste-*

Essa quarta parte de usufruto foi substituída pela quarta parte da legítima que se afiança ao cônjuge supérstite na herança (art. 1.832). A propósito da quarta parte da legítima, foi com a *Lex Falcidia*, em Roma que se a instituiu em favor do herdeiro. Desde que se exigiu do herdeiro forçosamente o cumprimento dos fideicomissos, se viu a necessidade de aplicar-se-lhes também a mesma regra. Justiniano eliminou a distinção entre os fideicomissos e os legados e determinou que, em caso de dúvida, deveria aplicar-se o direito mais benéfico dos fideicomissos (Enneccerus, Kipp e Wolff, ob. cit., p. 143).

---

45 Se a cônjuge concorrer com descendentes do autor da herança e com descendentes comuns, aplica-se a mesma regra do art. 1.832. Assegura-se-lhe a legítima na quarta parte da herança. Do contrário, quando concorressem apenas com o cônjuge supérstite, os filhos comuns do autor da herança seriam sempre prejudicados, estabelecendo-se, então, uma discriminação que a lei não permitiu, nem autorizou, conforme fossem filhos de um ou dos dois nubentes (art. 227, § 6º, da CF). De mais a mais, ao constituir nova família, o autor da herança deveria amparar sua atual consorte, com quem coabitou até o final da vida.

46 *Direito das sucessões*, 2ª ed., São Paulo, Atlas, 2002, vol. 7, p. 114.

ma anterior, não era herdeiro necessário, na mesma situação, era colocado o convivente", conclui que *"temos de repelir entendimento de que o diploma da união estável tenha guindado o companheiro à posição de herdeiro necessário, no sistema do Código de 1916"*. Para tanto, assinala: *"Repulsa a idéia de que a união estável goze de direitos mais amplos do que o casamento."*

Ousamos divergir do emérito Professor. Os direitos do companheiro ou companheira se acham ainda muito aquém daqueles conferidos ao cônjuge. A condição de herdeiros necessários não eleva o companheiro ou companheira à condição superior ou mais vantajosa do cônjuge. Verifica-se que a participação do companheiro ou companheira na herança do outro somente se efetiva, na hipótese de aquisição onerosa de bens na vigência da união estável, o que não ocorre no casamento, onde o cônjuge é considerado, para efeitos sucessórios, herdeiro necessário, em toda e qualquer hipótese, independentemente do regime de bens adotado no matrimônio.

Some-se ainda que a participação do companheiro ou companheira na sucessão de seu convivente é percentualmente bem inferior àquela do cônjuge, não separado de fato nem judicialmente há mais de 2 (dois) anos, quando concorrem na herança outros sucessores. Se for ascendente dos herdeiros com que concorrer, o cônjuge não separado de fato nem judicialmente há mais de 2 (dois) anos terá sempre garantida a quarta parte da herança, diversamente do companheiro ou companheira (arts. 1.790, I, e 1.832). Em concorrência com os descendentes, comuns ou não, o cônjuge não separado de fato nem judicialmente há mais de 2 (dois) anos recebe o mesmo quinhão dos sucessores por cabeça (art. 1.832). Em concorrência com os descendentes do convivente, a companheira só recebe a metade do que couber a cada um deles (arts. 1.790, II, e 1.832). Em concorrência com ascendente em primeiro grau, ao cônjuge caberá 1/3 da herança, ou metade desta se houver um só ascendente, ou se maior for aquele grau (art. 1.837), ao passo que ao convivente, concorrendo com outros parentes sucessíveis, terá direito a 1/3 da herança, ainda que haja apenas um ascendente em concurso (art. 1.790, III).

Acentue-se, como já frisamos, que o usufruto vidual deixou de subsistir pela disciplina do novo Código (art. 2º, I, II e III, da Lei nº 8.971/94). Nesse caso, sim, não poderia o convivente ter mais direitos que o cônjuge, contemplado pura e simplesmente com o direito real de habitação (art. 1.831). Discute-se se a Lei nº 9.278/96 permaneceria em vigor, tal como a Lei nº 8.971/94. Alguns dispositivos não foram derrogados. Tome-se, por exemplo, o direito de meação de bens resultantes da colaboração do convivente ao patrimônio comum que é uma decorrência lógica do sistema legal (não locupletamento indevido). Não há incompatibilidade entre o preceituado no artigo 3º da Lei nº 8.971/94 e o artigo 1.725 do atual Código. Do mesmo modo, podemos afirmar em relação ao direito real de habitação (artigo 7º, parágrafo único, da Lei nº 9.278/96). Ao cônjuge, qualquer que seja o regime de bens, foi assegurado, sem prejuízo de sua participação na herança, o direito real de habitação em relação ao imóvel destinado à residência da família, desde que seja o único daquela natureza a inventariar (art. 1.831). Esse mesmo direito se assegura à companheira ou companheiro sobrevivente, não apenas em razão do preceito contido no art. 7º, parágrafo único, da Lei nº 9.278/96, mas também em virtude do que estatuem os arts. 5º, I e XXX, e 226, § 3º, da CF.

Fato é que, após a Constituição Federal de 1988, o legislador avançou no terreno da união estável (Leis nºˢ 8.971 e 9.278), esquecendo-se de dar o necessário relevo ao casamento. Em face do descompasso então verificado, algumas inovações foram introduzidas no novo Código em benefício do cônjuge e o casamento passou bem à frente da união estável.

Ora, na concepção de Silvio Rodrigues,[47] *"herdeiros necessários, dentro da sistemática brasileira, são os descendentes e os ascendentes. 'Fazem*

---

47 *Direito das Sucessões*, 13ª ed., Saraiva, 1985, vol. 7, p. 201.

jus a tal denominação em virtude de não poderem ser afastados, inteiramente, da sucessão, a não ser nas hipóteses excepcionais de deserdação ou indignidade" (n. n.).

Realmente, herdeiro necessário é aquele que, não sendo instituído em testamento, a lei lhe reserva dentre os bens do *de cujus* uma parte, porção ou cota que não pode dele ser suprimida, sem justa causa de deserdação. A definição vem a calhar da letra do art. 3.714 do Código Civil argentino.[48] O sentido literal imprimido ao art. 1.790 é o de que o companheiro ou companheira, nas situações em que contempla, não poderão ser afastados da sucessão, senão por indignidade ou deserdação. Irrelevante daí não haver sido incluído de modo expresso o companheiro a rol dos herdeiros necessários (art. 1.845). Melhor seria se o legislador houvesse adotado a fórmula do Código Civil boliviano, que deitou regra clara e expressa acerca da extensão ao companheiro do direito à legítima, traçando normas que muito se assemelham àquelas estabelecidas no nosso atual Código: *"Se aplican al conviviente las reglas establecidas en los tres artículos anteriores (arts. 1.061, 1.062, 1.063 y 1.108 del Código Civil)"*, e ainda, em seu art. 1.179, mandou aplicar textualmente ao companheiro as normas relativas à deserdação. Note-se que o Código Civil mexicano também equiparou o concubino ao cônjuge, para efeitos sucessórios, desde que convivessem como se casados fossem durante os cinco anos imediatamente anteriores à morte de um deles, ou quando tivessem filhos em comum, contanto que também não houvessem obstáculos para o matrimônio (arts. 1.602 e 1.635). Nada impede, assim, que o legislador, *de lege ferenda*, deixe explícita e de modo límpido, de uma vez, a equiparação

---

48　*"Art .3.714. Son herederos forzosos, aunque no sean instituidos en el testamento, aquellos a quienes la ley reserva en los bienes del difunto una porción de que no puede privarlos, sin justa causa de desheredación. Art. 3.744. El heredero forzoso puede ser privado de la legítima que le es concedida, por efecto de la desheredación, por las causas designadas en este título, y no por otras aunque sean mayores"* (CC argentino).

do companheiro ou companheira à condição de herdeiros necessários, elencando as hipóteses de deserdação em relação ao cônjuge e ao companheiro supérstites.

O Código Civil adiciona mais quatro causas para o descendente ser privado da legítima. Do mesmo modo, elenca outras quatro para que o ascendente receba o mesmo tratamento por parte do descendente (arts. 1.962 e 1.963). Portanto, as justificativas para a deserdação são mais amplas que aquelas da indignidade, muito embora a ação de indignidade possa ser ajuizada não apenas contra os herdeiros necessários. Ao contrário da deserdação, a indignidade não é *declarada* pelo testador, embora sirvam suas causas como justificativas para que o testador afaste da herança o herdeiro ingrato. O indigno não é um incapaz de suceder. A indignidade representa um impedimento ao herdeiro, como pena imposta aos fatos cometidos contra o testador e seus parentes.[49]

Como já havíamos ressaltado, os efeitos da indignidade e da deserdação são pessoais, pois constituem espécie de penalidade civil (art. 1.816). Mas o direito de propor ação para demonstração da causa não é personalíssimo, assim como também não é o direito de impugnar a deserdação, pois mesmo os credores do deserdado ostentam legitimidade e interesse para tal.[50] Se o testador não fez uso da faculdade que a lei estabelece, no sentido de excluir da sucessão o herdeiro ingrato, nem por isso ficam os demais herdeiros interessados inibidos de ir a juízo pedir o reconhecimento da indignidade do herdeiro faltoso. E tanto poderão valer-se de ação de exclusão por indignidade, quanto de ação de deserdação, se a causa tiver sido declinada no testamento.[51]

---

49 Ruggiero, ob. cit., III, p. 476.
50 Cf. Pontes de Miranda, *Tratado*, LVIII, p. 255.
51 Quer por via autônoma ou não com eventual cumulação de pedidos e de causas de pedir.

Da Deserdação (Art. 1.962)

Art. 1.962. Além das causas mencionadas no art. 1.814, autorizam a deserdação dos descendentes por seus ascendentes:

I – ofensa física;

II – injúria grave;

III – relações ilícitas com a madrasta ou com o padrasto;

IV – desamparo do ascendente em alienação mental ou grave enfermidade.

Direito anterior: Art. 1.744. Além das causas mencionadas no art. 1.595, autorizam a deserdação dos descendentes por seus ascendentes:[52]

I – ofensa física;

II – injúria grave;

III – desonestidade da filha que vive na casa paterna;

IV – relações ilícitas com a madrasta, ou o padrasto;

V – desamparo do ascendente em alienação mental ou grave enfermidade.

COMENTÁRIOS

1. Além das causas mencionadas no art. 1.814

Que a exemplo daquelas aqui tratadas, são taxativas, não se admitindo analogias ou interpretações extensivas, uma vez que representam uma pena restritiva de direito civil. Os fatos que retratam as causas de justificação da deserdação devem subsumir-se na figura típica capitulada em cada um dos incisos do artigo ora sob comento. Cada um desses fatos, como tais tipificados, autoriza a deserdação pelo testador ascendente sobre seu descendente. É preciso que o testador, como já o dissemos, descreva o fato motivador e aplique a pena de deserdação ao herdeiro culpado, no testamento. Se houver descrição

---

52 Legislação comparada: Código Civil português: art. 2.166°; alemão: § 2.333; espanhol: art. 853; argentino: art. 3.747; uruguaio: art. 900; chileno: art. 1.208; boliviano: arts. 1.173 e 1.174; paraguaio: art. 2.499; suíço: art. 477.

306 Comentários ao Código Civil Brasileiro

de mais de um fato, bastará a comprovação de um deles, para que o herdeiro seja, então, deserdado judicialmente.

2. Autorizam a deserdação dos descendentes por seus ascendentes

A deserdação ora tratada é feita pelos ascendentes em relação a seus descendentes, sejam eles de qualquer grau. Há deserdação entre cônjuges, como se viu, pois os cônjuges passaram, de acordo com a nova sistemática do Código, à condição de herdeiros necessários. Mas as hipóteses de deserdação do cônjuge são aquelas catalogadas no art. 1.814, não no artigo sob comento, que é expresso em estabelecer o destinatário da sanção (descendente) e o autor da sua aplicação (ascendente). Por outro lado, o ascendente do cônjuge ofendido não pode deserdar o cônjuge ofensor, sob pena de ampliação do *numerus clausus*.

3. Ofensa física

O texto do Código revogado apontava como uma das causas de deserdação as *ofensas físicas,* e, portanto, no plural. Mas o significado é o mesmo. Basta uma ofensa física mais leve que seja, para a caracterização da ingratidão. Não se requer a condenação no crime, nem a demonstração da lesão corporal para a caracterização da ofensa física. As vias de fato podem configurar ofensa física. Conforme preconizado por Itabaiana de Oliveira, *"a ofensa física, qualquer que seja ela, revela, da parte do herdeiro, absoluta ausência de sentimentos de respeito e de gratidão para com seu ascendente, tornando-o, portanto, indigno de suceder".*[53] Orosimbo Nonato, bem a propósito, cita que o legislador

---

53 Ob. cit., p. 423.

das Ordenações do Reino aludia aos que *"irosamente' puseram as mãos a seu pai ou a sua mãe."*[54] E, de fato, segundo acepção de Clóvis Beviláqua,[55] *"eram mais minuciosas as Ordenações e consignavam maior número de causas".* Mas se o ascendente, apesar da ocorrência da ofensa física, nada mencionar no testamento, ou, mencionando-a, não ordenar a deserdação, deserdação não houve.[56]

Evidente que o que se pune é a ingratidão. Se a ofensa física é resultado de ação culposa, não há ingratidão, porque não se verificou o dolo. Igualmente, se a ofensa física decorre de repulsa imediata e moderada à injusta agressão da vítima, dá-se a legítima defesa, não havendo dolo de ingratidão.

A hipótese ora tratada é de injúria real, não importando o grau de ofensa física irrogada contra o ascendente.

4. Injúria grave

A lei não tolera o insulto do descendente ao testador. Mas esse insulto deve ser aferido, de acordo com as circunstâncias de cada caso, como, p. ex., a idade da vítima, seu estado de saúde; as condições do ofensor etc., porque não é todo e qualquer insulto que a lei reputa como causa suficiente para a deserdação. Leciona Carlos Maximiliano: *"Cumpre distinguir o elemento 'essencial' e o 'agravante' da falta; a injúria há de ser grave, 'por si' mesma; não sómente pelo facto de a irrogar o mau ao pai, ou á mãe, embora deva haver mais facilidade em punir o que desrespeita um ascendente, do que o ofensor de um descendente."*[57]

---

54   Ob. cit., vol. II, p. 152.
55   Ob. cit., II, p. 955.
56   Porque, como anota Clóvis Beviláqua, *"... entende-se que sobre elles estendeu a generalidade do perdão"* (*Cód. Civil*, vol. II, p. 956).
57   Ob. cit., vol. II, 1937, pp. 464-465.

Exige-se a *gravidade*. Mas o conceito de gravidade varia de região para região, de acordo com os usos e costumes, e mesmo de época para época. O que antes se via com gravidade, agora pode não ser. Exemplo típico é a derrogação do inciso III do art. 1.744 do Código anterior: "Desonestidade da filha que vive na casa paterna."

O abuso do direito de demandar pode e deve, conforme as circunstâncias, configurar injúria grave, porque a lei já repudia o comportamento do mau litigante (art. 17, CPC). Configurado o dolo do filho em relação a seu ascendente, em ação de interdição malograda, p. ex., será possível ao ascendente invocar esse mesmo fato como causa de deserdação.[58] Igualmente, uma ação de alimentos fomentada com o mero intuito de difamar o ofendido perante o seu meio social ou profissional, ainda que sob a forma não velada, de chantagem ou extorsão, pode e deve implicar deserdação.

Se o ofendido é pessoa idosa, maior o cuidado exigido do seu descendente. A prática reiteradamente feita a título de agressões verbais *leves* pode minar a saúde do idoso, dia a dia. É a conduta que se pune, não o ato isolado em si, que bem poderia escamotear as intenções do agressor. A conduta torna-se grave com a reiteração.

Se quem deve alimentos é o descendente, e poderia prestá-los, pode configurar a injúria grave a falta de assistência e o desamparo ao ascendente. Tudo dependerá da análise do caso concreto, pois não seria improcedente a idéia de que se o *de cujus* possuía bens a ponto de serem transferidos por herança, o filho não seria obrigado, em tese, a prestar alimentos. Importa verificar se a recusa na prestação dos devidos alimentos é *sem justa causa*.

O absolutamente incapaz não pode ser deserdado, porque inimputável, mas a embriaguez premeditada ou habitual, não derivativa de caso fortuito ou força maior, não afasta a injúria grave.

---

58   Contra, em termos, Orlando Gomes, ob. cit., p. 236.

5. Relações ilícitas com a madrasta ou com o padrasto

Ilícitas são as relações incestuosas entre o padrasto e a enteada, ou entre a madrasta e o enteado, porque, entre eles, o casamento não é permitido,[59] daí decorrendo o incesto e o adultério. Se não houver conjunção carnal ou ato libidinoso diverso da conjunção carnal, nem por isso haver-se-á de afastar a deserdação. Segundo expõe Carvalho Santos, a afeição tendente à ofensa da pudicícia também constitui causa de deserdação.[60] Assim já diziam as Ordenações do Reino: *"Se houve afeição, ou ajuntamento carnal com a mulher de seu pai, ou com sua manceba, que consigo tinha em casa manteúda e governada."*[61] As relações sexuais praticadas com o companheiro ou companheira do ofendido podem motivar a deserdação, no concubinato puro, ainda que a hipótese se subsuma no inciso anterior (injúria grave). É preciso que o ofensor conheça a condição da pessoa com a qual vem a manter ou procura manter relações sexuais.[62]

Consideram-se, igualmente, madrasta ou padrasto as pessoas com quais os pais dos companheiros convivem, como se casados fossem, porque a Constituição Federal tutelou a união estável entre o homem e a mulher como entidade familiar (art. 226, § 3º). Bem a propósito, o art. 1.595 estabeleceu uma linha de parentesco por afinidade entre o companheiro e os parentes do outro.

6. Desamparo do ascendente em alienação mental ou grave enfermidade

O descendente que desampara seu ascendente em alienação mental ou grave enfermidade pratica ato de suma gravidade, injúria lata, sem justificativa, não merecendo o beneplácito da herança do ofendido.

---

59   Cf. Itabaiana de Oliveira, ob. cit., p. 424.
60   Ob. cit., vol. XXIV, p. 230.
61   Orosimbo Nonato, ob. cit., vol. II, p. 157.
62   *Ibidem*, p. 158.

Mostra o descendente com tal conduta falta de afeição mínima e solidariedade humana para com seu ascendente, suma ingratidão. A doença precisa ser do conhecimento do descendente. Mas é óbvio que aquele que abandona o seu ascendente, assume o risco, presumindo-se daí que a doença seja do seu conhecimento ou que o deveria ser.

A lei não discrimina a espécie de *alienação mental* e na literatura médica existem várias, sob inúmeras formas e gradação. Cremos que a *alienação mental* a que se reporta o texto deva ser incapacitante, porque equiparada à grave enfermidade, diante da disjuntiva *ou*. É o que se pode inferir da doutrina de Orosimbo Nonato, ao expor, com base nas Ordenações, "se algum pai ou mãe perdesse o siso natural...", equiparando a alienação mental à demência, vendo nela o herdeiro como salvaguarda de seus interesses, porque o enfermo não pode cuidar de si, nem mesmo testar.[63]

> **Art. 1.963. Além das causas enumeradas no art. 1.814, autorizam a deserdação dos ascendentes pelos descendentes:**
>
> **I – ofensa física;**
>
> **II – injúria grave;**
>
> **III – relações ilícitas com a mulher ou companheira do filho ou a do neto, ou com o marido ou companheiro da filha ou o da neta;**
>
> **IV – desamparo do filho ou neto com deficiência mental ou grave enfermidade.**
>
> **Direito anterior: Art. 1.745.** Semelhantemente, além das causas enumeradas no art. 1.595, autorizam a deserdação dos ascendentes pelos descendentes: [64]
>
> I – ofensas físicas;
>
> II – injúria grave;
>
> III – relações ilícitas com a mulher do filho ou neto, ou com o marido da filha ou neta.

---

63 *Ibidem*, p. 159.

64 Legislação comparada: Código Civil alemão: § 2.334; português: art. 2.166°; espanhol: art. 854; argentino: art. 3.748; chileno: art. 1.208; uruguaio: art. 901; suíço: art. 477; boliviano: arts. 1.173 e 1.175; paraguaio: art. 2.499.

COMENTÁRIOS

1. Além das causas enumeradas no art. 1.814

Fundamentalmente, as causas que autorizam a deserdação do ascendente pelo descendente são as mesmas enumeradas em ordem de reciprocidade que justificam a deserdação do descendente pelo ascendente. As causas enumeradas no art. 1.814 são de muito maior gravidade, e, portanto, já justificam a ação de exclusão do herdeiro por indignidade, ainda que o testador nada tenha disposto a respeito.

2. Autorizam a deserdação dos ascendentes pelos descendentes

O artigo contempla as hipóteses de deserdação do ascendente pelo descendente. A identidade de causas com aquelas consubstanciadas no art. 1.962 não é absoluta. Assim já dizia Clóvis Beviláqua, *"porque a relação do pai para o filho não é a mesma deste para aquele. A autoridade do pai, o dever de respeito e obediência do filho criam diferenças, que hão de, forçosamente, se refletir na interpretação dos dois primeiros números deste artigo"*.[65]

3. Ofensa física

Não é toda e qualquer ofensa física irrogada pelo pai ou pela mãe contra o filho que servirá de inculpação para fins de deserdação do progenitor. Aí a ofensa é evidentemente imoderada, injustificada, não havida como ato de simples repreensão que o pai ou a mãe podem praticar, com vistas à prevenção de condutas anti-sociais de seus filhos. Onde termina o exercício regular do direito, inicia o abuso. Note-se, pois, que a lei pune o abuso, não o regular exercício da autoridade paterna ou materna sobre o filho. São exemplos de abuso os castigos imoderados, violentos, os maus-tratos, o abuso sexual, a tor-

---

65 Ob. cit., *Cód. Civil...*, vol. II, p. 957.

tura etc. A título exemplificativo, o art. 98, II, da Lei nº 8.069/90 autoriza a adoção de medidas de proteção em favor do adolescente,[66] vítima de abuso dos pais, que vão desde encaminhamento a programa oficial ou comunitário até a suspensão ou destituição do pátrio poder (art. 129), com o afastamento do agressor da moradia comum (art. 130), enquanto o art. 18 do mesmo diploma legal estabelece o dever de todos velar pela dignidade da criança e do adolescente, *"pondo-os a salvo de qualquer tratamento desumano, violento, aterrorizante, vexatório ou constrangedor"*.

4. Injúria grave

Além da injúria real – hipótese do número II –, o Código prevê a injúria grave, não prescindindo, como óbvio, do dolo do ascendente, nem sempre fácil de distinguir de uma simples admoestação. É preciso avaliar as circunstâncias de cada caso, alçando a injúria maior grau de gravidade, quanto maior for a divulgação da ofensa pelo seu autor. A presunção de boa-fé milita em favor do progenitor, a quem deve respeito o filho, em primeiro lugar. Não justifica *injúria grave* uma discussão em alto tom provocada pelo filho, como, p. ex., um namoro com uma pessoa indesejada pela família, e assim por diante.

5. Relações ilícitas com a mulher ou companheira do filho ou a do neto, ou com o marido ou companheiro da filha ou o da neta

Pune-se a lascívia, como se pune a conjunção carnal, pois tanto uma quanto a outra ferem a pudicícia. A regra vale para o companheiro ou companheira do filho ou do neto, na união estável, não no concubinato impuro, muito embora não se descarte a hipótese de

---

66 O atual Código estabeleceu a maioridade civil aos 18 anos (art. 5º), sendo, de acordo com a Lei nº 8.069/90, "adolescente" para os fins previstos naquele diploma legal. Portanto, o adolescente de 18 anos pode deserdar seu progenitor, se configuradas as hipóteses especificadas no Código.

Da Deserdação (Arts. 1.963 e 1.964) 313

deserdação, por injúria grave contra o ofendido, dependendo das circunstâncias de cada caso. O ascendente deve saber que a pessoa com quem mantém relações ilícitas é companheira do filho, uma vez que a união estável não se coaduna com o sigilo ou a clandestinidade. No concubinato impuro, por isso mesmo, difícil seria exigir do ascendente amplo conhecimento em torno da situação do filho.

O Código considera incestuosas as relações ilícitas no parentesco afim na linha reta, entre sogro e nora, entre avô e mulher do neto, sogra e genro, entre avó e marido da neta, que não se extingue com a dissolução do casamento, que o originou.[67]

6. Desamparo do filho ou neto com deficiência mental ou grave enfermidade

As mesmas razões que inspiram a deserdação do descendente pelo ascendente enfermo e desamparado militam a favor da deserdação do ascendente por aquele, razão pela qual nos reportamos aos comentários feitos no artigo anterior (inciso IV). Se o filho for adolescente, de 18 anos, pese embora a maioridade civil, nem por isso ficam os ascendentes dispensados de todo o cuidado, máxime se o desamparo contribuir de alguma forma para a deficiência mental ou grave enfermidade. Se o desamparo ainda elevar os níveis de deficiência mental e da grave enfermidade, maior a culpa dos responsáveis por seus descendentes.

Art. 1.964. Somente com expressa declaração de causa pode a deserdação ser ordenada em testamento.

Direito anterior: Art. 1.742. A deserdação só pode ser ordenada em testamento, com expressa declaração de causa.[68]

---

67 Itabaiana de Oliveira, *Tratado*, vol. 2, pp. 425-426.
68 Legislação comparada: Código Civil português: art. 2.166º, *caput*; alemão: 2.366, 2ª al.; espanhol: art. 849; argentino: art. 3.745; uruguaio: art. 897; suíço: art. 479; paraguaio: art. 2.500; boliviano: art. 1.176, I.

COMENTÁRIOS

1. Somente com expressa declaração de causa

A deserdação, *somente*, se admite com declaração de causa. Trata-se de pena, e por isso, não se prescinde de motivação. A *causa* é o fato, subsumido no tipo capitulado na norma. Irrelevante que o testador tenha se referido ao inciso II do artigo tal, por exemplo, se a norma aplicável é a do inciso III do artigo *y*. O que se pretende é dar conhecimento ao deserdado do fato que o autor da herança reputou como suficiente para a causa da deserdação. A lei não exige que a narrativa do fato seja feita com minúcias. Mas deve ser suficiente para que o herdeiro ingrato e o espólio verifiquem a correlação existente entre a imputação e a pena, bem como a veracidade da narrativa. Evidentemente que se o fato não se subsumir a nenhuma das hipóteses que o Código enumerou, em *numerus clausus* (arts. 1.814, 1.962 e 1.963), a deserdação será havida como ineficaz, e o testamento será nulo quanto à porção da legítima objeto da exclusão. Subsistirá o testamento naquilo que não houver sido atingido pela ineficácia da disposição nula, como, p. ex., a metade disponível, porque o testador não precisa justificar o motivo de privação de seus herdeiros legítimos.

Como já vimos, porém, a *causa imputada* pelo testador, por si só, não afasta o herdeiro ingrato ou indigno da sucessão (art. 1.965). Cumpre ao juiz do inventário oficiosamente, ou por meio de petição do deserdado ou de qualquer interessado, examinar se a causa da deserdação foi declarada, ou se é legítima; isto é, se amoldada ao tipo.[69] De acordo com Cunha Gonçalves, se a causa for legítima, o deserdado deverá propor a ação de impugnação ou de nulidade testamentária,

---

69   Cunha Gonçalves, *Tratado...*, vol. 10, t. 1, p. 230.

porque poderá ser havida como "confessada a causa da deserdação".[70] Estamos de acordo com Clóvis Beviláqua, ao destacar que o deserdado não necessita de ação para provar a inexistência da causa.[71] Mas da sua inércia, também, não colhe frutos, porque passa à condição de possuidor de má-fé sobre os bens do espólio, a partir do momento em que se lhe dá conhecimento do testamento, *i. e.*, com a abertura e publicação do "cumpra-se" em juízo, se estiver representado nos autos do inventário respectivo.

2. Pode a deserdação ser ordenada em testamento

É no testamento que se declara a causa de deserdação. Não há outra forma. A lei é bem categórica nesse sentido. Não se admite deserdação por meio de simples escritura pública (como fazia a Ord., L. 4°, T. 82, §§ 2° e 4°, T. 88 e T. 89), ou por meio de ação judicial do pai em vida (art. 1.017 da Consolidação das Leis Civis de Teixeira de Freitas), ou termo judicial. Só o testamento, por ser ato solene e exprimir a última vontade do indivíduo tem condições de dar forma legal à deserdação, *"não tanto pela privação da herança, quanto pela publicidade de sua motivação, e pelo escândalo que provoca"*.[72] Igualmente, como leciona Cunha Gonçalves, "só no caso de haver testamento é que a sucessão não segue o curso normal estatuído nos arts. 1.784 e 1.969; e não há outra forma legal de o autor da herança dispor dos seus bens para depois da sua morte".[73]

Deserdação se revoga por meio de outro testamento (art. 1.969), mas admite-se o perdão em ato autêntico posterior (art. 1.818). Já tratamos do assunto anteriormente.

---

70 *Ibidem*, mesma página.
71 *Cód. Civil...*, p. 955.
72 Clóvis Beviláqua, *Cód. Civil...*, vol. II, p. 953.
73 Ob. cit., *Tratado...*, p. 230.

316 Comentários ao Código Civil Brasileiro

Art. 1.965. Ao herdeiro instituído, ou àquele a quem aproveite a deserdação, incumbe provar a veracidade da causa alegada pelo testador.

Parágrafo único. O direito de provar a causa da deserdação extingue-se no prazo de 4 (quatro) anos, a contar da data da abertura do testamento.

Direito anterior: Art. 1.743. Ao herdeiro instituído, ou àquele a quem aproveite a deserdação, incumbe provar a veracidade da causa alegada pelo testado (art. 1.742).

Parágrafo único. Não se provando a causa invocada para a deserdação, é nula a instituição e nulas as disposições, que prejudiquem a legítima do deserdado.

Art. 178 [...]

§ 9º Em 4 (quatro) anos;

[...]

IV – a ação do interessado em pleitear a exclusão do herdeiro (arts. 1.595 e 1.596), ou provar a causa da sua deserdação (arts. 1.741 e 1.745), e bem assim a ação do deserdado para a impugnar; contado o prazo de abertura da sucessão.[74]

COMENTÁRIOS

1. Ônus de prova

A deserdação é uma exceção e se comporta como tal não apenas no inventário, mas também em relação ao primado do processo, segundo o qual ninguém pode ser obrigado a ir a juízo. É que, muito embora nenhum herdeiro esteja, de fato, *obrigado* a ir a juízo, requerendo a exclusão de alguém, a sanção pela inércia do herdeiro instituído no testamento é a de admitir a contrapartida que a deserdação não tinha em

---

74 Legislação comparada: Código Civil alemão: § 2.336; português: art. 2.167º; espanhol: arts. 850 e 851; argentino: art. 3.746; chileno: art. 1.209; uruguaio: art. 898; suíço: art. 479; boliviano: art. 1.177, III; paraguaio: art. 2.500.

mira possibilitar.[75] Na prática, é como se o interessado estivesse *obrigado*, embora se cuide de ônus seu o de provar a veracidade da causa. Se não o for, perderá o benefício, se a causa for legítima e poderá cair em desmoralização, deixando que o inventário transcorra sem enérgica providência sua, e tanto vale denegrir o testador o herdeiro ofensor que, de muito, havia, exemplificando, praticado injúria grave contra a pessoa daquele, quanto o herdeiro instituído, que faz parecer condescendente com a ingratidão do ofensor deserdado. Orosimbo Nonato bem esclarece que "*a gravidade do decreto de deserdação, que, sôbre privar o herdeiro necessário de sua legítima, vale por um anátema fulminado pelo autor da herança contra seu sucessor, suscitou por parte do legislador cautelas armadas ao fito de não se transformar o instituto em simples instrumento de arbítrio e de vingança*".[76]

A princípio, interessa ao herdeiro instituído em face da deserdação ver efetivada a exclusão do deserdado. Por óbvio, ao credor do deserdado não interessa a exclusão do devedor desfavorecido. Outros herdeiros do autor da herança podem ir a juízo e pedir a exclusão do herdeiro deserdado, porque se caracterizada a causa, haverá possivelmente redistribuição da quota cabente ao deserdado ao monte, competindo-lhes a prova da veracidade da causa apontada pelo testador; isto é, a prova do fato constitutivo de seu direito. Se o fato, como tal descrito no testamento, não se provar, cairá a deserdação, em benefício do herdeiro deserdado, ainda que outro seja o fato provado, incumbindo, se caso, aos interessados movimentar ação de indignidade, conforme se trate de hipótese prevista no art. 1.814 e não aventada pelo testador.

Se a prova já foi produzida antes da morte do testador em processo criminal, por exemplo, com sentença condenatória do ofensor

---

75 "*E declarando o pai ou a mãe em seu testamento a causa ou razão por que deserda seu filho legítimo, se o herdeiro instituído no testamento quiser haver a herança, que nêle lhe foi deixada, deve de necessidade provar a causa e razão*" (Orosimbo Nonato, ob. cit., p. 164).

76 Ob. cit., vol. II, p. 163.

transitada em julgado, resta evidente que nenhuma utilidade prática haverá no sentido de nova propositura de ação, desta feita, a cargo do deserdado, principal interessado na demonstração da falsidade da causa, de sorte que nada mais haverá de ser feito pelo juízo do inventário senão dar cumprimento à disposição testamentária, excluindo-se da sucessão o deserdado. Pode acontecer, porém, que o deserdado demonstre que o testador lhe houvesse perdoado posteriormente por algum outro ato autêntico. Nesse caso, sim, será possível a discussão do tema, não já pela ótica do ato de deserdação, mas da sua eficácia, após um novo ato praticado pelo testador. Com relação à prescrição no crime, a extinção a punibilidade não aproveita ao excluído, porque a causa da deserdação não decorre da infração ao tipo penal, mas da falta de afeto e respeito para com o testador.

Ao testador não compete a produção da prova da causa da deserdação,[77] pois não se admite deserdação por escritura pública ou termo judicial e haveria privação da herança de pessoa viva. Cumpre ressaltar, na dicção do art. 1.850, que, para excluir da sucessão os herdeiros colaterais, basta que o testador disponha de seu patrimônio sem os contemplar. Os colaterais podem ser, assim, excluídos da sucessão, sem necessidade de deserdação, bastando que o testador deixe de contemplá-los. Diversamente, o cônjuge pode ser deserdado, consoante previsão contida no art. 1.845, parecendo ter o legislador atual acolhido a proposta de Clóvis Beviláqua do antigo projeto.[78]

2. O direito de provar

O direito de provar e não o direito de propor ação. O prazo é decadencial.[79] Não se interrompe, mas pode ser suspenso, conforme

---

77   Como alguns códigos admitem.

78   *Código civil...*, vol. II, p. 928.

79   Cf. Maria Helena Diniz, ob. cit., p. 147. No mesmo sentido, Antônio Luís da Câmara Leal, *Da prescrição e da decadência*: Teoria geral do direito civil, 4ª ed., Rio de Janeiro, Forense, 1982, p. 122. Contra: Orosimbo Nonato, *Estudos...*, p. 115.

o disposto no art. 208 c.c art. 198, I. Conta-se o prazo de 4 anos a partir da *abertura do testamento*, diz a lei. Mas o testamento público, p. ex., não requer *abertura*, e sim, apresentação ao juízo do inventário. Distribuído o testamento público ao juízo competente, o traslado será alvo de exame pelo juiz. Não havendo rasuras ou defeitos, o juiz mandará que o escrivão "o leia, em presença de quem o entregou" e se lavre o auto de apresentação,[80] para posterior registro e cumprimento. Portanto, o prazo para a propositura da ação de deserdação se conta, no testamento público, da data da sua apresentação em juízo, se o herdeiro a quem aproveita a causa da deserdação foi quem o apresentou. Se não foi, e ainda não se achar representado no inventário, deve ser citado, como se sucede na publicação do testamento particular (art. 1.877), porque não é a fé pública que está em jogo, e, sim, a vontade do testador.[81] O testamento público, por ser público, não pressupõe que seja do conhecimento absoluto de todos os herdeiros. Pode acontecer que o *de cujus* tenha testado em outra localidade, distante de seu domicílio, sem que ninguém, a não ser o herdeiro contemplado diante da deserdação, soubesse etc. Quanto ao testamento cerrado, será aberto pelo juiz, sendo posteriormente registrado e arquivado, mandando-se cumpri-lo.

Em todo e qualquer caso, cumpre que os herdeiros tenham ciência inequívoca do testamento em juízo. Se todos estiverem representados nos autos do inventário, basta a publicação na imprensa oficial do despacho do juiz no sentido do seu cumprimento. Se não estive-

---

80 Cf. José da Silva Pacheco, *Inventários e partilhas na sucessão legítima e testamentária,* 6ª ed., Forense, 1993, p. 341.

81 Contra: José da Silva Pacheco, ao assinalar que "*o procedimento relativo à apresentação, registro, arquivamento e cumpra-se dos testamentos notariais, ou seja, dos públicos e cerrados dispensa a angularidade, do que resulta não ser necessária a citação dos interessados. Em face da fé pública do tabelião e da força probatória de seus instrumentos, permite a lei a sua eficácia, sem audiência dos interessados, deixando a esses o direito de formularem as invectivas que tiverem, através das ações pertinentes*" (ob. cit., p. 348).

rem representados, devem ser citados os faltantes. O prazo conta-se, pois, da ciência da abertura do testamento em juízo, abertura esta que se aperfeiçoa com o despacho judicial de cumprimento.

Essa, segundo nos parece, a melhor interpretação, se não for a mais prudencial, diante da revogação do art. 178, § 9º, IV, do Código anterior, que mandava contar o prazo a partir da abertura da sucessão.

No inventário não se prova a causa da deserdação. Apenas se verifica se a causa foi apontada no testamento e se possui alguma correlação com a norma de direito aplicável ao fato descrito pelo testador. A ação de deserdação deve ser movimentada em procedimento próprio pelo interessado, assegurando-se à contraparte, o deserdado, ampla defesa. Se o deserdado não demonstrar a falsidade da causa apontada, só por isso não deverá ser excluído da sucessão, se o autor da demanda não provar a veracidade. Malogrando o interessado em sua pretensão de deserdação, haverá o herdeiro deserdado a legítima.

Enquanto discutem deserdado e herdeiro interessado sobre a veracidade ou não da causa de deserdação, a posse da herança controvertida deve permanecer em depósito ou com o inventariante, na lição de Teixeira de Freitas,[82] referendada por Orosimbo Nonato.[83]

---

82 *Apud* Clóvis Beviláqua, ob. cit., p. 955.

83 *"Entrementes, enquanto essa prova se não produz, não pode ser atribuída ao deserdado e nem ao herdeiro instituído a posse da herança"* (ob. cit., p. 164).

CAPÍTULO XI
DA REDUÇÃO DAS DISPOSIÇÕES TESTAMENTÁRIAS

Art. 1.966. O remanescente pertencerá aos herdeiros legítimos, quando o testador só em parte dispuser da quota hereditária disponível.

Direito anterior: Art. 1.726. Quando o testado só em parte dispuser da sua metade, disponível, entender-se-á que instituiu os herdeiros legítimos no remanescente.[1]

COMENTÁRIOS

1. O remanescente pertencerá aos herdeiros legítimos

O *remanescente* é o que restou da parte disponível que poderia ter sido testada e não foi pelo autor da herança, quando havia herdeiros necessários. Como estabelece o art. 1.846, *"pertence aos herdeiros necessários, de pleno direito, a metade dos bens da herança, constituindo a legítima"*. Havendo herdeiros necessários, não pode, pois, o testa-

---

1 Legislação comparada: Código Civil alemão: § 2.088; sem correspondência exata, paraguaio: art. 2.558, "b"; boliviano: arts. 1.068, I, e 1.252, II; venezuelano: art. 888; espanhol: art. 820; argentino: art. 1.831; francês: art. 920; italiano: arts. 550 e 554.

dor dispor da legítima,[2] a não ser negativamente, como na deserdação.[3] A sanção pelo descumprimento da norma inserida no art. 1.846 é aquela que o artigo ora sob comento cogita, cabendo aos herdeiros prejudicados pelos excessos requerer a redução das liberalidades.[4] Em outras palavras, não se anula o testamento, e, sim, apenas a parte excedente da metade disponível. Tal se verifica também nas doações

---

2   Incluindo aí o ônus de usufruto e o legado da nua propriedade (Orlando Gomes, ob. cit., p. 82). As disposições relativas à reserva/legítima são de ordem pública, insuscetíveis de supressão ou alteração pela vontade das partes ou do testador, salvo exceções expressamente consignadas em lei, como é o caso do art. 1.848. Deveras, um dos principais atributos da propriedade reside justamente na faculdade de o proprietário dispor de seus bens a título gratuito. Mas em certos casos, como preconiza G. Baudry-Lacantinerie, o *"uso ilimitado deste direito teria tocado o abuso. Há certos parentes, aos quais devemos uma parte de nossos bens, porque lhes são naturalmente destinados: são nossos descendentes e nossos ascendentes, aqueles a quem nós temos dado a vida e aqueles de quem nós havíamos recebido"* (*Précis de droit civil*, Société Anonyme du Recueil Sirey, 1927, t. III, p. 505). Todavia, adverte Ruggiero : *"Bem pode, pelo contrário, o testador, que deixe ao legitimário alguma coisa além da quota de reserva, onerar a parte disponível com encargos, como bem lhe pareça. Assim, neste caso – isto é, quando o testador atribua ao reservatário um emolumento superior ao da simples quota de reserva – pode esta ser onerada com encargos. Isto está em aberto contraste com a norma da intangibilidade absoluta; mas porque é justificado pela maior vantagem que o legatário pode ter aceitando com a liberalidade a reserva onerada, o princípio fica ileso graças à chamada cautela sociniana, isto é, a faculdade dada ao herdeiro legitimário ou de aceitar o dito emolumento com o encargo imposto à reserva, ou de não aceitar o encargo e contentar-se só com a legítima"* (ob. cit., p. 514). A *cautela sociniana* é admitida em nosso direito, segundo pontifica Orlando Gomes (ob. cit., p. 82).

3   Ou por meio de gravame (art. 1.848).

4   Cf. Silvio Rodrigues, *Direito das sucessões*, p. 209. Trata-se da ação de redução. No caso de doação inoficiosa, segundo leciona o mesmo autor, a ação deve ser proposta a partir da celebração do negócio jurídico e no prazo *prescricional* de 4 anos (ob. cit., p. 212). Hoje, explicitou-se se tratar de prazo decadencial (art. 178), incidindo a regra supletiva do art. 179 (dois anos), se não se enquadrar a hipótese de anulação em qualquer outro dispositivo. No mesmo sentido, Clóvis Beviláqua, *Cód. Civil...*, p. 278: *"Realmente, se a doação transfere o bem ao donatário,*

Da Redução das Disposições Testamentárias (Art. 1.966)   323

inoficiosas (art. 549). O doador que tiver herdeiros necessários não pode em vida doar mais do que a metade disponível, mas o cálculo do valor da doação é feito com base naquele da época da liberalidade.[5] Assim, p. ex., se o doador era rico e doou mais do que lhe caberia doar na época da sucessão, quando ficou pobre, vale a doação, se não ultrapassou a legítima dos herdeiros, por ocasião do negócio jurídico. A doação inoficiosa pode ser anulada no todo ou em parte, após a aber-

---

e este, como proprietário, pode dispor do que é seu, será uma subversão da vida jurídica remontar, quando se abrir à sucessão do doador, ao momento em que se operou a doação para reduzi-la à porção que a lei estabelece. Atendendo a essa razão, o Código Civil venezuelano limita o direito de redução às liberalidades feitas nos últimos dez anos da vida do doador." Mas o próprio eminente Jurista assinala, em comentário ao art. 1.727 que "*quando as legítimas são defraudadas por doações, atende-se ao valor dos bens no momento da liberalidade, segundo a regra do art. 1.176. Se os interessados não tiverem reclamado em vida do doador, poderão, fazé-lo por ocasião do inventário*" (ob. cit., p. 932). A seguir complementa, porém: "*Tratando-se de doações a estranhos, a ação dos herdeiros está sujeita à prescrição de quatro anos*" (*Ibidem*, mesma página). Orosimbo Nonato faz remissão aos escólios de Carvalho Santos e Eduardo Espínola, no mesmo sentido (ob. cit., p. 377).

---

5   Cf. Carlos Maximiliano: "*Quer se trate de doações, quer de algum legado, o legitimário, ou representante seu, pode reclamar e acionar, só depois da abertura da sucessão. O seu direito advém da herança, e esta não existe enquanto vive o disponente:* nulla viventis haereditas – '*não há herança de pessoa viva*'. *Pode-se agir antes do óbito, sôbre outro fundamento – incapacidade do doador, ou donatário, nulidade da escritura etc.; jamais por não caber a dádiva na 'cota disponível' do patrimônio do benfeitor. Como saber em vida do doador quem teria o direito de acionar; isto é, quem seria herdeiro necessário? Quem estaria em condições de alegar prejuízo próprio, base de tôda ação? O pai? Não seria possível nascer depois um filho? O filho? Não é comum a prole falecer antes do progenitor e, por isso, perder a regalia de sucessora forçada*" (*Direito das Sucessões*, 5ª ed., Freitas Bastos, 1964, vol. III, pp. 39-40). Essa a posição a que nos filiamos: "*Pas de nullité sans grief.*" Se o testador falece, tendo deixado bens suficientes para o pagamento das legítimas, não há porque anular doações anteriores, ainda que na época delas fosse possível verificar algum excesso da metade disponível.

tura da sucessão.[6] Certo, também, que a partilha que contenha a eiva de excesso será passível de anulação, *ex vi* do art. 2.018.

O art. 1.847 disciplina que a legítima é calculada sobre o valor dos bens existentes na abertura da sucessão, abatidas as dívidas e as despesas do funeral, adicionando-se, em seguida, o valor dos bens sujeitos à colação. Apenas a metade da herança é que será alvo da deixa testamentária. Por sua vez, o art. 1.788 adotou semelhante regra, ao estabelecer que a herança se transmite aos herdeiros legítimos, *quanto aos bens que não forem compreendidos no testamento*. Referido dispositivo se entrelaça com o art. 1.906: "*Se forem determinadas as quotas de cada herdeiro, e não absorverem toda a herança, o remanescente pertencerá aos herdeiros legítimos, segundo a ordem da vocação hereditária.*"

Nem por isso, porém, estará obrigado o testador a dispor da totalidade da metade disponível. Pode acontecer, assim, que haja remanescente da parte disponível, em cota ideal ou em legados. Nesse caso, esse remanescente pertencerá aos herdeiros *legítimos*, *rectius*: *necessários*, porque, como leciona Clóvis Beviláqua, "somente em relação aos

---

De outro modo, e como acentua G. Baudry-Lacantinerie, "aquele que renuncia à sucessão, o que é dela afastado como indigno, não tem nenhum direito de reclamar a reserva" (ob. cit., p. 506. Por onde se vê, por exemplo, que, antes da abertura da sucessão, não seria possível, sem que antes se verificasse a aptidão do herdeiro anular a liberalidade em vida do testador feita a outrem. Essa a conclusão tirada pelo eminente Jurista: "*O direito de demandar a redução não nasce senão quando da abertura da sucessão (art. 920); antes dessa mesma época, um herdeiro reservatário presumido não pode renunciar validamente ao direito de atacar doações que atentariam contra a sua reserva; uma semelhante renúncia constitui um pacto sobre sucessão futura, vedada pela lei*" (ob. cit., pp. 526-527).

De igual forma, se pronuncia Carvalho Santos, ob. cit., vol. XXIV, p. 129. Contra: Torquato Castro, para quem "*o cálculo para apuração do excesso doado se faz, no entanto, pelo valor do bem ao tempo da liberalidade*" (*Exposição de motivos ao novo Código Civil*, p. 95).

---

6   Torquato Castro (*Exposição de motivos*, p. 94).

necessários é que há metade disponível".[7] Claro está que, se não houver herdeiros necessários, mas apenas legítimos, estes herdam a sobra de liberalidade. Nesse caso, a porção da herança é totalmente disponível. Concorrendo herdeiros legítimos com testamentários, herdam estes últimos o que objeto de liberalidade, sem observância das legítimas, e aqueles herdam o que remanescer. Como leciona Carlos Maximiliano: *"Herdeiros legítimos, porém não necessários, nenhum direito têm à 'redução'; se nada sobra depois de atendidas as dádivas em vida ou* causa mortis, *ficam éles tacitamente excluídos da partilha."*[8]

Note-se que a colação representa um meio de se computar os valores que hão de ser acrescentados à legítima, para determinação do alcance exato da quota da legítima, de forma a permitir a sua divisão equânime, ao passo que a redução constitui uma forma de nulidade parcial ou total da liberalidade.[9]

2. Quando o testador só em parte dispuser da quota hereditária disponível

Apenas em parte foi a quota hereditária disponível testada, por isso que haverá remanescente aos herdeiros necessários. A regra tratada no artigo sob comento se propõe a garantir aos herdeiros necessários o cumprimento do disposto no art. 1.846. Para tanto, se servirão de ação de redução que reproduz em parte a antiga *actio ad supplendam legitimam* e a *querela inoficiosi testamenti*[10] contra o beneficiário da deixa, se não houver possibilidade de acordo nos próprios autos do

---

7   Ob. cit., vol. II, p. 929.
8   *Direito das sucessões*, 5ª ed., Freitas Bastos, 1964, vol. III, p. 39.
9   Torquato Castro, *Exposição...*, p. 95.
10   Cf. Ruggiero, ob. cit., p. 517.

inventário, ou se a redução também não puder ser aplicada pelo juiz, desde logo, onde não houver matéria de alta indagação.

Compete a ação de redução aos herdeiros necessários ou sucessores, credores e cessionários.[11] Não os credores do defunto.[12] A demanda comporta o rito ordinário, sendo ela divisível.[13] Por conseguinte, julgada procedente a ação de redução intentada por um dos herdeiros, a sentença não aproveitará aos demais, se nada houverem reclamado no processo; isto é, se não tiverem ingressado naqueles autos na condição de litisconsortes ativos, pois, como adverte Carlos Maximiliano, *"pressupõe-se optarem os outros pelo acatamento à vontade do hereditando, e êsse nobre gesto produz o efeito colimado"*.[14] A ação de redução é de caráter pessoal, como adverte Baudry-Lancantinerie: *"O demandante sustenta que a doação, excedendo a quota disponível, deve ser resolvida no todo ou em parte, que desde então o bem doado deve reingressar no todo ou em parte na sucessão. É portanto uma ação de 'resolução' que ele promove; ora as ações de resolução são pessoais."*[15] Mas, como realça Carvalho Santos, *"a redução, em última análise, não interessa a composição qualitativa da legítima; depende exclusivamente da quantitativa, capaz de prejudicá-la"*.[16] De qualquer forma, a conseqüência que emerge da procedência da ação de redução é a restituição do bem ao acervo hereditário, conforme lição de Messineo.[17]

---

11   Orosimbo Nonato, *Estudos sobre as sucessão testamentária*, vol. II, p. 373.

12   Cf. Baudry-Lacantinerie, ob. cit., p. 525, *"porque eles não possuem a reserva"*.

13   De acordo com a doutrina de Carlos Maximiliano, ob. cit., p. 39. No mesmo sentido, Silvio Rodrigues, ob. cit., p. 217.

14   *Ibidem*, mesma página. No mesmo sentido, Carvalho Santos, ob. cit., vol. XXIV, p. 129.

15   Ob. cit., p. 527. Mas é de natureza real a ação reivindicatória exercida contra os terceiros detentores da coisa doada, *"depois de prévia e ineficaz excussão dos bens do donatário"* (Ruggiero, ob. cit., p. 519).

16   Ob. cit., vol. XXIV, p. 130.

17   *Apud* Orlando Gomes, ob. cit., p. 85.

Da Redução das Disposições Testamentárias (Art. 1.966) 327

A ação de redução prescreve em 10 anos (art. 205), contados da morte do autor da herança. Pode ocorrer que contra o terceiro adquirente a ação de redução venha a ser totalmente ineficaz, em virtude da consumação do prazo da usucapião tabular (art. 1.242, parágrafo único) e da usucapião constitucional urbana (art. 183 da CF c.c. art. 1.240 do atual Código). Discute-se se esse prazo a favor do adquirente corre desde a data da aquisição, ou se tão-somente após a abertura da sucessão (art. 199, I). Ora, até a abertura da sucessão seria prematuro verificar o excesso da disponível. A nós parece que o prazo prescricional aquisitivo da usucapião não corre, enquanto o prazo da ação de redução não ganha curso. Ainda no que pertine ao terceiro adquirente, se de boa-fé, guardará para si os frutos e rendimentos anteriores à sucessão.[18]

Na hipótese de nulidade de doação inoficiosa, questão que se extrai é aquela relativa à validade ou não da alienação feita a título oneroso ao terceiro adquirente de boa-fé. Ora, consoante o que dispõe o art. 1.827, parágrafo único, o terceiro adquirente de boa-fé fica a salvo da ação reivindicatória ou de nulidade do negócio jurídico. O Código prestigiou o princípio da aparência, ressalvando-se ao verdadeiro titular da herança o direito de haver do herdeiro aparente[19] a reposição patrimonial, conforme ressaltado por Torquato Castro.[20] Não é possível, *a priori*, presumir o conluio entre o terceiro e o herdeiro apa-

---

18   Assim como o donatário (Baudry-Lacantinerie, ob. cit., p. 538).

19   Herdeiro aparente possui significado mais abrangente que aquele que tradicionalmente concebido como o do parente de grau mais remoto entrar na posse da herança por inação dos parentes mais próximos – definição, aliás, incorporada no Código argentino, por influência de Aubry et Rau, mas que, como anota Zannoni, não satisfaz, *quando se trata de atribuir, no dizer de Carnelutti, a aparência jurídica os efeitos da situação material que lhe é correlata* (ob. cit., t. 1, p. 504).

20   *Exposição de motivos do NCC,* p. 91.

rente.[21] Quem adquire alguma coisa de alguém não pode avaliar se a coisa vendida e anteriormente doada ao vendedor importaria uma forma de excesso quanto ao que o doador poderia dispor, no momento da liberalidade: *ad impossibilia nemo tenetur*. Claro está que tudo dependerá da análise do caso concreto, pois se as circunstâncias permitirem inferir que o adquirente reunia condições de verificar que a liberalidade era dissimulada, muito provavelmente não se confortará com a teoria da aparência, competindo ao interessado o ônus de prova nesse sentido, porque a má-fé não se presume.

Se a ação de redução proposta foi contra o donatário insolvente, ao terceiro se faculta permanecer com a coisa obtida a título oneroso e indenizar o herdeiro prejudicado.

> **Art. 1.967.** As disposições que excederem a parte disponível reduzir-se-ão aos limites dela, de conformidade com o disposto nos parágrafos seguintes.
>
> § 1º Em se verificando excederem as disposições testamentárias a porção disponível, serão proporcionalmente reduzidas as quotas do herdeiro ou herdeiros instituídos, até onde baste, e, não bastando, também os legados, na proporção de seu valor.
>
> § 2º Se o testador, prevenindo o caso, dispuser que se inteirem, de preferência, certos herdeiros e legatários, a redução far-se-á nos outros quinhões ou legados, observando-se a seu respeito a ordem estabelecida no parágrafo antecedente.
>
> **Direito anterior:** Art. 1.727. As disposições que excederem a parte disponível reduzir-se-ão aos limites dela, em conformidade com o disposto nos parágrafos seguintes.[22]

---

21 Aparente, aí, porque o donatário não poderia dispor daquilo que não lhe pertence, pelo menos exclusivamente, em face dos demais herdeiros.

22 Legislação comparada: Código Civil português: art. 2.172º; alemão: § 2.326; francês: arts. 926, 928 e 929; italiano: arts. 554 e 558; espanhol: arts. 820 e 887; suíço: arts. 486 e 522; argentino: art. 3.795; boliviano: art. 1.068; paraguaio: arts. 2.558, 2.562 e 2.755.

Da Redução das Disposições Testamentárias (Art. 1.967)

§ 1º Em se verificando excederem as disposições testamentárias a porção disponível, serão proporcionalmente reduzidas as quotas do herdeiro ou herdeiros instituídos, até onde baste, e, não bastando, também os legados, na proporção de seu valor.

§ 2º Se o testador, prevenindo o caso, dispuser que se inteirem, de preferência, certos herdeiros e legatários, a redução far-se-á nos outros quinhões ou legados, observando-se a seu respeito a ordem estabelecida no parágrafo antecedente.

COMENTÁRIOS

1. As disposições que excederem a parte disponível reduzir-se-ão aos limites dela, de conformidade com o disposto nos parágrafos seguintes

A redução dos excessos que eventualmente recaírem sobre as legítimas é direito dos herdeiros necessários e não meramente legítimos ou dos credores. Mas os credores têm preferência no recebimento de seus créditos, em relação aos herdeiros e legatários, de forma que, pagas as dívidas, não é improvável que nada reste a estes, em decorrência da diminuição proporcional das liberalidades.[23]

A redução se opera nos limites da quota disponível, com o enchimento da quota dos herdeiros necessários. A redução pode ser feita, como já salientamos, nos autos do próprio inventário e é normal que assim seja. Mas se tal não se verificou ou se se verificou, o foi de forma imperfeita, caberá aos prejudicados a ação própria – *actio in rem scripta*.[24]

---

23   Clóvis Beviláqua, ob. cit., vol. II, p. 931.
24   Carlos Maximiliano, ob. cit., vol. III, nº 1.198.

Assinala Carvalho Santos que "*a ação de redução só tem cabimento quando as doações ou disposições testamentárias excederem a cota disponível, prejudicando a legítima. Daí estas conseqüências: a) a prova do excesso deve ser oferecida pelo legitimário que pede a redução; b) não pode o herdeiro necessário reclamar nada contra os excessos de liberalidade do testador, a pretexto de que êste dispôs de todos os bens imóveis, uma vez que tenha recebido ou tenha garantida a sua legítima*".[25]

A redução é obrigatória, mas os herdeiros necessários, se não forem incapazes, podem consentir com a vontade do testador ou do doador, deixando tudo como está. Não havendo impugnações no inventário, nem em ação autônoma, nada se modifica ou se acresce. Importa ressaltar que a norma de redução é de ordem pública, mas os herdeiros são livres para dispor sobre aquilo que lhes couberem. Já, a forma pela qual a redução será ou poderá ser executada é da iniciativa do testador. Pode ele estabelecer que certos herdeiros ou legatários sejam preferencialmente pagos. Nesse caso, procede-se a redução quanto aos outros, que podem ser instituídos ou não. Havendo necessidade de complementação, entram as quotas dos legatários.

À falta de estipulação expressa do testador, reduzem-se proporcionalmente as quotas do herdeiro ou herdeiros instituídos, até onde baste, e, não bastando, também os legados, na proporção de seu valor, como será melhor explicitado.

2. Em se verificando excederem as disposições testamentárias a porção disponível, serão proporcionalmente reduzidas as quotas do herdeiro ou herdeiros instituídos, até onde baste

Ruggiero acentua que "*as liberalidades testamentárias serão reduzidas no que for necessário para restabelecer a integridade da quota de*

---

25 Ob. cit., vol. XXIV, p. 130.

Da Redução das Disposições Testamentárias (Art. 1.967)

reserva, e serão reduzidas todas proporcionalmente".[26] No direito italiano, pondera o ilustre Jurista que essa proporção é feita sem distinção entre herdeiros e legatários, nem *"entre testamento posterior e anterior (art. 824 do cc e art. 558 do CC), sendo, no entanto, dada a faculdade ao testador de quebrar a igualdade de tratamento, declarando quais as que deseja que sejam deixadas íntegras de preferência a outras, de modo que a redução não poderá em tal caso fazer-se senão sobre as outras (sempre sob o critério da proporcionalidade) e nas liberalidades preferidas não se faz redução senão no caso do valor das outras não ser suficiente para completar a legítima (art. 825 do cc e art. 558 do cc)"*.

Diversamente aqui, como se infere da leitura do § 1º do dispositivo sob comento, se o testador não estabelece a forma pela qual haver-se-á de executar a redução do excesso, em primeiro lugar, se reduzem as quotas dos herdeiros instituídos, não dos necessários, nem dos legatários. Somente se, reduzidas as quotas dos herdeiros instituídos, ainda não bastar para o enchimento das quotas dos herdeiros necessários, recorrer-se-á aos legados, para completar a reserva global.[27] A regra da redução proporcional deste § 1º guarda pertinência com a presumida intenção do testador. Mas pode ser alterada, conforme ressalvado no § 2º a seguir comentado.[28]

Ressalta Pontes de Miranda que a redução pressupõe o excesso do disponível; que as instituições sejam feitas em porção quantitativa, não qualitativa, assim, p. ex., *"'instituo A em ¼, B em ¼, C em todos os móveis' e os móveis são 2/3 da herança"*; e que *"não tenha havido vontade contrária do testador, ou distribuição, que valha o mesmo que um querer contrário ao art. 1.727, § 1º."*[29]

---

26 Ob. cit., p. 518.
27 Carlos Maximiliano, ob. cit., vol. III, p. 42.
28 Orosimbo Nonato, ob. cit., pp. 278-279.
29 *Tratado*, LVIII, p. 89.

3. E, não bastando, também os legados, na proporção de seu valor

Inteira-se a reserva global com o valor dos legados, se não bastar a redução dos quinhões dos herdeiros instituídos. O legado remuneratório também é descontado.[30] Mesmo o legado de alimentos é passível de dedução.[31] O rateio do déficit da legítima se opera entre todos proporcionalmente, a menos, como expõe Teixeira de Freitas, que o "testador tenha declarado que alguns sejam satisfeitos com preferência, descontando-se nos outros em primeiro lugar".[32] Como refere Carvalho Santos, *são sujeitas a redução tôdas as disposições testamentárias, sem exceção, qualquer que seja a pessoa a quem aproveitam, ou qualquer que seja a causa pela qual foram feitas, ou o fim que o testador, ao fazé-los, teve em vista*".[33] Ainda que o testador tenha aposto declaração contrária, não lhe é lícito prejudicar as legítimas. Em outras palavras, o testador poderá até prevenir a solução, como estatui o § 2º a seguir comentado, mas não poderá prejudicar as legítimas. O beneficiário poderá argüir que o testador previu a hipótese de não redução de sua quota, mas, provada a inadequação ou insuficiência da solução ministrada pelo testador, será o mesmo herdeiro beneficiário compelido a abastecer a legítima do herdeiro necessário desfalcado.

Há, decerto, como pondera Carlos Maximiliano, prioridade dos sucessores universais sobre os singulares, mas não há prioridade *entre aqueles* e *entre estes*. Aliás, como assinalado pelo eminente jurista, "*nada influi a ordem em que estejam nomeados no ato* causa mortis, *nem*

---

30   Cf. Carlos Maximiliano, ob. cit., vol. III, p. 43. Contra: Orlando Gomes, porque "não constituem pura liberalidade" (ob. cit., p. 87).

31   Carvalho Santos, ob. cit., vol. XXIV, p. 131.

32   *Consolidação*, art. 1.010, nota 1. Ainda segundo Teixeira de Freitas, os legados de corpo certo "*não entram em rateio com os outros legados para reparar o desfalque das legítimas fraudadas*" (*Ibidem*, mesma nota).

33   *Ibidem*, mesma página.

Da Redução das Disposições Testamentárias (Art. 1.967)

o fato de figurarem em cláusulas ou testamentos diversos, e válidos, não revogados implícita ou explicitamente; nem, tampouco, o objeto, a causa, a forma ou o fim, da liberalidade. A data de quaisquer deixas é uma só – a do falecimento do disponente".[34]

Se descontados os legados,[35] ainda assim houver insuficiência da reserva global, reduzem-se as doações feitas em vida a estranhos, incluindo parentes e ascendentes, estes últimos assim considerados *estranhos*, se houver descendentes sobrevivos. Já, as doações feitas aos descendentes estão sujeitas à colação, excetuando-se aquelas dispensadas pelo doador, que sairão da quota disponível. Mas como adverte Carlos Maximiliano, *"só a parte que nesta não cabe, se incorpora à 'reserva' legal".*[36] Não há prioridade nas doações feitas em vida aos descendentes. São todas elas conferidas. Haverá adiantamento de legítima se não houver dispensa de colação, porque a colação visa justamente a igualar as legítimas entre os herdeiros necessários. Nesta hipótese, conforme expõe Itabaiana de Oliveira, *"só se considera inoficiosa a parte da doação que exceder a legítima do donatário e mais a metade disponível do doador, devendo, então, aquêle restituir o excesso verificado".*[37]

Recorre-se às doações, de acordo com a ordem de antiguidade. Inicia-se pela mais recente até a mais remota – *prior in tempore, potior jure*.

4. Se o testador, prevenindo o caso, dispuser que se inteirem, de preferência, certos herdeiros e legatários, a redução far-se-á nos outros quinhões ou legados

Aqui, o testador previu a hipótese de excesso e determinou que a redução se fizesse em tal ou qual quinhão de um ou outro insti-

---

34 Ob. cit., vol. III, p. 42.
35 Cada legatário suporta a sua parte. Não há distinção de datas, nem de espécies de legados (Planiol, ob. cit., p. 907).
36 Ob. cit., vol. III, p. 47.
37 Ob. cit., vol. 2, p. 640.

tuído. De logo se verifica que o preceito contido no § 2º do dispositivo sob comento não se aplica às dádivas feitas em vida pelo testador.[38] Certo que o testador pode prevenir a solução do excesso, mandando descontar-se o quinhão de tal ou qual herdeiro instituído, antes do outro etc., mas não pode *revogar* uma doação, por sua natureza, irrevogável, nem mandar abater das doações mais antigas o que faltaria para a legítima. Também não pode mandar reduzi-las *pro rata* ou antes dos legados. A matéria é de ordem pública, conforme adverte Carvalho Santos.[39]

5. Observando-se a seu respeito a ordem estabelecida no parágrafo antecedente

A ordem estabelecida no parágrafo antecedente, como se viu, é a de classe de instituição: herdeiro e legatário instituídos. Remanescendo privação da legítima, serão reduzidas as doações a estranhos, preferindo as mais recentes às mais remotas. Justifica-se a ordem de instituição, porque, segundo leciona Clóvis Beviláqua, *"o herdeiro instituído representa a pessôa do de cujus. Os legados são doações por disposição de última vontade. O herdeiro os cumpre pelas fôrças da herança. Havendo remanescentes, serão seus. Exhaurida, porém, a herança, no pagamento dos legados, desapparece, para o herdeiro, o elemento economico da herança, sem que elle perca, aliás, o seu título e a sua posição"*.[40]

Mas o testador pode alterar a ordem de classe de instituição, dispondo que se descontem dos legados antes da herança e assim por diante.[41]

---

38 Carlos Maximiliano, ob. cit., vol. III, p. 48.
39 Ob. cit., vol. XXIV, p. 133.
40 Ob. cit., vol. II, p. 931.
41 Cf. Carlos Maximiliano, ob. cit., vol. III, p. 43.

Da Redução das Disposições Testamentárias (Art. 1.968)   335

Art. 1.968. Quando consistir em prédio divisível o legado sujeito a redução, far-se-á esta dividindo-o proporcionalmente.

§ 1º Se não for possível a divisão, e o excesso do legado montar a mais de um ¼ (um quarto) do valor do prédio, o legatário deixará inteiro na herança o imóvel legado, ficando com o direito de pedir aos herdeiros o valor que couber na parte disponível; se o excesso não for mais de ¼ (um quarto), aos herdeiros fará tornar em dinheiro o legatário, que ficará com o prédio.

§ 2º Se o legatário for ao mesmo tempo herdeiro necessário, poderá inteirar sua legítima no mesmo imóvel, de preferência aos outros, sempre que ela e a parte subsistente do legado lhe absorverem o valor.

Direito anterior: Art. 1.728. Quando consistir em prédio divisível o legado sujeito a redução, far-se-á esta dividindo-o proporcionalmente.[42]

§ 1º Se não for possível a divisão, e o excesso do legado montar a mais de um ¼ (um quarto) do valor do prédio, o legatário deixará inteiro na herança o imóvel legado, ficando com o direito de pedir aos herdeiros o valor que couber na metade disponível; se o excesso não for mais de ¼ (um quarto), aos herdeiros torná-lo-á em dinheiro o legatário, que ficará com o prédio.

§ 2º Se o legatário for ao mesmo tempo herdeiro necessário, poderá inteirar sua legítima no mesmo imóvel, de preferência aos outros, sempre que ela e a parte subsistente do legado lhe absorverem o valor.

COMENTÁRIOS

1. Quando consistir em prédio divisível o legado sujeito à redução, far-se-á esta dividindo-o proporcionalmente

A regra ora sob comento trata da redução dos legados de imóveis, quando ultrapassarem a quota disponível. Como quase toda re-

---

42   Legislação comparada: Código Civil português: 2.174º; italiano: art. 560; espanhol: art. 821; paraguaio: art. 2.736; venezuelano: art. 893, 2ª al.; argentino: art. 3.776.

336 Comentários ao Código Civil Brasileiro

gra pertinente à sucessão testamentária, é de natureza supletiva e/ou dispositiva, prevalece se o testador não houver disposto de outro modo, ou se não acordarem herdeiros e legatários sobre a forma de redução.[43] Na maior parte das vezes, máxime em virtude do crescimento das urbes, o imóvel[44] será indivisível, não admitindo divisão cômoda. Outros casos haverá que a divisão importará perda do valor do imóvel, em nada sendo ela recomendável, o que, decerto, acabará provocando prejuízos possivelmente irreparáveis ao legatário.

Se o imóvel comportar divisão cômoda, será retalhado em proporção ao desfalque da legítima. Em todo caso, não se prescindirá de avaliação e levantamento de campo.

2. Se não for possível a divisão

Ou não cômoda, o que tende a ocorrer, na maior parte dos casos. A divisão, na prática, representa uma exceção, máxime se não houver acordo entre os interessados sobre as linhas que irão seccionar a área do imóvel, muito embora se diga que a *indivisão seja sempre um estado transitório*.[45] Se o excesso do legado importar mais de ¼ do valor do imóvel, o bem permanecerá com o espólio, restituindo-se a diferença da parte disponível ao legatário. Se o excesso for igual ou inferior a ¼ do valor do imóvel, quem restitui a diferença é o legatário ao espólio, recebendo o imóvel legado. Assim, p. ex., se o imóvel vale R$ 50.000,00 (cinqüenta mil reais) e invadiu a legítima em R$ 10.000,00 (dez mil reais), o legatário ficará com a parte correspondente a R$ 40.000,00 (quarenta mil reais) e o espólio com R$ 10.000,00 (dez mil reais).

---

43 Pontes de Miranda, ob. cit., LVIII, p. 93.
44 Certo, a lei refere a *prédio*, mas subentende-se o *imóvel*, como, *i. e.*, o *prédio rústico* (arts. 559 e 1.211 do Código revogado).
45 Clóvis Beviláqua, ob. cit., vol. II, p. 933.

Nada impede que, estando acordes os interessados, o imóvel seja vendido e o produto da venda repartido em proporção ao legatário e ao espólio, isso evidentemente se não se dispuser o legatário a ficar com o imóvel, restituindo a diferença de R$ 10.000,00 ao espólio, como decorre da segunda parte do § 1º, ora comentado. Quando não for possível a restituição da diferença pelo legatário ao espólio, a venda do imóvel poderá resolver a contenda. A solução resulta, aliás, do próprio sistema normativo, e, talvez, menos onerosa ou traumática, como, p. ex., se extrai da dicção do art. 1.015, § 2º, do CPC: "*Se a parte inoficiosa da doação recair sobre bem imóvel, que não comporte divisão cômoda, o juiz determinará que sobre ela se proceda entre os herdeiros à licitação; o donatário poderá concorrer na licitação e, em igualdade de condições, preferirá aos herdeiros.*" Em sentido parelho, se entremostra o art. 2.019 do atual Código Civil. A lei procura obviar os inconvenientes que traria ao legatário e ao espólio, dispensando-os do pagamento da maior parte do valor da coisa legada, na hipótese de excesso da quota disponível. Como assinala Pontes de Miranda, "mas os inconvenientes do excesso de mais de um quarto cessam se o legatário também é herdeiro necessário; porque então, tendo a receber mais da herança, pode ser que na sua quota caiba o que o imóvel excedeu ao legado reduzido. Tal herdeiro-legatário pode pedir para si o prédio, com preferência a todos os outros".[46] É o que veremos a seguir.

3. Se o legatário for ao mesmo tempo herdeiro necessário, poderá inteirar sua legítima no mesmo imóvel, de preferência aos outros

Se o legatário for também herdeiro necessário, herdará com títulos diversos, quer na condição de legatário, quer na de herdeiro.

---

46 *Tratado*, LVIII, p. 94.

Assim, se na sua legítima couber a diferença que deverá repor, em razão do excesso do legado, poderá *inteirá-la* com o valor dessa diferença, adjudicando o imóvel para si, em preferência aos demais herdeiros. Se a legítima do herdeiro-legatário não absorver todo o valor do excesso e a diferença persistir em mais de ¼ do valor do imóvel, aplica-se a primeira parte do § 1º acima comentado, ficando o espólio com o bem e o legatário com o que couber na parte disponível. Se a legítima não conseguir absorver todo o excesso e a diferença se reduzir para menos de ¼ do valor do imóvel, aplica-se a segunda parte do § 1º acima comentado: o legatário recebe o imóvel, paga o bem em parte com a sua legítima e repõe a diferença ao espólio. Assinale-se, por último, como esclarece Clóvis Beviláqua, que o herdeiro tem preferência aos demais, para receber o imóvel legado, não obstante a porção que lhe resta para complemento da sua legítima.[47]

---

47 Ob. cit., vol. II, p. 933.

CAPÍTULO XII
DA REVOGAÇÃO DO TESTAMENTO

Art. 1.969. O testamento pode ser revogado pelo mesmo modo e forma como pode ser feito.
    Direito anterior: Art. 1.746. O testamento pode ser revogado pelo mesmo modo e forma por que pode ser feito.[1]

COMENTÁRIOS

1. Revogação

O testamento é ato personalíssimo e passível de revogação a qualquer momento (art. 1.858). Ressalva-se, porém, exceção trazida à baila pelo legislador no novo Código: o reconhecimento de filhos havidos fora do casamento é irrevogável, *nem mesmo quando feito em testamento* (art. 1.610). Também não se pode revogar a adoção por testamento (AC nº 38.708-4, São José do Rio Preto, 7ª Câmara de Direito Privado, rel. Des. Soares Lima, 24.06.98, Vol. U.), notadamente hoje, em face do art. 1.621, § 2º.

---

1   Legislação comparada: Código Civil alemão: § 2.254; espanhol: art. 738; argentino: art. 3.827; suíço: art. 509; chileno: arts. 1.001 e 1.213; também por meio de notário, português: 2.312º; francês: 1.035; italiano: art. 680.

Como manifestação de última vontade do testador, só gera efeitos após a morte deste, pois enquanto vivo, pode o testador alterar, modificar ou revogar o instrumento de testamento.[2] Mas a lei exige forma especial para a revogação do testamento; isto é, a mesma forma por que pode ser feito.[3] Revogar é tornar sem efeito aquilo que se produziu no passado. Conforme Carnelutti,[4] *"opera de forma idêntica à condição resolutiva, no sentido de que suprime os efeitos jurídicos do ato como se não houvessem produzido"*. A revogação do testamento constitui ato solene praticado pelo autor da herança, no sentido de desfazer aquilo que havia disposto anteriormente.[5] Segue-se daí que a re-

---

2   Daí por que incabível se entremostra ação visando à desconstituição de testamento ainda em vida do testador, como decidiu a Egrégia Primeira Câmara Cível do TJPR, em acórdão de nº 5.334, publicado em 14.03.98, sendo relator o Desembargador Oto Sponholz, Curitiba (www.saraivajur.com.br).

3   "Testamento Público – Revogação posterior por escrito particular – Não observância de exigências legais formais e indispensáveis à segurança do ato – Escrito não ratificado posteriormente, a despeito do lapso de tempo entre sua emissão e a data da morte da testadora – Imprestabilidade do escrito particular; no caso, para modificar parcialmente o testamento – Sentença que determinou seu registro – Apelo improvido" (Apelação Cível nº 45.866-4, São Paulo, 10ª Câmara de Direito Privado, rel. Des. G. Pinheiro Franco, 24.06.98, vol. U.), (www.saraivajur.com.br). No mesmo sentido, STJ, REsp. nº 7.197/MS, 4ª T., rel. Min. Bueno de Souza, *DJ* de 23.10.95.

4   *Teoria geral do direito*, São Paulo, LEJUS, 1999, p. 496.

5   Inclui a doutrina a rol das hipóteses de revogação as causas de rompimento do testamento previstas nos arts. 1.973 e 1.974. Assim, Carlos Maximiliano, ob. cit., vol. III, p. 160: *"Em virtude de lei*, se aparece um descendente que o testador julgava morto, ou vem à luz outro, cuja concepção o *de cujus* ignorava; bem como em se apresentando em juízo um ascendente que o falecido não conhecia ou cria não mais existente. No mesmo sentido, Clóvis Beviláqua, ob. cit., vol. II, p. 964, assinalando se tratar de revogação presumida ou *legal*. Contra: Pontes de Miranda, para quem *"há duas espécies de revogação: a expressa em palavras e a tácita. Alguns autores falam de revogação presumida, que é a que consiste na superveniência de descendente sucessível, ou na ignorância de quaisquer herdeiros necessários (arts. 1.750 e 1.751). Quanto ao 'fundamento', é bem de ver que se trata de presunção de vontade,*

vogação testamentária que o direito romano conheceu como *rompimento* do testamento é inerente ao próprio funcionamento do sistema dos atos jurídicos.

Como ensina Carlos Maximiliano, *"a lei não diz – 'pode ser revogado pelo mesmo modo e forma por que 'foi' feito'. Logo, qualquer ato de última vontade tem força para inutilizar o anterior: o testamento público é revogado pelo cerrado; êste por aquêle; ambos por um hológrafo, militar ou marítimo".*[6] Ou seja, um testamento público pode ser revogado por outro testamento particular ou vice-versa, o testamento marítimo pode ser revogado pelo militar ou cerrado, e assim por diante. No mesmo sentido: Carvalho Santos, para quem *"o testamento marítimo pode revogar o público, o cerrado pode revogar o particular, e uns e outros indistintamente. Desde que a vontade se expresse validamente, em sentido diverso do manifestado no testamento anterior, fica êste revogado".*[7]

Em outras palavras, o testamento é ato essencialmente revogável, mas sempre por outro testamento,[8] ou como adverte Clóvis Beviláqua:

> *pois variaram ou se revelaram de outro modo as circunstâncias em que o testador testou. Mas a velha expressão* ruptum *dá a noção de regra jurídica objetiva, de efeito da aplicação legal: 'rompe-se'. Tanto isso é certo que só as circunstâncias dos arts. 1.750 e 1.751 podem ter aquelas conseqüências revogatórias. Nem é da essência do testamento, nem as leis contemporâneas o estabelecem. Tudo mostra tratar-se de ruptura ditada por lei"* (*Tratado*, t. LIX, p. 377). Concordamos com o insigne Pontes de Miranda. Revogação é ato privativo do testador. Não se confunde com o rompimento do testamento, que é ruptura por causa circunstancial concomitante ou superveniente ao testamento, do desconhecimento do testador.

6   Ob. cit., vol. III, p. 162.

7   *Código Civil...*, vol. XXIV, p. 233. No mesmo sentido, Baudry-Lacantinerie, ob. cit., p. 647.

8   RE nº 79.080, STF, 2ª T., rel. Min. Thompson Flores, j. em 07.03.1975. *"Testamento. Revogação por outro. Caracterizado o segundo instrumento também como testamento, como o reconheceu o acórdão, impendia fosse em juízo processado na forma dos arts. nos 525 a 529 do CPC de 1939, vigente ao tempo. II. Recurso Extraordinário, parcialmente provido"* (www.saraivajur.com.br).

"Ambulatoria est voluntas defuncti usque ad vitae supremum exitum[9] ('A vontade do defunto é ambulatória até o momento supremo dêle sair do número dos vivos.')" Nula a renúncia, a cláusula de irrevogabilidade ou a transação ao direito de revogação: *nemo enim eam sibi potest legem dicere, ut a priore ei recedere non liceat* ("porquanto ninguém pode estabelecer para si uma norma que o impossibilite de se apartar do propósito benéfico anterior").

Diversamente do direito romano, que adotava a regra *"Nemo partium testatus, partium intestatus decedere potest"*, o direito moderno não exige que o testamento sirva tão apenas para a nomeação de herdeiros. A título exemplificativo, o testador pode limitar-se a reconhecer um filho no testamento (art. 1.609, III), como pode clausular as legítimas dos herdeiros necessários (arts. 1.763, II, e 1.848). Pode fazer as duas coisas, uma ou nenhuma delas, e nomear herdeiro ou legatário, na mesma cédula testamentária ou não. Aliás, o § 2º do art. 1.857 dispõe serem válidas as disposições testamentárias de caráter não patrimonial, ainda que o testador a elas se tenha limitado.

Por outro lado, no direito romano, dois testamentos sucessivos eram necessariamente incompatíveis entre si. Dava-se preferência ao testamento mais recente, como resultado da expressão da última vontade do testador: *posterior testamento prius rumpitur*. Tal já não se passa em nosso ordenamento jurídico. Não é preciso que o testamento posterior efetivamente contemple algum beneficiado, pois pode limitar-se a revogar o anterior. De outro modo, pode haver sucessividade de testamentos, sem que um revogue o outro.

---

9   Ob. cit., vol. II, p. 959.

Da Revogação do Testamento (Art. 1.969)   343

Incabível, porém, a revogação do testamento por meio de escritura pública[10-11] ou codicilo.[12] Para que a revogação possa produzir efeitos, porém, é preciso que o testamento revogatório seja válido; isto é, que revista todas as suas formalidades essenciais, incluindo a capacidade de testar do autor da herança, conforme se infere da redação contida na parte final do art. 1.971. Mas se a violência ou dolo impedirem a revogação do testamento anterior, nem por isso haverá invalidação da deixa testamentária, autorizando os prejudicados à demanda de ressarcimento pelos danos causados. Cumpre acentuar que se o autor da ofensa for herdeiro, deverá ser excluído da sucessão por ação de indignidade (art. 1.814, I e III).

A caducidade do legado (art. 1.939) não acarreta a caducidade da revogação do testamento (art. 1.971). Assim, p. ex., se no testamento revogatório houver sido legado pelo testador alguma verba, a caducidade do legado não importa na caducidade da revogação. Pode acontecer, p. ex., que o objeto da deixa testamentária tenha sido

---

10   Segundo Pontes de Miranda, tanto a escritura pública quanto o escrito particular, que contiverem os requisitos essenciais para a lavratura do testamento, servem para a sua revogação, ainda que não contenham a denominação "testamento" – "o que se lhes exige é que obedeçam ao 'modo e forma por que pode ser feito o testamento" (ob. cit., LIX, pp. 383-384).

11   Diversamente de França, Itália e Portugal, onde se admite a revogação do testamento por meio de escritura pública. Observa-se em França, porém, que há formalidades distintas do modo de se testar a serem cumpridas. O ato revogatório deve ser lavrado por dois notários ou por um notário assistido de duas testemunhas, sob pena de nulidade. Nesse ato revogatório, porém, se o testador for deixar um legado a alguém, esse legado não valerá, se não houverem quatro testemunhas. A vontade do testador é indivisível, mas as formalidades devem ser cumpridas, conforme a natureza dos atos a serem praticados (Baudry-Lacantinerie, ob. cit., t. III, pp. 647-648).

12   Carlos Maximiliano, ob. cit., vol. III, p. 161. Nesse sentido, Agravo de Instrumento nº 198.113-4/1, TJ, São Paulo, 2ª Câmara de Direito Privado, rel. Juiz Roberto Bedran, 21.08.01, vol. U.

alienado pelo testador, quando em vida. Dá-se manifestação implícita de revogação que a lei reputa como causa suficiente de caducidade (art. 1.939, II). Mas os defeitos dos atos jurídicos (vícios intrínsecos, *ex vi* do art. 1.971, parte final) viciam a revogação, tornando incólume o testamento em face do qual o ato revogatório tinha em mira suprimir ou alterar.

A revogação do testamento, como qualquer ato jurídico, pode ficar sujeita a condições. Interessante ementa de acórdão proferido pelo Eg. Tribunal de Justiça de São Paulo, em sede de embargos infringentes, assinala que a revogação pode ficar condicionada ao fato de a legatária não demandar em juízo: *"INVENTÁRIO – Testamento público – Legado – Revogação em caso de a legatária reivindicar quaisquer direitos com base numa inexistente sociedade de fato – Condição imposta que é lícita e que não significou vedação ao princípio do livre acesso ao Judiciário – Legatária que, preferindo litigar, sujeitou-se a perder o legado, devendo arcar, portanto, com as conseqüências dessa escolha – Embargos rejeitados"* (Embargo Infringente nº 103.049-4 – São Paulo, 3ª Câmara de Direito Privado, rel. Des. Flávio Pinheiro, 26.02.02, M. V.). Importa distinguir se a cláusula de revogação era condicionada ao não ingresso de a beneficiária ir a juízo para demandar supostos direitos de uma sociedade de fato com o *de cujus*, a nós parece ilícita, já que equivaleria ao fato de o testador testar, em troca de o beneficiário também por testamento, lhe atribuir alguma vantagem. Seria uma forma de burlar a proibição da condição captatória (art. 1.900, I). Mas se a condição não tinha em mira beneficiar o testador, e, sim, um terceiro, em face do qual o testador não receberia nenhuma vantagem em troca, efetivamente, a revogação seria válida.

Assim, se a condição for ilícita, nula a cláusula respectiva (art. 123, II). Se a condição for resolutiva e fisicamente impossível, será havida como não escrita (art. 124). Se for suspensiva, será nula (art. 123, I). É caso de aproveitar-se o testamento revogatório, anulando-se a condição ilícita, ou havendo por não escrita a condição impossível, se resolutiva.

Da Revogação do Testamento (Art. 1.969)   345

De um modo geral, o testamento válido posterior revoga o anterior. Mas nem sempre é assim. É possível a coexistência de testamentos, quer concomitantes, quer sucessivos, como já dissemos. Pode-se, por meio de um ou vários testamentos dispor de uma parte dos bens, contemplar um ou outro herdeiro, e assim por diante. Se as disposições testamentárias anotadas em diversos atos forem compatíveis, será possível a execução simultânea. Se dois forem os testamentos da mesma data, e não for possível identificar a posterioridade de algum, nenhuma das disposições prevalecerá, se inconciliáveis. Do contrário, sim, cumprindo-se ambas as disposições. Ao interessado na revogação, compete o ônus de prova da posterioridade. Em caso de testamento cerrado, a data é a do auto de aprovação, não a do instrumento.[13]

Arremata Carlos Maximiliano: *"Quando o posterior dispõe, em tudo, de modo diferente do anterior, êste fica totalmente sem efeito. Se o último só em parte contraria o estabelecido no precedente, considera-se revogado êste, sòmente quanto àquela parte: em relação aos demais, subsistem os dois, lado a lado."*[14] O mesmo fenômeno se passa com as leis. Se a lei posterior dispor de tudo o que havia sido disposto na lei anterior, haverá revogação, ou ab-rogação. É preciso que haja incompatibilidade entre os testamentos, de tal forma que a execução de um não possa efetivar-se, sem prejuízo da execução do outro.

Caso típico de revogação é o da substituição do beneficiado por outro. Assim, também, se verifica, se o testamento posterior contém disposição de menor abrangência que o primeiro. Exemplo: instituiu-se Mévio legatário de um prédio, e, depois, em ato subseqüente, foi o mesmo contemplado com o usufruto do imóvel; outro exemplo: perdoou-se a dívida de Mévio, e, depois, legou-se a terceiro o crédito contra Mévio.

---

13 Pontes de Miranda, ob. cit., LIX, p. 404.
14 *Ibidem*, p. 166.

346 Comentários ao Código Civil Brasileiro

Mas se a disposição mais recente é mais ampla que a anterior, não se verifica a revogação, e, sim, a consolidação, aumentando-se a liberalidade em favor do contemplado, conforme o caso. Importa aquilatar a intenção do testador, por meio do exame do testamento – prova, segundo Carlos Maximiliano, que *"sobreleva em importância aos testemunhos, presunções e outros elementos de convicção"*.[15]

A revogação pode ser expressa ou tácita, material ou real, e ainda em virtude de lei.[16] Expressa se diz a revogação, quando contiver cláusula revogatória específica (art. 1.970, parágrafo único). Tácita, quando decorrente de incompatibilidade entre as disposições contidas nos testamentos – anterior e posterior. Nela se inclui a revogação material ou real, quando o testamento é dilacerado, riscado ou destruído pelo testador[17] ou por interposta pessoa. Trata-se de uma presunção relativa que pode ser elidida pelos meios de prova em geral. É matéria de fato sujeita à apreciação do magistrado.

A destruição e a obliteração podem verificar-se por qualquer forma: *"A primeira, com despedaçar, cortar ou queimar o documento; a segunda, com apagar, borrar ou riscar os dizeres. Entretanto, se o testamento aparece riscado ou expungido em parte não essencial, não se considera revogado; é de presumir o contrário: que o falecido pretendeu inutilizar as disposições, mas em tempo se arrependeu."*[18] Presume-se que a parte restante não inutilizada possa ser aproveitada. Se a inutilização se deu na data e na assinatura, entende-se ter havido revogação. No

---

15 *Ibidem*, p. 167.
16 A revogação presumida não é propriamente uma revogação, como assinalado por Pontes de Miranda, ob. cit., p. 377. Como quer que seja, iremos catalogá-la como espécie de revogação, a ser melhor examinada nos comentários aos arts. 1.973 a 1.975.
17 O mais comum é a destruição do testamento cerrado.
18 Carlos Maximiliano, ob. cit., III, nº 1.335.

testamento público, é preciso não confundir. A destruição do traslado ou certidão em poder do disponente não revoga nem tacitamente o testamento, que se acha lavrado em livro de notas sob a guarda do tabelião. Ora, o testamento público também poderia, em tese, ser destruído pelo testador, mas não sem a ajuda do notário ou de algum funcionário de notas, situação mais difícil de ocorrer, porque importaria supressão de documento público em assento de notas, sujeitando os infratores a penalidades de toda ordem.

O testamento cerrado pode ser destruído pelo testador, porque o instrumento lhe é entregue lacrado, na presença de duas testemunhas (art. 1.868, I e III). Nesse caso, contenta-se a lei com a simples abertura do lacre (art. 1.972). Mas se o documento foi encontrado em poder de terceiro, totalmente dilacerado, p. ex., presume-se que a destruição se deu à revelia do testador, de modo que revogação, de fato, não houve, competindo ao interessado na revogação o ônus de prova no sentido de que o autor da destruição teria sido mesmo o testador.

A revogação legal consiste propriamente na ruptura do testamento, por motivo de superveniência de descendente sucessível do não-conhecimento do testador, ou ignorância pelo testador de outros herdeiros necessários (arts. 1.973 e 1.974). Não se trata é bem de ver de *revogação*, mas de rompimento do testamento por causa alheia que a lei reputa como sendo justificativa de rescisão, do desconhecimento do testador.

Quando a revogação não for expressa, assume especial relevo o confronto entre as disposições testamentárias e a época da feitura dos testamentos. Para tanto, importa verificar a incompatibilidade porventura existente entre as disposições ditas conflitantes. Essa incompatibilidade pode ser material ou intencional.

Será material, quando houver impossibilidade absoluta de execução simultânea das disposições contidas nos diferentes testamentos. É o caso, p. ex., do legado puro e simples no primeiro testamento, posteriormente condicionado na segunda deixa testamentária ao mesmo legatário. Também aqui inteira aplicação tem o exemplo acima delineado acerca da disposição da propriedade ao beneficiado, ao depois, contemplado com o usufruto da mesma coisa.

Dá-se a incompatibilidade intencional, segundo Baudry-Lacantinerie, quando resultante da intenção do testador, manifestada pelo conjunto das disposições testamentárias,[19] ou como apregoa Carvalho Santos, com arrimo em Mazzoni, *"quando, não sendo impossível cumprirem-se umas e outras disposições, com o contexto do testamento se evidencia ter sido intenção do testador anular o anterior e dar efeito sòmente ao posterior"*.[20]

A revogação admite retratação (revogação da revogação), que, todavia, deve obedecer, quanto à parte formal, aos requisitos exigidos para o testamento. É possível a revalidação do testamento revogado, por meio de testamento posterior, o que se convencionou chamar de efeito repristinatório, tal como se passa no campo legislativo (AC. nº 195.539, Tribunal de Justiça de São Paulo, j. em 17.08.93, rel. Des. Guimarães e Souza), havendo necessidade de expressa manifestação do intuito de o testador restaurar a eficácia do testamento revogado.

A extensão da cláusula revogatória, segundo posiciona Pontes de Miranda, *"constitui matéria de fato, que se não pode furtar à apreciação do juiz"*.[21] Daí porque simples adoção de filhos posteriormente ao filho anteriormente adotado não implica em rompimento do testamento existente, nem em revogação do anterior, uma vez que a adoção posterior não constitui causa de revogação dos testamentos (RE nº 85.256/RS, *DJ* de 18.11.1977, 2ª T., rel. Min. Cordeiro Guerra, STF).

---

19   Ob. cit., p. 650.
20   *Código Civil...*, vol. XXIV, p. 236.
21   Ob. cit., p. 406.

Da Revogação do Testamento (Art. 1.970)

Art. 1.970. A revogação do testamento pode ser total ou parcial.

Parágrafo único. Se parcial, ou se o testamento posterior não contiver cláusula revogatória expressa, o anterior subsiste em tudo que não for contrário ao posterior.

Direito anterior: Art. 1.747. A revogação do testamento pode ser total ou parcial.

Parágrafo único. Se a revogação for parcial, ou se o testamento posterior não contiver cláusula revogatória expressa, o anterior subsiste em tudo que não for contrário ao posterior.[22]

COMENTÁRIOS

1. Revogação total ou parcial

No direito romano, o testamento regulava por completo a situação do testador. Assim, a redação de um testamento superveniente destruía necessariamente o antecessor (*"Nemo partim testatus, partim intestatus decedre potest"*).[23] Não era possível a coexistência de dois testamentos. O direito moderno, porém, admite a sucessão e coexistência de testamentos. Exemplifica-se: casos há de vários testamentos sucessivos que se podem executar simultaneamente. Além disso, um testamento pode conter um legado de um imóvel a X, e outro pode estabelecer um legado de bem móvel a Y.

---

22 Legislação comparada: Código Civil português: art. 2.313º; italiano: art. 681; alemão: § 2.258; espanhol: art. 738; argentino: 3.828; uruguaio: art. 1.005; venezuelano: art. 991; boliviano: art. 1.210; suíço: art. 509; francês: art. 1.036; paraguaio: art. 2.705.
23 Planiol, ob. cit., t. 3, p. 818.

A revogação propriamente dita, que é a que cuidamos, derivativa da vontade privativa do testador, não se presume. Decorre, em primeiro lugar, do exame das disposições testamentárias eventualmente conflitantes. Não havendo conflito, cumprem-se os testamentos em discussão simultaneamente. Não é necessário que o testador estabeleça uma ressalva no testamento mais recente, a fim de que fique preservada a integridade do testamento mais antigo. A cláusula revogatória se acha implícita no ato jurídico mais recente. Mas apenas terá aplicação, se houver dissenso entre as disposições testamentárias, recentes e antigas.

Como já frisamos, são aplicáveis ao testamento os mesmos preceitos que regulam a revogação das leis.[24] De tal forma que, se o testamento mais recente houver disciplinado de modo diferente toda a matéria abordada no testamento anterior, ainda que a ele não se refira expressamente, haver-se-á como revogado o testamento anterior. Se o testamento mais recente não houver estabelecido nenhuma espécie de disposição antagônica com aquele seu antecessor, entende-se que o testador confirmou o testamento antigo. Se o testamento mais recente contiver uma cláusula revogatória expressa, nenhuma dúvida, cai o testamento a que se reporta.

A revogação pode ser parcial, se o testador houver disposto apenas em parte do testamento anterior, como, p. ex., acerca de uma condição anterior, quando haviam várias, ou de um único herdeiro, em instituição plural ou de parte da própria coisa legada etc. Como já tivemos a oportunidade de comentar no artigo anterior, se o testador deixar a Mévio a propriedade do imóvel x, e, posteriormente, em outro testamento, legar a Mévio apenas o usufruto, entende-se haver revogado apenas em parte o testamento mais antigo. Tratar-se-á de revogação total, se o testador houver disposto de modo diverso sobre toda a matéria contida no testamento anterior.

---

24   Clóvis Beviláqua, *Código Civil...*, vol. II, p. 960.

2. Se parcial, ou se o testamento posterior não contiver cláusula revogatória expressa, o anterior subsiste em tudo o que não for contrário ao posterior

Se a revogação for expressa; isto é, resultante de cláusula explícita revogatória, ainda que parcial, nenhuma dúvida emerge. Revoga-se a disposição a que a cláusula assinalada no ato subseqüente se refere. Quando a revogação não é expressa, prevalecerão as disposições do testamento anterior sempre que não forem conflitantes com o testamento posterior. Nesse caso, cumprirá ao intérprete verificar as circunstâncias do caso e examinar o conteúdo das disposições eventualmente conflitantes, a fim de que se aquilate acerca da incompatibilidade entre elas, tendo em mira a vontade do testador. Como já o dissemos em comentário ao art. 1.969, a incompatibilidade pode ser material e intencional. É material, se não for possível fisicamente cumprir as disposições de ambos os testamentos. Não se exige incompatibilidade material absoluta. Contenta-se com a incompatibilidade moral e intencional.[25]

A incompatibilidade será intencional, se ainda que fisicamente possível o seu cumprimento, resultar do contexto do testamento mais recente intenção do testador em revogar o anterior. Na dúvida, quanto à incompatibilidade intencional, impõe-se o cumprimento de todas as disposições eventualmente conflitantes, excluindo-se a revogação.[26]

Haverá, assim, compatibilidade material em testamentos, contemplando: *a)* num primeiro momento, legado de coisa certa, e, num segundo momento, herdeiro universal; e *b)* legados de diferentes quantidades sucessivamente à mesma pessoa. Como verificar se haveria compatibilidade intencional? Pontes de Miranda acentua que *"o testa-*

---

25   Planiol, ob. cit., t. 3, p. 819.
26   Carvalho Santos, ob. cit., vol. XXIV, p. 236.

dor legou uma casa a Antônio e, mais tarde, noutro testamento, em que não há cláusula revogatória, total ou parcial, do primeiro testamento, legou todos os seus bens a José. Infirmou o legado? Subsiste ele? Qualquer solução a priori seria má; porque, se aqui acertasse, ali poderia falhar. Trata-se de interpretação de vontade e os juízes têm de apreciar soberanamente (Cassação da França, 3 de abril de 1889)".[27]

É o que também pronuncia Baudry-Lacantinerie: *"A questão de saber se há incompatibilidade intencional entre duas disposições que não são materialmente incompatíveis, é essencialmente uma questão de fato, cuja solução se encontra no domínio soberano do juiz, à condição de não desnaturar a disposição do ato. Req., 21 out. 1901, S., 05.1.503, D. 03.1.204. Assim, por um primeiro testamento, o testador legou o imóvel a Paul; por um testamento posterior, ele legou esse mesmo imóvel a Pierre. Não há incompatibilidade material entre as duas disposições: Pierre e Paul podem a rigor ser considerados como dois co-legatários conjuntos do mesmo imóvel. Mas é provável que o testador entendeu de revogar o legado feito a Paul e transferir o imóvel inteiro a Pierre. Outra espécie: por um primeiro testamento, o testador instituiu Paul seu legatário universal; pelo segundo, ele instituiu Pierre. Não há incompatibilidade material entre essas duas disposições, pois se pode instituir vários legatários universais (art. 1.003). Toda a questão é saber se tal foi a intenção do testador, ou se ele não quis substituir Paul por Pierre como legatário universal. Esta última interpretação é mais racional, sobretudo se o testador for estranho aos conhecimentos jurídicos. (...) Enfim, o testador disse num primeiro testamento: 'Eu lego o imóvel a Paul', depois num testamento posterior: 'Eu lego todos os meus bens a Pierre'. O legado feito a Paul foi revogado? É certo que não há nenhuma incompatibilidade material entre as*

---

27   *Tratado...*, LIX, p. 400.

duas disposições; mas é a vontade do testador que deve ser consultada. Tal interpretação de um testamento, excelente se o disponente é um jurisconsulto, corre o risco de ser diretamente contrária à sua vontade, se ele ignora os princípios de direito. Ou, quando um testador alheio a esta ciência diz: 'Eu lego todos meus bens a Pierre', afigura-se dificilmente que esta disposição possa deixar subsistir um legado feito anteriormente a Paul, a quem ele não se refere."[28]

Se houver dois testamentos contraditórios da mesma data e não for possível estabelecer qual o posterior, nem por meio de dilação probatória, entendemos que a melhor solução será a de se desconsiderar ambas as disposições contraditórias, tal como preconiza o direito positivo português (art. 2.313º, al. 2).

Se o testador houver alienado total ou parcialmente a coisa legada, haverá caducidade total ou parcial do legado (art. 1.939, II).

Art. 1.971. A revogação produzirá seus efeitos, ainda quando o testamento, que a encerra, vier a caducar por exclusão, incapacidade ou renúncia do herdeiro nele nomeado; não valerá, se o testamento revogatório for anulado por omissão ou infração de solenidades essenciais ou por vícios intrínsecos.

Direito anterior: Art. 1.748. A revogação produzirá seus efeitos, ainda quando o testamento, que a encerra, caduque por exclusão, incapacidade ou renúncia do herdeiro nele nomeado; não valerá, se o testamento revogatório for anulado por omissão ou infração de solenidades essenciais ou por vícios intrínsecos.[29]

---

28 *Précis de droit civil*, t. III, p. 650.
29 Legislação comparada: Código Civil francês: art. 1.037; espanhol: art. 740; uruguaio: art. 1.002; argentino: art. 3.830; mexicano: art. 1.495; italiano: art. 683; venezuelano: art. 992; boliviano: art. 1.217.

COMENTÁRIOS

1. A revogação produzirá seus efeitos, ainda quando o testamento, que a encerra, vier a caducar por exclusão, incapacidade ou renúncia do herdeiro nele nomeado

O testamento que caducou era válido, por isso que válida é a revogação posterior. As hipóteses de caducidade não afetam a manifestação de vontade revogatória do *de cujus*. Prejudica-se a instituição feita em nome de quem excluído foi, seguindo a ordem da lei, por indignidade, mas a revogação do testamento anterior continua de pé. Ainda, se o herdeiro contemplado no testamento revogatório é *incapaz* (parte ilegítima) de receber a deixa testamentária, e não há acrescimento, nem substituição, cumpre-se a revogação, independentemente da vacância da quota hereditária, porque é a vontade do testador que deve ser respeitada. O mesmo se dá com o herdeiro renunciante – terceira hipótese. A lei interpreta, por sua própria autoridade, a vontade do testador.[30]

A exclusão, a incapacidade e a renúncia do herdeiro tornam inexeqüível a contemplação feita ao novo beneficiário. O testamento revogatório não se invalida, apenas se torna inexeqüível no que concerne à contemplação do novo herdeiro. Ficam de pé as cláusulas revogatórias nele consignadas, as deserdações, os gravames eventualmente impostos a bens do acervo hereditário, os reconhecimentos de paternidade etc. Conforme adverte Carvalho Santos, *"a vontade do testador nêle*

---

30   Essa interpretação que a lei dá à vontade do testador deve ser vista, porém, com reservas. Como acentuado por Laurent, trata-se de uma disposição emprestada do direito antigo. *"Pour le justificer, on dit que le testateur avair valablement manifesté la volonté de révoquer le premier legs. Cela n'est pas exact; car il se peut que le testateur n'eût pas maintenu la révocacion s'il avait prévu que son nouveau testament resterait sans effet. Comme c'est une question d'intention, la loi aurait dû l'abandonner à l'appréciation du juge (nº 193)"* (ob. cit., p. 274).

manifestada, se não pôde ser obedecida em relação ao herdeiro instituído, pode, perfeitamente, prevalecer em relação aos beneficiários do testamento revogado".[31]

2. Não valerá, se o testamento revogatório for anulado por omissão ou infração de solenidades essenciais ou por vícios intrínsecos

Mas se o testamento revogatório é nulo, por inobservância de solenidades essenciais ou em razão de vícios intrínsecos, como, *v. g.*, o erro, dolo e a coação, testamento não houve, sendo, portanto, nula a revogação. O que a lei objetiva é o cumprimento da última vontade do testador. Se essa vontade não se mostra válida, seja porque o testador, repentinamente, foi acometido de demência, por exemplo, seja porque coagido a emitir declaração que não queria dar, obviamente que uma revogação dessa natureza seria absolutamente ineficaz.

Daí as críticas de Pontes de Miranda, ao citar exemplo segundo o qual o *"testador revogou o testamento a e dispôs no testamento b, revogatório, que os bens, de que seriam herdeiros no testamento revogado os seus sobrinhos, e não os seus irmãos, irão em fideicomisso a X, substituído por Y, de cinco em cinco anos, e em segundo grau aos sobrinhos; mas X e Y são grêmios sem personalidade jurídica e a lei do Brasil (art. 1.739) proíbe a substituição fideicomissária, a que chama do segundo grau. Todo êste testamento b foi inútil, não por incapacidade do testador e em parte pela proibição do art. 1.739. Está revogado o testamento a, que instituiu os sobrinhos? Bem delicada situação, que põe à prova a pertinência do art. 1.748, e vai evidenciar o perigo de tais incursões no domínio da autonomia da vontade. Pela redação do testamento b vê-se que o testador instituiu, em verdade, os mesmos sobrinhos, e naquelas fidúcias necessárias de cinco anos cada uma tinha por fito a administração e guarda dos bens até mais dez anos após a morte do testador. Proceder-se-se-á acertadamente julgando-se não revogado o testamento a, porque a cláusula que, talvez, expressamente o revogasse estava subordinada a implícita condição de valer a nova figura que o testador quisera"* (ob. cit., LIX, pp. 408-409).

---

31   Ob. cit., vol. XXIV, p. 243.

Art. 1.972. O testamento cerrado que o testador abrir ou dilacerar, ou for aberto ou dilacerado com seu consentimento, haver-se-á como revogado.

Direito anterior: Art. 1.749. O testamento cerrado que o testado abrir ou dilacerar, ou for aberto ou dilacerado com seu consentimento, haver-se-á como revogado.[32]

COMENTÁRIOS

1. O testamento cerrado que o testador abrir ou dilacerar

Apenas o testamento cerrado? Não. Se o testamento for particular e o testador o dilacerar, subentende-se também revogado. Era o que dispunha o projeto primitivo do Código revogado, conforme ilustra Clóvis Beviláqua.[33] Quanto ao testamento público, conforme já exposto anteriormente, *a priori,* não se aplica semelhante disposição, porque o testamento é lavrado em livro de notas, permanecendo em poder do testador, quando muito, a certidão ou traslado do respectivo ato. Mas pode ocorrer que o testamento público seja destruído por algum produto químico no cartório de notas, p. ex. Se essa destruição houver sido encomendada por terceiro, é óbvio não valerá o testamento. Se o que desapareceu é a certidão que estava em poder do testador, fica de pé o testamento, porque o ato é público, podendo ser extraída nova certidão. Não se presume aí a revogação.

---

32 Legislação comparada: Código Civil português: art. 2.315º; alemão: § 2.255; espanhol: art. 742; argentino: arts. 3.836 e 3.837; suíço: art. 510; paraguaio: art. 2.706.
33 Ob. cit., vol. II, p. 962.

Consoante pontifica Cunha Gonçalves, "*o testamento, porém, pode aparecer aberto e viciado, ou dilacerado, quer no espólio, quer em poder de terceiro. Em geral, diz-se 'viciado' o documento cuja escrita foi ilegal ou criminosamente alterada por qualquer forma prejudicial à sua original redacção, a saber: 'cancelamento, obliteração, emenda, entrelinha'. Diz-se 'cancelamento' os traços ou riscos com que se cobrem palavras ou linhas inteiras, tornando-as ilegíveis. 'Obliterar' é rasurar ou por outro modo apagar, até por processos químicos, palavras que estavam escritas. 'Dilacerar' é, ou rasgar em fragmentos todo o documento, ou arrancar um certo pedaço dêle*".[34]

Contenta-se a lei com a simples abertura do testamento cerrado, reputando como tácita a revogação. A presunção é relativa, admitindo-se prova em contrário a quem aproveite a liberalidade. Pouco importa se o testamento foi dilacerado pelo testador ou por quem às suas vezes fizer. Se não houve consentimento do testador, não há revogação, respondendo o seu autor por perdas e danos, sem prejuízo da reconstituição da cédula, se possível for, com base no material dilacerado.

Pode acontecer que o testamento cerrado se houvesse incinerado, num incêndio etc. O fortuito e a força maior excluem a revogação. Se o testamento cerrado foi encontrado dilacerado no espólio do testador, presume-se tivesse sido este o autor, competindo o ônus de prova em sentido contrário por quem o alega. Mas a situação é delicada. Imagine-se que o testamento estivesse intacto no dia do óbito e aparecesse dilacerado dias depois. Não é possível presumir-se sempre que o testador houvesse dilacerado o testamento cerrado. Se o testamento foi encontrado em poder de terceiro, dilacerado, *quid inde*? Presume-se que o autor a dilaceração tenha sido o terceiro a

---

34 Ob. cit., vol. X, t. 1.

quem confiada a guarda do documento ou com quem tal documento se encontre.[35]

Como se verifica, a presunção num e noutro caso (testamento em poder do espólio e do terceiro) é demasiado perigosa. Muito embora se trate de presunção de fato, não de lei, sendo ela relativa, mais prudente e aconselhável, sem dúvida alguma, abster-se o Código, como, aliás, absteve de estabelecer as regras de presunção, deixando ao juiz a livre apreciação dos fatos.

Segundo assinala Itabaiana de Oliveira, *"o testamento cerrado, que aparece aberto, perde a sua forma. Se, portanto, foi o próprio testador que o abriu ou mandou abrir, revelou a vontade de tirar todo o efeito ao testamento; e a sua intenção se manifesta ainda mais clara, quando não se limitando a abrir o envólucro, dilacera ou manda dilacerar o seu conteúdo".*[36]

O ato de dilacerar ou abrir deve ser produto de vontade consciente e livre do testador. Se não houve intenção de revogar, prevalece o testamento, pois o testador pode tê-lo aberto por simples inadvertência. Se o testador foi acometido de demência ou ebriedade, o ato revogatório não prevalece. Se o testador foi coagido ou induzido a abrir o testamento, o ato revogatório tampouco pode produzir efeitos.

Assim, por exemplo, se o testamento foi dilacerado e depois o testador decidira reunir os pedaços, colando-os, provado que o ato não foi intencional, como, *i. e.*, resultado de surto de loucura ou demência, será possível admitir a eficácia do testamento.

Se o testamento se extraviou, presume-se inutilizado pelo testador. Cuida-se aqui também de presunção de fato, podendo ser elidida pelos meios de prova admitidos em direito. Assim, provando-se que o hológrafo havia sido xerocopiado antes da morte do testador, encontrando-se em poder do espólio, será possível admitir a eficácia da

---

35 Josserand, ob. cit., p. 974.
36 *Tratado...*, vol. 2, p. 621.

deixa testamentária, por meio de reconstituição, pois a xerocópia pode ter sido guardada pelo testador ou deixada com o próprio beneficiário da liberalidade, no pressuposto do extravio da via original ou de sua subtração por terceiro. Na prática, se não for encontrada a cédula extraviada, é como se não existisse, salvo se possível for a sua reconstituição.

Questão é saber se o testamento que aparece parcialmente riscado teria ou não sido revogado. Se as frases riscadas são meramente circunstanciais, não indispensáveis à intelecção da vontade manifestada pelo testador, naquilo que mais interessa ao objeto da deixa testamentária, prevalece o testamento. Se o que se riscou, foi a data, a assinatura do testador e de testemunha, já não será possível o aproveitamento do testamento e tanto vale essa premissa para o testamento particular, quanto para o cerrado.

Todavia, é preciso distinguir. No caso de testamento cerrado, depois de aprovado o respectivo auto, o testamento é entregue ao testador e o tabelião deve providenciar no livro a nota do lugar, dia, mês e ano em que o testamento foi aprovado e entregue (art. 1.874). Assim, alguém poderia deduzir que o simples fato de ter o testador suprimido ou riscado a data da sua lavratura haveria condições para aproveitamento da liberalidade, uma vez que tal riscadura seria suprida perante o tabelião em que lavrado o respectivo auto de aprovação. Nesse caso, diz a lei que, se o testamento cerrado foi aberto, presume-se como revogado. Ao beneficiário da liberalidade competiria demonstrar que o testador não teria tido a intenção de revogar o testamento, sendo a riscadura fruto de erro justificável pela circunstância própria de que o testador não ignorava ser a data facilmente atestada pelo tabelião.

Há de qualquer forma que analisar o caso concreto, pois a prova dificilmente sairá do terreno de indícios e conjecturas.[37] Basta ver que a presunção de revogação pode ceder a circunstâncias tais como se o

---

37   Lacerda de Almeida, ob. cit., p. 508.

testamento cerrado houvesse sido tão apenas aberto pelo testador, para que este avivasse a memória sobre certas disposições e se lhe escapou algum detalhe ou coisa que tinha em mente prover.[38]

Se parte essencial foi dilacerada ou riscada, podendo ser aproveitada outra parte, também essencial, prevalecerá a que estiver intacta, se for possível deduzir que não condicionada àquela; isto é, se for independente e separável da parte dilacerada ou riscada: *"Utile per inutile non vitiatur."* Por exemplo, legou-se a Mévio um imóvel X e um lote de ações da Companhia Y. Se o testador riscou o lote de ações, presume-se revogado o testamento particular nessa parte e não revogada a deixa relativa ao imóvel, a menos que o testador tenha disposto que o imóvel legado ficaria dependendo da validade da deixa do lote de ações.

As emendas e entrelinhas feitas pelo testador não retiram eficácia ao testamento, se tiverem sido expressamente ressalvadas pelo testador.[39]

---

38 *Ibidem*, mesma página.
39 Cf. Cunha Gonçalves, ob. cit., vol. X, t. 1, pp. 367-368. Segundo Pontes de Miranda, o art. 1.942º do Código Civil português foi revogado pelo Decreto nº 4.170, de 26.04.1918, art. 10º, reproduzido no Decreto nº 5.625, de 10 de maio de 1919 e, finalmente, no Decreto nº 8.373, de 18 de setembro de 1922, art. 69º, assim disciplinado: *"A alteração ou emenda parcial de testamento cerrado só poderá ser feita em outro testamento, com as formalidades legais"* (ob. cit., *Tratado...*, LIX, p. 416). Por seu turno, o art. 1.942 do Código português assim dispunha: *"Se o testamento se achar só alterado, ou emendado em parte por letra do testador, com ressalva e assinatura, não será anulado por isso, e valerão as ditas emendas, como se fossem parte dêle."* O art. 1.876, § 1º, do nosso atual Código (NCC), que, *"se elaborado por processo mecânico, não pode (o testamento particular) conter rasuras ou espaços em branco (...)"*. Logo, *a contrario sensu*, se o testamento particular for escrito de próprio punho pelo testador, poderá conter rasuras e espaços em branco (art. 1.876 do NCC). Não vemos, assim, razão para invalidar o testamento particular se contiver entrelinhas ou emendas. Se o testamento for de próprio punho, nenhuma dúvida. Valem as entrelinhas e emendas, se ressalvadas pelo testador, antes da sua assinatura ou da assinatura das testemunhas (Itabaiana de Oliveira, ob. cit., vol. 2, p. 455). Se o testamento houver sido elaborado por meio de processo mecânico, não vemos, outrossim, impedimentos às entrelinhas, rasuras e emendas, pois se se admitem entrelinhas e emendas em atos notariais, com ressalvas, com maior razão, não vemos motivos para tolher o mesmo expediente nos escritos particulares.

CAPÍTULO XIII
DO ROMPIMENTO DO TESTAMENTO

Art. 1.973. Sobrevindo descendente sucessível ao testador, que não o tinha ou não o conhecia quando testou, rompe-se o testamento em todas as suas disposições, se esse descendente sobreviver ao testador.

Direito anterior: Art. 1.750. Sobrevindo descendente sucessível ao testador, que não o tinha ou não o conhecia quando testou, rompe-se o testamento em todas as suas disposições, se esse descendente sobreviver ao testador.[1]

COMENTÁRIOS

1. Sobrevindo descendente sucessível ao testador, que não o tinha

Se, por ocasião da lavratura do testamento, o disponente não possuía descendente sucessível, presume a lei que mudaria o seu desiderato se viesse a tê-lo, e não preferiria o estranho à sua própria prole. Tecnicamente, porém, a nós parece mais adequado o uso da

---

[1] Legislação comparada: Código Civil alemão: § 2.079; italiano: art. 687; português: ant. art. 2.318º, revogado pelo DL nº 497/77; suíço: art. 516; venezuelano: art. 951; espanhol: art. 814; chileno: art. 1.216. Contra: argentino: art. 3.715; francês: arts. 960, 964, 965 e 1.046. Em razão de matrimônio posterior, Código Civil paraguaio: art. 2.704.

expressão *ruptura do testamento*, e não *revogação presumida*, conforme já tivemos a ocasião de explanar nos comentários ao art. 1.969.

Trata-se de condição resolutória tácita, guindada por uma presunção de vontade do testador que a lei reputou suficiente e necessária, diante de uma causa superveniente à instituição testamentária. Inspirou-se a norma naquilo que Baudry-Lacantinerie referiu como o "amor que a natureza colocou no coração dos pais".[2] São sentimentos humanitários que realmente balizam a norma sob comento. A presunção é *juris et de jure*.[3]

A *revogação* opera-se de pleno direito, por força de lei, independentemente de qualquer demanda ou pronunciamento judicial.[4] Desde que preenchidos os requisitos necessários elencados no dispositivo sob comento,[5] a revogação se produz, sem necessidade de declaração judicial e nos próprios autos do inventário. Ressalte-se que o juiz não anula o testamento, limitando-se a dizer se o testamento foi ou não revogado; isto é, se houve ou não revogação legal, em virtude do nascimento do póstumo ou da aparição de um descendente que o testador não esperava, por ocasião do ato *causa mortis*.[6]

---

2   Ob. cit., vol. III, p. 579.
3   Carlos Maximiliano, ob. cit., vol. III, p. 177.
4   Carvalho Santos, ob. cit., vol. XXIV, p. 254.
5   Bem assim, testamento; nascimento ou aparição de herdeiro necessário que o testador não tinha ou ignorava; existência ao tempo da morte do herdeiro necessário sucessível.
6   No mesmo sentido, Pontes de Miranda, ob. cit., LIX, p. 447. Decide-se no inventário, mas sem que se iniba o interessado quanto à propositura da ação declaratória. Ressalte-se, porém, que a prova relativa ao fato da crença pelo testador quanto à não existência do herdeiro necessário, ao tempo da lavratura do ato *causa mortis* nem sempre será possível de produzir-se no inventário. O prazo prescricional para a propositura de demanda tendente à declaração de ruptura do testamento é de 10 (dez) anos, correndo desde o dia da morte do testador. No que diz respeito ao nascimento do póstumo, bastará a exibição da respectiva certidão de nascimento.

2. Sobrevir

Não alcançando aí o nascituro, se não nascer com vida, após a abertura da sucessão. A expressão não é muito adequada, segundo preleciona Pontes de Miranda, com o que concordamos, diante da disjuntiva "ou", seguida de "não o conhecia", porque o herdeiro não conhecido do testador não sobrevém, e, sim, *aparece*.[7] Como salientado por Carlos Maximiliano, *"só o embrião viável é sujeito de direito; portanto, se o de cujus ignorava a gravidez da consorte ou da nora e dispôs de tóda a fortuna ou de parte da mesma, porém, o filho ou neto nasceu morto, o testamento é válido na íntegra; cumpre-se; não ficou revogado em virtude da lei. Só é herdeiro necessário quem sobrevive ao hereditando: quem nasce morto, não sobrevive a ninguém"*.[8]

3. Descendente

Isto é, o filho, o neto, o bisneto e assim por diante. Mas a mesma regra se aplica também aos ascendentes e ao cônjuge sucessível (art. 1.845). Os mesmos motivos que inspiraram a norma, no sentido de não privar o testador os seus descendentes dos sentimentos de afeição e de assistência, que o levariam a preferir o estranho à sua própria prole, valem para os ascendentes e para o cônjuge viúvo. Não fosse assim, inócua seria a previsão contida no art. 1.974, que complementa a do artigo sob comento ("Rompe-se *também...*"). Note-se que o Código Civil paraguaio expressamente albergou tal hipótese, em seu art. 2.704, *in verbis*: *"Todo testamento queda sin efecto desde el momento de la celebración de un matrimonio posterior."*

---

7   Ob. cit., LIX, p. 444.
8   Ob. cit., vol. III, p. 180.

O casamento posterior ao ato *causa mortis* torna, assim, ineficaz o testamento, o que sob a égide dos trabalhos legislativos do Código revogado, foi motivo de debates, propondo à Comissão Revisora a revogação do testamento com a superveniência de casamento pelo testador, sob o regime da separação de bens.[9] Como anota Carlos Maximiliano,[10] Andrade Figueira havia proposto que a regra fosse suprimida, tendo em vista que o cônjuge fora incluído pela comissão entre os herdeiros necessários, tal como se passa agora, *ex vi* do art. 1.845.

Diversamente do que havia sido proposto pela comissão do projeto do Código revogado, não há, de acordo com a sistemática implantada no novo Código, como restringir a causa de *revogação* ao matrimônio sob regime de separação obrigatória de bens. O cônjuge supérstite é herdeiro necessário e só não concorrerá com os descendentes do testador, se foi casado com o falecido no regime da comunhão universal, ou no da separação obrigatória de bens, ou se no regime da comunhão parcial, o autor da herança não houver deixado bens particulares (artigo 1.829, I). Havendo bens particulares do autor da herança, o cônjuge sobrevivente não separado de fato, nem judicialmente há mais de 2 (dois) anos, concorrerá em igualdade de condições com os descendentes, se o regime de bens do casamento for o da comunhão parcial. Se o testador não deixou descendentes, o que é a hipótese provável aqui ventilada, pois, do contrário, roto não seria o testamento em contemplação de terceiro (ainda que outro descendente sobreviesse), o cônjuge supérstite assume a posição seguinte à da classe dos descendentes na ordem de vocação hereditária, independentemente do regime de bens, mas sempre na condição de herdeiro necessário.

---

9   Segundo Pontes de Miranda, o art. 2.119, 2ª al., do Projeto revisto acrescentou: "*A mesma disposição prevalece em relação ao cônjuge, se o testador, depois de feito o testamento, casar sob regime exclusivo da comunhão*" (ob. cit., LIX, p. 437).

10   *Ibidem*, p. 183.

Se o testador era viúvo ou divorciado, testou e casou-se novamente, rompe-se o testamento, porque é como se não tivesse casado antes. Haverá casos, porém, em que o testamento feito entre um casamento e outro seria premeditado e não meramente ocasional. Prevendo a eventualidade de um novo casamento, o testador resolve testar os seus bens a determinada pessoa. Nesse caso, se não houver ressalva; isto é, se o testador não deixar expressa a subsistência do testamento, diante de um novo matrimônio, será havido como revogado. E se o testador, após o novo matrimônio, vem a divorciar-se, o testamento fica intacto, pois a causa de revogação é aferida por ocasião da abertura da sucessão, tal como a hipótese de premorte do descendente ao testador. Como leciona Pontes de Miranda,[11] *"em muitos autores, ou por influxo do direito romano, ou por ignorância técnica, vê-se na validade do testamento, a que sucedeu nascimento ou aparição do herdeiro necessário, efeito de convalescença. Primeiro, nada justifica que se prefira ao direito pretoriano aquêle mesmo que êle infirmara. Segundo, o testamento é ato jurídico perfeito no mesmo momento em que se faz: com a superveniência, ou com a aparição, não se rompe, desde logo, de modo que se pudesse cogitar de volta à vida, de convalescença. Trata-se de 'efeito', e os efeitos só se verificam e se conferem no momento da morte: então é que se rompe o testamento, só então é que êle morre; se o superveniente ou aparecido premorreu, não se pode dizer que o testamento ressuscita, ou convalesce. Em verdade o herdeiro veio e foi-se; apareceu, e morreu, – portanto, nada feito".*

Se o testador passa a viver em união estável, após a data da lavratura do ato *causa mortis*, entendemos que os bens adquiridos onerosamente na vigência da união estável ficam a salvo das disposições testamentárias, em face da regra expressa no art. 1.790. Como

---

11   Ob. cit., LIX, p. 449.

já havíamos comentado anteriormente, referido dispositivo estabeleceu verdadeira ordem de vocação hereditária, dispondo que "*a companheira ou o companheiro 'participará' da sucessão do outro, quanto aos bens adquiridos onerosamente na vigência da união estável...*". O Código, realmente, não incluiu a companheira ou o companheiro a rol dos herdeiros necessários, como fizera o art. 1.845, mas a redação dada ao art. 1.790, elevou a companheira ou o companheiro à condição de herdeiro necessário,[12] nas hipóteses que contempla: *a)* concorrendo com filhos comuns; *b)* só com descendentes do autor da herança; *c)* com ou sem outros parentes sucessíveis. Em todas essas hipóteses, se houver herança de bens adquiridos onerosamente na vigência da união estável, a *participação* da companheira ou do companheiro na sucessão do falecido ou da falecida é imperativa. Portanto, se o testador testou a terceiro *todos os seus bens*, sem discriminar, se presentes ou futuros, e, depois, passou a conviver com sua companheira em regime de união estável, os bens adquiridos onerosamente na vigência da união estável ficam inteiramente livres das disposições testamentárias. Rompe-se o testamento, uma vez que o Código não adotou o critério suíço de redução.[13] Não será possível reduzirem-se as disposições testamentárias aos bens adquiridos anteriormente à vigência da união estável.

Se o filho premorre ao testador e não deixa descendente sucessível, fica de pé o testamento, pois é como se não tivesse *sobrevindo*. Portanto, inclui-se a prole póstuma e a nascida em vida do testador, o qual, por sua vez, ignorava a sua existência.

---

12   A companheira ou companheiro na sucessão de bens adquiridos onerosamente na vigência da união estável são herdeiros necessários, porque não podem ser afastados da herança, senão por deserdação ou indignidade.

13   Art. 516.

Do Rompimento do Testamento (Art. 1.973)

4. Sucessível

Assim, os filhos, não excluídos da sucessão, e sem mais designações discriminatórias relativas à filiação, como estabelece o art. 1.596 e o art. 227, § 6º, da Constituição Federal, quer por reconhecimento voluntário ou judicial, quer por meio de adoção.[14] Se o testador reconheceu a paternidade no próprio testamento e ainda assim contemplou pessoa diversa daquela do seu descendente, é válido o ato, no limite de sua porção disponível (art. 1.607 c.c. art. 1.609, III, parágrafo único, do atual Código). Se o testador tinha ciência do estado de gravidez da sua esposa e testou, contemplando pessoa diversa, vale também a deixa testamentária, na metade disponível. Se o descendente é excluído da sucessão, porque declarado indigno ou deserdado, é válido o testamento, se não tiver descendentes (art. 1.816). Em se tratando de pena, a punição não alcança os filhos do indigno ou deserdado, pois, como assinala Sílvio Venosa, *"não são afastados do direito de representação, ainda que assim tenha disposto o testador. Esse afastamento dos representantes poderá ser feito, quando muito, no tocante à parte disponível. Não quanto à legítima"*.[15]

---

14   A legitimação já não mais subsiste, em face da regra estatuída no art. 3º da Lei nº 8.560/92, que revogou os arts. 70, 9º, parte final, e 103 da Lei nº 6.015/73. Contenta-se a lei com o reconhecimento feito mediante escritura pública ou escrito particular, firmado pelos pais ou procurador com poderes especiais (Walter Ceneviva, *Lei de Registros Públicos Comentada*, 14ª ed., Editora Saraiva, 2001, pp. 159 e 201). As disposições do Código anterior que cuidavam da legitimação dos filhos em decorrência do subseqüente matrimônio dos pais não foram reproduzidas no novo texto (arts. 229, e 352 a 354 do Código anterior). Por outro lado, e na conformidade do art. 1.597, não será possível a ruptura do testamento, diante da superveniência de filhos havidos por inseminação artificial e reprodução assistida, porque em todo caso dependeriam do consentimento do testador ou do seu conhecimento prévio em relação à virtual possibilidade de nascimento futuro do descendente.

15   Ob. cit., p. 293.

Se o descendente repudia a herança, haver-se-á por rompido o testamento, se não houver deixado filhos, não porque herdariam por representação a quota vaga do herdeiro renunciante, visto que não há direito de representação em face do herdeiro renunciante,[16] e sim porque, se o testador tivesse conhecimento deles, poderia ter disposto de outra forma, preterindo tanto o estranho quanto o herdeiro renunciante, em favor da prole deste. De mais a mais, se o herdeiro renunciante for o único legítimo da sua classe, por exemplo, poderão os filhos deste vir à sucessão, por direito próprio e por cabeça, em defesa das legítimas (art. 1.811).

5. Ou não o conhecia quando testou

Se o testador ignorava a existência de algum herdeiro necessário e testou, o testamento se rompe, se após aparece o herdeiro que se supunha haver falecido ou não nascido. Se tinha ciência da existência desse herdeiro e testou, vale o testamento no limite da porção disponível (art. 1.967). Se dispôs tão apenas da sua metade, não contemplando os herdeiros necessários de cuja existência sabia, não se rompe o testamento (art. 1.975 – norma esta supérflua, diante do preceito contido no art. 1.967).

Tanto na sucessão aberta provisoriamente quanto na definitiva, se o herdeiro havido como morto aparece, revoga-se o testamento.[17] Se o testador supôs que o herdeiro estivesse morto, com maior razão se aplica o preceito. Quanto a isso se insurgiu Pontes de Miranda, acentuando que a causa não seria de ruptura do testamento, porque não se trata de superveniência de herdeiro necessário, nem de desconhecimen-

---

16   Cf. Sílvio Venosa, ob. cit., p. 36.
17   Carvalho Santos, ob. cit., p. 253.

Do Rompimento do Testamento (Art. 1.973) 369

to pelo testador. A aparição de quem se julgava morto serviria como causa de redução da disposição testamentária. Arremata o Mestre: *"Ignorar não é o mesmo que acreditar que estava morto."*[18]

Todavia, a má redação do dispositivo em tela, a nós parece, não favorece a interpretação contrária a que sustentamos. A lei parte do pressuposto de uma crença do testador, segundo a qual não haveria herdeiro necessário sucessível a quem aquinhoar, por ocasião da instituição. Tanto se ignora quem existe e não morreu quanto quem desapareceu de seu domicílio, ou quem não se tem notícia durante muito tempo. Nas Ordenações Afonsinas, segundo o que ministrado pelo grande jurista,[19] eram *nenhuns* o testamento e os legados nele estabelecidos se o pai ou a mãe dispõe de seus bens na errada persuasão de ter falecido o filho legítimo, ou se este nasceu depois do testamento (Livro IV, Título 97, §§ 5º e 6º). O mesmo dispunham as Ordenações Manuelinas (Livro IV, Título 70, § 3º) e as Ordenações Filipinas (Livro IV, Título 82, § 3º). O Código Civil português revogado, em seu artigo 1.760º,[20] estabelecia semelhante hipótese: *"...Existindo filhos ou outros descendentes do testador, que éste não conhecesse ou julgasse mortos..."* O direito italiano parece perfilhar a mesma linha de entendimento a que nos filiamos, tornando ineficazes as *"disposições a título universal ou particular feitas por quem ao tempo do testamento não tinha ou 'ignorava' ter filhos ou descendentes".*[21] Note-se bem que a expressão *ignorava* é mais adequada, e, sem dúvida alguma, exprime o mes-

---

18 Ob. cit., LIX, p. 453. Mas, na p. 446, o ilustre jurista parece posicionar-se de modo contrário: *"Quanto à ignorância da existência (Código Civil, artigo 1.750) de descendente sucessível, ou ela consiste em ignorância de ter nascido e ter vivido não só até a feitura do testamento, mas após a morte do testador, ou em acreditar o testador que houvesse morrido."*

19 Ob. cit., LIX, pp. 439-440.

20 Pontes de Miranda, ob. cit., LIX, p. 442.

21 Ruggiero, ob. cit., vol. 3, p. 564.

mo significado que aquela que o texto ora comentado pretende exprimir: *"Não o conhecia."* Assim, se o testador julga que seu cônjuge esteja morto e testa, reaparecendo tempos depois aquele que se julgava falecido, rompe-se o testamento.

6. Rompe-se o testamento em todas as suas disposições, se esse descendente sobreviver ao testador

Rompe-se o testamento no todo, não subsistindo as liberalidades, nem quanto à porção disponível, nem quanto à legítima do descendente. Há, nesse caso, impossibilidade de verificar a quem o *de cujus* preferiria contemplar, numa variada gama de liberalidades, por exemplo, se soubesse que somente poderia dispor da metade de seu patrimônio. O testamento deixa de subsistir, como se tivesse caducado. Tal revogação, porém, não atinge as confissões validamente efetuadas pelo testador, como, *v. g.*, o reconhecimento do filho natural e a confissão de dívida, nem a nomeação de tutor, ou curador.[22]

Mas o descendente ou herdeiro necessário, como se viu, deve sobreviver ao testador. Se o descendente ou herdeiro necessário não sobrevive ao testador, cai a revogação, ficando intacta a disposição testamentária. Por ocasião da lavratura do testamento, o herdeiro era ignorado pelo testador, seja porque não nascera, seja porque havido como morto. Incumbe ao herdeiro preterido demonstrar que o testador, diante das circunstâncias do caso, desconhecia a sua existência, no momento da lavratura do ato. Suponha-se que, após a morte do testador, seu filho, então desconhecido, promova ação de investigação de

---

22 Cf. Pontes de Miranda, ob. cit., LIX, p. 448. Contra, Carlos Maximiliano, ob. cit., vol. III, pp. 184-185.

paternidade contra o espólio. Julgada a ação procedente, haver-se-á por revogada a disposição testamentária.

Se, além do herdeiro ignorado pelo testador, outros houver na sucessão, que são do pleno conhecimento do testador, não se rompe o testamento. Nesse caso, não incide a regra de presunção estabelecida no artigo sob comento, porque não se pode presumir que um ou alguns entre vários herdeiros possam influir no estado de ânimo do testador, a ponto de se estabelecer critérios discriminatórios. Como leciona Carlos Maximiliano, *"se a presença de um descendente não impediu o testador de dispor totalmente a favor de estranhos, é de crer que fizesse o mesmo tendo vários filhos ou netos. A 'razão' da lei nos leva a considerar revogado o ato* causa mortis *sòmente quando o* de cujus, *no momento de testar, creia que não tem 'nenhum' descendente nem ascendente"*.[23] Tal bem verdade não se passa no direito italiano, segundo se posiciona Ruggiero.[24]

Mas se o testador casado não tinha conhecimento da gravidez de sua mulher, e testa para ela, nem por isso se rompe o testamento. Essa hipótese pode ser transplantada do direito francês, que não reconhece a *revogação* da doação entre cônjuges, pela superveniência de prole.[25] Nesse caso, a deixa testamentária não prejudicaria a prole do casal.

Se aparecendo o herdeiro necessário que o testador ignorava, o disponente, após o ato, ratifica o testamento, mediante a lavratura de outro ato, fica claro que o testamento não se rompeu. Quando muito, haverá de ser escoimado eventual excesso da legítima.

Se o testador prevenir o fato, isto é, estabelecer que, na hipótese de superveniência de descendente sucessível ou herdeiro necessário, o testamento ainda assim deve ser cumprido, não se revoga a disposição, que fica de pé, até o limite da quota disponível, caso apareça o

---

23   Ob. cit., vol. III, p. 181.
24   Ob. cit., vol. 3, p. 564.
25   Josserand, ob. cit., III, p. 1.056; Planiol, ob. cit., t. 3, pp. 928-929.

descendente ou herdeiro necessário. Pontes de Miranda assim exemplifica: *"'Não sei se ainda vive o meu filho, que há alguns anos desapareceu. Se êle vive, dê-se-lhe a sua parte nos meus bens. Se êle não vive, ou se não tiver herdeiros nascidos dêle, a metade, que lhe caiba, dos meus bens irá ao legatário B. De qualquer modo, vivo ou não, o meu filho, quero que cumpram o meu testamento'. Tal testamento escapa ao art. 1.750. Outros exemplos. 'Não tenho descendentes nem ascendentes; meu último filho morreu há um mês e se da mulher dêle me advier algum descendente, quero que me cumpram como está éste testamento, pois os restantes bens dão para a sua legítima. Se não está gerado nenhum descendente, tais bens eu os deixo a A'. Seria absurdo desrespeitar-se a vontade inserta em tal testamento: a 'força rompente' do art. 1.750 não vai até lá."*

> **Art. 1.974.** Rompe-se também o testamento feito na ignorância de existirem outros herdeiros necessários.
>
> **Direito anterior:** Art. 1.751. Rompe-se também o testamento feito na ignorância de existirem outros herdeiros necessários.[26]

COMENTÁRIOS

1. Rompe-se também o testamento

O artigo dispositivo complementa as disposições do art. 1.973. Possui formalmente autonomia de artigo, mas deveria estar locado como parágrafo único do artigo anterior. A referência "Rompe-se *também...*" exprime a idéia de acréscimo às hipóteses consubstanciadas no art. 1.973.

---

26 Legislação comparada: Código Civil alemão: § 2.079; argentino: art. 3.715; chileno: art. 1.216; espanhol: art. 814.

Isto é, além de se romper o testamento, *sobrevindo descendente sucessível ao testador, que não o tinha ou não o conhecia quando testou*, dá-se a ruptura das disposições testamentárias, *também,* quando feitas *na ignorância de existirem outros herdeiros necessários.*

Portanto, se o testador ignora a existência de um avô, que, depois da lavratura do testamento, aparece, rompe-se o testamento. Inclui-se aí, também, o cônjuge desaparecido, havido como morto na guerra etc. Não se rompe o testamento se o ascendente antes ignorado pelo testador vem a falecer antes deste, uma vez que a ruptura do testamento só se verifica, por ocasião do óbito do autor da herança.

De acordo com a nova sistemática prevista no art. 1.790, se o testador testou a terceiro todos os bens adquiridos onerosamente na vigência da união estável, na crença de que sua companheira não mais vive, e depois vem ela a aparecer, rompe-se o testamento, porque nessa hipótese a companheira concorre na sucessão do testador, na condição de herdeira necessária.

Está implícito no dispositivo em exame que o ascendente ou cônjuge do testador devem ser sucessíveis e sobreviverem ao testador, na época da abertura da sucessão. Se o ascendente ou cônjuge do testador forem excluídos da sucessão, o testamento não se *revoga*, porque a condição resolutória não se realiza.

Se o testador possui descendente e ignora a existência do ascendente sucessível, não se revoga o testamento, porque a presença de um descendente não impediu o testador de dispor de verba hereditária em favor de estranho. Dá-se a ruptura, quando o testador acredita que já não possui nenhum descendente, ascendente[27] ou cônjuge,[28] e testa a·favor de terceiro.

---

27   Carlos Maximiliano, ob. cit., III, nº 1.349.
28   Ou companheira, se preenchidas as condições previstas no art. 1.790.

374 Comentários ao Código Civil Brasileiro

Art. 1.975. Não se rompe o testamento, se o testador dispuser da sua metade, não contemplando os herdeiros necessários de cuja existência saiba, ou quando os exclua dessa parte.

Direito anterior: Art. 1.752. Não se rompe, porém, o testamento, em que o testador dispuser da sua metade, não contemplando os herdeiros necessários, de cuja existência saiba, ou deserdando-os, nessa parte, sem menção de causa legal (arts. 1.741 e 1.742).[29]

COMENTÁRIOS

1. O testamento não se rompe

Aqui neste dispositivo, o testador tem conhecimento da existência dos herdeiros necessários, ao passo que é a crença quanto à sua inexistência que faz incidir a regra prevista no art. 1.973. Assim, se o testador, ciente da existência dos herdeiros necessários, dispõe acerca da sua metade disponível, cumpre-se o testamento, sem reduções das disposições testamentárias, porque a legítima é preservada. Nesse ponto, com inteira razão, ao nosso ver, Clóvis Beviláqua,[30] quando acentua que o dispositivo é ocioso, em face dos preceitos que já asseguram e preservam as legítimas dos herdeiros necessários.

Realmente, o que conviria dizer, segundo a acepção de Clóvis, *"era que não havia ruptura do testamento, quando desapparecesse a presumpção, em que se baseia a revogação legal, por ter o testador previsto a possibilidade de existência ou superveniencia de filhos, descoberta aquella e verificada esta depois da morte do testador, advertindo: 'Salvo se o testador tiver previsto, no mesmo ou em outro testamento, não revogado nem sequer tacitamente, o caso da existência ou superveniencia de filhos*

---

29   Legislação comparada: Reporta-se ao art. 1.967. Código italiano: art. 687 (ant. art. 888).

30   *Cód. Civil*, vol. II, p. 967.

Do Rompimento do Testamento (Art. 1.975)

ou descendentes destes'. E o italiano já providenciara: 'Não haverá revogação, quando o testador tiver previsto o caso de existirem ou sobrevirem filhos ou descendentes destes.'[31]

O testador pode dispor livremente de sua metade disponível, e se tiver conhecimento dos herdeiros necessários, razão alguma haverá para invalidar-se o testamento que se limitar a essa porção.

---

31 *Ibidem*, p. 968.

CAPÍTULO XIV
DO TESTAMENTEIRO

Art. 1.976. O testador pode nomear um ou mais testamenteiros, conjuntos ou separados, para lhe darem cumprimento às disposições de última vontade.

Direito anterior: Art. 1.753. O testador pode nomear um ou mais testamenteiros, conjuntos ou separados, para lhe darem cumprimento às disposições de última vontade.[1]

COMENTÁRIOS

1. Testamenteiro

O direito romano não conheceu testamento sem instituição de herdeiro. Era este o executor das declarações de última vontade do testador. Havia, porém, o encargo deixado ao herdeiro ou legatário, *para custear e dirigir funerais, erigir monumentos, entregar legados e distribuir esmolas*, os chamados atos piedosos –[2] encargo este, como

---

1 Legislação comparada: Código Civil francês: art. 1.025 alemão: § 2.197; italiano: art. 700; espanhol: art. 892; português: art. 2.320º; argentino: art. 3.844; venezuelano: art. 967; paraguaio: art. 2.776; chileno: art. 1.270; boliviano : art. 1.220; mexicano: arts. 1.681 e 1.692; peruano: art. 778.

2 Pontes de Miranda considera, porém, que o instituto da testamentaria não era conhecido no direito romano. Para o ilustre Mestre, foi o Código Civil alemão que primeiro deu ao assunto desenvolvimento sistemático. Aliás, o instituto teria nascido na vida jurídica germânica, contra a intenção dos herdeiros legítimos,

realçado por Carvalho Santos –,[3] que não se confunde com as funções que o direito moderno emprestou ao testamenteiro. O instituto guardaria semelhança, segundo alguns, com a *mancipatio*, de onde derivaria a *familiae emptor:*[4] "*La ejecución de la voluntad del testador quedaba confiada a la 'fides' del emptor, y por ello las personas designadas eran adquirentes del 'emptor', antes que sucesores del disponente.*"[5] É no testamento *ad pias causas* da Idade Média que se antevê a origem propriamente dita do testamento como, hoje, é concebido.[6]

O testamenteiro é a pessoa física encarregada da execução das disposições testamentárias, com maior ou menor amplitude. Assinalam Enneccerus, Kipp e Wolff[7] que o testamenteiro "obra em lugar do herdeiro". Todavia, o testamenteiro não é mandatário dos herdeiros. Tampouco é mandatário póstumo do testador, como declinado por Planiol,[8] Ripert et Boulanger,[9] Laurent,[10] Josserand,[11] Aubry et

---

(*Tratado*..., t. LX, pp. 3 e 7). É o que afirmam Enneccerus, Kipp e Wolff, se bem que a figura do testamenteiro tenha se difundido na Espanha (ob. cit., p. 215). Em sentido análogo, se pronuncia Washington de Barros Monteiro, salientando, com base em Degni, que, muito embora o testamento não existisse no direito germânico, havia o fiduciário, encarregado de transferir o patrimônio do *de cujus* a pessoas diversas dos herdeiros (ob. cit., vol. 6, pp. 257-258).

---

3   Ob. cit., vol. XXIV, p. 261.

4   E mais tarde, com o fideicomisso.

5   Zannoni, ob. cit., t. 2, p. 626.

6   Lacerda de Almeida, ob. cit., p. 466.

7   Ob. cit., p. 214.

8   Ob. cit., t. 3, p. 812.

9   Ob. cit., p. 691.

10   Ob. cit., p. 283.

11   Ob. cit., vol. 3, p. 929.

Rau,[12] Furgolle, Merlin e Toullier.[13-14] A execução testamentária é um *ofício de amigo*, como assinalado por Baudry-Lacantinerie[15] e de confiança, mas o encargo é não gratuito e de natureza privada.[16] O cargo acarreta uma *representação*, mas uma representação peculiar, ao estilo dos órgãos ou funcionários públicos.[17]

É justamente para assegurar a execução das disposições testamentárias e dos legados, livre de ingerências contrárias dos herdeiros e de sua negligência mesma, que surge a figura do testamenteiro, pessoa de confiança do testador. Certo haverem códigos estrangeiros considerando o testamenteiro como mandatário do *de cujus*, aplicando-se as normas relativas ao mandato, ainda que a título subsidiário, como assinala Cunha Gonçalves.[18] Mas como pondera Pontes de Miranda,

---

12   *Apud* Josserand, ob. cit., III, p. 929.

13   Lacerda de Almeida, ob. cit., p. 467.

14   Pela inexistência de mandato: Carlos Maximiliano, ob. cit., vol. III, p. 193. Contra: Cunha Gonçalves, ob. cit., vol. X, t. 1, p. 237.

15   Ob. cit., t. III, p. 639, o que não inibe seja nomeada pelo testador pessoa estranha às relações de parentesco ou alheias ao círculo de suas amizades. O sentido é de que o *munus* seja de *confiança*, porque a testamentaria em nosso sistema jurídico não é gratuita.

16   Ou, como leciona Orlando Gomes, "ofício de assunção facultativa", desconsideradas as teorias do mandato, da representação e da tutela (*Sucessões*, p. 256).

17   Enneccerus, Kipp e Wolff, ob. cit., p. 217.

18   *Ibidem*, mesma página. Segundo o autor, são variadas as concepções em torno da função do testamenteiro: *"a) os executores testamentários são comparáveis aos tutores; b) os executores testamentários são como que 'árbitros', encarregados de resolver as dificuldades do cumprimento das vontades do testador; c) o testamenteiro é um representante 'formal' da pessoa do defunto, pessoa que nêle continua, como continua nos herdeiros; d) o testamenteiro é, como no direito romano, um simples legatário 'sub-modo'; e) o testamenteiro é um gestor de negócios; f) a testamentaria é um quase contrato; g) a função do testamenteiro é um quase mandato; h) o testamenteiro é um funcionário privado, que executa uma lei privada – o testamento; i) a função do testamenteiro é um mandato de natureza especial; j) o testamenteiro é um instituto* sui generis, *que tem afinidades com o mandato"* (ob. cit., pp. 235-236).

"*em verdade, aqui, como lá, só a natureza de cargo especial, mais do que o de mandatário, mais do que o de legatário encarregado, e menos do que o de juiz arbitral, se pode atribuir à testamentaria*".[19] Efetivamente, não há outorga de poderes, nem da parte dos herdeiros, nem do testador.

O testador pode designar o testamenteiro, mas não é essencial que o faça, porque aos herdeiros compete o cumprimento do testamento, em primeiro lugar.[20] À falta de nomeação do testamenteiro pelo testador, a lei expressamente atribui a função ao cônjuge supérstite,[21] e na falta deste, ao herdeiro nomeado pelo juiz (art. 1.984).

O executor testamentário pode ser nomeado também em codicilo (art. 1.883). Donde se conclui que a testamentaria não é inerente ao testamento. Toda pessoa capaz de testar poderá, mediante simples escrito particular, fazer disposições especiais sobre seu enterro e esmolas de pouca monta, legando móveis, roupas ou jóias, de pouco valor (art. 1.881), bem como nomear testamenteiro (art. 1.883), o que viria a ser testamenteiro sem testamento. Igualmente, o testador pode nomear tutor a seus filhos, limitando-se a dar conselhos de natureza moral, e isso não implicaria a aceitação da idéia de que onde houvesse testamento haveria testamenteiro.

Somente podem ser testamenteiros os que podem obrigar-se. Não se confunde a capacidade para receber herança com a capacidade de ser testamenteiro. Os que não podem receber herança não se acham impedidos de exercer o cargo de testamenteiro. Portanto, o testamenteiro pode também ser a pessoa que a rogo escreveu o testamento, seu cônjuge ou companheiro, ascendentes e irmãos, as testemunhas do testa-

---

19 Ob. cit., t. LX, p. 13.
20 Silvio Rodrigues chega mesmo a propugnar pela desnecessidade de nomeação do testamenteiro, se o testador, *interessado maior*, não o faz (ob. cit., São Paulo, Saraiva, 1985, vol. 7, pp. 256-257).
21 Também herdeiro necessário.

mento, o concubino do testador casado, o tabelião, civil ou militar, ou o comandante ou escrivão (art. 1.801).[22-23-24]

Como já acentuamos, a nomeação do testamenteiro é da alçada do testador e do juiz. Não pode ser questionada, a não ser nos casos de incapacidade civil ou impossibilidade do exercício da função. Essa questão pode ser facilmente dirimida nos autos do inventário. Quando não, envolvendo alta indagação, caberá aos interessados a utilização das vias ordinárias.

A função do testamenteiro é indelegável e personalíssima, muito embora o testamenteiro possa nomear mandatários com poderes especiais (art. 1.985). No caso de haver sido nomeado menor de 18 (dezoito) anos, não emancipado, como legatário e testamenteiro, alguns entendem que o legado modal não pode ser cumprido. É válido o legado, mas se tem por não escrito o encargo. Outros incluem o legado, nessa hipótese, nas disposições causais, como Itabaiana de Oliveira.[25] Se a qualidade pessoal do testamenteiro não foi a causa

---

22 Cf. Carlos Maximiliano, ob. cit., vol. III, p. 196.

23 Contra, Clóvis Beviláqua, ob. cit., vol. II, pp. 913-914, acentuando que não se cria incapacidade nova, *"declarando que o escriptor do testamento não pode ser testamenteiro. Dá-se á lei a sua natural intelligencia. É positivo que o escriptor do testamento não póde ser legatario; consequentemente não podia o testador deixar-lhe um legado em remuneração da testamentaria. Mas, se o testador não pode gratificar com um legado aquelle que lhe escreveu o testamento, ainda que o nomeie testamenteiro, porque a lei considera immoral essa gratificação, seria absurdo que a mesma gratificação pudesse ser exigida como direito pelo testamenteiro escriptor do testamento. É, pois indiscutivel que o escriptor do testamento não pode receber legado nem outra gratificação a título de testamenteiro. E, não podendo elle, não podem as pessôas que a lei considera interpostas".* Impede-se a gratificação, embora imoral a testamentaria nessas condições, segundo Clóvis.

24 Itabaiana de Oliveira perfilha do mesmo entendimento de Carlos Maximiliano, acentuando ser possível a instituição de testamenteiro que a lei não admite como herdeiro (ob. cit., vol. 2, pp. 671-672). Contra, Washington de Barros Monteiro, ob. cit., vol. 6, p. 259, a menos que renuncie a vintena. No mesmo sentido, Orlando Gomes, ob. cit., p. 259, e Caio Mário da Silva Pereira, *Instituições...*, vol. VI, p. 217.

25 Ob. cit., vol. 2, p. 669.

determinante para a instituição do legado, nem foi ele nomeado sob condição de aceitação do cargo, o legado também será válido. Todavia, se a causa da nomeação da testamentaria for eficiente, determinante, a ponto de o testador admitir que não efetuaria a liberalidade, se soubesse que o legatário não poderia ser testamenteiro, a sorte do legado segue a sorte da testamentaria.

Quem perdeu os direitos políticos ou a nacionalidade brasileira não fica inibido de exercer a testamentaria, por isso que não se trata de cargo público, como obtempera Carlos Maximiliano.[26] Excluem-se da testamentaria os menores não emancipados, os interditos e os ausentes declarados como tais pelo juiz,[27] bem como as pessoas jurídicas, porque a testamentaria é pessoal e indelegável. Já não subsiste a incapacidade civil da mulher casada, que pode ser nomeada testamenteira, independentemente da outorga marital, exigência extinta com o Estatuto da Mulher Casada (Lei nº 4.121/62).[28] Não pode ser nomeado testamenteiro quem tenha débito com o testador, ou se encontre em litígio com os herdeiros.[29] Ficam excluídos da testamentaria o insolvente ou comerciante falido, que não estão impedidos de praticar os atos da vida civil, desde que tais atos não impliquem disposição de patrimônio compreendido na massa. A incapacidade do falido é relativa aos interesses, direitos e obrigações da massa.[30] Não obstante, se é o juiz que vai nomear testamenteiro, pessoa de sua confiança e estranha ao quadro sucessório, a que se denomina *dativo*,[31] impõe-se seja eleito aquele que, além de se achar em pleno gozo de seus direitos

---

26   *Ibidem*, p. 198.

27   Itabaiana de Oliveira, ob. cit., vol. 2, p. 670.

28   Caio Mário da Silva Pereira, ob. cit., p. 217.

29   *Ibidem*, mesma página.

30   Itabaiana de Oliveira, ob. cit., vol. 2, p. 672.

31   O Código de Processo Civil, em seu art. 1.127, chama de *dativo* o testamenteiro nomeado pelo juiz, *observando-se a preferência legal*. Ora, se o juiz vai nomear testamenteiro o herdeiro *nomeado pela lei*, conforme a ordem de preferência nela

civis, demonstre idoneidade, de tal forma que o falido ou insolvente, que já revelou inaptidão para os negócios particulares, não deverá ser nomeado para o cargo, porque muito provavelmente não saberá administrar negócios alheios.

O cônjuge supérstite é quem primeiro aparece na lista de nomeação (art. 1.984). Em se tratando de sucessão de bens adquiridos onerosamente em união estável (art. 790), quando o companheiro participa da herança do outro na condição de herdeiro necessário, deve ele ser nomeado em primeiro lugar, se convivia com o *de cujus*, por ocasião do óbito (interpretação extensiva do art. 1.797, I).

Nada impede que o juiz se utilize subsidiariamente da ordem de nomeação do inventariante estabelecida no art. 990, CPC, para que, a par dela, nomeie entre os herdeiros aquele que a lei prefere para o exercício da função. Nesse sentido, compete ao magistrado a nomeação do inventariante, dentre as pessoas ali enumeradas, recaindo em *testamenteiro* quando não houver viúvo meeiro e herdeiro na posse e administração do espólio (ROMS nº 1.938/RJ, rel. Min. Anselmo Santiago, j. em 15.10.1998, Sexta Turma, STJ).

O testamenteiro pode ser também inventariante. Aliás, tem direito o testamenteiro a ser nomeado inventariante, se lhe houver sido confiada a administração do espólio ou se toda a herança estiver distribuída em legados.[32] Ressalte-se que se o testamenteiro nomeado pelo testador revelar-se no curso do inventário como pessoa inidônea, um mau administrador etc., poderá ser destituído pelo juiz.

---

estabelecida, propriamente não será *dativo. Dativo* é o nomeado pelo magistrado, não pela lei (*Aurélio Dicionário*). Há que ressaltar ainda a figura do testamenteiro judicial, que servirá de *dativo*, onde houver previsão legal a respeito no Estado, sob cuja jurisdição tramitar o inventário. É assim que se comporta o art. 1.797, IV, do NCC.

---

32 Sebastião Luiz Amorim e Euclides Benedito de Oliveira, *Inventários e partilhas teoria e prática,* 4ª ed., São Paulo, Liv. Ed. Univ. de Direito Ltda., 1988, p. 62.

Do Testamenteiro (Art. 1.976)

Revoga-se a nomeação do testamenteiro por via de outro testamento ou codicilo. Não é preciso que o ato de revogação obedeça à forma originária de nomeação; isto é, se a nomeação se deu por meio de testamento particular, pode a revogação ser ultimada por via de testamento público, ou vice-versa, e assim por diante. O próprio testador pode prever a hipótese de substituição, nomeando desde logo, o testamenteiro substituto, para o caso de o substituído não assumir ou não aceitar o cargo de testamenteiro. Se a nomeação do testamenteiro for inválida, não se anula o testamento, e, sim, a testamentaria. Mas se houve revogação do testamento anterior, sem se ressalvar a pessoa do testamenteiro, não subsiste a nomeação deste último.

O testamenteiro pode instituir procuradores para o foro, às suas custas. Quando, porém, contrata advogado para a defesa do testamento, pagam-se os honorários com a sucessão. Não havendo interesse em conflito com os herdeiros, ainda assim são cabíveis honorários advocatícios à ordem da sucessão. Nesse sentido, REsp. nº 34.672/ SP, rel. Min. Dias Trindade, j. em 31.05.1993, Terceira Turma, STJ; e REsp. nº 34.727/ SP, rel. Min. Dias Trindade, j. em 22.06.1993, Terceira Turma, STJ. Mas os poderes são limitados para representação do testamenteiro em juízo ou fora dele. A testamentaria é indelegável, por isso que não compete ao testamenteiro delegar ao seu procurador a administração de bens que são próprias dele, testamenteiro. Não cabe ao testamenteiro proceder à nomeação de substitutos, nem mesmo em cumprimento a uma disposição dessa natureza expressa no testamento, a qual deverá ser havida como não escrita.

Morto o testamenteiro, cessa a testamentaria, se não houver substituto nomeado pelo testador. Ao juiz incumbe a nomeação de novo

---

O atual art. 1.797, III, não derrogou o art. 990, IV, do CPC. São normas de alcance e natureza distintos. O testamenteiro somente é investido na posse e administração da herança, se o testador assim o dispuser e não houver cônjuge ou herdeiros necessários (art. 1.977). O testamenteiro universal é também inventariante (Orlando Gomes, ob. cit., p. 260).

testamenteiro. Mas as obrigações assumidas pelo testamenteiro passam a seus herdeiros, como é o caso da prestação de contas e a responsabilidade civil por ato ilícito.

Se tem a posse e a administração dos bens da herança, o testamenteiro é universal,[33] incumbindo-lhe requerer a abertura do inventário[34] (art. 1.978), proceder à partilha e pagar as dívidas e legados,[35] prestar primeiras e últimas declarações, propor ações em nome do espólio, efetuar o recolhimento dos impostos, e assim por diante. Deve o testamenteiro, outrossim, exibir o testamento ao juiz do feito, para que seja registrado (art. 1.979). Se intimado pelo juiz, recusa-se a exibir o testamento, sujeita-se o testamenteiro à pena de desobediência, além, se caso, de eventual infração ao art. 305 do Código Penal.

Primordialmente, incumbe ao testamenteiro cumprir as disposições testamentárias no prazo fixado pelo testador (art. 1.980). Não havendo prazo fixado pelo testador, deve o testamenteiro o cumprimento das disposições testamentárias no prazo de 180 (cento e oitenta) dias, contados da aceitação da testamentaria, sendo possível a sua prorrogação, se houver motivo suficiente; isto é, sem culpa ou negligência do testamenteiro.

Compete ao testamenteiro defender a validade do testamento (art. 1.981), bem como exercer o cargo *com lealdade e zelo de um bom pai de família*. Com relação à defesa da validade do testamento, como pondera João Luiz Alves, a hipótese é de competência, não de obriga-

---

33 Ao testamenteiro particular incumbe a fiscalização da execução das disposições testamentárias. O testamenteiro universal é também inventariante, uma vez que acumula as duas funções, cumprindo direta e imediatamente as disposições testamentárias, inclusive quanto aos legados e dívidas (Orlando Gomes, ob. cit., p. 260).

34 Se o testamenteiro é particular, como salientado por Orosimbo Nonato, não tem a posse e a administração da herança, não lhe competindo requerer a abertura de inventário (ob. cit., vol. III, p. 325).

35 Itabaiana de Oliveira, ob. cit., vol. 2, p. 681.

ção, pois que *"lhe é licito reconhecer e confessar, por sua parte, a nullidade do testamento. Sem a competencia, que lhe dá o texto, ficaria o testamenteiro em difficuldade para executar a vontade do testador (art. 1.753)"*.[36-37]

Sob pena de nulidade, deve o testamenteiro ser citado em todas as ações que versarem sobre a validade do testamento e o cumprimento das disposições testamentárias. Assiste-lhe o direito de ser intimado para a lavratura do termo da testamentaria (art. 1.127 – CPC), bem como o de receber um prêmio em remuneração pelos serviços prestados, se o testador não houver disposto de modo contrário (art. 1.987). Deve, ainda, se não o possuir, requerer ao juiz a apresentação do testamento por parte de seu detentor e promover a publicação do testamento particular (arts. 1.877 e 1.979).[38] Quer particular, quer universal, o testamenteiro, antes de entregar o legado ao representante legal do

---

36 *Codigo civil da Republica dos Estados Unidos do Brasil*, 2ª ed., São Paulo, Saraiva, Livraria Academica, 1936, p. 166, 3º vol., posição com a qual comungamos. Não consideramos traição da vontade do testador a pugnação pela invalidade da deixa testamentária pelo testamenteiro. Antes disso, cuida-se de procedimento escorreito atentar o testamenteiro para a legalidade, sempre, porque a vontade do testador não pode se sobrepor à lei, à ordem pública e aos bons costumes. Quanto a isso, porém, o que vale frisar é que a defesa da validade se não absoluta, como não é, também não vai ao ponto de deixar o testamenteiro a cargo soberano de juízo de conveniência ou oportunidade sobre a defesa ou não do ato. Na dúvida, e onde houver controvérsia, competirá ao testamenteiro a defesa da validade, porque o testamento, como qualquer ato jurídico, em geral, presume-se válido até prova em contrário.

37 Contra, Washington de Barros Monteiro, ob. cit., 22ª ed., São Paulo, Saraiva, 1985, p. 263, vol. 6, citando Pontes de Miranda na mesma linha e aludindo a Clóvis e Alcides de Mendonça Lima como seus opositores.

38 O preceito estatuído no art. 1.755, parágrafo único, 2ª parte, do Código revogado, permitia ainda ao testamenteiro nomear à penhora os bens da herança, se os legatários o demandarem. Nesse sentido, Itabaiana de Oliveira, ob. cit., vol. 2, p. 682. Diante do silêncio do novo Código, bem como de regra similar no Código de Processo Civil, entendemos já não mais subsistir idêntico preceito, não sendo possível ao testamenteiro nomear à execução bens pertencentes à herança, se não estiver investido da posse e administração da herança.

incapaz, deve requerer a inscrição e a especialização da hipoteca legal (art. 1.497, §§ 1º e 2º).[39] Sendo o testamenteiro o executor das disposições testamentárias, incumbe-lhe a conservação e administração dos bens confiados à sua guarda.

Não compete ao testamenteiro exigir colação, porque se trata de ato privativo dos herdeiros necessários, a teor do art. 2.003 (REsp. nº 170.037/SP, rel. Min. Waldemar Zveiter, j. em 13.04.1999, Terceira Turma, STJ). Também não compete ao testamenteiro atribuir cotas da herança, pertencentes aos herdeiros instituídos, nem distribuir legados, ao seu puro arbítrio.[40] Ao testamenteiro não é lícito comprar em hasta pública os bens confiados à sua guarda e administração (art. 497, I, do atual Código e art. 690, § 1º, I, do CPC), ainda que por interposta pessoa, de maneira dissimulada, ou indireta, entrando em especulação de lucro, ou interesse relativamente a eles.[41]

Pode e deve o testamenteiro entregar os legados a seus titulares, em estrito cumprimento das disposições testamentárias. De conformidade com o art. 1.137, III e IV, do CPC, incumbe ao testamenteiro defender a posse do bens da herança e requerer ao juiz os meios necessários para o cumprimento das disposições testamentárias.[42] Na esteira do que preconizado por Carvalho Santos, inserem-se ainda nas atribuições do testamenteiro o direito de "cuidar dos funerais do tes-

---

39   Apesar de o novo Código não haver reproduzido semelhante regra que aquela prevista no art. 840, II, do Código anterior.

40   Orosimbo Nonato, ob. cit., vol. III, p. 328.

41   Itabaiana de Oliveira, ob. cit., vol. 2, p. 677.

42   O atual Código não reproduziu o parágrafo único do art. 1.755 do Código revogado: "*Se lhe não competir a posse e administração, assistir-lhe-á o direito a exigir dos herdeiros os meios de cumprir as disposições testamentárias...*". Mas é curial que esse direito se lhe assegure, diante da regra inserta no art. 1.137, IV, do CPC. Se acaso o herdeiro negar-se a fornecer amigavelmente os meios necessários ao testamenteiro, obstaculizando o cumprimento de alguma disposição testamentária, terá o testamenteiro o direito de requerer ao juiz que a falta seja suprida ou que seja determinado o cumprimento da obrigação ao herdeiro faltoso, nos termos do

Do Testamenteiro (Art. 1.976) 387

tador e promover-lhe as exéquias, guardando-lhe as instruções ou – se não os houver – as idéias e crenças do disponente".[43]

Como qualquer administrador de coisa alheia, o testamenteiro particular ou universal deve contas de sua gestão (art. 1.980). Assiste-lhe o direito de recobrar as despesas eventualmente incorridas no desempenho do cargo[44] que não tenham sido suportadas ou adiantadas pelo espólio. Mas não se equipara ao depositário fiel, nem ao tutor. Sujeita-se, porém, às penas do art. 168, § 1º, II, do Código Penal, se, julgadas insatisfatórias as contas prestadas,[45] exemplificando, demonstrar-se que os recursos obtidos pelo testamenteiro para o cumprimento das disposições testamentárias foram desviados em proveito próprio.

Segundo assinala Carlos Maximiliano, *"também lhe incumbem, como obrigações, tódas as medidas conservatórias. Deve, pois, ainda mesmo que não tenha a posse e administração do acervo, evitar abusos e usurpações contra os bens do espólio; requerer, antes da entrega dos legados, especialização e inscrição da hipoteca legal, dada por tutor, ou curador, em garantia dos haveres do menor, ou interdito; promover a nomeação de curador da herança vaga, ou jacente; interromper qualquer prescrição; exigir caução do legatário de usufruto".*[46] Não está o testamenteiro obrigado a cumprir disposições ilícitas, física ou juridicamente impossíveis.

---

art. 1.137, IV, do CPC. O exemplo vem de Orosimbo Nonato: *"Se o testamenteiro não tiver na mão dinheiros para a execução do testamento, nem faculdade livre de fazer vender alguns bens para as necessárias despesas? Não tem outro remédio senão recorrer ao juiz para que executivamente compulse o herdeiro para que apronte os dinheiros necessários"* (ob. cit., vol. III, p. 345).

---

43 Ob. cit., vol. XXIV, p. 271. Contra, Orlando Gomes, ob. cit., p. 261: *"Não é mais encargo do testamenteiro cuidar do funeral do testador e fazer as necessárias despesas, inclusive com sufrágios."* *Vide*, porém, o art. 1.998.

44 Caio Mário da Silva Pereira, ob. cit., p. 281.

45 Quanto à necessidade de prestação de contas para configuração do crime de apropriação indébita, sustenta Celso Delmanto que houve mudança jurisprudencial, no sentido de se dispensá-la (*Código penal comentado*, 2ª ed. ampliada e atualizada, Rio de Janeiro, Renovar, 1988, p. 333).

46 Ob. cit., vol. III, p. 208.

Nada impede que o testador, a par dos deveres que a lei já impõe ao testamenteiro, estipule obrigações diversas, pois a vontade do testador é soberana. Mas não pode o testamenteiro substituir a vontade do testador, sendo-lhe vedado instituir herdeiros, ou identificá-los, quando instituídos de modo incerto no testamento,[47] ou ainda estipular verbas testamentárias a tal ou qual herdeiro.[48] Se, porém, o testador mandou que se submetessem a juízo arbitral as controvérsias de natureza patrimonial relativas ao testamento, vale a disposição, devendo o testamenteiro providenciar o seu cumprimento. Não vale, porém, a disposição no sentido de se atribuir ao testamenteiro o poder de declarar a validade ou invalidade de cláusulas testamentárias.

As regras relativas à sucessão testamentária são, de ordinário, dispositivas, e, portanto, de caráter supletivo. Enquanto não houver o testador disposto de modo contrário, aplicam-se os preceitos previstos em lei reguladores da sucessão testamentária. Portanto, pode o testador limitar ou ampliar as atribuições que a lei confere ao testamenteiro, restringir as funções do testamenteiro a determinado fato ou encargo, incumbindo-lhe tão apenas da administração do espólio, e assim por diante. Havendo limitações a atividades do testamenteiro, cumprem-se tais disposições como se acham redigidas. Caberá ao juiz a nomeação de outro testamenteiro para fazer cumprir as disposições restantes que independam daquelas afetas ao testamenteiro nomeado pelo *de cujus*.

Compete ao testamenteiro exigir o pagamento das dívidas ativas, se tem a posse e administração do espólio, promovendo a citação dos herdeiros para conhecimento da ação, mas não liquida as dívidas passivas, a não ser as de natureza módica, ou que exijam pagamentos urgentes. As demais são pagas depois do julgamento

---

47 Exceção feita ao art. 1.901, I, do atual Código.
48 Salvo se ocorrer a hipótese prevista no art. 1.901, II, do atual Código.

Do Testamenteiro (Art. 1.976)   389

da partilha.[49] Descabe ao testamenteiro a venda de bens do espólio, salvo se obtiver autorização do juízo do inventário para pagamento de legados, ou em razão de possível deterioração etc. Nesse caso, os herdeiros são ouvidos, decidindo o juiz sobre o pedido de alienação, em seguida. Havendo herdeiros incapazes, o Ministério Público intervém, procedendo-se a avaliação prévia dos bens, para venda em hasta pública. Se os herdeiros forem maiores e capazes, será possível a venda amigável e extrajudicial, sem necessidade de avaliação prévia. Não havendo herdeiros ou legatários, deve ser ouvida a Fazenda Estadual, por seu representante, em relação à venda antecipada de bens.

O testamenteiro não é um sucessor do testador. Só recebe a posse e administração da herança, ou de parte dela, se o testador assim houver disposto, não houver cônjuge ou herdeiros necessários (art. 1.977 c.c. arts. 1.784 e 1.797) ou se a herança houver sido distribuída toda ela em legados (art. 1.990). Nas causas iniciadas em vida do testador, não responde o testamenteiro, se não for herdeiro. Mas se tem a posse e a administração da herança e o que se discute é a posse de algum bem do acervo, o testamenteiro deve ser citado.

Nas ações de nulidade de testamento, o testamenteiro pode agir sozinho, independentemente dos sucessores universais.[50] Também pode o testamenteiro intervir em ação proposta por herdeiro ou contra este, na condição de assistente ou opoente, lançando mão dos interditos, conforme o caso.

O testamenteiro não representa o espólio, em juízo, a menos que seja também inventariante (art. 12, V, do CPC). Responde pessoalmente o testamenteiro, perante terceiros ou herdeiros, pelos atos que pratica com excesso ou desvio de poder. Aos prejudicados não compete ação

---

49 Carlos Maximiliano, ob. cit., vol. III, p. 212.

50 Clóvis Beviláqua não alude a litisconsórcio necessário, acentuando nesse caso a utilidade a quem contestar o testamento citar, além do testamenteiro, o inventariante e os herdeiros instituídos (ob. cit., vol. II, p. 978).

contra o espólio, se o ato contra o qual se investe o interessado é ilegal e foi praticado pelo testamenteiro, se o ato for abusivo ou houver o testamenteiro excedido os limites de suas atribuições. Nesse caso, se o ato houver sido praticado com dolo ou má-fé, cumprirá aos herdeiros requerer a remoção do testamenteiro, o não-pagamento da vintena e o ressarcimento das perdas e danos. Note-se que aos credores do espólio não compete pedido de remoção do testamenteiro, que é atribuição privativa do herdeiro do autor da herança.

Extingue-se a testamentaria: *a*) com o advento do termo ou condição (prazo ou, p. ex., no caso do fideicomisso, com a entrega do legado ao fideicomissário); *b*) com o falecimento, renúncia ou incapacidade do testamenteiro, sem substituto nomeado pelo testador; *c*) com a remoção;[51] *d*) com o cumprimento das disposições testamentárias; e *e*) com a anulação e revogação do testamento.

2. O testador pode nomear um ou mais testamenteiros, conjuntos ou separados

O testador pode nomear dois ou mais testamenteiros, para que exerçam o cargo um na falta do outro, pela ordem de nomeação ou não (como, *v. g.*, na substituição recíproca de testamenteiros), ou todos conjunta e solidariamente.

Se o testador nomeou mais de um testamenteiro, há que distinguir se todos foram nomeados de forma conjunta e solidária para o exercício do *munus*, ou separada, sucessiva e individualmente, em razão de certas circunstâncias como, p. ex., o tempo, a pessoa do

---

51 Por conduta inidônea ou incompatível com o cargo derivativa de: assunção de despesas ilegais, desvio de verbas, não-prestação de contas, não-cumprimento das disposições testamentárias, atrasos injustificados, falta de diligência, negligência etc. A remoção pode ser decretada de ofício pelo juiz, ou a requerimento dos interessados ou do Ministério Público. Cuida-se de sanção imposta pelo juiz que acarreta entre outras conseqüências a perda da vintena ou prêmio, sujeitando o testamenteiro infrator a perdas e danos.

beneficiário, a matéria ou o lugar dos bens. Como quer que seja, havendo nomeação conjunta ou separada, a recusa de um dos testamenteiros não anula a nomeação dos outros, se o testador não houver disposto de modo contrário.

Incumbe ao testador, ao nomear mais de um testamenteiro, especificar a ordem diante da qual deverão os testamenteiros exercer a testamentaria, à falta de um e de outro. De ordinário, a nomeação plural deve obedecer uma ordem sucessiva, como leciona Itabaiana de Oliveira, *"de modo que sòmente em falta ou ausência do primeiro, deve ser chamado o segundo, e assim por diante"*.[52] Na hipótese de nomeação sucessiva, o sucessor na ordem da classe posterior sucede o antecessor não apenas na sua falta, mas também quando se opõe à execução do testamento.[53] Se o testador não indicou a ordem pela qual os testamenteiros deverão exercer o cargo, não há sucessividade declarada ou implícita, entende-se que "todos servem ao mesmo tempo".[54] Pode o testador estipular ainda que a falta de um testamenteiro seja substituída por um outro nomeado, independentemente da ordem de nomeação. Não haveria aí propriamente sucessividade de nomeações, mas exercício conjuntivo externado por intermédio de apenas um testamenteiro.

---

52 Ob. cit., vol. 2, p. 674.

53 Orlando Gomes, ob. cit., p. 259.

54 Segundo Washington de Barros Monteiro, "se não houver indicação, todos servem ao mesmo tempo" (ob. cit., vol. 6, p. 258). No mesmo sentido, Carlos Maximiliano, ob. cit., vol. III, p. 246; isto é, sem escala de precedência. Julgado inserto na *RT* 114:670 prestigia esse mesmo entendimento, indo buscar na lição de Itabaiana de Oliveira a lição segundo a qual a nomeação *in solidum* exige declaração expressa por parte do testador, o que é contrariado por Carlos Maximiliano. Outro julgado na *RT* 183:296 exclui a presunção de sucessividade de testamenteiros, se o testador nomeia mais de um e não especifica a escala de precedência. A questão não é pacífica. Embora sob outro enfoque, Sílvio Venosa entende que se o testador não foi expresso na possibilidade de os testamenteiros agirem em conjunto, a nomeação há de ser entendida como sucessiva, com a finalidade de substituição (ob. cit., p. 316).

A nomeação é conjunta, se aos testamenteiros cumpre atuar ao mesmo tempo, em cumulação das funções.[55] Se o testador diz: "Nomeio A, B e C testamenteiros conjuntos", p. ex., nenhuma dúvida. A testamentaria é conjuntiva. Todos devem exercê-la simultaneamente, independentemente da ordem de nomeação. Pontes de Miranda[56] acentua que, mesmo na nomeação conjunta, presume-se que cada um tenha sido nomeado em separado, sucessivamente no tempo, ou com atribuições diversas, porque "mais se vêem aquêles do que êsses" (separados ou conjuntos).[57] Mas nem sempre é possível estabelecer a sucessividade.

Se o testador não deixou clara a sua intenção no sentido de nomear os testamenteiros de forma conjunta; isto é, se se limitou a indicá-los, no plural, como, p. ex., nomeou "A, B e C" testamenteiros, sem discriminar as funções de cada qual, teoricamente todos deveriam obrar conjuntamente, porque não há como, aí, presumir a sucessividade.[58] Mas, visando a facilitar e possibilitar a execução das vontades do testador, a lei põe a salvo a prática dos atos daquele que exerce sozinho a testamentaria conjuntiva (art. 1.986). Devem ser considerados válidos os atos praticados, porque presumivelmente consen-

---

55 Silvio Rodrigues, ob. cit., 13ª ed., vol. 7, p. 254.
56 Ob. cit., LX, p. 58.
57 Contra, Carlos Maximiliano, asseverando que se o testador nomeia A, B e C, sem escala de precedência, todos servem "ao mesmo tempo". Ao contrário do Código argentino (art. 3.870), não se presume a nomeação em ordem, ou sucessiva, e, sim, a nomeação simultânea (ob. cit., vol. III, p. 246). Um só, entre os testamenteiros nomeados, é suficiente para executar as disposições testamentárias, salvo se nomeados sucessivamente (à falta de um, substitui o outro da classe subseqüente) ou se forem nomeados para funções distintas. Mas se os testamenteiros intervierem nas funções dos outros, como pondera Clóvis Beviláqua, serão havidos como solidariamente responsáveis (ob. cit., vol. II, p. 983).
58 Certo que a solidariedade não se presume, mas o art. 1.986 pressupõe que um dos testamenteiros pratique os atos da testamentaria com a concordância presumida dos demais, o que levaria ao mesmo resultado; isto é, acarretando a solidariedade de todos os testamenteiros, até prova em contrário.

tidos pelos demais.[59] Conforme leciona Carlos Maximiliano: "*Instituídos vários testamenteiros, sem gradação, pode agir um só, isoladamente, quando lhe pareça oportuno; tem toda validade o ato subscrito por êle; não é necessário encontrar-se no testamento autorização explícita para agir cada um in solidum.*"[60] Planiol,[61] Ripert e Boulanger[62] assinalam que se não há divisão de tarefas, cada um dos testamenteiros pode agir sozinho, sem necessidade de consentimento ou de assistência dos outros. "É um caso de solidariedade legal estabelecido para melhor garantir os herdeiros". Efetivamente, cada um dos testamenteiros fica solidariamente responsável pela execução das disposições testamentárias e pela final e boa prestação de contas. Esta regra obriga os testamenteiros à vigilância e a "evitarem ou corrigirem os erros uns dos outros."[63] Não é necessário que, na hipótese de ação ou omissão danosa, hajam incorrido em culpa todos os testamenteiros.[64] Sobrevindo divergência nas deliberações dos testamenteiros, prevalecerá o voto da maioria, e, no caso de empate, decide o herdeiro ou o juiz, na recusa daquele.[65]

---

59 Cf. João Luiz Alves, ob. cit., p. 169.

60 Contra: Itabaiana de Oliveira, ob. cit., vol. 2, p. 674. Sem razão, a nosso ver, diante do preceito contido no art. 1.986. A regra estatuída no art. 672 não tem aplicação ao tema aqui tratado, menos ainda por analogia. Nenhum procurador pode isoladamente exercer os poderes outorgados, se o mandato for conjunto, sendo o ato praticado ineficaz se não for ratificado por todos. Por isso a necessidade de previsão expressa da cláusula *in solidum*. Na testamentaria conjunta, a cláusula *in solidum* é regra prevista na própria lei. Admite-se a prática de ato isolado de um dos testamenteiros, salvo se o testador houver disposto de outro modo ou se os demais testamenteiros nomeados se insurgirem contra tal ato. Clóvis Beviláqua entende que na falta de declaração expressa do testador, a testamentaria deve ser executada por todos em comum. Mas em se tratando de disposição certa, é admissível a execução dela por um só (*Direito das sucessões*, p. 366).

61 Ob. cit., t. 3, p. 816.

62 Ob. cit., p. 693.

63 Carlos Maximiliano, ob. cit., vol. III, nº 1.417.

64 Enneccerus, Kipp e Wolff, ob. cit., p. 268.

65 Clóvis Beviláqua, ob. cit., vol. II, p. 983.

Se o testador discriminou as funções de cada um dos testamenteiros, não houve nomeação conjuntiva para a prática dos mesmos atos. Assim, cada testamenteiro responde apenas por seus atos, se não tiverem ultrapassado os limites de suas atribuições respectivas, como preleciona Baudry-Lacantinerie.[66]

3. Para lhe darem cumprimento às disposições de última vontade

O testamenteiro pode recusar a investidura, sem apresentação de justificativas, porque ninguém é obrigado a aceitar a testamentaria. Pode ainda escusar-se ou demitir-se por motivos supervenientes. Como leciona Cunha Gonçalves, a escusa imediata ou não-aceitação da testamentaria independem de motivação do testamenteiro, o que já não ocorre com a escusa subseqüente.[67] Concordamos com o ilustre jurista, apesar de o Código atual lusitano não haver reproduzido semelhante regra sobre que se debruça o autor em questão (ant. art. 1.891º do Código português),[68] porque não se exige para aceitação do cargo de testamenteiro forma solene ou expressa, ao passo que a demissão do testamenteiro, após o início do exercício do cargo, pode acarretar prejuízos aos herdeiros ou legatários,[69] devendo ser motivada, *ex vi* do art. 1.141, CPC. Nesse caso, se os motivos alegados pelo testamenteiro forem infundados, este deverá permanecer no cargo, agindo com o necessário denodo, sob pena de responder por perdas e danos. Em suma, a aceitação pode ser tácita ou expressa, jamais condicional ou a termo. A recusa imediata não requer, daí, motivação, enquanto que a recusa subseqüente, sim.

---

66 Ob. cit., t. III, p. 643.
67 Ob. cit., vol. X, t. 1, p. 252.
68 *Vide* art. 2.330º do Código português.
69 A renúncia ao cargo não pode ser feita de má-fé, nem de forma inoportuna (Ripert et Boulanger, ob. cit., p. 693).

Se o testamenteiro foi nomeado pelo testador legatário em recompensa do cargo, a aceitação do *munus* implica aceitação do legado. *A contrario sensu*, a recusa do cargo por parte do testamenteiro acarreta a perda do legado. O testamenteiro não pode impor condições à aceitação do cargo, mas está sujeito às condições que o testador houver imposto, porque como adverte Carvalho Santos, *"a instituição de herdeiro ou legatário pode estar subordinada ao aceite da função testamentária".*[70]

Art. 1.977. O testador pode conceder ao testamenteiro a posse e a administração da herança, ou de parte dela, não havendo cônjuge ou herdeiros necessários.

Parágrafo único. Qualquer herdeiro pode requerer partilha imediata, ou devolução da herança, habilitando o testamenteiro com os meios necessários para o cumprimento dos legados, ou dando caução de prestá-los.

Direito anterior: Art. 1.754. O testado pode também conceder ao testamenteiro a posse e administração da herança, ou de parte dela, não havendo cônjuge ou herdeiros necessários.[71]

Parágrafo único. Qualquer herdeiro pode, entretanto, requerer partilha imediata, ou devolução da herança, habilitando o testamenteiro com os meios necessários para o cumprimento dos legados, ou dando caução de prestá-los.

COMENTÁRIOS

1. Posse e administração da herança

Na vigência do Código revogado, se o testamenteiro era investido das funções de cabeça do casal,[72] obtinha a posse e a administração

---

70 Ob. cit., vol. XXIV, p. 266.

71 Legislação comparada: Código Civil português: art. 2.325º; alemão: § 2.205; francês: art. 1.026; argentino: art. 3.852; uruguaio: art. 986; chileno: art. 1.296; espanhol: art. 901; italiano: art. 703; paraguaio: art. 2.783; boliviano: art. 1.225; mexicano: art. 1.691; venezuelano: art. 971.

72 Ob. cit., vol. XXIV, p. 266.

dos bens da herança.[73] Havia diferenciação de tratamento em torno da qualidade do cônjuge. Ao cônjuge sobrevivente casado sob o regime da comunhão universal de bens cumpria continuar até a partilha na posse da herança com o cargo de cabeça do casal (ant. art. 1.579). Se o cônjuge supérstite era mulher, necessário ainda que estivesse vivendo com o marido ao tempo da sua morte, salvo prova de que essa convivência se tornara impossível sem culpa dela ($ 1º do ant. art. 1.579). Na falta de cônjuge sobrevivo, a nomeação de inventariante recaía no co-herdeiro que se encontrasse na posse *corporal* e na administração dos bens ($ 2º do ant. art. 1.579). Na falta de cônjuge ou do herdeiro, a nomeação recairia na pessoa do testamenteiro ($ 3º do ant. art. 1.579).

O art. 990 do CPC deu nova redação ao texto, estabelecendo a seguinte ordem de preferência na nomeação do inventariante: a pessoa do cônjuge sobrevivente casado sob o regime da comunhão, desde que estivesse convivendo com o outro ao tempo da morte deste, e na falta do cônjuge supérstite, o herdeiro na posse e administração do espólio. Na falta desse herdeiro, a nomeação recairia na pessoa de qualquer herdeiro legítimo ou testamentário, e, finalmente, então, viria o testamenteiro, se lhe foi confiada a administração do espólio ou se toda a herança estiver distribuída em legados.

O art. 1.797 do atual Código determinou que, até o compromisso do inventariante, a administração da herança caberá sucessivamente ao cônjuge ou companheiro, se com o outro convivia ao tempo da

---

Legislação comparada: Código Civil português: art. 2.325º; alemão: $ 2.205; francês: art. 1.026; argentino: art. 3.852; uruguaio: art. 986; chileno: art. 1.296; espanhol: art. 901; italiano: art. 703; paraguaio: art. 2.783; boliviano: art. 1.225; mexicano: art. 1.691; venezuelano: art. 971.

Cônjuge meeiro. Segundo o art. 152 da Consolidação: *"A posse do conjuge sobrevivente só tem lugar nos bens communs e partiveis"* (Teixeira de Freitas, ob. cit., p. 103).

---

73   Itabaiana de Oliveira, ob. cit., vol. 2, p. 675.

abertura da sucessão; em segundo lugar, ao herdeiro que estiver na posse e administração dos bens, e, se houver mais de um nessas condições, ao mais velho; em terceiro lugar, ao testamenteiro.

Portanto, na conformidade do novo Código, ao cônjuge supérstite caberá a administração e a posse da herança, se, ao tempo da abertura da sucessão, convivia com seu consorte, independentemente do regime de bens do casamento. Não há mais a distinção de outrora, relativa ao *"cabeça do casal"*. Não se exige que o cônjuge seja meeiro do cônjuge falecido, para estar na posse da herança, uma vez que o cônjuge, hoje, herda na condição de herdeiro necessário, adquire a posse da herança, pelo princípio da *saisine*.

A companheira do falecido também assume a inventariança, se, ao tempo da morte do *de cujus*, estiver convivendo com este, no pressuposto de que participará da herança de bens adquiridos onerosamente no decorrer da união estável. Note-se que a lei diz (art. 1.797) *até o compromisso do inventariante* (administração provisória). Na conformidade do art. 1.797, I, à companheira também incumbe a administração da herança, se convivia com o *de cujus*, por ocasião da abertura da sucessão. Em se tratando de herança de bens adquiridos na constância da união estável, o companheiro ou companheira herdam na condição de herdeiros necessários, em concurso com os descendentes (art. 1.790), conforme já tivemos a oportunidade de expor anteriormente, não podendo ser afastados da sucessão senão por deserdação ou indignidade. Nesse caso, a cláusula que confere ao testamenteiro a administração de bens e a posse da herança é nula, se se tratar de herança de bens adquiridos onerosamente na vigência da união estável e se o *de cujus*, na época do óbito, convivia com a sua companheira.

Após o compromisso, é o inventariante que assume a administração e a posse da herança. Decerto que, se o cônjuge supérstite administra a herança até o compromisso, continuará a fazê-lo, após o compromisso. Não se altera a ordem de nomeação do inventariante, porque quem podia antes, pode depois.

Basta que haja um herdeiro necessário, para que se invalide a atribuição feita pelo testador, a título de posse e administração da herança, ao testamenteiro. Cuida-se de nulidade absoluta, pronunciável de ofício. Se o testador nomeou testamenteiro e lhe deu posse e administração dos bens, havendo cônjuge ou outro herdeiro necessário, vale a cláusula de nomeação, embora seja nula a de atribuição da posse e administração ao testamenteiro.

2. O testador pode conceder ao testamenteiro a posse e a administração da herança, ou de parte dela

O testador é soberano na escolha confiada ao testamenteiro, que, na acepção de HUC, *"é um funcionário de ordem privada, encarregado de realizar a execução de um texto de lei de ordem privada"*.[74] A nomeação é livre, não, porém, as atribuições. O testador só pode confiar ao testamenteiro a posse e a administração da herança, quando não hajam herdeiros necessários. É preciso, pois, em primeiro lugar, verificar se na sucessão não concorrem o cônjuge supérstite, a companheira e os demais herdeiros necessários (descendentes e ascendentes), que já detêm a posse direta dos bens hereditários. Se concorrerem[75] e o testamenteiro for herdeiro legítimo não necessário, ou testamentário, estranho ao quadro sucessório, não adquirirá a posse e a administração da herança, a menos que os herdeiros necessários que já se encontram na posse desses bens o consintam. É que a *saisine* do

---

74 *Apud* Clóvis Beviláqua, *Direito das sucessões*, p. 365.
75 No sentido material, porque se o cônjuge ou outro herdeiro necessário forem interditos ou estiverem em lugar remoto, ou não sabido, ou em cárcere por mais de dois anos (hoje, 180 dias – art. 1.570), não concorrem *materialmente,* no sentido de afastar a administração e posse da herança a cargo do testamenteiro (Pontes de Miranda, ob. cit., LX, p. 76).

Do Testamenteiro (Art. 1.977) 399

testamenteiro não se opera de pleno direito.[76] Apenas o testador pode conferir o direito de *saisine* ao testamenteiro, a menos que o testamenteiro seja também herdeiro necessário.

Não havendo, assim, cônjuge supérstite ou companheiro, convivendo com o *de cujus*, por ocasião da abertura da sucessão, ou outros herdeiros necessários,[77] vale a outorga da posse e administração da herança a quem o testador por bem houver atribuído no testamento. Ressalte-se que o cônjuge e o companheiro supérstite têm precedência sobre os demais herdeiros necessários, na escala de nomeação de inventariante. Não havendo herdeiros necessários, a herança pode ter sido distribuída toda ela em legados. Desse modo, os legatários não recebem a posse e o testamenteiro exercerá as funções de inventariante, ainda que o testador tenha sido omisso no que se refere à administração e posse da herança (art. 1.990).

Cumpre ressaltar que o testamenteiro universal é aquele que obtém a posse e a administração da herança, enquanto o testamenteiro particular, não tendo nem a posse, nem a administração da herança, apenas fiscaliza a execução do testamento. O testamenteiro universal exerce também a função de inventariante, uma vez que acumula as duas funções. A existência de cônjuge supérstite ou de outro herdeiro necessário não impede a nomeação de testamenteiro, e, sim, a função deste na qualidade de inventariante. Ainda que na sucessão concorram o cônjuge supérstite e outros herdeiros necessários, nada obsta, porém, que o testador

---

76   Ripert et Boulanger, ob. cit., p. 695.

77   Ou se estes não a quiserem ou não puderem exercê-la (Orosimbo Nonato, ob. cit., vol. III, p. 322). De acordo com a nova sistemática do Código, tanto o cônjuge quanto o companheiro são herdeiros necessários. O companheiro ou companheira herdam nessa condição de herdeiro necessário, concorrendo com filhos comuns ou filhos só do falecido ou falecida, na herança de bens adquiridos onerosamente na união estável (art. 1.790).

ordene a entrega imediata de certos bens ao testamenteiro, se esses bens estiverem compreendidos na parte disponível.

Trata-se, como se vê, de uma faculdade concedida ao testador:[78] a de outorgar a posse e a administração da herança ou de parte dela ao testamenteiro, no pressuposto de que, para o melhor desempenho de suas funções, o testamenteiro disporia de meios mais rápidos e eficazes para a entrega dos bens, evitando o desvio e o desbarato, em prejuízo de legatários e dos próprios herdeiros.

A posse sobre que se investe o testamenteiro é também a direta (art. 1.197). Trata-se de *saisine*, como acentua Baudry-Lacantinerie, no pressuposto de que a vontade do testador resulta suficientemente do encargo imposto no sentido de o testamenteiro entregar certos bens móveis àqueles em benefício do quais havia legado. Assim, se o testamenteiro não tivesse a posse desses bens, não poderia cumprir as disposições testamentárias, não lhe sendo possível fazer a entrega dos legados.[79] Não se cuida de detenção[80] e ainda que fosse, caberia ao testamenteiro o uso dos interditos (art. 1.137, III, do CPC). Mas nem sempre terá o poder efetivo sobre a coisa, pois, como adverte Pontes de Miranda, *"se o herdeiro, que está com o poder efetivo, não é inventariante, o testamenteiro não pode manter-se, por si só, na posse (...): terá de ir ao juiz para que lha dê"*.[81] Segundo pontifica Orosimbo Nonato, com apoio em Carlos Maximiliano, o testamenteiro toma posse do espólio, mediante ordem expressa do testador.[82] Como o efeito específico da posse é a ação possessória, a posse do inventariamente é protegida pelos interditos possessórios.[83]

---

78   Orosimbo Nonato, ob. cit., vol. III, p. 321.
79   Ob. cit., t. III, p. 641.
80   Cf. anotado por Carvalho Santos, com base em magistério de Cunha Gonçalves, ob. cit., vol. XXIV, p. 267.
81   Ob. cit., LX, p. 74.
82   *Ibidem*, p. 322.
83   *Ibidem*, p. 325.

Do Testamenteiro (Arts. 1.977 e 1.978) 401

3. Qualquer herdeiro pode requerer partilha imediata, ou devolução da herança, habilitando o testamenteiro

Para que logo cesse a posse e administração do testamenteiro, o herdeiro tem a seu dispor o direito de requerer a partilha imediata, e se for único sucessor universal,[84] a devolução da herança,[85] mas deve habilitar o testamenteiro a cumprir os legados[86] ou fornecer garantia de prestá-los.[87] Conforme leciona Carvalho Santos,[88] nosso Código não seguiu o critério de outras legislações, por meio das quais o herdeiro pode fazer cessar de imediato a posse do testamenteiro, mediante a entrega dos valores necessários ao cumprimento das disposições testamentárias. Faculta-se ao herdeiro apenas o direito de apressar a cessação da posse, por meio da partilha, porque é até a partilha que a posse dura, em qualquer hipótese. Aliás, o Projeto Beviláqua estipulava em seu art. 1.917 que: *"O herdeiro, realizada a hipótese prevista pelo artigo antecedente, poderá fazer cessar a posse do testamenteiro, entregando-lhe uma soma suficiente para o pagamento dos legados ou dando caução para o cumprimento."*[89]

Para que o herdeiro possa acelerar o término da administração do testamenteiro, deve poder obrigar-se e se apresentar em condições de substituir o testamenteiro na administração da herança.

Art. 1.978. Tendo o testamenteiro a posse e a administração dos bens, incumbe-lhe requerer inventário e cumprir o testamento.

Direito anterior: Art. 1.755. Tendo o testamenteiro a posse e a administração dos bens, incumbe-lhe requerer inventário e cumprir o testamento.

---

84   Carlos Maximiliano, ob. cit., vol. III, p. 204.
85   Isto é, "a da passagem aos herdeiros da posse imediata e da administração", cf. Pontes de Miranda, ob. cit., LX, p. 72.
86   A lei aí é exemplificativa (ver nota a seguir).
87   E "ao adimplemento de outros deveres" (*Ibidem*, mesma página).
88   Ob. cit., vol. XXIV, p. 269.
89   Carlos Maximiliano, ob. cit., vol. III, p. 203.

402 — Comentários ao Código Civil Brasileiro

Parágrafo único. Se não lhe competir a posse e a administração os meios de cumprir as disposições testamentárias; e se os legatários o demandarem, porém, poderá nomear à execução os bens da herança.[90]

COMENTÁRIOS

1. Posse e administração

Se o testamenteiro tem a posse e administração dos bens, exerce a função de testamenteiro universal e inventariante, competindo-lhe requerer a abertura do inventário e a partilha, bem como: *a*) velar pelos bens da herança com diligência; *b*) prestar as primeiras e últimas declarações; *c*) exibir em cartório os documentos relativos ao espólio; *d*) juntar aos autos a certidão do testamento; *e*) trazer à colação os bens recebidos pelo herdeiro ausente, renunciante ou excluído; *f*) prestar contas de sua gestão; *g*) alienar bens de qualquer espécie, transigir, pagar dívidas do espólio; e *h*) fazer as despesas necessárias com a conservação e o melhoramento dos bens (arts. 991 e 992, CPC).

Além dessas funções, ao testamenteiro incumbe cumprir pontualmente as obrigações do testamento, propugnar a sua validade, defender a posse dos bens da herança e requerer ao juiz que lhe conceda os meios necessários para o cumprimento das disposições testamentárias (art. 1.137, CPC). O testamenteiro deve, pois, cumprir os legados e satisfazer os encargos do testamento,[91] promover medidas conservatórias, cuidar do enterro e funeral do testador, requerer a especialização e a inscrição da hipoteca legal, dada por tutor ou curador,

---

90 Legislação comparada: Código Civil alemão: §§ 2.205, 2.215, 2.216; português: art. 2.326º; espanhol: art. 902; francês: art. 1.031; mexicano: art. 1.706; venezuelano: arts. 973 e 976; paraguaio: art. 2.791; argentino: arts. 3.857 e 3.858.

91 João Luiz Alves, ob. cit., vol. 3, p. 163.

interromper a prescrição, e assim por diante, como já havíamos comentado no art. 1.976.

O rol de atribuições do testamenteiro universal não é exaustivo. Além das funções que a lei estabelece, pode o testador conferir ao testamenteiro outras mais, uma vez que sua vontade é soberana.

Se o testamenteiro não tem a posse, nem a administração da herança exerce a função de testamenteiro particular; ou seja, a de fiscal do cumprimento das disposições testamentárias. Assiste-lhe o direito de requerer ao juiz os meios necessários para cumprir as disposições do testamento (art. 1.137, IV, do CPC). Portanto, a despeito da revogação do parágrafo único do art. 1.755 do Código anterior, se os herdeiros se recusarem a fornecer ao testamenteiro os meios necessários ao cumprimento do testamento, caberá ao testamenteiro requerer ao juiz as providências que o caso comportar para que tal se efetive. Não é o juiz que *fornece* os meios necessários ao cumprimento da vontade do testador, bem de ver. O magistrado determina que os herdeiros o façam, a pedido do testamenteiro. Por exemplo, se as disposições testamentárias consistem em legado de coisa certa, caberá ao testamenteiro entregá-la ao legatário, compelindo o herdeiro que a detiver a fazê-lo, e, na hipótese de recusa, requerer ao juiz a intimação daquele para o cumprimento da obrigação.

Já não subsiste mais, porém, a faculdade de o testamenteiro nomear à execução bens da herança, se os legatários o demandarem. A hipótese se referia ao testamenteiro particular, que não detinha a posse, nem a administração da herança. A ação contra o testamenteiro é de natureza pessoal. Pode ser proposta contra ele só, ou juntamente com o inventariante. Mas os legatários têm ação de reivindicação contra quem estiver na posse dos bens legados.[92]

O testamenteiro não está obrigado a cumprir obrigações ilícitas, física e juridicamente impossíveis. Não lhe compete a propositura de

---

92   Itabaiana de Oliveira, ob. cit., vol. 2, p. 682.

ação de indignidade, só porque testamenteiro.[93] Também não cabe ao testamenteiro a aquisição de bens confiados à sua guarda ou administração em hasta pública.[94] Mas o testador pode permitir que o testamenteiro adquira bens destinados à execução das disposições testamentárias para o pagamento de despesas, impostos e custas, desde que esses bens não caibam na legítima dos herdeiros necessários.

O testamenteiro, como já realçado em comentários ao art. 1.976, deve contas da sua administração. Responde civilmente por perdas e danos em caso de dolo ou culpa. Tem a pena da apropriação indébita agravada (art. 168, § 1º, II, do Código Penal), e, nos termos do art. 919 do CPC, o juiz pode destituí-lo, seqüestrar os bens sob sua guarda e glosar o prêmio ou gratificação que tenha direito. Como não poderia deixar de ser, também em relação ao testamenteiro, prescreve a ação de responsabilidade civil em 3 (três) anos (art. 206, § 3º). Mas a obrigação de prestar contas prescreve no prazo atribuído às ações pessoais (10 anos) (art. 205). Conta-se o prazo a partir da cessação da testamentaria.

> **Art. 1.979. O testamenteiro nomeado, ou qualquer parte interessada, pode requerer, assim como o juiz pode ordenar, de ofício, ao detentor do testamento, que o leve a registro.**
>
> **Direito anterior: Art. 1.756.** O testamenteiro nomeado, ou qualquer parte interessada, pode requerer, assim como o juiz pode ordenar, de ofício, ao detentor do testamento, que o leve a registro.[95]

---

93   Pontes de Miranda, ob. cit., LX, p. 78.

94   Cf. Clóvis Beviláqua, ob. cit., vol. II, p. 976. Prestadas e aprovadas as contas do testamenteiro, pode este efetivamente adquirir a título oneroso de terceiro de boa-fé o bem levado à hasta pública, muito embora toda cautela se recomende nesse caso, para que não se estimule a prática de fraude por meio de interposta pessoa (*testa de ferro*), como leciona Carlos Maximiliano, ob. cit., vol. III, p. 245.

95   Legislação comparada: Código Civil mexicano: art. 1.711; venezuelano: art. 986; paraguaio: art. 2.668; boliviano: arts. 1.148 a 1.150; argentino: arts. 3.671, 3.691 e 3.693; português: art. 575º.

COMENTÁRIOS

1. Guarda e exibição do testamento

Se se confiou a guarda do testamento ao testamenteiro, tem este o dever de exibi-lo em juízo, para que o testamento seja cumprido, pois é a vontade do testador, em última análise, que deve ser respeitada. Se a guarda do testamento compete a terceiro, pode o testamenteiro requerer ao juízo do inventário a intimação daquele com vistas à sua exibição e registro, sob pena de busca e apreensão (art. 1.129, parágrafo único, do CPC). Havendo notícia no inventário quanto à existência de testamento, pode e deve o juiz, de ofício, determinar a sua exibição, se ninguém o requerer. Claro está que qualquer herdeiro se legitima ao requerimento de exibição do testamento.

Se, a despeito da notícia de testamento, ninguém sabe ou procurou saber onde possa ser encontrado, de conformidade com as Normas de Serviço da Corregedoria Geral de São Paulo (CGJ), o próprio juízo do inventário pode oficiar ao Colégio Notarial do Brasil, solicitando informações sobre a existência do testamento (item 14 do Capítulo IV, Tomo I, das Normas de Serviço da CGJ). É curial que assim o faça, evitando-se nulidades e fraudes no inventário.

Em São Paulo, nada impede que o herdeiro requeira ao juízo corregedor permanente da Comarca do domicílio do *de cujus* a expedição de ofício ao Colégio Notarial do Brasil, para que este informe sobre a existência de testamento. Para tanto, deve instruir o pedido com certidão de óbito do autor da herança e recolher a importância equivalente a 0,5 UFESP (Unidade Fiscal do Estado de São Paulo), diretamente ao Colégio Notarial do Brasil, salvo em caso de assistência judiciária (item 14 – A.1 do Capítulo IV, Tomo I, das Normas de Serviço da CGJ).

Importa destacar que, segundo o item 40 do Capítulo VII, Tomo I, das Normas de Serviço da CGJ, "*a distribuição do testamen-*

to determina a competência para o inventário e para as ações que lhe digam respeito". Por seu turno, o item 40.1, Cap. VII, T. I, das mesmas Normas de Serviço da CGJ disciplina que "*o pedido de registro e cumprimento de testamento será distribuído por dependência à Vara para a qual tiver sido anteriormente distribuído o inventário, ressalvado o que vier a ser decidido pelo juiz do feito*". Portanto, o que se distribui é o pedido de registro e cumprimento do testamento, determinando-se a partir daí a competência para o inventário[96] e para as ações que lhe digam respeito.

O testamento público e o cerrado podem ser informados pelo Colégio Notarial, não, porém, o testamento particular, claro, porque, a rigor, não se acha arquivado em cartório. Ainda assim, nada impede que o portador do testamento particular providencie o seu registro em Títulos e Documentos, visando à sua conservação e prova (art. 127, I e VII, da LRP). O interessado exibe em juízo o traslado do testamento público, que é transcrito no livro próprio do cartório de notas. O testamento cerrado não fica em cartório, mas pode o testador confiar sua guarda ao Tabelião. De regra, o testamento cerrado é entregue ao testador. Mas depois de entregue o testamento ao testador, o Tabelião faz lançar, no seu livro, nota do lugar, dia, mês e ano em que o testamento foi aprovado e entregue (art. 1.874). Com base em tais circunstâncias, pode ser informada ao Colégio Notarial a existência do testamento cerrado pelo Notário a que submetida a aprovação. De posse de tais informações, o Colégio Notarial atende à solicitação judicial.

Exibido o testamento em juízo, não se procede, desde logo, ao seu registro. O juiz primeiramente examina o instrumento, do ponto de vista formal, como, *v. g.*, se há rasuras, adulterações ou vícios ex-

---

96 De acordo com o art. 96, CPC, o foro competente para o inventário e o cumprimento de disposições de última vontade é o do domicílio do autor da herança, não o do testamenteiro.

ternos. Se o testamento for cerrado, verifica se está intacto (art. 1.12, CPC) . Em seguida, manda que o escrivão o leia em presença de quem o entregou, lavrando-se auto de abertura, no caso do testamento cerrado. Não encontrando irregularidades, o juiz, após ouvir o Ministério Público, determina o registro, arquivamento e cumprimento do testamento (art. 1.126, CPC). O testamento é registrado e arquivado no cartório da Vara a que distribuído o inventário ou do juízo a que por prevenção couber a distribuição do inventário, dele remetendo o escrivão uma cópia no prazo de oito dias à repartição fiscal (art. 1.126, parágrafo único, do CPC).

Em se tratando de testamento particular ou hológrafo, exige-se procedimento prévio de confirmação em juízo, com a publicação do instrumento, ciência dos interessados e do Ministério Público (art. 1.131, CPC), bem como inquirição das testemunhas presenciais, que subscreveram o testamento (art. 1.130 – CPC). Se o testamento particular estiver registrado em Títulos e Documentos, nada impede e tudo recomenda seja solicitada pelo interessado ou pelo juiz a cópia do microfilme do instrumento correspondente, para conferência, em caso de dúvida, se já houver sido exibido o original, ou para fins de demonstração, como, p. ex., na hipótese de extravio.

> **Art. 1.980. O testamenteiro é obrigado a cumprir as disposições testamentárias, no prazo marcado pelo testador, e a dar contas do que recebeu e despendeu, subsistindo sua responsabilidade enquanto durar a execução do testamento.**
>
> **Direito anterior: Art. 1.757.** O testamenteiro é obrigado a cumprir as disposições testamentárias, no prazo marcado pelo testador, e a dar contas do que recebeu e despendeu, subsistindo sua responsabilidade enquanto durar a execução do testamento.[97]

---

97 Legislação comparada: Código Civil português: art. 2.332º; alemão: § 2.218; espanhol: art. 907; chileno: art. 1.309; uruguaio: arts. 992 e 996; francês: art. 1.031; italiano: art. 709; argentino: arts. 3.868 e 3.869; boliviano: arts. 1.227 e 1.231; mexicano: art. 1.706, IV; paraguaio: art. 2.804.

COMENTÁRIOS

1. O testamenteiro é obrigado a cumprir as disposições testamentárias, no prazo marcado pelo testador

Trata-se de obrigação preliminar do testamenteiro dar cumprimento às disposições testamentárias. Quer esteja ele na posse ou não dos bens da herança, sendo testamenteiro universal ou particular, sua responsabilidade subsiste. Aliás, sua nomeação se deve primordialmente a isso: para que sejam tais disposições cumpridas, e sem os embaraços e resistências que normalmente adviriam, se aos herdeiros eventualmente preteridos na porção disponível competissem o encargo.

Tangente a essa obrigação primária de cumprir-se as disposições do testamento revela-se a observância ao prazo assinado pelo testador. Mas há que distinguir. Se o prazo assinado no testamento demonstra ser desarrazoado, exíguo ou extremamente longo, a nós parece que o juiz possa e deva fazer valer a regra da razão. Será possível a prorrogação do prazo sempre que as circunstâncias o justificarem, assim como eventual redução. Por exemplo, o testador não imaginou que haveria uma contenda sobre a validade do testamento, menos ainda prolongada, e mandou que fosse cumprida tal ou qual disposição testamentária no prazo de 3 (três) meses. Sucede que os herdeiros estariam litigando em torno da validade do testamento. Quem atua no fórum sabe que uma demanda quase nunca chega a termo antes disso, máxime se houver litisconsórcio e incapazes (como costuma ocorrer nos processos de inventário). Note-se que o prazo *médio* estimado pelo legislador para o cumprimento das disposições testamentárias é de 180 (cento e oitenta) dias (art. 1.983). E diz-se *médio*, porque o *caput* do dispositivo já nasceu, admitindo prorrogação, em seu parágrafo único, porque não é de se afastar a hipótese de *motivo suficiente*. Se a demora se deve a mecanismos inerentes ao funcionamento da Justiça, com maior razão deve ser o prazo dilatado pelo juiz. Como quer que seja, não é essencial que o testador assine um prazo para o cumprimento das disposições testamentárias. A perda do prazo, aliás, não importa caducidade do testamento, e, sim, eventual responsabilidade civil do testamenteiro.

Se o testamenteiro não diligencia o cumprimento das disposições testamentárias, é negligente ou desinteressado, falha no encargo, incorrendo em falta grave. Encargo não cumprido ou *dissimuladamente cumprido* é o mesmo. Aquele que dissimula o cumprimento no prazo que o testador assina age com dolo, cuja gravidade é bem maior do que a daquele que simplesmente foi negligente ou não tão diligente. Em suma, não ocorrendo culpa do testamenteiro, sempre será possível, em tese, a prorrogação do prazo pelo juiz.

O prazo se conta da data da aceitação do encargo,[98] mais precisamente da data do termo de aceitação da testamentaria (art. 1.127, CPC). O prazo para o cumprimento do inventário obedece a mesma sistemática (art. 983, CPC), admitindo-se prorrogação por *motivo justo*.

2. E a dar contas do que recebeu e despendeu

O testamenteiro é obrigado a dar contas do que recebe e gasta, como qualquer administrador de negócios. Não há, quanto a isso, possibilidade alguma de dispensa pelo testador. Assim dispõe o art. 1.135, parágrafo único, do CPC: *"Será ineficaz a disposição testamentária que eximir o testamenteiro da obrigação de prestar contas."* Por isso que, como ressaltado por Carlos Maximiliano, *"consideram-se 'não escritas' a dispensa de prestar contas, outorgada pelo falecido ao testamenteiro, e a ordem de guardar para si o que faltar quando se proceder ao balanço geral da receita e despesa da testamentaria".*[99]

---

98   Cf. Carvalho Santos, ob. cit., vol. XXIV, p. 274.
99   Ob. cit., vol. III, p. 238.

As contas são prestadas sob a forma mercantil,[100] por meio de lançamentos contábeis, com demonstração das receitas e das despesas. Ficam a salvo, porém, as despesas módicas de cujo pagamento não se exige recibo, daí por que dispensadas de demonstração, *in rebus minimis*.[101] Levam-se em conta as despesas incorridas pelo testamenteiro com o desempenho do cargo e a execução do testamento. O incidente da prestação de contas corre em apenso aos autos do inventário, sem necessidade de ajuizamento de ação nesse sentido.

Despesas impertinentes que não guardem relação com o cumprimento das disposições testamentárias ou que não sejam suficientemente demonstradas pelo testamenteiro são glosadas pelo juiz do inventário.[102] Não, porém, as custas derivativas de demandas na sucessão e as do processo de prestação de contas, que correm pela herança e dos legados, neste último caso, se os bens da herança forem insuficientes. Entram os honorários advocatícios previamente estipulados e aprovados pelos herdeiros,[103] se não

---

100 REsp. nº 242.196/MS, j. em 13.11.2001, Terceira Turma, rel. Min. Carlos Alberto Menezes Direito; REsp. nº 67.671/RS, j. em 22.06.1999, Terceira Turma, rel. Min. Ari pargendler; Apelação Cível nº 87.223-4 – São Paulo, 1ª Câmara de Direito Privado, rel. Des. Gildo dos Santos, j. em 19.10.99, v. u.; Apelação Cível nº 68.554-4 – Mirandópolis, 3ª Câmara de Direito Privado, rel. Des. Alfredo Migliore, 09.02.99; Apelação Cível nº 7.282-4 – Itatiba, 8ª Câmara de Direito Privado, rel. Des. Cesar Lacerda, 11.11.98, v. u.; Apelação Cível nº 239.042-1 – São Paulo, 7ª Câmara de Férias de Direito Privado, rel. Des. Sousa Lima, 29.02.96, v. u. A imposição da forma mercantil, ou contábil implica na separação clara das parcelas de débito e de crédito, especificação precisa da origem dos recebimentos e destinação dos pagamentos, datação individual e progressiva dos lançamentos, resultando mais fácil para a parte contrária o seu exame, conferência ou impugnação (Apelação Cível nº 176.198-2 – São Paulo, 08.08.91, rel. Des. Cezar de Moraes) (www.saraivajur.com.br).

101 Carlos Maximiliano, ob. cit., vol. III, p. 240.

102 Como, aliás, já predispunha a Consolidação de Teixeira de Freitas, p. 519 (art. 1.107). Ver art. 1.140, I, do CPC.

103 O testamenteiro não pode contratar consigo mesmo o serviço de advogados dos herdeiros, sem que estes aprovem o mandato assim estabelecido, conforme ilustra Pontes de Miranda, ob. cit., LX, p. 78.

tiverem sido arbitrados em juízo, porque, nesse caso, obviamente, a decisão judicial de arbitramento supre a falta de ajuste prévio dos interessados.

A imputação de despesas sabidamente indevidas, ilegítimas ou abusivas acarreta a glosa e a destituição do testamenteiro do cargo, sujeitando-o à condenação em perdas e danos e à reposição do alcance em execução cível, além das penalidades criminais eventualmente cabíveis.

3. Subsistindo sua responsabilidade enquanto durar a execução do testamento

O testamenteiro não se exonera do cargo, enquanto não julgadas como boas as contas prestadas. De ordinário, as contas são prestadas ao término do exercício do cargo. Pode acontecer, porém, que sejam prestadas antes disso, quando motivos houverem os herdeiros para requerê-la (ex.: fundado receio de sonegação e dissipação de bens), ou quando o próprio testamenteiro o requerer. Clóvis Beviláqua alude à suspeição do testamenteiro como causa imediata e suficiente para a prestação de contas, sem direito de escusa por parte daquele, no sentido de que o prazo não estaria vencido.[104] A medida pode ser tomada de ofício pelo juiz, ou por requerimento fundamentado do interessado ou do Ministério Público. Nesse caso, aprovadas as contas, relativas a tal ou qual período, a prestação foi parcial, não há exoneração do cargo pelo testamenteiro, obviamente, e, sim, do período sujeito à verificação.

A responsabilidade do testamenteiro subsiste mesmo após o exercício da testamentaria, porque se trata, em última instância, de uma garantia do espólio e dos beneficiários da liberalidade verificar o que,

---

104 Ob. cit., vol. II, p. 975.

sobre o que, e de que forma cada um dos herdeiros contemplados com porção disponível ou não irá adquirir, o quanto se gastou e o que sobrou. Não se confunda tal responsabilidade (de prestar contas) com responsabilidade civil por ato ilícito. O fato de terem sido aprovadas contas, bem ou malprestadas pelo testamenteiro no curso do inventário, não confere àquele uma espécie de carta de alforria ou impunidade. O testamenteiro exonera-se do cargo, mas não da responsabilidade pelos danos eventualmente causados. Havendo sido coligidos elementos concretos em torno de apropriação ou desvio de receitas, p. ex., mesmo após o encerramento do incidente da prestação de contas, poderá o prejudicado mover contra o testamenteiro ação de responsabilidade civil, no prazo de 3 (três) anos a contar do término da testamentaria. Se o testamenteiro procede apenas com erro escusável, deve indenizar o espólio, incidindo em responsabilidade se houver agido com dolo, culpa, omissão, falta e indiligência.[105]

É descabida a prisão do testamenteiro por depositário infiel,[106] mas Pontes de Miranda faz ver interessante vertente, acentuando que, verificado o alcance, *cabe prisão*. Assinala ainda o ilustre Mestre que a cláusula de depósito pode estar expressa no testamento ou resultar da legislação *que exigir em certas atribuições, o têrmo de depósito*.[107]

A obrigação de prestar contas não cessa, enquanto não aprovadas as contas prestadas. A morte do testamenteiro no curso da testamentaria não faz cessar a obrigação da prestação de contas, a qual se transmite aos seus herdeiros. Todavia, a obrigação então transmitida fica limitada às forças da herança,[108] *ex vi* dos arts. 1.792 e 1.821 do atual Código.

---

105   Orosimbo Nonato, ob. cit., vol. III, p. 340.
106   Nesse sentido, Itabaiana de Oliveira, ob. cit., vol. 2, p. 687.
107   Ob. cit., LX, p. 122.
108   Itabaiana de Oliveira, ob. cit., vol. 2, p. 685.

Do Testamenteiro (Art. 1.981)

Artigo 1.981. Compete ao testamenteiro, com ou sem o concurso do inventariante e dos herdeiros instituídos, defender a validade do testamento.

Direito anterior: Art. 1.760. Compete ao testamenteiro, com ou sem o concurso do inventariante e dos herdeiros instituídos, propugnar a validade do testamento.[109]

COMENTÁRIOS

1. Compete ao testamenteiro

Compete diz a lei, no sentido de *competência*, ou atribuição, não de dever.[110] A função essencial do testamenteiro consiste em assegurar a execução do testamento, competindo-lhe, daí, a defesa de validade das disposições testamentárias, seja pela via principal, seja pela via incidente.[111] O Código espanhol atribui ao testamenteiro a faculdade de sustentar a validade do testamento em juízo, *se justo for* (art. 902). Certo que se o testamento for inválido, o testamenteiro nenhuma recompensa adquire, sob pena de pagamento sem causa. Mas não é por isso que o testamenteiro deverá sempre e em qualquer circunstância *defender* a validade do testamento. Aliás, não é em razão do prêmio ou vintena que se pode exigir do testamenteiro uma posição de defesa do testamento, e, sim, em virtude de sua própria função, que é reservada pelo testador a quem confiava e confiou em vida, com vistas ao cumprimento do ato de última vontade, após a morte.

Dir-se-á que o testamenteiro não poderia, então, sob pena de traição à memória do testador, aceitar passivamente a invalidade do tes-

---

109 Legislação comparada: Código Civil português: art. 2.326º, "b"; espanhol: art. 902; argentino: art. 3.862; mexicano: art. 1.706, VII; chileno: art. 1.295; uruguaio: art. 985; francês, art. 1.031; italiano, art. 704; paraguaio: art. 2.795.
110 João Luiz Alves, ob. cit., vol. 3, p. 166.
111 Josserand, ob. cit., III, pp. 932-933.

tamento. Mas ousamos discordar, embora fortes os argumentos em sentido contrário ao nosso.[112] Presume-se a boa-fé do testador no sentido de que não testaria pelo modo ou forma eleitos, se soubesse que não produziria efeitos. Se nula é a manifestação de vontade do testador, nula e inócua a defesa de validade do ato. Não há sentido em, p. ex., exigir-se de um testamenteiro a defesa de validade de uma disposição manifestamente nula. Porém, se a nulidade não é evidente, sendo merecedora de acirrados e controvertidos debates, exemplificando, resta claro afirmar que o testamenteiro não pode, assim, sob seu exclusivo critério e juízo de conveniência, propugnar pela invalidade do testamento, elegendo a tese que melhor lhe agradaria. Compete-lhe, aí, defender a validade do testamento, ou, na hipótese contrária, renunciar ao cargo, se fundado for o motivo.

2. Com ou sem o concurso do inventariante e dos herdeiros instituídos, defender a validade do testamento

O Projeto Beviláqua previa que a defesa do testamento caberia exclusivamente ao testamenteiro se fosse inventariante, e conjuntamente com o inventariante, se não fosse ele o inventariante, e, sim, outra pessoa. Prevaleceu, porém, a proposta da Comissão Revisora, conferindo ao testamenteiro, quer universal, quer particular, o direito de agir sozinho para defesa da validade do testamento.[113] Donde se conclui que a

---

112 Como o de José Olympio de Castro Filho, para quem "Clóvis Beviláqua e Pontes de Miranda, com apoio de Odilon de Andrade, demonstraram que tal obrigação é inarredável, não podendo o testamenteiro escusar-se do encargo nem mesmo diante de falsidade grosseira ou nulidade manifesta do documento, hipótese em que, se não deseja concordar com a execução do ato, lhe cabe renunciar à testamentaria" (*Comentários ao Código de Processo Civil*, Rio de Janeiro – São Paulo, Forense, vol. X, p. 177).

113 Carlos Maximiliano, ob. cit., vol. III, p. 215.

Do Testamenteiro (Arts. 1.981 e 1.982)

redação do dispositivo sob comento, ao reproduzir a redação do antigo Código, nesse particular, excluiu qualquer hipótese de litisconsórcio necessário entre o testamenteiro, o inventariante e os herdeiros instituídos, embora útil e conveniente seja ao prejudicado promover a citação de todos eles nas ações que tenham por objeto a invalidação do ato.[114]

Os credores do herdeiro não têm ação contra o testamenteiro, mas podem requerer penhora no rosto dos autos do inventário, aguardando o desfecho do processo, como, *v. g.*, a partilha.

> **Artigo 1.982. Além das atribuições exaradas nos artigos antecedentes, terá o testamenteiro as que lhe conferir o testador, nos limites da lei.**
>
> **Direito anterior: Art. 1.761.** Além das atribuições exaradas nos artigos anteriores, terá o testamenteiro as que lhe conferir o testador, nos limites da lei.[115]

COMENTÁRIOS

1. Além das atribuições exaradas nos artigos antecedentes

O rol de atribuições que a lei confere ao testamenteiro para bem e fielmente desempenhar as suas funções não é exaustivo, como já se disse. O artigo sob comento apenas reforça essa concepção, deixando claro que outras atribuições além daquelas que a lei contempla podem ser estipuladas pelo testador. Diz-se mais. O testador pode limitar as atribuições que a lei confere ao testamenteiro.

---

114 Clóvis Beviláqua, ob. cit., vol. II, p. 978. Adverte Itabaiana de Oliveira, porém, que, nas ações propostas contra a validade do testamento, "devem ser citados os herdeiros instituídos e, quando o testamenteiro é particular, é preciso que o inventariante também seja citado" (ob. cit., vol. 2, p. 681).

115 Legislação comparada: Código Civil português: arts. 2.325º e 2.326º; espanhol: art. 901; argentino: art. 3.851. Diferentemente: chileno: art. 1.298; uruguaio: art. 987; alemão: § 2.208; boliviano: art. 1.225.

O testamenteiro pode ficar, assim, restrito a um mero fiscal quanto à entrega de bem a determinado legatário. Também pode ser nomeado para tão apenas vigiar a gravação de uma legítima, de quinhão ou legado etc. Pode, por outro lado, ser nomeado com amplos e gerais poderes de administração dos bens, a certo tempo, ou sob condição, incumbindo-lhe a transmissão de bens aos herdeiros, por meio de fidúcia, e assim por diante.

2. Terá o testamenteiro as atribuições que lhe conferir o testador, nos limites da lei

As atribuições que o testador pode conferir ao testamenteiro são aquelas que a lei já estabelece ou nos limites que ela dispõe. Não são admissíveis atribuições ilícitas ou fisicamente impossíveis, as contrárias à moral ou aos bons costumes. Havendo uma tal cláusula dispondo acerca de atribuições dessa ordem, deve ser havida como não escrita. O que pareceu ocioso a Washington de Barros Monteiro, por ser o testamenteiro o executor da disposições de última vontade,[116] a nós parece que o texto vem a deixar claro e de modo expresso que as atribuições do testamenteiro podem ser ampliadas pelo testador.

> **Art. 1.983. Não concedendo o testador prazo maior, cumprirá o testamenteiro o testamento e prestará contas em cento e oitenta dias, contados da aceitação da testamentaria.**
>
> **Parágrafo único. Pode esse prazo ser prorrogado se houver motivo suficiente.**
>
> **Direito anterior: Art. 1.762.** Não concedendo o testado prazo maior, cumprirá o testamenteiro o testamento e prestará contas no lapso de 1 (um) ano, contando da aceitação da testamentaria.[117]
>
> Parágrafo único. Pode esse prazo prorrogar-se, porém, ocorrendo motivo cabal.

---

116 Ob. cit., vol. 6, p. 264.

117 Legislação comparada: Código Civil italiano: arts. 703 e 709; espanhol: art. 904; chileno: arts. 1.304 e 1.305; mexicano: art. 1.737; alemão: § 2.218; boliviano: art. 1.226; paraguaio: art. 2.809.

COMENTÁRIOS

1. Não concedendo o testador prazo maior

Se o testador, porém, houver fixado prazo inferior a cento e oitenta dias, vale a vontade daquele, se não houver impedimento ou causa obstativa válida que justifique eventual prorrogação.[118] Se o testador não estipulou prazo algum, rege a disposição sob comento: cento e oitenta dias. O prazo é para o encerramento da testamentaria, cujo marco final deve coincidir com a prestação de contas pelo testamenteiro. Conta-se o prazo da data do termo de testamentaria. O dispositivo se entrelaça com aquele do art. 1.980 a que nos reportamos.

2. Pode esse prazo ser prorrogado se houver motivo suficiente

Trata-se de atribuição primária do testamenteiro cumprir as disposições testamentárias, o que deve fazê-lo pontualmente e de forma diligente, como um *bom pai de família*. Havendo excesso de prazo, este deve ser motivado, ficando a critério do juiz conceder ou não eventual dilação. Onde não houver culpa ou negligência do testamenteiro, certamente que o prazo deverá ser prorrogado.[119] Esse o princípio.

---

118 Como, p. ex., a existência de demanda tendente à nulidade do testamento. Mas nem todos os atos privativos do testamenteiro ficam impedidos de serem praticados, como, p. ex., cuidar dos funerais e defender a validade do testamento (Carvalho Santos, ob. cit., vol. XXIV, p. 291).

119 Segundo leciona Itabaiana de Oliveira, constituem justos motivos para a prorrogação do prazo: "*a)* litígio sôbre os bens da herança; *b)* impossibilidade de cumprimento por dificuldade de liquidação; *c)* impedimento que, evidentemente, tenha impossibilitado a execução do testamento, não provindo êle da culpa, mora, ou negligência do testamenteiro" (ob. cit., vol. 2, pp. 685-686).

418 Comentários ao Código Civil Brasileiro

Art. 1.984. Na falta de testamenteiro nomeado pelo testador, a execução testamentária compete a um dos cônjuges, e, em falta destes, ao herdeiro nomeado pelo juiz.

Direito anterior: Art. 1.763. Na falta de testamenteiro nomeado pelo testado, a execução testamenteira compete ao cabeça-de-casal, e, em falta deste, ao herdeiro nomeado pelo juiz.[120]

COMENTÁRIOS

1. Na falta de testamenteiro nomeado pelo testador

Quem nomeia o testamenteiro é o testador, pois o testamenteiro é pessoa de confiança do testador. Trata-se de cargo de natureza personalíssima e intransmissível. Não compete ao testador delegar a terceiro a escolha de um testamenteiro, tal como prevê o Código alemão. Mas a falta de nomeação não acarreta nulidade do testamento, nem prejudica a execução das disposições testamentárias, porque a lei estabelece, nesse caso, uma forma de nomeação subsidiária; caberá ao cônjuge supérstite, e, em falta deste, ao herdeiro nomeado pelo juiz o exercício do cargo.

Se se descobre, porém, que o testamenteiro então nomeado teria traído a memória do testador, praticando difamação ou qualquer ato que se lhe desonre, exemplificando, aplica-se a cláusula *rebus sic stantibus*. Justifica-se o desfazimento da nomeação, devendo esta recair em nome de outra pessoa, pois, soubesse o testador que o testamenteiro era indigno de sua fé, não o teria nomeado. Não é bem a hipótese de colisão de interesses entre o testamenteiro e o espólio que

---

120 Legislação comparada: Código Civil espanhol: art. 911; argentino: art. 3.867; chileno: art. 1.271; uruguaio: art. 965; Diversamente: alemão: §§ 2.198, 2.199 e 2.200.

Do Testamenteiro (Art. 1.984)   419

vai a ponto de infirmar a testamentaria, e sim a quebra da confiança depositada pelo testador na pessoa do testamenteiro.[121] Como já tivemos a oportunidade de frisar anteriormente, o cargo de testamenteiro requer pessoa idônea, séria, por isso que incompatível com a função quem atua de modo escuso, dilapidando e desviando bens etc.

2. A execução testamentária compete a um dos cônjuges

Cabe a execução testamentária ao cônjuge supérstite que esteja convivendo com o outro ao tempo da morte deste, se o testador não houver no testamento nomeado a pessoa do testamenteiro. Exclui-se daí o cônjuge separado judicialmente ou separado de fato (art. 1.830). Nesse caso, se o *de cujus* convivia com sua companheira e os bens da herança tiverem sido adquiridos onerosamente na constância da união estável, compete àquela o *munus* da testamentaria, porque é herdeira necessária,[122] a termo do art. 1.790 c.c. art. 1.797, I, independentemente da existência ou não de descendentes ou ascendentes do autor da herança.

3. E, em falta destes, ao herdeiro nomeado pelo juiz

Não havendo cônjuge coabitando com o *de cujus*, na época da abertura da sucessão,[123] a nomeação caberá ao juiz, que nomeará livremente o herdeiro que possa melhor desempenhar o cargo. Conforme expõe João Luiz Alves, o antigo preceito do Código revogado tinha origem no art. 2.132 do Pr. Rev. que a Comissão Especial da

---

121 Conforme pareceu a julgado relatado por Pontes de Miranda, ob. cit., LX, p. 129.

122 Conforme já tivemos a oportunidade de demonstrar, já que não pode ser excluída da sucessão senão por deserdação ou indignidade.

123 A lei não cogita do meeiro ou *cabeça-de-casal*. Exige apenas a convivência do cônjuge supérstite com o outro, por ocasião do óbito (*vide* ainda art. 1.797).

Câmara dos Deputados assim justificava: "A sua disposição, porém, modifica até certo ponto o direito vigente, que nos casos nella figurados attribue o encargo da testamentaria aos herdeiros: *a)* ao mais beneficiado, se as porções forem desiguaes; *b)* ao principal legatário, se a herança fôr toda dividida em legados."[124]

Se a herança tiver sido toda ela distribuída em legados, há que ser nomeado o legatário principal, mais aquinhoado. De conformidade com o art. 1.797, II, do atual Código, aplicável ao caso por interpretação extensiva, o herdeiro que se achar na posse e administração do espólio prefere ao herdeiro que não se encontre em tal situação. Havendo mais de um herdeiro nessas condições, o herdeiro mais velho prefere ao mais jovem.[125] De certa forma, é assim que se porta a ordem de nomeação do inventariante (art. 990, CPC).[126]

Mas para a nomeação de inventariante, a lei exige que o cônjuge supérstite seja comunheiro (total ou parcialmente), além da convivência com o *de cujus* (art. 990, I, do CPC). O atual Código Civil não reproduziu a regra do art. 1.579 do Código revogado: "*Ao cônjuge sobrevivente, no casamento celebrado sob o regime da comunhão de bens, cabe continuar até a partilha na posse da herança com o cargo de cabeça do casal.*" A disciplina relativa ao inventário continua regida pela lei de processo. A nomeação do testamenteiro, porém, é de ordem extraprocessual. É cargo de confiança do testador. Só a ele compete a escolha, e, na falta de nomeação expressa por parte do testador, a lei substantiva complementa a vontade deste, apontando como testamenteiro o cônjuge supérstite que estiver convivendo com o *de cujus* na época da abertura da sucessão, independentemente do regime de bens. Não havendo cônjuge supérstite, ou em convívio com o autor da herança, a nomeação deve recair na pessoa de algum outro herdeiro.

---

124 Ob. cit., vol. 3, p. 167.

125 Presume-se a idoneidade dos herdeiros, mas se levam em conta idade, residência e domicílio, mais as proximidades do negócio da família (TJSP – 1ª Câm. Civ.; AI nº 94.100-1, São Pedro; rel. Des. Luiz de Azevedo; j. em 03.11.1987; v. u.) (BAASP nº 1574/41, de 22.02.1989).

126 Que, todavia, não é obrigatória, recaindo a nomeação em pessoa estranha e idônea, onde não haja inventariante judicial (art. 990, VI, do Código de Processo

Quando a nomeação não possa recair na pessoa dos herdeiros ou legatários, por serem incapazes, ou quando estiverem afastadas por motivo grave, ao juiz competirá a nomeação de pessoa de sua confiança (art. 1.797, IV).

Art. 1.985. O encargo da testamentaria não se transmite aos herdeiros do testamenteiro, nem é delegável; mas o testamenteiro pode fazer-se representar em juízo e fora dele, mediante mandatário com poderes especiais.

Direito anterior: Art. 1.764. O encargo da testamentaria não se transmite aos herdeiros do testamenteiro, nem é delegável; mas o testamenteiro pode fazer-se representar em juízo e fora dele, mediante procurador com poderes especiais.[127]

Civil), como forma de se atender à necessidade de eliminar discórdias e prevenir outras (Agravo de Instrumento nº 158.971-1, São Paulo – Agravante: Luiz Francisco da Silva Carvalho, inventariante do Espólio de Amador Aguiar – Apelados: Lia Maria Aguiar e outros, TJSP, 2ª Câmara, j. em 04.02.92). No caso, prevaleceu o bem fundamentado voto intermediário do Des. Cezar Peluso, para declarar a nulidade da cláusula testamentária que atribuiu a posse e administração dos bens, bem como a inventariança, ao testamenteiro, nomeando-se em substituição inventariante dativo da confiança da Egrégia Câmara Julgadora. Insurgiu-se o testamenteiro contra decisão que, sob fundamento de ser ilegal a cláusula testamentária onde lhe foram concedidas a posse e administração da herança e, em conseqüência, a função cumulativa de inventariante, o destituiu deste encargo, nomeando, à vista de dissídio entre a viúva e as herdeiras necessárias, pessoa estranha, a qual, posto suspensa a eficácia do ato decisório, já intervém a título de assistente. Concluiu-se que o testador só pode conceder ao testamenteiro a posse e administração da herança, ou de parte dela, se não houver cônjuge meeiro nem herdeiro necessário.

---

127 Legislação comparada: Código Civil português: art. 2.334º; francês: art. 1.032; espanhol: art. 909; argentino: art. 3.855; chileno: arts. 1.279 e 1.280; uruguaio: arts. 970 e 971; mexicano: art. 1.700; alemão: §§ 2.198 e 2.199; italiano: art. 700; venezuelano: art. 982; paraguaio: art. 2.787; boliviano: art. 1.224.

COMENTÁRIOS

1. O encargo da testamentária não se transmite aos herdeiros do testamenteiro, nem é delegável

O dispositivo complementa o seu antecessor. O testamenteiro exerce um cargo personalíssimo e indelegável. Já está dito no art. 1.984, *a contrario sensu*, que ninguém a não ser o testador compete nomear testamenteiro, pois se trata de cargo de confiança, de natureza personalíssima. Já vimos que a testamentaria cessa também com a morte do testamenteiro, tal como se passa com o mandato.

A testamentaria não se transmite aos herdeiros do nomeado, a não ser as obrigações decorrentes do cargo, como é o caso da prestação de contas, das dívidas contraídas pelo testamenteiro e das obrigações por ato ilícito, de acordo com as forças da herança. Compete aos herdeiros do testamenteiro dar notícia nos autos do inventário do testador acerca do óbito do testamenteiro, tomando providências necessárias e urgentes, de forma a prevenir o dano.

Diversamente do direito alemão (BGB, § 2.198), não cabe a designação de testamenteiro por parte de terceiro, ainda que previsão nesse sentido haja no testamento. Também não compete ao testamenteiro nomear *um ou vários co-testamenteiros* (BGB, § 2.199). Pode o testador, todavia, designar substituto ao testamenteiro que não aceitar ou não puder aceitar o cargo. Tal nomeação pode ser feita de modo individual ou coletivo (art. 1.976).

Por se tratar de cargo indelegável, não vale a nomeação de pessoas jurídicas, menores ou interditos.

2. Mas o testamenteiro pode fazer-se representar em juízo e fora dele, mediante mandatário com poderes especiais

A disposição parece ociosa, na primeira parte, mais precisamente no que se refere à representação em juízo, se o testamenteiro não for advogado, em face do preceito contido no art. 36 do CPC c.c. art. 4º do Estatuto da Ordem dos Advogados do Brasil (Lei nº 8.906/94). Mas não é. O testamenteiro pode fazer-se representar por procuradores, para agir em juízo *ou fora dele*, mas sempre com poderes especiais, visando a dar cumprimento aos deveres que lhe são carreados, não para gerir os negócios atinentes à herança.[128] Exige-se procuração específica com poderes limitados à mera representação do testamenteiro em juízo ou fora dele.

A simples outorga de mandato pelo testamenteiro não exclui a responsabilidade deste perante os herdeiros e legatários.

> **Art. 1.986.** Havendo simultaneamente mais de um testamenteiro, que tenha aceitado o cargo, poderá cada qual exercê-lo, em falta dos outros; mas todos ficam solidariamente obrigados a dar conta dos bens que lhes forem confiados, salvo se cada um tiver, pelo testamento, funções distintas, e a elas se limitar.

---

128 Pontes de Miranda admite a possibilidade de gestão de somenos importância, em negócios de "pormenor e atos judiciais não personalíssimos". Conclui: "Podêres de administração pode o testamenteiro conferir, ou para determinados casos, como venda fora do lugar, negócio comercial, recebimento de alugueres, ou rendas. *Não pode, por procurador, dar parecer sôbre interpretação de verbas, ou impugnar a que foi dada,* ou, conseqüentemente, *recorrer.* É personalíssimo: o mandato importaria delegação do *cargo*" (ob. cit., LX, p.137). Entendemos que o procurador do testamenteiro não poderia gerir o patrimônio deixado pelo testador, ainda que se limitasse à prática de *negócios* de somenos importância. Do contrário, haveria quebra do princípio da indelegabilidade estatuído no dispositivo aqui comentado. Para os atos de extrema urgência e que devem ser praticados em lugares distantes ou remotos, o ideal sempre é que o juiz autorize uma tal delegação, ouvindo-se previamente os herdeiros e legatários, conforme o caso. De outro modo, para *recorrer*, não é preciso outorga de mandato expresso, de acordo com a regra do art. 38, CPC. Mas como ressaltado na obra acima, pode acontecer, às vezes, que o ato de recorrer contrarie os interesses do testamenteiro, invadindo a gestão do patrimônio testado (ob. cit., LX, pp. 137-138). Tudo dependerá da análise do caso concreto.

Direito anterior: Art. 1.765. Havendo simultaneamente mais de um testamenteiro, que tenha aceitado o cargo, poderá cada qual exercê-lo, em falta dos outros; mas todos ficam solidariamente obrigados a dar conta dos bens que lhes forem confiados, salvo se cada um tiver, pelo testamento, funções distintas, e a elas se limitar.[129]

COMENTÁRIOS

1. Havendo simultaneamente mais de um testamenteiro, que tenha aceitado o cargo, poderá cada qual exercê-lo, em falta dos outros

A nomeação conjuntiva faz pressupor a indivisibilidade de tarefas, salvo determinação expressa do testador. Se o testador nomeia "A", "B" e "C" testamenteiros para cumprimento de tal ou qual disposição testamentária, sem especificar as funções de cada um, entende-se não serem sucessivos, e, sim, conjuntivos,[130] como já o dissemos anteriormente, por ocasião dos comentários ao art. 1.976. A nomeação conjuntiva tem por pressuposto a solidariedade, que é a regra aqui tratada, salvo, diz a lei, se o testador houver declinado as funções de cada um dos testamenteiros em separado. Essa a interpretação que se nos afigura mais adequada, porque a lei tem em mira afiançar o cumprimento das disposições testamentárias. Se o testador nomeou mais de um testamenteiro e nada disse, é porque não tinha certeza se um nomeado apenas seria suficiente para o cumprimento

---

129 Legislação comparada: Código Civil português: art. 2.329º; alemão: § 2.224; francês: art. 1.033; espanhol: arts. 894, 895, 896 e 897; uruguaio: arts. 972 e 973; italiano: art. 700; paraguaio: art. 2.805; chileno: art. 1.281; boliviano: art. 1.220, III; venezuelano: art. 981; mexicano: arts. 1.692, 1.693 e 1.694; peruano: arts. 780, 781 e 782.

130 Contra: Sílvio Venosa, ob. cit., 3ª ed., 2003, vol. VII, p. 313.

das disposições testamentárias. Sendo mais de um, aumentam-se as possibilidades de cumprimento, e de garantia para os herdeiros, na medida em que todos os testamenteiros fiquem coobrigados a satisfazer as verbas testamentárias. Esta regra, já o dissemos, na esteira de Carlos Maximiliano, *obriga-os a ficarem vigilantes e evitarem ou corrigirem os erros uns dos outros.*[131]

Com o propósito de facilitar a execução do testamento conjuntivo, a lei presume a validade dos atos praticados por apenas um dos testamenteiros, cumprindo aos eventuais discordantes se manifestar em sentido contrário. Não se trata de presumir a nomeação sucessiva, é bem de ver. Havendo, assim, vários testamenteiros, sem gradação, é válido o ato praticado por apenas um deles, não decorrendo necessidade de encontrar-se no testamento autorização explícita para agir cada um *in solidum.* A nós parece que o Código prestigiou a teoria da aparência também aqui, validando a prática de atos conjuntivos por apenas um dos testamenteiros, por meio de presunção de assentimento tácito dos demais.

Por isso que ficam todos eles *solidariamente* responsáveis pela execução do testamento e pela boa prestação de contas. A solidariedade aqui é a *legal*, como acentuado por João Luiz Alves[132] e representa uma garantia para os herdeiros. Se houver divergência entre os testamenteiros, prevalecerá o voto da maioria, e, no caso de empate, decidirá o herdeiro ou o juiz, na recusa daquele.[133]

Se o testador discriminou as funções de cada um dos testamenteiros, ou os nomeou em ordem sucessiva, não há que falar de nomeação conjuntiva, e sim separada. Assim, cada testamenteiro responde apenas por seus atos, se evidentemente não tiverem exorbitado as suas

---

131 Ob. cit., vol. III, p. 246.
132 Ob. cit., vol. 3, p. 169.
133 Clóvis Beviláqua, ob. cit., vol. II, p. 983.

funções, como preleciona Baudry-Lacantinerie.[134] Se há nomeação por ordem, o testamenteiro sucessor exclui o antecessor, na falta deste.

As funções de cada um dos testamenteiros podem ser separadas de acordo com o tempo, a pessoa do beneficiário, a matéria ou o lugar dos bens. Nesse caso, cada testamenteiro é havido como se fosse uma pessoa distinta da do outro, não aproveitando, nem prejudicando uns aos outros os atos praticados por cada qual isoladamente.

A nomeação, nesse caso, é conjuntiva apenas na aparência, pois que de fato não o é. Bastaria ao testador elaborar tantos testamentos quantos fossem os testamenteiros para cumprimento de cada verba testamentária. Mas, por uma questão de comodidade ou oportunidade, economia etc., o testador resolveu, num mesmo ato, nomear mais de um testamenteiro para que cada um cumprisse com a sua função, de forma a tornar mais célere ou mais racional a distribuição da herança. Se o testador silencia a esse propósito, entende-se que a nomeação seja conjuntiva e solidária, a menos que outra tenha sido a vontade do testador, conforme as circunstâncias do caso.

Cada um dos testamenteiros nomeados conjuntivamente deve aceitar o cargo, pois é da aceitação que se principia a testamentaria. Se apenas 2 (dois) dos 5 (cinco) testamenteiros nomeados aceitaram a incumbência, não está o juiz obrigado a nomear substitutos aos faltosos. O prêmio do que faltar acresce aos que aceitaram o cargo, salvo nas hipóteses de remoção ou de não-cumprimento do testamento, pois, aí, o prêmio reverte em benefício da herança (art. 1.989).

2. Mas todos ficam solidariamente obrigados a dar conta dos bens que lhes forem confiados

A solidariedade decorre de lei ou de acordo entre as partes (art. 265). Na hipótese presente, a lei é expressa, se a nomeação for conjuntiva e

---

134 Ob. cit., t. III, p. 643.

não houver divisão de tarefas. Se o testador não discriminou as funções de cada um dos testamenteiros, entende-se que sejam eles conjuntos e solidários a dar conta dos bens que lhes forem confiados, sejam eles móveis ou imóveis. Se o testador não dividiu nem distribuiu as funções de cada um dos testamenteiros, um só pode agir, na falta dos outros, e todos eles são solidariamente responsáveis pelas obrigações decorrentes dos bens que lhes foram confiados,[135] salvo prova em contrário.

3. Salvo se cada um tiver, pelo testamento, funções distintas e a elas se limitar

Se cada um dos testamenteiros possuir funções distintas, quer em razão do tempo (sucessividade), quer em razão do lugar dos bens ou da matéria, p. ex., não serão havidos como testamenteiros conjuntivos ou solidários. Os atos de um ou de uns não prejudicarão nem beneficiarão os demais, a menos que haja alguma interdependência entre eles. Mas ainda que interdependência haja na prática desses mesmos atos, não serão os testamenteiros havidos como responsáveis solidários, a menos que não se limitem às funções previamente discriminadas pelo testador, como, *a contrario sensu,* reza a parte final do dispositivo ora sob comento: *"e a elas se limitar"*. Se, por outro lado, podendo agir isoladamente, os testamenteiros agirem conjuntamente, haverá responsabilidade solidária na prestação de contas.

É preciso, todavia, interpretar a vontade do testador. Não são as fórmulas sacramentais ou as denominações más ou boas que devem balizar o intérprete nessa grande tarefa de *dar a cada um o que é seu.*

---

135 Tal como analogamente se passa no direito francês (Baudry-Lacantinerie, ob. cit., t. III, p. 643, em comentários ao art. 1.033 do CCF, cuja redação é bem similar à do nosso).

Se o testamenteiro "B" só puder praticar os seus atos após a prática dos atos que o testamenteiro "A" se encarregou de praticar, a nomeação é evidentemente sucessiva, ainda que o testador não tenha sido muito claro no estabelecimento da ordem de nomeações, nem precisamente delimitado as funções de cada qual, ou tenha dito que ambos são nomeados *em conjunto*.

Se a nomeação é conjuntiva, todos os testamenteiros devem ser intimados para a lavratura do termo de testamentaria (art. 1.127, CPC). A falta de um não prejudica a nomeação dos demais, que "desempenham o cargo por si próprios".[136] No caso de legado remuneratório, se o legatário testamenteiro aceitá-lo, presume-se ter aceitado o cargo. O testamenteiro nesse caso é aquinhoado com legado em pagamento da testamentaria, não fazendo jus a prêmio, salvo se o testador houver disposto de outro modo.

> **Art. 1.987.** Salvo disposição testamentária em contrário, o testamenteiro, que não seja herdeiro ou legatário, terá direito a um prêmio, que, se o testador não o houver fixado, será de 1 (um) a 5% (cinco por cento), arbitrado pelo juiz, sobre a herança líquida, conforme a importância dela e maior ou menor dificuldade na execução do testamento.
>
> **Parágrafo único.** O prêmio arbitrado será pago à conta da parte disponível, quando houver herdeiro necessário.
>
> **Direito anterior: Art. 1.766.** Quando o testamenteiro não for herdeiro, nem legatário, terá direito a um prêmio, que, se o testado o não houver taxado, será de 1% (um por cento) a 5% (cinco por cento), arbitrado pelo juiz, sobre toda a herança líquida, conforme a importância dela, e a maior ou menor dificuldade na execução do testamento (arts. 1.759 e 1.768).[137]

---

136 Enneccerus, Kipp e Wolff, ob. cit., p. 269.

137 Legislação comparada: Código Civil alemão: § 2.221; suíço: art. 517; argentino: art. 3.872; uruguaio: art. 991; mexicano: arts. 1.740 e 1.741; boliviano: art. 1.229. *Gratuito, salvo se o testador estabelecer remuneração:* venezuelano: arts. 983 e 984; português: art. 2.333º; espanhol: art. 908; italiano: art. 711.

Do Testamenteiro (Art. 1.987) 429

Parágrafo único. Este prêmio, deduzir-se-á somente da metade disponível, quando houver herdeiro necessário.

COMENTÁRIOS

1. Prêmio ou vintena

De acordo com as Ordenações Filipinas (Livro I, Título 62, § 12), o prêmio ao testamenteiro só era devido se previsto nas disposições testamentárias, motivo pelo qual Almeida e Sousa, de Lobão, escreveu: "O ofício de testamenteiro é gracioso, pode, porém, requerer salário arbitrado competentemente."[138] A esse prêmio deu-se o nome de *vintena,* o equivalente à vigésima parte da herança.

O Alvará de 23 de janeiro de 1798 estabeleceu em favor dos testamenteiros por prêmio a vintena do que se apurasse da herança. Em virtude de tal disciplina, computava-se o prêmio sobre o montemor, deduzidas as dívidas passivas e as despesas do inventário. Com o advento do Decreto nº 834, de 02.10.1851, restringiu-se a vintena à terça da parte disponível, depois de aprovadas e deduzidas as despesas do funeral e bem da alma.

Com o Decreto nº 1.405, de 03.07.1854, o percentual de 5% (cinco por cento) passou a ser o limite máximo, calculando-se o prêmio de acordo com os costumes do lugar, o tamanho da herança e trabalho da liquidação.[139] O prêmio foi, então, cotado de 1 a 5 % sobre a herança, mas só se deduzindo da parte testável, quando haviam herdeiros necessários. Não havendo herdeiros necessários, a taxa do prêmio incidia sobre a herança líquida.

---

138 Orosimbo Nonato, ob. cit., vol. III, p. 354.
139 Pontes de Miranda, ob. cit., LX, pp.142-145.

430   Comentários ao Código Civil Brasileiro

Seguindo a linha trilhada nos Decretos n°s 834 e 1.405, a Consolidação das Leis Civis de Teixeira de Freitas, em seu art. 1.139, disciplinou que: "*O premio que ao testamenteiro compete quando o testador não lhe deixar, ou elle não fôr herdeiro ou legatario, será em attenção ao costume do lugar, valor da herança, e trabalho da liquidação, arbitrado pelo Juizo dos Residuos, com os recursos legaes.*" Por seu turno, o art. 1.140 da Consolidação dispôs: "*O referido premio não poderá exceder de cinco por cento, e será deduzido sómente da terça, quando houverem descendentes ou ascendentes; e de toda a fazenda liquida, nos outros casos.*"[140] Expõe Teixeira de Freitas que "*se o testador tem herdeiros necessarios, o que não póde fazer é ultrapassar os limites da terça de que só lhe é permitido dispôr*".[141]

Em nosso sistema normativo, a testamentaria remunerada é a regra. Ao testamenteiro se concede uma remuneração pelos seus trabalhos. Daí a expressão utilizada: *prêmio*, que não é favor, nem liberalidade, e sim gratificação, recompensa, como bem ilustra Carlos Maximiliano.[142] Portanto, não faz jus ao prêmio o testamenteiro relapso ou suspeito, o que dá causa a retardamentos sucessivos ao inventário, o que não comparece aos atos judiciais para os quais é chamado, o que deixa de prestar contas ou não o faz satisfatoriamente, por mera negligência ou dolo, e assim por diante. Igualmente não faz jus a prêmio o testamenteiro, se o testamento vem a ser anulado, porque seria o mesmo que se admitir pagamento sem causa.

O juiz só arbitra o prêmio, quando o testador não o fez. Se o testador arbitrou o prêmio em 30% sobre o valor da herança testada, é esse valor que se paga, não a taxa variável de 1 a 5% sobre a herança líquida – que assim se torna depois da venda dos bens inventariados

---

140 *Consolidação*, p. 532.
141 *Ibidem*, p. 533.
142 Ob. cit., vol. III, p. 219.

(RE nº 55.651, j. em 25.09.1964, rel. Min. Hermes Lima, Segunda Turma, STF).

Desde que o percentual ou valor fixado pelo testador não onere em demasia os herdeiros, nem prejudique as legítimas, será possível admiti-lo no juízo do inventário. Também por isso, se o valor fixado pelo testador for manifestamente ínfimo ou aviltante, poderá o juiz majorá-lo, se se demonstrar o erro do testador na estimativa do vulto dos trabalhos que seriam desenvolvidos. Ao fixar o valor da remuneração do testamenteiro, o juiz levará em conta o montante partível, a complexidade dos trabalhos desenvolvidos pelo testamenteiro e o desenvolvimento do processo, como, p. ex., a sua duração e grau de litigiosidade. Quanto maior o valor da herança, menor tenderá a ser a taxa variável, para que não se avilte a herança, nem se prejudique os herdeiros.

Se o testamenteiro não for inventariante, não lhe caberá a administração do espólio, por isso que seus trabalhos não renderiam tanto esforço a ponto de justificar percentagens tão altas ou significativas. Na esteira do que preconizado por Pontes de Miranda, constituem elementos aumentativos da gratificação ou prêmio *"a) Exercer o testamenteiro a função de inventariante, que devia caber ao cabeça-de-casal, ou ao herdeiro, e só em falta dêles lhe toca (art. 1.579, § 3º); b) Exercer a função de cabeça-de-casal, pois, então, tóda a herança está distribuída em legados e lhe fica tóda a responsabilidade hereditária (art. 1.769); c) Ter havido luta na defesa (vitoriosa) de disposições restritas, apostas pelo testador à herança ou legado; d) Não haver contrato de honorários pagos pelo espólio ou pelas quotas dos herdeiros, para auxiliar o exercício da testamentaria ou dêle e do inventário; e) Dificuldade, ou longa duração, como conversão de juros em apólices, no cumprimento dos encargos, ou legados; f) Correção, presteza, dedicada exatidão no exercício do cargo, elemento que, na boa ordem dos serviços forenses, não pode deixar de conferir certo valor qualitativo ao trabalho do profissional."*[143]

---

143 Ob. cit., LX, p. 154.

Mas se o valor fixado pelo testador superar o teto máximo que a lei prevê de arbitramento judicial, sustenta-se tratar-se de liberalidade.[144] Concordamos, porém, com Clóvis Paulo da Rocha, ao acentuar que o *quantum* da vintena foi fixado pela lei em percentual máximo de 5%, quando arbitrada pelo juiz, sem distinguir vintena de liberalidade, quando o testador fixasse percentual superior.[145] Há que examinar as hipóteses de cada caso. Se, por exemplo, o testador testou determinado bem, arbitrando em 20% o valor do prêmio sobre o legado, não houve excesso, nem liberalidade extra. Basta verificar que, nos termos do art. 1º do Decreto nº 48.456/60, *"entende-se por valor corrente a que se refere a alínea b do art. 4º da Lei 1.521, de 26 de dezembro de 1951,[146] aquele constante das cotações oficiais ou de bolsas de mercadorias ou notoriamente atribuído, em geral a determinados produtos, e por valor justo se entende aquele que representa a soma do preço do custo, transporte e tributos, acrescida de 20%"*. A vintena (ou vigésimo), pois, como o nome já diz, foi respeitada, na hipótese aci-

---

144 Cf. leciona Carlos Maximiliano, "quando a vintena ultrapassa o limite legal de 5% e toma, em conseqüência, as proporções de verdadeira liberalidade, entra, *quanto ao excesso*, no rateio dos legatários, se o monte partível, ou a cota disponível, não basta para satisfazer todos os legados; por outro lado, verificando-se concurso de credores, aquêle excesso é excluído do mesmo, não é atendido; procede-se em relação a êle, como se fôra um legado, não – dívida da sucessão, e, portanto, não pode ser pago, desde que o falecido estava insolvente, assumira responsabilidades absorvedoras do espólio inteiro. Em resumo: o prêmio razoável não se considera benefício, porém dívida da sucessão, rateável entre os demais débitos quando êstes absorvem a fortuna do defunto; no que excede a cinco por cento, equipara-se ao legado, para os efeitos fiscais, para o rateio dos legados, e para não ser pago, se o ativo do falecido era inferior ao passivo" (ob. cit., p. 225). Contra, Clóvis Paulo da Rocha, *apud* Orosimbo Nonato, ob. cit., vol. III, p. 356. Conforme Itabaiana de Oliveira: "A vintena é despesa judicial isenta de impôsto de transmissão" (ob. cit., vol. 2, p. 688).

145 *Ibidem*, mesma página.

146 Art. 4º, "b", da Lei nº 1.521/51: *"Obter ou estipular em qualquer contrato abusando de premente necessidade, inexperiência ou leviandade de outra parte lucro patrimonial que exceda o quinto do valor corrente ou justo da prestação feita ou prometida."*

Do Testamenteiro (Art. 1.987)   433

ma. O próprio Código de Processo Civil estabelece como parâmetro de fixação dos honorários advocatícios o vigésimo (art. 20, § 3º). É a prudência que se recomenda em todo e qualquer caso. Sob as vestes de *vintena*, é que não se admite possa o testador, pretendendo beneficiar o testamenteiro, aquinhoá-lo de legado isento do imposto de transmissão.

2. Salvo disposição testamentária em contrário, o testamenteiro, que não seja herdeiro ou legatário, terá direito a um prêmio

A regra geral é a de que a testamentaria seja remunerada, mesmo porque o art. 1.138 do CPC disciplina que: "O testamenteiro *terá* direito a um prêmio..." Não se diz: "O testamenteiro *poderá* ter direito a um prêmio, segundo as circunstâncias do caso e a vontade do testador." Como, porém, a vontade do testador é soberana, o atual Código explicitou que, *salvo disposição testamentária em contrário*, o testamenteiro que não seja *herdeiro* (leia-se *instituído*, cf. Clóvis Beviláqua,[147] Orosimbo Nonato,[148] Pontes de Miranda,[149] Itabaiana de Oliveira[150] e João Luiz Alves),[151] ou legatário, *terá direito a um prêmio*.

Efetivamente, como ponderado por João Luiz Alves, "o herdeiro necessário recebe a herança (legítima), *ex vi legis* e não é obrigado a servir, gratuitamente, o cargo de testamenteiro".[152] Já, o herdeiro legítimo não necessário, como, p. ex., o colateral, se tivesse de exercer o *munus*, sem direito a paga, o faria gratuitamente, apenas ele, en-

---

147 Ob. cit., vol. II, p. 984.
148 Ob. cit., vol. III, p. 366.
149 Ob. cit., LX, p. 162.
150 Ob. cit., vol. 2, p. 692.
151 Ob. cit., vol. 3, p. 170.
152 *Ibidem*, mesma página. Contra, Carlos Maximiliano, ob. cit., vol. III, p. 227: "*Exclui-se, portanto, da percepção da* vintena *apenas o herdeiro, necessário ou simplesmente*

quanto o herdeiro necessário, que a lei põe a salvo limitando a porção disponível do testador, receberia remuneração.[153] Note-se, por outro lado, que o herdeiro legítimo, não necessário, só concorre na sucessão legítima, se não houver herdeiro necessário. Assim, p. ex., se o testador houver deixado todo o seu patrimônio a um terceiro totalmente estranho ao quadro sucessório, o herdeiro legítimo, que nada recebeu a qualquer título da herança, seria instado a trabalhar *de graça*. Certo, ninguém é obrigado a trabalhar *de graça,* nem por isso mesmo é obrigado a aceitar algum cargo, menos ainda de testamenteiro em tais condições. Mas não é isso o que a lei estabelece ou pretendeu estabelecer. Se o testamenteiro aceitou o cargo, quando o testador simplesmente silenciou-se a respeito da remuneração que seria devida àquele, faz jus ao prêmio, se não for herdeiro instituído ou legatário.

O herdeiro instituído já se paga com a herança testamentária. O mesmo se dá com o legatário. Aliás, tanto o herdeiro instituído, quanto o legatário, poderão preferir o prêmio à herança ou ao legado (art. 1.988). Trata-se, porém, de uma presunção que a lei estabelece: a de que o herdeiro instituído ou legatário, por já haverem sido aquinhoados com a herança ou legado, não receberiam a *vintena*, se nomeados fossem testamenteiros, como adverte Pontes de Miranda: "Finalmente: o art. 1.766 contém *presunção* contra o herdeiro testamentário ou legatário, presunção *da vontade do testador*, criada pela lei, mas elidível pelas provas de ser diferente o que *queria* o testador. Para que intervenha o art. 1.766, é preciso que o testamenteiro seja algum dos nomeados no testamento. Após a análise das relações, podemos induzir: *a natureza técnica do art. 1.766 era a de regra legal que mandou presumir paga a remuneração dos legatários ou herdeiros instituídos quando forem êles os*

---

legítimo, que recebe mais que os outros, isto é, quando aquinhoado com algo além do que a lei lhe concede." Igualmente contra, Carvalho Santos, ob. cit., vol. XXIV, p. 299.

153 Clóvis Beviláqua, ob. cit., vol. II, p. 985.

testamenteiros nomeados no testamento ou subentendidos por se não mencionar nenhum executor."[154]

Portanto, se o testador quis e disciplinou de modo diferente; isto é, fixou vintena em favor do herdeiro instituído e do legatário, nomeados testamenteiros, prevalece a sua vontade, desde que preservadas as legítimas. Nesse caso, pagam-se ao herdeiro instituído e legatário com as verbas da porção disponível. É o que se dessume da regra consubstanciada na parte primeira do dispositivo sob comento: *"Salvo disposição testamentária em contrário."* Ao testador, por conseguinte, é indiferente se o testamenteiro é herdeiro instituído ou legatário. Se nada menciona sobre a vintena, não se arbitra, nem se paga vintena ao instituído ou legatário testamenteiro. Se o testador fixou a vintena, cumpre-se a sua vontade. Se o testador previu que fosse paga remuneração ao instituído ou legatário, sem arbitrá-la, o juiz arbitra o prêmio de 1 a 5% sobre o valor da herança líquida.

Da mesma forma que o testador pode fixar e mandar pagar um prêmio ao herdeiro instituído ou legatário, pode também estabelecer a gratuidade do *munus*, em relação a qualquer testamenteiro, seja ele herdeiro necessário, legítimo, ou não. A testamentaria é remunerada em relação aos herdeiros necessários e legítimos, até que o testador diga o contrário. É gratuita em relação aos herdeiros instituídos e legatários, se o testador também não dispuser de forma diversa. Se se estabeleceu a gratuidade e ainda assim houve aceitação do cargo por algum herdeiro, é indiscutível que esse herdeiro já não poderá no futuro pleitear alguma remuneração. De um modo geral, porém, se o testamenteiro se esmerou no cumprimento das disposições testamentárias, em árdua tarefa, trilhada por anos a fio de luta etc., p. ex., deve, sendo merecedor, receber a paga correspondente aos trabalhos desenvolvidos, porque a ninguém é dado locupletar-se indevidamente às custas de outrem. Pode o juiz, exa-

---

154 Ob. cit., LX, p. 162.

minando as circunstâncias de cada caso, excepcionalmente, decidir de forma diversa daquela apregoada pelo testador, que, se tivesse previsto tal ou qual situação, teria, a bem da razão e do bom senso, estabelecido remuneração àquele que fez por merecê-la.

Quanto ao testamenteiro dativo propriamente dito, pessoa estranha e da confiança do juiz, este fixa o prêmio, ainda que o testador nada tenha referido ou haja estabelecido gratuidade em relação a quem se não dispôs ou não pôde aceitar a incumbência. Entendemos que o critério para estabelecer o valor do prêmio é o mesmo que aquele previsto no artigo sob comento, muito embora não tenha a lei estabelecido critério específico em relação ao inventariante dativo (Agravo de Instrumento nº 216.400-1 – Osasco – Agravante: Miguel Soares de Araújo Filho, assistido por sua Curadora – Agravado: Haydee Marques do Rosário. Segunda Câmara Civil, j. em 29.11.94, rel. Des. Walter Moraes, TJSP). Como quer que seja, a gratificação deve ser arbitrada pelo juiz pela sua prudente ponderação.

Sem razão ao nosso modesto ver a decisão da Eg. 2ª Câmara de Direito Privado do Tribunal Bandeirante, ao refutar ponderáveis argumentos do Prof. Vicente Greco Filho trazidos à colação naquele julgado, no sentido de que, havendo alteração da pessoa do testamenteiro, justificável a conclusão de não mais vigorar a condicionante da renúncia à *vintena* inserta em testamento e ausente do codicilo em que nomeado o testamenteiro substituto, porque não era mesmo caso de exigir um novo testamento para revogação da cláusula de nomeação (Agravo de Instrumento nº 198.113-4 – São Paulo – Agravante: Fundação Salvador Arena – Agravado: Mario Engler Pinto Júnior – Voto nº 10.757 – São Paulo, 21 de agosto de 2001, rel. Des. Roberto Bedran, TJSP).

Já se disse que a nomeação de testamenteiro não depende de testamento. Na hipótese tratada no julgado acima, o testador havia inscrito no testamento cláusula segundo a qual a aceitação do cargo de testamenteiro ou o exercício simultâneo de inventariança por qualquer dos nomeados implicaria automática renúncia ao reconhecimento de qualquer importância a título de prêmio ou remuneração, fazendo jus apenas ao reembolso das despesas efetivamente incorridas para o cumprimento do testamento e desempenho da inventariança. Outros testamentos, segundo refere o aresto, foram lavrados contendo a mesma cláusula, ao cabo dos quais, por meio de codicilo, o testador nomeou outros testamenteiros, silenciando-se sobre a vintena e sobre a renúncia. Ora, a testamentaria gratuita em nosso sistema constitui exceção.[155] Para que prepondere a gratuidade, é necessário que haja cláusula expressa nesse sentido por parte do testador. Se por codicilo, nomeou-se testamenteiro e não se fixou a vintena, que representa cláusula acessória do cargo (não da deixa testamentária), e, portanto, não exclusiva nem indispensável ao testamento (do contrário, nenhum sentido haveria em nomear-se testamenteiro em codicilo), outra terá sido a condição para o cargo, rendendo ensejo a outro critério de aferição pelo juiz, que, como vimos, não está adstrito à cláusula de exoneração, se circunstâncias houverem para justificar-se a fixação, aumento ou redução.

Não fosse assim, e o juiz não poderia nunca fixar a *vintena* em prol do testamenteiro dativo, se nenhum dos nomeados aceitasse assumir a testamentária gratuita. Em outras palavras, exemplificando, um testamenteiro dativo então designado pelo juízo ao término do inventário fatalmente acabaria sendo mais remunerado que aquele que

---

155 Segundo consagra o próprio aresto, com arrimo em escólios do Prof. Humberto Theodoro Junior, *"a liberdade, neste campo, é irrestrita. O que se tem é uma diversidade de sistemas que procuram regular as hipóteses de omissão do testamento. Estabelecem alguns ordenamentos, como o português, o espanhol e o italiano, ser gratuita a prestação de serviços se omisso o testador. Outros, como o alemão, o suíço e o brasileiro, adotam solução diversa: na omissão do testamento, faz jus o testamenteiro a um prêmio. No direito brasileiro, na hipótese de não ter o testador disciplinado a remuneração devida ao testamenteiro, o valor do prêmio será arbitrado pelo juiz no percentual mínimo de 1% e máximo de 5% de herança líquida (art. 1.138 do CPC). A lei, portanto, atua apenas em caráter supletivo, isto é, no caso de inexistir qualquer disciplina a respeito no testamento".*

438 Comentários ao Código Civil Brasileiro

arduamente desempenhou o labor durante vários anos. O caso aqui discutido comporta ainda uma outra peculiaridade. No inventário em que emergiu o incidente relativo à fixação da *vintena*, o testador havia testado seus bens para uma fundação, não havendo nenhum herdeiro necessário e o juízo fixara a *vintena* em patamar mínimo (1%).

3. Que, se o testador não o houver fixado, será de 1 (um) a 5% (cinco por cento), arbitrado pelo juiz, sobre a herança líquida

Como anteriormente explanado, se o testador arbitrar o prêmio, vale a fixação feita na disposição testamentária, ainda que o valor arbitrado exceda a 5% (cinco por cento) sobre a herança líquida ou seja inferior a 1% (um por cento). Em casos excepcionais, poderá ser revista a fixação do prêmio pelo juiz. O testador pode ter cometido algum equívoco ou não ter previsto determinada circunstância, que se soubesse, outra teria sido a fixação, já que, p. ex., alheio ao mundo dos negócios etc. Vale a cláusula *rebus sic stantibus* tanto para a hipótese de ser nomeado testamenteiro quem demonstrou ser indigno do cargo e da fé do testador, quanto para a hipótese de arbitramento de prêmio que se revelou aviltante dos trabalhos desenvolvidos.

Em relação à base de cálculo da vintena, resta verificar se deve ou não recair sobre a herança líquida ou a porção disponível. Herança líquida, na acepção de Clóvis, é o monte deduzido das dívidas do falecido, as despesas funerárias, as de sufrágio da alma, quando por ele ordenadas e as do inventário.[156] Vale destacar abaixo excelente julgado que bem sintetiza a questão, de lavra do Ministro Eduardo Ribeiro, no REsp. nº 39.891-6 – SP:

---

156 *Código civil...*, vol. II, p. 986.

Do Testamenteiro (Art. 1.987) 439

"A questão relativa ao arbitramento da vintena do testamenteiro de há muito suscita discussões, a que o vigente Código de Processo Civil bem poderia ter posto fim, mas não o fez. Dispõe o art. 1.138, § 2º, daquele Código que o prêmio não poderá exceder cinco por cento e será calculado sobre a herança líquida. Acrescenta que, havendo herdeiros necessários, será deduzido somente da metade disponível. A redação é idêntica à do § 1º do art. 548 do Código de 1939. Em substância não se distingue do contido no art. 1.766 do Código Civil, com a só diferença de esse estabelecer limite entre um e cinco por cento e o texto vigente referir-se apenas ao teto. Da leitura do acórdão recorrido conclui-se haver aderido ao entendimento de que a base para o cálculo não compreenderá a parcela indisponível. Assim, havendo herdeiros necessários, o percentual fixado incidirá apenas sobre a parte de que o autor da herança poderia dispor. Com a devida vênia, não me parece aceitável essa interpretação. A norma em exame cuida de duas coisas distintas. Uma, a base de cálculo. A outra, a parte da herança que deverá responder pelo pagamento. Para chegar-se ao montante a ser pago ter-se-á em conta a herança líquida. As legítimas dos herdeiros necessários, entretanto, ficam preservadas, não atingidas por esse encargo. Daí que será ele 'deduzido da metade disponível'. O que a lei estabeleceu foi que o prêmio será tirado, subtraído, descontado, abatido da metade disponível. Não, que se haveria de deduzir metade para proceder-se ao cálculo. A questão mais se tem colocado, entretanto, quando se cuida de verificar como se há de entender o que seja herança líquida, para os fins em exame. Parte da doutrina, liderada por Clóvis, sustenta que será a testamentária. 'Se a sucessão for em parte legítima e em parte testamentária', escreveu, 'por ter o de cujus *usado do seu direito de disposição* causa mortis, *somente sobre a parte contemplada no testamento pode ser calculado o prêmio' ('Código Civil Comentado de 1939', vol. VI, observações ao art. 1.766). Entre seus seguidores atuais mencione-se Caio Mário da Silva Pereira ('Instituições de Direito Civil', 1987, vol. VI/227). Autores de não menor peso, entretanto, defendem o entendimento de que a herança líquida, que servirá de base de cálculo, compreende todos os bens e não apenas aqueles de que se dispôs em testamento. Assim, Carlos Maximiliano ('Direito das Sucessões', 1943, vol. III/236 e seguintes) e Pontes de Miranda ('Tratado dos Testamentos', vol. V/276 e seguintes). Dos atuais, Alcides de Mendonça Lima ('Comentários ao CPC', 1982, RT, vol. XII/291-2). Tenho para mim que os termos da lei não permitem a interpretação de que o cálculo terá como base tão-só os bens que foram objeto de disposição por testamento. Certo que o Código Civil referia-se a cálculo sobre toda a herança líquida e o Código de Processo Civil suprimiu o adjetivo 'toda'. Isso, entretanto, me parece irrelevante. Importa o fato de estabelecer como base a herança líquida, sem fazer limitações. Pretendesse cingi-la à chamada heran-*

ça testamentária seria facílimo dizé-lo. Alega-se que não se justificaria fazer incidir o percentual sobre a totalidade dos bens do espólio se o trabalho do testamenteiro refere-se a uma parte. O argumento é de Clóvis, acolhido por outros autores. A isso responde Pontes, salientando que a função do testamenteiro não se restringe à herança testamentária, cabendo-lhe também zelar pela execução da vontade do testador, ainda em relação às legítimas, como sucede nos casos previstos no art. 1.723 (ob. cit., p. 279).

Conheço do recurso, por considerar contrariado o art. 1.138, § 1º, do Código de Processo Civil, e dou-lhe provimento para que o cálculo do prêmio se faça tendo em conta o total da herança líquida e não apenas a parte disponível."

Filiamo-nos à corrente de Clóvis Beviláqua, a despeito do magistral entendimento em contrário manifestado no acórdão acima, encabeçando forte doutrina em sentido oposto. O Capítulo XIV, em que situado o dispositivo sob comento, se acha inserido no Título III (Da Sucessão Testamentária). O *herdeiro* que não for instituído ou testamentário terá direito ao prêmio, como vimos. Tudo isso revela que a *herança líquida* sobre que fará incidir o prêmio só poderia ser aquela relativa à parte disponível. O testamenteiro que, p. ex., se dispusesse a cumprir uma verba testamentária no valor de R$ 50.000,00 (cinqüenta mil reais) não poderia fazer jus a um prêmio de R$ 500.000,00 (quinhentos mil reais), calculado sobre a herança líquida da legítima. Se o seu trabalho se circunscreveu a uma mera administração sobre o que recebera, não poderia receber algo mais pelo que não se responsabilizou, nem contribuiu, sob pena de enriquecimento sem causa. Se o testamenteiro é universal, cuida da herança como todo, exerce função de inventariante e tem direito a prêmio nessa condição de inventariante (art. 919, CPC). A propósito, se expressava favoravelmente Orosimbo Nonato em torno da tese contrária que defendemos, quando o Código revogado adotava a expressão *toda a herança líquida*, visando com isso, segundo o emérito jurista, exprimir a idéia de *"extensão completa da 'herança líquida'"*,[157] o que não mais se sucede no novo texto.

---

157 Ob. cit., vol. III, p. 383.

Do Testamenteiro (Art. 1.987)

Transcreve Carvalho Santos interessante trecho de acórdão exarado em agravo de petição, inserto na *Revista dos Tribunais* nº 101, p. 615, para sustentar opinião contrária ao aresto com o qual concordamos, aduzindo o que segue:

> "*2º*) – *'A vintena, como lembra o professor Morato, é prêmio, e prêmio* pro labore, *paga de serviço. Não se concebe, em Direito, premiar um indivíduo por serviço que êle não fêz, como também não se concebe premiá-lo com prêmio calculado sôbre um acervo que lhe é inteiramente estranho, que êle não administrou nem liquidou'. Não importa o dispositivo no parágrafo único do artigo, que se refere apenas à dedução do prêmio da parte disponível quando houver herdeiro necessário, porque, como argumenta Clóvis Beviláqua (Ver. de Crit. Judiciária, 1-128), – 'quando a lei manda deduzir o prêmio da meação disponível, é porque sòmente sôbre ela pode a remuneração ser calculada; é porque testamenteiro supõe testamento, e a parte da herança, assegurada por lei ao herdeiro necessário, não lhe é dada por testamento, nem o testamenteiro tem de executar; é porque, atendendo à sua sistemática, o Código Civil distinguiu, no art. 1.766, a herança deferida por testamento da herança deferida por lei, e como sòmente em relação à primeira existe executor testamentário quando concorrem as duas formas de sucessão o Código previne que o prêmio do executor testamentário não se refere à metade dos bens da qual não pode cometer ao testamenteiro a entrega dos bens, por isso mesmo que a lei os deu ao herdeiro necessário.'*"[158]

Se o testador confiou ao testamenteiro a fiscalização quanto à clausulação das legítimas (art. 1.848), o prêmio a ser arbitrado seria pago à conta da parte disponível (parágrafo único). Esse trabalho de fiscalização não poderia ser equiparado a quem distribui os quinhões aos herdeiros e administra o espólio. Não tem o testamenteiro fiscalizador mais direitos que o inventariante administrador, pelo que também a base de cálculo da vintena nesse caso deveria partir da mesma fonte de custeio – a parte disponível. Resguardadas as peculiari-

---

158 Ob. cit., vol. XXIV, p. 312.

dades de cada caso, o prêmio do testamenteiro particular tem como base de cálculo a herança líquida testamentária. Não nos convencem as argutas fundamentações em sentido contrário, de lavra de outros juristas de tomo, como é o caso de Burle de Figueiredo.[159] Nem o Código de Processo Civil, mormente agora em que editado novo texto do Código Civil, poderia ir tão longe.

Considera-se como despesa judicial a vintena, razão pela qual goza de privilégio (arts. 964, I, e 965, II). A *vintena* é paga em dinheiro, *pro labore et administratione*, não em bens, conforme acentua Carlos Maximiliano.[160] Mas em relação ao cônjuge meeiro do testador, o Código de Processo Civil, em seu art. 1.139, excepciona essa regra, possibilitando que o pagamento do prêmio seja feito, mediante adjudicação de bens da testamentaria, como o fazia o art. 549 do Código de 1939.[161] Não há, dessa forma, mais controvérsias a respeito do fato de o cônjuge meeiro ser ou não beneficiário de prêmio pelo cargo de testamenteiro. Como pondera Orosimbo Nonato, *"o tema não se achava considerado no Código Civil, pelo menos diretamente, e a doutrina lhe dava solução vária e desuniforme. Entretanto, o Código de Processo Civil deu-lhe desate favorável à possibilidade de prêmio"*.[162]

O legado remuneratório é vintena. Lega-se determinado bem com o ônus de o beneficiário aceitar a testamentaria. Presume-se que o testador houvesse feito o legado como forma de compensar o testamenteiro pela execução do testamento, se não houver declarado outra coisa. Assim, salvo disposição em contrário do testador, o lega-

---

159 Bem ilustradas na obra de Orosimbo Nonato (ob. cit., vol. III, p. 388).

160 Ob. cit., p. 225.

161 Clóvis Paulo da Rocha é da opinião de que o direito de adjudicação se deva esténder ao testamenteiro herdeiro em pagamento de seu prêmio (*apud* Orosimbo Nonato, ob. cit., vol. III, p. 378).

162 Ob. cit., vol. III, p. 370.

tário não tem lugar a prêmio. Muito embora não se considere legado remuneratório aquele deixado à mulher e filhos, o legatário não faz jus a prêmio, se o testador nada mencionou.

O cônjuge meeiro do herdeiro instituído ou legatário também não tem direito a prêmio, conforme estatui o art. 1.138, §2º, do CPC. Essa era a solução adotada pelo Código de 1939, que, em seu art. 548, § 2º, predispunha que: *"Sendo o testamenteiro casado com herdeira ou legatária do testador, não terá direito ao prêmio, se o regime fôr de comunhão de bens."* Mas a regra é de natureza dispositiva, como sói ocorrer na grande maioria dos textos normativos relativos às disposições testamentárias, de forma que, se o testador fixar o prêmio em favor do testamenteiro casado em comunhão de bens com a legatária, cumpre-se a sua vontade, como se cumpre, se houver arbitrado prêmio ao legatário ou herdeiro instituído. Se nada mencionar, o juiz não arbitra o prêmio, se o testamenteiro for cônjuge meeiro do herdeiro instituído ou legatário, a menos que o testador tenha deixado legados a mais de uma filha casada sob o regime de comunhão de bens, como ressalta Clóvis Beviláqua.[163] Sustenta-se, em abono do não-pagamento do prêmio, que o marido já obtém vantagens da sucessão de sua mulher, e, dessa forma, ficaria compensado do seu trabalho como executor do testamento.[164] A regra vale também para a testamenteira mulher, casada em regime de comunhão de bens com o legatário, obviamente. Se a deixa contém cláusula de incomunicabilidade, não vemos impedimento no sentido da fixação de prêmio ao testamenteiro, como anota Pontes de Miranda.[165]

---

163 *Cód. civil...*, vol. II, pp. 985-986. Nesse caso, a presunção de legado remuneratório cede, em face da circunstância de haverem outros legatários em situação semelhante àquela com quem o testamenteiro contraiu matrimônio.

164 Clóvis Beviláqua, *Cód. civil...*, vol. II, p. 985; Itabaiana de Oliveira, ob. cit., vol. 2, p. 693.

165 Ob. cit., LX, p. 166.

4. Conforme a importância dela e maior ou menor dificuldade na execução do testamento

O art. 1.139 da Consolidação de Teixeira de Freitas balizou alguns critérios de fixação da remuneração do testamenteiro que foram absorvidos pelo texto do Código revogado, sendo transportados para o novo Código. Ao contrário da Consolidação, porém, o legislador silenciou-se sobre os costumes do *lugar*, que, em nosso entender, devem servir também de paradigma para o arbitramento do prêmio *o costume do lugar*. Afinal, os costumes também constituem fonte de direito. Nada impede que o juiz, atento aos usos e costumes do lugar, guiando-se em jurisprudência dos tribunais, faça valer o cálculo do prêmio.

A título exemplificativo, a lei estabelece critérios que são normalmente utilizados pelos juízes nos arbitramentos dos honorários advocatícios, *mutatis mutandis*: valor da causa e complexidade do processo. Nada impede que outros mais aplique o juiz, uma vez que tais critérios servem apenas de parâmetros para arbitramento e não de limites ou restrições.

Sobre ser o prêmio devido ao testamenteiro, mesmo quando o passivo for superior ao ativo, posiciona-se Itabaiana de Oliveira.[166] Cumpre ressaltar que, se houve por parte do testador disposição sobre toda a parte do espólio restante, depois de atendidas as *legítimas*, ou se a deixa testamentária superar as legítimas, da cota disponível se deduz a *vintena*, tirada das heranças dativas em proporção. Se a cota disponível foi toda distribuída em legados, providencia-se o rateio entre os legatários. Não havendo legítima e se o espólio inteiro for absorvido pelas liberalidades, ou pelas mesmas excedido, o prêmio do testamenteiro é deduzido do rateio das heranças dativas ou dos lega-

---

166 Ob. cit., vol. 2, p. 689. Nesse sentido, Carlos Maximiliano, ob. cit., nº 1.392: "remuneração eqüitativa".

Do Testamenteiro (Art. 1.987)

dos, se não houver instituição de herdeiro, em proporção ao valor dos mesmos.[167] Sem razão a nosso ver posição daqueles que defendem seja possível onerar os credores com o pagamento da vintena.

5. O prêmio arbitrado será pago à conta da parte disponível, quando houver herdeiro necessário

Sim, porque a fonte de custeio do prêmio não poderia sair da legítima (arts. 1.846 e 1.967), a menos que todos os herdeiros necessários concordassem. O prêmio é arbitrado sobre a herança líquida testamentária, porção disponível, se houver herdeiros necessários. É sobre essa porção que se arbitra e se paga. Sem razão, ao nosso ver, como já enfatizamos, a diferenciação feita por prestigiosa doutrina, em termos de base de cálculo e fonte de pagamento. Sustenta-se em contrário da nossa concepção que a base de cálculo do prêmio, havendo ou não herdeiros testamentários ou legatários é sempre a herança líquida do espólio. Paga-se, porém, ao testamenteiro com recursos da disponível. Ora, como vimos, se as liberalidades não chegam a 1/10 das legítimas, p. ex., um testamenteiro que se encarregasse de executá-las pura e simplesmente, sem maior sacrifício e sem ter laborado como administrador do espólio, receberia remuneração igual ou superior à do inventariante, acarretando gravames aos legatários e instituídos, que poderiam se ver total ou parcialmente privados dos legados e das heranças, inclusive, frustrando a própria vontade do testador.

Não havendo sucessores forçados, o testador poderá dispor da totalidade do acervo que possuir. Nesse caso, se o testador, p. ex., distribuiu a herança toda em legados, nenhum legatário recebe a posse da coisa legada. É o testamenteiro que passará a exercer a posse e a administração da herança, na condição de inventariante (art. 1.990).

---

167 Cf. Carlos Maximiliano, ob. cit., nº 1.392.

446 Comentários ao Código Civil Brasileiro

O prêmio incidirá sobre a herança líquida, que corresponde a tudo aquilo que foi testado, menos as dívidas do falecido, as despesas funerárias, as de sufrágio da alma, quando por ele ordenadas e as do inventário.

Havendo mais de um testamenteiro, nomeado de forma conjuntiva, dividirão igualmente entre si o prêmio arbitrado pelo testador, ou pelo juiz, assim como o legado remuneratório. A parte do que eventualmente faltar ou for excluído acresce à dos demais.[168] Se os testamenteiros forem sucessivos, ou separados por função, de acordo com o tempo, lugar etc., divide-se o prêmio entre eles, na proporção do trabalho desenvolvido por cada um.

Enquanto não julgadas como boas as contas prestadas pelo testamenteiro, não faz jus ele ao prêmio. A título exemplificativo, tal gratificação ou prêmio podem reverter em favor da herança, se o juiz remover o testamenteiro, por haver considerado imprestáveis as contas prestadas, e assim por diante. O arbitramento feito, porém, não gera condição de imutabilidade. Pode o juiz rever o valor arbitrado, reduzi-lo, se julgar excessivo ou aumentá-lo, se verificar que incompatível com a complexidade dos trabalhos.

> **Art. 1.988. O herdeiro ou o legatário nomeado testamenteiro poderá preferir o prêmio à herança ou ao legado.**
>
> **Direito anterior: Art. 1.767.** O testamenteiro que for legatário poderá preferir o prêmio ao legado.[169]

COMENTÁRIOS

1. O herdeiro ou o legatário nomeado pelo testamenteiro

Também o herdeiro nomeado pelo testamenteiro pode preferir o prêmio à instituição. Essa orientação já era seguida pelo art. 548, § 3º,

---

168 Exceção feita às hipóteses de remoção ou não-cumprimento do testamento (art. 1.989). Em tais hipóteses, o prêmio reverte em favor da herança.
169 Legislação comparada: Código Civil mexicano: art. 1.742.

do Código de Processo Civil de 1939: *"Será lícito ao testamenteiro preferir o prêmio à herança ou legado."* Carvalho Santos, a propósito, entendia, consoante a redação dada ao art. 1.767 do Código revogado que *"o herdeiro, porém, não tem direito de abandonar a herança, para reclamar o prêmio. A herança não é remuneratória e êle representa a pessoa do testador, cuja vontade é obrigado a fazer cumprir. Se o herdeiro renuncia à herança, perde a qualidade pela qual é chamado à testamentaria. Assim, se acha que a herança não corresponde ao trabalho que iria ter com a testamentaria, não aceite o encargo, recebendo como outro herdeiro qualquer, a cota que lhe caiba de direito, independentemente da testamentária".*[170]

Como já dissemos, o herdeiro a que o texto se refere é o herdeiro instituído. Quanto a este, pode optar entre receber a herança testamentária ou o prêmio. Já o herdeiro universal não pode abandonar a herança para receber a testamentaria, uma vez que é nessa qualidade de representante da pessoa do testador que deve acudir à herança e foi nomeado testamenteiro. Se ele for ao mesmo tempo herdeiro universal e instituído, nada impede que abdique a herança testamentária, em troca do prêmio, sem perder a sua condição de herdeiro universal. Certo, o herdeiro que recebe legado, pode renunciar à herança, ou aceitando-a, renunciar àqueles (art. 1.808, § 2º), o que pareceu a Pontes de Miranda *não se poder fazer dependente da aceitação da herança a do cargo testamentário.*[171] Mas aqui se trata do herdeiro que foi instituído testamentário e nomeado para o cargo de testamenteiro. Pode optar pelo prêmio, recusando a herança testamentária ou vice-versa, aceitar a herança e recusar o prêmio.

---

170 Ob. cit., vol. XXIV, pp. 315-316. No mesmo sentido, Clóvis Beviláqua, *Cód. civil,* vol. II, p. 987.

171 Ob. cit., LX, p. 174.

2. Poderá preferir o prêmio à herança ou ao legado

Se o contrário não dispuser o testador, entenda-se, aí, porque a norma é, por sua natureza, supletiva, *ex vi* do art. 1.987: "*Salvo disposição testamentária em contrário...*" Se o testador testou herança ou legado expressando que o fazia em favor do instituído, em caráter remuneratório, à guisa de compensação pelos trabalhos a serem desenvolvidos na condição de testamenteiro, não compete a este optar entre o prêmio e à herança ou legado, pois, do contrário, frustrar-se-ia a vontade do testador. O prêmio, nesse caso, é representado pelo legado ou herança remuneratória. O testador deixou prefixado o prêmio, representado pelo legado ou herança testamentária. Aceito o legado ou herança, não cabe ao testamenteiro recusar o cargo. Se assim o fizer, haver-se-á como não aceito o legado ou a herança, porque a aceitação não pode ser feita, sob condição ou a termo (art. 1.808).

No legado presumidamente remuneratório, sem declaração expressa do testador, vale a opção que o artigo ora sob comento contempla. Pode o herdeiro testamentário ou legatário abdicar da herança ou do legado, em favor do prêmio ou vice-versa. Assim se pronunciava Clóvis Beviláqua: "*Refere-se o art. 1.767 ao legado em que o testador não declara que o deixa em compensação do trabalho, porque, havendo essa declaração, a aceitação da testamentaria importa a do legado.*"[172]

Se o testador deixou legado, com fixação de percentual de prêmio, não se aplica o dispositivo sob comento, porque não há legado aí que *remunere, mas diretamente, sem qualquer outra figura jurídica que o envolva: remuneração, percentagem, preço de serviços*, como alerta Pontes de Miranda.[173]

---

172 *Cód. civil...*, vol. II, p. 987.
173 Ob. cit., LX, pp. 173-174.

Do Testamenteiro (Art. 1.989)

Art. 1.989. Reverterá à herança o prêmio que o testamenteiro perder, por ser removido ou por não ter cumprido o testamento.

Direito anterior: Art. 1.768. Reverterá à herança, o prêmio que o testamenteiro perder, por ser removido, ou não ter cumprido o testamento (arts. 1.759 e 1.766).[174]

COMENTÁRIOS

1. Reverterá à herança o prêmio que o testamenteiro perder

As Ordenações Filipinas dispunham que o prêmio perdido era considerado resíduo e revertia à Fazenda Nacional.[175] De acordo com o sistema implantado pelo Código revogado e o atual, o prêmio deixado pelo testador reverte para o monte. Aquilo que era destacado da herança para pagamento da remuneração do testamenteiro permanece na herança. O testamenteiro que for negligente, agir com dolo, *v. g.*, de apropriação indébita, deixar de cumprir as disposições de última vontade ou abandonar o inventário, exemplificando, pode ser condenado à restituição do que recebeu, além de sofrer a pena de remoção do cargo, sujeitando-se a seqüestro dos bens confiados à sua guarda.

O testamenteiro que assume o cargo no lugar do testamenteiro removido pode receber outro prêmio, se não houver tempo hábil para

---

174 Legislação comparada: Código Civil chileno: art. 1.300; uruguaio: art. 989.

175 Cf. Pontes de Miranda, ob. cit., LX, p. 177. No mesmo sentido, Clóvis Beviláqua, ob. cit., vol. II, p. 988, fazendo remissão ao Decreto nº 834, de 02.10.1851, e à Lei nº 221, de 20.11.1894, art. 32, II. Segundo ilustra Orosimbo Nonato, *"o resíduo a ser entregue à Fazenda Nacional compunha-se, no direito antigo, de produto da venda dos bens-raízes dos testadores que até quarenta anos fôssem achados em poder dos testamenteiros, o dôbro da valia das coisas dos testadores adquiridas pelos testamenteiros ainda que para terceiras pessoas, duas partes do tresdôbro em que fôssem condenados os testamenteiros em caso de perjúrio e, por derradeiro, o prêmio por êles perdido à conta de inexecução ou execução infiel do testamento"* (ob. cit., vol. III, pp. 375-376).

450 Comentários ao Código Civil Brasileiro

a reposição pelo substituído, ou se este não for encontrado, nem houver bens para execução, ou se houver cumprido em parte os serviços a que se comprometera executar. Tudo dependerá da análise das circunstâncias do caso. Se quem sucede, é obrigado a refazer os serviços do antecessor, por inteiro, resta óbvio que a paga deve ser integral, por exemplo.

O testamenteiro que prestou contas aprovadas pelo juiz tem direito à paga. Se depois de pago o prêmio, o testamento vem a ser anulado, não nos pareceria correta uma restituição pelo testamenteiro, salvo conduta culposa. De nenhuma utilidade haveria a restituição nesse caso, porque a herança responderia pelos serviços que foram executados. Não haveria aí pagamento sem causa, mas remuneração por serviço prestado, em prol da vontade do testador.

Se o testador não fixou o prêmio e o testamenteiro se mostrou inábil, incompetente, negligente, o juiz o remove do cargo, de modo que não há reversão do prêmio ao monte, porque prêmio sequer se fixou. Não há nesse caso bens separados para pagamento do prêmio, uma vez que o juiz impôs a pena de remoção ao testamenteiro, afastando-o do cargo.

2. Por ser removido ou por não ter cumprido o testamento

A remoção do testamenteiro é pena, e, como tal, deve ser fundamentada pelo juiz, ouvindo-se antes o testamenteiro. Aplica-se ao testamenteiro prevaricador, suspeito, corrupto e negligente. É merecedor de reprimenda aquele que sonega, desvia verbas, não presta contas, forja recibos, ou presta mal as contas exigidas, recebe propinas de herdeiro, não promove a inscrição e especialização da hipoteca legal, abandona o inventário, sendo testamenteiro universal, não leva a registro o testamento, e assim por diante. Fica sujeito à reposição do prêmio mais perdas e danos, além das penalidades crimi-

Do Testamenteiro (Arts. 1.989 e 1.990)

nais. Impossível seria prever todos os casos. Contenta-se a lei com a falta culposa ou dolosa do testamenteiro, na administração e execução do testamento, independentemente do resultado. Com uma tal conduta assim reputada nociva, mostra-se o testamenteiro indigno da fé do testador e do cargo que ocupa. O herdeiro indigno, da mesma forma, não pode ser testamenteiro, claro. Se a indignidade foi agitada durante o inventário, cumpre ao juiz acautelar-se, afastando o testamenteiro indigno, se houverem indícios suficientes de culpa.

Se o testamenteiro, apesar de honesto e diligente, não conseguiu cumprir o testamento, no prazo, também não recebe remuneração, a menos que seja relevado o atraso pelo juiz, por motivo justo, como é a força maior ou o caso fortuito, exemplificando (art. 393). Se cumpriu em parte o *munus*, por motivo invencível, tem direito a prêmio proporcional ao trabalho executado.

Se o testamenteiro vem a falecer antes de finda a execução do testamento, a seus herdeiros caberá o prêmio correspondente. No caso de testamenteiro judicial, pontifica Orosimbo Nonato, com apoio em Clóvis Paulo da Rocha, que as comissões derivadas dos processos em andamento são cabíveis em metade aos herdeiros daquele e a outra metade ao novo titular.[176]

Em se tratando de pena, a perda do prêmio não se estende aos outros testamenteiros que tenham sido nomeados pelo testador, a menos que tenham contribuído de alguma forma para o resultado.

Art. 1.990. Se o testador tiver distribuído toda a herança em legados, exercerá o testamenteiro as funções de inventariante.

Direito anterior: Art. 1.769. Se o testado tiver distribuído toda a herança em legados, o testamenteiro exercerá as funções de cabeça de casal.[177]

---

176 Ob. cit., vol. III, p. 393.
177 Legislação comparada: Código Civil argentino: art. 3.854; peruano: art. 790.

COMENTÁRIOS

1. Se o testador tiver distribuído toda a herança em legados

Nesse caso, não concorrem na sucessão herdeiros necessários, entre os quais se inclui o cônjuge. Não fosse assim, o testador não poderia dispor da totalidade do patrimônio. Havendo herdeiros necessários, a herança é em parte legítima e em parte testamentária (art. 1.789). Em tal hipótese, não tem o testamenteiro a posse e a administração da herança, e sim os herdeiros necessários, diante do preceito contido no art. 1.784 c.c. art. 1.977. Portanto, a inventariança só cabe ao testamenteiro, à falta dos herdeiros necessários (art. 1.977).

O Projeto Beviláqua dispunha, em seu art. 1.926, dispunha: *"Se o testador tiver distribuído tôda herança em legados, o testamenteiro será o inventariante, não havendo cônjuge a que deva caber o exercício dessas atribuições."* A Comissão Revisora, segundo dá conta Carlos Maximiliano, "passou a restrição final para o art. 2.123 do seu Projeto",[178] que corresponde ao atual art. 1.977 (art. 1.754 do Código revogado). Por onde se vê que o dispositivo ora sob comento deve ser cotejado com aquele do art. 1.977. Em outras palavras, onde houver herdeiros necessários, não terá aplicação o dispositivo aqui comentado e a herança não poderá ser distribuída toda ela em legados.

2. Exercerá o testamenteiro as funções de inventariante

Isto é, competindo-lhe a posse e a administração da herança. A Comissão dos Vinte e Um, da Câmara, havia preferido a expressão *cabeça-de-casal*, por ocasião do Projeto de Clóvis. Essa expressão, que foi largamente utilizada no Código revogado, para exprimir a idéia

---

178 Ob. cit., vol. III, p. 206.

de cônjuge meeiro, cedeu lugar a outras, tais como *cônjuge* (art. 1.984) e *inventariante* (no dispositivo aqui comentado).

A administração do espólio compete, em primeiro lugar, ao consorte sobrevivente que esteja coabitando com o *de cujus*, na época da abertura da sucessão, ou à companheira deste, nas mesmas condições (art. 1.797, I), e, em segundo lugar, a outro herdeiro necessário (art. 1.977). Não havendo herdeiros necessários, neles incluindo o cônjuge e o companheiro na sucessão de bens adquiridos onerosamente na constância da união estável (art. 1.790), e se a herança houver sido distribuída toda ela em legados, o testamenteiro assume a função de inventariante ou testamenteiro universal, independentemente de designação expressa nesse sentido por parte do testador (art. 1.977), porque os legatários não entram por autoridade própria na posse sobre os bens legados (art. 1.923, § 1º). Cabe ao testamenteiro cumprir os legados, transferindo aos legatários a posse sobre os bens objeto das disposições testamentárias.

TÍTULO IV
DO INVENTÁRIO E DA PARTILHA

CAPÍTULO I
DO INVENTÁRIO

1. Intróito

Com o advento da morte, dá-se o que a doutrina denomina "abertura da sucessão", afigurando-se indispensável, assim, relacionar todo o patrimônio hereditário, através de um processo judicial contencioso (CC, art. 1.796; CPC, art. 982).

Por meio do inventário,[1] os bens do *de cujus* serão arrolados, pagando-se débitos e impostos, cobrando-se dívidas para, após, com a partilha, repartir-se os respectivos quinhões hereditários.

Do latim *invenire, inventum,* que quer dizer "achar", "encontrar", consiste o inventário, na dicção de Clóvis Beviláqua, "na descripção individuada e clara dos bens da herança, sejam móveis, immóveis, dívidas activas e outros direitos".[2]

---

1   "A Lei das XII Tábuas já continha preceitos sobre o tema", consoante preconiza Paulo Cezar Pinheiro Carneiro, *Comentários ao Código de Processo Civil*, São Paulo, Forense, 2001, vol. IX, t. 1, p. 01. É importante também conferir José Cretella Júnior, *Curso de Direito Romano*, 9ª ed., Rio de Janeiro, Forense, 1998, p. 369.

2   Clóvis Beviláqua, *Código Civil dos Estados Unidos do Brasil*, 6ª ed., Rio de Janeiro, Livraria Francisco Alves, 1947, vol. VI, p. 261.

Na esteira destas considerações, o art. 982 do Código de Processo Civil preconiza a indispensabilidade da realização do inventário judicial, ainda que todas as partes sejam capazes.

O nosso Código Civil tratou, no Título IV (arts. 1.991/2.027), do regramento relativo ao Inventário e da Partilha.

Importante consignar, entrementes, que, pelo fato de neste Título conter matérias mais de natureza processual que substantiva, procuraremos, neste estudo, sempre que possível, fazer uma análise conjunta com o procedimento especial do inventário e partilha, insculpido nos arts. 982 a 1.045 do Código de Processo Civil.

Bem, esclareça-se, por primeiro, que o inventário e a partilha consubstanciam-se em um procedimento composto de duas fases bem específicas.

Segundo nos ensina Humberto Theodoro Júnior, *"o inventário (estágio inicial) consiste na atividade processual endereçada à descrição detalhada de toda a herança, de molde a individualizar todos os bens móveis e imóveis que formam o acervo patrimonial do morto, incluindo até mesmo as dívidas ativas e passivas e quaisquer outros direitos de natureza patrimonial deixados pelo de cujus. A partilha é o segundo estágio do procedimento e vem a ser a atividade desenvolvida para ultimar a divisão do acervo entre os diversos sucessores, estabelecendo e adjudicando a cada um deles um quinhão certo e definido sobre os bens deixados pelo morto"*.[3]

O nosso Estatuto Processual Civil preconiza dois tipos de procedimentos para o inventário e a partilha: trata primeiramente do rito do inventário propriamente dito (arts. 982 a 1.030) e, após, prevê um procedimento mais simplificado, denominado arrolamento (arts. 1.031 a 1.038).

Consoante se verá no decorrer do presente trabalho, o inventário, nos seus dois ritos, sempre será judicial (art. 982, CPC).

---

3   Humberto Theodoro Jr., *Curso de Direito Processual Civil*, 21ª ed., Rio de Janeiro, Forense, 1999, vol. III, p. 263.

A partilha, todavia, submeter-se-á ao crivo do Poder Judiciário, caso entendam desta forma os herdeiros, ou, ainda, poderá ser realizada extrajudicialmente. Neste último caso, afigurar-se-á indispensável a maioridade, capacidade e acordo geral de todos os herdeiros.

2. Casos em que o inventário não é necessário

Há casos, porém, em que, por disposição legal, o inventário não é necessário.

O art. 1.037 do Código de Processo Civil estabelece que "independerá de inventário ou arrolamento o pagamento dos valores previstos na Lei nº 6.858/80".

A Lei nº 6.858/80 reza, por sua feita, em seu art. 1º, que *"os valores devidos pelos empregadores aos empregados e os montantes das contas individuais do Fundo de Garantia do Tempo de Serviço e do Fundo de Participação PIS-PASEP, não recebidos em vida pelos respectivos titulares, serão pagos, em quotas iguais, aos dependentes habilitados perante a Previdência Social ou na forma da legislação específica dos servidores civis e militares, e, na sua falta, aos sucessores previstos na lei civil, indicados em alvará judicial, independentemente de inventário ou arrolamento".*

O art. 2º do mesmo dispositivo legal também assevera a desnecessidade de inventário no pagamento das *"restituições relativas ao Imposto de Renda e outros tributos, recolhidos por pessoa física, e, não existindo outros bens sujeitos a inventário, aos saldos bancários e de contas de cadernetas de poupança e fundos de investimento de valor até 500 (quinhentas) Obrigações do Tesouro Nacional".*[4]

---

4 Importante salientar que, tendo em vista que o indexador citado no dispositivo legal acima mencionado não é mais aplicado, deverá o mesmo ser apurado em reais, através de cálculos de conversão (n. a.).

Preconiza a Lei n° 8.213/91, que trata do plano de benefícios da Previdência Social, em seu art. 112, que, *"o valor não recebido em vida pelo segurado só será pago aos seus dependentes habilitados à pensão por morte ou, na falta deles, aos seus sucessores na forma da lei civil, independentemente de inventário ou arrolamento"*.

Frise-se que, nestes casos, deverá ser formulado requerimento de alvará judicial perante o juízo competente para o processamento do inventário. Tal proceder somente afigurar-se-á possível, por óbvio, no caso de impossibilidade de levantamento pelos dependentes habilitados.[5]

3. Inventário negativo

Com o escopo de se comprovar a inexistência de bens a inventariar, há um instituto denominado, pela doutrina, inventário negativo.

Há muito tempo tal instituto é utilizado em nosso direito com o fito de se obter uma sentença que diga exatamente que não há nada a inventariar.

À luz do Código Civil de 1916, segundo nos informa Silvio Rodrigues, a hipótese que mais ensejava a indispensabilidade de inventário negativo era o que dizia respeito a *"viúvos ou viúvas que tinham filhos do extinto casal, e que desejavam casar-se novamente, sem que incidisse o regime obrigatório da separação de bens"*.[6]

Agora, o art. 1.641, I, c. c. o art. 1.523, I, do novo Código Civil também assevera que é obrigatório o regime da separação de bens no casamento do viúvo ou da viúva que tiver filho do cônjuge falecido,

---

5   É do seguinte teor a Súmula 161 do Eg. STJ n° 161: *"É da competência da Justiça Estadual autorizar o levantamento dos valores relativos ao PIS-PASEP e FGTS, em decorrência do falecimento do titular da conta."*

6   *Direito das Sucessões*, 1ª ed., São Paulo, Saraiva, 2002, pp. 290-291.

enquanto não fizer inventário dos bens do casal (art. 225) e der partilha aos herdeiros.

Desta feita, com o real escopo de se evitar a "junção" de patrimônios, o art. 1.523, I, do Código Civil deixa claro que não devem casar *"o viúvo ou a viúva que tiver filho do cônjuge falecido, enquanto não fizer inventário dos bens do casal e der partilha aos herdeiros(...)"*. Vale dizer, o ato nupcial, *in casu,* consubstancia-se em verdadeiro impedimento legal.

De conseguinte, com o objetivo de o cônjuge viúvo ficar isento de tais penalidades e impedimentos, o inventário negativo tem encontrado aceitação na doutrina e jurisprudência.

Segundo nos ensina Maria Helena Diniz, *"o consorte viúvo, segundo a praxe, apresentará ao magistrado um requerimento, dentro do prazo legal do artigo 1.796 do Código Civil; porém, se ultrapassar de muito esse prazo, qualquer interessado poderá exigir que prove suas alegações por meio de testemunhas, instruído com a certidão de óbito, mencionado o nome do inventariado, dia e lugar do falecimento, declarando a inexistência de bens por inventariar e partilhar".*[7]

E prossegue a autora, *"o magistrado mandará o viúvo afirmar a verdade do conteúdo de sua petição, mediante o respectivo termo, e dar vista dos autos, em curto prazo, aos herdeiros, aos representantes da Fazenda Pública e aos curadores e órfãos e ausentes, se houver herdeiro menor, interdito ou ausente. Ouvidos os interessados, estando todos de acordo, o juiz proferirá sentença, proclamando a negatividade de inventário. Essa decisão será trasladada, mediante certidão, aos autos de habilitação matrimonial".*[8]

Portanto, segundo entendemos, o inventário negativo reveste-se de peculiar importância, notadamente quando objetiva-se comprovar de modo seguro, e sob o pálio do Judiciário, a real inexistência de bens.

---

7 *Curso de Direito Civil Brasileiro*, São Paulo, Saraiva, 2002, p. 314.

8 *Idem, Ibidem*, p. 314.

460 Comentários ao Código Civil Brasileiro

4. Ministério Público e inventário

Impende assinalar que o Ministério Público deverá oficiar como fiscal da lei nos inventários em que existam interesses de herdeiros ou legatários incapazes, como também ante a existência de testamento a ser cumprido (CPC, art. 82, I e parte final do III). De igual modo, nos incidentes em que haja interesses de incapazes.

É nulo o processo de inventário, em que haja cumprimento de testamento, se não houver a intervenção de órgão do Ministério Público, do mesmo modo que o é no caso de haver menores ou incapazes.

Isto é o que preceitua o art. 84 do Código de Processo Civil, *verbis*:

> *"Art. 84. Quando a lei considerar obrigatória a intervenção do Ministério Público, a parte promover-lhe-á a intimação sob pena de nulidade do processo."*

Consoante mencionam Sebastião Amorim e Euclides de Oliveira, *"trata-se de fiscalizar o exato cumprimento da lei, sem necessidade de vinculação aos interesses da parte. Está o Ministério Público no feito para zelar pela indisponibilidade dos direitos do incapaz, para suprir eventuais deficiências de sua defesa, para requerer provas e mesmo recorrer da decisão judicial, mas age sempre com independência, podendo livremente opinar, já que a tutela da incapacidade interessa à ordem pública, havendo desvinculação dos interesses postos em Juízo, ou vinculação apenas em relação à lei e·ao interesse público (...)."*[9]

Especificamente no âmbito do direito sucessório, prosseguem os autores, "múltiplas se revelam as situações em que intervém o Ministério Público, por suas Promotorias especializadas (cível e família), abrangendo as antigas denominações de curadorias de resíduos (testamentos), de fundações, e outras. O art. 999 do Código de Processo

---

9 *Inventários e Partilhas*, 15ª ed., São Paulo, LEUD, 2003, pp. 326-327.

Civil determina a sua citação, que, na prática, se efetua mediante abertura de vista. Compete ao Ministério Público: intervir em todas as fases dos processos de inventário, arrolamento, alvarás e ações conexas, sempre que houver interesses de incapazes ou ausentes; requerer a abertura e promover o andamento desses processos, quando haja omissão dos interessados; intervir nas arrecadações de bens de ausente, bem como nos processos de herança jacente e vacante; intervir nas escrituras relativas à alienação de bens de incapazes; fiscalizar a conveniente aplicação dos bens de incapazes; intervir nos pedidos de abertura e confirmação de testamentos, e nos correspondentes processos de inventário; promover a execução de sentença contra testamenteiros; intervir nos processos de extinção ou sub-rogação de vínculos, e nos pedidos de extinção de usufruto; intervir nos processos em que haja interesses de fundações, seja no pólo ativo ou no passivo, além da promoção de medidas a seu favor na esfera administrativa ou judicial; intervir nos processos de reconhecimento de entidade familiar decorrente da união estável, para fins de direito a alimentos, meação ou herança (...)".[10]

Cumpre ainda ressaltar que, quer o Ministério Público atue como parte ou como fiscal da lei, será sempre em quádruplo o prazo para contestar e em dobro para recorrer (art. 188 do CPC).

5. Abertura do inventário

No prazo de 30 dias, a contar da abertura da sucessão, o inventário deverá ser instaurado (CC, art. 1.785; CPC, art. 983) no último domicílio do falecido.

---

10   *Idem, Ibidem,* ob. cit., pp. 327-328.

462 Comentários ao Código Civil Brasileiro

Ultrapassado esse prazo, de acordo com o art. 21, I, da Lei nº 10.705, de 28 de dezembro de 2000, modificada pela Lei nº 10.992, de 21 de dezembro de 2001, notadamente no que diz respeito à transmissão de propriedade *causa mortis*, "no inventário e arrolamento que não for requerido dentro do prazo de 60 (sessenta) dias da abertura da sucessão, o imposto será calculado com acréscimo de multa equivalente a 10% (dez por cento) do valor do imposto; se o atraso exceder a 180 (cento e oitenta) dias, a multa será de 20% (vinte por cento)".

Entretanto, especificamente no que tange ao descumprimento do prazo para findar o inventário, não estabelece o Código de Processo Civil nenhuma sanção. Nesta hipótese, porém, deverá ser observada a teoria geral no que concerne à litigância de má-fé, consubstanciada nos arts. 14 a 18 do mesmo Diploma normativo.

Deste modo, ante a ocorrência de litigância de má-fé por qualquer das partes (inventariante, herdeiros, legatários, Fazenda Pública), o magistrado deverá aplicar a sanção prevista no art. 18 do Código de Processo Civil, vale dizer, multa não excedente a 20% sobre o valor da causa e a obrigação de indenizar a parte contrária pelos prejuízos que esta sofreu, mais os honorários advocatícios e as despesas que efetuou.

6. Caráter contencioso ou voluntário?

O regramento dispensado pelo legislador de 1973 ao inventário e à partilha encontra-se dentre os procedimentos de jurisdição contenciosa.

Especificamente no que pertine ao processo de inventário, a presença do magistrado afigura-se indispensável.

Isto porque, segundo nos ensina Paulo Cezar Pinheiro Carneiro, *"esse procedimento requer a proferição de uma decisão de mérito que irá julgar o cálculo do imposto de uma sentença em que se decidirá sobre a partilha. Não importa indagar se existirá efetivamente conflito entre as partes e o Fisco, ou entre os próprios herdeiros, mas sim se esta possibilidade existe, como em qualquer processo jurisdicional de natureza contenciosa".[11]*

No que concerne ao arrolamento, porém, malgrado tal procedimento encontre-se inserido dentre os procedimentos de jurisdição contenciosa, entendemos tratar-se, em muitos casos, de atividade de jurisdição voluntária.

Com efeito, o arrolamento possui como consectário o assentimento de todos os herdeiros, os quais, já tendo manifestado sua aquiescência com a respectiva partilha amigável, fazem cair por terra a presença do "conflito", fundamental nos procedimentos de jurisdição contenciosa.

Neste passo, importante destacar o que preceitua o art. 1.034 do Código de Processo Civil, *verbis*:

> *"No arrolamento, não serão conhecidas ou apreciadas questões relativas ao lançamento, ao pagamento ou à quitação de taxas judiciárias e de tributos incidentes sobre a transmissão de propriedade dos bens do espólio."*

Quer significar tal preceito, no compasso das lições de Paulo Cezar Pinheiro Carneiro, que "esse tipo de arrolamento somente terá natureza contenciosa se existirem credores do espólio".[12]

No que respeita ao procedimento do arrolamento insculpido no art. 1.036 do Código de Processo Civil, segundo entendemos, não há dúvidas de que se trata de procedimento de jurisdição contenciosa (§§ 1º, 2º, 3º, 4º e 5º dos arts. 1.036 e 1.038 do Código de Processo Civil).

7. Competência

A sucessão hereditária abre-se no último domicílio do falecido (CC, art. 1.785).[13]

---

11 *Comentários ao Código de Processo Civil*, Rio de Janeiro, Forense, 2001, vol. IX, t. 1, pp. 15-16.

12 *Idem, Ibidem*, ob. cit., p. 16.

13 V. art. 70 e ss. do Código Civil.

A mesma diretriz é seguida pelo Código de Processo Civil, ao preconizar que "*o foro do domicílio do autor da herança, no Brasil, é o competente para o inventário, a partilha, a arrecadação, o cumprimento de disposições de última vontade e todas as ações em que o espólio for réu, ainda que o óbito tenha ocorrido no estrangeiro*" (CPC, art. 96, *caput*).

Consubstancia-se, aqui, o que a doutrina denomina universalidade do foro sucessório, uma vez que o foro do domicílio do autor da herança não compreende apenas o inventário e partilha. Ao revés, abarca também todo o somatório dos litígios em que se encontrar envolvido o espólio.[14]

Ressalte-se, entretanto, que, consoante observa Humberto Theodoro Júnior, "*a universalidade do foro do inventário não é, outrossim, completa, visto que não atinge os casos em que o espólio seja autor nem prejudica o foro das ações reais imobiliárias, insculpido no artigo 95 do CPC* (forum rei sitae), *que deverá prevalecer sobre o sucessório, ainda quando o espólio seja réu*".[15]

Note-se que prevê ainda o art. 96 e seguintes do Código de Processo Civil foros subsidiários, para as seguintes hipóteses: 1) se o autor da herança não possuía domicílio certo, o foro competente será o da situação dos bens; 2) se o autor da herança não tinha domicílio certo e possuía bens em lugares diferentes, o foro competente será o do lugar do óbito.

Segundo preconiza Antonio Carlos Marcato, "*tendo o falecido deixado bens no Brasil são irrelevantes a sua nacionalidade e o fato de seu último domicílio ter sido no exterior, já que somente a autoridade judiciária brasileira tem, com exclusividade, jurisdição (e, conseqüentemente, competência) para proceder ao inventário e partilha desses bens*".[16]

---

14   V. a respeito, Humberto Theodoro Jr., ob. cit., p. 266.
15   *Idem, Ibidem.* STF, RE nº 84.056, ac. de 03.06.76, rel. Des. Cordeiro Guerra, *in RTJ* 79/304.
16   *Procedimentos especiais*, 9ª ed., São Paulo, Malheiros, 2001, p. 166.

Com efeito, preceitua o art. 89, II, do Código de Processo Civil, *verbis*:

> *"Compete à autoridade judiciária brasileira, com exclusão de qualquer outra, proceder a inventário e partilha de bens, situados no Brasil, ainda que o autor da herança seja estrangeiro e tenha residido fora do território nacional."*

No que pertine à competência internacional, portanto, pode-se considerar que a mesma é exclusiva, e, por via de conseqüência, absoluta e improrrogável.[17]

Nesta linha de raciocínio, por óbvio, os bens localizados no estrangeiro deverão ser inventariados no lugar onde forem encontrados.

Esclareça-se, todavia, que devemos distinguir a possibilidade de aplicação das regras relativas ao direito substancial, as quais são aplicáveis, por expressa disposição legal (art. 10 da LICC), ao direito processual, com o regramento concernente à delimitação da competência para o inventário e a partilha.

Paulo Cezar Pinheiro Carneiro assevera que: *"Excepcionalmente, admite-se a aplicação da lei material alienígena à sucessão de bens de estrangeiros situados no país, desde que mais favorável ao cônjuge ou aos filhos brasileiros (Lei de Introdução ao Código Civil, art. 10, § 1º, e Constituição Federal, art. 5º, XXXI). Todavia, no que toca ao processo, aplicar-se-á sempre e necessariamente a lei processual brasileira."*[18]

Tenha-se presente, ainda, que, já a competência interna é de natureza territorial e, por conseguinte, a nosso ver, não pode o magistrado pronunciá-la de ofício.

Desta feita, caso haja interesses de incapazes, incumbirá aos herdeiros, legatários ou Ministério Público ingressar com a exceção de incompetência sob pena de prorrogação.[19]

---

17   V. Humberto Theodoro Jr., *Curso de Direito Processual Civil*, ob. cit., p. 265.

18   Ob. cit., p. 21.

19   V. CPC, arts. 112 e 114.

8. Casos de prevenção

Pode acontecer de existir mais de um foro competente para o julgamento do inventário, como, no caso citado por Paulo Cezar Pinheiro Carneiro, de "duplo domicílio do autor da herança".[20]

Nestes casos, a competência será determinada pela prevenção.

Desta feita, com fulcro no art. 219, c. c. art. 999, ambos do Código de Processo Civil, na hipótese de os inventários serem distribuídos em comarcas distintas, a prevenção dar-se-á no lugar em que por primeiro ocorreu a citação.

Caso todos os herdeiros requeiram o inventário, também o magistrado que primeiro despachar afigurar-se-á prevento.

9. Questões de direito e questões de fato

Dispõe o art. 984 do Código de Processo Civil, *verbis*:

> *"O juiz decidirá todas as questões de direito e também as questões de fato, quando este se achar provado por documento, só remetendo para os meios ordinários as que demandarem alta indagação ou dependerem de outras provas."*

Isto quer significar que compete ao juiz do inventário resolver todas as questões relacionadas com o inventário e a partilha. No entanto, aquelas questões que dependerem de instrução probatória, é dizer, as nominadas matérias de alta indagação, que necessitam de outras provas de natureza diversa da documental, deverão ser remetidas para os meios ordinários.

Questão de alta indagação, na dicção de Antônio Carlos Marcato, "é aquela que demanda prova a ser colhida fora do inventário".[21]

---

20   Ob. cit., p. 24.
21   Ob. cit., p. 167.

Portanto, tendo em vista o escopo do processo de inventário e as especificidades de seu *iter* procedimental, enuncia a lei que as questões que demandam ampla instrução probatória devem ser resolvidas nas vias ordinárias.

A competência do juiz do inventário, cinge-se, portanto, às questões objeto desse processo.

Como consectário, competirá ao magistrado que presidir o inventário decidir todas as questões que não demandarem dilação probatória.

Os arts. 1.000, 1.009, 1.010, 1.014, 1.015 e 1.016 do CPC são exemplos que nos ajudarão a compreender melhor as hipóteses aqui estudadas.

Enuncia o art. 1.000 do CPC que *"concluídas as citações, abrir-se-á vista às partes, em cartório e pelo prazo comum de 10 (dez) dias, para dizerem sobre as primeiras declarações. Cabe à parte: I – argüir erros e omissões; II – reclamar contra a nomeação do inventariante; III – contestar a qualidade de quem foi incluído no título de herdeiro".*

Relativamente aos incisos I e II acima preconizados, o magistrado deverá necessariamente apreciá-los, uma vez que, por óbvio, não demandam larga instrução probatória.

Porém, no concernente à situação da condição de herdeiro incluído, insculpida no inciso III, o magistrado poderá analisar, desde que haja elementos nos autos. Caso contrário, deverá remeter para as vias ordinárias. Aliás, é exatamente o que preceitua o parágrafo único do mesmo artigo, *verbis:*

"Julgando procedente a impugnação referida no n° I, o juiz mandará retificar as primeiras declarações. Se acolher o pedido, de que trata o n° II, nomeará outro inventariante, observada a preferência legal. Verificando que a disputa sobre a qualidade de herdeiro, a que alude o n° III, constitui matéria de alta indagação, remeterá a parte para os meios ordinários e sobrestará, até o julgamento da ação, na entrega do quinhão que na partilha couber ao herdeiro admitido."

Tratam os arts. 1.009 e 1.010 do CPC de questões relativas ao laudo de avaliação. A parte final do § 1° do art. 1.009 diz que o juiz decidirá a impugnação de plano, à vista do que constar nos autos. Também o art. 1.013 do CPC versa sobre questões acerca do cálculo, que deverão ser decididas pelo juiz do inventário.

Os arts. 1.014 e 1.015 do CPC, que declinam questões concernentes a eventuais colações, assim como sobre a conferência de liberalidades recebidas pelo herdeiro que renunciou à herança, também poderão ser analisadas pelo magistrado, desde que existam nos autos elementos probatórios.

Caso contrário, assevera o § 2º do art. 1.016 que, *"se a matéria for de alta indagação, o juiz remeterá as partes para os meios ordinários, não podendo o herdeiro receber o seu quinhão hereditário, enquanto pender a demanda, sem prestar caução correspondente ao valor dos bens sobre que versar a conferência"*.

10. Questões prejudiciais

É também importante observar que, caso surja alguma questão prejudicial a ser dirimida no processo de inventário, como este não comporta dilação probatória, também aqui as partes serão remetidas às vias ordinárias.

Com efeito, tais questões exigem processo à parte, através de ampla cognição probatória. Tem-se como exemplo o incidente de falsidade que, pela sua própria natureza, não pode ser resolvido no bojo do inventário.

11. Questões decididas no inventário – recurso cabível

Das questões exaradas pelo juízo do inventário, exceto a que julga a partilha – pelo fato de não finalizarem o processo de inventário – caberá o recurso de agravo de instrumento.

Noutro falar, as questões de direito analisadas pelo magistrado, bem como aquelas que encaminham as questões duvidosas para as vias ordinárias, incluindo-se, aqui, também a questão prejudicial, por se-

Do Inventário 469

rem de natureza interlocutória, nos termos do art. 162, § 2º, do CPC, serão impugnáveis através do agravo de instrumento.

Já o recurso de apelação será cabível no caso da sentença que julgar a partilha, uma vez que a mesma põe termo ao processo.

12. Cumulação de inventários

Preceitua o Código de Processo Civil, nos arts. 1.043 e 1.044, hipóteses em que poderá ocorrer a cumulação de inventários.

Estatui, primeiramente, o art. 1.043, *verbis*: "Art. 1.043. Falecendo o cônjuge meeiro supérstite antes da partilha dos bens do premorto, as duas heranças serão cumulativamente inventariadas e partilhadas, se os herdeiros de ambos forem os mesmos.

§ 1º Haverá um só inventariante para os dois (2) inventários.

§ 2º O segundo inventário será distribuído por dependência, processando-se em apenso ao primeiro."

O artigo em epígrafe é aplicado na hipótese de o segundo cônjuge falecer quando ainda em curso o inventário do primeiro.[22]

Neste caso, a lei permite a cumulação dos dois inventários desde que os herdeiros sejam os mesmos e o primeiro inventário ainda não tenha chegado ao fim.

---

22 *"Se se trata de sucessão de marido e mulher com os mesmos herdeiros, o inventário e a partilha podem ser feitos cumulativamente, mas, nesta última, há que ser positivada a forma pela qual os bens foram transmitidos, a saber, através das duas sucessões"* (Ac. un. da 4ª Câm. do TJPR, no Ag. nº 66/90, rel. Des. Silva Wolf; *ADV,* 1991, nº 54.731). Tratando-se de inventário e partilha de duas heranças cumulativamente, sendo os mesmos os herdeiros de ambos, dado o falecimento do cônjuge meeiro supérstite, antes da partilha dos bens do premorto, e tendo sido requerida a abertura dos inventários, em primeiro lugar, no domicílio do premorto, dá-se a prevenção do respectivo foro (Ac. un. da 10ª Câm. do TJRJ, no Ag. nº 2.052/96, rel. Des. Carlos Alberto de Carvalho; *Adcoas*, jan./97, nº 8.152.703).

Isto porque a universalidade de bens deixados pelo casal é única, não se afigurando razoável, portanto, *"a instauração de dois inventários distintos, com nomeação de dois inventariantes, para administração da mesma e única herança indivisa"*.[23]

Note-se que é possível afirmar que, neste caso, trata-se de verdadeira cumulação de ações, sem que se possa assegurar, nas palavras de Paulo Cezar Pinheiro Carneiro, *"a existência de conexão na espécie, isso porque apesar de a lei exigir a identidade de partes – os mesmos herdeiros – a causa de pedir e o pedido de um e o do outro inventário são diferentes. O importante é que os mesmos herdeiros concorram à herança comum"*.[24]

Entrementes, é importante salientar que a regra de cumulação de inventários não é absoluta. Vale dizer, ao magistrado será possível, caso haja acordo entre os herdeiros, prescindir da junção de inventários.

Preconiza o art. 1.044, por sua feita, que:

> *"Art. 1.044. Ocorrendo a morte de algum herdeiro na pendência do inventário em que foi admitido e não possuindo outros bens além do seu quinhão na herança, poderá este ser partilhado juntamente com os bens do monte."*

A lei ainda preconiza, através do art. 1.044 do Código de Processo Civil, outra possibilidade de cumulação de inventários, abordando, agora, a hipótese de falecimento entre herdeiros.

Advindo a morte de algum herdeiro enquanto ainda em trâmite o inventário em que foi admitido, desde que não possua outros bens além do seu quinhão na herança, poderá este ser partilhado juntamente com os bens do monte.

---

23 Sebastião Amorim e Euclides de Oliveira, ob. cit., p. 311.
24 Ob. cit., p. 270.

Neste caso, em homenagem ao princípio da economia processual, a lei permite a habilitação dos sucessores do herdeiro morto no inventário já em trâmite para receber, naqueles mesmos autos, a parte que teriam direito na sucessão do falecido.

Ressalte-se que a decisão do juiz do inventário, no que respeita à possibilidade de cumulação de inventários ou que porventura determine a separação dos mesmos é de natureza interlocutória, restando cabível, portanto, o recurso de agravo de instrumento.

Estatui ainda o art. 1.045 do Código de Processo Civil, *verbis:*

> *"Art. 1.045. Nos casos previstos nos dois artigos antecedentes prevalecerão as primeiras declarações, assim como o laudo de avaliação, salvo se se alterou o valor dos bens.*
>
> *Parágrafo único. No inventário a que se proceder por morte do cônjuge herdeiro supérstite, é lícito, independentemente de sobrepartilha, descrever e partilhar bens omitidos no inventário do cônjuge premorto."*

Dispõe o artigo *supra* que, tanto na hipótese do art. 1.043 como na do art. 1.044 do Código de Processo Civil, os atos processuais relacionados às primeiras declarações, bem como à avaliação, em princípio, não necessitarão ser renovados, salvo se houve alteração quanto ao valor dos bens.

Ou seja, caso haja *"alteração dos valores que comprometa a partilha, mormente quando, no caso de cônjuges, ocorra inclusão de bens novos, necessária se tornará a avaliação de todos os bens das duas heranças"*.[25]

Na hipótese insculpida no parágrafo único do art. 1.045 do CPC, outrossim, admite a lei que seja aproveitada a abertura do inventário do cônjuge supérstite, mesmo depois de encerrada a partilha do espólio do cônjuge premorto, para a inclusão de bens omitidos no primeiro inventário.

---

25 Humberto Theodoro Júnior, *Curso de Direito Processual Civil*, ob. cit., p. 309.

Ensina-nos Humberto Theodoro Júnior que, *"a rigor, a inclusão desses bens deveria ser precedida de sobrepartilha na sucessão do primeiro cônjuge morto, para só depois figurar na partilha da segunda herança. No entanto, por medida de economia processual, o artigo 1.045, parágrafo único, permite que a falha do antigo processo seja simplesmente suprida no novo. Duas heranças serão, na verdade, submetidas a um só inventário (isto é, ao do segundo cônjuge morto). O imposto de transmissão, todavia, incidirá sobre as duas sucessões ocorridas"*.[26]

Desta feita, consagrando também o parágrafo único do art. 1.045 do CPC, o princípio da economia processual, bem como a comodidade das partes, permite que sejam inventariados os bens omitidos no inventário do cônjuge premorto, já terminado, no inventário do outro cônjuge.

13. Requerimento do inventário – legitimidade

Deverá requerer o inventário quem estiver na posse e administração do espólio (CPC, art. 987).

Encontrando-se o administrador provisório na posse e administração dos bens da herança, caberá a ele tal mister.

O descumprimento desta obrigação, salvo motivo de força maior, *"poderá acarretar a responsabilidade do administrador provisório pelos danos eventualmente sofridos pelos demais herdeiros ou terceiros que dependeriam da abertura do inventário para a constituição de determinado direito"*.[27]

Entrementes, o art. 988 do CPC assevera que também outras pessoas possuem legitimidade, *verbis: "I – o cônjuge supérstite; II – o herdeiro; III – o legatário; IV – o testamenteiro; V – o cessionário do herdeiro ou*

---

26 *Idem, Ibidem*, ob. cit., p. 309.
27 Paulo Cezar Pinheiro Carneiro, ob. cit., p. 41.

legatário; VI – o credor do herdeiro, do legatário, ou do autor da herança; VII – o síndico da falência do herdeiro, do legatário, do autor da herança ou do cônjuge supérstite; VIII – o Ministério Público, havendo herdeiros incapazes;[28] *IX – a Fazenda Pública, quando tiver interesse.*"

Não há óbice legal para que possa o cônjuge supérstite, casado sob regime de bens diverso da comunhão, propugnar pela abertura do inventário. Isto porque, *"haverá sempre interesse do cônjuge, mesmo casado sob o regime da separação total de bens, em precisar quais os bens que pertenciam ao seu falecido consorte e os seus, para evitar que, no futuro, dúvidas possam surgir".*[29]

Observe-se, outrossim, que também o companheiro supérstite poderá ter direito à postulação da herança, nos termos do art. 1.723 do novo Código Civil.

Note-se que a certidão de óbito é documento indispensável à propositura da ação, ensejando a sua falta o indeferimento da inicial, caso o autor não promova a regularização em 10 dias (CPC, arts. 283, 284, e parágrafo único).[30]

Outrossim, caso nenhum dos legitimados o faça no prazo legal, determinará o magistrado a sua instauração de ofício (CPC, art. 989).

Importante asseverar que, *in casu*, temos uma exceção ao princípio *ne procedat iudex ex officio*, posto que, ante nossa dogmática, *"nenhum juiz prestará a tutela jurisdicional senão quando a parte ou o interessado a requerer nos casos e forma legais"*

---

28 *"A lei limita a legitimidade para o Ministério Público requerer a abertura do inventário aos casos em que o falecido deixa herdeiros menores. Contudo, em outros casos, também se lhe impõe este dever: quando houver interesse público para tal providência"* (CPC, art. 82, III) (Nelson Nery e Rosa Maria Andrade Nery, ob. cit., p. 1.328).

29 Paulo Cezar Pinheiro Carneiro, ob. cit., p. 43.

30 *"Além da certidão de óbito do autor da herança, exige-se que seja comprovada por documento a qualidade da pessoa que se apresenta com a legitimidade para o pedido, de sorte possa ser aquilatado se se encontra no rol daquelas do CPC, 988"* (Nelson Nery e Rosa Maria Andrade Nery, ob. cit., p. 1.327).

474   Comentários ao Código Civil Brasileiro

(CPC, art. 2º), desenvolvendo o processo seu *iter* através de impulso oficial (CPC, art. 125, II).

14. Arrolamento

Dá-se o arrolamento quando o inventário e a partilha realizam-se de forma simplificada (CPC, arts. 1.031 a 1.038, com a redação da Lei nº 7.019/82).[31]

Há dois tipos de arrolamento: o sumário, assim designado pela lei; e o comum, denominação dada pela doutrina ante a omissão legal.[32]

Ocorrerá, primeiramente, o arrolamento sumário (CPC, arts. 1.032 a 1.035), independentemente do valor da herança, na hipótese de maioridade e capacidade de todos os herdeiros, bem como na respectiva aquiescência geral para a elaboração de partilha amigável dos bens do morto.[33]

Neste caso, a partilha *"será homologada de plano pelo juiz, mediante prova da quitação dos tributos relativos aos bens do espólio e às suas rendas"* (CPC, art. 1.031, *caput*).

Os herdeiros deverão apresentar petição inicial perante o juízo competente, encartando a certidão de óbito, designando o inventariante, declarando os títulos de herdeiros e bens do espólio e

---

31   *"Verificando-se que o inventário comporta processamento na forma de arrolamento, em face de o valor dos bens não exceder o limite determinado pelo art. 1.031, do CPC, cabível é a conversão para aquele"* (Ac. un. da 1ª Câm. do TJSP de 18.12.86, no agr. nº 75.238-1, rel. Des. Álvaro Lazzarini; *RT* 618/65). V. também: *RT* 665:77, 609:158.

32   Antônio Carlos Marcato, *Procedimentos especiais*, 9ª ed., São Paulo, Malheiros, 2001, p. 184.

33   Antônio Carlos Marcato nos ensina que *"o arrolamento sumário é típico procedimento de jurisdição voluntária, só estando inserto no título dedicado aos de jurisdição contenciosa em razão de ter sido adotado após a publicação do Código e apresentar similitudes com o inventário e principalmente com o arrolamento comum, este, sim, procedimento de jurisdição contenciosa"*. Antônio Carlos Marcato, ob. cit., p. 166.

atribuindo-lhes um valor para fins de partilha (CPC, art. 1.032, I a III). Caso haja herdeiro único, deverá ser requerida a adjudicação dos bens (CPC, art. 1.031, § 1º).

Quitados todos os tributos concernentes aos bens do espólio (imposto predial ou territorial), bem como de suas rendas (imposto de renda), a partilha ou adjudicação será homologada pelo magistrado, que determinará a expedição, do formal ou da carta (CPC, art. 1.031, § 2º).

O próximo passo será a determinação de arquivamento dos autos (CPC, art. 1.031, § 2º).

Saliente-se que, tirante a hipótese de a reserva de bens suficientes para o pagamento dos credores pelo valor estimado pelas partes ter sido impugnada pelo credor regularmente notificado, não se procederá à avaliação dos bens do espólio (CPC, art. 1.035, parágrafo único).

Não se encontra insculpida na lei a avaliação dos bens do espólio tendo em vista a inexistência de discordância, neste particular, pelas partes, que optaram pela partilha amigável. Outrossim, a Fazenda Pública também não será lesada, uma vez que, no pensar de Paulo Cezar Pinheiro Carneiro, *"não se vincula aos valores atribuídos aos bens, sendo possível o questionamento por vias próprias, podendo inclusive promover o lançamento de créditos que entenda legítimos."*[34]

Também "não serão conhecidas ou apreciadas questões relativas ao pagamento ou à quitação de taxas judiciárias e de tributos incidentes sobre a transmissão da propriedade dos bens do espólio" (CPC, art. 1.034, *caput*).

Note-se que *"a taxa judiciária, se devida, será calculada com base no valor atribuído pelos herdeiros, cabendo ao fisco, se apurar em processo administrativo valor diverso do estimado, exigir a eventual diferença pelos meios adequados ao lançamento de créditos tributários em geral"* (CPC, art. 1.034, § 1º).

---

34   Paulo Cezar Pinheiro Carneiro, ob. cit., p. 236.

"*O imposto de transmissão será objeto de lançamento administrativo, conforme dispuser a legislação tributária, não ficando às autoridades fazendárias adstritas aos valores dos bens do espólio atribuídos pelos herdeiros*" (CPC, art. 1.034, § 2º).

Já o arrolamento assim designado comum, ocorrerá na hipótese em que, sejam ou não capazes os herdeiros, o valor dos bens do espólio for igual ou inferior a 2000 Obrigações do Tesouro Nacional.[35] Neste caso, "o inventariante nomeado, independentemente da assinatura de termo de compromisso deverá apresentar, com suas declarações, a atribuição do valor dos bens do espólio e o plano de partilha" (CPC, art. 1.036, e Dec.-Lei nº 2.284/86, art. 6º).

Caso qualquer das partes ou o Ministério Público impugne a estimativa, "*o juiz nomeará um avaliador que oferecerá laudo em 10 dias*" (CPC, art. 1.036, § 1º).

Após a apresentação do laudo, o magistrado designará audiência e "deliberará sobre a partilha, decidindo de plano todas as reclamações e mandando pagar as dívidas não impugnadas" (CPC, art. 1.036, § 2º).

Em seguida, "lavrar-se-á de tudo um só termo, assinado pelo juiz e pelas partes presentes" (CPC, art. 1.036, § 3º).

Tenha-se em mente que, nesta espécie de arrolamento, serão aplicadas "*as disposições do art. 1.034 e seus parágrafos, relativamente ao lançamento, ao pagamento e à quitação da taxa judiciária e do imposto sobre a transmissão da propriedade dos bens do espólio*" (CPC, art. 1.036, § 4º).

"*Provada a quitação dos tributos relativos aos bens do espólio e às suas rendas, o juiz julgará a partilha*" (CPC, art. 1.036, § 5º).

Deverão ser aplicadas subsidiariamente ao arrolamento as normas relativas ao inventário (CPC, art. 1.038, *caput*).

---

35 Note-se que, com a extinção do BTN, foi criada a TR, ou seja, Taxa Referencial de Juros.

15. Medidas cautelares

É importante ainda ressaltar que prevê o Código algumas medidas cautelares a serem aplicadas no âmbito do direito sucessório. Tais medidas poderão ser implementadas tanto no curso do inventário como do arrolamento.

São elas:

1) Sobrestamento da entrega do quinhão caso haja disputa no que diz respeito à qualidade de herdeiro, remetendo-se a parte para os meios ordinários (CPC, art. 1.000, parágrafo único).

2) Reserva do quinhão do herdeiro não admitido, com remessa da pretensão para as vias ordinárias (CPC, art. 1.001).

3) Medida para impedir o herdeiro de receber o seu quinhão, *"enquanto pender a demanda, sem prestar caução correspondente ao valor dos bens sobre que versar a conferência"* (CPC, art. 1.016, § 2º).

4) Reserva de bens em poder do inventariante para pagar o credor, quando a dívida for comprovada através de documento e a impugnação não se fundar em quitação (CPC, art. 1.018, parágrafo único).

5) Reserva de bens no arrolamento para pagamento de dívidas, de acordo com o valor estimado pelas partes, ressalvando-se o caso de o credor impugnar a estimativa, hipótese em que será promovida a avaliação dos bens que serão reservados (CPC, art. 1.035, parágrafo único).

Desta feita, nas hipóteses retroinsculpidas, bem como em outras situações similares não previstas expressamente pelo Código de Processo Civil, poderá o juiz determinar a aplicação de tais medidas cautelares.

A competência do magistrado que presidir o inventário cinge-se ao preceituado no art. 984 do CPC, *verbis*:

"Art. 984. O juiz decidirá todas as questões de direito e também as questões de fato, quando este se achar provado por documento, só remeten-

do para os meios ordinários as que demandarem alta indagação ou dependerem de outras provas."

Portanto, decidirá o juiz a medida cautelar que considerar necessária e remeterá, em seguida, as partes, para os meios ordinários.

Releva ressaltar, todavia, que, consoante o art. 1.039 do Código de Processo Civil, todas as medidas cautelares acima mencionadas perderão a eficácia:

> "*I – se a ação não for proposta em 30 (trinta) dias, contados da data em que da decisão foi intimado o impugnante (art. 1.000, parágrafo único), o herdeiro excluído (art. 1.001) ou o credor não admitido (art. 1.018);*
> *II – se o juiz declarar extinto o processo de inventário com ou sem julgamento do mérito.*"

Ou seja, tendo em vista a natureza preventiva de tais medidas (CPC, art. 808, I), bem como, na dicção de Humberto Theodoro Júnior,[36] "da incerteza do direito da parte", optou a lei por um prazo curto para a propositura da ação principal. Desta forma, é possível atingir-se o escopo legal que é, em última análise, a solução rápida e definitiva do conflito.

Nas palavras do citado autor:

> "*Medidas cautelares só se justificam pela contribuição que podem prestar à eficácia do processo principal. Daí a assinação de um prazo decadencial para que a questão de mérito seja deduzida em juízo. A inobservância desse prazo induz desinteresse da parte pela excepcional tutela preventiva com que foi beneficiada. A cessação da medida preparatória, então, ocorrerá de pleno direito.*"[37]

De igual modo, também cessará a eficácia da medida cautelar quando o juiz declarar extinto o processo de inventário, com ou sem julgamento do mérito.

---

36 *Curso de Direito Processual Civil*, ob. cit., p. 306.
37 *Idem, Ibidem*, ob. cit., p. 307.

Vejam-se os seguintes exemplos: *"Pode-se dar a extinção do inventário antes do julgamento da petição de herança, quando a totalidade dos bens inventariados é consumida no pagamento de dívidas regularmente habilitadas, ou, quando o espólio incorre em insolvência civil ou falência (CPC, art. 748; Dec.-Lei nº 7.661/45, art. 39, parágrafo único). Pode-se, ainda, cogitar de extinção de inventário, sem julgamento de mérito, em situação como a de versar o processo, ajuizado no Brasil, sobre bens situados no estrangeiro, ou no caso de provar-se que a pessoa dada como morta ainda existe"*.[38]

Note-se ainda que a extinção do processo de inventário com julgamento do mérito dar-se-á com o respectivo trânsito em julgado da sentença que julgar a partilha, ante a inexistência de bens a sobrepartilhar.

16. Curatela do herdeiro ausente ou incapaz

Preceitua o art. 1.042 do Código de Processo Civil, *verbis*:

"O juiz dará curador especial:
I – ao ausente, se o não tiver;
II – ao incapaz, se concorrer na partilha com o seu representante."

Trata o artigo em epígrafe das hipóteses em que, para integrar a relação processual do juízo sucessório, o magistrado deve nomear curador especial.

A rigor, na partilha judicial e no arrolamento comum, os herdeiros deverão ser citados, pessoalmente ou por edital.

Porém, no caso de encontrar-se ausente o herdeiro e, não havendo ninguém que o represente, nomeará o magistrado, nesta hipótese, um curador especial.

---

38   Humberto Theodoro Jr., ob. cit., p. 307.

480   Comentários ao Código Civil Brasileiro

No caso de o herdeiro incapaz concorrer na herança com o seu representante, configurada a colisão de interesses entre eles, a presença do curador especial afigurar-se-á indispensável, sem prejuízo, é claro, da atuação do Ministério Público a seu favor (CPC, art. 82, I).

> **Art. 1.991.** Desde a assinatura do compromisso até a homologação da partilha, a administração da herança será exercida pelo inventariante.
>
> **Direito anterior:** Sem correspondente no CC/1916.

COMENTÁRIOS

1. Administrador provisório[39]

O administrador provisório é aquela pessoa que cuidará temporariamente do espólio, até o momento processual do compromisso do inventariante.

Isto porque, mesmo em se considerando que o domínio e a posse dos bens da herança transmitem-se imediatamente aos herdeiros legítimos e testamentários, é necessário que alguém administre tais bens até a instauração do processo de inventário e nomeação do inventariante.

Ressaltando a sua importância, o art. 986 do CPC preconiza que *"o administrador provisório representa ativa e passivamente o espólio, é obrigado a trazer ao acervo os frutos que desde a abertura da sucessão percebeu, tem direito ao reembolso das despesas necessárias e úteis que fez e responde pelo dano a que, por dolo ou culpa, der causa".*

---

39   Consoante o art. 985 do CPC, *"até que o inventariante preste compromisso, ou seja, no máximo depois de cinco dias de ter sido intimado da nomeação (art. 990, parágrafo único), continuará o espólio na posse do administrador provisório".*

Sua responsabilidade, portanto, é administrar os bens do espólio desde a abertura da sucessão até o momento em que o inventariante prestar o compromisso.

Importante salientar o que estabelece o art. 1.000 do CPC, "*concluídas as citações, abrir-se-á vista às partes, em cartório e pelo prazo comum de 10 (dez) dias, para dizerem sobre as primeiras declarações*".

Consubstancia-se, aqui, o que a doutrina chama de "impugnações", cabendo à parte: "*I – argüir erros e omissões; II – reclamar contra a nomeação do inventariante; III – contestar a qualidade de quem foi incluído no título de herdeiro*" (CPC, art. 1.000, incisos I, II e III).

Preceitua, ademais, o parágrafo único do art. 1.000 do CPC que: "*Julgando procedente a impugnação referida no nº I, o juiz mandará retificar as primeiras declarações. Se acolher o pedido, de que trata o nº II, nomeará outro inventariante, observada a preferência legal. Verificando que a disputa sobre a qualidade de herdeiro, a que alude o nº III constitui matéria de alta indagação, remeterá a parte para os meios ordinários e sobrestará, até o julgamento da ação, na entrega do quinhão que na partilha couber ao herdeiro admitido.*"

Frise-se que, ante a inexistência de impugnação, o administrador provisório prestará contas nos próprios autos do inventário. Caso haja alguma impugnação, como também nas hipóteses de apuração de eventual dano causado ao espólio, tais questões também deverão ser resolvidas nos meios ordinários.

O magistrado poderá, neste último caso, com o escopo de garantir eventual eficácia prática da decisão a ser proferida em outro processo, determinar a reserva de quinhão, através de medida cautelar, pertencente ao cônjuge ou herdeiro.

Assim sendo, reza o art. 1.797, I a IV, do Código Civil que, até o inventariante prestar compromisso, "*a administração da herança caberá sucessivamente: I – ao cônjuge sobrevivente, se com o outro convivia ao tempo da abertura da sucessão; II – ao herdeiro que estiver na posse e administração dos bens, e, se houver mais de um nessas condições, ao mais*

482 Comentários ao Código Civil Brasileiro

velho; III – ao testamenteiro; e, IV – à pessoa de confiança do juiz, na falta ou escusa das indicadas nos incisos antecedentes, ou quando tiverem de ser afastadas por motivo grave levado ao conhecimento do juiz".

2. Inventariante

Conforme preconiza o CPC, arts. 12, V, 991 e 992, a administração e representação do espólio, em juízo ou fora dele, ativa e passivamente, compete ao inventariante.

Após analisar o requerimento de inventário, o juiz deverá nomeá-lo, de acordo com a ordem estabelecida no artigo 990 do Código de Processo Civil, a saber: *"I – o cônjuge sobrevivente casado sob o regime de comunhão, desde que estivesse convivendo com o outro ao tempo da morte deste; II – o herdeiro que se achar na posse e administração do espólio, se não houver cônjuge supérstite ou este não puder ser nomeado; III – qualquer herdeiro, nenhum estando na posse e administração do espólio; IV – o testamenteiro, se lhe foi confiada a administração do espólio ou toda a herança estiver distribuída em legados; V – o inventariante judicial, se houver; e, VI – pessoa estranha idônea, onde não houver inventariante judicial."*

Note-se que a lei determina uma ordem de preferência para a nomeação do inventariante. Porém, tal ordem não se afigura indispensável, máxime em se considerando se houver algum prejuízo ao monte partível.

Da decisão do magistrado que nomear o inventariante, por ser interlocutória, caberá agravo de instrumento.

Assim, a nomeação do inventariante poderá ser impugnada pelas partes no prazo comum de dez dias para manifestação sobre as primeiras declarações (CPC, art. 1.000, II). Neste caso, o juiz, perfilhando a ordem estabelecida no art. 990 do CPC, nomeará outra pessoa.

Com a missão primordial de administrar todos os bens da massa, descrevendo-os minuciosamente, deverá o inventariante, dentro de 20 (vinte) dias, contados da data em que prestou o compromisso, apresentar as primeiras declarações, que consubstanciam, em última análise, a pedra angular do inventário.

Segundo o art. 993, incisos e letras, do Código de Processo Civil, deverá ele contextualizar: *"I – o nome, estado, idade e domicílio do autor da herança, dia e lugar em que faleceu e bem ainda se deixou testamento, prova relativa ao seu nome, ao seu casamento ou à filiação e, ainda, dos herdeiros, porventura exigida pelo juiz; II – o nome, estado, idade e residência dos herdeiros e, havendo cônjuge supérstite, o regime de bens do casamento; III – a qualidade dos herdeiros e o grau de seu parentesco com o inventariado; IV – a relação completa e individuada de todos os bens do espólio e dos alheios que nele forem encontrados, descrevendo-se: a) os imóveis, com as suas especificações, nomeadamente local em que se encontram, extensão da área, limites, confrontações, benfeitorias, origem dos títulos, números das transcrições aquisitivas e ônus que os gravam; b) os móveis, com os sinais característicos; c) os semoventes, seu número, espécies, marcas e sinais distintivos; d) o dinheiro, as jóias, os objetos de ouro e prata e as pedras preciosas, declarando-se-lhes especificadamente a qualidade, o peso e a importância; e) os títulos da dívida pública, bem como as ações, cotas e títulos de sociedade, mencionando-se-lhes o número, o valor e a data; f) as dívidas ativas e passivas, indicando-se-lhes as datas, títulos, origem da obrigação, bem como os nomes dos credores e dos devedores; g) direitos e ações; h) o valor corrente de cada um dos bens do espólio."*

O magistrado determinará ainda que se proceda, consoante o art. 993, parágrafo único, do CPC: *"I – ao balanço do estabelecimento, se o autor da herança era comerciante em nome individual; e, II – a apuração de haveres, se o autor da herança era sócio de sociedade que não anônima."*

Saliente-se que, até prova em contrário, as declarações do inventariante poderão ser prestadas por procurador com poderes especiais.

Assinalem-se, por oportuno, algumas das funções do inventariante: "*Separar coisas alheias em poder do inventariado; receber créditos; pagar dívidas, embora não possa quitar dívida hipotecária sem licença do juiz do inventário (...); promover o recolhimento de tributos que recaiam sobre os bens da herança e devidos pela sua transmissão aos herdeiros; requerer medidas conservatórias dos direitos; concordar com sublocações e cessões de locação; alugar prédio do espólio, desde que não seja a longo prazo; alienar onerosa e excepcionalmente, com autorização judicial (...), as coisas do acervo hereditário, para fazer frente, se necessário, aos encargos do monte (pagamento de débitos e impostos), ou para evitar deterioração ou perecimento; comparecer às assembléias de acionistas; relacionar e individuar os herdeiros e legatários; convocá-los; submeter ao juiz o plano da partilha; custear o processo; representar ativa e passivamente a herança, em juízo ou fora dele (CPC, arts. 991, I, 12, V). Logo, deverá agir no interesse da herança, movendo as ações que julgar necessárias, ou contestando as que forem propostas contra o espólio, independentemente de autorização do juiz do inventário.*"[40]

Bem, após as primeiras declarações, "*o juiz mandará citar, para os termos do inventário e partilha, o cônjuge, os herdeiros, os legatários, a Fazenda Pública, o Ministério Público, se houver herdeiro incapaz ou ausente, e o testamenteiro, se o finado deixou testamento*" (CPC, art. 999).

Frise-se que, no caso de herdeiro incapaz ou ausente, o representante legal deverá manifestar-se em todo o *iter* procedimental, sob pena de nulidade.

Também o fideicomissário e o cessionário deverão ser citados.

A citação por edital também será necessária, com o prazo de 20 a 60 dias, no caso dos herdeiros residentes fora da comarca por onde corre o inventário, tanto no Brasil como no estrangeiro (CPC, art. 999, § 1º).

---

40   Maria Helena Diniz, ob. cit., pp. 298-299.

Com o término das citações, o juiz dará vista às partes pelo prazo comum de 10 (dez) dias, para se manifestarem acerca das primeiras declarações, sendo que, no prazo comum de dez dias, poderão: *"I – argüir erros e omissões; II – reclamar contra a nomeação do inventariante; III – contestar a qualidade de quem foi incluído no título de herdeiro"* (CPC, art. 1.000, I, II, III).

Neste momento processual, o magistrado apreciará todas as questões de direito e de fato, desde que devidamente documentadas.

Entrementes, remeterá para os meios ordinários as que demandarem alta indagação ou dependerem de outras provas (CPC, art. 984).

Ultimada a primeira etapa do inventário, ou seja, concluídas as primeiras declarações, e tendo sido decididas todas as questões de direito e de fato, como também tendo sido encaminhadas para as vias ordinárias as questões de alta indagação, mister passar-se para a fase de avaliação dos bens do espólio através de perito nomeado pelo juiz, "se não houver na comarca avaliador judicial" (CPC, art. 1.003).

O objetivo desta avaliação, segundo Caio Mário da Silva Pereira, é *"perpetuar a estimativa do acervo sucessório. Uma vez concluída e aprovada, servirá de base a todos os atos subseqüentes: cálculo do imposto* causa mortis; *partilha dos bens; venda judicial ou adjudicação dos que se destinem ao pagamento de débitos, ou não se prestem a divisão cômoda. Demais disso, se em razão de incidentes processuais ou outra causa eventual, procrastinar-se o encerramento do processo, a avaliação é que servirá de elemento para determinar o valor do patrimônio transferido, contemporaneamente à abertura da sucessão"*.[41]

Conforme assinalado, a avaliação será elaborada por avaliador oficial da comarca. Em caso negativo, por perito nomeado pelo juiz (CPC, arts. 1.003 a 1.006).

---

41 *Instituições de Direito Civil*, 13ª ed., Rio de Janeiro, Forense, 2001, p. 199.

486 Comentários ao Código Civil Brasileiro

Saliente-se as seguintes hipóteses de dispensa de avaliador ou perito: a) quando todas as partes forem capazes e a Fazenda Pública, regularmente intimada, concordar expressamente com o valor atribuído aos bens do espólio nas primeiras declarações (CPC, art. 1.007); b) quando os herdeiros concordarem com o valor dos bens declarados pela Fazenda Pública (CPC, art. 1.008 c.c. art. 1.002); c) quando houver avaliação recente realizada em outro processo (...); d) quando o cálculo do tributo *causa mortis* incidente sobre bens imóveis realizar-se com base nos seus valores venais.

Após a entrega do laudo de avaliação, o magistrado determinará que sobre ele se manifestem as partes, no prazo de 10 (dez) dias (CPC, art.1.009, *caput*).

Na hipótese de impugnação sobre o valor dado pelo perito, o juiz a decidirá de plano e, caso a julgue procedente, determinará sua retificação com a respectiva avaliação (CPC, art. 1.009, §§ 1º e 2º).

O magistrado também poderá determinar a retificação no caso de a avaliação encontrar-se viciada por erro ou dolo do perito, ou, ainda, se se verificar, posteriormente à sua realização, que os bens apresentam defeito que lhes diminua o valor (CPC, art. 1.010).

Enfeixadas todas as considerações atinentes ao laudo e solucionadas *"as impugnações suscitadas a seu respeito, lavrar-se-á, em seguida, o termo de últimas declarações, no qual o inventariante poderá emendar, aditar ou complementar as primeiras"* (CPC, art. 1.011).

Cumpre observar ainda que a lei abre a possibilidade de emenda, aditamento ou complementação, justamente para deixar registrada a grande relevância desta fase processual. Vale dizer, será com fulcro nas últimas declarações que poderá o inventariante sujeitar-se à ação de sonegados (CPC, art. 994).

É nesse contexto que o inventário será encerrado. Preconiza o art. 1.012 do CPC que *"ouvidas as partes sobre as últimas declarações no prazo comum de dez (10) dias, proceder-se-á ao cálculo do imposto"*.

Do Inventário (Art. 1.991) 487

A fase seguinte, portanto, é justamente o cálculo do imposto de transmissão *causa mortis*, que será realizada pelo contador do juízo.

Após a elaboração do cálculo, "*sobre ele serão ouvidas todas as partes no prazo comum de cinco (5) dias, que correrá em cartório e, em seguida, a Fazenda Pública*" (CPC, art. 1.013) e, ainda, se for o caso, o Ministério Público.

Nesta fase processual, as partes poderão impugnar o cálculo, argumentando, por exemplo, erros ou omissões.

Se a impugnação for julgada procedente, o juiz ordenará "*novamente a remessa dos autos ao contador, determinando as alterações que devam ser feitas no cálculo*" (CPC, art. 1.013, § 1º). "Cumprido o despacho, o juiz julgará o cálculo do imposto" (CPC, art. 1.013, § 2º) e determinará a expedição de guias para o seu pagamento.

A decisão que julgar o cálculo do imposto nesta primeira fase do inventário tem natureza interlocutória, sendo, portanto, cabível o recurso de agravo de instrumento.

Esse entendimento, todavia, não se encontra totalmente pacificado na doutrina.

Humberto Theodoro Júnior, por exemplo, defende o posicionamento, com o qual concordamos, de tratar-se, *in casu*, de decisão interlocutória, como afirmado, sendo cabível, portanto, agravo de instrumento.[42]

Nessa perspectiva, o entendimento de Hamilton de Moraes e Barros,[43] Nelson Nery Júnior e Rosa Maria Andrade Nery[44] e Paulo Cezar Pinheiro Carneiro.[45]

---

42 *Curso de Direito Processual Civil*, 21ª ed., Rio de Janeiro, Forense, 2001, p. 282.

43 Hamilton de Moraes Barros, *Comentários ao Código de Processo Civil*, 2ª ed., Rio de Janeiro, Forense, 1980, vol. IX, p. 282.

44 Ob. cit., p. 1.341.

45 Ob. cit., p. 142.

488 Comentários ao Código Civil Brasileiro

Ernane Fidélis dos Santos[46] e José Vidal[47] sustentam, entrementes, o cabimento de apelação.

Entendemos que, por se tratar de questão incidente, caberá, de fato, o recurso de agravo de instrumento.

Por oportuno, cumpre ressaltar as observações de Paulo Cezar Pinheiro Carneiro, acerca do tema: *"É preciso deixar claro que não existe qualquer problema conceitual ou técnico no fato de existir uma decisão interlocutória que julgue o mérito da causa. Não é uma conseqüência necessária do julgamento de mérito, no nosso sistema, o encerramento do processo com uma sentença. É perfeitamente possível, naqueles casos, como o do inventário, onde o mérito é julgado aos poucos, a existência de decisões interlocutórias, com a mesma natureza da questão decidida. A única conseqüência prática aí será o recurso cabível – agravo de instrumento – com os desdobramentos que dele poderão decorrer, como a falta de efeito suspensivo ou a impossibilidade de interposição de embargos infringentes, caso a decisão do recurso tenha sido tomada por maioria de votos. Assim, sendo de mérito a decisão que julga o cálculo, ela produzirá, uma vez transitada em julgado, coisa julgada material, não sendo possível, mesmo que ela seja injusta ou ilegal, modificá-la, salvo a possibilidade de desconstituí-la através de ação rescisória, se cabível no caso concreto. Desse modo, não caberá ao Estado, seja nos próprios autos do inventário, seja em ação própria, exigir eventual diferença do imposto a que eventualmente tenha direito; assim como não poderão as partes repetir aquilo que pagaram em excesso, em razão da decisão que julgou os cálculos."*[48]

Efetuado o pagamento do imposto, a partir do trânsito em julgado da decisão que julgou o cálculo, seguem-se os requerimentos

---

46 *Manual de Direito Processual Civil*, 4ª ed., São Paulo, Saraiva, 1996, vol. 3, (Procedimentos Especiais), p. 105.

47 Artigo publicado na *Revista dos Tribunais* sob o título *"Homologação de Cálculo em Inventário, art. 1.013, § 2º, do CPC, Sentença ou Decisão Interlocutória? Recurso Cabível"*, RT 544/283.

48 Ob. cit., pp. 142-143.

Do Inventário (Art. 1.991)

relativamente aos quinhões. Após, advirá o despacho que decidirá acerca da partilha e, logo a seguir, a partilha propriamente dita.

CAPÍTULO II
DOS SONEGADOS

Art. 1.992. O herdeiro que sonegar bens da herança, não os descrevendo no inventário quando estejam em seu poder, ou, com o seu conhecimento, no de outrem, ou que os omitir na colação, a que os deva levar, ou que deixar de restituí-los, perderá o direito que sobre eles lhe cabia.

Direito anterior: Art. 1.780. O herdeiro que sonegar bens da herança, não os descrevendo no inventário, quando estejam em seu poder, ou, com ciência sua, no de outrem, ou que os omitir na colação, a que os deva levar, ou o que deixa de restituí-los, perderá o direito, que sobre eles lhe cabia.

COMENTÁRIOS

Segundo Pontes de Miranda, *"diz-se sonegado o que deveria ser descrito e entrar na partilha, porém, não o apresentou o herdeiro, ou, tendo sido doado ao herdeiro algum bem, não o levou à colação, ou o inventariante, que sabia ser o bem elemento da herança, não o descreveu"*.[1]

O instituto da sonegação compreende, nas palavras de Silvio Rodrigues, *"os bens que deviam entrar na partilha, porém foram ciente e conscientemente dela desviados, quer por não terem sido descritos*

---

1 Pontes de Miranda, *Tratado de Direito Privado*, 3ª ed., São Paulo, RT, 1984, t. LX, p. 273.

ou restituídos pelo inventariante ou por herdeiro, quer por este último não os haver trazido à colação, quando esse dever se lhe impunha".[2]

Assim, há alguns deveres impostos pela lei, tanto ao inventariante quanto aos herdeiros, que devem ser perfilhados em sua mais ampla exatidão, sob pena de se sujeitarem às sanções consubstanciadas nos arts. 1.992 e 1.993 do CC, sem prejuízo de, conforme o caso, responderem também pelo delito de apropriação indébita.

Dentre os deveres do inventariante, cumpre-lhe prestar as declarações legais, delineando todos os bens do espólio que se encontram em seu poder. Também os herdeiros têm o dever de declarar as coisas que estão em seu poder ou os objetos que, com ciência sua, estiverem com outras pessoas. Igualmente devem trazer à colação as doações que eventualmente receberam do falecido.

Tudo isto é necessário visando-se fundamentalmente igualar a legítima dos herdeiros necessários e, assim, poder ser realizada a partilha.

O instituto da sonegação, portanto, reveste-se de dois elementos:

1) Objetivo: Caracteriza-se pela omissão de conferir, restituir ou declarar os bens do falecido. Maria Helena Diniz nos declina os casos: *"A não-descrição dos bens no inventário; a ocultação dos bens que estejam em poder do herdeiro, do inventariante ou do terceiro (CC, arts. 1.992 e 1.993); a omissão dos bens sujeitos à colação pelo herdeiro a ela obrigado (CC, arts. 1.992 e 2.002); a recusa, por parte do herdeiro ou inventariante, de restituir os bens da herança (CC, arts. 1.992 e 1.993); a negativa, pelo inventariante, da existência de bens indicados pelos herdeiros ou pelos credores (CC, art. 1.993)."*[3]

2) Subjetivo: Caracteriza-se pela malícia ou dolo.[4] Com efeito, a intenção de sonegar é que dá concretude e tipifica o instituto. Sone-

---

2   Silvio Rodrigues, *Direito das Sucessões*, 25ª ed., São Paulo, Saraiva, 2002, vol. 7, p. 323.

3   Ob. cit., p. 315.

4   V., também, Sílvio de Salvo Venosa, *Direito das Sucessões*, São Paulo, Atlas, 2001, p. 273.

gar, na exegese de Maria Helena Diniz, é *"dizer que não tem haveres, tendo; não dizer que possui, possuindo, com a intenção de defraudar um herdeiro, purgando-o de parte da herança, ou de iludir a lei"*.[5]

Logo, havendo omissão na restituição, na declaração de bens ou na colação de liberalidade, presume-se *iuris tantum* ter havido malícia e, por conseguinte, ter ocorrido sonegação. Apenas, dada a natureza da presunção, fica aberta ao indigitado sonegador a porta para provar que não houve dolo de sua parte.[6]

Pontes de Miranda nos declina alguns exemplos expressivos acerca da caracterização da sonegação: *"a) falsificar escrita, para diminuir o ativo; b) ocultar créditos, aquisições etc.; c) disfarçar doação ou dádiva; d) encobrir dívida de herdeiro para com o espólio; e) realizar, até mesmo em vida do inventariado e manter depois da sua morte, alienação fictícia de coisas pertencentes a ele; ou nada declarar sobre compra fraudulenta efetuada por terceiro; f) extraviar, de propósito, ou ocultar títulos de propriedade ou de dívida; g) simular ou falsificar aquisição de bem do* de cujus *por ele sonegados; h) utilizar-se, diretamente ou por meio de interposta*

---

5   Ob. cit., p. 315.

6   *"Envolvem com a figura jurídica de sonegados a doação dissimulada e a alienação fictícia, que subtraiam bens do inventário, em favor de um ou alguns herdeiros e a detrimento dos demais"* – Acórdão do Tribunal de Justiça de São Paulo – Apelação Cível nº 136.103. Nessa linha, já decidiu o Eg. Superior Tribunal de Justiça, consoante se vê do excerto a seguir transcrito: Ementa: *'Sonegados. Sobrepartilha. Interpelação do herdeiro. Prova do dolo – a ação de sonegados não tem como pressuposto a prévia interpelação do herdeiro, nos autos do inventário, se houver a argüição, a omissão ou a negativa do herdeiro caracterizará o dolo, admitida prova em contrário.'*
     – Inexistindo argüição nos autos do inventário, a prova do dolo deverá ser apurada durante a instrução.
     – Admitido o desvio de bens, mas negado o dolo, não é aplicável a pena de sonegados, mas os bens devem ser sobrepartilhados.
     Ação parcialmente procedente.
     – *Recurso conhecido e provido em parte"* (REsp. nº 163.195/SP (199800074210) 218124 – Recurso Especial – Min. Ruy Rosado de Aguiar – Fonte: *DJ* – Data: 29.06.1998 – p. 217).

pessoa, de um crédito inexistente ou falso, contra a sucessão, a fim de baixar o montemor ou prejudicar herdeiro ou credor."[7]

Depreende-se, portanto, que a pena imposta ao sonegador é bastante severa, ou seja, o mesmo perderá o direito que lhe cabia sobre os bens, devendo restituí-lo ao espólio para ser partilhado entre os outros co-herdeiros.

Na dicção de Carlos Maximiliano, *"partilha-se o bem reclamado, como se o sonegador nunca tivesse existido; despem-no até mesmo de qualquer prerrogativa resultante de anterior doação, assim como da de filho ou neto do inventariado, porém, só em relação ao objeto da fraude. Portanto, decai do direito que tenha, não só na qualidade de herdeiro, mas também por qualquer outro motivo – como donatário ou legatário, por exemplo: a lei não distingue; ao contrário, reclama, sob a mesma pena, descrever e conferir a coisa pelo sucessor detida ou a ele dada ou doada. Outrossim, o culpado restitui o objeto da sonegação, e até os frutos e rendimentos, como possuidor de má-fé, além dos juros da mora, salvo, quanto às duas últimas penalidades, se o objeto da fraude não produzia frutos nem rendia juros (se era uma jóia, por exemplo)"*.[8]

Frise-se, por oportuno, que o tratamento processual do tema encontra-se regulamentado nos arts. 994 e 1.040, I, do Código de Processo Civil.

Com o escopo de enfeixar o assunto, também quanto à sua vertente processual, passaremos a analisá-los, ainda que brevemente.

Preconiza o art. 994 do CPC, *verbis: "Só se pode argüir de sonegação ao inventariante depois de encerrada a descrição dos bens, com a declaração, por ele feita, de não existirem outros por inventariar."*

Com efeito, será com a citação (CPC, art. 999), que exsurgirá para o herdeiro o momento processual de edificar ao inventário os bens pertencentes ao falecido e que se encontram em seu poder.

---

7 Ob. cit., p. 414.
8 *Direito das Sucessões,* 3ª ed., Rio de Janeiro, Livraria Freitas Bastos, 1952, pp. 415-416.

Ressalte-se que, no caso do inventariante, a lei lhe faculta a oportunidade de até retificar suas declarações (CPC, art. 1.011).

Caso não o faça, o art. 1.992 do novo Código Civil é bem claro: perderá o direito que tinha sobre o bem.

O art. 1.040, I, do CPC, por sua feita, reza que:

"Ficam sujeitos à sobrepartilha os bens:

I – sonegados;

II – (...)."

A sobrepartilha, consoante será demonstrado com mais vagar em capítulo próprio, tem o escopo de *"atribuir a cada um dos herdeiros a porção que lhe couber dos bens e direitos do acervo que não foram objeto da partilha anteriormente realizada"*.[9]

Especificamente no que pertine aos bens sonegados, a sobrepartilha ocorrerá ao final do prazo preconizado no art. 1.012 do CPC, vale dizer, "no prazo comum de 10 (dez) dias".

Por fim, também é importante ressaltar que há Instrução Normativa oriunda da Receita Federal – IN – SRF nº 81/2001 – que dispõe sobre as declarações do espólio.[10]

> **Art. 1.993. Além da pena cominada no artigo antecedente, se o sonegador for o próprio inventariante, remover-se-á, em se provando a sonegação, ou negando ele a existência dos bens, quando indicados.**
>
> **Direito anterior: Art. 1.781. Além da pena cominada no artigo antecedente, se o sonegador for o próprio inventariante, remover-se-á, em se provando a sonegação, ou negando ele a existência dos bens, quando indicados.**

---

9   Paulo Cezar Pinheiro Carneiro, ob. cit., pp. 261-262.

10   Preconiza mencionada Instrução Normativa, em seus 28 (vinte e oito) artigos, sobre como devem ser efetuadas as declarações do espólio, seus meios e prazos de entrega. Assevera, ainda, os casos passíveis de sobrepartilha, deduções permitidas, pagamento e restituição do imposto, responsabilidade dos sucessores e do inventariante etc. (n. a).

COMENTÁRIOS

Tenha-se presente, por primeiro, que estarão sujeitos à pena de sonegados todas as pessoas que puderem ocultar bens do espólio, opondo quaisquer espécies de óbices para a integralização do monte partível.

Poderão sujeitar-se a ela, portanto, consoante Maria Helena Diniz:

"1º) O herdeiro que sonega bens da herança, não os descrevendo no inventário, quando em seu poder;

2º) o herdeiro que não denuncia a existência de bens do acervo, que, com ciência sua, se encontrem em poder de outrem;

3º) o herdeiro que deixa de conferir no inventário bens sujeitos à colação;

4º) o inventariante que não inclui ou omite, nas declarações prestadas, efeitos pertencentes ao espólio; ou que, sendo herdeiro, deixa de trazer à colação bens que deveria conferir;

5º) o cessionário do herdeiro, que afirma não possuir bens do acervo hereditário;

6º) o testamenteiro que, ao exercer também a inventariança, subtrai dolosamente bens da herança."[11]

O artigo em epígrafe trata especificamente do caso de ser o próprio inventariante o sonegador. Neste caso, além da pena cominada no artigo antecedente (que é a perda do direito aos bens sonegados), sofrerá também a remoção do cargo.

Silvio Rodrigues nos adverte que "se o inventariante não for herdeiro, não haverá possibilidade de perder direito sobre bens da herança, por isso que não os tinha". Lembra-nos de que, "segundo a literalidade do texto, e obedecendo, ademais, à regra de que as penas são interpretadas restritivamente, deve-se entender que o inventariante sonegador fica sujeito à remoção do cargo".[12]

---

11   Maria Helena Diniz, ob. cit., p. 316.
12   Ob. cit., p. 328.

Saliente-se, porém, que o inventariante pode atuar apenas nessa qualidade, como também ser herdeiro.

Nos dois casos perderá a inventariança (CC, art. 1.993 c.c. CPC, 994 e 995, VI). Outrossim, caso seja herdeiro, malgrado a aplicação de sanção administrativa, será privado igualmente de sua cota no bem sonegado.[13]

O ato do juiz que decide o incidente de remoção de inventariante é decisão interlocutória, dela cabendo, a nosso ver, o recurso de agravo de instrumento.

Consoante comenta acertadamente Paulo Cezar Pinheiro Carneiro, *"o próprio juiz, de ofício, se for o caso, deverá determinar a remoção, pois se a nomeação cabe a ele, é evidente que terá poder para substituir o inventariante caso entenda necessário, de sorte a permitir a efetividade do processo, pois não cabe na hipótese a extinção do feito sem julgamento do mérito. Constitui uma obrigação do juiz, como órgão encarregado de exercer a jurisdição, verificar se o inventariante é legitimado e adequado para o alcance da finalidade de que antes se falou"*.[14]

Entendemos, ademais, que, *in casu*, o inventariante ainda poderá ser condenado como litigante de má-fé, de acordo com o art. 18 do Código de Processo Civil.

---

13 Confira-se interessante decisão do Tribunal de Justiça do Paraná: Ementa: *"Decisão: acordam os membros integrantes da 3ª câmara cível do tribunal de justiça do Paraná, por unanimidade de votos, em negar provimento ao recurso. ementa: remoção de inventariante – suposta sonegação de bens – fase da declaração de bens não encerrada – improcedência do pedido – agravo desprovido. I – simples suspeita de que o inventariante não cumprirá o seu dever não é suficiente para justificar a substituição ou a medida excepcional da remoção. É preciso a ocorrência de um fato desidioso, omisso, ímprobo, ruinoso, que possa legitimar a remoção. Se ele sobrevier, a qualquer tempo, poderá ser considerado pelo magistrado, até mesmo de ofício. II – o processo de inventário não é, de forma alguma, adequado para se apurar a sonegação de bens. De regra, não se destitui o inventariante como sonegador, senão em caso excepcional, havendo prova documental plena e imediata do fato. Ainda assim, a argüição tem como pressuposto o encerramento da fase de descrição de bens. Decisão unânime"* (Acórdão nº 10.538 – rel. Juiz Munir Karam, publ. em 27.03.95).

14 Paulo Cezar Pinheiro Carneiro, ob. cit., pp. 94-95.

Dos Sonegados (Art. 1.993)

Outrossim, caso o magistrado não se manifeste acerca da pena acima delineada, poderá, ainda, a parte prejudicada, ressarcir-se pelas vias adequadas.

O tratamento processual do tema acerca da remoção do inventariante encontra-se regulamentado no art. 995 do Código de Processo Civil, *verbis*:

> *"O inventariante será removido:*
>
> *I – se não prestar, no prazo legal, as primeiras e as últimas declarações;*
>
> *II – se não der ao inventário andamento regular, suscitando dúvidas infundadas ou praticando atos meramente protelatórios;*
>
> *III – se, por culpa sua, se deteriorarem, forem dilapidados ou sofrerem dano bens do espólio;*
>
> *IV – se não defender o espólio nas ações em que for citado, deixar de cobrar dívidas ativas ou não promover as medidas necessárias para evitar o perecimento de direitos;*
>
> *V – se não prestar contas ou as que prestar não forem julgadas boas;*
>
> *VI – se sonegar, ocultar ou desviar bens do espólio."*

Consigne-se que a enumeração acima esposada é meramente exemplificativa.

Com efeito, os arts. 991 e 992 do Código de Processo Civil igualmente preconizam determinadas obrigações do inventariante, as quais, caso não adimplidas, também conduzem à sua respectiva remoção.

Nesse contexto, tratam ainda os arts. 996, 997 e 998 do Código de Processo Civil acerca do processamento da remoção do inventariante, *verbis: "Art. 996. Requerida a remoção, com fundamento em qualquer dos números do artigo antecedente, será intimado o inventariante para, no prazo de 5 (cinco) dias, defender-se e produzir provas.*

Parágrafo único. O incidente de remoção correrá em apenso aos autos do inventário."

Note-se que a remoção, requerida por qualquer dos legitimados, *"deverá ser processada em apenso aos autos do inventário, o qual não ficará suspenso, não exigindo a lei a intimação dos demais interessados, salvo a*

498 Comentários ao Código Civil Brasileiro

do Ministério Público, se for o caso, em razão do disposto no nº I do art. 83 do CPC".[15]

"Art. 997. Decorrido o prazo com a defesa do inventariante ou sem ela, o juiz decidirá. Se remover o inventariante, nomeará outro, observada a ordem estabelecida no art. 990."

A natureza jurídica da manifestação exarada pelo magistrado no artigo em epígrafe é decisão interlocutória, sendo impugnável, portanto, através do recurso de agravo de instrumento.

Com efeito, *"no processo de inventário, o mérito é julgado aos poucos, havendo também inúmeras outras questões e incidentes até que se alcance a decisão de mérito definitiva – a que decide a partilha – que extinguirá o processo com julgamento do mérito".*[16]

"Art. 998. O inventariante removido entregará imediatamente ao substituto os bens do espólio; deixando de fazê-lo, será compelido mediante mandado de busca e apreensão, ou de imissão de posse, conforme se tratar de bem móvel ou imóvel."[17]

Note-se que, neste caso, será suficiente a simples determinação do magistrado para o cumprimento das medidas acima delineadas, não se afigurando necessário perfilhar-se o regramento relativamente ao processo de execução.

Eventual interposição de embargos deverá ser feita na via adequada, ressalvando-se que cabe ao magistrado determinar a reserva do bem litigioso, até a situação ser resolvida no juízo competente.

> **Art. 1.994. A pena de sonegados só se pode requerer e impor em ação movida pelos herdeiros ou pelos credores da herança.**
>
> **Parágrafo único. A sentença que se proferir na ação de sonegados movida por qualquer dos herdeiros ou credores, aproveita aos demais interessados.**

---

15 Paulo Cezar Pinheiro Carneiro, ob. cit., p. 96.
16 Paulo Cezar Pinheiro Carneiro, ob. cit., p. 98.
17 *"Inventariante depositário. Não se permite a ação de depósito, nem a conseqüente prisão civil, contra o inventariante. Nada impede, entretanto, que o juiz entenda necessário,*

Dos Sonegados (Art. 1.994)

Direito anterior: Art. 1.782. A pena de sonegados só se pode requerer e impor em ação ordinária movida pelos herdeiros, ou pelos credores da herança.

Parágrafo único: A sentença que se proferir na ação de sonegados, movida por qualquer dos herdeiros, ou credores, aproveita aos demais interessados.

COMENTÁRIOS

Segundo nos ensina Clóvis Beviláqua, *"a pena de sonegados, de que se occupa este artigo, é a perda do direito, que teria o sonegador, sobre o bem, que occultou ou não restituiu (...)"*.[18]

Tendo em vista a necessidade de amplo espectro probatório, posto que serão perquiridas questões de fato, o rito a ser seguido será o ordinário, devendo o requerimento ser formulado pelos herdeiros legítimos ou testamentários, ou, ainda, pelos credores da herança.

A ação de sonegados, segundo nos informam Nelson Nery Júnior e Rosa Maria Andrade Nery, *"tem natureza condenatória porque o autor pede a aplicação da pena de sonegados àquele que descumpriu seu dever de herdeiro e/ou de inventariante, de declarar no inventário a existência de bem do espólio. Por isso é condenado a restituir o bem sonegado ao espólio, a perder os direitos que, pelo bem sonegado, lhe caberiam, bem como a pagar o valor do bem (se, por exemplo, já tiver sido alienado) mais perdas e danos. A pretensão não é constitutiva porque a alienação de bem sonegado não é nula nem anulável, mas perfeitamente válida, como demonstra,*

---

para maior garantia dos bens do espólio, que o inventariante seja nomeado também depositário de um outro bem, impondo-lhe o dever de devolver a coisa depositada sob pena de prisão, independentemente dos outros deveres que o encargo de inventariante lhe impõe." Nelson Nery Júnior, Rosa Maria Andrade Nery, *Código de Processo Civil Comentado*, ob. cit., p. 1.172.

---

18 Clóvis Beviláqua, *Código Civil dos Estados Unidos do Brasil*, cit., p. 277.

a contrario sensu, *o CC 1995, que manda o sonegador pagar o valor do bem alienado, mais perdas e danos*". [19]

Concordamos integralmente com o raciocínio acima desenvolvido. De fato, a ação de sonegados tem natureza condenatória. Primeiro porque, se a pretensão dos herdeiros ou credores da herança, através da ação de sonegados, restar acolhida pelo Poder Judiciário, o sonegador será submetido a uma sanção, é dizer, será condenado a restituir o bem sonegado ao espólio tendo em vista o descumprimento de um dever, qual seja, declarar a existência de determinado bem. Segundo porque, com tal ação condenatória, não se objetivará somente a declaração de um direito subjetivo material dos herdeiros ou eventuais credores. Ao revés, também exsurgirá um comando que determinará o cumprimento da já mencionada sanção, a qual, *in casu*, será: 1) a perda do direito que sobre o bem cabia ao sonegador que, devolvido ao espólio, será repartido entre os demais co-herdeiros; 2) caso seja o inventariante o sonegador, será removido; 3) o bem sonegado deverá ser restituído, ou, na hipótese de já não o possuir, pagar o sonegador a importância dos valores que ocultou, mais as perdas e danos. Portanto, a nosso ver, não há como perfilhar outra orientação a não ser a natureza condenatória da ação de sonegados.

Orlando Gomes, por sua feita, enfatiza que os efeitos da sentença são pessoais. São suas palavras: *"Caso o sonegador venha a falecer no curso da ação, não se imporá pena aos seus herdeiros, pois é personalíssima."* Entrementes, preconiza, *"se verificada a existência de bens ocultados, devem ser sobrepartilhados"*. [20]

No que diz respeito ao inventariante, a ação será movida pelos credores da herança, que apenas poderão argüir de sonegação o inventariante "depois de encerrada a descrição dos bens com a decla-

---

19 Nelson Nery Jr. e Rosa Maria Andrade Nery, *Novo Código Civil*, São Paulo, RT, 2002, p. 645.

20 Orlando Gomes, *Sucessões*, 6ª ed., Rio de Janeiro, 1990, p. 305.

Dos Sonegados (Arts. 1.994 e 1.995)

ração, por ele feita, de não existirem outros bens a inventariar e partir (...)" (CC, art. 1.996).

Já em relação ao herdeiro, a ação será movida "depois de declarar no inventário que não os possui" (CC, art. 1.996; CPC, art. 994)".

O lapso prescricional será de 10 (dez) anos (CC, art. 205), devendo a ação ser ajuizada no foro do inventário.

Alvitre-se ainda que, pelo fato de ter direitos fiscais a recolher no que diz respeito aos bens sonegados, poderá também a Fazenda Pública propor a ação. Entrementes, não lhe será permitido pleitear a aplicação da pena de sonegados, a qual, nas palavras de Maria Helena Diniz, "é inadmissível quando não se descrevem os bens, com a anuência dos herdeiros, com o intuito de diminuir o montante do imposto *causa mortis*".[21]

Julgada procedente a ação de sonegação, com a respectiva decretação da pena civil, também poderá aproveitar demais interessados (CC, art. 1.994, parágrafo único).

Como conseqüência, os bens que foram sonegados retornarão ao espólio.

> **Art. 1.995. Se não se restituírem os bens sonegados, por já não os ter o sonegador em seu poder, pagará ele a importância dos valores que ocultou, mais as perdas e danos.**
>
> **Direito anterior: Art. 1.783.** Se não se restituírem os bens sonegados, por já os não ter o sonegador em seu poder, pagará ele a importância dos valores, que ocultou, mais as perdas e danos.

COMENTÁRIOS

Após o trânsito em julgado da sentença que julgou procedente a ação de sonegação, o bem deverá ser restituído à massa.

---

21   Maria Helena Diniz, ob. cit., p. 318.

Ocorre porém que, às vezes, isto não é factível porque o bem pode ter sido consumido ou alienado.

Trata o presente artigo daqueles casos em que não se afigura mais possível a restituição dos bens sonegados, exsurgindo, de forma cristalina, o real escopo do sonegador, consubstanciado na má-fé de ver-se livre dos bens do espólio.

Clóvis Beviláqua nos ensina que, o sonegador, neste caso, *"parece ter mais accentuada malícia, e tem maiores probabilidades de locupletar-se com o alheio, do aquelle que os conserva em seu poder"*.[22]

Nada mais justo, portanto, que pague a importância dos valores que ocultou, mais as perdas e danos.

Ademais, releva notar que, na ação de sonegados, não é possível "pronunciar a nulidade da venda feita pelo sonegador".[23-24]

Com efeito, identificada e provada a ocultação de eventuais bens, o réu será condenado a devolver ao espólio o preço da alienação.

No que diz respeito especificamente às perdas e danos, o assunto é tratado pelos arts. 402 a 404 do Código Civil.

Preconiza o art. 402 do Código Civil, *verbis: "Salvo as exceções expressamente previstas em lei, as perdas e danos devidos ao credor abrangem, além do que ele efetivamente perdeu, o que razoavelmente deixou de lucrar."*

Em linhas gerais, quer o artigo explicitar a extensão das perdas e danos, que abarcam tanto os danos emergentes quanto os lucros cessantes.

---

22 Ob. cit., p. 277.

23 Washington de Barros Monteiro, ob. cit., p. 306.

24 Trago, por oportuno, precedente do Eg. Supremo Tribunal Federal, o qual, em que pese ter sido possível a devolução dos bens, o exemplo é interessante, pois houve condenação a juros e rendimentos, acrescido de perdas e danos. Confira-se: Descrição: Recurso Extraordinário. Número: 19.106. Julgamento: 24.07.1951. Ementa: Sonegação de bens. Não há confundir cumprimento de obrigação comum, com penalidade imposta ao sonegador, este restitui os bens sonegados, mais juros e ren-

Dano emergente *"é a diminuição patrimonial sofrida pelo credor, é aquilo que ele efetivamente perde, seja porque teve depreciado o seu patrimônio, seja porque aumentou o seu passivo".*[25]

Lucros cessantes, por sua feita, significam *"a diminuição potencial do patrimônio do credor, pelo lucro que deixou de auferir, dado o inadimplemento do devedor".*[26]

Reza o art. 403 do Código Civil que: *"Ainda que a inexecução resulte de dolo do devedor, as perdas e danos só incluem os prejuízos efetivos e os lucros cessantes por efeito dela direto e imediato, sem prejuízo do disposto na lei processual."*

O preceito enfatiza que, somente no caso de inexecução dolosa da obrigação pelo devedor, direta e imediata, será admissível a indenização por perdas e danos. Vale dizer, não será cabível no caso de prejuízo eventual ou potencial.

Por fim, preceitua o art. 404 que: *"As perdas e danos, nas obrigações de pagamento em dinheiro, serão pagas com atualização monetária segundo índices oficiais regularmente estabelecidos, abrangendo juros, custas e honorários de advogado, sem prejuízo da pena convencional. Parágrafo único. Provado que os juros da mora não cobrem o prejuízo, e não*

---

dimentos, se houver, acrescidos das perdas e danos. Publicação: *ADJ*. Data: 06.07.53, p. 1.869, ement. vol. 59 p. 339, relator Afranio Costa.
Sessão: 02 – Segunda Turma. O Tribunal de Justiça de São Paulo também reconheceu o direito à indenização ante a omissão de bens. Veja-se: Recurso: AC nº 199.896. 1. Origem: Buritama. Órgão: CCIV 6. Relator: Munhoz Soares. Data: 10.02.94. Ementa: Indenização – Omissão de bens detidos por mera posse em inventário – Existência de ação de usucapião, posterior ao inventário, julgada procedente, com a conseqüente alienação dos imóveis – Reconhecimento do direito à indenização diante do afastamento da imposição de pena de sonegados – RPP.
Idem, ibidem, p. 308.

---

25 Mário Luiz Delgado Régis, *Novo Código Civil Comentado,* coordenação: Ricardo Fiúza, São Paulo, Saraiva, 2002, p. 359.

26 *Idem, ibidem.*

havendo pena convencional, pode o juiz conceder ao credor indenização suplementar."

Consigna o dispositivo que, no caso das "obrigações pecuniárias, as perdas e danos são preestabelecidas. O dano emergente é a própria prestação, acrescida de atualização monetária, custas e honorários advocatícios. Os lucros cessantes são representados pelos juros de mora".[27]

Temos, desse modo, que, caso o sonegador não possua mais os bens sonegados, deverá ele pagar, através do presente mandamento legal, a importância dos bens ocultados, incluídas as perdas e danos.

> **Art. 1.996.** Só se pode argüir de sonegação o inventariante depois de encerrada a descrição dos bens, com a declaração, por ele feita, de não existirem outros por inventariar e partir, assim como argüir o herdeiro, depois de declarar-se no inventário que não os possui.
>
> **Direito anterior: Art. 1.784.** Só se pode argüir de sonegação o inventariante depois de encerrada a descrição dos bens, com a declaração, por ele feita, de não existirem outros por inventariar e partir, e o herdeiro, depois de declarar no inventário que os não possui.

COMENTÁRIOS

O artigo trata do momento caracterizador da sonegação. Por primeiro, assevera que o inventariante subsume-se à sonegação depois de encerrada a descrição dos bens.

Com efeito, se após a declaração de todos os bens do falecido, o inventariante nada preconizar quanto à existência de outros bens, de forma dolosa, ocultando-os, restará tipificada a sonegação.

---

27 Mário Luiz Delgado Régis, ob. cit., p. 360.

Todavia, consoante relata Silvio Rodrigues, se *"o inventariante, desde logo, declara de modo peremptório não existirem outros bens, quando é evidente o seu conhecimento da existência deles, não há necessidade de se aguardar o momento das últimas declarações para se argüir sua má-fé, pois esta se revelou de maneira iniludível".*[28]

Porém, prossegue, *"se, após as últimas declarações, justifica razoavelmente sua asserção de não existirem mais bens a inventariar, quando os havia, não deve o juiz puni-lo, apenas para se escravizar ao texto legal, que fixa um momento derradeiro para o pronunciamento do inventariante".*[29]

O artigo refere-se ainda ao herdeiro, que também pode sujeitar-se à sonegação quando, no inventário, declara que não possui bens do falecido.

O fator temporal, assim, em relação ao herdeiro, caracteriza-se desde logo, vale dizer, após declarar no inventário acerca da inexistência de outros bens a inventariar.

Afigurar-se-á cristalina, porém, a sonegação se, devendo trazer bens à colação, aquiescer com o esboço da partilha, em que mencionados bens não se encontram presentes.

Podemos dessumir, assim, que, enquanto para o inventariante a lei delimita um momento tipificador para a configuração da sonegação, para o herdeiro tal não há, podendo caracterizar-se a partir do momento em que, dolosamente, tornar factível sua intenção de apropriar-se dos bens do falecido.

O regramento processual da sonegação dos bens do inventário, ora em estudo, encontra-se no art. 994 do Código de Processo Civil, *verbis: "Só se pode argüir de sonegação ao inventariante depois de encerrada a descrição dos bens, com a declaração, por ele feita, de não existirem outros bens a inventariar."*

---

28 Ob. cit., p. 329.
29 *Idem, Ibidem*, p. 329.

Consoante se pode depreender, através do cotejo das duas normas – substancial e processual – acerca do tema, ambas espelham, de forma parcialmente similar, o momento em que se perfaz a sonegação cometida pelo inventariante.

Mas, o que é importante ter-se em mente, em reforço ao que já foi preconizado acerca da ação de sonegação, bem como de seu momento caracterizador, é que o inventariante, quando da apresentação das últimas declarações (art. 1.011 do CPC), deverá declarar, sob pena de ser responsabilizado por sonegação e removido da inventariança, eventuais bens omitidos.

Ressalte-se que a competência do juízo do inventário cinge-se efetivamente ao reconhecimento da sonegação. Isto quer significar que, no caso de a matéria ensejar dilação probatória, as partes deverão ser remetidas às vias ordinárias.

Outro não é o entendimento de Carlos Maximiliano, ao salientar que *"considera-se de alta indagação toda disputa referente a sonegados; envolve, sempre, matéria de fato. Por isto, há de ser ventilada e decidida em processo contencioso; com exceção da providência urgente da remoção do inventariante, sobretudo necessária quando, intimado, recalcitre em não descrever certos bens; as penas respectivas só por meio de sentença proferida em ação ordinária, especial, os tribunais impõem; nunca em inventário, no qual se não fazem nem simples justificações comprobativas de que foram desviadas ou ocultas coisas partilháveis. Semelhante ação tanto pode ser proposta antes, como depois de concluída a divisão do ativo sucessório"*.[30]

Por derradeiro, é importante consignar que sempre restará a oportunidade de se ingressar com a ação de perdas e danos contra o inventariante ou herdeiro sonegador por quem se sentir prejudicado em decorrência da omissão dos bens, podendo, inclusive, cumular o pedido com a pena prevista no art. 1.992 do Código Civil.

---

30 Carlos Maximiliano, *Direito das Sucessões*, 3ª ed., São Paulo, Livraria Freitas Bastos, 1952, p. 419.

CAPÍTULO III
DO PAGAMENTO DAS DÍVIDAS

Art. 1.997. A herança responde pelo pagamento das dívidas do falecido; mas, feita a partilha, só respondem os herdeiros, cada qual em proporção da parte que na herança lhe coube.

§ 1º Quando, antes da partilha, for requerido no inventário o pagamento de dívidas constantes de documentos, revestidos de formalidades legais, constituindo prova bastante da obrigação, e houver impugnação, que não se funde na alegação de pagamento, acompanhada de prova valiosa, o juiz mandará reservar, em poder do inventariante, bens suficientes para a solução do débito, sobre os quais venha a recair oportunamente a execução.

§ 2º No caso previsto no parágrafo antecedente, o credor será obrigado a iniciar a ação de cobrança no prazo de trinta dias, sob pena de se tornar de nenhum efeito a providência indicada.

Direito anterior: Art. 1.796. A herança responde pelo pagamento das dívidas do falecido; mas, feita a partilha, só respondem os herdeiros, cada qual em proporção da parte que na herança lhes coube.

§ 1º Quando, antes da partilha, for requerido no inventário o pagamento de dívidas constantes de documentos, revestidos de formalidades legais, constituindo prova bastante da obrigação, e houver impugnação, que não se funde na alegação de pagamento, acompanhada de prova valiosa, o juiz mandará reservar, em poder do inventariante, bens suficientes para a solução do débito, sobre os quais venha a recair oportunamente a execução;

§ 2º No caso figurado no parágrafo antecedente, o credor será obrigado a iniciar a ação de cobrança dentro no prazo de 30 (trinta) dias, sob pena de se tornar de nenhum efeito a providência indicada.

COMENTÁRIOS

1. Pagamento das dívidas

Opera-se o pagamento dos débitos anteriormente à partilha, perante o juízo do inventário (CPC, art. 1.017, *caput*).

O regramento processual da matéria encontra-se nos art. 1.017 a 1.021 do Código de Processo Civil, os quais serão analisados, por fundamental, no presente capítulo.[1]

Por primeiro, é importante frisar que, enquanto a partilha não for julgada, os credores deverão requerer ao juízo do inventário o pagamento de seus respectivos créditos, desde que as dívidas encontrem-se vencidas e exigíveis (CPC, art. 1.017, *caput*).

Assim é porque o espólio deve responder pelas dívidas do falecido (CPC, art. 597). Entrementes, os herdeiros não respondem por encargos superiores às forças da herança, vale dizer, respondem limitadamente ao quinhão hereditário (CC, art. 1.792).

Desta feita, *"a petição, acompanhada de prova literal da dívida, será distribuída por dependência e autuada em apenso aos autos do processo de inventário"* (CPC, art. 1.017, § 1º).

Após a concordância das partes, o juiz declarará habilitado o credor e determinará *"que se faça a separação de dinheiro ou, em sua falta, de bens suficientes para seu pagamento"* (CPC, art. 1.017, § 2º).

"Separados os bens, tantos quantos forem necessários para o pagamento dos credores habilitados, o juiz mandará aliená-los em praça ou leilão (...)" (CPC, art. 1.017, § 3º).

Pode acontecer que o credor prefira, em vez de dinheiro, que os bens lhe sejam adjudicados. Tal possibilidade é permitida pelo CPC, art. 1.017, § 4º, desde que haja a concordância de todas as partes.

---

1   V. também Súmula 115 do STF e Emenda Constitucional nº 03/93, art. 155, I.

Se algumas das partes porventura discordar acerca do "pedido de pagamento feito pelo credor, será ele remetido para os meios ordinários", determinando o magistrado, neste caso específico, a reserva, em poder do inventariante, de *"bens suficientes para pagar o credor, quando a dívida constar de documento que comprove suficientemente a obrigação e desde que a impugnação não se funde em quitação"* (CPC, art. 1.018 e parágrafo único).[2]

Advirta-se, no entanto, que o credor terá o prazo de 30 dias para ingressar com a ação, sob pena de cessação da eficácia da medida cautelar que decidiu sobre a reserva de bens (CPC, art. 1.039, I).

Importante notar que a habilitação não é direcionada a todos os credores do espólio. A Fazenda Pública, por exemplo, no que pertine aos créditos tributários (CTN, art. 187), e os créditos com garantia real não se encontram obrigados ao processo de inventário.

Em havendo dívida não vencida, o credor poderá requerer sua habilitação no inventário. Desde que as partes concordem, o juiz, ao julgar habilitado o crédito, determinará que se faça separação de bens para o futuro pagamento (CPC, art. 1.019).

Pode ocorrer, entrementes, que as partes não concordem. Neste caso, após o vencimento da dívida, o credor poderá requerer sua habilitação, perfilhando-se o regramento do art. 1.017 do Código de Processo Civil.

Assinale-se, ainda, que o legatário também "é parte legítima para manifestar-se sobre as dívidas do espólio" (CPC, art. 1.020). Tal preceito é complementado pelo § 1º do Novo Código Civil, o qual, em seu art. 1.923, preconiza que não lhe será deferida, "de

---

2   *"Nos termos do art. 1.018 do CPC, não havendo concordância de todas as partes sobre o pedido de pagamento feito pelo credor, será ele remetido para os meios ordinários; conseqüentemente não se processa incidente de falsidade, no Juízo do inventário, porquanto corresponde à discordância"* (Ac. un. da 4ª Câm. do TJPR de 05.05.1993, no Ag. nº 26.219-9, rel. Des. Troiano Netto; *Paraná Judiciário* 42/39).

510 Comentários ao Código Civil Brasileiro

imediato, a posse da coisa, nem nela pode o legatário entrar por autoridade própria".

Cumpre ainda observar que o artigo 1.021 do CPC permite aos herdeiros, no processo em que o espólio estiver sendo executado, a separação de bens para o pagamento de dívidas, bem como a autorização para que o inventariante os nomeie à penhora.

> **Art. 1.998. As despesas funerárias, haja ou não herdeiros legítimos, sairão do monte da herança; mas as de sufrágios por alma do falecido só obrigarão a herança quando ordenadas em testamento ou codicilo.**[3]
>
> **Direito anterior: Art. 1.797.** As despesas funerárias, haja ou não herdeiros legítimos, sairão do monte da herança. Mas as de sufrágio por alma do finado só obrigarão a herança, quando ordenadas em testamento ou codicilo (art. 1.651).

COMENTÁRIOS

1. Despesas funerárias

O art. 1.998 preconiza que as despesas gastas com o funeral, haja ou não herdeiros legítimos, são dívidas do espólio.

Despesas funerárias, segundo Silvio Rodrigues, "são as decorrentes do óbito do autor da herança e ulterior sepultamento".[4]

As dívidas do espólio deverão ser pagas na ordem estabelecida no art. 965 do Código Civil, *verbis:*

---

3   *Vide* arts. 1.881 e 1.847 do Código Civil.
4   Silvio Rodrigues, *Direito das Sucessões*, 16ª ed., São Paulo, Saraiva, 1989, p. 31. A propósito, segundo a definição de Clóvis Beviláqua, *"despesas funerárias são as que se fazem em razão da morte e da inhumação do corpo, inclusive a acquisição da sepultura"*. Ob. cit., p. 300.

Do Pagamento das Dívidas (Art. 1.998)

"I – o crédito por despesa de seu funeral, feito segundo a condição do morto e o costume do lugar; II – o crédito por custas judiciais, ou por despesas com arrecadação e liquidação da massa; III – o crédito por despesas com o luto do cônjuge sobrevivo e dos filhos do devedor falecido, se foram moderadas; IV – o crédito por despesas com a doença de que faleceu o devedor, no semestre anterior à sua morte; V – o crédito pelos impostos devidos à Fazenda Pública, no ano corrente e no anterior; VII – o crédito pelos salários dos empregados do serviço doméstico do devedor, nos seus derradeiros seis meses de vida; VIII – os demais créditos de privilégio geral."

Podemos dividi-las, no compasso dos ensinamentos de Maria Helena Diniz,[5] em dívidas póstumas e dívidas do falecido.

Dívidas póstumas, segundo a autora, "são aquelas dívidas que surgem depois do óbito do *de cujus*" (...). Temos os seguintes casos: *"a) despesas com o funeral do devedor, feito sem pompa, segundo a condição do falecido e o costume do lugar, abrangendo, dentre outros, gastos com a obtenção de terreno para inumação, com o enterro, inclusive publicação e convites, com a edificação do túmulo. Os credores dessas despesas serão pagos pelo monte da herança, exista ou não herdeiro legítimo, porém serão computadas para o cálculo da metade disponível (CC, art. 1.847). As despesas de sufrágios por alma do morto só obrigarão a herança quando forem ordenadas em testamento (CC, art. 1.998); b) as custas judiciais e as despesas com a arrecadação e liquidação da massa hereditária; c) gastos com o luto do cônjuge sobrevivente e dos filhos do finado, se forem moderados. Todas essas despesas serão pagas pelo inventariante, sem depender de habilitação, e incluir-se-ão no passivo do espólio para reembolso."*

Dívidas do falecido, são aquelas *"oriundas de obrigações contraídas em vida pelo de cujus, mas que se transmitem com a sua morte aos herdeiros"*. Vejam-se os seguintes casos: *"a) as despesas com a doença de que faleceu o devedor, no semestre anterior à sua morte; b) os gastos necessários à mantença do devedor falecido e de sua família, no trimestre*

---

5   *Idem, Ibidem.*

anterior ao falecimento; c) o salário devido aos empregados e pessoas do serviço doméstico do devedor, nos seus últimos seis meses de vida; d) os demais débitos por ele contraídos, mesmo a prazo, pois o falecimento do devedor não acarreta vencimento de dívida a prazo, passando para seus herdeiros o direito ao prazo de débito não vencido, de modo que o credor não poderá acionar o espólio ou os herdeiros antes do vencimento do prazo convencionado. Entretanto, o credor terá direito de cobrar o débito antes de vencido o prazo: se executado o espólio devedor, se abrir concurso creditório; se os bens hipotecados, empenhados ou gravados com anticrese, forem penhorados por outro credor; se se extinguirem ou forem insuficientes as garantias reais ou fidejussórias dadas pelo de cujus, *e se o inventariante se negar a reforça-las.*"[6]

Pagas tais despesas pelo inventariante, estas serão delineadas no passivo do monte para oportuno reembolso, independentemente de habilitação.

> **Art. 1.999.** Sempre que houver ação regressiva de uns contra outros herdeiros, a parte do co-herdeiro insolvente dividir-se-á em proporção entre os demais.
>
> **Direito anterior: Art. 1.798.** Sempre que houver ação regressiva de uns contra outros herdeiros, a parte do co-herdeiro insolvente dividir-se-á em proporção entre os demais.

COMENTÁRIOS

Aplica-se o presente dispositivo legal sempre que algum herdeiro, por qualquer razão, adimplir dívidas do monte partível.

Ou seja, o herdeiro que honra qualquer débito da herança, seja em conseqüência de sua indivisibilidade, seja em decorrência da exis-

---

6   Maria Helena Diniz, *Curso de Direito Civil Brasileiro*, cit., pp. 309-310.

tência de ônus real gravando bem incluído em sua parte na herança, poderá posteriormente cobrar dos demais herdeiros, através da ação regressiva, a parte cabente a cada um na dívida já paga.

Carlos Maximiliano, por oportuno, nos declina as hipóteses de cabimento da ação regressiva: *"a) quando líqüida uma dívida material ou juridicamente indivisível; b) quando o de cujus, em contrato, estipulou ficar um só sucessor obrigado ao pagamento; pois, semelhante causa não impede o herdeiro de reclamar o cumprimento da lei, visto não prevalecer compromisso referente à sucessão contraposto ao direito sucessório; c) quando, sem prejudicar as legítimas, o testador fixou, a seu talante e afastando-se da rota comum, a proporcionalidade na responsabilidade pelas dívidas, porém o credor não concorda e reclama a observância da regra geral, resta ao que pagou mais do que o testamento obriga, reaver dos co-herdeiros o excesso."*[7]

Caso haja insolventes entre os co-herdeiros, as quotas serão divididas de forma proporcional entre os demais.

Isto porque, se *"a dívida fôr indivisível, ainda que o herdeiro, por effeito da partilha, não responda senão na proporção da parte que lhe coube (art. 1.796), estará obrigado, em virtude da natureza da dívida, a pagal-a, integralmente. Mas ficará sub-rogado no direito do credor, para haver dos outros co-herdeiros a parte que aos mesmos couber na divisão do débito pago"*.[8]

Entrementes, *"se houve partilha amigável, e algum herdeiro se obrigou a pagar as dívidas, de seu bolso, não há ação regressiva idem, se os herdeiros distribuíram entre si as dívidas da herança, proporcionalmente aos seus quinhões, ou não"*.[9]

No que pertine à insolvência, é necessário saber se a mesma ocorreu antes ou depois da partilha.

---

7   Carlos Maximiliano, ob. cit., p. 398.
8   Clóvis Beviláqua, ob. cit., p. 301.
9   Pontes de Miranda, ob. cit., p. 322.

Caso a insolvência ocorra antes da partilha, *"o herdeiro devedor do que foi pago tem de sofrer a dedução do quanto, pois ainda tem o que receber. Se a insolvência foi posterior à partilha, o herdeiro, que pagou, ou foi negligente, pelo retardamento, ou não o foi. Se não o foi, todos os outros herdeiros têm de cobrir o que sofreu, com a insolvência do outro herdeiro, o herdeiro que pagou, pois o que ele pagou foi dívida da herança".*[10]

Pode-se dessumir, assim, que, *"de modo algum surge ação regressiva se a dívida não tinha de ser do monte, mas sim daquela pessoa a quem se deixou o bem. De qualquer modo, só há ação regressiva se havia dever de pagamento da dívida da herança, ou se os herdeiros concordaram em que o herdeiro que pagou ficasse vinculado ao pagamento, ou se o herdeiro obrou como gestor de negócios alheios sem poderes mas por haver necessidade da herança".*[11]

> **Art. 2.000.** Os legatários e credores da herança podem exigir que do patrimônio do falecido se discrimine o do herdeiro, e, em concurso com os credores deste, ser-lhes-ão preferidos no pagamento.
>
> **Direito anterior: Art. 1.799.** Os legatários e credores da herança podem exigir que do patrimônio do falecido se discrimine o do herdeiro, e, em concurso com os credores deste, ser-lhes-ão preferidos no pagamento.

COMENTÁRIOS

O escopo principal do preceito legal fora justamente evitar confusão entre o patrimônio do herdeiro insolvente e o do espólio.

Nesse caso, ensina Silvio Rodrigues, *"haveria que se proceder ao rateio, obviamente prejudicial aos credores do monte. Para evitar tal prejuízo, a lei confere aos legatários e credores do monte o direito*

---

10 *Idem, Ibidem*, p. 323.

11 *Idem, Ibidem.*

Do Pagamento das Dívidas (Arts. 2.000 e 2.001)

de impedir que os patrimônios se confundam, até haverem eles sido pagos". [12]

Bastante justa esta postura. Por óbvio, ante a existência de dívidas, não se pode falar em herança. Primeiro devem ser pagos os legados e os débitos para, somente após, apurar-se o montante a ser incorporado ao patrimônio dos herdeiros.

Como observou Clóvis Beviláqua, *"este benefício é útil sómente quando o herdeiro é insolvente; mas não é necessário que a insolvência do herdeiro seja conhecida ou declarada para que os credores do* de cujus *possam pedir a separação dos patrimônios. A lei não exige essa condição, e consente no benefício, ainda quando se ignore a existência de credores do herdeiro".* [13]

O cerne da questão, portanto, delineada na segunda parte do artigo, é justamente o de que os credores da herança têm preferência sobre os credores do herdeiro, não se afigurando menos importante, também, a importância do legatário, que, de igual modo, tem preferência no recebimento de seu legado.

Assim sendo, o pedido de separação de patrimônios pelos credores encontra embasamento na própria lei, que, visando evitar tumulto entre a parte do herdeiro com o que veio a herdar, o que dificultaria a identificação do quinhão a ser executado pelos credores do morto, permitiu a divisão entre os bens do falecido e do herdeiro, até a apuração do efetivo montante pertencente a cada um.

Art. 2.001. Se o herdeiro for devedor ao espólio, sua dívida será partilhada igualmente entre todos, salvo se a maioria consentir que o débito seja imputado inteiramente no quinhão do devedor.

Direito anterior: Art. 1.800. Se o herdeiro for devedor ao espólio, sua dívida será igualmente partilhada entre todos, salvo se a maioria consentir que o débito seja imputado inteiramente no quinhão do devedor.

---

12   Ob. cit., p. 334.
13   Ob. cit., p. 303.

COMENTÁRIOS

Similar ao seu antecessor, o atual art. 2.001 determina que a dívida do herdeiro para com o espólio seja partilhada entre todos.

Para explicar a regra aqui inserta, a Comissão do Senado, à época do Código Civil de 1916, assim se justificou: *"Imputar toda a dívida no quinhão hereditário do devedor póde importar prejuízo aos co-herdeiros, se aquelle é abonado e solvente, e o acervo dividendo composto de objectos de pouco valor. Nesse caso, poder-se-ia dizer que o devedor recebe seu quinhão em dinheiro, e os co-herdeiros em coisas de valor muito inferior, como sejam, móveis usados, terras em logares remotos etc."*[14]

Entendeu, a Comissão do Senado, *"que a solução mais correta seria a divisão da dívida por todos os herdeiros, traga o devedor, ou não, bens à collação, circumstancia que não deve influir. Mas, como podem ocorrer hipóteses, que não são previstas, e convenha dar um certo elastério à acção dos interessados, que são os melhores juízes, foi resolvido que, por solicitação do devedor e acquiescência dos co-herdeiros, a solução pudesse ser outra, de accôrdo com as circumnstancias"* (*Anais do Senado*, 1912, p. 119).[15]

O crédito receberá, assim, o mesmo tratamento como se fosse o de uma pessoa estranha. Só em caráter excepcional, entrementes, é que se admite a imputação integral na quota do devedor.

Primeiro porque, nas palavras de Silvio Rodrigues, *"se tal ocorresse, sendo o herdeiro devedor solvável, experimentaria ele um benefício em face de seus co-herdeiros, principalmente se o espólio tivesse débitos menos seguros"*.[16]

Veja-se o seguinte exemplo: *"Figure-se a hipótese de uma sucessão, composta de três herdeiros, em cujo ativo se encontrassem dois débitos, um devido por certo herdeiro, e outro por devedores solváveis. Imputado o débi-*

---

14 Clóvis Beviláqua, ob. cit., pp. 304-305.

15 *Idem, Ibidem*, p. 305.

16 Ob. cit., p. 336.

to no quinhão do herdeiro devedor, este, em tese, haveria recebido o seu quinhão inteiro, porque a dívida que o onerava era por ele mesmo devida e devia de qualquer modo ser resgatada. Enquanto seus co-herdeiros receberiam um crédito irresgatável, ou seja, muito menos do que o primeiro herdeiro teria recebido."[17]

Enfeixando, portanto, o presente capítulo, podemos concluir que, no caso de o herdeiro dever para o espólio (afigurando-se aqui, por óbvio, um crédito da herança), sua dívida será repartida igualmente entre todos os herdeiros, salvo se a maioria dos co-herdeiros aquiescerem que o débito seja dado em pagamento, na sua integralidade, ao próprio herdeiro-devedor, descontando-a de sua cota hereditária.

---

17   Silvio Rodrigues, ob. cit., p. 336.

CAPÍTULO IV
DA COLAÇÃO

Art. 2.002. Os descendentes que concorrerem à sucessão do ascendente comum são obrigados, para igualar as legítimas, a conferir o valor das doações, que dele em vida receberam, sob pena de sonegação.

Parágrafo único. Para cálculo da legítima, o valor dos bens conferidos será computado na

Direito anterior: Art. 1.786. Os descendentes, que concorrerem à sucessão do ascendente comum, são obrigados a conferir as doações e os dotes que dele em vida receberam.

Art. 1.785. (...) Os bens conferidos não aumentam a metade disponível (arts. 1.721 e 1.722).

COMENTÁRIOS

Na conceituação de Pontes de Miranda, *"colação é a execução do dever de dar a inventário o que se recebeu, a título gratuito, do de cujus, durante a vida deste".*[1]

Ou seja, todas as liberalidades feitas pelo falecido aos seus descendentes, anteriormente ao óbito, devem retornar ao espólio, com o escopo de igualar a legítima dos herdeiros e do cônjuge supérstite.

---

1   Pontes de Miranda, ob. cit., p. 335.

Isto porque, segundo o Código Civil, art. 544, "*a doação de ascendentes a descendentes, ou de um cônjuge a outro, importa adiantamento do que lhe cabe por herança*". Por tal razão, o art. 2.002 impõe este dever aos descendentes, ou seja, de conferir os bens que lhes foram contemplados e devolver ao monte partível.

Observe-se que o escopo da colação não é trazer novos bens para o espólio. Ao revés, o seu objetivo é justamente conferir os bens doados e estimar o seu valor à época da doação (CC, art. 2.004).

O princípio aqui perfilhado é o da igualdade dos quinhões, vale dizer, o monte partível será dividido em tantos quinhões iguais quantos forem os herdeiros do *de cujus*.

O dever de colacionar funda-se na presunção de que o *de cujus* possuía em relação aos seus descendentes o mesmo afeto, de forma que "*o donatário recebe o bem a título de antecipação da herança e sob a condição de o trazer ao monte partível ou de o descontar de sua quota na abertura da sucessão*".[2]

O artigo ora em apreciação – repita-se – determina que quem deve colacionar são os descendentes. Assim, quando chamados à sucessão, deverão trazer as doações recebidas "*por direito próprio; e devem conferir as doações recebidas por seu representado, quando chamados a suceder por direito de representação*".[3] Tudo isto sob pena de sofrerem sanção como sonegadores.

Ressalte-se que a jurisprudência admitia a colação de bens doados ao cônjuge e ao companheiro ou à companheira do *de cujus*.[4] Po-

---

2   Maria Helena Diniz, *Curso de Direito Civil*, cit., p. 324.

3   Silvio Rodrigues, *Direito Civil*, cit., p. 309.

4   Nesse sentido, o acórdão do Superior Tribunal de Justiça assim ementado: "A parte inoficiosa, porque excedente da disponível, tem-se como nula a título de violação da legítima dos herdeiros necessários, por isso cabível é trazer à colação todos os bens da doação antenupcial e do testamento, para efeito do cálculo do que fica como liberalidade (disponível) e do que vai para o acervo partilhável (para os herdeiros necessários)" (STJ, *RSTJ* 31/314).

rém, *"tecnicamente não haveria que se falar em colação destes bens – instituto somente aplicável nos casos de doação recebida por herdeiro necessário"*.[5] Os interessados, portanto, poderiam, segundo Paulo Cezar Pinheiro Carneiro, *"ingressar com ação anulatória, no prazo de vinte anos,[6] para desconstituir a doação que tinha por conseqüência lógica o ingresso do bem no inventário para a partilha ou mesmo sobrepartilha"*.[7]

Esse era, entrementes, o direito anterior. O atual art. 544 do Código Civil, porém, entra em verdadeiro conflito com o presente artigo. Por tal razão escreve Silvio Rodrigues, com quem concordamos integralmente, que "a doação de ascendente a descendente, ou de um cônjuge a outro, importa em adiantamento do que lhes cabe por herança".[8]

O autor afirma ainda que *"se a doação de um cônjuge a outro importa adiantamento da legítima, o donatário, logicamente, deve trazer o valor do bem doado à colação. Pelo art. 544, então, estaria o cônjuge obrigado a conferir. Mas, o art. 2002 diz que só os descendentes têm essa obrigação. Evidentemente, esses dois artigos estão em franco conflito; há contradição entre as normas dos arts. 544 e 2.002 do Código Civil brasileiro. E, para dar sentido ao disposto no art. 544, sendo a doação de um cônjuge a outro considerada adiantamento da legítima, não há como fugir da conclusão, numa interpretação sistemática, compreensiva, que o cônjuge deve trazer à colação o valor da doação que, em vida, recebeu do outro cônjuge"*.[9]

---

5   Paulo Cezar Pinheiro Carneiro, ob. cit., p. 147.

6   Segundo o novo Código Civil, o prazo previsto por Paulo Cezar Pinheiro Carneiro agora passou a ser de dez anos (CC, art. 205, *caput*).

7   Paulo Cezar Pinheiro Carneiro, ob. cit., p. 148. Neste sentido, *"Inventário. Colação. Ao neto, que não é herdeiro, não se aplica o disposto no art. 1.014 do CPC. A discussão sobre a descaracterização da compra e venda para admiti-la como doação não cabe em processo de inventário, mas nas vias ordinárias. Desprovimento do recurso"* (TJRJ, AI nº 1987.002.691, Des. Waldemar Zveiter, j. em 19.04.1998, *DJ* de 04.05.1988).

8   Silvio Rodrigues, *Direito Civil*, cit., p. 311.

9   *Idem, ibidem.*

Já no que diz respeito ao companheiro e à companheira, a questão é muito delicada, uma vez que o Novo Código Civil sequer os incluiu na ordem da vocação hereditária.

A questão que se coloca é a seguinte: deverá o(a) companheiro(a) trazer à colação o valor da doação que em vida recebeu do *de cujus*? Observe-se que consideraremos, aqui, a união estável assim reconhecida pelo Novo Código Civil, nos termos dos arts. 1.723 a 1.726.

Delinearemos nosso raciocínio a partir do preceito insculpido no art. 1.790 do Novo Código Civil, *verbis:*

> *"A companheira ou o companheiro participará da sucessão do outro, quanto aos bens adquiridos onerosamente na vigência da união estável, nas condições seguintes:*
>
> *I – se concorrer com filhos comuns, terá direito a uma quota equivalente à que por lei for atribuída ao filho;*
>
> *II – se concorrer com descendentes só do autor da herança, tocar-lhe-á a metade do que couber a cada um daqueles;*
>
> *III – se concorrer com outros parentes sucessíveis, terá direito a 1/3 (um terço) da herança;*
>
> *IV – não havendo parentes sucessíveis, terá direito à totalidade da herança.*
>
> *Assim, malgrado tenha o novel preceito colocado o companheiro e a companheira em situação deveras inferior, quando comparada com a posição atual do marido e da mulher, cremos não se afigurar possível chegar a conclusão diversa quanto ao dever de colacionar dos companheiros.*
>
> *Portanto, entendemos que, também deverá o(a) companheiro(a) sobrevivente da união estável, assim considerada – repita-se – nos lindes do Novo Código Civil, trazer à colação o valor da doação que em vida recebeu do de cujus.*
>
> *Deve-se ainda observar que os herdeiros deverão conferir por termos nos autos as doações recebidas no prazo de dez dias, contados da juntada do mandado de citação aos autos (CPC, arts. 1.000 e 1.014)."*

Outrossim, na hipótese de algum dos herdeiros ser o inventariante, também ele deverá conferir bens eventualmente doados no prazo da apresentação das primeiras declarações.

O parágrafo único determina que os bens conferidos pelos descendentes do morto deverão ser inseridos e calculados na parte indisponível, igualando, assim, a parte legitimária. Como consectário lógico, a parte disponível não será aumentada.

Art. 2.003. A colação tem por fim igualar, na proporção estabelecida neste Código, as legítimas dos descendentes e do cônjuge sobrevivente, obrigando também os donatários que, ao tempo do falecimento do doador, já não possuírem os bens doados.

Parágrafo único. Se, computados os valores das doações feitas em adiantamento de legítima, não houver no acervo bens suficientes para igualar as partes legítimas dos descendentes e do cônjuge, os bens assim doados serão conferidos em espécie, ou, quando deles já não disponha o donatário, pelo seu valor ao tempo da liberalidade.[10]

Direito anterior: Art. 1.785. A colação tem por fim igualar as legítimas dos herdeiros. Os bens conferidos não aumentam a metade disponível (arts. 1.721 e 1.722).

Art. 1.787. No caso do artigo antecedente, se ao tempo do falecimento do doador, os donatários já não possuírem os bens doados, trarão à colação o seu valor.

COMENTÁRIOS

O artigo reza que o escopo da colação é, de fato, igualar as legítimas dos descendentes e do cônjuge sobrevivente.

Consoante já preconizamos, em comentários ao art. 2.002, houve, de fato, um defeito de técnica legislativa entre os arts. 544 e 2.002. E agora, como consectário, analisando o arts. 2.003, que de uma certa forma encontra-se ligado aos primeiros, a contradição normativa também aqui é estendida.

---

10 V. arts. 544, 2.002, 2.009, 2.010 e 2.011 do Código Civil.

Isto porque, consoante enuncia o art. 2.003, "*a colação tem por fim igualar, na proporção estabelecida neste Código, 'as legítimas dos descendentes e do cônjuge sobrevivente', obrigando também os donatários que, ao tempo do falecimento do doador, já não possuírem os bens doados*".

Por sua feita, somente a título de prosseguir em nosso raciocínio, assevera o art. 2.002 que "*os 'descendentes' que concorrerem à sucessão do ascendente comum 'são obrigados', para igualar as legítimas,' a conferir o valor das doações' que dele em vida receberam, sob pena de sonegação*".

Nesta linha, e segundo nos esclarece Maria Helena Diniz, com a qual concordamos inteiramente, "*parece que apenas descendente e donatário deveriam colacionar, e o cônjuge sobrevivente teria o direito de exigir a colação para resguardar a sua quota legitimária, mas não teria, como o ascendente, a obrigação de conferir o valor de doação recebida em vida do* de cujus. *Ora, como só é obrigado a conferir quem recebeu adiantamento da legítima, no caso o cônjuge sobrevivente e os filhos, por força dos arts. 544 e 2.003, parágrafo único do Código Civil, há, aqui, também, um defeito de técnica legislativa e uma contradição normativa entre os arts. 2.002, 2.003 e 544. Com isso concluímos que haverá colação quando houver adiantamento da legítima, logo descendente e cônjuge sobrevivente, por força da liberalidade* inter vivos *recebida, deverão conferir o valor da doação*".[11]

Prossegue, ainda, a autora, salientando que "*há quem ache que, ante a obscuridade do art. 2.003 e do disposto no art. 2.002, a obrigação de colacionar, por estar fundada na vontade presumida do autor da herança de dispensar igual tratamento aos descendentes, caberá somente a estes, dispensando-se os ascendentes e o cônjuge sobrevivente, que apenas poderão, para resguardar a sua legítima, pleitear simples redução. E se ao*

---

11   *Curso de Direito Civil Brasileiro*, cit., p. 326.

tempo do óbito do doador os donatários não mais possuírem os bens doados, trarão à colação o seu valor (CC, art. 2.003, in fine)".[12]

Bem, esclarecida tal contrariedade técnica, ainda são necessárias mais algumas considerações concernentes ao parágrafo único do art. 2.003.

Senão vejamos.

Nosso Código Civil deu preferência ao sistema de colação em substância, ou seja, em regra, "a mesma coisa doada ou dotada é trazida à colação",[13] possibilitando, assim, o máximo de igualdade possível na partilha. No caso, porém, de o donatário não possuir mais o bem doado, a este será conferido um valor.

Aliás, este é o teor do art. 1.014 do Código de Processo Civil, *verbis*: *"(...) o herdeiro obrigado à colação conferirá por termo nos autos os bens que recebeu ou, se já os não possuir, trar-lhes-á o valor."*

Clóvis Beviláqua explica-nos: *"Se a liberalidade consistir em dinheiro ou coisas fungíveis, naturalmente já se não encontrarão em poder do herdeiro os valores doados; e, se constituir em prédios, já estarão modificados, principalmente se forem estabelecimentos de exploração industrial."*[14]

Por tal motivo consagra-se a imputação do valor no quinhão do herdeiro, alcançando-se, assim, o escopo do instituto.

Maria Helena Diniz, perfilhando a mesma diretriz, assevera que *"nosso direito adotou o sistema da colação em substância, pois a mesma coisa doada em adiantamento da legítima ao descendente e ao cônjuge (art. 544 do Código Civil) deve ser trazida à colação. Se, ao tempo da abertura da sucessão por morte do doador, os donatários não mais a tiverem, deverão trazer à colação o seu valor correspondente, hipótese em que se terá*

---

12 *Idem, ibidem.*
13 Maria Helena Diniz, *Curso de Direito Civil Brasileiro*, cit., p. 329.
14 Ob. cit., p. 283.

a 'colação ideal'. Tal valor é o que a coisa doada possuía ao tempo da liberalidade".[15]

Outrossim, *"se o bem doado pereceu sem culpa do herdeiro, não estará ele obrigado a conferir-lhe o valor no inventário do doador. Se a perda se deu por ato culposo seu, terá que colacionar o valor da coisa; se esta estiver no seguro, a indenização sub-rogar-se-á no lugar da coisa e sujeitar-se-á ao mesmo destino dela".*[16]

Art. 2.004. O valor da colação dos bens doados será aquele, certo ou estimativo, que lhes atribuir o ato de liberalidade.

§ 1º Se do ato de doação não constar valor certo, nem houver estimação feita naquela época, os bens serão conferidos na partilha pelo que então se calcular valessem ao tempo da liberalidade.

§ 2º Só o valor dos bens doados entrará em colação; não assim o das benfeitorias acrescidas, as quais pertencerão ao herdeiro donatário, correndo também à conta deste os rendimentos ou lucros, assim como os danos e perdas que eles sofrerem.[17]

Direito anterior: Art. 1.792. Os bens doados, ou dotados, imóveis ou móveis, serão conferidos pelo valor certo, ou pela estimação que deles houver sido feita na data da doação.

§ 1º Se do ato de doação, ou do dote, não constar valor certo, nem houver estimação feita naquela época, os bens serão conferidos na partilha pelo que então se calcular valessem ao tempo daqueles atos;

§ 2º Só o valor dos bens doados ou dotados entrará em colação; não assim o das benfeitorias acrescidas, as quais pertencerão ao herdeiro donatário, correndo também por conta deste os danos e perdas que eles sofrerem.

---

15   Maria Helena Diniz, *Código Civil Anotado*, ob. cit., p. 1.282.

16   Maria Helena Diniz, Ob. cit., p. 329.

17   V. arts. 96, 402 a 404 do Novo Código Civil.

COMENTÁRIOS

O valor dos bens doados na colação, nos termos do novel art. 2.004, deverá ser aquele que lhe foi atribuído no ato de liberalidade. Caso não haja valor certo, deverá prevalecer a estimação estipulada pela partilha.

Noutro falar, o cálculo do valor dos bens é realizado pelo o que valiam ao tempo da doação e não mais quando da abertura da sucessão, restando revogado, portanto, o disposto no CPC, art. 1.014, parágrafo único, que preconizava: "(...) *os bens que devem ser conferidos na partilha, assim como as acessões e benfeitorias que o donatário fez, 'calcular-se-ão pelo valor que tiverem ao tempo da abertura da sucessão'"* (g. n.).

As benfeitorias e frutos acrescidos não serão colacionados, nem tampouco os prejuízos sofridos.

Observe-se que não incidirá o imposto de transmissão *causa mortis* no caso dos bens conferidos.

É importante ainda salientar que, consoante o art. 1.015, § 1º, do Código de Processo Civil, "*é lícito ao donatário escolher os bens doados, tantos quantos bastarem para perfazer a legítima e a metade disponível, entrando na partilha o excedente para ser dividido entre os demais herdeiros*".

Assim, será facultado ao donatário permanecer com a quantidade de bens doados que não suplantem sua legítima. Entrementes, é de rigor que o falecido tenha assim previsto na cota que poderia estabelecer em testamento.

Segundo Paulo Cezar Pinheiro Carneiro, "*o procedimento adequado para garantir o direito de escolha ao herdeiro donatário consistirá na apresentação de todos os bens ao inventário: aqueles ainda na propriedade do herdeiro serão avaliados, e os que ele não mais possuir serão conferidos pelos valores à época em que deixaram o seu patrimônio, devidamente corrigidos. Logo após, os demais herdeiros serão ouvidos, bem como o Ministério Público, se houver herdeiro incapaz, devendo o juiz decidir em seguida*".[18]

De fato, afigura-se aqui o tipo de controvérsia que o magistrado deverá decidir nos termos do art. 984 do CPC. Caso haja necessidade de instrução probatória, deverá remeter as partes para os meios ordinários.

O magistrado poderá, também, determinar medidas de natureza cautelar que reputar necessárias, como, por exemplo, "caução do valor correspondente aos bens sobre o que versar a conferência".[19]

Note-se que eventuais decisões do juiz nestes casos terão a natureza de interlocutória e o recurso cabível será o de agravo de instrumento.

Conforme dispõe o art. 1.015, § 2º, do CPC, se a parte inoficiosa – aquela que exceder a legítima e mais a metade disponível (CC, art. 2.007) – "recair sobre bem imóvel, que não comporte divisão cômoda, o juiz determinará que sobre ele se proceda entre os herdeiros a licitação", tendo o donatário preferência em igualdade de condição.

Assim sendo, na exegese de Washington de Barros Monteiro, "*na partilha, os bens conferidos serão imputados de preferência no quinhão do herdeiro colacionante, desde que não vulnerado o princípio da igualdade da partilha*".[20]

Na licitação a ser realizada, o herdeiro donatário terá direito de preferência na adjudicação, em igualdade de condições.

O licitante vencedor deverá recolher o imposto de transmissão na sua integralidade ou "sobre a parte inoficiosa, caso o vencedor seja o herdeiro conferente".[21]

Saliente-se que, "*somente nessa situação se justificaria a realização de licitação, pois se o bem é conferido por inteiro porque não foi um dos esco-*

---

18 Ob. cit., p. 158.
19 Paulo Cezar Pinheiro Carneiro, ob. cit., p. 158.
20 Washington de Barros Monteiro, ob. cit., p. 316.
21 Paulo Cezar Pinheiro Carneiro, ob. cit., p. 159.

lhidos pelo herdeiro donatário, ele passará a compor o acervo e será parti-lhado, em condições normais, entre os demais herdeiros, não se justificando a realização de licitação e muito menos o direito de preferência a quem já recebeu, por força do adiantamento, a sua legítima".[22]

> **Art. 2.005.** São dispensadas da colação as doações que o doador determinar saiam da parte disponível, contanto que não a excedam, computado o seu valor ao tempo da doação.
>
> **Parágrafo único.** Presume-se imputada na parte disponível a liberalidade feita a descendente que, ao tempo do ato, não seria chamado à sucessão na qualidade de herdeiro necessário.
>
> **Direito anterior: Art. 1.788.** São dispensados da colação os dotes ou doações que o doador determinar que saiam de sua metade, contanto que não a excedam, computado o seu valor ao tempo da doação.

COMENTÁRIOS

As doações oriundas da parte disponível são dispensadas da colação. Isto porque a lei possibilita ao doador dispor livremente da mesma, desde que, por óbvio, não exceda tal parte disponível, caso em que deverá ser reduzida.

Assim, nada impede ao testador *"declarar que a gratificação, levada a efeito em vida, se deve incluir em sua metade disponível, pois é seu propósito melhor aquinhoar determinado herdeiro, em detrimento de outros".*[23]

Porém, a disposição só valerá dentro dos limites da quota disponível, posto que, *"se a liberalidade exceder aos extremos da metade que o ascendente podia livremente dispor, deverá ser reduzida a esse montante, cabendo ao beneficiário conferir o restante".*[24]

---

22   *Idem, ibidem*, p. 159.
23   Silvio Rodrigues, ob. cit., p. 313.
24   *Idem, ibidem*, p. 313.

Da Colação (Arts. 2.005 e 2.006) 529

As liberalidades feitas a descendente que, à época da doação, não seria chamado à sucessão na qualidade de herdeiro necessário, presumir-se-á imputada na parte disponível. Exemplo esclarecedor nos é dado por Silvio Rodrigues: *"Se, à época em que era vivo o seu pai, um neto recebe doação do avô, não terá de trazer o valor da doação à colação se, futuramente, for chamado à sucessão do avô, pois, na ocasião em que a doação foi feita, esse neto não seria chamado, na qualidade de herdeiro necessário, à sucessão do doador. Noutra hipótese, se o pai desse neto donatário for chamado à sucessão do ascendente, não terá de conferir o que este, em vida, doou ao neto (cf. arts. 847 e 848 do Código Civil francês)."*[25]

Frise-se que, mencionados bens não advirão à colação, por óbvio, no caso da existência de partilha em vida, hipótese em que, também, a necessidade de inventário afigurar-se-á despicienda.

Entrementes, pode acontecer de algum herdeiro sentir-se prejudicado pelo fato de não ser contemplado com a herança do falecido. Nestes casos, poderá utilizar-se da ação anulatória cumulada com petição de herança, propugnando pela legítima que entende lhe pertencer.

> **Art. 2.006. A dispensa da colação pode ser outorgada pelo doador em testamento, ou no próprio título de liberalidade.**
>
> **Direito anterior: Art. 1.789.** A dispensa de colação pode ser outorgada pelo doador, ou dotador, em testamento, ou no próprio título da liberalidade.

COMENTÁRIOS

O direito de dispensa concedido ao ascendente doador somente terá eficácia se for expressa e estiver inserida no próprio título de liberalidade ou no testamento.

---

25 *Idem, ibidem*, p. 310.

Ato formal que é, qualquer outro modo de efetuar a dispensa, não se afigurará legítimo.

Se, porventura, a dispensa for inserida em escritura posterior, ou apenas alegada oralmente, nada valerá.

Clóvis Beviláqua nos ensina que "*a dispensa da collação deve ser expressa e constar do próprio título da liberalidade ou do testamento. Do próprio título tendo em vista que a mesma importa inclusão da liberalidade na parte disponível, apreciada no momento. Do testamento porque ao testador é lícito deixar a sua metade, a quem escolher, e pelo modo que preferir*".[26]

É preferível que a dispensa da colação seja realizada no próprio título da liberalidade.

Segundo Silvio Rodrigues: "*Na escritura de doação o doador declara que a liberalidade não precisa ser conferida, pois a deseja incluída em sua quota disponível. Contudo isso nem sempre é possível, ou por tratar-se de doação de bens móveis, que dispensam a formalidade da escritura, ou porque é possível que a deliberação do doador, de dispensar a colação, seja posterior à doação. Neste caso, a dispensa deve ser ultimada por testamento.*"[27]

Esclareça-se que a dispensa referida é possível somente ao autor da liberalidade. Contudo, segundo nos adverte Carlos Maximiliano, "*aos co-herdeiros, se todos são juridicamente capazes, assiste a faculdade ampla de liberar da injunção legal o beneficiado, transigir sobre o assunto, nada exigir, ou assinar desistência ou renúncia concernente à reclamação já iniciada*".[28]

Portanto, é fundamental ter-se presente que, somente nestes casos, elencados expressamente pela lei, a dispensa será reputada válida.

---

26 Ob. cit., p. 285.
27 Silvio Rodrigues, ob. cit., p. 313.
28 Carlos Maximiliano, ob. cit., p. 445.

Da Colação (Art. 2.007)   531

Art. 2.007. São sujeitas à redução as doações em que se apurar excesso quanto ao que o doador poderia dispor, no momento da liberalidade.

§ 1º O excesso será apurado com base no valor que os bens doados tinham, no momento da liberalidade.

§ 2º A redução da liberalidade far-se-á pela restituição ao monte do excesso assim apurado; a restituição será em espécie, ou, se não mais existir o bem em poder do donatário, em dinheiro, segundo o seu valor ao tempo da abertura da sucessão, observadas, no que forem aplicáveis, as regras deste Código sobre a redução das disposições testamentárias.

§ 3º Sujeita-se a redução, nos termos do parágrafo antecedente, a parte da doação feita a herdeiros necessários que exceder a legítima e mais a quota disponível.

§ 4º Sendo várias as doações a herdeiros necessários, feitas em diferentes datas, serão elas reduzidas a partir da última, até a eliminação do excesso.

Direito anterior: Art. 1.790 (...) **Parágrafo único.** Considera-se inoficiosa a parte da doação, ou do dote, que exceder a legítima e mais a metade disponível.

COMENTÁRIOS

Segundo Maria Helena Diniz, *"para que alguém seja obrigado a colacionar, será imprescindível a presença de três requisitos: ser descendente, cônjuge sobrevivente e donatário. E, além disso, os herdeiros testamentários e legatários não são obrigados a colacionar, mesmo que tenham recebido outras liberalidades em vida do testador, tratando-se de instituto peculiar à sucessão legítima"*.[29]

É importante observar que, quando são realizadas liberalidades ao cônjuge bem como aos descendentes, tais liberalidades devem volver à colação, pelo único e indispensável escopo de se igualar as legítimas (CC, arts. 544 e 2.002).

---

29   Ob. cit., pp. 327-328.

Agora, quando a liberalidade é direcionada a qualquer herdeiro ou qualquer pessoa, não poderá exceder ao que o doador, "no momento da liberalidade, poderia dispor em testamento" (CC, art. 549), bem como serão reduzidas ao limite legal "as disposições testamentárias que excederem à parte disponível do testador" (CC, art. 1.967).

Enuncia o artigo em epígrafe que, se o doador se exceder, no momento em que fizer alguma liberalidade e, assim, constatar-se o excesso nas respectivas doações, estas ficarão sujeitas a redução. Apurar-se-á o excesso com fulcro no valor que os bens doados tinham no momento da liberalidade.

A lei determina que a redução seja feita em espécie, através da "restituição ao monte do excesso assim apurado" (CC, art. 2.007, § 2°). Caso o bem não esteja mais em poder do donatário, a restituição deverá ser feita em dinheiro, de acordo com o seu valor, no momento da abertura da sucessão. Deverão, então, os donatários, delinearem o *quantum* das doações que auferiram do falecido (CC, art. 2.002), sendo este valor "certo e estimativo, que lhes atribuir aos bens o ato de liberalidade" (CC, art. 2.004, *caput)*.

A colação é realizada pela "imputação do valor das doações na quota hereditária do descendente ou do cônjuge sobrevivente".[30]

Serão aplicados, *in casu*, o regramento dispensado pelo Código no concernente à redução das disposições testamentárias, regulamentado nos arts. 1.966 a 1.968.

Deverão também subsumir-se à redução "a parte da doação feita a herdeiros necessários que exceder a legítima e mais a quota disponível" (CC, art. 2.007, § 3°).

Salienta, ainda, a lei que, se foram feitas várias doações a herdeiros necessários, realizadas em datas diferentes, para que seja eliminado o excesso, estas doações deverão ser reduzidas a partir da últi-

---

30   Silvio Rodrigues, ob. cit., p. 313.

ma. Isto porque, pelo fato de as liberalidades terem sido feitas em datas diversas, será fundamental constatar-se qual delas atingiu a legítima (CC, art. 2.007, § 4º).

Ensina-nos Maria Helena Diniz que *"o doador não pode fraudar a lei sobre o quinhão hereditário, mediante doações em datas diversas, considerando o valor de seu patrimônio depois de cada uma delas".*[31]

Observe-se que, *"se o herdeiro não proceder à conferência das liberalidades feitas pelo falecido a ele, o juiz determinará o seqüestro dos mesmos, para serem inventariados e partilhados, ou então imputará ao seu quinhão hereditário enquanto pender a demanda, sem prestar caução correspondente ao valor dos bens sobre que versar a conferência (CPC, art. 1.016, § 2º)".*[32]

Art. 2.008. Aquele que renunciou a herança ou dela foi excluído, deve, não obstante, conferir as doações recebidas, para o fim de repor o que exceder o disponível.

Direito anterior: Art. 1.790. O que renunciou à herança, ou foi dela excluído, deve, não obstante, conferir as doações recebidas, para o fim de repor a parte inoficiosa. (...)

COMENTÁRIOS

Estatui o artigo a necessidade de retorno ao monte partível das doações daqueles que renunciaram à herança, ou que dela foram excluídos por indignidade, devendo estes conferir as liberações que lhes foram contempladas.

O regramento processual do assunto encontra-se insculpido no art. 1.015, *caput*, do Código de Processo Civil, *verbis: "O herdeiro que*

---

31   Maria Helena Diniz, *Curso de Direito Civil Brasileiro*, ob. cit., p. 327.
32   *Idem, ibidem.*

renunciou à herança ou o que dela foi excluído não se exime, pelo fato da renúncia ou da exclusão, de conferir, para o efeito de repor a parte inoficiosa, as liberalidades que houve do doador."

Analisando-se o presente dispositivo legal, a única interpretação condizente com a nossa sistemática é a de que o herdeiro que renuncia não tem direito à legítima e a sua parte "acresce à dos herdeiros da mesma classe, e, se ele for o único desta, devolve-se ao subseqüente" (CC, art. 1.810).

Tratamento similar deve ser dispensado ao herdeiro excluído, uma vez que, consoante o art. 1.816 do Código Civil, ele é considerado como se morto fosse. Por via de conseqüência, também não tem direito à legítima, que será repassada para os seus descendentes, por direito de representação.

Explica-nos Paulo Cezar Pinheiro Carneiro, com o qual estamos de inteiro acerto, que, *"de igual forma agrediria o bom senso e a lógica, tanto no caso do herdeiro renunciante como no do excluído, que eles pudessem se valer de uma situação que, do ponto de vista legal, não lhes favorece em nada, para ficarem em situação melhor do que ficariam se não tivesse ocorrido a renúncia ou a exclusão da herança. Basta que se imagine o seguinte exemplo: o herdeiro renunciante ou o excluído recebeu doações como adiantamento da legítima, sem que fossem imputadas à parte disponível do doador, cujos valores somados alcançavam um percentual correspondente a 75% da herança. Dispensada que fosse a colação desses bens, o único irmão do herdeiro renunciante ou o excluído somente herdaria 25% da herança, enquanto o renunciante ou excluído ficaria com os 75%. Não houvesse a renúncia ou a exclusão, este mesmo irmão herdaria 50%. A conclusão é a de que mais valeria a renúncia ou mesmo a declaração judicial de indignidade e, portanto, a exclusão, que o comportamento reto e ético. Contudo, é regra elementar de direito que ninguém pode se beneficiar da sua própria torpeza"*.[33]

---

33 Paulo Cezar Pinheiro Carneiro, ob. cit., p. 157.

E, cremos, à luz da sistemática normativa pátria, tal raciocínio pode ser transportado na interpretação do artigo ora em análise.

Poder-se-ia analisar a expressão "repor a parte inoficiosa" do art. 1.015, *caput*, do Código de Processo Civil e "repor o que exceder o disponível", do art. 2.008 do atual Código Civil, significando que "*tanto o herdeiro renunciante como aquele que foi excluído da herança somente ficarão dispensados de repor os bens doados que caibam na metade disponível do falecido, desde que este expressamente, seja no instrumento de doação seja em testamento, tenha determinado que os bens saiam de sua metade disponível*".[34]

Por fim, continua o autor, ao comentar sobre o herdeiro excluído por indignidade ou deserdação, "*apesar da crítica que se possa fazer por colocá-lo na mesma situação do herdeiro renunciante, as doações então realizadas pelo falecido, imputadas na parte disponível, não são alcançadas pelos efeitos da exclusão. Será preciso que elas sejam revogadas pelo doador para que os bens possam, se for o caso, ser colacionados*".[35]

> **Art. 2.009.** Quando os netos, representando seus pais, sucederem aos avós, serão obrigados a trazer à colação, ainda que não o hajam herdado, o que os pais teriam de conferir.
>
> **Direito anterior: Art. 1.791.** Quando os netos, representando seus pais, sucederem aos avós, serão obrigados a trazer à colação, ainda que não o hajam herdado, o que os pais teriam de conferir.

COMENTÁRIOS

Estabelece o artigo que, no caso de os netos representarem seus pais na sucessão dos avós, deverão trazer ao monte partível, mesmo que não tenham herdado, o que seus pais deveriam colacionar.

---

34   *Idem, ibidem*, p. 158.

35   *Idem, ibidem*, p. 158.

Isto porque, segundo nosso Código Civil, art. 1.854, "os representantes só podem herdar, como tais, o que herdaria o representado, se vivo fosse".

Nesta linha de raciocínio, *"se o neto ficasse dispensado de conferir as doações recebidas por seu pai apenas porque estas não lhes vieram às mãos, seu quinhão, na herança do avô, excederia ao cabente ao seu pai"*,[36] o que ficaria em desarmonia com o princípio de que "ao representante só cabe o que caberia ao representado".[37]

Figure-se o seguinte exemplo: *"Se o pai doa uma casa a um dos filhos, como adiantamento de legítima, e o donatário pré-morre, falecendo, depois, o ascendente-doador, e sendo representado o filho pré-morto por um filho deste, neto do doador, este neto, que representa o pai na herança do avô, está obrigado a trazer à colação o valor da casa doada, ainda que não tenha recebido, por ter o donatário, por exemplo, transmitido o bem a terceiro"*.[38]

Ressalte-se que o neto, *in casu*, assume a mesma posição sucessória do falecido, devendo representar seu pai na herança do avô e trazer à colação, por conseguinte, as liberalidades que recebeu o representado.

> **Art. 2.010.** Não virão à colação os gastos ordinários do ascendente com o descendente, enquanto menor, na sua educação, estudos, sustento, vestuário, tratamento nas enfermidades, enxoval, assim como as despesas de casamento, ou as feitas no interesse de sua defesa em processo-crime.
>
> **Direito anterior: Art. 1.793.** Não virão também à colação os gastos ordinários do ascendente com o descendente, enquanto menor, na sua educação, estudos, sustento, vestuário, tratamento nas enfermidades, enxoval e despesas de casamento e livramento em processo-crime, de que tenha sido absolvido.

---

36 Silvio Rodrigues, ob. cit., p. 309.
37 *Idem, ibidem.*
38 *Idem, ibidem*, p. 311.

COMENTÁRIOS

Também não estão sujeitos à conferência os gastos ordinários do ascendente com o descendente enquanto menor. Elenca a lei que tais gastos são os relativos "*à educação, estudos, sustento, vestuário, tratamento nas enfermidades, enxoval, assim como as despesas de casamento, ou aquelas feitas no interesse de sua defesa em processo-crime*".

Tais despesas, consoante Washington de Barros Monteiro, "não constituem liberalidade, mas cumprimento de um dever."[39]

Clóvis Beviláqua salienta que "*por um lado, não constituem doação, liberalidade, visto como não aumentam o patrimônio do filho; e, por outro, porque essas despesas são, apenas, o cumprimento da obrigação natural imposta aos pais pelo direito, pelos costumes e pelos preceitos da éthica*".[40]

No entanto, condiciona a lei que tais dispensas somente serão possibilitadas no caso de o beneficiado ser menor. Caso já tenha atingido a maioridade, o ato se consubstanciará em doação, devendo, assim, submeter-se à respectiva colação.

No que diz respeito, especificamente, às despesas feitas no interesse de defesa de processo-crime, excluiu o novo artigo a acepção "absolvido", o que nos conduz ao raciocínio de que, mesmo em ocorrendo a "condenação", tais gastos também não deverão ser colacionados.

O Código Civil de 1916 condicionava a desnecessidade de conferência das despesas à absolvição do descendente. Clóvis Beviláqua, comentando tal imposição legal, preconizou à época que, "*se o indivíduo é criminoso, tais despezas deveriam ser imputadas ao seu quinhão. Os co-herdeiros não devem soffrer diminuição em sua legítima, em conseqüência de um crime que um delles commeteu*".[41]

---

39 Ob. cit., p. 315.
40 Ob. cit., p. 294.
41 *Idem, ibidem.*

O atual artigo, ao revés, não impõe semelhante condição. Independentemente de ser absolvido ou não, as despesas gastas com a defesa não deverão vir à conferência.

Na opinião de Silvio Rodrigues, *"em muitas hipóteses pode-se entender que os gastos com o sustento, feitos com filhos maiores e durante a vida do ascendente constituíram liberalidades remuneratórias, que retribuíram o carinho daqueles para com este, a companhia e a assistência prestada".*[42]

> **Art. 2.011. As doações remuneratórias de serviços feitos ao ascendente também não estão sujeitas à colação.**
>
> **Direito anterior: Art. 1.794.** As doações remuneratórias de serviços feitos ao ascendente também não estão sujeitas à colação.

COMENTÁRIOS

Do mesmo teor de seu antecessor, o atual art. 2.011 reza que as doações remuneratórias contempladas por serviços realizados ao ascendente igualmente não irão à conferência.

Doação remuneratória "é aquela que tem por escopo ressarcir serviços feitos pelo donatário ao doador".[43]

Quer isso significar que, por não se consubstanciarem em puras liberalidades, as doações remuneratórias são maneiras de se recompensar serviços realizados que, nas palavras de Clóvis Beviláqua, "não se convencionou preço, cujo salário directo é recusado, ou a que não se deseja dar o pagamento commum".[44]

Um exemplo dado pelo autor esclarecerá bem a questão: *"O filho, por exemplo, auxilia o pae no seu commercio ou na sua indústria. Esse*

---

42   Ob. cit., p. 314.
43   Zeno Veloso, ob. cit., p. 1.813.
44   Ob. cit., p. 295.

auxílio é reputado valioso, e o pae o gratifica. Essa gratificação é producto do trabalho do filho, embora este não tivesse exigido paga; os seus irmãos não podem, por isso, considerar-se lesados."[45]

Adverte, entrementes, o autor, que, caso "a doação remuneratória fôr um disfarce de liberalidade, quaesquer que sejam as declarações feitas para imprimir-lhe o caracter de premio ao esforço do filho, deverá ser collacionada".[46]

Silvio Rodrigues nos dá outro exemplo: *"Se o filho maior, vivendo às expensas do pai, compensa os favores recebidos com uma assistência cotidiana, amparando-o em sua velhice, socorrendo-o em suas enfermidades, acompanhando-o em seus inseguros passos, um favor se compensa com outro, e se pode entender que os alimentos recebidos apenas retribuem os serviços prestados.*"[47]

Logo, doações deste jaez, realizadas pelo ascendente ao descendente, desde que revestidas dos contornos acima esposados, encontram-se, por disposição legal, dispensadas da colação. Caso contrário, deverão ser colacionadas.

> **Art. 2.012. Sendo feita a doação por ambos os cônjuges, no inventário de cada um se conferirá por metade.**
>
> **Direito anterior: Art. 1.795.** Sendo feita a doação por ambos os cônjuges, no inventário de cada um se conferirá por metade.

COMENTÁRIOS

Trata o artigo da hipótese de ser realizada uma liberalidade por ambos os cônjuges, sem restar especificado, porém, a quota pertencente a cada um.

---

45   *Idem, ibidem.*
46   *Idem, ibidem.*
47   Ob. cit., p. 315.

Vale dizer, malgrado a doação tenha sido efetivada por ambos os cônjuges ao descendente comum, segundo a lei, neste caso, realizaram-se duas doações, ou seja, uma pelo pai e outra pela mãe. Pressupõe-se, desta feita, que tanto o pai quanto a mãe realizaram a liberalidade relativamente à metade do bem. De conseguinte, no inventário de cada um dos consortes conferir-se-á o que for objeto da doação, por metade.

Noutro falar, presume-se que cada genitor era dono de metade do bem doado.

Assim sendo, no inventário respectivo, a metade deverá ser colacionada.

Tal presunção, segundo Sílvio de Salvo Venosa, *"é relativa, e pode ser elidida no caso concreto. Os acréscimos e a valorização dos bens feitos por conta do donatário não devem entrar no valor da colação, porque não fariam parte, de qualquer modo, da herança. Da mesma forma os frutos e rendimentos da coisa doada"*.[48]

Portanto, sendo a doação realizada por ambos os cônjuges, deverá o herdeiro colacioná-la e conferi-la por metade no inventário de cada um.

A título de elucidação, vale a pena salientar a hipótese contrária, delineada por Silvio Rodrigues, ou seja, de doação feita a um casal. Diz o autor que *"se a doação se efetuar a um casal, surge dúvida quanto ao que deve ser conferido, pois, o cônjuge do herdeiro, que recebeu metade da liberalidade, não sendo descendente do de cujus, não deveria ser obrigado a colacionar"*.[49]

Estamos com Washington de Barros Monteiro, que defende posicionamento contrário. De fato, *"se a doação se efetuar a um casal, a conferência abrangerá toda a liberalidade, e não apenas a metade, a pretexto de que o cônjuge do herdeiro, não sendo descendente, não estaria sujeito à colação"*.[50]

---

48   Ob. cit., p. 285.
49   Ob. cit., p. 321.
50   Ob. cit., p. 316.

CAPÍTULO V
DA PARTILHA

Art. 2.013. O herdeiro pode sempre requerer a partilha, ainda que o testador o proíba, cabendo igual faculdade aos seus cessionários e credores.

Direito anterior: Art. 1.772. O herdeiro pode requerer a partilha, embora lhe seja defeso pelo testador.

§ 1º Podem-na requerer também os cessionários e credores do herdeiro;

§ 2º Não obsta à partilha o estar um ou mais herdeiros na posse de certos bens do espólio salvo se da morte do proprietário houver decorrido 20 (vinte) anos.

COMENTÁRIOS

Consoante Washington de Barros Monteiro, "partilha é a repartição dos bens da herança ou a distribuição do acervo hereditário entre os herdeiros".[1]

Ocorrendo o falecimento do autor da herança, desde logo os herdeiros legítimos e testamentários recebem a posse e a propriedade dos bens, cabendo a cada um uma parte ideal e indeterminada em relação ao espólio.

Será com a partilha que cessará o estado de indivisão, especificando-se, assim, a parte concernente a cada herdeiro.

---

1   Ob. cit., p. 289.

Silvio Rodrigues elucida que a principal decorrência da partilha é justamente *"a extinção da comunhão hereditária, que se estabeleceu, por força de lei, com o falecimento do de cujus (CC, arts. 1.784 e 1.791)"*.[2]

De conseguinte, o acervo hereditário se extinguirá, e cada sucessor receberá a sua respectiva parte.

Note-se que somente o concernente à herança líquida será partilhado, constituindo, assim, o monte partível.

Ou seja, a partilha recairá especificamente sobre esse conjunto de bens que integram o patrimônio, uma vez que, enquanto não se liquidarem as dívidas, não há que se falar em herança.

O art. 2.013 estabelece que qualquer herdeiro, cessionário ou credor do herdeiro poderá sempre requerer a partilha, mesmo em se considerando a proibição do testador.

Tal asserção tem como corolário o preceito de que a coisa comum pode ser dividida a qualquer momento (CC, art. 1.320), não se afigurando possível ao testador impedir que isto aconteça.

Ademais, conforme o art. 1.320, § 2º, do CC, a indivisão estabelecida pelo doador ou testador não poderá exceder a 5 (cinco) anos.

Observe-se que, sob o enfoque processual, após o juiz decidir acerca do cálculo e definidos os incidentes de colação ou de habilitação de crédito, efetuado o pagamento do imposto de transmissão, dá-se início a um procedimento que designará os bens que deverão constituir o patrimônio de cada herdeiro e legatário. Tal procedimento denomina-se partilha (CPC, art. 1.022).

Será neste momento que poderão as partes, desde que capazes, oferecer um esboço amigável de partilha (CC, art. 2.015, e CPC, art. 1.029).

Nesta fase, o magistrado receberá mencionado esboço, verificará se o mesmo atende às exigências da lei e, caso positivo, o encami-

---

2   Ob. cit., p. 293.

nhará ao partidor, que elaborará o esboço da partilha de acordo com a decisão (CPC, art. 1.023).

Entretanto, pode acontecer os herdeiros e o cônjuge-meeiro não concordem na realização de esboço amigável de partilha. Neste caso, o magistrado, de ofício ou a requerimento de qualquer das pessoas relacionadas no art. 988 do Código de Processo Civil, facultará às partes que, no prazo comum de dez dias, formulem os pedidos de quinhão.

Observe-se que, nesta fase, também haverá a possibilidade de apresentação de um esboço de partilha tanto pelo cônjuge-meeiro quanto pelo inventariante ou qualquer das partes.

No caso de o modo de realização da partilha ter sido prevista em testamento, deverá o magistrado encaminhá-lo diretamente ao partidor.

Todavia, deverá ser observado o que preceitua o art. 2.018 do Código Civil, ou seja, tal procedimento não deverá ocorrer no caso de resultar em prejuízo para a legítima dos herdeiros necessários. Confira-se, *verbis*: "*É válida a partilha feita por ascendente, por ato entre vivos ou de última vontade, contanto que não prejudique a legítima dos herdeiros necessários.*"

1. Deliberação da partilha. Recurso cabível

Na fase em que os herdeiros formularão os pedidos de quinhão, poderão surgir inúmeras situações que caberá ao magistrado enfrentar e decidir, como, por exemplo, a divisão dos bens que integrarão a parte de cada herdeiro.

Anteriormente à sentença de partilha, portanto (CPC, art. 1.026), várias questões de direito terão que ser dirimidas. Dentre elas, encontra-se a decisão sobre a deliberação da partilha.

Explicando melhor: pode acontecer que um dos herdeiros pleiteie, por exemplo, "que todos os bens imóveis façam parte do seu quinhão e outro, também, faça igual solicitação".[3]

---

3 *Idem, ibidem*, p. 186.

Considerando-se que o esboço da partilha será organizado pelo partidor, mas de acordo com a decisão do juiz (CPC, art. 1.023), este terá que decidir acerca de todas as pendências na deliberação da partilha.

Desta feita, nestes casos, quando a manifestação do magistrado revestir-se de decisório, o recurso cabível, a nosso ver, será o de agravo de instrumento.

2. Esboço da partilha

O partidor organizará o esboço da partilha, consoante já afirmamos, de acordo com a decisão do magistrado (CPC, art. 1.023), devendo representar, na dicção de Antonio Carlos Marcato, "o plano, o projeto da partilha definitiva".[4]

Consoante o art. 1.023 do Código de Processo Civil, os pagamentos deverão observar a seguinte ordem: *"I – dívidas atendidas; II – meação do cônjuge; III – meação disponível; IV – quinhões hereditários, a começar pelo co-herdeiro mais velho."*

Deverão também constar do esboço da partilha, segundo o art. 1.025 do Código de Processo Civil, *verbis:*

"I – de um auto de orçamento, que mencionará:
a) os nomes do autor da herança, do inventariante, do cônjuge supérstite, dos herdeiros, dos legatários e dos credores admitidos;
b) o ativo, o passivo e o líquido partível, com as necessárias especificações;
c) o valor de cada quinhão;
II – de uma folha de pagamento para cada parte, declarando a cota a pagar-lhe, a razão do pagamento, a relação dos bens que lhe compõem o quinhão, as características que os individualizam e os ônus que os gravam."

---

4 Antônio Carlos Marcato, ob. cit., p. 179.

Note-se que os *"bens sujeitos à sobrepartilha não deverão constar no esboço, salvo deliberação em contrário das partes ou decisão do juiz. Encontram-se aqui incluídos os litigiosos; aqueles de liquidação morosa ou difícil; os situados em lugar remoto da sede do juízo onde se processa o inventário (CC, art. 2.021, e CPC, art. 1.040)"*.[5]

3. Prazo para as partes se manifestarem sobre o esboço da partilha

Feito o esboço, as partes serão intimadas para se manifestarem no prazo comum de cinco dias (CPC, art. 1.024).

Se houver alguma reclamação, o magistrado poderá ou não acolhê-la. Caso positivo, determinará a inserção da partilha no processo, após as devidas retificações. Se não houver nenhuma reclamação, despachará o juiz no sentido de que a partilha seja edificada ao processo de acordo com o esboço apresentado.

Em qualquer dessas situações, consoante nos ensina Paulo Cezar Pinheiro Carneiro, *"não caberá recurso desse pronunciamento do juiz, mas sim da sentença que vier a julgar a partilha tal como lançada nos autos. Portanto, as questões suscitadas ou não na eventual reclamação das partes não ficarão preclusas, salvo se já houverem sido decididas por ocasião da deliberação da partilha, nos termos do art. 984 do Código de Processo Civil"*.[6]

4. O pagamento do imposto de transmissão *causa mortis*

Preceitua o art. 1.026 do Código de Processo Civil que *"pago o imposto de transmissão a título de morte, e junta aos autos certidão ou*

---

5   Paulo Cezar Pinheiro Carneiro, ob. cit., p. 190.

6   *Idem, ibidem*, p. 191.

informação negativa de dívida para com a Fazenda Pública, o juiz julgará por sentença a partilha".

Da intelecção do artigo é possível dessumir que, somente após o pagamento do imposto de transmissão *causa mortis* e edificada aos autos a certidão negativa de dívidas para com a Fazenda Pública municipal, estadual e federal é que o magistrado poderá julgar por sentença a partilha.

Saliente-se que, caso o imposto *causa mortis* não seja pago e, caso perdurem dívidas não garantidas até o trânsito em julgado da sentença, não se afigurará possível a consumação da partilha. Entrementes, se mesmo assim tal ocorrer, deverão responder os herdeiros, por óbvio, nos limites da quota recebida, por eventuais dívidas não adimplidas.

5. Julgamento da partilha

Após, então, *"o pagamento do imposto de transmissão a título de morte e acostada aos autos a certidão ou informação negativa de dívida para com a Fazenda Pública, o juiz julgará por sentença a partilha"* (CPC, art. 1.026).

A sentença que julga a partilha, além de declarar o domínio e a posse da herança aos herdeiros legítimos e testamentários (CC, art. 1.784), *"constitui uma situação jurídica nova, na medida em que individualiza os bens que caberão a cada uma das partes, extinguindo, portanto, a comunhão hereditária até então existente; daí sua natureza constitutiva"*.[7]

Com o advento da sentença, o processo de inventário será extinto com julgamento do mérito. O recurso cabível, portanto, será o de apelação.

---

7   Paulo Cezar Pinheiro Carneiro, ob. cit., p. 196.

Da Partilha (Art. 2.013)

O terceiro prejudicado também poderá utilizar-se do recurso de apelação, como por exemplo, o credor de um dos herdeiros que resolveu renunciar à parte que lhe cabia na herança.

6. Formal de partilha

Com o trânsito em julgado da sentença de partilha, consoante o art. 1.027 do Código de Processo Civil, o herdeiro receberá os bens que lhe tocarem e um formal de partilha, ou a carta de adjudicação, do qual constarão as seguintes peças, *verbis: "I – termo de inventariante e título de herdeiros; II – avaliação dos bens que constituíram o quinhão do herdeiro; III – pagamento do quinhão hereditário; IV – quitação dos impostos; V – sentença."*

Segundo Antonio Carlos Marcato, *"o formal é uma verdadeira carta de sentença, podendo ser substituído por certidão do pagamento do quinhão hereditário, quando este não exceder cinco vezes o salário de referência (e não o·salário mínimo) vigente na sede do juízo (CPC, art. 1.027, par. único, c.c. Lei 6.025/74, que estabeleceu a descaracterização do salário mínimo como fator de correção monetária)".*[8]

7. Emenda da partilha

Com a publicação da sentença, conforme o art. 463 do CPC, o magistrado cumpre e acaba o seu ofício jurisdicional, CPC, art. 463, só podendo alterá-la: *"I – para lhe corrigir, de ofício ou a requerimento da parte, inexatidões materiais, ou lhe retificar erros de cálculo; II – por meio de embargos de declaração."*

---

8   Ob. cit., p. 181.

No caso da partilha, especificamente, após o trânsito em julgado da sentença, o art. 1.028 do Código de Processo Civil possibilita a sua emenda em dois casos específicos: de ofício ou a requerimento das partes para corrigir inexatidões materiais.

Também será possível a emenda da partilha no caso de ocorrer erro de fato na descrição dos bens. A lei determina, entrementes, o acordo unânime entre todos os interessados. Será necessária, também, a concordância do Ministério Público, se estiver oficiando no feito.[9]

Art. 2.014. Pode o testador indicar os bens e valores que devem compor os quinhões hereditários, deliberando ele próprio a partilha, que prevalecerá, salvo se o valor dos bens não corresponder às quotas estabelecidas.

Direito anterior: Sem correspondente no CC/1916.

COMENTÁRIOS

Lecionando acerca da partilha por ato entre vivos, Silvio Rodrigues a define como "aquela em que o ascendente destina o seu patrimônio, compondo desde logo os quinhões de seus sucessores". Salienta o autor que "ela pode ser ultimada por ato entre vivos ou por testamento".[10]

Quando a partilha é realizada por ato entre vivos afigura-se similar a uma doação, uma vez que promove a transferência de propriedade do doador às pessoas por ele contempladas.

Isto porque a lei permite ao testador dispor livremente de sua parte disponível, desde que, por óbvio, seja respeitada a legítima dos herdeiros necessários.

---

9 "A emenda da partilha, decorrente de engano na descrição do imóvel, tem lugar haja ou não o trânsito em julgado da sentença que a julgou, e se realiza nos próprios autos do inventário" (TJSP, AI nº 20.872, ac. de 25.02.82, rel. Des. Felizardo Calil, *RT* 568/73).

10 Ob. cit., p. 296.

Da Partilha (Art. 2.014) 549

Outrossim, respeitando tal limite, o testador poderá destinar as liberalidades para quem lhe aprouver. Vale dizer, poderá distribuir os quinhões até em partes desiguais. Porém, deverá computar no testamento que tais doações são oriundas de sua parte disponível.

Segundo nos informa Caio Mário da Silva Pereira, "*sua origem é remotíssima, conhecida nos Direitos egípcio, hindu e hebreu. A sua presença em nossos costumes vem do Direito Romano, que a conheceu sob as duas modalidades que ainda hoje se praticam: partilha por via de doação* (diviso parentum inter liberos) *e por meio de testamento* (testamentum parentum inter liberos) *de que as fontes dão notícia (Código, Livro III, Título 36, Lei 26; Novela 18, Capítulo VII; Novela 107, Título VII, Capítulo 1º)*".[11]

O novo art. 2.014 do Código Civil, sem correspondente no direito anterior, prevê que o testador poderá indicar os bens e valores que devem fazer parte dos quinhões hereditários, deliberando a sua partilha. Ressalva a lei que tal partilha prevalecerá salvo se o valor dos bens não corresponder às quotas estabelecidas.

O principal escopo desta espécie de partilha é justamente prevenir eventuais divergências entre os sucessores no que diz respeito à quota pertencente a cada um.

A partilha-doação realizada por ato *inter vivos*, segundo os ensinamentos de Maria Helena Diniz, "deverá sujeitar-se às regras da doação quanto à forma, à capacidade, à aceitação, ao respeito da legítima dos herdeiros necessários, à colação etc." Já a partilha-testamento, sujeita-se às seguintes regras: "*Apenas poderá ser feita por qualquer uma das formas de testamento previstas no Código Civil, arts. 1.862, 1.886 e 1.887; é mister que o ascendente tenha capacidade testamentária ativa; é preciso que os herdeiros necessários tenham capacidade testamentária passiva; poderá compreender bens presentes e futuros do testa-*

---

11 Caio Mário da Silva Pereira, *Instituições de Direito Civil*, 13ª ed., Rio de Janeiro, Forense, 2001, vol. VI, p. 216.

dor. Na partilha-testamento os bens serão divididos entre os herdeiros, sujeitando-se aos requisitos do testamento, e só terá eficácia jurídica após o falecimento do testador. O testador poderá atribuir aos herdeiros necessários quinhões desiguais, porém essas desigualdades serão imputadas à sua quota disponível; por ser-lhe permitido dispor como lhe aprouver da metade de seus bens, nada obsta que contemple um de seus herdeiros mais que os demais, contanto que não lhes prejudique a legítima. Se o herdeiro necessário morrer antes do disponente, o quinhão que lhe havia sido reservado será recolhido pelos seus sucessores, isto é, descendentes; se não os tiver, será dividido pelos sobreviventes, conforme o direito de cada um."[12]

Enfeixando, portanto, as considerações aqui declinadas, conforme preceitua o comando legal, poderá o testador indicar os bens e valores que farão parte dos quinhões hereditários. O valor dos bens, porém, deverá corresponder às quotas estabelecidas, hipótese em que a herança será partilhada conforme a composição salientada pelo *de cujus*.

Art. 2.015. Se os herdeiros forem capazes, poderão fazer partilha amigável, por escritura pública, termo nos autos do inventário, ou escrito particular, homologado pelo juiz.

Direito anterior: Art. 1.773. Se os herdeiros forem maiores e capazes poderão fazer partilha amigável, por escritura pública, termo nos autos do inventário, ou escrito particular, homologado pelo juiz.

COMENTÁRIOS

Via de regra, consoante os arts. 1.022 e seguintes do CPC, a partilha realiza-se no processo de inventário. Ou seja, deverão os herdeiros formularem o projeto de partilha.

---

12   Maria Helena Diniz, *Curso de Direito Civil Brasileiro*, ob. cit., p. 335.

Após, caberá ao partidor inseri-lo nos autos com a respectiva homologação pelo magistrado. A seguir, serão expedidos os formais.

Entrementes, segundo o art. 2.015 do CC, é possível a realização de partilha amigável, caso os herdeiros sejam maiores e capazes.

Havendo acordo entre todos, a partilha poderá ser feita por escritura pública, por termo nos autos de inventário ou por escrito particular homologado pelo juiz (CPC, art. 1.029). O instrumento deverá ser assinado por todos, ou por procurador com poderes especiais (CC, art. 661, § 1º).

Se for concretizada por escrito particular, não terá validade alguma sem a homologação do magistrado.

Consubstanciando-se em negócio solene e plurilateral, todas as formalidades legais deverão obviamente ser observadas. Por tal motivo, a homologação judicial afigura-se indispensável no caso de ser realizada por instrumento público ou particular, devendo ser edificado ao processo o requerimento do inventariante ou herdeiro. Também as declarações realizadas por termo nos autos subsumem-se à homologação.

A partilha amigável também poderá ser implementada mesmo no caso da existência de testamento, devendo-se ouvir o testamenteiro e o curador de resíduos que poderão intervir no ato com o fito de se manifestarem acerca da vontade do testador.

Conforme observa Washington de Barros Monteiro, *"não constitui óbice à partilha amigável a existência de penhora no rosto dos autos, incidindo sobre direitos de um dos herdeiros, desde que o quinhão deste garanta perfeitamente a execução. De modo idêntico, a existência de dívida do próprio inventariado não impedirá a partilha amigável se reservados bens suficientes para o pagamento (CPC, art. 1.035)"*.[13]

Observe-se mais uma vez, por fundamental, que, conforme o art. 1.031 do CPC, a homologação pelo magistrado é ato indispen-

---

13 Washington de Barros Monteiro, ob. cit., p. 291.

sável, afigurando-se também imprescindível a comprovação de pagamento dos impostos concernentes aos bens do espólio e às suas rendas, com observância dos arts. 1.032 a 1.035 do Código de Processo Civil.

As mesmas considerações devem ser feitas, nesse sentido, no caso de pedido de adjudicação, quando houver herdeiro único.

No caso de a partilha amigável constar de instrumento público, a homologação pelo magistrado também afigurar-se-á imprescindível. Entretanto, tal ocorrerá logo após a ratificação por termo nos autos.

É também importante esclarecer que, para que a partilha possa ser realizada por intermédio de procurador, afigurar-se-á indispensável a outorga de poderes especiais e expressos.

Assinale-se que o art. 1.029 do Código de Processo Civil possibilita a desconstituição da partilha amigável nas hipóteses em que ocorrer vício de vontade – erro, dolo, coação, ou quando tenha participado algum incapaz, na forma prevista no art. 486 do Código de Processo Civil. Estudaremos tal assunto em capítulo próprio, nos comentários ao art. 2.027 do Código Civil.

> **Art. 2.016.** Será sempre judicial a partilha, se os herdeiros divergirem, assim como se algum deles for incapaz.
> **Direito anterior: Art. 1.774.** Será sempre judicial a partilha, se os herdeiros divergirem, assim como se algum deles for menor, ou incapaz.

COMENTÁRIOS

A partilha judicial será sempre indispensável no caso de existir divergência entre os herdeiros, ou, ainda, no caso de algum deles ser menor ou incapaz. Será facultativa entre capazes, consoante já exposto (CC, art. 2.015).

Após o pagamento do imposto *causa mortis* e, separados os bens necessários para o pagamento dos credores habilitados (CPC, art. 1.017, § 3º), o cônjuge sobrevivente, os herdeiros, seus cessionários ou credores (CC, art. 2.013) pleitearão em juízo seus respectivos quinhões. A partir de então será a partilha deliberada pelo juiz através de decisão nos autos (CPC, art. 1.022).

Deliberada a partilha, o partidor organizará um esboço, devendo os pagamentos observarem a seguinte ordem: "1) dívidas atendidas; 2) meação do consorte; 3) quota disponível; 4) quinhões hereditários, a começar pelo co-herdeiro mais velho (CPC, art. 1.023, I a IV)."

Observe-se, por fundamental, que o CPC, art. 1.025, I e II, reza que a partilha constará: *"a) de um auto de orçamento, que deverá mencionar: 1) os nomes do autor da herança, do inventariante, do cônjuge supérstite, dos herdeiros, dos legatários e dos credores admitidos; 2) o ativo, o passivo e o líquido partível, com as necessárias especificações e; 3) o valor de cada quinhão; b) de uma folha de pagamento para cada parte, declarando a quota a pagar-lhe, a razão do pagamento, a relação dos bens que lhe compõem o quinhão, as características que os individualizam e os ónus que os gravam."*

Elaborado o esboço, o magistrado ouvirá as partes dentro do prazo de cinco dias e, após ouvidas as reclamações, julgará a partilha (CPC, art. 1.024).

Com o trânsito em julgado, receberá o herdeiro os bens que lhe couberem e um formal de partilha, com o escopo de transcrição no Registro Imobiliário (CPC, art. 1.027; Lei nº 6.015/73, art. 167, I, nº 25).

Note-se, ainda, que, transitada em julgado a sentença de homologação de partilha ou adjudicação, o respectivo formal, bem como os alvarás referentes aos bens por ele abrangidos, só serão expedidos e entregues às partes após a comprovação, verificada

554 Comentários ao Código Civil Brasileiro

pela Fazenda Pública, do pagamento de todos os tributos (CPC, art. 1.031, § 2º).

Art. 2.017. No partilhar dos bens, observar-se-á, quanto ao seu valor, natureza e qualidade, a maior igualdade possível.

Direito anterior: Art. 1.775. No partilhar os bens, observar-se-á, quanto ao seu valor, natureza e qualidade, a maior igualdade possível.

COMENTÁRIOS

Considerada como um dos preceitos fundamentais do direito hereditário, a máxima da igualdade entre os herdeiros deverá ser respeitada principalmente no momento da partilha, seja quanto ao seu valor, natureza ou qualidade.

Desta feita, cada herdeiro receberá "parte igual em móveis e imóveis, em créditos e ações, em coisas certas e coisas duvidosas, partilhando-se, igualmente, o bom e o ruim."[14]

A doutrina ainda salienta outras regras importantes a serem perfilhadas no que pertine à partilha. Tais regras eram preconizadas no art. 505 do CPC de 1939, não repetidas no vigente Código, mas que, pela sua importância e tradição, ainda são observadas quando da realização da partilha.

Rezava o revogado estatuto processual que: *"Na partilha serão observadas as seguintes regras:*

I – A maior igualdade possível seja quanto ao valor, seja quanto à natureza e qualidade dos bens;

II – A prevenção de litígios futuros;

III – A maior comodidade dos co-herdeiros."

---

14 Silvio Rodrigues, ob. cit., p. 298.

A inobservância dessas regras, lembra-nos Orlando Gomes, *"enseja a impugnação da partilha e pode dar lugar à sua recusa, como quando o juiz infringe o preceito da igualdade dos quinhões, prejudicando manifestamente um ou alguns dos herdeiros"*.[15]

No que diz respeito à prevenção de litígios futuros, consubstanciada na divisão dos bens, significa exatamente a extinção do condomínio, o qual, nas palavras de Silvio Rodrigues, "é um ninho de desavenças e demandas."[16]

Ou seja, deve-se procurar evitar o estado de indivisão dos bens.

Portanto, não se afigura recomendável que os bens permaneçam por muito tempo *pro indiviso*, atribuindo, a partilha, apenas uma parte ideal a cada herdeiro.

Outra norma a ser seguida é a de que, na distribuição dos quinhões, deve-se atender à maior comodidade dos herdeiros. Isto porque, determinados bens, em que pese possuírem o mesmo valor de mercado, podem significar muito, do ponto de vista afetivo, para determinado herdeiro. No momento de aquinhoar, adverte-nos Silvio Rodrigues, "é sábio considerar esse fato".[17]

Alguns exemplos dados pelo autor aclarará bem a questão: *"Assim, a área contígua à propriedade de uma pessoa vale mais para ela do que para os seus co-herdeiros, de modo que convém atribuir-lhe tal prédio, pois alcança-se sua comodidade, sem detrimento de quem quer que seja. Se do espólio constam muitos bens, inclusive quotas do capital de uma sociedade mercantil em que o autor da herança era sócio de um herdeiro, convém atribuir-se a este as quotas do falecido, desde que não se quebre o princípio da igualdade, pois se atenderá ao princípio da maior comodidade dos co-herdeiros."*[18]

---

15   Orlando Gomes, ob. cit., p. 289.
16   Ob. cit., p. 298.
17   Ob. cit., p. 298.
18   Ob. cit., p. 298.

Comentários ao Código Civil Brasileiro

Assim sendo, ante tais considerações, a possível comodidade entre os herdeiros contemplados é recomendação bastante útil, sendo de bom alvitre que tal orientação seja perfilhada.

Art. 2.018. É válida a partilha feita por ascendente, por ato entre vivos ou de última vontade, contanto que não prejudique a legítima dos herdeiros necessários.

Direito anterior: Art. 1.776. É válida a partilha feita pelo pai, por ato entre vivos ou de última vontade, contanto que não prejudique a legítima dos herdeiros necessários.

COMENTÁRIOS

O artigo em epígrafe estabelece que, quando realizada a partilha em vida, esta não poderá lesar o direito dos herdeiros necessários.

Isto porque, por consubstanciar-se em adiantamento da legítima, deverá ela respeitar e deixar incólumes os princípios magnos de igualdade e justiça.

Segundo nos ensina Orlando Gomes, a partilha realizada por ascendente pode ser: a) partilha-doação; ou b) partilha-testamento.

A partilha-doação é, segundo o autor, *"verdadeira partilha que se rege pelas regras atinentes à divisão hereditária e à doação. Deve o pai partilhante ter o poder de disposição dos bens no momento em que efetua a partilha. Consistindo em doação, torna-se necessária a aceitação, expressa ou tácita, dos filhos. Compreende apenas os bens existentes, não podendo abranger sua totalidade, a menos que o doador tenha condições permanentes para prover a sua própria subsistência. Não pode ser inoficiosa, cumprindo ao partilhante respeitar a legítima dos descendentes. Há de obedecer à forma prescrita para a doação, devendo constar de escritura pública se partilhados bens imóveis, mas podendo ser feita por escrito particular, se móveis*".[19]

Silvio Rodrigues, também comentando acerca da partilha em vida, complementa o raciocínio acima delineado, asseverando que "*em rigor, esse tipo de partilha só devia ser permitido quando efetuado por testamento. Aí, com as formalidades garantidoras de sua autenticidade e da liberdade do testador, é facultado a este declarar como devem seus bens ser partilhados*".[20]

Considerada como adiantamento da legítima, a partilha em vida será considerada nula caso exclua algum herdeiro necessário. Há apenas três exceções a esta regra, a saber: se o excluído pré-morrer, for declarado indigno ou renunciar à herança.

Já a partilha realizada por testamento é bem mais simples, requerendo apenas o preenchimento dos requisitos concernentes ao testamento em geral.

Realizada pelo ascendente, os bens serão partilhados entre os herdeiros. Haverá a possibilidade de o testador imputar a determinado herdeiro uma quota maior que para os outros, desde que, por óbvio, seja oriunda de sua parte disponível, consoante já apontado.

Por fim, é também importante deixar salientado que, ao revés da partilha-doação, onde a eficácia é imediata, o mesmo não ocorre com a partilha-testamento, a qual somente terá eficácia com a morte do testador.

> **Art. 2.019. Os bens insuscetíveis de divisão cômoda, que não couberem na meação do cônjuge sobrevivente ou no quinhão de um só herdeiro, serão vendidos judicialmente, partilhando-se o valor apurado, a não ser que haja acordo para serem adjudicados a todos.**

---

19 Orlando Gomes, *Sucessões*, 6ª ed., Rio de Janeiro, Forense, 1990, p. 317.
20 Silvio Rodrigues, *Direito das Sucessões*, 25ª ed., São Paulo, Saraiva, 2002, vol. 7, p. 297.

§ 1º Não se fará a venda judicial se o cônjuge sobrevivente ou um ou mais herdeiros requererem lhes seja adjudicado o
bem, repondo aos outros, em dinheiro, a diferença, após avaliação atualizada.

§ 2º Se a adjudicação for requerida por mais de um herdeiro,
observar-se-á o processo de licitação.

Direito anterior: Art. 1.777. O imóvel que não couber no quinhão de um só herdeiro, ou não admitir divisão cômoda, será vendido em
hasta pública, dividindo-se-lhe o preço, exceto se um ou mais herdeiros requererem lhes seja adjudicado, repondo aos outros, em dinheiro, o que sobrar.

COMENTÁRIOS

Dentre as principais regras a serem perfilhadas relativamente à
partilha, o art. 2.019 destaca particularmente a hipótese em que, tendo em vista a natureza do bem, é dizer, pelo fato de o mesmo não
comportar divisão ou quando não couber na meação do cônjuge sobrevivente ou, ainda, no quinhão de um só herdeiro, far-se-á a venda
judicial do mesmo, dividindo-se o preço.[21]

Esta solução é dada pela lei para o caso de não haver acordo entre os herdeiros na adjudicação do bem a algum deles. Caso haja acordo,
o herdeiro que ficar com o bem adjudicado, deverá repor aos outros,
segundo o § 1º, em dinheiro.

Observe-se que tais herdeiros, segundo o art. 1.489, IV, do Novo
Código Civil, para que possam garantir seus quinhões ou a torna da
partilha, terão hipoteca legal sobre o imóvel adjudicado ao herdeiro
reponente.

---

21 Preconiza o art. 1.117 do Código de Processo Civil que: *"Também serão alienados
em leilão, procedendo-se como nos artigos antecedentes: I – o imóvel que, na partilha,
não couber no quinhão de um só herdeiro ou não admitir divisão cômoda, salvo se adjudicado a um ou mais herdeiros acordes (...)"*

Salienta, Maria Helena Diniz que "*é necessária a atualização do valor em caso de adjudicação, para que não haja injustiça no* quantum *indenizatório daquele que deixará de receber seu quinhão em bem imóvel, por exemplo. Por isso, a venda judicial não se realizará se o cônjuge sobrevivente ou um ou mais herdeiros requererem que o bem lhes seja adjudicado, repondo aos outros, em dinheiro, a diferença, após avaliação atualizada*".[22]

Por fim, adverte-nos o § 2º que, caso a adjudicação seja requerida por mais de um herdeiro, deverá ser observado o regramento do procedimento licitatório.

Neste caso, o juiz determinará a realização de um leilão, com a presença dos herdeiros cessionários e do cônjuge sobrevivente. Ao final, quem oferecer maior lance, terá os bens incluídos em sua parte na herança.

> **Art. 2.020.** Os herdeiros em posse dos bens da herança, o cônjuge sobrevivente e o inventariante são obrigados a trazer ao acervo os frutos que perceberam, desde a abertura da sucessão; têm direito ao reembolso das despesas necessárias e úteis que fizeram, e respondem pelo dano a que, por dolo ou culpa, deram causa.
>
> **Direito anterior: Art. 1.778.** Os herdeiros em posse dos bens da herança, o cabeça-de-casal e o inventariante são obrigados a trazer ao acervo os frutos que, desde a abertura da sucessão, perceberam; têm direito ao reembolso das despesas necessárias e úteis, que fizeram, e respondem pelo dano, a que, por dolo, ou culpa, deram causa.

COMENTÁRIOS

No que diz respeito especificamente aos frutos dos bens hereditários, que porventura se encontrarem com os herdeiros, cônjuge so-

---

22 Maria Helena Diniz, *Curso de Direito Civil Brasileiro*, ob. cit., p. 336.

brevivente e inventariante, por imperativo legal, deverão esses frutos ser trazidos ao acervo hereditário.

Entrementes, considerando-se que a herança se transmite desde logo aos herdeiros legítimos e testamentários do falecido, nada mais justo que os mesmos tenham direito aos frutos oriundos de tais bens.

Assim, tanto os bens que ocasionalmente estejam com os herdeiros quanto as rendas por eles produzidas, deverão ser levados ao monte para o momento da partilha.

Terão direito, também, à retenção e ao ressarcimento das despesas necessárias e úteis que tiveram que despender de seu patrimônio.

Outrossim, se causarem alguma avaria, por dolo ou culpa, nos mencionados bens, causando-lhes eventual perda ou deterioração, deverão responder por tal conduta, sendo o dano incluído na quota do herdeiro causador do prejuízo.

> **Art. 2.021.** Quando parte da herança consistir em bens remotos do lugar do inventário, litigiosos, ou de liqüidação morosa ou difícil, poderá proceder-se, no prazo legal, à partilha dos outros, reservando-se aqueles para uma ou mais sobrepartilhas, sob a guarda e a administração do mesmo ou diverso inventariante, e consentimento da maioria dos herdeiros.
>
> **Direito anterior: Art. 1.779.** Quando parte da herança consistir em bens remotos do lugar do inventário, litigiosos, ou de liquidação morosa, ou difícil, poderá proceder-se, no prazo legal, à partilha dos outros, reservando-se aqueles para uma ou mais sobrepartilhas, sob a guarda e administração do mesmo, ou diverso inventariante, a aprazimento da maioria dos herdeiros. (...)

COMENTÁRIOS

Por algumas razões, declinadas pela lei, às vezes, após a partilha, pode ser necessário realizar-se uma partilha adicional, ou, conforme chama a doutrina, uma sobrepartilha.

A sobrepartilha "vem a ser uma nova partilha de bens que, por razões fáticas ou jurídicas, não puderam ser divididos entre os titulares dos direitos hereditários".[23]

Isto porque pode acontecer que alguns bens estejam situados em local muito distante, nem demarcados; ou, ainda, também podem estar presentes valores em litígio; ou, por fim, bens de liquidação morosa e difícil.

Para estes casos, encontrou a lei uma solução para que os bens líquidos e presentes não permanecessem durante muito tempo impartilhados: a sobrepartilha.

A sobrepartilha, assim, colocará um fim na indivisão dos bens do espólio que, por qualquer razão, não advieram em momento certo para a realização da partilha.

Desta feita, os bens que porventura não forem partilhados, se-lo-ão na sobrepartilha, por ser conveniente "à ordem jurídica, à paz social e das famílias, ao desenvolvimento econômico, que vive de iniciativas, enfim, a todos e a tudo que se ponha logo termo às indivisões".[24]

Entrementes, a lei não impõe que se postergue a partilha dos mencionados bens, de forma peremptória. Poderão os mesmos ser partilhados normalmente, desde que haja a concordância dos herdeiros e o cônjuge-meeiro ou, ainda, permanecerem indivisos.

Tudo dependerá, consoante assinalado pelo artigo, do consentimento da maioria dos herdeiros.

A sobrepartilha, segundo Pontes de Miranda, consubstancia-se em "outra ação de inventário e partilha no mesmo processo".[25]

---

23   Maria Helena Diniz, ob. cit., p. 341.
24   Hamilton de Moraes e Barros, *Comentários ao Código de Processo Civil*, Rio de Janeiro, Forense, vol. IX, p. 278.
25   Pontes de Miranda, *Comentários ao Código de Processo Civil*, Rio de Janeiro, Forense, 1977, t. XIV, p. 303.

Uma vez presentes os requisitos, poderá haver no inventário e na partilha *"tantas sobrepartilhas quantas forem necessárias (...). Por isso, e sob esse ângulo, o processo de inventário está permanentemente aberto."*[26]

Art. 2.022. Ficam sujeitos à sobrepartilha os bens sonegados e quaisquer outros bens da herança de que se tiver ciência após a partilha.

Direito anterior: Art. 1.779 (...)

Também ficam sujeitos à sobrepartilha os sonegados e quaisquer outros bens da herança que se descobrirem depois da partilha.

COMENTÁRIOS

Pelo fato de se consubstanciarem em novo acervo, os sonegados e quaisquer outros bens que, "por dolo ou ignorância, deixaram de ser inventariados e partilhados com os outros"[27] também sujeitar-se-ão à sobrepartilha (CPC, art. 1.040, I e II).

Segundo Washington de Barros Monteiro, *"o mesmo ocorrerá no caso em que se mostrem inexatas as declarações do inventariante sobre a área do imóvel inventariado. Se se apura ulteriormente que a área real era maior que a descrita, se procede à correção mediante sobrepartilha do excesso apurado"*.[28]

Com o advento da sobrepartilha, e conseqüente reabertura do inventário, poderá o inventariante, como representante legal do espólio, promover a cobrança dos débitos.

Outrossim, não se encontrarão sujeitos à sobrepartilha os bens que não mais estiverem sob o pálio do patrimônio do falecido.

---

26   Hamilton de Moraes e Barros, *Comentários ao Código de Processo Civil*, cit., p. 279.

27   Clóvis Beviláqua, ob. cit., p. 274.

28   Ob. cit., p. 299.

Saliente-se ainda que apenas na realização da sobrepartilha será recolhido o imposto de transmissão *causa mortis*. Isto porque, uma vez escolhendo os herdeiros postergar alguns bens para a sobrepartilha, não se afigura razoável obrigá-los a pagar tal imposto, enquanto não restar aquilatado o montante devido.

É preciso analisar algumas questões de ordem processual.

Preconiza o art. 1.040 do Código de Processo Civil que:

> *"Art. 1.040. Ficam sujeitos à sobrepartilha os bens:*
> I – sonegados;
> II – da herança que se descobrirem depois da partilha;
> III – litigiosos, assim como os de liquidação difícil ou morosa;
> IV – situados em lugar remoto da sede do juízo onde se processa o inventário;
> *Parágrafo único. Os bens mencionados nos n°s III e IV deste artigo serão reservados à sobrepartilha sob a guarda e administração do mesmo ou de diverso inventariante, a aprazimento da maioria dos herdeiros."*

No que pertine especificamente à sonegação, o art. 1.992 do Código Civil preceitua que ocorrerá a sonegação dos bens da herança quando o herdeiro: a) não os descrever no inventário quando esteja em seu poder, ou, com o seu conhecimento, no de outrem; b) os omitir na colação, a que os deva levar; c) deixar de restituí-los.

Assim sendo, quando os bens sonegados somente forem encontrados após findar o prazo insculpido no art. 1.012 do Código de Processo Civil,[29] deverá ser realizada a sobrepartilha.

Também será necessária a sobrepartilha no caso da existência de bens litigiosos.

Nossa lei processual admite tal possibilidade tendo em vista o princípio da igualdade de partilha. Vale dizer, *"o legislador procurou ga-*

---

29 Art. 1.012 do Código de Processo Civil: "Ouvidas as partes sobre as últimas declarações no prazo comum de dez (10) dias, proceder-se-á ao cálculo do imposto."

rantir os quinhões hereditários, determinando a recíproca obrigação dos co-herdeiros a indenizar-se, no caso de evicção dos bens aquinhoados (art. 1.802),[30] qualquer que seja a espécie deles móveis ou imóveis, corpóreos ou incorpóreos".[31]

Desta feita, com o escopo de prevenir choques de interesses, o art. 1.040, III, do CPC, possibilitou que não se partilhe desde já tais bens, mas somente quando findar o conflito, por meio da sobrepartilha.

Ficarão também sujeitos à sobrepartilha os bens descobertos depois da partilha, bem como os de liquidação difícil ou morosa, e ainda aqueles situados em local remoto ou difícil.

Nestes casos, como tais bens não puderam ser partilhados, não constituindo, assim, objeto da sentença de mérito, afigurar-se-á indispensável a realização da sobrepartilha.

Com efeito, o procedimento da sobrepartilha, segundo nos ensina Paulo Cezar Pinheiro Carneiro, poderá significar "na prática a realização de um novo processo de inventário, contemplando as suas duas fases: o julgamento do cálculo, precedido da avaliação com os seus possíveis incidentes, e a sentença de sobrepartilha, precedida dos pedidos e da deliberação sobre os quinhões dos herdeiros".[32]

A guarda e administração dos bens litigiosos, de difícil liquidação ou situados em lugar remoto serão reservados à sobrepartilha "sob a guarda e administração do mesmo ou de diverso inventariante, a aprazimento da maioria dos herdeiros" (CPC, art. 1.040, parágrafo único).

Isto quer significar que o inventariante da sobrepartilha será escolhido de comum acordo entre os herdeiros, subsumindo-se, assim, a todos os ônus oriundos de tal encargo.

---

30 Atual art. 2.024 do Novo Código Civil, verbis: "Os co-herdeiros são reciprocamente obrigados a indenizar-se no caso de evicção dos bens aquinhoados."
31 Paulo Cezar Pinheiro Carneiro, ob. cit., p. 264.
32 Paulo Cezar Pinheiro Carneiro, ob. cit., p. 266.

Se, porventura, não houver acordo entre os herdeiros, caberá ao magistrado decidir quem administrará a inventariança. De qualquer modo, recurso cabível de tal decisão será o de agravo de instrumento.

Através do procedimento da sobrepartilha serão atribuídos a cada um dos herdeiros o quinhão que lhes pertencer dos bens e direitos do espólio que não se submeteram à partilha ocorrida previamente.

Para tanto, será indispensável uma decisão do juízo, que comportará, em qualquer hipótese, recurso de agravo de instrumento.

Observe-se que a sentença que julgar a sobrepartilha tem a mesma natureza da sentença que julga a partilha: constitutiva.

Por conseguinte, extinguirá o processo de inventário com o julgamento de mérito, sendo cabível, portanto, recurso de apelação.

Reza, ainda, o art. 1.041 do Código de Processo Civil, *verbis:*

> *"Art. 1.041. Observar-se-á na sobrepartilha dos bens o processo de inventário e partilha.*
>
> *Parágrafo único. A sobrepartilha correrá nos autos do inventário do autor da herança."*

Note-se que o procedimento da sobrepartilha, consoante já afirmamos anteriormente, pode se consubstanciar em um novo inventário.

Isto porque poderão surgir questões de direito e de fato a serem dirimidas pelo magistrado que conduzir o inventário (art. 984 do Código de Processo Civil). Poderá ocorrer, também, *"a habilitação de eventuais credores; seja procedida a colação de bens; ocorra incidente de remoção de inventariante; discussões sobre a avaliação e o cálculo do imposto; expedição de novo formal de partilha ou de carta de adjudicação e assim por diante"*.[33]

Outrossim, o inventário sempre poderá ser reaberto, havendo ou não a sobrepartilha, com o escopo de analisar-se eventuais requerimentos de alvará que visam ao adimplemento de encargos subsistentes da herança.

---

33   Paulo Cezar Pinheiro Carneiro, ob. cit., p. 266.

CAPÍTULO VI
DA GARANTIA DOS QUINHÕES HEREDITÁRIOS

Art. 2.023. Julgada a partilha, fica o direito de cada um dos herdeiros circunscrito aos bens do seu quinhão.
Direito anterior: Art. 1.801. Julgada a partilha, fica o direito de cada um dos herdeiros circunscrito aos bens do seu quinhão.

COMENTÁRIOS

Até o momento da partilha, o direito dos co-herdeiros, no que pertine à posse e propriedade da herança, é indivisível (CC, art. 1.791).[1]

Noutro falar, os sucessores são co-possuidores do patrimônio deixado pelo falecido, instituindo-se, assim, um verdadeiro condomínio com especificidades próprias.

Por tal motivo, "*os credores individuais de um sucessor universal não podem fazer recair penhora em bens do acervo, especificados, designados; cumpre a eles aguardar o termo da divisão e, como medida acautelatória,*

---

[1] Sílvio de Salvo Venosa preconiza que, neste caso, "*cuida-se da importância da saisine e da partilha. Durante o processo do inventário e antes dele o herdeiro era titular pro indiviso da universalidade da herança. O ato jurídico da partilha é declarativo, como vimos, e não atributivo. Por isso que a lei diz que o direito do herdeiro, após a partilha, fica 'circunscrito', isto é, delimitado, individualizado, ainda que prossiga a comunhão com outros herdeiros do mesmo bem, a qual pode ser extinta a qualquer tempo por iniciativa de qualquer condômino (e não mais co-herdeiro)*" (ob. cit., p. 307).

Da Garantia dos Quinhões Hereditários (Art. 2.023)

requerer penhora no rosto dos autos do inventário, sobre o direito e ação que tenha o devedor".[2]

Será justamente com o ato jurídico da partilha que, através de seu efeito declaratório, tal indivisibilidade terá fim e, por via de conseqüência, cada herdeiro terá direito ao seu respectivo quinhão.

Segundo nos ensina Clóvis Beviláqua, *"o estado de indivisão, que medeia entre a morte do de cujus e a sentença, que julga a partilha, é, apenas, um período transitório, de verificação, em que os interessados aguardam a entrega de seus títulos"*.[3]

Vale dizer, por uma ficção legal, desde a morte do *de cujus* os bens atribuídos ao herdeiro já se encontravam em seu patrimônio.

Entrementes, somente após a partilha o direito de cada herdeiro recairá especificamente sobre os bens pertencentes ao seu quinhão.

Receberão, então, os herdeiros os bens que lhe tocarem e um formal de partilha (CPC, art. 1.027).[4] Note-se que o formal e a certidão de partilha têm força executiva exclusivamente em relação ao inventariante, demais herdeiros e seus sucessores, a título universal ou singular (CPC, art. 584, V e parágrafo único).

---

2   Carlos Maximiliano, *Direito das Sucessões*, 3ª ed., São Paulo, Freitas Bastos, 1952, p. 473.

3   Ob. cit., p. 307.

4   *"Penhora de direito hereditário. Possibilidade de a execução prosseguir, embora não feita a partilha, com alienação do direito do herdeiro. A arrematação recairá não sobre determinado bem do acervo, mas sobre o direito a uma cota da herança"* (STJ, REsp. nº 2.709, rel. Min. Eduardo Ribeiro, m. v., j. em 02.10.1990, *DJU* de 19.11.1990). *"O formal de partilha que adjudicou os bens da herança, em condomínio pro indiviso a todos os herdeiros, em partes iguais, embora não registrado, é título hábil a instruir a ação de divisão ajuizada apenas entre esses herdeiros, posto constituir ele prova suficiente do domínio e da origem da comunhão – art. 946, II, CPC. Por outro lado, a transcrição é indispensável à aquisição do domínio no que se refere aos atos sujeitos a tal formalidade (...)"* (Ac. un. da 4ª T. do STJ no REsp. nº 48.1994, rel. Min. Sálvio de Figueiredo; *DJ* de 27.06.1994; *Adcoas*, de 30.11.1994, nº 145.551).

É também importante frisar que, se o quinhão hereditário não exceder 5 (cinco) vezes o salário mínimo vigente na sede do juízo do inventário, o formal de partilha poderá ser substituído pela certidão de partilha, que tem a mesma força executiva do formal (CPC, arts. 1.027, parágrafo único, e 584, V).

Observe-se que a sentença que julgar a partilha deverá ser inscrita no Registro Imobiliário competente (Lei nº 6.015/73, art. 167, I, nº 23) e, enquanto não rescindida e anulada, faz direito entre as partes interessadas.

Segundo nos ensina Maria Helena Diniz, *apud* Lomonaco, tendo em vista o caráter meramente declaratório da partilha, podemos dessumir que:

> *"1) o herdeiro, por já ser proprietário, pode praticar atos de alienação, que serão válidos se tiverem por objeto esses mesmos bens, e ficarão sem valor se recaírem em bens incluídos no quinhão de outro co-herdeiro;*
>
> *2) o herdeiro não precisará aguardar a divisão para ceder a outrem seus direitos de modo abstrato e ideal, sem especialização dos direitos cedidos;*
>
> *3) a cessão dos direitos hereditários poderá dar-se sem o consentimento dos demais co-herdeiros;*
>
> *4) se um herdeiro, antes da partilha, constituir hipoteca sobre um dos imóveis do espólio, esse ônus real de garantia ficará sem efeito, caso o bem gravado seja atribuído a outro herdeiro;*
>
> *5) o quinhão de cada um não responde pelas dívidas pessoais do outro."*[5]

Realizada a partilha, presume-se também respeitada a igualdade entre os herdeiros. Por tal razão, os artigos que seguem tratarão, especificamente, da perda do bem hereditário através da evicção.

Art. 2.024. Os co-herdeiros são reciprocamente obrigados a indenizar-se no caso de evicção dos bens aquinhoados.

---

5   Ob. cit., p. 338.

Da Garantia dos Quinhões Hereditários (Art. 2.024)   569

Direito anterior: Art. 1.802. Os co-herdeiros são reciprocamente obrigados a indenizar-se, no caso de evicção, dos bens aquinhoados.

COMENTÁRIOS

Visando salvaguardar o princípio da igualdade na partilha, o art. 2.024 enuncia a obrigatoriedade recíproca de indenização entre os co-herdeiros no caso de ocorrer a evicção dos bens aquinhoados.

Isto quer significar que, caso algum herdeiro, com o advento de sentença, perca, por evicção,[6] os bens que lhe foram adjudicados, com o escopo de preservar a igualdade que deve pairar no direito hereditário, todos os demais compartilhantes deverão colaborar na composição do prejuízo.

Consoante nos ensina Silvio Rodrigues, em vez de anular a partilha, *"procurou o legislador apenas corrigir o defeito, impondo aos herdeiros, e na proporção de seus quinhões, o dever de indenizarem o evicto (...)"*.[7]

Citando o entendimento de Planiol, preconiza o autor que *"essa obrigação de garantia se explicava mais facilmente no direito romano, em que a partilha tinha efeito translativo do domínio e, portanto, o dever de garantia se apresentava como conseqüência de uma transmissão a título oneroso. Mas entende que a regra se justifica, mesmo em se considerando o efeito declaratório da partilha, caso se tenha em vista o propósito dos herdeiros de se concederem, mutuamente, o domínio de seus quinhões exatos. Se um dos herdeiros sofre evicção de algum bem que lhe foi atribuído, deixou ele de receber sua parte. Ora, nesse caso, a igualdade almejada só aparentemente existiu; faz-se mister indenizar o evicto, para não ter ele de suportar, sozinho, referido prejuízo"*.[8]

---

6   V. arts. 447 a 457 do Código Civil.
7   Ob. cit., p. 301.
8   Ob. cit., pp. 301-302.

Desta feita, se algum dos herdeiros, com o advento da sentença, vier a perder os bens que lhe foram conferidos na partilha, a lei lhe possibilita pleitear, junto aos co-herdeiros, a respectiva indenização do prejuízo.

O *quantum* a ser propugnado terá por fundamento a estimação do bem na época da sentença que julgou a partilha.

No caso de evicção parcial, a indenização será baseada "no valor da coisa, na época em que se evenceu" (CC, art. 450, parágrafo único).

O prazo prescricional será de 10 (dez) anos, contados do julgado que decidiu a evicção (CC, art. 205).

> **Art. 2.025.** Cessa a obrigação mútua estabelecida no artigo antecedente, havendo convenção em contrário, e bem assim dando-se a evicção por culpa do evicto, ou por fato posterior à partilha.
>
> **Direito anterior: Art. 1.803.** Cessa essa obrigação mútua havendo convenção em contrário, e bem assim dando-se a evicção por culpa do evicto, ou por fato posterior à partilha.

COMENTÁRIOS

Consigna o artigo as hipóteses em que cessa a obrigação mútua de indenização entre os co-herdeiros.

Havendo convenção em sentido contrário, responsabilizando-se cada herdeiro, individualmente, pelos riscos da evicção, não será devida a indenização.

Dita convenção poderá constar na própria partilha ou em qualquer documento em apartado.

Afigurando-se culpado o herdeiro pela perda do bem no caso da evicção, igualmente não será devida a indenização.

Clóvis Beviláqua nos ensina que, *"se a evicção resulta de culpa do compartilhante, ou de facto seu, nenhuma responsabilidade têm os outros,*

Da Garantia dos Quinhões Hereditários (Arts. 2.025 e 2.026)

que não concorreram para o prejuízo por elle soffrido, directa nem indirectamente. Se, por exemplo, o herdeiro foi desapossado de immóvel, que lhe coube na partilha, podendo oppór em sua defesa o usocapião já consummado antes da partilha, nada tem que reclamar dos seus co-herdeiros".[9]

Confira-se outro exemplo interessante, citado por Silvio Rodrigues, que nos ajuda a aclarar a questão: *"O herdeiro que deixa correr a ação de reivindicação à revelia, ou ainda, não se vale dos meios adequados para a defesa do seu direito."*[10]

No caso de a evicção ocorrer por fato posterior à partilha, também restará cessada a obrigação mútua entre os co-herdeiros.

E isto porque, consoante já assinalado, *"a responsabilidade dos co-herdeiros sómente pode referir-se á evicção determinada por causa anterior à partilha, porque é a egualdade desta que serve de fundamento a essa responsabilidade".*[11]

Os fatos subseqüentes à partilha, portanto, refogem às situações declinadas pela lei que conclamam a indenização. Exemplos clássicos acerca de tal situação temos na falência e na desapropriação.

> **Art. 2.026.** O evicto será indenizado pelos co-herdeiros na proporção de suas quotas hereditárias, mas, se algum deles se achar insolvente, responderão os demais na mesma proporção, pela parte desse, menos a quota que corresponderia ao indenizado.
>
> **Direito anterior: Art. 1.804.** O evicto será indenizado pelos co-herdeiros na proporção de suas quotas hereditárias; mas, se algum deles se achar insolvente, responderão os demais, na mesma proporção, pela parte desse, menos a quota que corresponderia ao indenizado.

---

9   Ob. cit., p. 311.

10   Silvio Rodrigues, ob. cit., p. 302.

11   Clóvis Beviláqua, ob. cit., p. 311.

COMENTÁRIOS

Enuncia o artigo que, caso efetivamente ocorra a evicção, e o co-herdeiro perca a coisa, deverá ser indenizado pelos demais herdeiros.[12]

Ressalva a lei, entrementes, que tal indenização se consubstanciará proporcionalmente às respectivas quotas hereditárias.

Noutro falar, todos os herdeiros deverão arcar, nos limites dos respectivos quinhões, com a perda do bem.

Consoante Sílvio de Salvo Venosa, "desconta-se, evidentemente, a quota do próprio evicto, que também suportará a perda em sua própria proporção".[13]

Agora, se porventura algum herdeiro encontrar-se insolvente, os restantes é que deverão responder, proporcionalmente, pelo quinhão desse, excluindo-se, por óbvio, a quota concernente ao indenizado.

Outrossim, não haverá óbice algum se, advindo novamente a solvência desse herdeiro, seja do mesmo exigidas as respectivas quotas quitadas pelos demais co-herdeiros.

No que diz respeito ao legatário, este não terá direito à indenização no caso de evicção, tendo em vista que tal garantia consubstancia-se no princípio da igualdade de partilha, o qual preconiza que apenas os co-herdeiros possuem o dever de recompô-la, na hipótese de um deles perder o bem conferido por evicção.

Portanto, no compasso das lições de Washington de Barros Monteiro, *"duas as conclusões que se extraem do questionado preceito legal: a) a proporcionalidade com que os demais compartilhantes com-*

---

12 *"Se a partilha é uma divisão declaratória de propriedade, não cria um estado de direito intangível; logo, os co-herdeiros estão reciprocamente obrigados a indenizar-se, havendo evicção dos bens aquinhoados, a fim de acautelar a observância da igualdade na partilha, pois não seria justo que o evicto suportasse sozinho o dano causado pelo desfalque. Imprescindível será o rateio entre os co-herdeiros para que se iguale a legítima"* (Maria Helena Diniz, *Código Civil Anotado*, São Paulo, Saraiva, 2002, p. 1.291.)

13 Ob. cit., p. 307.

Da Garantia dos Quinhões Hereditários (Art. 2.026)   573

porão o prejuízo do evicto, tendo em vista as respectivas quotas heredi-
tárias; b) na hipótese de insolvência de um deles, proceder-se-á ao ra-
teio de sua quota entre os demais, excluindo-se a parcela que tocaria
ao indenizado".[14]

---

14   Ob. cit., p. 329.

CAPÍTULO VII
DA ANULAÇÃO DA PARTILHA

Art. 2.027. A partilha, uma vez feita e julgada, só é anulável pelos vícios e defeitos que invalidam, em geral, os negócios jurídicos.

Parágrafo único. Extingue-se em 1 (um) ano o direito de anular a partilha.

Direito anterior: Art. 1.805. A partilha, uma vez feita e julgada, só é anulável pelos vícios e defeitos que invalidam, em geral, os atos jurídicos (art. 178, § 6º, V).

COMENTÁRIOS

Por primeiro, é importante ter-se em mente que o antigo art. 1.805 do Código Civil de 1916, inserido no capítulo que tratava "Da Nulidade da Partilha" causou, à época, dentre os estudiosos do tema, sério dissenso doutrinário.

Isto porque se dedicava, apenas e tão-somente, *à anulação da partilha*, sob a égide de um capítulo *que enunciava o tratamento de sua nulidade* (g. n.).

E, ainda, pelo fato de referir-se ao prazo prescritivo do antigo art. 178, § 6º, V, do Código Civil de 1916, que dizia respeito à ação de nulidade de partilha, contado o prazo da data em que a sentença da partilha passou em julgado. O prazo inserido nesse dispositivo era de um ano.

Silvio Rodrigues nos adverte que, à época, o legislador *"descuidou de distinguir os casos de nulidade relativa e absoluta, dando a idéia de que as regras a respeito, inclusive o prazo de prescrição de um ano, seriam as mesmas para todas as hipóteses, o que era e é totalmente inconcebível".*[1]

Com efeito, segundo também entendemos, a partilha pode ser nula ou anulável. Será nula quando o compartilhante for absolutamente incapaz e demais situações descritas no art. 166 do Código Civil. Será anulável, entrementes, quando o agente for relativamente incapaz, ou encontrar-se eivada dos vícios ou defeitos insculpidos no art. 171, II, do Código Civil.

O Código de Processo Civil de 1973, à época, conforme nos ensina Orlando Gomes, *"eliminou a controvérsia ao adotar novo sistema, que descansa na distinção entre partilha anulável e partilha rescindível, referida à distinção entre partilha amigável e partilha litigiosa, assim denominada a última, em vista de ser julgada por sentença".*[2]

Assim, restou assente que a *"ação de anulação, prescritível em um ano, é cabível apenas diante da partilha amigável (CPC, art. 1.029). No que diz respeito à partilha judicial, sob a autoridade da* res judicata, *só é admissível sua desconstituição através da ação rescisória (CPC, art. 1.030)".*[3]

O novo art. 2.027 do Código Civil, perfilhando tal sistemática, é claro ao insculpir, em seu Capítulo VII, "Da Anulação da Partilha", ou seja, trata agora apenas da hipótese de sua *anulação*, fixando o prazo de um ano para que o direito seja exercido (g. n.).

Outrossim, repita-se, convém não olvidarmos que a partilha também pode encontrar-se impregnada de nulidade absoluta. É o caso, por exemplo, de ter dela participado indivíduo absolutamente incapaz, sem intervenção de seu representante legal, ou, ainda, que tenha abrangido objeto ilícito ou impossível (CC, art. 166, I e II).

---

1   Silvio Rodrigues, ob. cit., p. 303.

2   Orlando Gomes, *Sucessões*, 7ª ed., Rio de Janeiro, Forense, 1998, p. 296.

3   Humberto Theodoro Jr., *Curso de Direito Processual Civil*, 21ª ed., Rio de Janeiro, Forense, 1999, vol. 3, p. 295.

Trataremos, portanto, a seguir, do regramento processual do assunto, inserido nos arts. 1.029 e 1.030 do Código de Processo Civil.

Antes, porém, para melhor intelecção do tema ora em estudo, fundamental traçarmos uma breve distinção entre partilha judicial e amigável.

O que, de fato, distingue a partilha amigável da judicial *"é a natureza da intervenção do juiz: a amigável é apenas homologada por sentença; a partilha é fruto da autonomia da vontade exercitada num autêntico 'negócio jurídico resultante do acordo de vontades', como anota Orlando Gomes (...). Quanto à partilha judicial, sua base não é a vontade das partes, e sim do juiz. Dentro de um processo contencioso, o juiz pode e deve ouvir as partes; pode mesmo acolher a vontade de uma delas e até obter delas um pronunciamento uniforme sobre a matéria a deliberar. A solução final, todavia, será o fruto de sua autoridade judicante"*.[4]

Assentadas tais premissas, analisaremos, a seguir, a vertente processual do instituto.

Preconiza primeiramente o art. 1.029 do Código de Processo Civil os casos em que a partilha amigável poderá ser anulada.

Eis o seu teor:

> *"Art. 1.029. A partilha amigável, lavrada em instrumento público, reduzida a termo nos autos do inventário ou constante de escrito particular homologado pelo juiz, pode ser anulada, por dolo, coação, erro essencial ou intervenção de incapaz.*
>
> *Parágrafo único. O direito de propor a ação anulatória de partilha amigável prescreve em 1(um) ano, contado este prazo:*
>
> *I – no caso de coação, do dia em que ela cessou;*
>
> *II – no de erro ou dolo, do dia em que se realizou o ato;*
>
> *III – quanto ao incapaz, do dia em que cessar a incapacidade."*

Poderá ser anulada a partilha nos casos em que ocorrer vício de vontade ou intervenção de incapaz.

---

4   Ob. cit., pp. 295-296.

Nos casos insculpidos no artigo ora em análise, o prazo para se promover a ação anulatória será de um ano.

A natureza do prazo para a propositura da ação anulatória é de decadência.[5] Desta feita, poderá o magistrado declará-la, independentemente da alegação de qualquer das partes interessadas.

O prazo para se propor a ação anulatória de partilha amigável, ou seja, seu termo inicial, contar-se-á nos termos do art. 178 do Código Civil, ou seja: "I – *no caso de coação, do dia em que ela cessar; II – no de erro, dolo, fraude contra credores, estado de perigo ou lesão, do dia em que se realizou o negócio jurídico; III – no de atos de incapazes, do dia em que cessar a incapacidade.*"

O juízo competente para a ação anulatória será o que homologou a partilha amigável que se pretende desconstituir. Por ter caráter de acessória, deverá ser proposta perante o juízo competente para a ação principal (CPC, art. 108).

No entanto, caso o pedido seja acolhido, o processo de inventário prosseguirá para que uma nova sentença seja exarada, julgando a partilha.

Quanto ao procedimento a ser adotado, será o comum, ordinário ou sumário, dependendo do caso concreto, consoante preconizam os arts. 271 e 272 do Código de Processo Civil.

Poderão propor a ação anulatória de partilha aquelas pessoas que foram parte no processo, ou seja, o Ministério Público, caso tenha atuado como fiscal da lei, herdeiros e o assistente.

---

5   *"Partilha amigável. Anulação. Decadência. Início do prazo. O direito de promover a anulação de partilha amigável é da espécie dos direitos formativos extintivos e sofre efeito do tempo pela decadência. O prazo anual, previsto no parágrafo único do art. 1.029 do CPC, na hipótese de escrito particular homologado pelo juiz, viciado por erro ou dolo, conta-se da homologação, não da data em que a petição, com a proposta de partilha, foi apresentada em juízo. Recurso conhecido pela divergência, mas improvido"* (Ac. unânime da 4ª T. do STJ, de 12.03.96, REsp. nº 83.642-SP, rel. Min. Ruy Rosado de Aguiar, *DJU* de 29.04.96, p. 13.424).

No pólo passivo figurarão como litisconsortes necessários todos os que participaram da partilha. *In casu*, a sentença deverá ser, por óbvio, necessariamente uniforme para todos, motivo pelo qual o regime do litisconsórcio aqui deverá ser o unitário.

Trata o art. 1.030 do Código de Processo Civil dos casos de rescindibilidade da partilha julgada por sentença.

Assim, reza o dispositivo:

"Art. 1.030. É rescindível a partilha julgada por sentença:
I – nos casos mencionados no artigo antecedente;
II – se feita com preterição de formalidades legais;
III – se preteriu herdeiro ou incluiu quem não o seja."

Melhor esclarecendo: a sentença que decidiu a partilha poderá ser rescindida nas hipóteses acima elencadas e no prazo de 2 (dois) anos, contados do trânsito em julgado da decisão (CPC, art. 495).

Observe-se, no compasso das lições de Paulo Cezar Pinheiro Carneiro, *"que a ação rescisória só não será cabível nas hipóteses de sentença homologatória de partilha amigável firmada por todas as partes interessadas. Em qualquer outro caso, mesmo naquelas hipóteses de homologação de partilha pelo juiz, sem impugnação, resultante de proposta do partidor, do inventariante ou de alguns dos herdeiros, cabível será a ação rescisória, desde que presente uma das situações constantes do artigo ora em apreciação ou em uma daquelas situações contempladas no art. 485 do Código de Processo Civil".*[6]

O inciso I reporta-se ao artigo antecedente, que trata dos casos de coação, erro ou dolo e ainda tendo a participação de incapaz sem a devida representação.

---

6   Paulo Cezar Pinheiro Carneiro, ob. cit., p. 215.

O inciso II menciona a hipótese de admissibilidade de ação rescisória no caso de a partilha ser realizada com preterição de formalidades legais. Insere-se, aqui, o caso de partilha desigual, por infringência ao art. 2.027 do Código Civil.

O inciso III trata do herdeiro preterido que tenha participado do processo de inventário, bem como qualquer herdeiro na hipótese de a partilha ter incluído quem não o seja.

A legitimidade para a propositura da ação é aquela estabelecida pelo art. 487 do Código de Processo Civil, ou seja: "*I – quem foi parte no processo ou o seu sucessor a título universal ou singular; II – o terceiro juridicamente interessado; e III – o Ministério Público: a) se não foi ouvido no processo em que lhe era obrigatória a sua intervenção; b) quando a sentença é o efeito de colusão das partes, a fim de fraudar a lei.*"

Legitimados passivos serão "todos aqueles que figuraram como partes no processo anterior, que resultou na sentença rescindenda".[7]

Note-se que, neste caso, o litisconsórcio será necessário e o regime será unitário, pois, consoante já afirmado, a sentença será necessariamente idêntica para todos.

No que diz respeito ao procedimento, será aquele preconizado pelo Código de Processo Civil para a ação rescisória (CPC, arts. 488, 491 e 494).

Observe-se que a competência para o julgamento, de acordo com a nossa sistemática, é originária do tribunal. Ensina-nos Paulo Cezar Pinheiro Carneiro, com inteiro acerto, que, "*no caso específico, em regra, a competência para o processamento de inventário é da justiça comum dos Estados; assim, a competência para julgamento de ação rescisória em face da sentença ou do acórdão proferido pela Justiça Estadual será do órgão colegiado, do tribunal de justiça por onde tramitar o inventário, a ser indicado nas respectivas normas de organização judiciária*".[8]

---

7   *Idem, ibidem*, p. 219.
8   Ob. cit., p. 220. No que diz respeito à competência dos tribunais federais, notadamente no que concerne à ação rescisória de seus julgados, consultar arts. 102, I, "j"; 105, I, "e"; art. 108, I, "b", todos da Constituição Federal.

No caso de algum herdeiro não ter participado do processo de inventário, deverá utilizar-se da ação de petição de herança.

Preceitua Silvio Rodrigues que "*a ação de petição de herança ou de nulidade de partilha só compete a quem não foi parte no inventário, pois, se o prejudicado dele participou, só lhe cabem as ações referidas nos arts. 1.029 e 1.030, acima citados: anulatória, se a partilha for amigável; rescisória, se judicial*".[9]

No que pertine ao prazo prescricional da ação, o Eg. Superior Tribunal de Justiça já se manifestou no sentido de ser de 20 anos a ação de nulidade do herdeiro que não participou do inventário.[10]

Agora, com o novo Código Civil, o prazo prescricional que outrora era de 20 anos (art. 177 do Código Civil de 1916), passou a ser de 10 anos (art. 205 do Código Civil de 2002), posto que foram reduzidos os prazos, tanto para as ações pessoais como para as reais, no caso de a lei não fixar prazo menor.

É importante ainda salientar que, consoante já assinalado, "*as inexatidões materiais, que não afetem a partilha propriamente dita, tais como as verificadas na nomenclatura dos imóveis partilhados, menção de áreas e confrontações, designação errônea de rua e número e outras do mesmo teor, podem elas corrigir-se ou emendar-se a todo tempo através de requerimento dos interessados, seguido de termo de retificação e ratificação, nos mesmos autos do inventário e por eles assinado, complementado pela audiência de todos quantos intervieram no feito, homologação pelo juiz e averbação no registro imobiliário competente*" (CPC, 1.028).[11]

Anote-se, por fim, que eventuais frutos e rendimentos que os sucessores tenham obtido deverão ser restituídos ao espólio. O mo-

---

9   Silvio Rodrigues, ob. cit., p. 304.

10   Agravo Regimental nº 242.909/RJ, rel. Min. Nilson Naves, *DJ* de 17.04.2000, p. 63; REsp: nº 45.693-2, rel. Min. Ruy Rosado de Aguiar, *DJU* de 13.02.1995, p. 2.242.

11   Washington de Barros Monteiro, ob. cit., p. 333.

mento processual de tal proceder terá, como termo inicial, a data do ato anulado – ou seja, desde tal data os citados frutos e rendimentos deverão ser devolvidos – e, como termo final, a declaração de nulidade da partilha – vale dizer, até este dia, tudo deverá ser recomposto.

A ação de nulidade ou de rescisão deverá ser ajuizada no foro do domicílio do autor da herança no Brasil, o qual também é o competente para o inventário, nos termos do art. 96 do CPC.

LIVRO COMPLEMENTAR
DAS DISPOSIÇÕES FINAIS E TRANSITÓRIAS

O Código Civil de 1916 dispensou apenas dois artigos para as suas disposições finais (arts. 1.806 e 1.807), o que se justificou pela pouca complexidade e sistematização do direito anterior, constituído fundamentalmente pelas Ordenações Filipinas.

A Lei nº 10.406, de 10 de janeiro de 2002, que institui o novo Código Civil, por sua vez, dedica todo o seu Livro Complementar, abrangente das disposições finais e transitórias (arts. 2.028 a 2.046), para traçar regras de direito intertemporal, visando equacionar eventuais conflitos entre a lei nova e a legislação revogada.

É preciso que se diga que o novo diploma, a partir de sua vigência, não poderia deixar de considerar, sob pena de causar irreversíveis traumas na ordem jurídica, que inúmeras situações, constituídas sob a égide da legislação anterior – codificada ou não – continuaria a ser por ela disciplinada.

O Código de 1916, portanto, monumento legislativo que entrou para a nossa história há mais de 80 anos, não iria simplesmente desaparecer a partir da entrada em vigor da lei nova.

Consoante já tivemos oportunidade de observar, o respeito ao *ato jurídico perfeito, ao direito adquirido e à coisa julgada,* imposto constitucionalmente (art. 5º, XXXVI, CF), concretiza o princípio de que *as leis civis não têm retroatividade,* uma vez que os seus efeitos esbarram nessas situações.[1]

---

1   Pablo Stolze Gagliano e Rodolfo Pamplona Filho, *Novo Curso de Direito Civil – Parte Geral*, 2ª ed., São Paulo, Saraiva, 2002, vol. 1, p. 78.

Por *ato jurídico perfeito* entenda-se aquele já consumado, segundo a lei vigente, ao tempo em que se efetuou (art. 6º, § 1º, LICC). Note-se que, para se considerar perfeito, todos os seus requisitos essenciais já devem estar configurados na vigência da lei revogada. Sobre esse aspecto, oportuno é o exemplo apresentado pelo magistral Eduardo Espínola, que, em sua festejada obra *Breves Anotações ao Código Civil Brasileiro*, discorre com peculiar erudição acerca da impossibilidade de violação ao ato jurídico já concretizado, em face de uma lei nova: *"A posse contínua e incontestada, com justo título e boa fé, por dez anos entre presentes, é fato aquisitivo complexo, que se perfaz decorrido o prazo decenal (art. 551 do Cód. Civ.). Se uma nova lei viesse aumentar o prazo para doze anos, o possuidor, só depois de passado este espaço de tempo, adquiriria o imóvel por usucapião, ainda que por dez anos menos um dia tivesse a posse na vigência da lei antiga."*[2]

O *direito adquirido*, por sua vez, na precisa definição de Gabba, consiste naquele direito *"que é conseqüência de um fato idôneo a produzi-lo, em virtude de lei vigente ao tempo em que se efetuou, embora a ocasião de fazê-lo valer não se tenha apresentado antes da atuação da lei nova, e que, sob o império da lei então vigente, integrou-se imediatamente ao patrimônio do seu titular"*.[3] Em outras palavras, embora não tão eruditas, a Lei de Introdução ao Código Civil considera adquiridos *"assim os direitos que o seu titular, ou alguém por ele, possa exercer, como aqueles cujo começo do exercício tenham termo pré-fixo, ou condição preestabelecida inalterável, a arbítrio de outrem"* (art. 6º, § 2º, LICC).

---

2   Eduardo Espínola, *Breves Anotações ao Código Civil Brasileiro – Introdução e Parte Geral*, Salvador, Joaquim Riberio e Co., 1918, vol. I, p. 17.

3   Tradução livre do autor, a partir de *Teoria della Retroatività delle Leggi...*, Torino, 1891, vol. 1, p. 191: "È acquisito ogni diritto, che è consequenza di un fatto idoneo, a produrlo, in virtù della legge del tempo in cui il fatto venne compiunto, benchè l'occasione di farlo valere non sia presentata prima dell'atuazione di una legge nuova intorno al medesino, e che termini della legge sotto l'impero della quale accade il fatto da cui tra l'origine, entrò immediatamente per parte del patrimonio di chi lo ha acquistato."

A *coisa julgada*, finalmente, traduz a *"decisão judicial de que já não caiba recurso"* (art. 6°, § 3°, LICC). Mais técnico, entretanto, seria a norma referir que o manto da coisa julgada reveste apenas as *decisões finais de mérito,* vale dizer, as *sentenças definitivas*, que não mais poderão ser rediscutidas em face de uma nova lei.

Chega-se, pois, à nítida conclusão de que, sob pena de afronta à lei civil e à própria norma constitucional, nenhuma lei poderá retroagir, violando tais limites de incidência: *o ato jurídico perfeito, o direito adquirido e a coisa julgada.*

Por tais razões, não vemos com bons olhos a doutrina que pretende estabelecer um critério apriorístico, segundo a natureza das normas em jogo, para admitir a sua retroatividade apenas se a regra legal for considerada "de direito público". Além de desprovido de cientificidade, dada a dificuldade em se estabelecer com precisão a natureza da norma, esta teoria propicia abusos por parte de governantes menos escrupulosos que pretendam fazer retroagir uma lei, simplesmente por considerá-la de interesse público.[4]

Nesse sentido, em nossa obra, já afirmamos que *"nem mesmo o Estado poderá pretender retroagir os efeitos de uma nova lei para atingir situações definitivamente constituídas, razão por que nos insurgimos, com todas as nossas forças, e por amor à Constituição Federal,*

---

4   Excepcionalmente, a jurisprudência, pondo de lado a pureza técnica, mas escudando-se na eqüidade, cuida de admitir a retroatividade dos efeitos de uma lei civil, tendo em vista a relevância dos interesses em jogo ou a própria hipossuficiência econômica da parte. Em tais casos, a retroatividade se justificaria. Como exemplos de tais situações, de constitucionalidade duvidosa, mas de inegável justiça, citemse: a Súmula n° 205 do STJ, que admite a aplicação da Lei n° 8.009/90 (Bem de Família) às penhoras efetivadas antes mesmo de sua vigência, e, bem assim, recente decisão do mesmo tribunal que admitiu o reconhecimento de união estável dissolvida antes da vigência da Lei n° 8.971/94, com a possibilidade de fixação dos alimentos à companheira necessitada (Noticiário do Superior Tribunal de Justiça, 14.08. 2002, disponível em: www.stj.gov.br).

586 Comentários ao Código Civil Brasileiro

contra a falaciosa justificativa de que se deve reconhecer retroação de efeitos somente às leis de 'ordem pública'".[5]

Para evitar, portanto, conflitos intertemporais, o legislador cuida de estabelecer, no próprio corpo da lei codificada, regras de transição, cuja ocorrência é perceptível inclusive no direito comparado, consoante se pode constatar da análise do seguinte trecho do Código Civil espanhol: *"Las variaciones introducidas por este Código, que perjudique derechos adquiridos según la legislación civil anterior, no tendrán efecto retroactivo. Para aplicar la legislación que corresponda, en los casos que no están expresamente determinados en el Código, se observarán las reglas seguientes: Se regirán por la legislación anterior al Código los derechos nacidos, según ella, de hechos realizados bajo su régimen, aunque el Código los regule de otro modo o no los reconozca. Pero si el derecho apareciese declarado por primera vez en el Código, tendrá efecto desde luego, aunque el hecho que lo origine se verificara bajo la legislación anterior, siempre que no perjudique a otro derecho adquirido, de igual origen"* (Código Civil Español, Disposiciones Transitorias).

Na mesma linha, o Código Civil argentino contém normas de transição, conforme se depreende da leitura dos arts. 4.044 a 4.051 do seu Título Complementar.

Diferentemente do que ocorre na seara penal, em que se admite, nos termos da própria Carta da República, a retroatividade de uma lei penal benéfica, nas lides de natureza privada, como não se está em xeque o *jus libertis,* mas sim interesses em sua grande maioria patrimoniais, não se poderia admitir, como regra geral, a retroação de efeitos jurídicos de uma norma, para se prejudicar um particular em detrimento de outro.

Partindo de tais premissas, as disposições do Livro Complementar, compreensiva de dezenove artigos (arts. 2.028 a 2.046), cuidam

---

5 Pablo Stolze Gagliano e Rodolfo Pamplona Filho, ob. cit., p. 179.

Das Disposições Finais e Transitórias (Art. 2.028)

de regular normas de transição, visando acomodar no plano fático os atos e situações jurídicas constituídos sob a normatização anterior, embora não definitivamente esgotados ou exauridos.

Art. 2.028. Serão os da lei anterior os prazos, quando reduzidos por este Código, e se, na data de sua entrada em vigor, já houver transcorrido mais da metade do tempo estabelecido na lei revogada.

Direito anterior: Sem correspondente no CC/1916.

COMENTÁRIOS

Este, sem dúvida alguma, é um dos artigos mais importantes do novo Código Civil.

Uma análise mais detida do referido diploma indicará que o legislador, em inúmeras de suas normas, reduziu os prazos anteriormente previstos na lei revogada, a exemplo do prazo prescricional máximo das pretensões de natureza pessoal, que fora reduzido de 20 para 10 anos (art. 177, CC 1916 e art. 205, CC 2002), ou os prazos de usucapião, que diminuíram para 15 (usucapião extraordinário) ou 5 anos (usucapião ordinário, em caso de haver a denominada "posse-trabalho").

De fato, uma justa crítica que se pode dirigir ao Código Beviláqua é, exatamente, a injustificada largueza dos seus prazos, o que só se compreenderia em uma sociedade agrária, conservadora e economicamente rudimentar, como aquela que produziu a Lei de 1916.

O século XXI, entretanto, caracterizado pela volatilidade econômica e imprevisão institucionalizada, não poderia mais admitir que a inércia do titular de um direito restasse escorada em intermináveis prazos legais, que mais coroariam o ócio do que implementariam o desenvolvimento social.

Entretanto, não poderia o legislador, nas disposições transitórias da lei, deixar de disciplinar o eventual conflito temporal de normas que alterassem os prazos previstos na lei antiga e que ainda não se consumaram.

A razão específica da norma sob comento consiste, precisamente, em resolver a intrincada questão referente à incidência da nova lei aos prazos que, iniciados na lei anterior, ainda estejam em curso na data da vigência do novo Código, se forem por este reduzidos.

Um exemplo irá ilustrar a hipótese.

Imagine que um determinado sujeito haja cometido um ato ilícito antes da vigência do novo Código. Passados 12 anos, a vítima (credor) ainda não formulou em juízo, por meio da conhecida "ação ordinária de reparação civil", a pretensão indenizatória contra o agente causador do dano (devedor). Sob a égide do Código de 1916, pretensões pessoais indenizatórias prescrevem, como se sabe, no prazo máximo de 20 anos (art. 177, CC/1916). Entrando em vigor a nova lei, *que reduz o prazo prescricional de 20 para 3 anos* (art. 206, § 3°), pergunta-se: quantos anos restariam para se completar o prazo máximo, 8 (segundo a lei velha) ou 3 (segundo a lei nova)?[6]

Wilson de Souza Campos Batalha, analisando o Código Civil alemão, sugere que: "*Se a lei nova reduz o prazo de prescrição ou decadência, há que se distinguir: a) se o prazo maior da lei antiga se escoar antes de findar o prazo menor estabelecido pela lei nova, adota-se o prazo estabelecido pela lei anterior; b) se o prazo menor da lei nova se consumar antes de terminado o prazo maior previsto pela anterior, aplica-se o prazo da lei nova, contando-se o prazo a partir da vigência desta.*"[7]

---

6   Não se diga que o prazo já estaria consumado, pois este entendimento fulminaria de morte grande parte dos direitos das vítimas que ainda não foram a juízo (são apenas três anos!). Ademais, estar-se-ia dando aplicação retroativa ao novo Código, o que, como vimos, sob o prisma técnico, não é admissível.

7   Wilson de Souza Campos Batalha, *in Lei de Introdução ao Código Civil,* cit. por Gagliano.

Das Disposições Finais e Transitórias (Arts. 2.028 e 2.029)   589

O nosso Código, no entanto, afastando-se da diretriz alemã, estabelece que *prevalecerá o prazo da lei anterior*, ainda que mais dilatado, se, na data da entrada em vigor da lei nova, *já houver transcorrido mais da metade do tempo estabelecido na lei revogada*.

Pela expressão "mais da metade", entenda-se: "metade do prazo mais um dia", devendo-se advertir que, por se tratar de prazo de direito material, a sua contagem dar-se-á dia a dia.

Dessa forma, no exemplo *supra*, já havendo transcorrido 12 anos na data da vigência do novo Código, ou seja, *mais da metade do tempo estabelecido pela lei anterior* (10 anos), restarão ainda 8 anos para que se atinja o prazo prescricional máximo extintivo da pretensão indenizatória.

Por mais que se afigure estranho o fato de a lei revogadora reduzir o prazo para 3, e, ainda assim, remanescer o lapso de 8 anos, esta foi a opção do legislador, que entendeu por bem manter a incidência da lei superada, se já houver transcorrido mais da metade do tempo previsto. O mesmo raciocínio, aliás, aplica-se aos prazos de usucapião que já estejam em curso, antes do novo diploma.

Observe-se, finalmente, que esta regra só terá aplicabilidade se a lei nova *reduzir um prazo previsto na lei revogada*, de forma que, se houver aumento, deve ser aplicado o novo prazo, computando-se o tempo decorrido na vigência da lei antiga.

> **Art. 2.029.** Até dois anos após a entrada em vigor deste Código, os prazos estabelecidos no parágrafo único do art. 1.238 e no parágrafo único do art. 1.242 serão acrescidos de dois anos, qualquer que seja o tempo transcorrido na vigência do anterior, Lei nº 3.071, de 1º de janeiro de 1916.
>
> **Direito anterior:** Sem correspondente no CC/1916.

COMENTÁRIOS

O art. 1.238 do Código de 2002 trata do *usucapião extraordinário*, tendo a seguinte redação: *"Aquele que, por quinze anos, sem inter-*

rupção, nem oposição, possuir como seu um imóvel, adquire-lhe a propriedade, independentemente de título e boa-fé; podendo requerer ao juiz que assim o declare por sentença, a qual servirá de título para o registro no Cartório de Registro de Imóveis." O seu parágrafo único, por sua vez, complementa o caput, dispondo que: "*O prazo estabelecido neste artigo reduzir-se-á a dez anos se o possuidor houver estabelecido no imóvel a sua moradia habitual, ou nele realizado obras ou serviços de caráter produtivo.*"

Vê-se, pois, que o novo diploma, além de reduzir o prazo geral do usucapião extraordinário (sem justo título e boa-fé) para quinze anos, reconheceu ainda a função social da posse, qualificada por Miguel Reale de "posse-trabalho",[8] para admitir que a propriedade seja adquirida em tempo ainda menor (dez anos), caso o possuidor haja estabelecido no imóvel a sua morada habitual, ou tenha realizado obras e serviços de caráter produtivo.

Dentro, portanto, do *princípio da sociabilidade* que norteou a feitura da lei – cujos reflexos também podem ser sentidos no Direito Contratual (arts. 421 e 422) –, verifica-se a constitucionalização, em nível ordinário, das concepções de posse e propriedade concebidas na Magna Carta. Em outras palavras, não há grande novidade na idéia de redução de prazo, quando se demonstre que o possuidor imprimiu destinação socioeconômica ao imóvel, uma vez que a Carta da República, valorizando o solidarismo social, a dignidade da pessoa humana e o trabalho, já determinava a necessidade de a legislação inferior observar estes vetores principiológicos.

Por isso, entendemos que, em inúmeras de suas regras, o codificador não fez mais do que a sua obrigação: legislar de cima para baixo, com a necessária consciência constitucional.

---

8   Miguel Reale, *O Projeto do Novo Código Civil*, 2ª ed., São Paulo, Saraiva, 1999, p. 82.

Das Disposições Finais e Transitórias (Art. 2.029) 591

Lembremos, neste passo, as proféticas palavras do Mestre Orlando Gomes que, em conferência proferida na Faculdade de Direito da Universidade Federal da Bahia, antes mesmo da vigência da Carta de 1988, já advertia: *"Essa condensação dos valores essenciais do direito privado passou a ser cristalizada no direito público. Ocorreu nos últimos tempos o fenômeno da emigração desses princípios para o Direito Constitucional. A propriedade, a família, o contrato, ingressaram nas Constituições. É nas Constituições que se encontram hoje definidas as proposições diretoras dos mais importantes institutos do direito privado."*[9]

Essas mesmas ponderações podem ser feitas em face do art. 1.242 do Código, que, ao disciplinar o usucapião ordinário (com justo título e boa-fé), efetiva uma unificação do prazo (em dez anos, quer as partes estejam presentes, quer estejam ausentes), e, além disso, admite a sua redução para cinco anos, caso se constate a destinação social do imóvel.

Nesse sentido, e para que não pairem dúvidas, transcrevemos o referido artigo, *in totum: "Adquire também a propriedade do imóvel aquele que, contínua e incontestadamente, com justo título e boa-fé, o possuir por dez anos. Parágrafo único. Será de cinco anos o prazo previsto neste artigo se o imóvel houver sido adquirido, onerosamente, com base no registro constante do respectivo cartório, cancelada posteriormente, desde que os possuidores nele tiverem estabelecido a sua moradia, ou realizado investimentos de interesse social e econômico'."*

Pois bem, para as duas situações previstas no *parágrafo único do art. 1.238 e parágrafo único do art. 1.242* (usucapião extraordinário e ordinário com redução especial de prazo), deverá o aplicador do direito, *no biênio seguinte à entrada em vigor do novo Código*, proceder a um acréscimo de *dois anos aos novos prazos previstos* (dez e cinco anos), qualquer que seja o tempo transcorrido na vigência do Código anterior.

---

9   Orlando Gomes, *Sans Adieu – 50 Anos de Cátedra.* A Agonia do Código Civil, Salvador, Ciência Jurídica, 1987, p. 76.

Assim, fora da hipótese de usucapião constitucional, imagine que alguém esteja possuindo um imóvel, nele realizando obras e fixando a sua moradia, sem justo título e boa fé, há oito anos. Com a incidência da nova lei, e até dois anos de sua vigência, para que o prescribente adquira a propriedade por usucapião extraordinário, ao novo prazo legal de dez anos (art. 1.238, parágrafo único), deverão ser acrescentados mais dois, perfazendo um total de doze anos para a aquisição do direito. Na hipótese, tendo transcorrido oito, faltariam – não dois – mas *quatro anos* para a aquisição do domínio.

Analisando o mesmo diploma, chega-se ainda à conclusão de que, se o possuidor começou a exercer a posse após a vigência do novo diploma, e dentro ainda do referido biênio, o mesmo acréscimo deverá ser efetuado, para efeito de cálculo do tempo total. Isso porque, a parte final do dispositivo que reza: "qualquer que seja o tempo transcorrido na vigência do anterior" apenas salienta que a majoração prevista aplica-se *inclusive* ao usucapião iniciado antes da vigência da nova lei. Todavia, como se disse, não exclui a incidência da regra em face daqueles iniciados no período de tempo compreendido entre 11 de janeiro de 2003 e 11 de janeiro de 2005. Após esta última data, não se deverá mais se proceder a acréscimo algum, esvaziando-se, assim, o art. 2.029.

Aliás, este acréscimo de dois anos, em nosso entendimento, deriva da necessidade de não se estabelecer uma redução abrupta, na passagem de uma lei para outra, em detrimento do proprietário. Permitindo o acréscimo temporal referido (de mais dois anos), no período imediatamente seguinte à vigência do novo diploma, a lei alarga um pouco mais o interstício necessário para que o possuidor adquira o domínio do imóvel.

Finalmente, uma importante observação deve ser feita.

Caso já tenha transcorrido, quando da entrada em vigor do novo Código, mais da metade do tempo estabelecido na lei revogada, *o prazo restante continuará sendo calculado de acordo com o Código anterior (art. 2.028)*, afastando-se, por conseguinte, as novas regras dos arts. 1.238 e

1.242 do Código de 2002. Com isso, quer-se dizer que, se uma pessoa estiver, sem título e boa-fé, possuindo um imóvel como seu, há *doze anos* (usucapião extraordinário), a prescrição aquisitiva continuará sendo contada pela lei anterior, sem necessidade de acréscimo dos dois anos previstos no art. 2.029, o que significa dizer que o usucapião se consumará dentro de *oito anos*.

Este é, sem sombra de dúvidas, seguindo a técnica de interpretação sistemática, a melhor forma de se compreender o diploma, sob pena de se chegar a conclusões absurdas.

Senão Vejamos.

Caso se proceda, na hipótese *supra*, à soma dos dois anos, restará um lapso de dez anos, de forma que, computando-se este prazo com o anterior, já transcorrido, de doze, ter-se-ia um total de vinte e dois anos, completamente incompatível com os parâmetros da legislação em vigor.

Por conseguinte, podemos concluir que a incidência da regra do art. 2.029, no que tange aos prazos de usucapião reduzidos pelo novo diploma, não se aplica, se já houver transcorrido mais da metade do tempo previsto na lei anterior, nos termos do art. 2.028 do Código de 2002.

> **Art. 2.030. O acréscimo de que trata o artigo antecedente, será feito nos casos a que se refere o § 4º do art. 1.228.**
> **Direito anterior:** Sem correspondente no CC/1916.

COMENTÁRIOS

Nos termos do § 4º do art. 1.228 do Código, admite-se que o proprietário possa ser privado da coisa, se o imóvel reivindicado consistir em extensa área, possuída ininterruptamente e de boa-fé, há mais de cinco anos, por considerável número de pessoas, que hajam realizado, em conjunto ou separadamente, obras e serviços considerados pelo juiz de interesse social e econômico relevante.

Trata-se da posse coletiva de terras, problema tão atual, decorrente da precária distribuição fundiária no Brasil.

Com absoluta propriedade, Sílvio de Salvo Venosa, analisando o mencionado dispositivo legal, observa que: "*A lei cria, portanto, modalidade de usucapião coletivo, atendendo à pressão social das ocupações urbanas. Possibilita que a coletividade regularize a ocupação, sem os entraves e o preço de uma ação individual de usucapião.*"[10]

Em casos tais, até dois anos após a entrada em vigor da nova lei, a posse coletiva – que também deve ser vocacionada à destinação socioeconômica da terra (posse-trabalho) –, para que seja passível de conversão em propriedade plena, deverá ser exercida dentro do prazo de sete, e não cinco anos, considerando o acréscimo do biênio, referido no artigo sob comento.

Como se disse, trata-se de uma providência legal destinada a contemporizar a legislação revogada com o novo diploma legal, estabelecendo-se um alargamento de prazo, a fim de que a aquisição do direito não se dê de forma abrupta.

Não encontramos justificativa, outrossim, para a escolha do algarismo dois para quantificar o acréscimo, o que não deixa de ser uma opção claramente cabalística do legislador brasileiro, que tem especial predileção pelos números dois e cinco. Sabe-se lá o porquê.

Finalmente, registre-se que o presente dispositivo, assim como o antecedente, não sofreu emendas de fundo, tanto na Câmara dos Deputados, como no Senado Federal, havendo experimentado apenas uma correção de ordem lingüística.

---

10   Sílvio de Salvo Venosa, *Direito Civil – Direitos Reais*, 3ª ed., São Paulo, Atlas, 2003, p. 205..

Das Disposições Finais e Transitórias (Art. 2.031)

Art. 2.031. As associações, sociedades e fundações, constituí-das na forma das leis anteriores, bem como os empresários deverão se adaptar às disposições deste código até de 11 de janeiro de 2007 (*caput* modificado pela Lei nº 11.127, de 28.06.2005).

Parágrafo Único. O disposto neste artigo não se aplica às organizações religiosas e aos partidos políticos (parágrafo único acrescentado pela Lei nº 10.825, de 22 de dezembro de 2003).

Direito anterior: Sem correspondente no CC/1916.

COMENTÁRIOS

Antes de aprofundarmos a análise do conteúdo normativo deste artigo de lei, faz-se necessário observar que as associações, as sociedades e as fundações, aí referidas, são as principais modalidades de pessoas jurídicas de direito privado, e que receberam especial atenção do codificador.[11]

A recente Lei nº 10.825, de 2003, por sua vez, ao alterar o art. 44 do Código Civil, cuidou de destacar as organizações religiosas e os partidos políticos, erigindo-os à categoria de entidades de direito privado autônomas.

As associações são entidades de direito privado, formadas pela união de indivíduos com o propósito de realizarem fins não econômicos (culturais, esportivos, educacionais etc.). Nesse sentido, o art. 53, expressamente dispõe que: "*constituem-se as associações pela união de pessoas que se organizem para fins não-econômicos*".

As sociedades, por sua vez, disciplinadas no Livro destinado ao Direito de Empresa (arts. 981 e ss.), "*é espécie de corporação, dotada de*

---

11 A propósito, observa o culto Min. Moreira Alves, em sua Exposição de Motivos à Parte Geral do Anteprojeto de Código Civil: "*Ainda nesse Capítulo I, há que destacar – o que, aliás, já ocorre no Projeto revisto – a distinção nítida entre as associações e as sociedades, estas disciplinadas na Parte Especial do Código, aplicando-se-lhes, porém, quando cabíveis, as disposições desse capítulo.*"

personalidade jurídica própria, e instituída por meio de um contrato social, com o precípuo escopo de exercer atividade econômica e partilhar lucros."[12]

Vale observar, outrossim, que o Código de 2002, abandonando tradicional classificação das sociedades em "civis e mercantis", cuidou de estabelecer conceitos calcados na complexa noção de "empresa", passando a admitir, em seu texto, a existência de sociedades "empresárias e simples".

As primeiras seriam aquelas empreendedoras de atividade econômica organizada para a produção e circulação de bens e serviços, com necessária inscrição no Registro de Empresa; ao passo que as segundas, denominadas sociedades simples, seriam todas as outras que não realizassem atividade empresarial, sendo desnecessário o seu registro na Junta (*vide* arts. 967 e 969, 998 e 1.000).

Estes dispositivos, entretanto, não foram tão felizes, na medida em que muitas sociedades, anteriormente qualificadas de "civis", podem desempenhar nítida atividade empresarial, a exemplo de um grande escritório de advocacia, sendo que, neste caso, a sociedade não se submete ao obrigatório Registro de Empresa.

Tais dificuldades demandarão uma redefinição das atuais diretrizes normativas do Departamento Nacional de Registro de Comércio, para que graves embaraços sejam evitados, a partir da vigência do Novo Código Civil.

As fundações, por sua vez, *"resultam, não da união de indivíduos, mas da afetação de um patrimônio, por testamento ou escritura pública, que faz o seu instituidor, especificando o fim para o qual se destina"*.[13]

Interessante notar, nesse ponto, que, acolhendo firme orientação doutrinária, o parágrafo único do art. 62 do Código de 2002, sem correspondente na lei revogada, estabelece que *as fundações so-*

---

12 Pablo Stolze Gagliano e Rodolfo Pamplona Filho, *Novo Curso de Direito Civil – Parte Geral*, 2ª ed., São Paulo, Saraiva, vol. I, p. 218.

13 Pablo Stolze Gagliano e Rodolfo Pamplona Filho, ob. cit., p. 224.

mente poderão constituir-se "para fins religiosos, morais, culturais ou de assistência".

Fixados esses indispensáveis conceitos, passemos a análise de fundo do dispositivo sob comento.

A referida regra, recentemente alterada, determina que *as associações, as sociedades, as fundações, e, bem assim, os empresários individuais, terão até 11.01.2007 para se adaptarem às disposições do Código.*

Em verdade, originalmente, o Código previa apenas o prazo de um ano, mas a dificuldade burocrática nas alterações estatutárias e contratuais, e, bem assim, o receio de sanções, culminaram com a aprovação de lei que dilatou o prazo para dois (Lei nº 10.838). Posteriormente, a MP nº 234/05 prorrogaria o prazo para 11.01.2006, e, recentemente, a Lei nº 11.127/05, para 11.01.2007.

As organizações religiosas e os partidos políticos, por sua vez, estariam de fora dessa previsão legal.

Nesse diapasão, vale observar que os dispositivos específicos, regentes das três tradicionais entidades encontram-se assim distribuídos:

a) associações – arts. 53 a 61;

b) fundações – arts. 62 a 69;

c) sociedades – arts. 981 a 1.141, além dos institutos complementares, a partir do art. 1.150.

Os empresários individuais, por sua vez, têm o seu regramento previsto nos arts. 966 a 980.

Naquilo, pois, que os atos constitutivos das pessoas jurídicas sob análise forem incompatíveis com a nova disciplina legal, o legislador abriu prazo para que se procedessem com as necessárias modificações.

Assim, prevê o novo diploma, *v. g.*, que o órgão máximo de uma associação é a sua Assembléia Geral, com competência privativa para: *"eleger administradores, destituir administradores, aprovar as con-*

tas, alterar o estatuto" (art. 59). As associações, portanto, já constituídas, que não prevejam tais poderes para a sua assembléia, devem, no prazo referido, adaptarem-se ao novo diploma.

O mesmo se diga das sociedades e fundações, cabendo-se ressaltar que, dada a natureza desta última, o próprio Ministério Público, fiscal por excelência dessas entidades, passa a ter legitimidade para pleitear a necessária adaptação ao novo diploma legal.

Especial referência, outrossim, merece o empresário individual.

Como já ressaltamos, a nova lei aumentará muito o trabalho dos responsáveis pelo Registro de Empresa no Brasil, na medida em que estabelece regras específicas para a inscrição das sociedades e empresários, a fim de que possam exercer licitamente as suas atividades.

Assim, sem prejuízo das outras disposições normativas, lembramos que os empresários (outrora denominados simplesmente "comerciantes individuais") deverão requerer a sua inscrição – e os que já houverem feito terão *o prazo do art. 203* para realizar eventuais adaptações à nova lei – mediante requerimento que contenha: *"I – o seu nome, nacionalidade, domicílio, estado civil, e, se casado, o regime de bens; II – a firma, com a respectiva assinatura autógrafa; III – o capital; IV – o objeto e a sede da empresa"* (art. 968). Tal inscrição deverá ser tomada por termo em livro próprio do Registro Público de Empresas Mercantis, obedecido o número de ordem contínuo, para todos os empresários inscritos.

Cumpre-nos fazer, neste ponto, uma advertência.

A despeito da preocupação demonstrada pelo legislador de estabelecer um prazo relativamente razoável para que se façam as necessárias adequações ao novo diploma, o fato é que, considerando a pouca confiabilidade que inúmeras de suas normas inspira – especialmente no Livro de Empresa –, entendemos o porquê de os empresários e dirigentes das entidades referidas, encontrarem-se profundamente apreensivos com a incidência do Código.

Das Disposições Finais e Transitórias (Art. 2.031)

Tal situação é agravada pela existência de outros Projetos de Reforma, a exemplo do nº 7.070/02, que pretende alterar dispositivos do Livro de Empresa.

Como, portanto, pode-se ter a necessária segurança jurídica para se efetivar eventuais adaptações a uma nova lei, já objeto de reforma em inúmeros dos seus artigos?

E se isso não bastasse, lembramos ainda, em conclusão, que este art. 2.031 não teve incidência plena, uma vez que a Medida Provisória nº 79,[14] de 27 de novembro de 2002, afastando a previsibilidade do prazo de adaptação para as situações que regula, determinou a incidência imediata do Livro de Empresa para as entidades referidas em seu art. 12, afastando o art. 2.031 do Código de 2002.

> *"Art. 12. Apenas para os fins do disposto nesta Medida Provisória, o Livro II da Parte Especial da 'Lei nº 10.406, de 2002' – Código Civil – entra em vigor na mesma data desta Medida Provisória.*
>
> *Parágrafo único. Não se aplica às entidades desportivas de que trata esta Medida Provisória o disposto no 'art. 2.031 da Lei nº 10.406, de 2002' – Código Civil."*

Ainda que não seja convertida em lei, a edição desta Medida ilustra o alto grau de insegurança jurídica que permeia a matéria.

Finalmente, vale lembrar que, posto não haja sido capitulada sanção especifica, a falta de adaptação ao novo Código poderá gerar sanções indiretas, como, por exemplo, embaraço em processos licitatórios, dificuldade para obtenção de financiamentos etc.

---

14   Dispõe sobre o direito ao ressarcimento dos custos de formação de atleta não profissional e a exploração comercial da imagem do atleta profissional, impõe vedações ao exercício de cargo ou função executiva em entidade de administração de desporto profissional, fixa normas de segurança nos estádios, adapta o tratamento diferenciado do desporto profissional à Lei nº 10.406, de 10 de janeiro de 2002 – Código Civil, estabelece diretrizes para o cumprimento da obrigação constante do art. 46-A da Lei nº 9.615, de 24 de março de 1998, altera o art. 8º da Lei nº 10.359, de 27 de dezembro de 2001, e dá outras providências.

Art. 2.032. As fundações, instituídas segundo a legislação an-terior, inclusive as de fins diversos dos previstos no parágrafo único do art. 62, subordinam-se, quanto ao seu funcionamento, ao disposto neste Código.

Direito anterior: Sem correspondente no CC/1916.

COMENTÁRIOS

Trata-se de norma específica das fundações.

Desnecessário lembrar que se tratam das fundações de *direito privado*, instituídas por testamento ou escritura pública, segundo a vontade do titular do patrimônio afetado, e fiscalizadas pelo Ministério Público.

Prevê o dispositivo sob comento que as fundações, instituídas segundo a legislação anterior, inclusive as de fins diversos dos previstos no parágrafo único do art. 62 (religiosos, morais, culturais ou de assistência), subordinam-se, quanto ao seu funcionamento, ao disposto neste Código.

Primeiramente, é bom que se diga que a ressalva feita às fundações que não tenham os fins previstos no parágrafo único do art. 62 (sem correspondente no Código revogado) não tem o alcance necessário para admitir o funcionamento de entidades que tenham por objetivo precípuo a partilha de lucros, a exemplo do que ocorre com as sociedades. Tal finalidade, em nosso entendimento, desvirtuaria a noção de fundação, sempre vocacionada para objetivos ideais, ainda que não sejam aqueles enumerados no referido parágrafo único (religiosos, morais, culturais ou de assistência), que não é exaustivo. Uma fundação de *pesquisa acadêmica ou educacional*, por exemplo, não se subsumiria precisamente em nenhuma dessas categorias, e, ainda assim, *dada a sua finalidade ideal*, não deixaria de ser fundação, e, mesmo constituída segunda a lei anterior, deveria adaptar-se ao novo diploma.

Das Disposições Finais e Transitórias (Art. 2.032 e 2.033)   601

E para que não pairem dúvidas sobre a intelecção do art. 2.032, imagine que uma fundação licitamente constituída antes de janeiro de 2002 preveja que a alteração de seus estatutos só poderá se dar mediante *quorum* de *maioria absoluta*. Pois bem. Na medida em que o Código, em seu art. 67, passa a exigir que a deliberação seja feita por *dois terços* dos seus conselheiros, estes terão o prazo de dois anos (art. 2.031) para se adaptar ao novo diploma, alterando o seu ato constitutivo a fim de constar o novo *quorum*, ainda que a criação da entidade haja se dado na vigência da lei revogada.

> **Art. 2.033. Salvo o disposto em lei especial, as modificações dos atos constitutivos das pessoas jurídicas referidas no art. 44, bem como a sua transformação, incorporação, cisão ou fusão, regem-se desde logo por este Código.**
>
> **Direito anterior:** Sem correspondente no CC/1916.

COMENTÁRIOS

O presente artigo, ressalvando disposição específica em lei especial, prevê que *as modificações de atos constitutivos (contratos sociais, estatutos)* das pessoas jurídicas de direito privado, referidas no art. 44 (sociedades, associações, fundações), e, bem assim, a sua *transformação, incorporação, cisão ou fusão* reger-se-ão, *desde logo*, por este Código.

Mutatis mutandis, a regra se aplicará às organizações religiosas e aos partidos políticos.

Note-se que, ao utilizar a expressão adverbial "desde logo", o codificador admitiu que, mesmo as entidades constituídas antes da vigência da nova lei, subordinam-se à norma sob comento.

Aliás, é a própria lei civil que dispõe acerca dos fenômenos societários (transformação, incorporação, cisão ou fusão), consoante se lê em seu Livro II, Título II, Capítulo X.

Em caso de transformação de um tipo societário em outro, *o ato modificativo independerá de dissolução ou liquidação da sociedade, e obedecerá aos preceitos reguladores da constituição e inscrição do tipo em que vai converter-se* (art. 1.113).

A respeito do tema, Fábio Ulhôa Coelho, com a sua habitual inteligência, observa que: *"Na transformação, devem ser observadas as regras de constituição de sociedade aplicáveis ao novo tipo. Os sócios da limitada, para a transformarem em anônima, devem reunir-se em assembléia de fundação, lavrando a respectiva ata, ou comparecer perante o tabelião, para a assinatura da escritura de constituição. Os acionistas da anônima, por sua vez, devem assinar o contrato social. Nenhum outro ato dos sócios é preciso para a mudança do tipo. O registro de empresa tem, contudo, exigido, na transformação, o arquivamento de um ato que marque a finalização do tipo anterior (alteração contratual ou ata de assembléia geral). Trata-se de exigência sem nenhum fundamento legal, nem sentido lógico, cujo atendimento se justifica apenas por absorver menos trabalho profissional que a discussão em juízo de sua validade."*[15]

Quanto à incorporação, a própria lei civil cuidou de expressamente defini-la, em seu art. 1.116, nos seguintes termos: *"Na incorporação, uma ou várias sociedades são absorvidas por outra, que lhes sucede em todos os direitos e obrigações, devendo todas aprová-la, na forma estabelecida pelos respectivos tipos."*

Diferentemente, a fusão *"determina a extinção das sociedades que se unem, para formar sociedade nova, que a elas sucederá nos direitos e obrigações"* (art. 1.119).

A cisão, finalmente, não expressamente conceituada pela lei civil, opera-se quando a sociedade é fragmentada, formando novos entes societários, com personalidade jurídica autônoma.

---

15   Fábio Ulhôa Coelho, *Curso de Direito Comercial*, São Paulo, Saraiva, 1999, vol. 2, p. 461.

Das Disposições Finais e Transitórias (Arts. 2.033 e 2.034)   603

Nesse sentido, clara é a dicção do art. 229 da Lei de S. A.: *"A cisão é a operação pela qual a companhia transfere parcelas do seu patrimônio para uma ou mais sociedades, constituídas para esse fim ou já existentes, extinguindo-se a companhia cindida, se houver versão de todo o patrimônio, ou dividindo-se o seu capital, se parcial a versão."*

Poderá a cisão, portanto, ser total ou parcial. No primeiro caso – hipótese em que não mais haverá resquício da sociedade originária, Ulhôa Coelho, analisando os termos da Lei de S.A., observa que *"omissos os documentos da cisão total relativamente a certa obrigação da cindida, cada uma das sociedades para as quais foram vertidos os bens desta responde na proporção do patrimônio recebido"*.[16]

Lembre-se, ainda, nos termos do Código Civil, que *"até noventa dias após publicados os atos relativos à incorporação, fusão ou cisão, o credor anterior, por ela prejudicado, poderá promover a judicialmente a anulação deles"* (art. 1.122).

Note-se, finalmente, que, caso a transformação, a incorporação, a cisão ou a fusão seja de Sociedade Anônima, à luz do princípio da especialidade, e nos termos do próprio art. 1.089 do Código de 2002, as específicas regras da Lei nº 6.404, de 15.12.76 (com as alterações da Lei nº 9.457, de 05.05.97) deverão ser aplicadas, afastando-se as normas supletivas do diploma civil.

Art. 2.034. A dissolução e a liquidação das pessoas jurídicas referidas no artigo antecedente, quando iniciadas antes da vigência deste Código, obedecerão ao disposto nas leis anteriores.

Direito anterior: Sem correspondente no CC/1916.

COMENTÁRIOS

Explanando sobre o histórico deste dispositivo, Maria Helena Diniz anota que: *"Pelo cotejo do texto original proposto à Câmara dos*

---

16 *Idem*, p. 463.

604 Comentários ao Código Civil Brasileiro

Deputados ('A dissolução e liquidação dessas entidades, quando iniciadas antes da vigência deste Código, obedecerão ao disposto nas leis anteriores') com o texto aprovado pelo Senado Federal e acolhido pelo Relator Fiúza ('A dissolução e liquidação das pessoas jurídicas referidas no artigo precedente, quando iniciadas entes da vigência deste Código, obedecerão ao disposto nas leis anteriores'), verifica-se ter havido a mera substituição da referência a 'essas entidades' por 'pessoas jurídicas referidas no artigo precedente'."[17]

Trata-se de regra clara, de compreensão imediata.

Por princípio de segurança jurídica, e, principalmente, para evitar embaraço processual, a dissolução e liquidação das sociedades, associações e fundações serão disciplinadas pela legislação anterior, caso já tenham se iniciado.

De tal forma, não se aplicam as regras do novo Código, a exemplo dos arts. 1.033 a 1.038, 1.087, 1.102 a 1.112 etc. às entidades já constituídas.

Lembre-se, finalmente, quanto às sociedades civis em geral (simples), que as regras adjetivas referentes à sua dissolução e liquidação ainda são aquelas previstas pela Lei Processual de 1939 (arts. 655 a 674), *ex vi* do disposto no art. 1.218 do Código de Processo Civil.

Tratando-se de sociedades mercantis (enquadradas na atual noção de "sociedades empresárias"), serão aplicadas as regras da Lei Falimentar (Decreto-Lei nº 7.661/45), com vistas à sua liquidação e satisfação dos credores, em caso de insolvência.

> **Art. 2.035. A validade dos negócios e demais atos jurídicos, constituídos antes da entrada em vigor deste Código, obedece ao disposto nas leis anteriores, referidas no art. 2.045, mas os seus efeitos, produzidos após a vigência deste Código, aos preceitos dele se subordinam, salvo se houver sido prevista pelas partes determinada forma de execução.**

---

17 Maria Helena Diniz e outros, *Novo Código Civil Comentado* (coord. Ricardo Fiúza), São Paulo, Saraiva, 2002, p. 1.828.

Das Disposições Finais e Transitórias (Art. 2.035)

Parágrafo único. Nenhuma convenção prevalecerá se contra-riar preceitos de ordem pública, tais como os estabelecidos por este Código para assegurar a função social da propriedade e dos contratos.
Direito anterior: Sem correspondente no CC/1916.

COMENTÁRIOS

Este dispositivo deve ser bem apreendido pelo intérprete, eis que a sua correta intelecção irá interferir em toda a disciplina dos negócios jurídicos e, conseqüentemente, dos contratos, celebrados antes da vigência do Código de 2002.

Em sua primeira parte, a norma estabelece que *"a validade dos negócios e demais atos jurídicos', constituídos antes da entrada em vigor deste Código, obedece ao disposto nas leis anteriores"*.

Em princípio, entendemos pouco técnica a inserção da expressão "e demais atos jurídicos", eis que, em nosso pensamento, apenas os *atos jurídicos negociais* são apreciados sob a perspectiva de um plano de validade.[18]

Assim, preferiríamos ler a regra com menção apenas aos *negócios jurídicos*, os quais, se celebrados antes da entrada em vigor do novo Código, continuarão regidos pelas leis anteriores (Código Civil de 1916, Código Comercial), no que tange aos seus *pressupostos de validade*, e, bem assim, a sua *nulidade e anulabilidade*.

Destarte, tomando como exemplo um contrato de mútuo (empréstimo de coisa não fungível) celebrado em 2000, não poderá o intérprete invocar os pressupostos de validade do art. 104 do CC/2002,

---

18 Sobre o Plano de Validade do Negócio Jurídico, cf. o capítulo XII, *Novo Curso de Direito Civil* – Parte Geral, 2ª edição, Saraiva, 2002, vol. I, Pablo Stolze Gagliano e Rodolfo Pamplona Filho.

eis que continuará a ser aplicada a regra anterior do código revogado (art. 82 – agente capaz, objeto lícito, forma prescrita ou não defesa em lei).

Da mesma forma, não se deve pretender aplicar as regras da lesão e do estado de perigo, inauguradas pelo Código de 2002 (arts. 156 e 157), restando ao hermeneuta recorrer a outros meios de colmatação, eventualmente aplicáveis, e à luz da disciplina normativa anterior.

Por tais razões, um contrato celebrado por um menor de 18 anos, antes de 11 de janeiro (data da entrada em vigor do novo Código), continua sendo *anulável* (art. 147, I, CC/1916), a despeito da redução da maioridade civil (18 anos), eis que, à época da celebração do negócio, segundo a lei então vigente, o ato seria considerado inválido.

Aliás, esta impossibilidade de retroação dos efeitos da lei nova para atingir a validez dos negócios já celebrados apenas consubstancia a observância da regra constitucional que impõe o respeito ao ato jurídico perfeito (art. 5°, XXXVI, CF).

No entanto, se, por um lado, *não pode a lei nova atingir a 'validade' dos negócios jurídicos já constituídos*, por outro, se os *'efeitos' do ato penetrarem o âmbito de vigência do novo Código, deverão se subordinar aos seus preceitos, salvo se houver sido prevista pelas partes determinada forma de execução.*

Esta parte final do *caput* deverá causar polêmica, e abrir margem à insegurança jurídica.

Para melhor entendê-lo, cumpre-nos marcar, neste ponto, um divisor de águas: quanto ao aspecto de sua *validade*, não poderá o Código de 2002 atingir negócios celebrados antes da sua vigência; no entanto, quanto ao seu aspecto *eficacial*, ou seja, de executoriedade ou produção de seus efeitos, caso estes invadam o âmbito temporal de vigência da nova lei, estarão a esta subordinados.

Um exemplo.

Imaginemos um contrato de financiamento celebrado em 1999, de execução repetida no tempo (trato sucessivo), em que o financiado

Das Disposições Finais e Transitórias (Art. 2.035)

se obrigou a pagar, mensalmente, prestações pecuniárias à instituição financeira pelo prazo de 5 anos. Pois bem. Entra em vigor o novo Código Civil. Este, por expressa dicção legal, *não poderá interferir na validade do negócio celebrado, embora os efeitos do contrato – de execução protraída no tempo – se sujeitem às suas normas* (art. 2.035).

Com isso, regras como as relativas à "resolução por onerosidade excessiva"[19] (arts. 478 a 480), à "correção econômica das prestações pactuadas" (art. 317), ao "aumento progressivo de prestações sucessivas" (art. 316), ou às "perdas e danos" (arts. 402 a 405), para citar apenas alguns exemplos, poderão ser imediatamente aplicadas aos negócios jurídicos já constituídos, *por interferirem, apenas, em seu campo eficacial ou de executoriedade.*

Entretanto, nos termos da parte final do art. 2.035, se as partes houverem previsto outra forma de execução, a exemplo da execução instantânea (que se consuma imediatamente, em um só ato), ou se afastaram a incidência de determinadas regras consagradas na lei nova – que não tenham substrato de ordem pública – a exemplo do aumento progressivo das prestações sucessivas, poderá ser evitada a incidência da nova lei.

Mas observe: determinadas normas, como a que prevê a resolução por onerosidade excessiva ou a correção econômica das prestações pactuadas, em nosso pensamento, por seu indiscutível caráter publicístico e social, não podem, *aprioristicamente,* ser afastadas pela vontade das partes.

Finalmente, o parágrafo único do artigo sob comento, utilizando linguagem contundente, determina que *"nenhuma convenção prevalecerá se contrariar preceitos de ordem pública, tais como os estabelecidos por este Código para assegurar a função social dos contratos e da propriedade".*

Utilizando a expressão "nenhuma convenção", o legislador impõe a todos os negócios jurídicos, não importando se celebrados an-

---

19 Trata-se da construção legal desenvolvida a partir da teoria da imprevisão.

tes ou após a entrada em vigor do novo Código, a fiel observância dos seus preceitos de ordem pública, especialmente a função social da propriedade e dos contratos.

Assim, contratos que violem regras ambientais ou a utilização econômica racional do solo, assim como as convenções que infrinjam deveres anexos decorrentes da cláusula de boa-fé objetiva (lealdade, respeito, assistência, confidencialidade, informação), expressamente prevista no art. 422 do novo Código, não poderão prevalecer, ante a nova ordem civil.

Aliás, no que tange aos deveres éticos decorrentes da norma geral de boa-fé e da própria socialização da figura do contrato, os juristas que se reuniram em Brasília, na Jornada de Direito Civil, realizada de 11 a 13 de setembro de 2002, sob a presidência do Dr. Renzo Leonardi, firmaram entendimento, concretizado na proposição sobre o art. 422, aprovada por maioria, no sentido de que: *"Em virtude do princípio da boa-fé, postulado no art. 422 do novo Código Civil, a violação dos deveres anexos constitui espécie de inadimplemento, independente de culpa."*[20]

Tal conclusão, a que chegaram os juristas, entremostra a relevância conferida pelo codificador à necessidade do tratamento mais socializante dos negócios jurídicos – especialmente os contratos –, em atenção, principalmente, aos princípios constitucionais que conduzem à noção de função social em toda e qualquer atividade humana de circulação de bens e riquezas.

Essas idéias, aliás, já haviam sido anunciadas por nosso jurista maior, J. M. Arruda Alvim, quando, em uma de suas insuperáveis obras, pontificou: *"O que ocorreu, crescentemente, ao longo do século XIX, e, mais acentuadamente, nesse século XX, é que, mesmo no âmbi-*

---

20 Tribuna da Magistratura, caderno especial jurídico, publicação oficial da Associação Paulista dos Magistrados, autor da proposição: Prof. Wanderlei de Paula Barreto, ano XIV, nº 122, setembro de 2002.

Das Disposições Finais e Transitórias (Arts. 2.035 e 2.036)   609

to do contrato clássico ou tradicional, aumentou o espectro das normas de ordem pública, e, por isso mesmo, correlatamente, diminuiu o âmbito da livre manifestação dos contratantes. Pode-se acentuar que a razão em decorrência da qual aumentou o espectro das normas de ordem pública foi, precisamente, a falência, aos olhos da sociedade, do modelo clássico ou tradicional, na sua originária (início do século XIX) e absoluta pureza. Desta forma, o que se verificou, mesmo em sede do contrato tradicional, foi a modificação paulatina – sem o desaparecimento da autonomia da vontade – do caráter intensamente dispositivo das regras atinentes aos contratos, passando a aumentar o número de regras imperativas."[21]

Art. 2.036. A locação de prédio urbano, que esteja sujeita à lei especial, por esta continua a ser regida.
Direito anterior: Sem correspondente no CC/1916.

COMENTÁRIOS

A locação de imóveis urbanos é disciplinada pela Lei nº 8.245, de 18.10.1991, que continuará em vigor, por força do disposto no presente artigo. Interpretando esta lei especial, Sílvio de Salvo Venosa, em excelente obra, adverte que: *"A tendência é de ser considerado urbano o imóvel de acordo com a sua destinação, e não conforme a sua localização. O critério vazado em fixação de zona urbana e zona rural em cada município pode dar margem a iniquidades."*[22]

---

21   J. M. Arruda Alvim, *Direito Privado – Coleção Estudos e Pareceres*, São Paulo, RT, 2002, vol. II, p. 109.

22   Sílvio de Salvo Venosa, *Lei do Inquilinato Comentada*, 5ª ed., São Paulo, Atlas, 2001, p. 24. Na mesma linha de excelência, recomendamos a obra do Professor Sylvio Capanema de Souza, *Lei do Inquilinato Comentada*, Forense, 1992.

610 Comentários ao Código Civil Brasileiro

Art. 2.037. Salvo disposição em contrário, aplicam-se aos empresários e sociedades empresárias as disposições de lei não revogadas por este Código, referentes a comerciantes, ou a sociedades comerciais, bem como a atividades mercantis.

Direito anterior: Sem correspondente no CC/1916.

COMENTÁRIOS

Seguindo uma linha de interpretação sistemática, este artigo deve ser analisado em consonância com a norma prevista anteriormente no art. 2.031, já comentado, que estabelece o prazo de um ano para que as pessoas jurídicas em geral e os empresários procedam com as necessárias adaptações jurídicas ao disposto pela nova lei.

Assim, como regra geral, todas as normas referentes aos comerciantes e às sociedades comerciais (de fora, portanto, associações, fundações e sociedades civis), que não hajam sido expressa ou tacitamente revogadas pelo novo Código, continuarão em vigor.

Se nós fossemos adotar a terminologia inaugurada pela nova lei, diríamos que os "empresários" e as "sociedades empresárias", bem como tudo que diga respeito a "atividade empresarial", continuarão regidos pela disciplina normativa anterior, se não tiver se operado a revogação.

Trata-se, como visto, de regra óbvia: o que não se revogou, salvo disposição em contrário, continua em vigor.

Um claro exemplo é a disciplina das sociedades anônimas, que, não tendo sido revogada pelo Código de 2002, continuará a ser feita por legislação especial (Lei nº 6.404, de 15.12.76, com as alterações da Lei nº 9.457, de 05.05.97).

A grande dificuldade, que só poderá ser apreciada *in concreto*, é descobrir se houve ou não a perda de eficácia da legislação anterior.

E este será o hercúleo trabalho da jurisprudência.

Das Disposições Finais e Transitórias (Arts. 2.037 e 2.038)   611

Saliente-se, nesse particular, que a doutrina especializada em Direito Empresarial tem atacado, com boas razões, o Livro de Empresa, sustentando, em inúmeros pontos, a subsistência da legislação revogada, menos engessada e mais ágil se comparada com alguns dispositivos do novo Código.

> **Art. 2.038.** Fica proibida a constituição de enfiteuses e subenfiteuses, subordinando-se as existentes, até sua extinção, às disposições do Código Civil anterior, Lei nº 3.071, de 1º de janeiro de 1916, e leis posteriores.
>
> § 1º Nos aforamentos a que se refere este artigo é defeso:
>
> I – cobrar laudêmio ou prestação análoga nas transmissões de bem aforado, sobre o valor das construções ou plantações;
>
> II – constituir subenfiteuse.
>
> § 2º A enfiteuse dos terrenos de marinha e acrescidos regula-se por lei especial.
>
> **Direito anterior:** Sem correspondente no CC/1916.

COMENTÁRIOS

Segundo o magistério sempre atual de Orlando Gomes, *"a enfiteuse é o direito real limitado que confere a alguém, perpetuamente, os poderes inerentes ao domínio, com a obrigação de pagar ao dono da coisa uma renda anual. Denomina-se também de emprazamento, aforamento ou prazo, sendo mais conhecida, entre nós, pela penúltima designação".*[23]

Trata-se, pois, do mais abrangente direito real sobre a coisa alheia, que confere ao seu titular (enfiteuta) o domínio útil abrangente das faculdades de uso, gozo, fruição e disposição – esta última condicionada –, em face do proprietário do imóvel (senhorio), que se vê desprovido dos seus poderes reais, cabendo-lhe, apenas, algumas prer-

---

23   Orlando Gomes, *Direitos Reais*, 15ª ed., Rio de Janeiro, Forense, 1999, p. 263.

rogativas de cunho econômico, como a percepção anual do foro ou o pagamento do laudêmio em caso de alienação onerosa a terceiro.

Pouco funcional, dado o seu caráter de perpetuidade e por copiar o direito de propriedade sem sê-lo, o novo Código Civil, corretamente, pôs fim à enfiteuse, substituindo-a pelo direito real de superfície, mais dinâmico e de caráter temporário (arts. 1.369 a 1.377).

Nesse mesmo sentido, é o pensamento de Joel Dias Figueira Jr.: "*A opção legislativa de extinguir a enfiteuse como direito real é merecedora de nossos aplausos, à medida que, nada obstante tratar-se dos mais amplos dos direitos reais, então existentes em coisas alheias, capaz de autorizar o enfiteuta a exercer sobre bem imóvel, com algumas restrições, perpetuamente, todos os poderes inerentes à propriedade, pelo pagamento anual de uma renda ao senhorio direto, por este mesmo fato oferecia resistência à realização de seus fins sociais, políticos e econômicos, nos moldes preconizados pelas modernas teorias sociológicas, iniciadas no primeiro quartel do século XX, na Europa.*"[24]

Aliás, o próprio Código Civil de 1916, em seu art. 693, com redação determinada pela Lei nº 5.827, de 23.11.1972, já havia ampliado a possibilidade de extinção da enfiteuse, ao conceber o direito potestativo de resgate, exercitável pelo enfiteuta, em face do senhorio direito, nos seguintes termos:

> "*Art. 693. Todos os aforamentos, incluídos os constituídos anteriormente a este Código, salvo acordo entre as partes, são resgatáveis 10 (dez) anos depois de constituídos, mediante pagamento de um laudêmio, que será de 2,5 % (dois e meio por cento) sobre o valor atual da propriedade plena, e de 10 (dez) pensões anuais pelo foreiro, que não poderá no seu contrato renunciar ao direito de resgate, nem contrariar as disposições imperativas deste capítulo.*"

Muito mais afinado, pois, com a função social da propriedade, e melhor sintonizado com as necessidades econômicas da sociedade

---

24 Joel Dias Figueira Jr., *Novo Código Civil Comentado,* coord. Ricardo Fiúza, São Paulo, Saraiva, 2002, p. 1.834.

contemporânea, o direito real de superfície, de raiz romana, substituto da enfiteuse, permite a melhor utilização da coisa.

Consiste, pois, no direito de construir e plantar em imóvel alheio, conferido pelo fundieiro (proprietário do solo) em benefício do superficiário (titular do direito), que passará a exercer a posse direta da coisa, dentro de prazo determinado. ·

Anotando aspectos marcantes do instituto, com habitual propriedade anota Sílvio de Salvo Venosa: *"(a) há um direito de propriedade do solo, que é direito que necessariamente pertence ao fundieiro; (b) há o direito de plantar ou edificar, o direito de implante; (c) há o direito ao cânon, ou pagamento, se a concessão for onerosa. Após implantada, há que se destacar a propriedade da obra, que cabe ao superficiário; a expectativa de aquisição pelo fundieiro e o direito de preferência atribuído ao proprietário ou ao superficiário, na hipótese de alienação dos respectivos direitos."*[25]

Proibida expressamente, portanto, a constituição de enfiteuses e subenfiteuses a partir da entrada em vigor do presente Código Civil, as anteriores, até a sua extinção,[26] continuarão a ser reguladas pelo Código Civil de 1916 e legislação especial, *ex vi* do disposto no *caput* do artigo sob comento.

---

25   Sílvio de Salvo Venosa, *Direito Civil – Direitos Reais*, 3ª ed., São Paulo, Atlas, 2003, p. 391.

26   Interessante notar que a Constituição Federal, em suas Disposições Transitórias, já fazia referência à extinção da enfiteuse, ainda que de forma um tanto tímida: *"Art. 49. A lei disporá sobre o instituto da enfiteuse em imóveis urbanos, sendo facultada aos foreiros, no caso de sua extinção, a remição dos aforamentos mediante aquisição do domínio direito, na conformidade do que dispuserem os respectivos contratos. § 1º Quando não existir cláusula contratual, serão adotados os critérios e bases hoje vigentes na legislação especial dos imóveis da União. § 2º Os direitos dos atuais ocupantes inscritos ficam assegurados pela aplicação de outra modalidade de contrato. § 3º A enfiteuse continuará sendo aplicada aos terrenos de marinha e seus acrescidos, situados na faixa de segurança, a partir da orla marítima. § 4º Remido o foro, o antigo titular do domínio direito deverá, no prazo de noventa dias, sob pena de responsabilidade, confiar à guarda do registro de imóveis competente toda a documentação a ele relativa."*

614 Comentários ao Código Civil Brasileiro

Entretanto, o § 1°, inciso I, do mencionado art. 2.038 proíbe a cobrança de laudêmio ou de prestações análogas nas transmissões do bem aforado, sobre o valor das construções e plantações. Isso, por óbvio, para as enfiteuses já constituídas e que ainda não se extinguiram. Aliás, ao utilizar a expressão "ou prestações análogas", entendemos que, partir da vigência da nova lei civil, e até que seja editada disposição em contrário, não se admitirá cobranças tributárias que tenham como base de cálculo o valor das referidas construções e plantações.

O mesmo parágrafo, em seu inciso II, proíbe a constituição de novas subenfiteuses.

Finalmente, temos que as denominadas "enfiteuses públicas", isto é, constituídas sobre terrenos de marinha e seus acrescidos, continuam reguladas por legislação especial (cf. Decreto-Lei n° 9.760, de 05.09.1946; Lei n° 9.636, de 15.05.1998; Decreto n° 3.725, de 10.01.2001).

Art. 2.039. O regime de bens nos casamentos celebrados na vigência do Código Civil anterior, Lei n° 3.071, de 1° de janeiro de 1916, é o por ele estabelecido.

Direito anterior: Sem correspondente no CC/1916.

COMENTÁRIOS

Segundo o sistema do revogado Código de 1916, os nubentes tinham, à sua disposição, quatro regimes de bens, podendo livremente escolhê-los, por meio do pacto antenupcial, e desde que não houvesse causa para a imposição do regime legal de separação obrigatória (art. 258, parágrafo único, CC/1916). Esses regimes, de todos conhecidos, eram os de: comunhão universal, comunhão parcial, dotal, e separação absoluta.

Das Disposições Finais e Transitórias (Art. 2.039)

Afastada a aplicabilidade social do regime dotal, que não mais correspondia aos atuais anseios da sociedade brasileira, tínhamos a subsistência dos outros três, sendo que, em geral, as partes não cuidavam de escolher previamente um regime, oportunizando a incidência da regra legal supletiva do art. 258 do Código Beviláqua (com redação determinada pela Lei nº 6.515/77), referente ao regime da comunhão parcial.

A partir do casamento, pois, firmava-se a *imutabilidade* do regime escolhido, nos termos do art. 230 do CC.

O Código Civil de 2002, por sua vez, ao disciplinar o direito patrimonial no casamento, alterou profundamente determinadas regras, historicamente assentadas em nosso cenário jurídico nacional.

Revogou, por exemplo, as normas do regime dotal, adotando uma nova modalidade de regime, que passaria a coexistir com os demais, o denominado *regime de participação final nos aqüestos* (arts. 1.672 a 1.686).

Comentando este novo instituto, Sílvio de Salvo Venosa, com absoluta propriedade, pondera que: *"É muito provável que esse regime não se adapte ao gosto de nossa sociedade. Por si só verifica-se que se trata de estrutura complexa, disciplinada por nada menos do que 15 artigos, com inúmeras particularidades. Não se destina, evidentemente, à grande maioria da população brasileira, de baixa renda e de pouca cultura. Não bastasse isso, embora não seja dado ao jurista raciocinar sobre fraudes, esse regime fica sujeito a vicissitudes e abrirá campo vasto ao cônjuge de má fé."*[27]

Neste novo regime, cada cônjuge possui patrimônio próprio (como no regime da separação), cabendo, todavia, à época da dissolução da sociedade conjugal, *direito à metade dos bens adquiridos pelo*

---

27 Sílvio de Salvo Venosa, *Direito Civil – Direito de Família*, 3ª ed., São Paulo, Atlas, 2003, p. 191.

casal, a título oneroso, na constância do casamento (art. 1.672). Embora se assemelhe com o regime da comunhão parcial, não há identidade, uma vez que, neste último, entram também na comunhão os bens adquiridos por apenas um dos cônjuges, e, da mesma forma, determinados valores, havidos por fato eventual (a exemplo do dinheiro proveniente de loteria).

No regime de participação final, por sua vez, apenas os bens adquiridos a *título oneroso, por ambos os cônjuges*, serão partilhados, quando da dissolução da sociedade, permanecendo, no patrimônio pessoal de cada um, todos os outros bens que *cada cônjuge, separadamente*, possuía ao casar, ou aqueles por ele adquiridos, a qualquer título, no curso do casamento.

Tudo o que dissemos até aqui serve para demonstrar algumas das inovações trazidas pelo novo diploma (remetemos o leitor aos Comentários ao Livro de Família, desta obra).

Entretanto, uma outra modificação, especificamente tratada pelo art. 1.639, § 2°, merece a nossa especial atenção.

Subvertendo o tradicional princípio da imutabilidade do regime de bens, o Código de 2002, em seu art. 1.639, § 2°, admitiu a *alteração do regime, no curso do casamento, mediante autorização judicial, em pedido motivado de ambos os cônjuges, apurada a procedência das razões invocadas, e ressalvados os direitos de terceiros.*

Rolf Madaleno, jurista contemporâneo dos mais brilhantes, lembrando Orlando Gomes, adverte que *"já em 1984 questionava o saudoso jurista baiano as razões que ainda justificavam manter a imutabilidade do regime patrimonial, quando ao própria lei punha à escolha dos nubentes diversos regimes matrimoniais e não impedia que mesclassem disposições próprias de cada um dos regimes"*.[28]

---

28 Rolf Madaleno, *Direito de Família e o Novo Código Civil*, coords. Maria Berenice Dias e Rodrigo da Cunha Pereira, 2ª ed., Belo Horizonte, Del Rey, p. 172.

Das Disposições Finais e Transitórias (Art. 2.039)   617

Tal pleito deverá ser formulado no bojo de procedimento de jurisdição graciosa, com a necessária intervenção do Ministério Público, a fim de que o juiz da Vara de Família avalie a conveniência e a razoabilidade da mudança, que se efetivará mediante a concessão de alvará de autorização, seguindo-se a necessária expedição de mandado de averbação. Boa cautela, ademais, aconselha a publicação de editais, eis que, como visto, a modificação de regime não poderá prejudicar terceiros de boa-fé.

Entretanto, feitas tais ponderações, uma indagação se impõe: *terão direito à alteração de regime as pessoas casadas antes do Código de 2002?*

Essa indagação reveste-se ainda de maior importância, quando consideramos o princípio da irretroatividade das leis,[29] e, sobretudo, o fato de o próprio Código Novo estabelecer, no artigo 2.039, sob análise, que: "*O regime de bens nos casamentos celebrados na vigência do Código Civil anterior, Lei nº 3.071, de 1º janeiro de 1916, é por ele estabelecido*" (grifos nossos).

Uma primeira interpretação nos conduziria à conclusão de que os matrimônios contraídos na vigência do Código de 1916 não admitiriam a incidência da lei nova, razão por que esses consortes não poderiam pleitear a modificação do regime.

Não concordamos, todavia, com este entendimento.

No momento em que o legislador determinou a mantença da disciplina do Código revogado para os regimes de bens de matrimônios constituídos antes da sua vigência, quis, apenas, estabelecer que as regras patrimoniais para a aferição do patrimônio comum e pessoal de cada cônjuge seriam as estabelecidas pela lei anterior. Ou seja, não se poderia, no bojo de uma separação judicial de pessoas casadas sob o regime antigo de comunhão parcial (arts. 269 a 275,

---

29   Sobre o conflito intertemporal de normas, cf. o nosso *Novo Curso de Direito Civil – Parte Geral*, Ed. Saraiva, 2ª ed., 2003, vol. I, cap. III, item 3.

CC/1916), aplicar os dispositivos correspondentes da lei nova (arts. 1.658 a 1.666, CC/2002).

Isso, entretanto, não quer dizer que, para os casamentos celebrados antes da nova lei, fosse vedada a possibilidade de mudança do regime, na forma da legislação atual.

Em nosso entendimento, o regime de bens consiste em uma instituição patrimonial de *eficácia continuada*, gerando efeitos durante todo o tempo de subsistência da sociedade conjugal, até a sua dissolução.

Dessa forma, mesmo casados antes de 11 de janeiro de 2002 – data da entrada em vigor do Novo Código –, os cônjuges poderiam pleitear a modificação do regime, eis que os seus efeitos jurídico-patrimoniais adentrariam a incidência do novo diploma, submetendo-se às suas normas.

Aliás, essa possibilidade de incidência do Código novo em face de atos jurídicos já consumados, mas de execução continuada ou diferida, apenas no que tange ao seu aspecto eficacial, não é surpresa, consoante pudemos constatar ao analisarmos o art. 2.035 do presente Código.

Afinal, porque negar esse direito (de modificação de regime) às pessoas que se casaram um dia antes da vigência nova lei?

E não se invoque o argumento – que mais é de alquimia do que de ciência jurídica – de que a possibilidade de mudança de regime para casamentos anteriores poderia levar um dos cônjuges a influir na vontade do outro. Isso pode acontecer até mesmo em uma audiência de conciliação em sede de separação ou divórcio!

Ademais, a modificação de regime desafiará sempre *pedido conjunto*, ou seja, nunca derivará de processo litigioso. Outro não é, aliás, o pensamento de Rolf Madaleno, para quem: *"Parece certo afirmar que a mudança judicial de regime de bens não comporta a via unilateral, compulsória, alcançada em processo litigioso que tenta vencer a resistência do cônjuge demandado, eis que o § 2º do artigo 1.639 do novo Código Civil*

Das Disposições Finais e Transitórias (Arts. 2.039 e 2.040)

exige pedido formulado por ambos os cônjuges, apurada a procedência das razões invocadas e ressalvados os direitos de terceiros."[30]

Art. 2.040. A hipoteca legal dos bens do tutor ou curador, inscrita em conformidade com o inciso IV do art. 827 do Código Civil anterior, Lei nº 3.071, de 1º de janeiro de 1916, poderá ser cancelada, obedecido o disposto no parágrafo único do art. 1.745 deste Código.

Direito anterior: Sem correspondente no CC/1916.

COMENTÁRIOS

O presente artigo permite a supressão de uma tradicional exigência acautelatória dos direitos do tutelado ou curatelado, qual seja, a hipoteca legal[31] incidente sobre os bens do tutor ou curador, inscrita nos termos inciso IV do art. 827 do Código de 1916.

Note-se, entretanto, que tal cancelamento só se dará se for obedecido o quanto dispõe o art. 1.745 do Código, que dispõe:

"Art. 1.745. Os bens do menor serão entregues ao tutor mediante termo especificado deles e seus valores, ainda que os pais o tenham dispensado.
Parágrafo único. Se o patrimônio do menor for de valor considerável, poderá o juiz condicionar o exercício da tutela à prestação de caução bastante, podendo dispensá-la se o tutor for de reconhecida idoneidade."

Note-se, portanto, que em nenhuma hipótese será dispensada a lavratura de "termo especificado" de responsabilidade, que deverá inventariar a avaliar os bens do incapaz.

---

30 Rolf Madaleno, ob. cit., p. 176.
31 Cf. arts. 418, CC/1916, e 37 do Estatuto da Criança e do Adolescente (Lei nº 8.069/90).

Comentários ao Código Civil Brasileiro

Além de isso, será necessária a prestação de caução bastante (real ou fidejussória), caso o patrimônio do incapaz seja vultoso, dispensada a garantia se o tutor for de reconhecida idoneidade.

> **Art. 2.041. As disposições deste Código relativas à ordem da vocação hereditária (arts. 1.829 a 1.844) não se aplicam à sucessão aberta antes de sua vigência, prevalecendo o disposto na lei anterior (Lei nº 3.071, de 1º de janeiro de 1916).**
>
> **Direito anterior:** Sem correspondente no CC/1916.

COMENTÁRIOS

Este dispositivo apenas explicita uma regra clara, de cunho constitucional.[32]

A lei nova não deverá retroagir para atingir direitos adquiridos (art. 5º, XXXVI, CF).

Por isso, em atenção ao princípio que impõe, no Direito Sucessório, a observância da lei vigente ao tempo da morte do *de cujus,* o presente dispositivo apenas salientou o óbvio: as regras referentes à ordem legal da sucessão legítima (arts. 1.829 a 1.844) *não se aplicam à sucessão aberta antes da vigência do novo Código Civil,* mesmo que o inventário seja aberto após a sua entrada em vigor.

---

32 Infelizmente, precisou o codificador, em inúmeras passagens, explicitar ditames constitucionais, como se a Carta da República não tivesse força suficiente para, *de per si,* incidir nas relações de direito privado. Nesse ponto, razão assiste ao poeta e jurista Luiz Edson Fachin, quando adverte que: *"A Constituição se aplica direta e imediatamente nas relações privadas. A edição desses diplomas legais não cria, propriamente, novos direitos – cujas normas definidoras podem ser construídas a partir da hermenêutica constitucional –, mas, na verdade, regulamenta e explicita o conteúdo latente no texto constitucional"* (Comentários ao Código Civil – Parte Especial do Direito das Coisas, São Paulo, Saraiva, 2003, vol. 15, pp. 372-373).

Das Disposições Finais e Transitórias (Art. 2.042)

Art. 2.042. Aplica-se o disposto no *caput* do art. 1.848, quando aberta a sucessão no prazo de um ano após a entrada em vigor deste Código, ainda que o testamento tenha sido feito na vigência do anterior, Lei nº 3.071, de 1º de janeiro de 1916; se, no prazo, o testador não aditar o testamento para declarar a justa causa de cláusula aposta à legítima, não subsistirá a restrição.

Direito anterior: Sem correspondente no CC/1916.

COMENTÁRIOS

Muito se discutiu, na vigência do Código revogado, a prerrogativa conferida ao testador, no art. 1.723, de *gravar a legítima com cláusula de inalienabilidade ou de incomunicabilidade*, temporária ou vitalícia.

Ora, se a legítima, no sistema brasileiro da divisão necessária, caberia, de direito, aos herdeiros necessários (descendentes ou ascendentes), o poder de clausulá-la, tal como fora concebido no Código Bevilaqua, representaria uma injustificável restrição ao direito de propriedade.

A equipe de juristas que elaborou o Código de 2002, por sua vez, pretendendo alterar esta clássica regra de nosso Direito Sucessório, condicionou o direito de o testador clausular a legítima, argumentando que só assim a normatização vigente perderia a sua natureza individualista.

Nesse sentido, Miguel Reale: *"Havia a necessidade de superar-se o individualismo que norteia a legislação vigente em matéria de direito de testar, excluindo-se a possibilidade de ser livremente imposta a cláusula de inalienabilidade na legítima. E, todavia, permitida essa cláusula se houver justa causa devidamente expressa no testamento. Aliás, a exigência de justa causa, em tais casos, era da tradição do Direito pátrio, antes do sistema do Código vigente."*[33]

---

33 Miguel Reale, *O Projeto do Novo Código Civil*, 2ª ed., São Paulo, Saraiva, 1999, pp. 92-93.

Dessa forma, o direito de clausular a parte legítima ficou condicionado à declaração de *justa causa* no testamento, consoante se lê no art. 1.848, transcrito abaixo:

"Art. 1.848. Salvo se houver justa causa, declarada no testamento, não pode o testador estabelecer cláusula de inalienabilidade, impenhorabilidade, e de incomunicabilidade, sobre os bens da legítima.

§ 1º Não é permitido ao testador estabelecer a conversão dos bens da legítima em outros de espécie diversa.

§ 2º Mediante autorização judicial e havendo justa causa, podem ser alienados os bens gravados, convertendo-se o produto em outros bens, que ficarão sub-rogados nos ônus dos primeiros."

Para entendermos corretamente o art. 2.042, sob análise, é preciso que façamos as seguintes distinções:

a) o testamento fora elaborado após a entrada em vigor do Código de 2002;

b) o testamento fora elaborado antes da entrada em vigor do Código de 2002.

No primeiro caso, a restrição imposta pelo testador (cláusula de inalienabilidade, impenhorabilidade ou incomunicabilidade) à legítima, por óbvio, somente subsistirá se houver sido declarada, no testamento, a justa causa (conceito vago) exigida pelo art. 1.848 do Código.

Entretanto, na segunda hipótese, ainda que o testamento tenha sido elaborado antes da vigência do Código de 2002, *desde que a abertura da sucessão tenha se dado dentro do prazo de um ano após a entrada em vigor do Código*, aplicar-se-á o *caput* do art. 1.848, que exige a justa causa declarada para efeito de subsistir a restrição da legítima. Neste caso, o testador terá de aditar o testamento, mencionando e justificando o gravame imposto à legítima, sob pena de a restrição não valer.

Sem dúvida, este dispositivo causará controvérsia.

Afinal, como explicar que o sujeito, nos termos da legislação vigente à época da elaboração do testamento (CC/1916), redigiu, livremente, o seu ato de última vontade, gravando a legítima (direito reconhecido pelo art. 1.723, CC/1916), e, após a vigência de uma nova lei, viu-se obrigado a aditá-lo?

Argumentar-se-ia, pois, que o testador, elaborando o testamento antes do Código de 2002, obedeceu a lei vigente à época.

Entretanto, neste ponto, considerando inclusive o aspecto egoístico do Direito anterior que conferia arbitrário poder ao testador, concordamos com o Professor Zeno Veloso, no sentido de que "*a exigência de ser mencionada a justa causa da cláusula restritiva (CC, art. 1.848) não é uma questão de forma (o extrínseco do testamento), mas de fundo, de conteúdo jurídico da disposição testamentária (o intrínseco do testamento), regendo-se, assim, pela lei vigente ao tempo da abertura da sucessão*".[34]

Por isso, entendemos razoável a incidência da regra, nos termos em que fora redigida.

Art. 2.043. Até que por outra forma se disciplinem, continuam em vigor as disposições de natureza processual, administrativa ou penal, constantes de leis cujos preceitos de natureza civil hajam sido incorporados a este Código.

Direito anterior: Sem correspondente no CC/1916.

COMENTÁRIOS

As disposições de natureza processual, administrativa ou penal, porventura mencionadas pelas normas civis, objeto do presente Código, continuam, por óbvio, em vigor.

---

34 Zeno Veloso, *Novo Código Civil Comentado*, coord. Ricardo Fiúza, ob. cit., p. 1.841.

Dúvidas, entretanto, podem ocorrer no que tange à interferência desta regra com determinadas normas jurídicas, em face da alteração da capacidade civil.

Assim, será que a obrigatoriedade de nomeação de curador ao réu menor de 21 anos (art. 194, CPP) ou a legitimidade concorrente do seu representante legal para o oferecimento de queixa (art. 34, CPP) persistem até que lei expressa altere tais dispositivos?

Claro que não.

A redução da maioridade civil diz respeito à capacidade, instituto de índole essencialmente material, de incidência imediata.

O que o dispositivo sob comento dispõe é que eventuais conceitos *incorporados* pelo Código não influenciarão na validez das normas a que pertencem.

Assim, se determinada lei processual penal dispõe sobre aspectos processuais de crimes societários ou contra a ordem econômica, os conceitos de "sociedade empresária e de empresa", agora absorvidos pelo novo Código, não alterarão o procedimento já consagrado pelo referido diploma adjetivo.

Em suma, quer o art. 2.043 dizer que o Código Civil não interfere em leis processuais, administrativas ou penais, no que tange a conceitos *incorporados* por suas normas.

Apenas isso.[35]

Art. 2.044. Este Código entrará em vigor 1 (um) ano após a sua publicação.

Direito anterior: Sem correspondente no CC/1916.

---

35 A discussão não é tão simples no Direito Penal. Respeitáveis juristas têm defendido a mantença da atenuante de menoridade (21 anos) prevista no art. 65, I, CP e a redução do prazo de prescrição, mencionada no art. 115, CP (para o menor de 21 ou maior de 70 anos), por razões de política criminal e escudados no princípio do *favor rei*. É a opinião que Luiz Flávio Gomes esposou em palestra proferida

COMENTÁRIOS

Durante o período de tramitação do Projeto do Código Civil no Congresso Nacional, o relator Ernani Satyro apresentou proposta de *vacatio legis* de dois anos, que acabou por ser rejeitada.

Mais recentemente, o Deputado Luiz Antonio Fleury Filho apresentou o Projeto nº 7.347/02, pretendendo a prorrogação por mais um ano, a contar do dia 11 de janeiro de 2002, proposta esta que se quedou frustrada.

Sendo assim, prevaleceu o prazo de um ano para a entrada em vigor do novo Código, a contar da data da sua publicação.

Por fim, vale lembrar a existência de projetos de reforma, em trâmite no Congresso, dentre os quais salienta-se o de nº 6.960/02, proposto pelo Deputado Ricardo Fiúza, bastante abrangente, por alcançar dezenas de dispositivos do Código, especialmente, no Livro de Direito de Família.

Em verdade, existe acesa polêmica a respeito da data de entrada em vigor do Novo Código Civil, se tal se teria dado no dia 11 ou 12 de janeiro de 2003. Nesse particular, alinhamo-nos ao pensamento da profª Maria Helena Diniz, para quem o Código entrou em vigor em 11.01.03, ou seja, 365 dias contados de sua publicação.[36]

Art. 2.045. Revogam-se a Lei nº 3.071, de 1º de janeiro de 1916 – Código Civil e a Parte Primeira do Código Comercial, Lei nº 556, de 25 de junho de 1850.

Direito anterior: Sem correspondente no CC/1916.

na inauguração do Curso Satelitário IELF-PRIMA, por ocasião do Seminário sobre o Novo Código Civil, com coordenação acadêmica de Pablo Stolze Gagliano, realizado em São Paulo, de 29.01 a 01.02.03. O insigne penalista, entretanto, entende que a redução da maioridade incide imediatamente nas demais normas de natureza processual.

36 Conforme muito bem anotado pelo culto Mário Delgado ("Problemas de Direito Intertemporal: Breves Considerações sobre as Disposições Finais e Transitórias do Novo Código Civil Brasileiro". *In Novo Código Civil – Questões Cnotrovertidas*. São Paulo, Método, vol. 1. p 490).

COMENTÁRIOS

A primeira parte do dispositivo revoga integralmente (ab-rogação) o Código Civil de 1916, Lei nº 3.071, de 1º de janeiro de 1916.

Havendo operado a unificação das obrigações civis e comerciais, e, bem assim, abrangido o Direito Societário e Empresarial, o novo Código Civil, na mesma linha, interferiu na eficácia da legislação mercantil em vigor, especialmente o Código Comercial, datado de 1850.

O presente dispositivo, portanto, expressamente, revoga toda a Parte Primeira do Código Comercial, do seu art. 1º, Título I (Dos Comerciantes), ao art. 456, Título XVIII (Da Prescrição). Trata-se de uma revogação parcial, tecnicamente denominada "derrogação".

Obviamente, todas as outras regras, previstas em leis especiais ou em outras partes do próprio Código Comercial, e que se mostrarem incompatíveis com o novo Código, estarão também tacitamente revogadas, cabendo especialmente à doutrina e à jurisprudência dirimir as controvérsias futuras de referência a tais questões.

> **Art. 2.046.** Todas as remissões, em diplomas legislativos, aos Códigos referidos no artigo antecedente, consideram-se feitas às disposições correspondentes deste Código.
> **Direito anterior:** Sem correspondente no CC/1916.

COMENTÁRIOS

Uma vez que absorveu a matéria tratada pelo Código Civil e pela primeira parte do Código Comercial, revogados, todas as referências feitas a tais dispositivos consideram-se, por conclusão lógica, feitas às correspondentes disposições do presente Código Civil.

BIBLIOGRAFIA

ALMADA, Ney de Mello. *Direito das sucessões*, 2ª ed., São Paulo, Brasiliense, 1991, vol. 1.

ALVES, João Luiz. *Código civil da República dos Estados Unidos do Brasil*, São Paulo, Saraiva e Cia. Editores, 2ª ed., 1936.

ALVIM, Agostinho. "Do legado de coisa certa, em face do regime da comunhão de bens", *Revista dos Tribunais*, nº 201, São Paulo, 1952.

AMERICANO, Jorge. "Fideicomisso. Consultas e Pareceres", *Revista dos Tribunais* nº 124, março de 1940.

AMORIM, Sebastião e OLIVEIRA, Euclides Benedito de. *Inventários e Partilhas*, 15ª ed., São Paulo, LEUD, 2003.

_____. *Inventários e partilhas teoria e prática*, 4ª ed., São Paulo, Liv. Ed. Univ. de Direito, 1988.

ARRUDA ALVIM *et alii*. "Ação declaratória incidental em processo de inventário", *Revista de Processo*, nos 7-8, 1977.

_____. "Incidente de falsidade ideológica em processo de inventário", *Revista de Processo*, nº 16, 1979.

_____. *Manual de Direito Processual*, São Paulo, Revista dos Tribunais, 1977.

AUBRY, Rau. *Cours de Droit Civil Français*, Paris, Librairie Générale, 1900.

AZEVEDO, Armando Dias de. *O Fideicomisso no direito pátrio: doutrina, legislação, jurisprudência*, São Paulo, Saraiva, 1973.

BARASSI, Lodovico. *Le successioni per causa di morte*, Milão, Giuffrè, 1944.

BAUDRY-LACANTINERIE, G. *Précis de droit civil*, Paris, Libraire de la société du Recueil Sirey, 1925, t. II.

_____. *Précis de droit civil*, Paris, Société Anonyme du Recueil Sirey, 1927, t. III.

BEVILÁQUA, Clóvis. *Código civil dos Estados Unidos do Brasil*, edição histórica, Rio de Janeiro, Ed. Rio, vol. I.

_____. *Código Civil dos Estados Unidos do Brasil*, 6ª ed., Rio de Janeiro, Livraria Francisco Alves, 1947, vol. VI.

_____. *Código Civil dos Estados Unidos do Brasil*, edição histórica, Rio de Janeiro, Ed. Rio, vol. II.

_____. *Direito das sucessões*, Bahia, Livraria Magalhães, 1899.

BITTAR, Carlos Alberto. *Direito das Sucessões*, Rio de Janeiro, Forense Universitária, 1992.

BRUGGI, Biagio. *Istituzioni di diritto civile italiano*, 4ª ed. rev. e aum., Milão, Editrice, 1923.

CAHALI, Francisco José; HIRONAKA, Giselda Maria Fernandes Novaes. *Curso avançado de direito civil*, São Paulo, Editora Revista dos Tribunais, 2000, vol. 6.

CAHALI, Yussef Said. *Dos alimentos*, 3ª ed., São Paulo, Revista dos Tribunais, 1998.

CAMBLER, Everaldo Augusto. *Curso avançado de direito civil: Direito das obrigações*, São Paulo, 2001.

CARBONNIER, Jean. *Droit Civil*, Paris, 1979.

CARNEIRO, Paulo Cezar Pinheiro. *Comentários ao Código de Processo Civil*, Rio de Janeiro, Forense, vol. IX, t. 1, 2001.

CARNELUTTI, Francesco. *Teoria geral do direito*, São Paulo, LEJUS, 1999.

_____. *Sistema del diritto Processuale Civile*, Padova, Cedam 1936, vol. 1.

_____. *Diritto e processo*, Nápoles, Morano, 1958.

CARVALHO, Afranio de. *Registro de Imóveis*, 4ª ed., Rio de Janeiro, Forense, 1997.

CASTRO, Torquato. *Exposição de motivos complementar ao Livro do Direito das Sucessões do Código Civil Brasileiro*. Anteprojetos. Códigos Civis do Brasil: do Império à República, de 15.03.73.

CENEVIVA, Walter. *Lei de Registros Públicos Comentada*, São Paulo, Saraiva, 2001.

CHIOVENDA, Giuseppe. *Instituições de Direito Processual Civil*, trad. do original italiano por Paolo Capitanio, anotado por Enrico Tullio Liebman, 1ª ed., Campinas, Bookseller, 1998, vol. 1.

CICCU, Antonio. *Successioni per causa di morte*, Milão, Giuffrè, 1954.

COLIN, Ambroise; CAPITANT, Henri. *Cours élémentaire de droit civil français*, 10ª ed., Paris, Librairie Dalloz, 1950, t. 3.

_____. *Cours élémentaire de droit civil français*, 9ª ed., Paris, 1945, vol. 3.

COUTURE, Eduardo J. *Fundamentos del Derecho Procesal Civil*, 3ª ed., Buenos Aires, Depalma, 1974.

_____. *Le Sucessioni*, Milano, s. e., 1947.

DAIBERT, Jefferson. *Direito das Sucessões*, Rio de Janeiro, Forense, 1981.

DE PAGE, Henri. *Traité Élémentaire de Droit Civil Belge*, Bruxelles, Établissements Émile Bruylant, 1941, t. V, 2ª parte.

DELMANTO, Celso. *Código penal comentado*, 2ª ed. ampliada e atualizada.

DEMOLOMBE, C. *Traité des successions*, Paris, Imprimerie Générale. A. Lahure, Éditeur, 1879, t.1.

_____. *Cours de Code Napoléon*, vol.16.

DINAMARCO, Cândido Rangel. *Instituições de direito processual civil*, 2ª ed., São Paulo, Malheiros Editores, vol. II.

DINIZ, Maria Helena. *Curso de direito civil brasileiro,* Direito das sucessões, 16ª ed., São Paulo, Saraiva, 2002, 6º vol.

_____. *Código Civil Anotado*, 7ª ed., São Paulo, Saraiva, 2001.

_____. *Código Civil Anotado*, São Paulo, Saraiva, 2002.

_____. *Código Civil Anotado*, São Paulo, Saraiva, 1995.

_____. *Lei de Introdução ao Código Civil Interpretada*, 3ª ed., São Paulo, Saraiva, 1997.

ENNECCERUS, Ludwig; KIPP, Theodor; WOLFF, Martin. *Tratado de derecho civil, quinto tomo: derecho de sucesiones,* Barcelona, Bosch, 1951, vol. 2º.

_____. *Tratado de derecho civil*, Barcelona, Bosh, 1976, t. IV e V.

_____. *Derecho civil*, Barcelona, Bosch, 1944, vol. 2.

FABRÍCIO, Adroaldo Furtado. *Comentários ao Código de Processo Civil*, Rio de Janeiro, Forense, 1980, vol. VII, t. III.

FERREIRA, Nelson Pinto. *Da colação no Direito Civil brasileiro e no Direito Civil comparado*, São Paulo, Juarez de Oliveira, 2002.

FIDÉLIS DOS SANTOS. Ernane. "Questões sobre o inventário e partilha", *Revista do Curso de Direito da Universidade Federal de Uberlândia*, 8 (1): 17 e ss., 1979.

_____. *Manual de Direito Processual Civil*, Procedimentos Especiais, 4ª ed., São Paulo, Saraiva, 1996, vol. 3.

FIORANELLI, Ademar. *Fideicomisso*. Contribuição aos Estudos do XVII Encontro Nacional dos Oficiais de Registro de Imóveis do Brasil, Caxambu – MG, 1990.

FREDERICO MARQUES, José. *Jurisdição Voluntária*, São Paulo, Saraiva, 1959.

FREITAS, Augusto Teixeira de. *Consolidação das leis civis*, 2ª ed., 1859.

GOMES, Orlando. *Sucessões*, Rio de Janeiro, Forense, 1990.

_____. *Obrigações*, 8ª ed., Rio de Janeiro, Forense, 1986.

_____. *Direitos reais*, 10ª ed., Rio de Janeiro, Forense, 1988.

_____. *Direito de família*, 7ª ed., Rio de Janeiro, Forense, 1987.

GONÇALVES, Luiz da Cunha. *Tratado de direito civil*, São Paulo, Max Limonad, vol. X, t. 1.

HART, Herbert Lionel Adolphus. *Conceito de direito*, 3ª ed., Lisboa, Fundação Calouste Gulbenkian.

HUC, Théophile. *Commentaire théorique & pratique du code civil*, Paris, Librairie Cotillon F. Pichon, Successeur éditeur, 1894, t. 6.

_____. *Tratado de direito das sucessões*, São Paulo, Max Limonad, 1952, vol. III.

INOCÊNCIO, Antônio Ferreira. *Inventários e partilhas: ações de herança*, 2ª ed., São Paulo, Ed. Jalovi Ltda., 1980.

ITABAIANA DE OLIVEIRA, Arthur Vasco. *Tratado de direito das sucessões*, São Paulo, Max Limonad, 1952, vol. II.

JACOMINO, Sérgio. *O Fideicomisso no Projeto do Código Civil*, 22.02.80 – http://www.quinto.com.br/paginas/artigos9.htm.

JOSSERAND, Louis. *Cours de droit civil positif français*, Paris, Librairie du Recueil Sirey.

KELSEN, Hans. *Teoria pura do direito*, Coimbra, Armélio Amado Editor, 1979.

LACERDA DE ALMEIDA, Francisco de Paula. *Sucessões*, Rio de Janeiro, Livraria Cruz Coutinho, 1915.

LAURENT, F. *Cours élémentaire de droit civil*, Bruxelles, Bruylant-Christophe & Cia. Éditeurs, 1881, t. II.

_____. *Principes de Droit français*, Bruxelles, Bruyan, 1878.

LEHR, Ernest. *Élements de Droit Civil germanique*, Paris, Plon, 1875.

LIMA, Alcides de Mendonça. *Comentários ao Código de Processo Civil*, São Paulo, Ed. RT, 1982, vol. XII.

LOPES, Miguel Maria de Serpa. *Tratado dos Registros Públicos*, Brasília, Livraria e Editora Brasília Jurídica Ltda., 1997, vol. III.

_____. *Tratado dos Registros Públicos*, Brasília, Livraria e Editora Brasília Jurídica Ltda., 1995, vol. I.

LOMONACO. *Istituzioni di Diritto Civile italiano*, Napoli, Joveni, 1894, vol. 4.

MANDRIOLI, Crisanto. *Corso di Diritto Processuale Civile*, Torino, G. Giappicheli Editore, 1993.

MARCATO, Antonio Carlos. *Procedimentos Especiais*, 9ª ed., São Paulo, Malheiros, 2001.

MAXIMILIANO, Carlos. *Direito das Sucessões*, 3ª ed., Rio de Janeiro, Livraria Freitas Bastos, 1952.

_____. *Direito das Sucessões*, Rio de Janeiro, Freitas Bastos, 1937.

_____. *Direito das Sucessões*, Rio de Janeiro, Freitas Bastos, vol. III, 1964.

MAZEAUD e MAZEAUD. *Leçons de droit civil*, Paris, Montchrestien, 1978, vol. 4.

MEIRELLES, Hely Lopes. *Licitação e contrato administrativo*, 7ª ed., São Paulo, Revista dos Tribunais, 1987.

MELLO, Henrique Ferraz Corrêa de. "A tipicidade dos direitos reais", *Revista de Direito Imobiliário*, nº 52, São Paulo, Revista dos Tribunais, 2002.

MONTEIRO, Washington de Barros. *Curso de Direito Civil. Direito das Sucessões*, 23ª ed., São Paulo, Saraiva, 1987.

_____. *Curso de direito civil*, São Paulo, Saraiva, 1985, 6º vol.

_____. *Curso de direito civil*, São Paulo, Saraiva, 1986, 3º vol.

_____. *Curso de direito civil*, São Paulo, Saraiva, 1987, 4º vol.

MORAES E BARROS, Hamilton de. *Comentários ao Código de Processo Civil*, Rio de Janeiro, Forense, 1977, vol. 9.

NEGRÃO, Theotônio. *Código de Processo Civil Anotado*, 32ª ed., São Paulo, Saraiva, 2001.

NERY JUNIOR, Nelson e NERY, Rosa Maria Andrade. *Código de Processo Civil Comentado*, 5ª ed., São Paulo, RT, 2001.

_____. *Novo Código Civil e Legislação Extravagante Anotados*, São Paulo, RT, 2002.

NONATO, Orosimbo. *Estudos sobre sucessão testamentária*, Rio de Janeiro, Forense, 1957, vol. III.

_____. *Estudos sobre sucessão testamentária*, Rio de Janeiro, Forense, 1957, vol. II.

OLIVEIRA, Euclides de; AMORIM, Sebastião. *Inventários e Partilhas. Teoria e Prática*, 9ª ed., São Paulo, Ed. Universitária de Direito, 1995.

OLIVEIRA, Wilson. *Inventários e Partilhas*, São Paulo, Saraiva, 1975.

PACHECO, José da Silva. *Inventários e Partilhas*, 15ª ed., Rio de Janeiro, Forense, 2001.

_____. *Inventários e partilhas na sucessão legítima e testamentária*, 6ª ed., Rio de Janeiro, Forense, 1993.

PACIFICI-MAZZONI, Emídio. *Codice civile italiano commentato*, Torino, Editrice Torinese, 1929, nº VII.

PAULA, Alexandre de. *Código de Processo Civil anotado*, 7ª ed., São Paulo, RT, 1998, vol. 4.

PEREIRA, Caio Mário da Silva. *Instituições de Direito Civil*, 13ª ed., Rio de Janeiro, Forense, 2001, vol. VI.

_____. *Instituições de direito civil*, 5ª ed. Rio de Janeiro, Forense, 1981, vol. III.

_____. *Instituições de direito civil*, 3ª ed., Rio de Janeiro, Forense, 1980, vol. VI.

PINTO FERREIRA. *Inventário, partilha e ações da herança*, São Paulo, Saraiva, 1992.

PINTO, Antonio Joaquim Gouvêa. *Tratado dos testamentos e sucessões*, Rio de Janeiro, B. L. Garnier, 1881.

PLANIOL, Marcel. *Traité élémentaire de droit civil*, 2ª ed., Paris, Libraire Cotillon, 1903, t. 3ème.

PLANIOL, Marcel e; RIPERT, L. M. Georges. *Traité pratique de droit civil français*, Paris, Librairie Générale, 1952, vol. 9.

PLANIOL, RIPERT e BOULANGER. *Traité élémentaire de droit civil*, vol. 3.

PONTES DE MIRANDA, Francisco Cavalcanti. *Comentários ao Código de Processo Civil*, Rio de Janeiro, Forense, 1977.

_____. *Tratado de direito privado*, 4ª ed., São Paulo, Revista dos Tribunais, 1983, t. V.

_____. *Tratado de direito privado*, 3ª ed., São Paulo, Revista dos Tribunais, 1984, t. LVI.

_____. *Tratado de direito privado*, 3ª ed., São Paulo, Editora Revista dos Tribunais, 1984, t. LVII.

_____. *Tratado de direito privado*, 3ª ed., São Paulo, Editora Revista dos Tribunais, 1984, t. LVIII.

_____. *Tratado de direito privado*, 3ª ed., São Paulo, Editora Revista dos Tribunais, 1984, t. LIX.

_____. *Tratado de direito privado*, 3ª ed., São Paulo, Editora Revista dos Tribunais, 1984, t. LX.

PONTES, Valmir. *Registro de imóveis*: comentários aos arts. 167 a 288 da Lei nº 6.015, de 31 de dezembro de 1973, São Paulo, Saraiva, 1982.

POTHIER, Robert-Joseph. *Oeuvres complètes de pothier: table de concordance des oeuvres de pothier avec le code civil*, Paris, Langlois, 1844.

RÁO, Vicente. *O direito e a vida dos direitos*, São Paulo, Max Limonad, 1952.

REALE, Miguel. *Lições preliminares de direito*, 4ª ed., São Paulo, Saraiva, 1977.

RIPERT, Georges e BOULANGER, Jean. *Traité de Droit Civil*, Paris, Libraire Générale de Droit et de Jurisprudence, t. III.

RIZZARDO, Arnaldo. *Direito das Sucessões*, Rio de Janeiro, Aide, 1996.

RODRIGUES, Francisco César Pinheiro Rodrigues e FILHO, Lair da Silva Loureiro. *Código Civil Brasileiro interpretado pelos tribunais*, São Paulo, Editora Oliveira Mendes, 1998.

RODRIGUES, Silvio. *Direito das Sucessões*, 25ª ed., São Paulo, Saraiva, 2002, vol. 7.

_____. *Direito civil: Direito das sucessões*, 15ª ed., São Paulo, Saraiva, 1988, vol. 7.

RUGGIERO, Roberto de. *Instituições de direito civil*, São Paulo, Saraiva, 1973, vol. III.

_____. *Istituzioni di Diritto Privato*, Milano, Principato, 1955.

SANTOS, J. M. de Carvalho. *Código civil brasileiro interpretado*, 5ª ed., Rio de Janeiro, Freitas Bastos, 1956, vol. XXIII.

_____. *Código civil brasileiro interpretado*, 6ª ed., Rio de Janeiro, Freitas Bastos, 1956, vol. XXIV.

SATTA, Salvatore. *Direito Processual Civil*, trad. bras. da 7ª ed. de Padova, Rio de Janeiro, Borsói, 1973.

TAVARES, José. *Successoes e direito successorio*, Coimbra, Franca Amado, 1903.

TEIXEIRA DE FREITAS, Augusto. *Consolidação das leis civis*, 1858.

THEODORO JÚNIOR, Humberto. *Curso de Direito Processual Civil*, 21ª ed., Rio de Janeiro, Forense, 1999, vol. III.

TOULLIER, C. B. M; DUVERGIER, J. B. *Le droit civil français*, 6ème edit., Paris, Cotillon, vol. 3.

TRABUCCHI, Alberto. *Istituzioni di Diritto Civile*, 21ª ed., Padova, Cedam, 1978.

TROPLONG, Raymond-Theodore. *Droit civil expliqué: Des donations entre-vifs et des testaments*, 3ª ed., Paris, Henri Plon, 1872, t. 1.

_____. *Droit civil expliqué: Des donations entre-vifs et des testaments*, 3ª ed., Paris, Henri Plon, 1872, t. 2.

VELOSO, Zeno *et alii*. *Novo Código Civil Comentado*, São Paulo, Saraiva, 2002.

VENOSA, Sílvio de Salvo. *Direito civil: direito das sucessões*, 3ª ed., São Paulo, Editora Atlas S.A., vol. 7.

VITALI, Vittore. "Delle successioni legittime e testamentarie", *in* BRUGI, Biagio. *Il Diritto Civile Italiano*, Napoli, Eugenio Marghieri, 1923, vol. terzo, nº IX.

WALD, Arnoldo. *Direito das Sucessões*, São Paulo, Revista dos Tribunais, 1998.

WINDSCHEID, Bernardo. *Diritto delle Pandette*, Torino, Torinese, 1902.

ZANNONI, Eduardo A. *Derecho de las sucesiones*, 4ª ed., Buenos Aires, Editorial Astrea de Alfredo y Ricardo Depalma, 1997, t. 2.

ZANZUCCHI, Marco Tullio. *Diritto Processual Civile*, 4ª ed., Milano, Giuffrè, 1946, vol. II.

ÍNDICE ONOMÁSTICO

(Os números referem-se às páginas.)

A

Ademar Fioranelli – 191, 210, 220
Afrânio de Carvalho – 56, 218
Agostinho Alvim – 22, 26
Antônio Carlos Marcato – 464, 466, 474, 547
Antonio Joaquim Gouvêa Pinto – 211
Armando Dias de Azevedo – 208, 211, 212, 237, 250, 251, 275, 276, 280
Arruda Alvim – 608, 609
Aubry et Rau – 177, 327, 377

B

Baudry-Lacantinerie – 69, 91, 94, 120, 137, 143, 144, 169, 181, 241, 275, 283, 284, 322, 324, 326, 327, 341, 343, 348, 352, 353, 362, 394, 400, 426, 427

C

Caio Mário da Silva Pereira – 6, 7, 19, 29, 34, 36, 48, 55, 73, 122, 141, 181, 222, 230, 233, 234, 241, 245, 293, 380, 387, 485
Calogero Gangi – 196

Câmara Leal – 318
Cândido Rangel Dinamarco – 69
Carlos de Carvalho – 187
Carlos Maximiliano – 4, 6, 10, 15, 18, 19, 30, 31, 35, 37, 38, 39, 40, 41, 44, 49, 51, 56, 59, 61, 62, 67, 69, 73, 79, 81, 82, 92, 94, 95, 100, 107, 108, 110, 111, 113, 117, 119, 120, 122, 126, 129, 132, 133, 134, 137, 147, 150, 153, 154, 156, 158, 161, 164, 165, 167, 168, 169, 171, 177, 179, 181, 183, 184, 186, 187, 188, 189, 191, 193, 195, 208, 209, 210, 212, 214, 221, 226, 230, 233, 235, 240, 245, 253, 255, 256, 259, 260, 261, 267, 274, 275, 276, 278, 280, 285, 291, 292, 293, 294, 295, 296, 307, 323, 325, 326, 329, 331, 332, 333, 334, 340, 341, 343, 345, 346, 362, 363, 378, 380, 381, 387, 389, 392, 393, 395, 400, 409, 410, 413, 417, 425, 430, 432, 435, 441, 442, 444, 445, 513, 530
Carnelutti – 340
Carvalho de Mendonça – 122, 245
Carvalho Santos – 4, 5, 12, 17, 24, 30, 33, 41, 42, 43, 45, 49, 52, 59, 65, 67,

70, 96, 98, 105, 106, 107, 110, 119, 127, 131, 136, 149, 154, 164, 171, 187, 188, 94, 197, 198, 207, 208, 211, 239, 240, 245, 255, 258, 266, 273, 278, 281, 284, 286, 309, 324, 330, 332, 348, 351, 362, 368, 377, 395, 400, 409, 417, 434, 441

Celso Delmanto – 387

Clóvis Bevilaqua – 214, 215, 253, 254, 256, 270, 274, 277, 279, 282, 283, 385, 389, 392, 393, 398, 404, 415, 425, 433, 434, 438, 440, 443, 447, 452, 499, 513, 515, 516, 524, 537, 562

Coelho da Rocha – 187

Colin et Capitant – 34, 73

Corrêa Telles – 37

Cunha Gonçalves – 17, 25, 172, 190, 193, 197, 198, 205, 228, 249, 267, 283, 287, 288, 289, 314, 315, 357, 360, 378, 394, 400

D

De Page – 48

Demolombe – 34, 159

E

Eduardo Espínola – 296

Eduardo Zannoni – 138, 142, 148, 152, 154, 156, 157, 177, 179, 196, 213, 286, 295, 327, 377

Emílio Bianch – 215, 216

Ennecerus, Kipp e Wolff – 6, 8, 16, 19, 58, 74, 106, 149, 204, 207, 209, 213, 218, 225, 229, 236, 252, 259, 278, 297, 300, 377, 393, 428

Euclides Benedito de Oliveira – 382, 460, 461, 470

Everaldo Augusto Cambler – 101

F

Fábio Ulhoa Coelho – 362, 602, 603

Ferreira Alves – 68, 72, 230, 281

Francisco José Cahali – 9, 24, 154, 222, 231, 299

G

Gabba – 584

Georges Ripert – 10, 126, 127, 141, 145, 151, 287, 296

Giselda Maria Fernandes Novaes Hironaka – 9, 24, 154, 156, 299

Granier – 211

H

Hamilton de Moraes e Barros – 561, 562

Hart – 237

Hely Lopes Meirelles – 134

Humberto Theodoro Júnior – 437, 456, 464, 465, 471, 472, 478, 479, 575

I

Itabaiana de Oliveira – 11, 46, 48, 76, 77, 80, 83, 88, 98, 113, 119, 126, 133, 159, 160, 176, 178, 181, 189, 191, 200, 201, 204, 207, 211, 221, 243, 244, 245, 248, 250, 264, 266, 277, 281, 282, 286, 380, 381, 384, 385, 386, 391, 393, 396, 403, 412, 415, 417, 432, 433, 443, 444

Índice Onomástico

J

Jean Boulanger – 10, 129, 127, 145, 151, 287, 296

João Luiz Alves – 86, 153, 161, 171, 177, 191, 196, 229, 265, 273, 282, 286, 292, 384, 385, 393, 402, 413, 419, 425, 433

Joel Dias Figueira Júnior – 612

Jorge Americano – 217

José da Silva Pacheco – 319, 320

José Olympio de Castro Filho – 414

José Tavares – 5, 10, 18, 27, 35, 44, 50, 68, 126, 236, 238

Josserand – 14, 17, 27, 63, 93, 138, 141, 181, 224, 278, 282, 358, 371, 377, 378, 413

K

Kelsen – 237

L

Lacerda de Almeida – 10, 11, 20, 21, 50, 86, 127, 185, 190, 202, 282, 290, 359, 360, 377

Laurent – 63, 106, 120, 153, 181, 230, 258, 273, 377

Luiz Edson Fachin – 620

M

Maria Helena Diniz – 7, 9, 24, 40, 47, 48, 70, 81, 101, 184, 223, 248, 278, 297, 318, 459, 484, 501, 511, 512, 519, 523, 524, 525, 528, 530, 530, 533, 550, 559, 561, 604

Mário Luiz Delgado Régis – 503, 504, 530, 531, 625

Martinho Garcez – 230, 281, 282

Merlin e Toullier – 371

Miguel Reale – 103, 104, 590, 621

Mourlon – 145, 177

N

Nelson Nery Junior e Rosa Maria de Andrade Nery – 473, 487, 499, 500

Ney de Mello Alamada – 5

O

Orlando Gomes – 4, 5, 6, 9, 24, 36, 46, 48, 72, 73, 76, 84, 101, 103, 112, 127, 140, 164, 165, 177, 188, 204, 205, 232, 239, 244, 294, 295, 299, 308, 322, 326, 378, 380, 383, 384, 387, 391, 500, 555, 575, 576, 591, 611

Orosimbo Nonato – 5, 10, 20, 23, 49, 50, 54, 62, 74, 87, 95, 98, 101, 107, 111, 122, 123, 124, 140, 150, 154, 179, 184, 191, 192, 198, 205, 215, 230, 245, 246, 251, 252, 259, 261, 293, 294, 296, 306, 307, 309, 310, 317, 318, 320, 326, 331, 384, 386, 387, 399, 400, 412, 429, 432, 433

P

Pacifici-Mazzoni – 4, 6, 7, 9, 17, 22, 27, 28, 33, 50, 60, 66, 82, 91, 92, 93, 126, 129, 136, 239, 348

Paulo Cezar Pinheiro Carneiro – 455, 462, 465, 466, 470, 472, 473, 475,

487, 488, 520, 534, 535, 546, 564, 565, 578, 579

Pierre Bouzat – 275

Planiol – 227, 228, 238, 297, 333, 349, 351, 371

Plínio Barreto – 211

Pontes de Miranda – 7, 13, 18, 27, 29, 34, 36, 37, 42, 43, 44, 46, 47, 48, 54, 55, 58, 70, 74, 77, 80, 82, 84, 85, 86, 87, 89, 90, 92, 94, 101, 104, 106, 108, 109, 110, 111, 112, 113, 114, 117, 118, 121, 122, 123, 124, 126, 127, 129, 132, 133, 134, 135, 136, 141, 149, 150, 152, 153, 154, 158, 164, 166, 170, 176, 177, 181, 183, 187, 189, 197, 198, 200, 201, 204, 205, 206, 208, 209, 211, 217, 222, 224, 225, 226, 227, 251, 256, 259, 261, 262, 263, 267, 268, 270, 276, 279, 290, 292, 294, 295, 304, 331, 336, 337, 340, 341, 343, 345, 346, 348, 351, 352, 360, 362, 363, 364, 365, 369, 370, 376, 378, 379, 385, 398, 401, 404, 410, 412, 419, 423, 429, 431, 433, 434, 447, 448, 449, 490, 513, 516, 518, 561

Pothier – 204

R

Ripert et Boulanger – 377, 304, 399

Roberto de Ruggiero – 4, 7, 14, 34, 102, 103, 183, 191, 192, 304, 322, 326, 330, 331, 369, 371

Rolf Madaleno – 616, 618, 619

S

Sebastião Luiz Amorim – 382, 460, 461, 470

Sergio Jacomino – 236, 237

Serpa Lopes – 60, 78

Sílvio de Salvo Venosa – 6, 15, 42, 50, 94, 155, 167, 240, 272, 295, 296, 299, 300, 367, 368, 424, 594, 609, 613, 615

Silvio Rodrigues – 17, 34, 38, 68, 71, 72, 113, 126, 140, 145, 150, 159, 233, 302, 322, 326, 379, 392, 505, 514, 516, 519, 520, 527, 528, 529, 530, 532, 536, 539, 548, 554, 557, 575, 580

Sylvio Capanema de Souza – 609

T

Teixeira de Freitas – 68, 71, 186, 192, 315, 320, 332

Tito Prates da Fonseca – 252

Torquato Castro – 256, 324, 325, 327

Toullier et Duverger – 206

Troplong – 8, 11, 21, 66, 91, 206, 209

V

Valmir Pontes – 230

Vitali – 82, 203, 216

W

Washington de Barros Monteiro – 11, 24, 29, 35, 38, 50, 52, 65, 65, 69, 72, 73,

86, 112, 113, 123, 126, 129, 138, 150, 204, 222, 227, 235, 243, 245, 290, 294, 380, 384, 391, 416, 502, 537, 551, 580

Wilson de Souza Campos Batalha – 588

Y

Yussef Said Cahali – 48

Z

Zeno Veloso – 623

ÍNDICE ALFABÉTICO-REMISSIVO

(Os números referem-se às páginas.)

A

ABERTURA DA SUCESSÃO
com o advento da morte, 455

AÇÃO DE SONEGAÇÃO
e aplicação da pena ao sonegador, 499 a 501

AÇÃO REIVINDICATÓRIA
para pedir o legado, 67, 75

ACEITAÇÃO DA HERANÇA
e o direito de acrescer, 154, 155

ADMINISTRAÇÃO
do bem legado, 34, 35

ADMINISTRADOR PROVISÓRIO
e o inventário, 480, 481
entendimento, 480
responsabilidade, 481
sua prestação de contas, 481

ADOÇÃO
por testamento e sua irrevogabilidade, 339

AGRAVO DE INSTRUMENTO
da decisão que julga o cálculo do imposto de transmissão *causa mortis*, 487
da decisão que nomeia inventariante, 482

ALIENAÇÃO
da coisa legada e seus efeitos, 131 a 135

ALIMENTOS
conceito, 47
necessidades que eles compreendem, 47
seu legado, 47 a 51

ARREPENDIMENTO
do testador que deserda herdeiro, 293

ARROLAMENTO
e o processo de inventário, 474 a 476
no Código de Processo Civil, 456

ASSOCIAÇÃO
adaptação ao Código Civil de 2002, 597 a 599
conceito, 595
modificação dos atos constitutivos, 601 a 603

ATO JURÍDICO PERFEITO
conceito, 584
proteção constitucional, 583

AVALIAÇÃO
dos bens do espólio, 485, 486

B

BENFEITORIAS
e o bem legado, 63 a 65
espécies, 63

BENS

que podem ser objetos dos legados, 4

C

CADUCIDADE

conceito, 126

CAUTELAR

e o processo de inventário, 477 a 479

CLÁUSULA DE INALIENABILIDADE

e o fideicomisso, 206

CÓDIGO CIVIL DE 1916

e a substituição, 181

CÓDIGO DE PROCESSO CIVIL

e arrolamento, 474

COISA JULGADA

conceito, 585

proteção constitucional, 583

COLAÇÃO

adiantamento de legítima, 520

ato privativo dos herdeiros necessários, 386

definição, 518

doações dispensadas da colação, 528, 529

e a doação feita por ambos os cônjuges, 539, 540

e as doações remuneratórias, 538,539

e o herdeiro excluído da herança, 533 a 535

e o herdeiro que renunciou à herança, 533 a 535

e os gastos ordinários do ascendente com o descendente, 536 a 538

finalidade, 519, 523, 524

forma da dispensa da colação, 529, 530

quem deve colacionar, 519

redução de doações, 531 a 533

valor da colação dos bens doados, 525 a 528

COMPETÊNCIA

para o processo de inventário, 463 a 465

CONDIÇÃO RESOLUTÓRIA TÁCITA

rompimento do testamento, 362

CONDIÇÃO SUSPENSIVA

e a expectativa de direito, 66

efeito, 67

CÔNJUGE

herdeiro necessário, 296

que deserda o outro, 296

CONSERVAÇÃO

do bem legado, 34, 35

CONVERSÃO

de fideicomisso em usufruto, 249

CRÉDITO

seu legado, 39 a 41

D

DÉBITO

seu legado, 42,43

DECLARAÇÃO DE CAUSA

na deserdação, 313 a 315

DESERDAÇÃO

acepções da palavra "deserdação", 285

arrependimento do testador, 293

como exceção ao princípio da intangibilidade da legítima, 292, 293

conceito, 285

deserdado que premorre ao testador, 294,

devolução dos frutos pelo deserdado, 295

do cônjuge, 296

dos ascendentes pelos descendentes

– em razão de desamparo do filho ou neto com deficiência mental ou grave enfermidade, 313

– em razão de ofensa física, 311, 312

– em virtude de relações ilícitas, 312, 313

– por força de injúria grave, 312

dos descendentes por seus ascendentes

– em razão de desamparo do ascendente em alienação mental ou grave enfermidade, 309

– em razão de injúria grave, 307, 308

– em virtude de ofensa física, 306, 307

– por força de relações ilícitas com a madrasta ou com o padrasto, 309

e a exclusão do herdeiro por indignidade, 296

e a união estável, 297 a 301

e prescrição criminal, 291

e testamento, 315

histórico, 286, 287

inventário, 319, 320

necessidade de declaração de causa, 314, 315

ônus da prova, 316 a 318

parcial, 296

presunção de culpa do deserdado, 295

sua motivação, 289

vontade do testador, 291

DESPESAS FUNERÁRIAS
pagamento, 510, 511

DINHEIRO
como objeto de legado, 79, 80, 81

DIREITO
de pedir o legado, 75, 76

DIREITO ADQUIRIDO
conceito, 584

proteção constitucional, 583

DIREITO DE ACRESCER
e a substituição, 181, 194, 195

e o usufruto, 145, 175 a 179

e os quinhões não determinados, 152, 153

exclusão do acrescimento, 148

necessidade de disposição conjunta, 151, 152

no Direito Romano, 151

no usufruto, 145

nos legados, 155 a 157

permanência da quota vaga no montemor, 170

presunção de vontade do testador, 162

princípio da conjunção mista, 151 a 153

quando surge, 144, 145

renúncia ao acrescimento uma vez aceita a herança, 172, 173

significado da expressão legal "vários herdeiros", 149

vacância do herdeiro a que tocaria a parte transferida, 154, 155

DIREITO INTERTEMPORAL
e a validade dos negócios jurídicos, 604 a 609

e o Código Civil de 1916 em relação às
Ordenações Filipinas, 583
ordem de vocação hereditária, 620
prazo aplicável, 587 a 589
usucapião extraordinário, 589 a 593

DIREITO ROMANO
e a revogação de testamento, 342
e o direito de acrescer, 151
e o fideicomisso, 202
e testamento, 349

DISPOSIÇÕES FINAIS E TRANSI-
TÓRIAS
adaptação das associações, sociedades e
fundações 595 a 599
direito intertemporal
– e a validade dos negócios jurídicos,
604 a 609
– ordem de vocação hereditária, 620
– prazo aplicável, 587 a 589
– usucapião extraordinário, 589 a 593
dissolução e liquidação das pessoas jurídicas, 601
e a locação de prédio urbano, 609
e ato jurídico perfeito, 583, 584
e coisa julgada, 583, 585
e direito adquirido, 583, 584
e enfiteuse, 611 a 614
e o regime de bens nos casamentos, 614
a 619
hipoteca legal, 619, 620
modificação dos atos constitutivos das
pessoas jurídicas, 601 a 603
negócios jurídicos, 604 a 609

norma de direito público, 586
DOAÇÃO
com cláusula de reversão ao doador, 211
dispensada da colação, 528, 529
feita por ambos os cônjuges, 539, 540
remuneratórias, 538, 539
sujeita à redução por excedente à parte
disponível, 531 a 533

E

ENFITEUSE
conceito, 611
no Código Civil de 2002, 612 a 614
ESCOLHA
do bem legado determinado pelo gênero, 93 a 95
EVICÇÃO
do bem legado, 135 a 139
dos bens aquinhoados, 568 a 573
EXCLUSÃO DO LEGATÁRIO DA
SUCESSÃO
seus efeitos, 140, 141

F

FIDEICOMISSO
como exceção à regra, 234
como instituição testamentária sucessiva,
202
elementos constitutivos, 205
etimologia da palavra, 202
particular, 205
puros, 206

Índice Alfabético-Remissivo

simples, 206

universal, 205

FIDUCIÁRIO

propriedade sob condição resolutiva, 216

FRUTOS

do bem legado, 73 a 75

FUNDAÇÃO

adaptação ao Código Civil de 2002, 597 a 599

conceito, 596

modificação dos atos constitutivos, 601 a 603

nomeada como fideicomissária, 215, 216

normas de funcionamento, 600, 601

H

HERANÇA SOLVÁVEL

verificação antes de se pagar o legado, 72

I

IMPOSTO

de transmissão *causa mortis*, 487

INDIGNIDADE

do herdeiro e deserdação, 285, 286

INJÚRIA

apta a gerar deserdação dos descendentes por seus ascendentes, 307, 308

INVENTARIANTE

administração e representação do espólio, 482

como testamenteiro, 382, 402 a 404

função, 484

nomeação, 482

que é também testamenteiro, 382, 402 a 404, 451 a 453

suas declarações, 483

INVENTÁRIO

abertura, 461

administrador provisório, 480, 481

avaliação dos bens do espólio, 485, 486

citação, 484

colação

– adiantamento de legítima, 520

– definição, 518

– doações dispensadas da colação, 528, 529

– e a doação feita por ambos os cônjuges, 539, 540

– e as doações remuneratórias, 538, 539

– e o herdeiro excluído da herança, 533 a 535

– e o herdeiro que renunciou à herança, 533 a 535

– e os gastos ordinários do ascendente com o descendente, 536 a 538

– finalidade, 519, 523, 524

– forma da dispensa da colação, 529, 530

– quem deve colacionar, 519

– redução de doações, 531 a 533

– valor da colação dos bens doados, 525 a 528

competência, 463 a 465

decisão das questões de direito e questões de fato, 466 a 468

e a partilha, 456, 457

e abertura da sucessão, 455

e arrolamento, 456, 474 a 476

e as questões prejudiciais, 468

e cumulação de inventários, 469 a 472

e curatela do herdeiro ausente ou incapaz, 479

e o imposto de transmissão *causa mortis*, 487

e o Ministério Público, 460, 461

e possíveis medidas cautelares, 477 a 479

finalidade, 455

garantia dos quinhões hereditários
- efeito do julgamento da partilha, 567, 568
- evicção dos bens aquinhoados, 568 a 573

hipóteses em que é dispensado, 457, 458

inventariante
- administração e representação do espólio, 482
- função, 484
- nomeação, 482
- suas declarações, 483

legitimidade para o seu requerimento, 472 a 474

não se prova a causa da deserdação, 319, 340

negativo, 458, 459

pagamento das dívidas
- e as despesas funerárias, 510 a 512
- encargos superiores às forças da herança, 508
- habilitação, 508, 509
- herdeiro devedor ao espólio, 515 a 517
- herdeiro que paga dívida do monte partível, 512 a 514

- onde se opera, 508
- responsabilidade do espólio pelas dívidas do falecido, 508

partilha
- amigável, 550 a 552
- bens e valores que integrarão os quinhões hereditários, 548 a 550
- bens remotos do lugar do inventário, 560 a 562
- conceito, 541
- e sobrepartilha, 562 a 565
- esboço da partilha, 544, 545
- extinção da comunhão hereditária, 542
- formal de partilha, 547
- frutos percebidos trazidos ao acervo, 559, 560
- judicial, 552 a 554
- julgamento da partilha, 546, 547
- momento em que cessa o estado de indivisão, 541
- observância do princípio da igualdade, 554 a 556
- pagamento do imposto de transmissão *causa mortis*, 545, 546
- partidor, 544
- realizada em vida, 556, 557
- sobre o quê recai, 542
- sua anulação, 574 a 581
- sua deliberação, 543, 544
- sua emenda, 547, 548

prevenção, 466

processo judicial contencioso, 457, 462, 463

sonegação
- ação de sonegação, 498 a 501

– caracterização, 492, 493

– colação dos bens doados, 491

– conceito de bens sonegados, 490, 491

– e sobrepartilha, 562 a 565

– elementos do instituto, 491 a 492

– feita pelo próprio inventariante, 495 a 498

– não-restituição dos bens sonegados, 501 a 504

– pena imposta ao sonegador, 493 498 a 501

sua indispensabilidade, 457

J

JUROS DE CAPITAL

no legado de dinheiro, 81, 82

JUROS DE MORA

no legado de dinheiro, 81,82

L

LEGADO

a liberalidade como seu fator essencial, 121

acessórios da coisa legada, 116

alternativo

– como espécie de legado indeterminado, 99

– deterioração do bem, 101

– e caducidade, 141, 142

– escolha do bem, 99, 100, 102 a 104

– perecimento do bem, 100, 135

– seu cumprimento, 99

bem legado e as benfeitorias feitas, 63 a 65

bens que podem ser objetos dos legados, 4

caducidade

– alienação da coisa legada, 131 a 135

– alienação parcial da coisa legada, 132

– conceito de caducidade, 126

– e caducidade da revogação do testamento, 353, 354

– e o legado alternativo, 142, 143

– exclusão do legatário da sucessão, 140, 141

– falecimento do legatário antes do testador, 141, 142

– modificação da coisa legada, 128 a 131

– perecimento ou evicção da coisa legada, 135 a 139

– perecimento parcial, 136

– perecimento que se dá após a morte do testador, 137

– seu resultado prático, 126

com encargo, 7, 8, 121 a 124

cumprimento do legado

– encargos que recaem sobre o bem, 119, 120

– estado do bem legado, 118

– local de cumprimento do legado de coisa certa, 117, 118

de alimentos, 47 a 51, 89,90

de coisa alheia, 10 a 16

de coisa determinada pelo gênero

– escolha que cabe a terceiros, 95 a 97

– escolha que cabe ao legatário, 97,98

– regime jurídico, 91 a 94

de coisa indivisível, 22

de coisa que deva encontrar-se em determinado lugar, 35 a 37

de coisa que não pertence ao testador, 10 a 16

de coisa que se determina pelo gênero, 26

de crédito, 39 a 41

de débito, 42,43

de educação e instrução, 51,52

de imóvel ao qual foram posteriormente juntadas novas aquisições, 57 a 63

de prestações periódicas, 85 a 88

de quitação de dívida, 41,42

de renda, 82 a 85

de usufruto, 53 a 57

definição, 3

deixado ao credor do testador, 43 a 47

despesas de entrega do legado, 111 a 113

dever de conservar e administrar o bem legado, 34, 35

direito de pedir o legado, 75 a 79

e a coisa incerta, 28 a 32

e a utilização de ação reivindicatória, 68, 75, 79

e o direito de acrescer, 155 a 157

e o princípio *res perit domino*, 113, 114

e os ônus que pesam sobre o bem legado, 119, 120

em dinheiro, 80, 81

espécies, 7

frutos do bem legado, 73 a 75

genérico, 26 a 32

legatário, 5

momento em que ocorre a transferência da propriedade do bem legado, 65, 66

perecimento do bem legado, 101, 135 a 139

posse direta do bem legado, 71

riscos da entrega do legado, 113 a 115

silêncio do testamento e cumprimento do legado, 105 a 107

singularização do bem legado, 32 a 35

sua redução, 332 a 334

transmissão da posse da coisa legada, 71

verificação de herança solvável, 72

LEGÍTIMA

e os herdeiros necessários, 322, 323

LEGITIMAÇÃO

para suceder, 184, 185

LEGITIMIDADE

para requerimento de inventário, 472 a 474

M

MEDIDA CAUTELAR

e o processo de inventário, 477 a 479

MINISTÉRIO PÚBLICO

e inventário, 460, 461

MODIFICAÇÃO

da coisa legada e seus efeitos, 128 a 131

MORTE

e abertura da sucessão, 455

MOTIVAÇÃO

da deserdação, 314, 315

e a deserdação, 289

N

NASCITURO
e o rompimento do testamento, 363
expectativa de direito de fideicomisso, 239

NEGÓCIO JURÍDICO
sua validade e direito intertemporal, 604 a 609

NOMEAÇÃO CONJUNTIVA
de testamenteiros, 390 a 394

NORMA DE DIREITO PÚBLICO
e direito intertemporal, 585

O

OBRIGAÇÃO ALTERNATIVA
de prestações periódicas, 100
e o legado alternativo, 99, 100
seu cumprimento, 100, 101

OFENSA FÍSICA
e deserdação, 306, 307, 311, 312

ÔNUS DA PROVA
na deserdação, 316 a 318

ORDENAÇÕES FILIPINAS
e a sua sistematização nas disposições finais do Código Civil de 1916, 583
e o prêmio ou vintena do testamenteiro, 429

P

PARTILHA
amigável, 550 a 552
bens e valores que integrarão os quinhões hereditários, 548 a 550
bens remotos do lugar do inventário, 560 a 562
conceito, 541
e inventário, 456, 457
e sobrepartilha, 562 a 565
esboço da partilha, 544, 545
extinção da comunhão hereditária, 542
formal de partilha, 547
frutos percebidos trazidos ao acervo, 559, 560
judicial, 552 a 554
julgamento da partilha, 546, 547
momento em que cessa o estado de indivisão, 541
observância do princípio da igualdade, 554 a 556
pagamento do imposto de transmissão *causa mortis*, 545, 546
partidor, 544
realizada em vida, 556, 557
sobre o quê recai, 542
sua deliberação, 543, 544
sua emenda, 547, 548

PERDA DE DIREITOS POLÍTICOS
e a função do testamenteiro, 381

PERECIMENTO
da coisa legada, 100, 135

PESSOA JURÍDICA
dissolução e liquidação, 601
modificação dos atos constitutivos, 601 a 603

POSSE
direta do bem legado, 71
e sua transmissão relativa a bem legado, 72

POSSE-TRABALHO
e a redução dos prazos de usucapião, 590

e o princípio da sociabilidade, 590

PRÊMIO
do herdeiro ou legatário nomeado testamenteiro, 446 a 448

do testamenteiro, 428 a 446

histórico, 429, 430

nas Ordenações Filipinas, 429

sua reversão para a herança, 449 a 451

PRESCRIÇÃO CRIMINAL
e a deserdação, 291

PRESTAÇÃO DE CONTAS
como dever do testamenteiro, 387

PRESTAÇÃO PERIÓDICA
e o seu legado, 85 a 88

PRESUNÇÃO DE CULPA
do deserdado, 295

PRESUNÇÃO DE VONTADE
do testador e o direito de acrescer, 162

PREVENÇÃO
no processo de inventário, 466

PRINCÍPIO DA CONJUNÇÃO MISTA
no direito de acrescer, 151 a 153

PRINCÍPIO DA IGUALDADE
sua observância na partilha, 554 a 556

PRINCÍPIO DA INTANGIBILIDADE DA LEGÍTIMA
e a deserdação, 292, 293

PRINCÍPIO DA SOCIABILIDADE
e o usucapião, 590

no Código Civil de 2002, 590, 591

PRINCÍPIO *RES PERIT DOMINO*
e o cumprimento de legado, 113, 114

PROLE FUTURA
e a substituição, 185

PROPRIEDADE
momento em que se transfere ao legatário, 65, 66

PROPRIEDADE RESOLÚVEL
e o fideicomisso, 211, 212, 252 a 254

Q

QUESTÕES DE DIREITO
e o processo de inventário, 466 a 468

QUESTÕES DE FATO
e o processo de inventário, 466 a 468

QUESTÕES PREJUDICIAIS
e o processo de inventário, 468

QUITAÇÃO DE DÍVIDA
e o seu legado, 41, 42

R

RECONHECIMENTO DE FILHOS
em testamento e sua irrevogabilidade, 339

REDUÇÃO DAS DISPOSIÇÕES TESTAMENTÁRIAS
de legado que consiste em prédio divisível, 335 a 338

disposição em parte da quota hereditária disponível, 322, 325 a 328

e legítima, 322

e os legados, 332 a 334

em se verificando excederem a porção disponível, 328 a 331

Índice Alfabético-Remissivo

remanescente dos bens deixados em testamento, 321 a 325

RETRATAÇÃO
da revogação de testamento, 348

REVOGAÇÃO DO TESTAMENTO
do testamento cerrado, 356 a 360
do testamento particular, 356
do testamento público, 356
e caducidade do legado, 343
e sua retratação, 348
em virtude de lei, 346, 347
exclusão do herdeiro nomeado no testamento, 354, 355
expressa, 346
forma exigida, 340 a 343
incapacidade do herdeiro nomeado no testamento, 354, 355
material, 346
no Direito Romano, 342
opera-se de pleno direito, 362
parcial, 349 a 353
por substituição do beneficiado por outro, 345
por testamento válido posterior, 345
produção de efeitos, 353 a 355
quando o testamento é destruído, 346
quando o testamento é dilacerado, 346
real, 346
renúncia do herdeiro nomeado no testamento, 354,355
sujeita a condições, 344
tácita, 346
testamentos contraditórios da mesma data, 353
total, 350

ROMPIMENTO DO TESTAMENTO
condição resolutória tácita, 362
disposição da metade disponível, 374, 375
e a ignorância de existirem outros herdeiros necessários, 372, 373
e a revogação, 362
e o nascituro, 363
extensão, 372, 373
ocorrência, 361, 363 a 372

S

SERVIDÃO DE PASSAGEM
e a utilização do bem legado, 119

SOCIEDADES
adaptação ao Código Civil de 2002, 598, 599
conceito, 595, 596
dissolução e liquidação, 603, 604
empresárias, 596
modificação dos atos constitutivos, 601 a 603
simples, 596

SONEGAÇÃO DE BENS NO INVENTÁRIO
ação de sonegação, 498 a 501
caracterização, 592, 593
colação dos bens doados, 491
conceito de bens sonegados, 490, 491
elementos do instituto, 491, 492
feita pelo próprio inventariante, 495 498
não-restituição dos bens sonegados, 501 504
pena imposta ao sonegador, 493, 498 a 501

SUBSTITUIÇÃO

com reciprocidade, 194 , 195, 199

compendiosa, 186

condição imposta ao substituído, 195 a 197

de muitas pessoas por uma só, 192, 193

de uma pessoa por várias, 193, 194

e a prole futura, 185

e o direito de acrescer, 181, 194, 195

encargo imposto ao substituído, 195 a 197

fideicomissária

– aquisição de bem gravado de fideicomisso, 218, 219

– caducidade do fideicomisso, 268, 269, 274 a 281

– como exceção à regra, 234

– condição ou termo à investidura do fideicomissário, 228

– contemplação de pessoas ainda sem existência, 229, 230, 233 a 239

– dever do fiduciário de proceder ao inventário dos bens gravados, 254 a 259

– direito do fideicomissário aceitar ou renunciar à herança, 262 a 264

– e a cláusula de inalienabilidade, 209

– e a substituição vulgar, 230

– e a vontade do testador, 206, 207

– e o legado condicional, 209

– e o nascituro, 239, 240

– e o usufruto, 221, 222

– e propriedade resolúvel, 211, 212

– efeitos da aceitação da herança pelo fideicomissário, 269 a 271

– efeitos da renúncia à herança do fideicomissário, 264 a 269

– elementos constitutivos, 205

– existência de fiduciário e fideicomissário ao tempo da morte do testador, 245 a 249

– fideicomissário, 230 a 233

– fideicomisso, 202, 203

– fideicomisso havido como usufruto, 234

– fiduciário, 216, 217, 221, 226

– histórico, 202, 203

– instituição de pessoa jurídica para ser constituída após a abertura da sucessão, 214, 215

– instituição testamentária sucessiva, 202

– no Direito Romano, 202

– nulidade da substituição ilegal, 283, 284

– nulidade dos fideicomissos além do segundo grau, 281, 282

– particular, 205

– propriedade resolúvel do fiduciário, 252, 253

– puros, 206

– registro, 218 a 221

– renúncia à herança do fiduciário, 260 a 264

– responsabilidade pelos encargos da herança, 273, 274

– restituição dos bens ao fideicomissário, 213, 214

– simples, 206

– universal, 205

finalidade, 182, 183

no Código Civil de 1916, 181, 184

pupilar, 186

quando ocorre, 180, 181

recíproca, 187

suas causas, 190, 191

suas modalidades, 185 a 187

substituto, 182, 183, 199

vulgar, 182

T

TESTAMENTEIRO

como inventariante, 382, 402 a 404, 451 a 453

conceito, 377

cônjuge supérstite, 382

defesa da validade do testamento, 385, 414, 415

designado pelo testador, 379

deve ser citado em todas as ações que versem sobre a validade do testamento, 385

dever de cumprir as disposições testamentárias, 407 a 412

dever de exibir o testamento, 405 a 407

dever de exigir o pagamento das dívidas ativas, 388

dever de guarda do testamento, 404 a 407

dever de prestar contas, 387, 409 a 411

e a exibição do testamento em juízo 406, 407

e a exigência de colação, 386

e a posse e administração da herança, 395 a 401

e a prática de atos com excesso ou desvio de poder, 389, 390

e as figuras próximas no Direito Romano, 376, 377

efeitos da falta de testamenteiro nomeado pelo testador, 418 a 421

extinção da testamentária, 390

função, 376, 377, 380

hipótese em que o prêmio reverte para a herança, 449 a 451

impossibilidade de transmissão do encargo da testamentária, 421

inexistência de relação de mandato, 377

nomeação de mais de um, 390 a 394, 423 a 428

particular, 383

poderes, 380

prêmio, 428 a 446

que se utiliza de mandatário em juízo, 422, 423

que tem o dever de requerer o inventário, 401 a 404

quem pode ser, 379 a 383

recusa da investidura, 394, 395

revogação da sua nomeação, 383

seus deveres decorrentes da vontade do testador, 415, 416

sua morte, 383, 384

sua responsabilidade, 411, 412

universal, 384

vintena, 428 a 446

TESTAMENTO

cerrado, 347

como ato personalíssimo, 339

e adoção, 339

e deserdação, 316 a 320

e o reconhecimento de filhos, 342

no Direito Romano, 342

revogação

– do testamento cerrado, 356 a 360
– do testamento particular, 356
– do testamento público, 356
– e caducidade do legado, 343
– e sua retratação, 348
– em virtude de lei, 346, 347
– exclusão do herdeiro nomeado no testamento, 354, 355
– expressa, 346
– forma exigida, 340 a 343
– incapacidade do herdeiro nomeado no testamento, 354, 355
– material, 346
– no Direito Romano, 342
– opera-se de pleno direito, 362
– parcial, 349 a 353
– por substituição do beneficiado por outro, 345
– por testamento válido posterior, 345
– produção de efeitos, 353 a 355
– quando o testamento é destruído, 346
– quando o testamento é dilacerado, 346
– real, 346
– renúncia do herdeiro nomeado no testamento, 354, 355
– sujeita a condições, 344
– tácita, 346
– testamentos contraditórios da mesma data, 353
– total, 350
rompimento
– condição resolutória tácita, 362
– disposição da metade disponível, 374, 375

– e a ignorância de existirem outros herdeiros necessários, 372, 373
– e a revogação, 362
– e o nascituro, 363
– extensão, 372, 373
– ocorrência, 361, 363 a 372
testamenteiro
– como inventariante, 382, 402 a 404, 451 a 453
– conceito, 377
– cônjuge supérstite, 382
– defesa da validade do testamento, 385, 414, 415
– designado pelo testador, 379
– deve ser citado em todas as ações que versem sobre a validade do testamento, 385
– dever de cumprir as disposições testamentárias, 407 a 412
– dever de exibir o testamento, 405 a 407
– dever de exigir o pagamento das dívidas ativas, 388
– dever de guarda do testamento, 404 a 407
– dever de prestar contas, 387, 409 a 411
– e a exibição do testamento em juízo 406, 407
– e a exigência de colação, 386
– e a posse e administração da herança, 395 a 401
– e a prática de atos com excesso ou desvio de poder, 389, 390
– e as figuras próximas no Direito Romano, 376, 377

– efeitos da falta de testamenteiro nomeado pelo testador, 418 a 421

– extinção da testamentária, 390

– função, 376, 377, 380

– hipótese em que o prêmio reverte para a herança, 449 a 451

– impossibilidade de transmissão do encargo da testamentária, 421

– inexistência de relação de mandato, 377

– nomeação de mais de um, 390 a 394, 423 a 428

– particular, 383

– poderes, 380

– prêmio, 428 a 446

– que se utiliza de mandatário em juízo, 422, 423

– que tem o dever de requerer o inventário, 401 a 404

– quem pode ser, 379 a 383

– recusa da investidura, 394, 395

– revogação da sua nomeação, 383

– seus deveres decorrentes da vontade do testador, 415, 416

– sua morte, 383, 384

– sua responsabilidade, 411, 412

– universal, 384

– vintena, 428 a 446

TRANSMISSÃO DA POSSE

de coisa legada, 34

U

UNIÃO ESTÁVEL

como herdeiro necessário, 297

e o casamento, 296

e o instituto da deserdação, 297 a 301

tratamento constitucional, 298, 302

USUCAPIÃO EXTRAORDINÁRIO

contagem do prazo prescricional, 589 a 593

e o princípio da sociabilidade, 590

USUFRUTO

bens sobre os quais pode recair, 53

e fideicomisso, 206, 207, 221, 241

e o direito de acrescer, 145, 173 a 178

legado conjuntamente a duas ou mais pessoas, 175 a 178

natureza jurídica, 54

seu legado, 54 a 57

V

VINTENA

do herdeiro ou legatário nomeado testamenteiro, 446 a 447

do testamenteiro, 428 a 446

histórico, 429 a 431

nas Ordenações Filipinas, 429

sua reversão para a herança, 449 a 451

VONTADE DO TESTADOR

e o instituto da deserdação, 291 a 293

ÍNDICE SISTEMÁTICO

Sumário	1
Livro V – Do Direito das Sucessões	3
Título III – Da Sucessão Testamentária	3
Capítulo VII – Dos Legados	3
Seção I – Disposições Gerais	3
Artigo 1.912	3
1. Legados	3
2. É ineficaz o legado de coisa certa que não pertença ao testador	10
Artigo 1.913	16
1. Se o testador ordenar	16
Artigo 1.914	21
1. Se tão-somente em parte a coisa legada pertencer ao testador	22
Artigo 1.915	26
1. Legado genérico	26
Artigo 1.916	32
1. Coisa singularizada	33
Artigo 1.917	35
1. O legado de coisa que deva encontrar-se em determinado lugar	35
2. Só terá eficácia se nele for achada, salvo se removida a título transitório	37
Artigo 1.918	38
1. O legado de crédito	39
2. Legado de quitação de dívida	41
3. Legado de débito	42
Artigo 1.919	43
1. Não o declarando expressamente o testador	44
2. Subsistirá integralmente o legado, se a dívida lhe foi posterior, e o testador a solveu antes de morrer	47
Artigo 1.920	47
1. Legado de alimentos	47

2. Legado de educação e instrução 51

Artigo 1.921 53

    1. Legado de usufruto 53

Artigo 1.922 57

    1. Se aquele que legar um imóvel lhe ajuntar depois novas aquisições 57

    2. Benfeitorias 63

Seção II – Dos Efeitos do Legado e do seu Pagamento 65

Artigo 1.923 65

    1. Desde a abertura da sucessão, pertence ao legatário a coisa certa 66

    2. Posse do legado 71

    3. Frutos do legado 73

Artigo 1.924 75

    1. O direito de pedir o legado não se exercerá 75

Artigo 1.925 79

    1. Legado em dinheiro 80

    2. Juros de capital e juros de mora 81

Artigo 1.926 82

    1. Legado de renda 82

Artigo 1.927 85

    1. Legado de prestações periódicas 85

Artigo 1.928 88

    1. Exigibilidade das prestações 88

    2. Legado de alimentos 89

    3. Prescrição 90

Artigo 1.929 90

    1. Se o legado consiste em coisa determinada pelo gênero 91

Artigo 1.930 95

    1. Escolha por terceiro 96

Artigo 1.931 97

    1. Se a opção foi deixada ao legatário 97

    2. E, se nesta não existir coisa de tal gênero, dar-lhe-á de outra

    congênere o herdeiro, observada a disposição na última parte

    do art. 1.929 98

Artigo 1.932 99

    1. Legado alternativo 99

Artigo 1.933 103

    1. Se o herdeiro ou legatário a quem couber a opção falecer 103

2. Irrevogabilidade	105
Artigo 1.934	105
1. No silêncio do testamento	106
2. O encargo estabelecido neste artigo, não havendo disposição testamentária em contrário, caberá ao herdeiro ou legatário incumbido pelo testador da execução do legado	107
Artigo 1.935	109
1. Se algum legado consistir em coisa pertencente a herdeiro ou legatário	109
Artigo 1.936	111
1. Despesas	112
2. Riscos	113
3. Legado de gênero e alternativo	115
Artigo 1.937	116
1. Acessórios	116
2. Lugar de entrega	117
3. Estado	118
4. Encargos	119
Artigo 1.938	121
1. Legados com encargo	121
Seção III – Da Caducidade dos Legados	124
Artigo 1.939	124
1. Caducará o legado	126
2. Se, depois do testamento, o testador modificar a coisa legada, ao ponto de já não ter a forma nem lhe caber a denominação que possuía	128
3. Se o testador, por qualquer título, alienar no todo ou em parte a coisa legada; nesse caso, caducará até onde ela deixou de pertencer ao testador	131
4. Se a coisa perecer ou for evicta, vivo ou morto o testador, sem culpa do herdeiro ou legatário incumbido do seu cumprimento	135
5. Se o legatário for excluído da sucessão, nos termos do artigo 1.815	140
6. Se o legatário falecer antes do testador	141
Artigo 1.940	142
1. Legado alternativo	142
Capítulo VIII – Do Direito de Acrescer entre Herdeiros e Legatários	144
Artigo 1.941	144

1. Direito de acrescer	144
2. Pela mesma disposição testamentária	151
3. Em quinhões não determinados	152
4. E qualquer deles não puder ou não quiser aceitá-la	154
Artigo 1.942	155
1. Direito de acrescer nos legados	155
2. Quando nomeados conjuntamente a respeito de uma só coisa, determinada e certa	158
3. Quando o objeto do legado não puder ser dividido, sem risco de desvalorização	159
Artigo 1.943	161
1. Se um dos co-herdeiros ou co-legatários, nas condições do artigo antecedente	162
2. Morrer antes do testador; se renunciar a herança ou legado, ou destes for excluído, e, se a condição sob a qual foi instituído não se verificar	164
3. Acrescerá o seu quinhão, salvo o direito do substituto, à parte dos co-herdeiros ou co-legatários conjuntos	166
4. Os co-herdeiros ou co-legatários, aos quais acresceu o quinhão daquele que não quis ou não pôde suceder, ficam sujeitos às obrigações ou encargos que o oneravam	168
Artigo 1.944	169
1. Quando não se efetua o direito de acrescer	170
2. Não existindo o direito de acrescer entre co-legatários, a quota do que faltar acresce ao herdeiro ou ao legatário incumbido de satisfazer esse legado	170
3. Ou a todos os herdeiros, na proporção dos seus quinhões, se o legado se deduziu da herança	171
Artigo 1.945	171
1. Não pode o beneficiário do acréscimo repudiá-lo separadamente da herança ou legado que lhe caiba	172
2. Salvo se o acréscimo comportar encargos especiais impostos pelo testador	172
3. Nesse caso, uma vez repudiado, reverte o acréscimo para a pessoa a favor de quem os encargos foram instituídos	173
Artigo 1.946	175
1. Legado um só usufruto conjuntamente	175

2. Se não houver conjunção entre os co-legatários, ou se, apesar de
conjuntos, só lhes foi legada certa parte do usufruto 178

3. Consolidar-se-ão na propriedade as quotas dos que faltarem, à medida
que eles forem faltando 179

Capítulo IX – Das substituições 180

Seção I – Da Substituição Vulgar e da Recíproca 180

Artigo 1.947 180

1. O testador pode substituir outra pessoa ao herdeiro ou ao legatário
nomeado 180

2. Para o caso de um outro não querer ou não poder aceitar a herança
ou o legado 190

3. Presumindo-se que a substituição foi determinada para as duas
alternativas, ainda que o testador só a uma se refira 192

Artigo 1.948 192

1. Também é lícito ao testador substituir muitas pessoas por uma só 193

2. E vice-versa 193

3. E ainda substituir com reciprocidade ou sem ela 194

4. Substituição recíproca e acrescimento 194

Artigo 1.949 195

1. O substituto fica sujeito à condição ou encargo imposto ao
substituído 196

2. Quando não for diversa a intenção manifestada pelo testador 197

3. Ou não resultar outra coisa da natureza da condição ou do encargo 198

Artigo 1.950 199

1. Se, entre muitos co-herdeiros ou legatários de partes desiguais, for estabelecida substituição recíproca, a proporção dos quinhões fixada na primeira
disposição entender-se-á mantida na segunda 199

2. Se, com as outras anteriormente nomeadas, for incluída mais alguma
pessoa na substituição, o quinhão vago pertencerá em partes iguais aos
substitutos 200

Seção II – Da Substituição Fideicomissária 201

Artigo 1.951 201

1. Pode o testador instituir herdeiros ou legatários, estabelecendo que,
por ocasião de sua morte, a herança ou o legado se transmita ao fiduciário 202

2. Resolvendo-se o direito deste, por sua morte, a certo tempo ou
sob certa condição 227

3. Em favor de outrem, que se qualifica de fideicomissário 229

Artigo 1.952 233

    1. A substituição fideicomissária somente se permite em favor dos não
concebidos ao tempo da morte do testador 234

    2. Se, ao tempo da morte do testador, já houver nascido o
fideicomissário 245

    3. Adquirirá este a propriedade dos bens fideicometidos, convertendo-se
em usufruto o direito do fiduciário 249

Artigo 1.953 252

    1. O fiduciário tem a propriedade da herança ou legado, mas restrita
e resolúvel 252

    2. O fiduciário é obrigado a proceder ao inventário dos bens gravados,
e a prestar caução de restituí-los se o exigir o fideicomissário 254

Artigo 1.954 260

    1. Salvo disposição em contrário do testador, se o fiduciário renunciar a
herança ou o legado 260

    2. Defere-se ao fideicomissário o poder de aceitar 262

Artigo 1.955 264

    1. O fideicomissário pode renunciar a herança ou o legado, e,
neste caso, o fideicomisso caduca 264

    2. Deixando de ser resolúvel a propriedade do fiduciário 266

    3. Se não houver disposição contrária do testador 266

Artigo 1.956 269

    1. Se o fideicomissário aceitar a herança ou o legado 269

    2. Terá direito à parte que, ao fiduciário, em qualquer tempo acrescer 270

Artigo 1.957 271

    1. Ao sobrevir a sucessão 271

    2. O fideicomissário responde pelos encargos da herança que ainda
restarem 273

Artigo 1.958 274

    1. Caduca o fideicomisso, não o usufruto (parágrafo único do
artigo 1.952) 275

    2. Se o fideicomissário morrer antes do fiduciário 276

    3. Ou antes de realizar-se a condição resolutória do direito deste
último 278

    4. Nesse caso, a propriedade consolida-se no fiduciário, nos termos do
artigo 1.955 279

Índice Sistemático

Artigo 1.959 281

    1. Nulos 281

    2. Os fideicomissos além do segundo grau 281

Artigo 1.960 283

    1. A nulidade da substituição ilegal não prejudica a instituição 283

    2. Que valerá sem o encargo resolutório 284

Capítulo X – Da Deserdação 285

Artigo 1.961 285

    1. Os herdeiros necessários podem ser privados de sua legítima, ou deserdados 285

    2. Em todos os casos em que podem ser excluídos da sucessão 296

Artigo 1.962 305

    1. Além das causas mencionadas no artigo 1.814 305

    2. Autorizam a deserdação dos descendentes por seus ascendentes 306

    3. Ofensa física 306

    4. Injúria grave 307

    5. Relações ilícitas com a madrasta ou com o padrasto 309

    6. Desamparo do ascendente em alienação mental ou grave enfermidade 309

Artigo 1.963 310

    1. Além das causas enumeradas no artigo 1.814 311

    2. Autorizam a deserdação dos ascendentes pelos descendentes 311

    3. Ofensa física 311

    4. Injúria grave 312

    5. Relações ilícitas com a mulher ou companheira do filho ou a do neto, ou com o marido ou companheiro da filha ou da neta 312

    6. Desamparo do filho ou neto com deficiência mental ou grave enfermidade 313

Artigo 1.964 313

    1. Somente com expressa declaração de causa 314

    2. Pode a deserdação ser ordenada em testamento 315

Artigo 1.965 316

    1. Ônus de prova 316

    2. O direito de provar 318

Capítulo XI – Da Redução das Disposições Testamentárias 321

Artigo 1.966 321

    1. O remanescente pertencerá aos herdeiros legítimos 321

    2. Quando o testador só em parte dispuser da quota hereditária disponível 325

Artigo 1.967	328
1. As disposições que excederam a parte disponível reduzir-se-ão aos limites dela, de conformidade com o disposto nos parágrafos seguintes	329
2. Em se verificando excederem as disposições testamentárias a porção disponível, serão proporcionalmente reduzidas as quotas do herdeiro ou herdeiros instituídos, até onde baste	330
3. E, não bastando, também os legados, na proporção de seu valor	332
4. Se o testador, prevenindo o caso, dispuser que se inteirem, de preferência, certos herdeiros e legatários, a redução far-se-á nos outros quinhões ou legados	333
5. Observando-se a seu respeito a ordem estabelecida no parágrafo antecedente	334
Artigo 1.968	335
1. Quando consistir em prédio divisível o legado sujeito à redução, far-se-á esta dividindo-o proporcionalmente	335
2. Se não for possível a divisão	336
3. Se o legatário for ao mesmo tempo herdeiro necessário, poderá inteirar sua legítima no mesmo imóvel, de preferência aos outros	337
Capítulo XII – Da Revogação do Testamento	339
Artigo 1.969	339
1. Revogação	339
Artigo 1.970	349
1. Revogação total ou parcial	349
2. Se parcial, ou se o testamento posterior não contiver cláusula revogatória expressa, o anterior subsiste em tudo o que não for contrário ao posterior	351
Artigo 1.971	353
1. A revogação produzirá seus efeitos, ainda quando o testamento, que a encerra, vier a caducar por exclusão, incapacidade ou renúncia do herdeiro nele nomeado	354
2. Não valerá, se o testamento revogatório for anulado por omissão ou infração de solenidades essenciais ou por vícios intrínsecos	355
Artigo 1.972	356
1. O testamento cerrado que o testador abrir ou dilacerar	356
Capítulo XIII – Do Rompimento do Testamento	361
Artigo 1.973	361
1. Sobrevindo descendente sucessível ao testador, que não o tinha	361

Índice Sistemático

2. Sobrevir 363

3. Descendente 363

4. Sucessível 367

5. Ou não o conhecia quando testou 368

6. Rompe-se o testamento em todas as suas disposições, se esse
descendente sobreviver ao testador 370

Artigo 1.974 372

1. Rompe-se também o testamento 372

Artigo 1.975 374

1. O testamento não se rompe 374

Capítulo XIV – Do testamenteiro 376

Artigo 1.976 376

1. Testamenteiro 376

2. O testador pode nomear um ou mais testamenteiros, conjuntos ou
separados 390

3. Para lhe darem cumprimento às disposições de última vontade 394

Artigo 1.977 395

1. Posse e administração da herança 395

2. O testador pode conceder ao testamenteiro a posse e a administração da
herança, ou de parte dela 398

3. Qualquer herdeiro pode requerer partilha imediata, ou devolução da
herança, habilitando o testamenteiro 401

Artigo 1.978 401

1. Posse e administração 402

Artigo 1.979 404

1. Guarda e exibição do testamento 405

Artigo 1.980 407

1. O testamenteiro é obrigado a cumprir as disposições testamentárias,
no prazo marcado pelo testador 408

2. E a dar contas do que recebeu e despendeu 409

3. Subsistindo sua responsabilidade enquanto durar a execução do
testamento 411

Artigo 1.981 413

1. Compete ao testamenteiro 413

2. Com ou sem o concurso do inventariante e dos herdeiros instituídos,
defender a validade do testamento 414

Artigo 1.982 415

1. Além das atribuições exaradas nos artigos antecedentes 415

2. Terá o testamenteiro as atribuições que lhe conferir o testador, nos
limites da lei 416

Comentários ao Código Civil Brasileiro

Artigo 1.983 416
1. Não concedendo o testador prazo maior 417
2. Pode esse prazo ser prorrogado se houver motivo suficiente 417
Artigo 1.984 418
1. Na falta de testamenteiro nomeado pelo testador 418
2. A execução testamentária compete a um dos cônjuges 419
3. E, em falta destes, ao herdeiro nomeado pelo juiz 419
Artigo 1.985 421
1. O encargo da testamentária não se transmite aos herdeiros do
testamenteiro, nem é delegável 422
2. Mas o testamenteiro pode fazer-se representar em juízo e fora dele,
mediante mandatário com poderes especiais 422
Artigo 1.986 423
1. Havendo simultaneamente mais de um testamenteiro, que tenha
aceitado o cargo, poderá cada qual exercê-lo, em falta dos outros 424
2. Mas todos ficam solidariamente obrigados a dar conta dos bens que
lhes forem confiados 426
3. Salvo se cada um tiver, pelo testamento, funções distintas e a elas se
limitar 427
Artigo 1.987 428
1. Prêmio ou vintena 429
2. Salvo disposição testamentária em contrário, o testamenteiro, que
não seja herdeiro ou legatário, terá direito a um prêmio 433
3. Que, se o testador não o houver fixado, será de 1 (um) a 5% (cinco
por cento), arbitrado pelo juiz, sobre a herança líquida................. 438
4. Conforme a importância dela e maior ou menor dificuldade na
execução do testamento 444
5. O prêmio arbitrado será pago à conta da parte disponível, quando
houver herdeiro necessário 445
Artigo 1.988 446
1. O herdeiro ou o legatário nomeado pelo testamenteiro 446
2. Poderá preferir o prêmio à herança ou ao legado........................ 448
Artigo 1.989 449
1. Reverterá à herança o prêmio que o testamenteiro perder 449
2. Por ser removido ou por não ter cumprido o testamento 450
Artigo 1.990 451
1. Se o testador tiver distribuído toda a herança em legados 452
2. Exercerá o testamenteiro as funções de inventariante................. 452

Índice Sistemático

Título IV – Do Inventário e da Partilha 455

Capítulo I – Do Inventário 455

    1. Intróito 455

    2. Casos em que o inventário não é necessário 457

    3. Inventário negativo 458

    4. Ministério público e inventário 460

    5. Abertura do inventário 461

    6. Caráter contencioso ou voluntário? 462

    7. Competência 463

    8. Casos de prevenção 466

    9. Questões de direito e questões de fato 466

    10. Questões prejudiciais 468

    11. Questões decididas no inventário – recurso cabível 468

    12. Cumulação de inventários 469

    13. Requerimento do inventário – legitimidade 472

    14. Arrolamento 474

    15. Medidas cautelares 477

    16. Curatela do herdeiro ausente ou incapaz 479

Artigo 1.991 480

    1. Administrador provisório 480

    2. Inventariante 482

Capítulo II – Dos Sonegados 490

Artigo 1.992 490

Artigo 1.993 494

Artigo 1.994 498

Artigo 1.995 501

Artigo 1.996 504

Capítulo III – Do pagamento das dívidas 507

Artigo 1.997 507

    1. Pagamento das dívidas 508

Artigo 1.998 510

    1. Despesas funerárias 510

Artigo 1.999 512

Artigo 2.000 514

Artigo 2.001 515

Capítulo IV – Da Colação 518

Artigo 2.002 518

Artigo 2.003	522
Artigo 2.004	525
Artigo 2.005	528
Artigo 2.006	529
Artigo 2.007	531
Artigo 2.008	533
Artigo 2.009	535
Artigo 2.010	536
Artigo 2.011	538
Artigo 2.012	539
Capítulo V – Da Partilha	541
Artigo 2.013	541
1. Deliberação da partilha. Recurso cabível	543
2. Esboço da partilha	544
3. Prazo para as partes se manifestarem sobre o esboço da partilha	545
4. O pagamento do imposto de transmissão *causa mortis*	545
5. Julgamento da partilha	546
6. Formal de partilha	547
7. Emenda da partilha	547
Artigo 2.014	548
Artigo 2.015	550
Artigo 2.016	552
Artigo 2.017	554
Artigo 2.018	556
Artigo 2.019	557
Artigo 2.020	559
Artigo 2.021	560
Artigo 2.022	562
Capítulo VI – Da Garantia dos Quinhões Hereditários	566
Artigo 2.023	566
Artigo 2.024	568
Artigo 2.025	570
Artigo 2.026	571
Capítulo VII – Da Anulação da Partilha	574
Artigo 2.027	574

Livro Complementar – Das Disposições Finais e Transitórias 583

Artigo 2.028 587

Artigo 2.029 589

Artigo 2.030 593

Artigo 2.031 595

Artigo 2.032 600

Artigo 2.033 601

Artigo 2.034 603

Artigo 2.035 604

Artigo 2.036 609

Artigo 2.037 610

Artigo 2.038 611

Artigo 2.039 614

Artigo 2.040 619

Artigo 2.041 620

Artigo 2.042 621

Artigo 2.043 623

Artigo 2.044 624

Artigo 2.045 625

Artigo 2.046 626

Bibliografia 627

Índice Onomástico 635

Índice Alfabético-Remissivo 641

RIO DE JANEIRO: Av. Erasmo Braga, 299 – Tel.: (0XX21) 3380-6650 – Fax: (0XX21) 3380-6667
Centro-RJ – CEP 20020-000 – Caixa Postal nº 269 – *e-mail*: forense@forense.com.br
SÃO PAULO: Praça João Mendes, 42 – 12º andar – salas 121 e 122 – Tels.: (0XX11) 3105-0111
3105-0112 – 3105-7346 – 3104-6456 – 3104-7233 – 3104-8180 – Fax: (0XX11) 3104-6485
Centro-SP – CEP 01501-907 – *e-mail*: forensesp@forense.com.br
RECIFE: Av. Manoel Borba, 339 – Tel.: (0XX81) 3221-3495 – Fax: (0XX81) 3223-4780
Boa Vista – Recife-PE – CEP 50070-000 – *e-mail*: forenserecife@forense.com.br
CURITIBA: Telefax: (0XX41) 3018-6928 – *e-mail*: forensecuritiba@forense.com.br
PORTO ALEGRE: Telefax: (0XX51) 3348-6115 – *e-mail*: forenseportoalegre@forense.com.br
BAURU: Telefax: (0XX14) 3281-1282 – *e-mail*: forensesp@forense.com.br
BELO HORIZONTE: Telefax: (0XX31) 3213-7474 – *e-mail*: marketingmg@forense.com.br

Endereço na Internet: http://www.forense.com.br

Impresso na Rotapress Gráfica e Editora LTDA
email: rotapressgrafica@veloxmail.com.br
Telefone: 2201-8898